HISTOIRE SECRÈTE DE L'AUVERGNE

Jean Peyrard

HISTOIRE SECRÈTE de L'AUVERGNE

Albin Michel

« Histoire secrète des provinces françaises »
Collection dirigée par JEAN-MICHEL ANGEBERT

22, rue Huyghens, 75014 Paris
ISBN 2-226-01-089-0

Sommaire

Introduction

L'Arvernia

L'Auvergne est terre d'Arvernie. Elle était, elle reste « la cité des Arvernes ». Haute et mystérieuse, entre ses volcans et ses landes ravinées, elle revendique la lumière du feu central et les clairs-obscurs de ses villes d'eaux, où jaillissent des sources pétrifiantes, mamelles du sortilège auvergnat.

Sa capitale est Clermont, le « Clarus Mons » surgi des brumes celtiques. Le pays tout entier relève d'un monde à part. Empire flou, ceinturé de montagnes sauvages, mais déjà structuré quand viendront les Romains. Sous le signe du feu, on désigne l'« Arvern », contrée de rêve et des lointains, dont le terme signifie, en celte, « Terre des sommets » ou bien « Haute Demeure ».

Terre profonde et secrète : Chateaubriand traversant l'Auvergne, en 1805, voyait en elle « un pays bien loin, bien loin, où se passaient des choses étranges et où l'on ne pouvait aller qu'avec de grands périls ». A l'évocation de cette patrie de nulle part, semée de mégalithes et de cratères lacustres, il s'élève des voix pour revendiquer la « Grande Auvergne » englobant les massifs volcaniques du Velay et les hautes terres du Massif central.

Pour essayer de trancher, nous avons les données de la géographie sacrée. Elle nous guide à travers ce peuple « à tête ronde » familiarisé avec les dieux et le mystère, un peuple chez qui les saints côtoient le pactole aurifère, tandis que les initiés de tous temps, à commencer par un pape, dessinent la trame du génie de l'éternelle Auvergne.

Au commencement, Dieu créa l'Auvergne
Les puys de la Gaule chevelue

Les auteurs du pays aiment écrire cette phrase : « Quand Dieu eut créé le monde, le huitième jour, il fit l'Auvergnat », ou bien : « Au commencement Dieu créa l'Auvergne. » Cette Auvergne apparaît ainsi comme une île émergée des soubresauts de la création.

Elle est le cœur du cœur de la patrie gauloise.

Feux souterrains, nature embrasée, l'antique Arvern est éruptive avec ses volcans par centaines.

D'abord ceux qu'on nomme les monts Dore, alignés en file, taupinières fauves et cendrées, groupées autour de la Banne d'Ordanche, du Sancy et de l'Aiguillier ; ceux des Dômes, chapelet de guirlandes en couronne, avec soixante volcans se balançant dans l'azur ; ceux du Cantal, massifs et turriformes sur soixante kilomètres, pénombres de forteresses de laves rehaussées de pénombre. Ils ont nom puy Mary et le Plomb du Cantal, tandis que le Cézallier relie le mont Dore au Cantal par ses chemins de pavés solidifiés. Torrents furieux autrefois, refusant la lumière du soleil pour se gorger du feu central, ils portaient leurs torches de Gravelleire à Volvic, de Montaudoux à Chanturgue.

Quant aux volcans du Velay ils sont des plus fantastiques. Drapés de cendres rouges, habillés de forêts grasses ou pelés sous leur casque froid, comme le mont Denise, ils sont le champ de bataille caverneux de cette Gaule chevelue mais souterraine, refuge de l'insolite et de l'imprévisible.

Les volcans du Velay ont leur capitale, Le Puy, citadelle fermée, ville mystérieuse, insaisissable, où l'hermétisme s'est hissé, depuis les cryptes, jusqu'aux sommets des dykes rouges en forme de luminaires. Là, sous les ruelles de cette Mecque du Centre, dorment « les sept villes » de la tradition, effleurées par le bulldozer sacrilège. Tel est le Puy-en-Velay que le profane lointain confond avec le puy de Dôme ou les monts Dore.

Les monts Dore ont tourbillonné par milliers de millénaires. L'un d'eux, le pic du Sancy crachait à 3 000 mètres de hauteur. Ils ont enfanté le val d'Enfer. Ils ont jailli dans un hoquet permanent. Sur leurs rivages circulaires, ils ont empilé, sur plus d'un kilomètre d'épaisseur, des coulées et des bombes, vésuves étonnants, lunatiques et lunaires. Ce jaillissement presque alternatif, ces lueurs sur la montagne mouvante, c'est l'image de la Haute Demeure primitive, couverte aujourd'hui de pâturages.

Les Dômes sont incomparables. Ils forment une fresque cavée, parsemée de cônes et de cloches. Au centre, un cratère, leur servant de chapeau. Leurs fumerolles ne sont pas si vieilles. Ceux des Limagnes les ont vus tressaillir. La charrue du laboureur vient à rencontrer son granite. Alors notre Auvergnat fait une sorte de voyage imaginaire au centre de la terre. Mais le visible confronte l'invisible avec le volcan-major de ces volcans : le puy de Dôme qui a donné son nom au département.

Le visiteur d'Auvergne doit aller contempler les géants du Cantal dominant sur les brèches étagées. Vallées glaciaires et flancs puissants. Le volcan cantalien a vocation d'exciter les imaginations. Le mystère plonge dans ses gorges. Les eaux ont succédé au feu. Les plateaux de la Dordogne, ceux de l'Alagnon et de la Truyère, aidés par les planèzes, enfantant les rivières aux voltes capricieuses, font jaillir les sources qui sont à la fois pleurs et joie. Tel est le cirque où prit naissance la souche arverne. Tout cela engendre une superstition du paysage, et prédispose à une sorte d'algèbre mystique, en cette terre des lumières.

Terre lumineuse, l'Auvergne des eaux et du feu central

Cette Auvergne, chère à Charles Nodier, « riche de paysages du style le plus sévère et le plus brillant, placée entre les Alpes et les Pyrénées », va promener les eaux de ses fleuves jusque sur les bords de la Méditerranée et de l'Océan. Elle y porte la fécondité avec une « physionomie mélancolique ».

Mamelons et précipices rappellent les highlands écossais, les hautes terres de l'Écosse, « mais la nature y a été plus forte, plus énergique, plus violente. Sa surface a été bouleversée par les feux de la terre. C'est en quelques endroits le cadavre d'un monde incendié. On y marche sur une terre noire, formée de charbons éteints, à travers des amas de laves gigantesques, recouvertes, çà et là, de quelques masses de verdure sombre. Elles contrastent à peine avec le reste du sol brûlé. Ses montagnes sont des volcans et leurs arbres de noirs sapins. En parcourant les chaînes de ces Vésuves apaisés, vous découvrez tout ce que la nature a créé de sublime et de terrible. Les cimes de ces monts attirent incessamment les orages, comme si, à défaut de ces foudres souterraines, dont elles sont aujourd'hui dénuées, elles allaient chercher dans la nue les foudres du ciel. C'est une succession terrible d'impressions résultant du bruit du tonnerre, du grondement profond qui glisse au milieu des obélisques de basalte, ou qui scintille à leur pointe, de l'éboulement des tours des vieux châteaux, ruinés par les ouragans et par le temps, du bouillonnement des eaux des lacs, du grondement des torrents et du fracas éternel des cascades. Il y a là des émotions pour toutes les pensées et des tableaux pour tous les pinceaux ».

Un tel passage de Nodier méritait d'être cité, parce qu'il illustre bien l'imagerie légendaire entourant ce pays, où la magnificence des sites rejoint le fantastique. Pays du formidable, de l'extraordinaire, pays aussi des Limagnes luxuriantes, pays sicilien par ses cratères.

Les phrases donnent avec peine la mesure du décor, le reflet grandiose de cette terre boursouflée, une terre striée dont le magma semble se mouvoir encore à nos yeux.

Il est vrai que la grâce des forêts, celle de cette immense pelouse, jetée par monts et par mystères, semble poser sur toutes choses un voile secret !

Par monts et par mystères ! Ces contrées sont tapissées d'obscures régions en alvéoles, comme les géodes, ces masses minérales frangées de cristaux.

La Vellavie, sœur de l'Arvernie

Merveilleux terroir où les débris féodaux ont une survie inquiétante, où le voyageur se trouve être l'hôte assouvi.

Il devra, pour être comblé, visiter le Velay, cette seconde « Arvern » celtique. La Vellavie est sœur de l'Arvernie.

Vallée des merveilles, superbe ressaut de pics échevelés, imposant promontoire de plateaux herbus, voici le Velay des pâtres où l'on entend chanter les flûteaux des bergers d'Arcadie. C'est un immense arpent de terre parsemé de sucs et de pitons noirs, un pays de pyramides ombreuses, aux clochers équivoques, aux rocs coiffés de statues géantes et de sanctuaires millénaires. Car c'est la terre des templiers et des pèlerinages, avec les secrets fermés de sa cathédrale. Mais on revient sans cesse aux origines. Le Velay, ancienne Vellavia, est-il le « Vell-Aven » ou pays des Hautes-Eaux ? Est-ce le Well-Land (terre des vaillants), comme l'écrit Savoret *(Du menhir à la croix)* ou simplement « le peuple placé sur les montagnes élevées » (du celtique *huel,* « en haut ») ?

C'est bien dans l'Olympe druidique, en effet, que semble résider l'énigme des Velaunes.

La race vellave, de souche ligure, fusionnée d'éléments celtiques, mêlée d'apports libyens et atlantes, forme une race arverno-vellave avancée, voisine des races méditerranéennes.

Boudon-Lashermes, le savant ethnologue, parlait pour son pays des influences phocéennes marseillaises. Au IIIe siècle avant Jésus-Christ, Ligures, Gaulois et Ibères virent monter des rivages provençaux, par la route grecque, ceux de Crète et de Pergame, porteurs de « la main de bronze ».

La situation du Velay, au croisement des trois grandes routes de la Gaule, valut au Puy-en-Velay de devenir, un temps, la capitale religieuse et littéraire de la France.

Car la clé du Velay réside essentiellement dans son destin religieux.

Les sanctuaires y sont loin d'être seulement chrétiens. Les sources païennes y coulent à la manière d'un filet d'eau qu'a repris le christianisme des premiers âges.

« Le peuple arverno-vellave, écrit M. Marignan, a des mœurs propres, un caractère propre, des dieux à lui. Il est seul en France à avoir conservé l'exploitation du sol sans *Dorf*. On retrouve le *Dorf* partout, tant au Nord qu'au Languedoc. On ne le trouve jamais chez lui. Il est le seul à avoir gardé intact le souvenir de ses fontaines, de toutes ses pierres, de tous ses rochers. Ailleurs il a pu survivre un ou deux lieux sacrés, chez lui, ils sont légion. »

Pays de la Vierge noire, issue de la « Virgo paritura » des Gaulois, la montagne vellave, avec ses chibottes ligures et sa « pierre des fièvres » – le dolmen devenu autel –, c'est la montagne prophétique par excellence.

Nous tâcherons d'entrer dans ses arcanes. La moindre parcelle du territoire vellave tresse avec les cieux un lien mystérieux.

Le Velay s'était dégagé de l'hégémonie des Arvernes, quand les Romains vainqueurs délivrèrent aux Auvergnats le titre de peuple libre. Quittant Gergovie pour Augustonemetum, leur nouvelle capitale, après la conquête romaine, les Arvernes de Celtil et de Vercingétorix abandonnèrent leurs dieux gaulois au profit des dieux latins. Teutates s'éclipsa devant Mercure. Le sommet du puy de Dôme faisait trôner, au Ier siècle avant Jésus-Christ, un temple consacré au Mercure du Dôme, avec la statue colossale du sculpteur Zénodore.

A l'instar des rocs du Puy-en-Velay, cimés de statues, le puy de Dôme fut un centre religieux. Le temple de Vasso Galate s'élevait sur l'actuel quartier de Jaude. Les divinités des eaux et des sources furent longtemps adorées par l'ancêtre auvergnat inspiré du Celte.

Quand le christianisme pénétrera en Auvergne, l'accentuation de l'emprise religieuse se fera. L'Église naissante aura ses martyrs. Sur les mégalithes se posera la croix. Dès lors, succédant aux brumes de la préhistoire, les nouveaux rites prendront l'allure d'une institution.

D'or au gonfanon de gueules, frangé de sinople

Le blason d'Auvergne porte un gonfanon à trois étoiles. Par définition le gonfanon est une bannière de guerre faite d'une bandelette à plusieurs pendants en pointe, qu'on suspendait à une lance.

Ce gonfanon que les chevaliers faisaient flotter au vent, en chevauchant devant leur corps de bataille, ce n'est pas seulement l'étendard de combat des années 1610.

Ce sont des armes parlantes dont l'origine est bien plus accomplie. Ses couleurs, mieux que sa forme, nous intéressent pour l'histoire secrète de l'Auvergne. Elles sont « de gueules », c'est-à-dire rouges.

Le rouge a couleur de sang, une couleur très répandue dans les pays occitans. Le sang est agressivité, fer ou amour. La symbolique du Moyen Age considérait le rouge noirâtre comme typique du diable. Nous trouvons, en Auvergne, la magie rouge à côté de la magie noire, quand elle est sanglante. Mais le « rubeus » géomancique symbolise aussi le feu des volcans. Certes la passion, la guerre, la virilité sanguine des Auvergnats se retrouvent dans leurs armoiries. C'est le feu de Mars, dieu de la Guerre. Cependant beaucoup y voient, en plus du sang vermeil, l'incarnat vif de la chair, sur lequel vient errer un éternel sourire.

Ce rouge souriant, associé à l'or de l'écu, c'est le rouge de l'amour.

Certains discernent la pourpre au gonfanon d'Auvergne, c'est-à-dire un rouge foncé tirant sur le violet. Là plane le souvenir de César et de Vercingétorix, ou celui d'autres guerriers vaincus, subissant la Pax Romana. Le violet, couleur de demi-deuil, lors de la défaite, est venu rembrunir la joie des Auvergnats.

« D'or, au gonfanon de gueules, frangé de sinople. » Un tel écu exprime bien les détours de la destinée auvergnate.

Le rouge semble dominer mais, en fait, il est placé sur un champ d'or et frangé de vert, couleur de l'espérance.

C'est l'or spirituel, l'or du soleil. Comme les genêts en fleurs qui hérissent, sur les puys, leurs papillons d'or, la bannière d'Auvergne flamboie sur la montagne, à la hampe d'un royaume pacifique. La croix, fixée au fer, porte pavillon doré et son liséré miroitant l'entoure du vert, sinople des chevaleries. Et puis le vert n'est-il pas couleur de la sagesse divine en acte, de la révélation de l'amour et du printemps ? C'est Vénus ou l'initiation, c'est parfois le malheur. C'est surtout, sur la lande incendiée, dans le déroulement des bruyères, au milieu des pierres levées, le vert des pâturages déchirés, un vert complémentaire du rouge. C'est l'Auvergne émeraude des prairies et des gazons, dans un paysage étincelant d'or.

En alchimie le mariage des opposés est la doctrine secrète ou « l'art noir » qui prétend réaliser l'union des contraires. Tels l'eau et le feu, éléments très auvergnats, au terroir des « chaudes aigues ». Mais la pièce maîtresse alchimique, c'est bien l'or sur lequel brille une flamme rouge. Cette flamme, surgie au vent froid des hautes terres, a fait de l'Auvergne la fille du feu. Dans les récits populaires, cette image prend un relief singulier. A l'écoute des craquements de ses volcans, l'Auvergnat semble parler, à voix basse, du grand four alchimique, où se fait la transmutation du métal en or. C'est le Grand-Œuvre classique.

Le sang, l'or et le feu du creuset alchimique se retrouvent ainsi aux armoiries. D'or est cette Auvergne olympienne, éveillée à la féerie solaire. L'or a ses légendes, ses traditions, au pays d'Auvergne. En Velay on trouve les fondeurs de Monedeyres. Ils ont inspiré Jules Romains dans son *Cromedeyre-le-Vieil*. Les Vellaves, derrière leurs pitons coniques en forme de sucs ou de gerbiers, se sont familiarisés avec le pactole aurifère. Ici s'édifia une sorte d'Eldorado légendaire, avec les fameux laboratoires cachés dans les flancs de la montagne. Les fondeurs y ont bel et bien existé, quand les comtes de Chapteuil avaient droit de battre monnaie. Il en est resté, en Velay, ce goût de l'art des cités antiques, repliées derrière leurs barrières volcaniques. Région occitane qui s'est exercée à nier les contingences de l'histoire. La Vellavie, porte de l'Occitanie, a longtemps coulé un rêve incandescent où les dieux, groupés sous le chaume des premiers bourgs, aidaient le peuple des labours à fondre l'or dans une totale indépendance. Par les sentiers de la montagne conduisant vers les cavernes du soleil, les Auvergnats se sont montrés, eux aussi, attirés par cette magie du four alchimique.

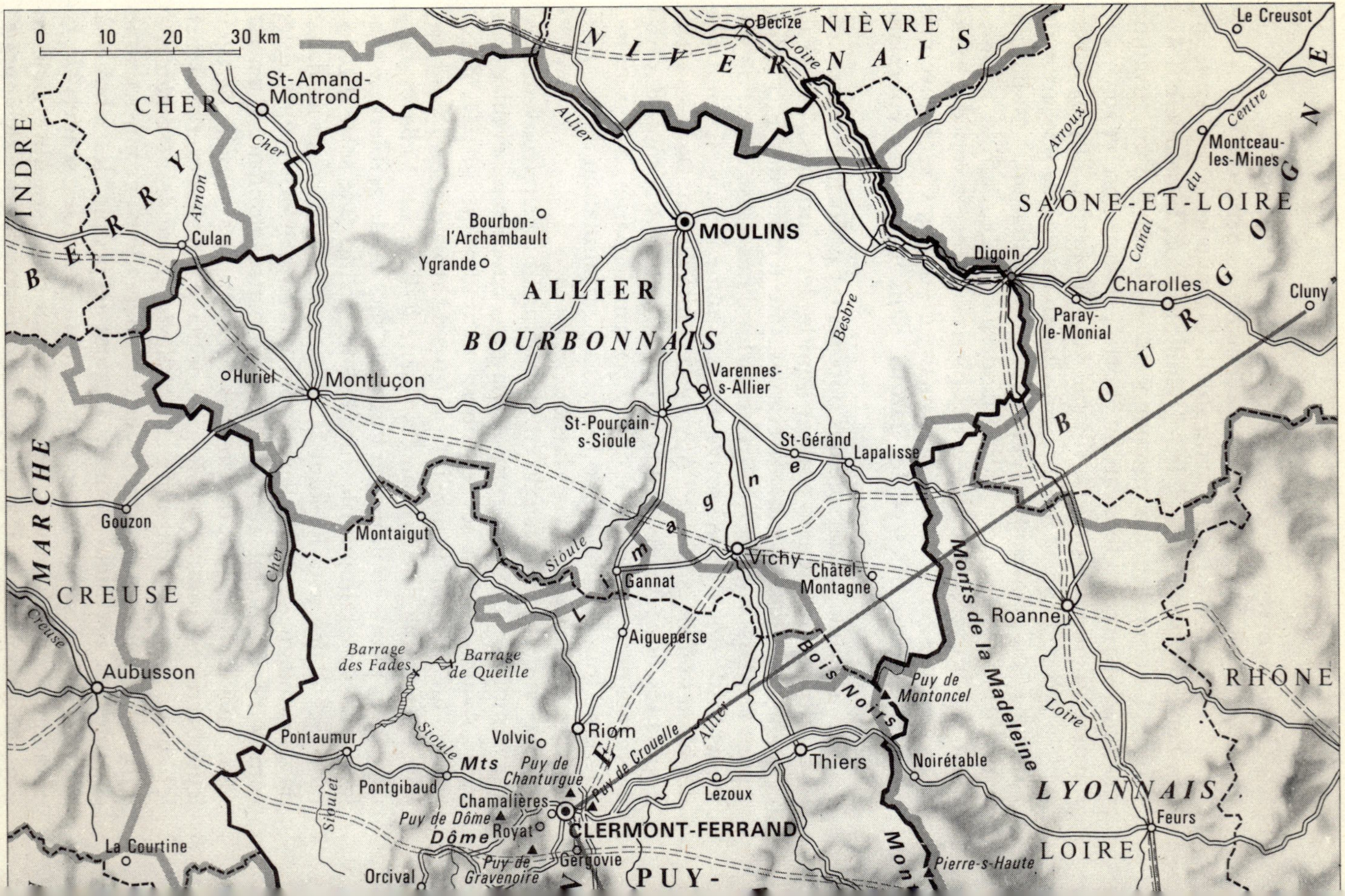

0 10 20 30 km
INDRE
CHER
BERRY
St-Amand-Montrond
Cher
Arnon
Culan
MARCHE
CREUSE
Creuse
Aubusson
La Courtine
Gouzon
Huriel
Montluçon
Montaigut
Cher
NIVERNAIS
NIÈVRE
Decize
Loire
Allier
Bourbon-l'Archambault
Ygrande
MOULINS
ALLIER
BOURBONNAIS
Varennes-s-Allier
St-Pourçain-s-Sioule
St-Gérand
Lapalisse
Besbre
Limagne
Sioule
Gannat
Vichy
Châtel-Montagne
Aigueperse
Barrage des Fades
Barrage de Queille
Riom
Volvic
Pontaumur
Sioule
Sioulet
Pontgibaud
Mts Dôme
Puy de Chanturgue
Chamalières
Puy de Dôme
Royat
CLERMONT-FERRAND
Puy de Crouelle
Gergovie
Puy de Gravenoire
Orcival
PUY-
Allier
Lezoux
Thiers
Bois Noirs
Puy de Montoncel
Noirétable
Pierre-s-Haute
Monts de la Madeleine
Roanne
Loire
LYONNAIS
Feurs
LOIRE
RHÔNE
SAÔNE-ET-LOIRE
BOURGOGNE
Le Creusot
Montceau-les-Mines
Canal du Centre
Arroux
Digoin
Paray-le-Monial
Charolles
Cluny

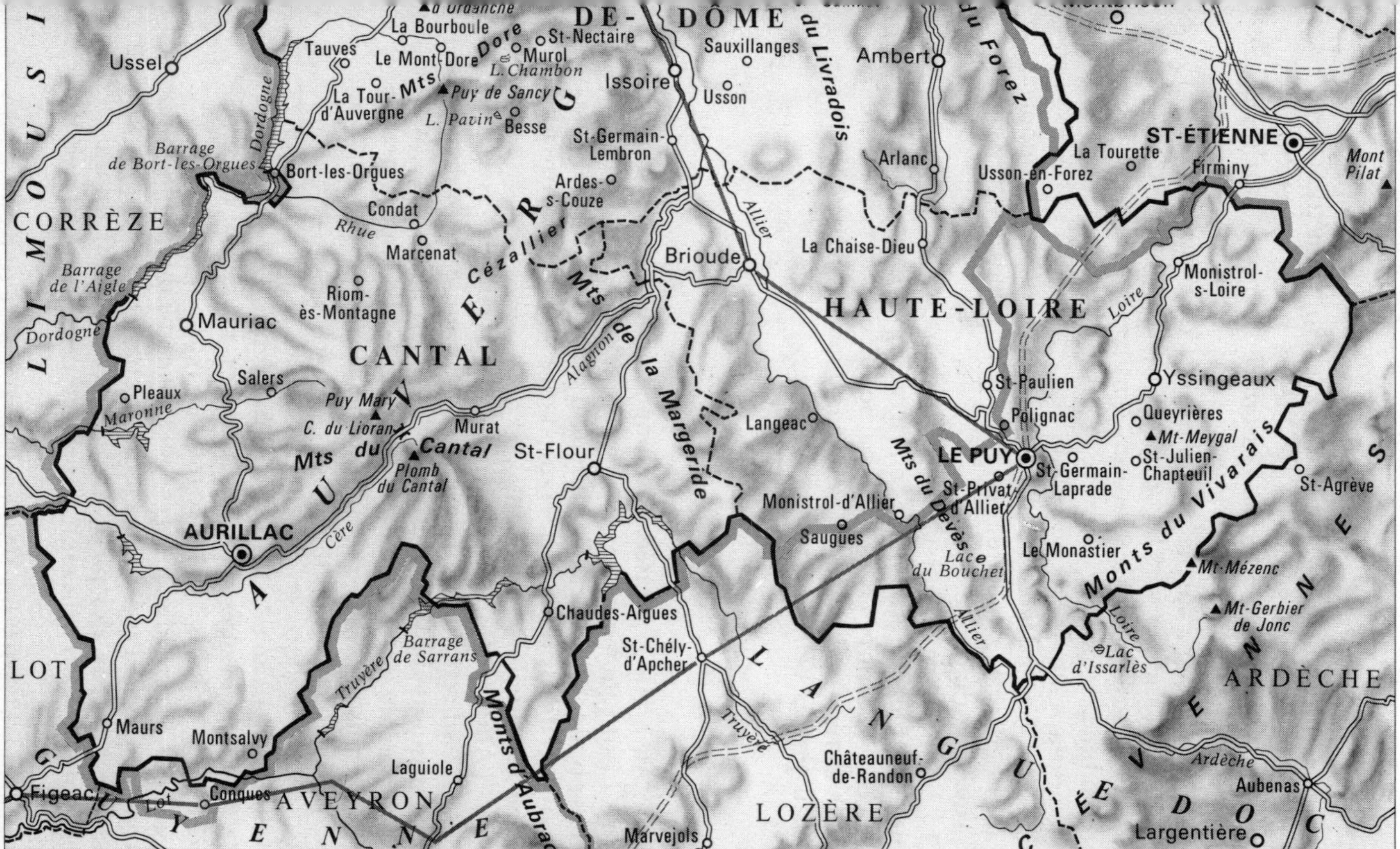

Limites des provinces sous l'Ancien régime — Limites de la circonscription d'action régionale "Auvergne"

Limites de départements — Principales voies romaines — Route du pélerinage de St-Jacques-de-Compostelle

Au pays d'Henri Pourrat, à Ambert, on les voit pénétrant dans l'antre mystérieux de la grotte de la Chèvre, pour y chercher la fameuse chèvre d'or enfouie ici. à l'instar de la chèvre Amalthée, nourrice de Jupiter.

Ainsi l'Auvergne a suscité ses chercheurs d'or et de lumière ; ainsi a-t-elle fait monter vers les sommets ses corneurs de trompe allant saluer les solstices et les aurores. Ainsi garde-t-elle à la fois, comme symbole, le noir des laves et les feux de la nuit combinés avec les faisceaux lumineux du levant.

Mais que vienne l'aube en effet et, sur la pelouse vert sinople des grands herbages, s'épanouit, en flots de lumière, le vrai visage d'une Auvergne diaphane.

Charbonneuse mais effervescente, ténébreuse et lumineuse, invisible et visible, elle est comme ses Vierges noires, les « Maschurades », ces « Machurées », à la fois barbouillées de ténèbres, illuminées de cierges et frangées de vert. *Nigra sum sed formosa* (je suis noire mais je suis belle).

Les trois Auvergnes et l'Auvergne mystérieuse

Cette Auvergne embrasée, enveloppée de fumées et d'encens, comporte historiquement deux Auvergnes, la basse et la haute. On entend par basse Auvergne le département du Puy-de-Dôme et l'arrondissement de Brioude, en Haute-Loire. La haute Auvergne comprend essentiellement le Cantal.

Mais l'Auvergne historique englobait la cité des Arvernes, partie du Massif central, dont l'évêque deviendra le chef religieux. Partant des monts du Velay, jusqu'aux environs de Moulins, limitant les monts du Forez jusqu'à la Dordogne, elle était la grande Auvergne indistincte. Géographiquement, l'Auvergne est un colosse à trois composantes.

Mais la question se pose : qui a fait l'Auvergne, est-ce l'homme ou la nature ? Qui a fait l'Auvergne ? Les Celtes de la grande Arvernie, campés sur leurs citadelles, ou le vent qui éroda les trois cents volcans ? Les géographes répondent : il y a une Auvergne des terres sédimentaires, une Auvergne du granite et une Auvergne des laves. Par les Limagnes sont passées des populations avides, par le creux des puys, au travers du Massif central, les grands courants de civilisation, nordique et latin, ont frayé leur chemin.

Finalement, là où fut l'Auvergnat, là paraît se trouver l'Auvergne de toujours. Prenant à rebours la géographie, l'Auvergnat a suivi les sillons fertiles ou recherché les montagnes arides, car ces montagnes sèches étaient divinisées et les Auvergnats, épris de religiosité, fixèrent sur les pitons sacrés leur royaume, un royaume étrange, énigmatique... En 1062, sous le dôme fortifié du mont Mézenc, aux lisières du Velay et des Cévennes, sept chevaliers de race arverno-vellave vivaient avec leurs épouses, leurs tribus et leurs troupeaux. Ce clan celto-auvergnat avait un roi, mais un roi compagnon égalitaire. L'un d'eux, Vercassi-Vellaunus, fut cousin de Vercingétorix. Gardiennes des fleuves et des passages, ces peuplades erraient sur « les trois Auvergnes » en « parsonniers coureurs d'aventure », après avoir longtemps vécu dans un territoire borné, au sein de leurs cités interdites.

Les dômes de la France secrète et l'Auvergne profonde

Cités longtemps interdites en effet, chez ces autochtones que Chateaubriand qualifiait à son époque d'hommes indigents, amis des solitudes.

Cependant l'image doit être revisée. Si cet Auvergnat, court et trapu, s'est contenté séculairement d'enjamber ses dômes en marcheur solitaire, s'il a levé ses boucliers, voici deux mille ans, contre les Ligures, Eduens et autres intrus, il a, par la suite, exporté une véritable diaspora. Il est devenu colporteur, comme le dieu Lug, tenant sa bourse à la main droite. Dans l'album doré de ses victoires, il n'y a pas seulement sa domination sur les Allobroges, mais aussi le conquérant sans sabre et sans diadème, maquignon des lointaines foires, émigrant des Amériques ou papetier d'Ambert. Chaudronnier descendu des volcans éteints, charbonnier monté à Paris, puis devenu le bougnat richissime du boulevard, ce prolétaire des terres oubliées, ce maître loufiat a conquis la gloire du « Bougnaparte ».

Mieux, l'Auvergnat et l'Auvergne se sont intellectualisés, mais avec une culture issue à la fois des dômes et des profondeurs arverniques.

L'Arvernie, influencée par la « Province » du Midi, est restée une part de cette Occitanie qui aime parler la langue des chaumières.

Sur le velours vert des dômes et des puys se déroulent encore les complaintes patoisantes des troubadours. Leurs sirventès, portés par les ailes du renouveau occitan, cristallisent le génie d'une race.

En l'an 1000, un pape cantalien, Gerbert, fécondera, sous la tiare, une vocation d'initié, une vocation née sous la cape du berger. Ce pâtre auvergnat qui tenait une branche creuse à la main, en fixant la coupole des cieux, pouvait-il savoir qu'un jour il tiendrait la crosse du pontife ?

Tout est de la sorte étonnant en ce pays des compteurs d'étoiles, où les berceaux de Pascal et de Teilhard ont fait tanguer l'univers sur de nouveaux concepts.

L'Auvergne, en plus de ses visionnaires et prophètes, a ses messies modernes et ses futurologues. Dans le caravansérail politique français, l'Auvergne a su hisser au plus haut sommet ses hommes au destin secret.

Les fastes de l'Auvergne littéraire la mettent au premier rang. Dans ce monde qui respire une odeur de soufre, l'esprit d'Auvergne envoie sur la panique des horizons nucléaires sa narcose de violettes douces.

Sous le vent des dômes, au revers des collines fauves, l'âme profonde d'une terre intemporelle ressuscite le message venu on ne sait d'où.

Quand l'Auvergne à nouveau tremblera, le message sera perdu ou plutôt un autre prendra son vol, dans la contorsion des laves.

Mais sous le grand chapiteau du temps, l'Auvergne aura longtemps ses secrets, ses cultes effacés, ses lumières et ses volcans.

PREMIÈRE PARTIE

La longue marche vers l'Arvernie

1.

Les temps de la main de bronze et du fer

Le siècle des ténèbres

La race arverno-vellave, des origines du pays jusqu'à la fin de sa préhistoire, c'est une race sans cesse ballottée sur les hauts rebords de son île agitée. Nomades, les Arverno-Vellaves suivront les replis de cet immense ressac. Aux portes de l'infini, l'Auvergne avait surgi, à côté du système alpin, ceinturée de ses montagnes sauvages. Maintenant, au sortir des périodes chelléennes, moustérienne, interglaciaire et cambrienne, on voit des populations mouvantes s'adapter au climat. A Saint-Didier-en-Velay, une grotte témoigne, comme une crypte, du passé magdalénien. Découverte en 1946, à La Paulière, sur une cinquantaine de mètres, elle s'est refermée dans son mystère. Une maison, bâtie sur l'entrée, mura cet orifice derrière lequel semble habiter un univers inversé. Ainsi les Égyptiens appelaient-ils ce monde souterrain des « demeures inversées » où l'on entre avec l'âge des métaux.

Nous pourrions citer d'autres exemples, mais cette partie doit aborder les temps de la main de bronze et du fer. Un peuple composite a surgi. Voici le brassage de Ligures, d'Atlantes, de Gaulois, d'Ibères et de Smyrniotes. Les Ligures, accrochés aux grottes du Massif central, frappent monnaie. Les Celtes, cohabitant avec les derniers néolithiques, président à l'âge du bronze. Boudon-Lashermes place à cette époque la première race arverno-vellave, au nord du Velay actuel. Elle s'étend jusqu'en Nivernais et Berry. Sa capitale est Vellonaudunum (la forteresse des Vellaves). On croit identifier cette cité près d'Orléans, au nord de Cosne. Mais la grande Auvergne, avant d'être frappée du timbre celtique, perce à travers les brumes d'une préhistoire vague. On cherche vainement, dans le « champ des Morts », son premier souffle bourbonnais. Les volcans du feu central ont tant soulevé l'Auvergne qu'elle se pose toujours ses propres énigmes dans l'Etna cantalien, ce pilier central, haut de 3 000 mètres. Le centre physique de la haute Auvergne est sur les versants occidentaux et méridionaux du Massif central. Vous trouverez le centre humain de la basse Auvergne en Limagne. Mais si l'homme adhère au physique géographique, il fait comme Œdipe. Il cherche à résoudre la question de ses origines. De même, pèlerin de l'abstrait, l'Auvergnat tente de se désigner lui-même dans cette charade impénétrable de silex éclatés, de pierres polies et de galets gravés. Univers vaporeux de vingt-six menhirs et de trente-quatre dolmens. Un nombre d'ailleurs incertain. Bien sûr, il a trouvé l'or et l'argent, puis le cuivre, l'étain et le bronze. Pourtant, entre ses marteaux et ses enclumes, l'Auvergnat, cet inconnu, reste parfois indéchiffrable. Il est, au siècle des ténèbres, l'insondable roi d'une terre des mystères.

Terres sans frontières et peuples sans royaumes

Auvergne doublement mystérieuse quand on l'identifie à la « Gallia Graeca » de Vetters [1]. En réalité, les frontières de pénétration des peuplades arrivées en Auvergne ne sont guère connues. La science officielle hésite. Le mont sacré du Mézenc semble relever des Helviens, alliés et voisins des Arvernes, mais il apparaît comme le bornage d'un monde bien à part. A l'autre bout, l'Arvernia se trouve limitée par le Berry et le Bourbonnais, mais, là aussi, les découvertes de Glozel viennent épaissir le mystère. Des glozéliens résolus affirment qu'ici l'Auvergne fut le berceau de l'écriture. Peut-être en cet endroit son peuple primitif s'est-il affirmé. Cependant, semble-t-il, les premiers chasseurs ne sont apparus en Auvergne que dans les quinze millénaires avant notre ère. C'est donc aux profondeurs de l'histoire que l'Auvergne recule ses limites.

Les grands courants de civilisation ont brisé les frontières naturelles. Alors se confirme bien que l'Auvergne se trouvera là où se trouve l'Auvergnat primitif. Il est sur les rives de la Cère, dans la vallée de l'Alagnon ou dans les flancs de son piédestal : le puy de Dôme. Court et trapu, homme des terres bossues, pour reprendre une expression d'Alexandre Vialatte, il survit dans les abris sous

1. Vetters, *In Ogam,* p. 24.

roche, avec son dieu Lug et ses bourrées immémoriales. Si le climat devient plus chaud et fixateur, dans les 8 000 ans avant Jésus-Christ, on connaît mal la transition de ses différentes civilisations. L'âge du fer semble avoir fixé un type d'Auvergnat. Mais bientôt il devient coureur d'aventures. Est-ce la diaspora des Auvergnats qui commence ? Colporteur éternel, étameur et vendeur, le natif d'Auvergne parcourt l'Espagne à dos d'âne ou s'en va porter ses pierres en Afrique. Ce migrateur a pourtant gardé l'instinct de la tribu. Il étreint au loin le souvenir de ses fontaines sacrées. Il est l'enfant ambulant de ses montagnes divinisées : les dômes et les puys. Il y a de l'âme grecque sous sa carcasse. Sidoine Apollinaire, lui cherchant une parenté troyenne, le déclare *« issu des Grecs »* (II, 185). Boudon-Lashermes le fait descendre de Pergame, pas loin de Troie. C'est peut-être à ces origines qu'on doit rattacher le goût du négoce. Certains ont voulu voir dans l'Auvergne une « terre flottante comme la Germanie [1] » une planèze centrale, une sorte de peuple sans royaume. Certes, par le terme d'Arvernes, on entend les Arverno-Vellaves, les Gabales, les Ruthènes et Cadurques, depuis Strabon qui écrivait [2] : *« Propagaverunt Arverni suam dominationem usque Narbonem et fines Massiliensis nationis, gentesque ad Pyreneum atque Rhodanum et Oceanum subegerunt. »* Ce géographe, un siècle avant Jésus-Christ, nous montre ainsi la course des Auvergnats jusqu'à Narbonne, Marseille, jusque vers les Pyrénées, le pays rhodanien et l'Océan. Mais ce n'étaient là que des pointes.

L'énigme de la main de bronze

Si l'on en croit certains historiens, les Crétois et les Grecs firent mieux que ces pointes. Drapé dans le fond de son palais du Labyrinthe, voici leur roi, Minos. Il ne se contente pas d'y enfermer Dédale et son fils Icare. Il envoie aussi des navigateurs lointains pour briser la barque des pirates. Il pousse l'expédition crétoise, tout au long de la route grecque, jusqu'au pays d'Auvergne. Ainsi sera scellée cette amitié des enfants de l'Hellade et de l'Arvernie. Nos aïeux recevront alors la fameuse « main de bronze », leur octroyant le connubium. Les Grecs offrirent à nos pères ce symbole d'amitié, cinq siècles avant la naissance de César, note Boudon-Lashermes. C'est avec les Grecs, fondateurs présumés de Marseille,

1. RÉGIS SAHUC, *Terre occitane,* Imprimerie Jeanne d'Arc, 1965.
2. STRABON, *Géographie,* Livre IV.

que l'Auvergne et sa sœur, la Vellavie, prendront un visage naissant, au croisement des routes de la grande Gaule. Bénéficiant de la civilisation hellénique, le peuple arverno-vellave, déjà allié avec les Crétois et les Phocéens, s'est fait un ami qui vient de loin. Derrière le paysage tabulaire de la haute Cévenne, aux confins du Velay-Vivarais, surgit cet ami voyageur, antérieur au proconsul. Porteur de la hache du sanctuaire de Minos, il trace une piste encore repérable. Elle serpente, sur la route d'Anis, vers Le Puy moderne. Nous y trouverons la fréquence d'inscriptions lapidaires. Des chibottes s'y dressent, pareilles aux « capitelles » nîmoises. Les messagers crétois et phocéen se sont mis en route pour l'embouchure de la Loire et les îles de l'étain. Longeant la côte provençale, ils ont suivi la contorsion des laves, entre les cornes du mont Mézenc, dans un no man's land raccordant la Cévenne à l'Auvergne chevelue. C'est ici la « route du Pal » dont parleront Amédée Thierry et Jullian. Plus riches que les Ligures et leurs roitelets, les chefs arverno-vellaves, curieux de toute chose et fort hospitaliers, sont reconnus comme des « Philhellènes ». Dynastes de l'intérieur, établissant avec le négociant grec des contrats d'hospitalité, « ils reçoivent des symboles d'entente : mains de bronze, fétiches, etc. » On trouvera une inscription sur une main de bronze amputée au poignet. Elle porte ces mots, traduits par Jullian : « Il s'agit ici des Vellavi du Velay qui tenaient la route du Pal. » Le pouce indicateur se joint à l'index pour montrer le chemin. Les autres doigts sont coupés, sauf l'annulaire. Cette main de bronze est, pour les Arverno-Vellaves, le premier geste d'un guide mystérieux pour un itinéraire sacré. Voyage secret à travers l'Auvergne visible et invisible qui nous vaudra ce commentaire de Malègue : « Cette main symbolique, si bien et si délicatement dessinée, si heureusement coulée, ne vient pas de la mutilation d'une statue ; elle a été jetée seule dans le moule. C'est une œuvre entière, un gage d'amitié offert aux Vellaves. »

Symbole étrange que cette main de bronze au médius brisé. Quel message portait son inscription énigmatique ? A qui allait véritablement ce message ?

Le mot « sumbolon », inscrit dans la main, évoquerait une coutume des Grecs. Il concernerait un objet brisé dont « deux hôtes conservaient chacun une moitié ». Rapprochées, ces deux parties étaient le signe de reconnaissance, le mot de passe. Ceux qui en étaient porteurs prouvaient ainsi leurs relations d'hospitalité. Une sorte de pièce d'identité. « Ils n'est pas invraisemblable de songer que les deux doigts absents ont été brisés volontairement, afin que leur adaptation exacte pût permettre d'identifier les députés qui devaient s'en munir pour attester le bien-fondé de leur mission [1]. » Cette main d'airain, trouvée dans le cabinet d'un antiquaire marseillais en 1917, provenait sans doute de la colonie phocéenne fondatrice de Marseille. Adressée aux « Oueleunious », peuple mystérieux, elle était, selon Jullian, destinée aux Vélaunes des Cévennes. Le célèbre historien voit là un gage d'alliance conclue entre la colonie grecque marseillaise et les Arverno-Vellaves. Ainsi s'expliquerait mieux le langage inscrit en caractère grecs dans la paume de cette main. Les Celtes, familiarisés avec ces caractères, auraient pu lire facilement le message. « La main symbolique de bronze qui s'ouvre en un geste d'invitation, large et franc, revêt toute la signification que nos ancêtres celtes lui attribuaient : elle marque l'alliance de tous les amis de la culture hellénique et latine avec les fils du Velay », écrira un rédacteur de *Terroirs*. Or le Velay gallo-grec est le seuil de l'Auvergne.

Le Velay gallo-grec

Entre la « Province » romaine et la Gaule libre, l'érudit chercheur interroge donc ces chemins hésitants que tracèrent les Phocéens de Marseille, cinq cents ans avant l'ère chrétienne. Cette route grecque semble être la voie choisie par les Crétois 3 500 années en arrière.

Quel pouvoir secret poussait les uns et les autres sur la piste inconnue ? Était-ce l'effet d'un inconscient collectif ? Ou bien la route adoptée s'imposait-elle à l'homme comme le piétinement des troupeaux qui suivent les *drayos*, ces chemins de nulle part ? Peut-être, sans connivence des lieux, le migrateur obéissait-il simplement à la technique. Technique des promoteurs grecs, rêvant, à Massilia, d'ambre et d'étain... Menés par ce rêve, ou agités d'une pulsion obscure, ils déploieront leur commerce ambulant jusqu'en Bretagne. Cet itinéraire remontait le Rhône, ce fleuve-dieu qui permit à César de franchir l'affreux rempart des Cévennes. Mais il émergeait aussi vers la voie du dieu Abélios, sur le plateau de Sant-Abélio, à la limite de deux mondes longtemps interdits, celui des Helviens et celui des Arvernes. Ce passage, quelques érudits affirment l'avoir repéré entre le château ardéchois de Géorand et Saint-Germain-Laprade, bourgade vellave. Autour du mystérieux camp d'Antoune, bien au-dessus de Montpezat et jusque vers Usson, bref

1. *Terroirs,* janvier 1937 (organe régionaliste).

entre Vivarais et Auvergne, de lacet en lacet, par le col de Maruse, mille fragments de pistes oubliées s'offrent au curieux de l'histoire. Telles bornes, marquées de caractères grecs, telles statuettes, trouvées dans un oratoire, parsèment ces rampes herbues, depuis le col de l'Amarugier jusqu'à l'Alligier (Al-Liger : la montagne de la Loire ou de l'eau). Explorant les alentours du Mézenc, le massif « roi des Cévennes », les passionnés de l'archéologie ont piétiné sur la voie phocéenne, depuis le col du Pal et le suc de Bauzon. Dans leur marche vers le nord, sur une estrade large de deux mètres, ils atteignaient la roche fortifiée du château des Éperviers, coiffée de ses légendes. Puis la route les emmenait vers l'emplacement du futur castel de La Fare qui sera « le château du Diable ». Mais ces voies et traverses, désertées par le temps, restent problématiques entre leurs scories et leurs bombes volcaniques. La montagne des Celtes reste muette. Nul cheminement au cœur de ces solitudes sauvages. L'humus a comblé les sentiers. Seules des pierres levées ou des croix inclinées, venues christianiser le passage, répondent à l'énigme. Où donc fut le grand chemin des caravanes grecques ? Se frayait-il une issue depuis la vallée de la Loire, jusqu'au lac d'Issarlès, pour monter à Massaboulet ? Laissait-il Le Béage pour pénétrer en Velay et poursuivre en Auvergne ? Des auberges témoignent, avec la tradition orale, que César fendit le passage à la hache, en 54 avant Jésus-Christ, pour venir surprendre l'armée arverne dans Gergovie. Image d'Épinal moins vague que les *Commentaires* du proconsul. Ce dernier affirme seulement qu'il franchit les Cévennes par cinq pieds de neige. Était-il parti d'Alba, brûla-t-il Saint-Agrève (Chinacum) ou Mézilhac ? L'imagination seule prend la dimension de ces voies perdues. Alors, si la voie romaine est elle-même introuvable, comment identifier à coup sûr la voie hellénique ? Au risque pourtant d'afficher un scepticisme systématique, on doit signaler le trajet par Arlempdes, surnommé Arx Nemetis ou sanctuaire sacré. Ici, il est des endroits qui ressemblent à la Chaussée des géants.

Au croisement des trois routes de la Gaule

Sur ce trajet d'Arlempdes semble être le chemin de grande communication qui monte vers l'Auvergne. C'est le chemin de l'étain, du moins si l'on en croit Boudon-Lashermes, avec sa théorie nouvelle jusqu'alors inexplorée par le monde savant. Arlempdes (*nemetum* désignant un sanctuaire) serait, d'après Jullian, un lieu sacré celtique. Dans le chevauchement des pitons noirs, au sein d'un paysage crépusculaire, la Loire s'est ici faufilée, conduisant vers les sanctuaires du soleil. Les marchands ne manquaient pas de suivre des chemins différents à l'aller, tandis qu'au retour, chargés de leur cargaison, ils formaient une seule caravane. Certains contempteurs de l'histoire locale sont restés d'un scepticisme presque négatif devant cette démonstration de Boudon-Lashermes. Comment, disent-ils, de tels itinéraires auraient-ils pu relier la Méditerranée à la Cornouaille ou le palais du roi Minos à l'Auvergne antique ? Il faut être prudent, mais la toponymie semble conforter, en Velay, cette longue artère gréco-phocéenne. On trouve dans l'onomastique locale la double forme du Labri ou Labro. La voie passerait proche de Mirmande, parmi les rocs taillés en forme de hache. A chaque pas se bousculent des souvenirs, le long des fermes du « Paradis » ou de « la forêt des Morts ». Des sculptures archaïques émergent des gazons râpés. Mirmande semble être un rocher fait pour Icare. Antoune, avec ses coupoles à pierres sèches, est rempli d'objets crétois aux inscriptions à peine effacées, soutient Boudon-Lashermes. Ici aboutissait le croisement des grands parcours. Couloirs naturels surplombant ou suivant le fleuve Loire. Cette route passante, l'archéologue s'efforce de la mieux connaître, depuis quelques années. Le Maître de Mercœur l'affirmait : les Arverno-Vellaves étaient beaucoup plus civilisés que les fils de la Louve, l'ayant déjà été par les Grecs. De son côté, le savant Aymard a décrit l'estrade du Puy au Forez. Deux avenues, dont l'une, au nord-est, était commune avec l'estrade de Clermont-Ferrand. Partant du Puy, la voie d'Auvergne sortait de la porte des Farges, prenait le pont d'Estroulhas, atteignait l'oratoire de la Malouteyre et Sainte-Anne, vers le col de Fix et Brioude. C'est l'occasion de mentionner l'influence religieuse dans le choix des axes. Le Puy n'était pas seulement un marché, mais avant tout un sanctuaire qualifié de « païen ». Il y avait un certain « esprit » sur ces routes. Instrument des civilisations, comme le note l'historien J. Viscomte, ce cheminement des hommes obéit à la notion du sacré, en cette période antique. La route du Pal était orientée par le lac d'Issarlès, demeure d'une divinité honorée des Celtes. Le tracé de « Sant Abélio » consignait pareillement le souvenir du dieu Abélios, Apollon gaulois. Le croisement des trois grandes routes de la Gaule, menant droit vers l'Auvergne, côtoyait, depuis l'abbaye future de Bonnefoy, le pays des bonnes fées, une région faite pour l'esprit. D'Issarlès ou de Bonnefoy le tracé gagnait Le Puy, centre religieux, après avoir dévié par Arlempdes, le sanctuaire des sanctuaires. Allant vers Fix-Saint-Geneys, le col frontière entre

Auvergne et Velay, la route a laissé sur ses abords des précieux vestiges, par exemple des bijoux d'or, au sommet de la montée des Capucins ou bien une épée aux Brus, près du Puy-en-Velay. Autant de témoins archaïques ou d'objets rituels, dans le périmètre des sources, depuis la source même de la Loire, où l'Aygue-négro trahit « une frontière des dieux ». Ainsi le peuple arverno-vellave a scellé ses origines, marqué ses tendances au cours de son acheminement. De lieue en lieue, dans ses étapes, le long des contreforts ou des laves indomptées, se sont créés, vers l'Arvernie, les chemins pavés (les « cami ferrat »), infléchissant leurs tronçons, au gré des convulsions ; mais aussi, à l'exigence des rites, les carrefours des voies servaient de quête spirituelle. Des lignes de force ont présidé au croisement de ces nombreux types de « quadrefouches » auvergnates (dérivé du *quadrifurcus*). Chargés d'un potentiel légendaire, à la fois mystique et magique, les carrefours d'Auvergne, tantôt bénéfiques, tantôt maléfiques, se sont vu consacrés par un temple, une chapelle, avant d'être exorcisés. Ici les tribus ambulantes se sont croisées, ici l'homme s'est posé la question, en la posant aux autres : quel est donc le pays d'où je viens ? Et toi, quel est le pays d'où tu viens ?

Le pays d'où je viens

Car une civilisation perdue respire dans nos êtres. Elle resurgit comme une source qui reparaît en surface, après un trajet souterrain. Ces points d'émergence, à la manière des sources vauclusiennes, l'Auvergne du passé en est parsemée sur sa vieille carte. Jaillissement continu, dont on ne peut sécher la résurgence, disait Gide. Résurgence qui s'applique à nos racines de terroir. L'Auvergnat viendra à se nourrir un jour de ce terreau, quand lui manquera la tradition. Le chemineau des petits sentiers et le voyageur des grands carrefours devaient ressentir d'autant cette hérédité irrépressible, lorsqu'ils remontaient la route grecque. L'Auvergne, au nœud des trois grandes routes de la Gaule, se sent toujours habitée par ses aspirations d'autrefois, par la croyance en Dieu ou dans ses dieux. Au milieu de ce monde mécanisé, s'il vient à s'arrêter, dans sa course folle, l'Auvergnat prend le temps de s'interroger inconsciemment en se disant : Où allons-nous ? D'où venons-nous ? La réponse lui est donnée de l'intérieur par l'exigence qui l'habite. Lucain comme Sidoine Apollinaire en rapportant que les Arvernes se disaient « issus du sang d'Ilion » faisaient en leur temps la démonstration de cette quête éternelle. H. Hubert et Jullian, étudiant l'expansion gréco-celtique, intégraient une telle hypothèse, dans un processus des migrations et dans une « certaine tradition hellénique ».

« Les Anciens se faisaient une représentation ethnographique du monde, équilibrant de grands peuples barbares à la périphérie d'une terre, dont ils occupaient l'emplacement central, un emplacement privilégié des dieux. Il se produisit ainsi, chez les écrivains grecs, une soudure malheureuse entre leurs notions de Celtes et leur notion très vague d'Hyperboréens. Les géographes grecs conçurent une Celtique occupant tout le nord de l'Europe, jusqu'à la Scythie. Les Celtes en prirent alors un caractère fabuleux. Et les mythomanes n'eurent pas de peine à transposer la notion de Celtes en traditions mythologiques. Ils leur assignèrent une place dans les deux cycles à compartiment, cycle d'Hercule et cycle de Troie, donnant aux Galates, un éponyme : Galatès, fils d'Hercule et d'une Celte... Comment, dès lors, les Celtes pieux, imaginatifs, n'auraient-ils pas été enthousiasmés par une telle accession à l'amitié des dieux... C'est ainsi qu'en Gaule Eduens et Arvernes se rattachèrent à la source troyenne, reniant leur parenté d'Irlande, d'Écosse, de Galles et de Bretagne[1]. »

A côté de cette opinion se place la fameuse thèse de l' « Auvergnisé », puisée dans un fragment des premières fondations de l'évêché de Viviers. Régis Sahuc, citant ce texte, n'exclut pas que Le Béage, sur la haute Cévenne, ait servi de poste avancé aux « guerriers celtes venus de l'Arvernie ». Voici le début du fragment : *« Ego Bobo et uxor mea Eulalia et frater meus Rufinus aedificavimus ecclesia in Arverniatense* (ou Arvernatenie)... *super flumen Liger »* (Moi, Bobo et ma femme Eulalie et mon frère Ruffin avons édifié une église dans l' « Auvergnisé » aux frontières de l'Auvergne, ou des Arvernes, près du fleuve Loire).

Contrée mystérieuse, cet « Auvergnisé ». Bornage étrange, sur la steppe hivernale du Mézenc, à 1 754 mètres, derrière la corne bleue des monts. Cela repose le problème du véritable empire auvergnat, dont les frontières séculaires ont été bien mal découpées, au fil de l'épée. La plume des historiens elle-même n'y suffit. Dans le sillon où s'alignent algébriquement les mégalithes levés, il faut encore la bêche du fouilleur pour assigner à l'Auvergnat ses origines.

1. JACQUES VISCOMTE, *Le Velay,* t. II, 1975, p. 88.

Le nombril du celtisme

Pour l'instant, à l'appui des différentes interprétations, les populations non évoluées nous ont laissé peu de traces. L'industrie du bronze, seule, nous avait gratifié de trouvailles, à Corent et Manson. Là, un trésor scintillant de bracelets et de fibules, mis au jour en 1863. Aux Martres-de-Veyre, un casque de bronze ; près de Saint-Flour, des vases de bronze et des épées du premier âge du fer. Voilà quelques échantillons sporadiques. Sautant l'époque néolithique, aux nombreux gisements découverts (jade, ambre, silex, grattoirs), nous voici, au-delà de l'invasion des Ibères et des Ligures, avec les arrivants celtes.

L'Auvergne, devant l'épée celtique, se retire sur le haut de ses villes sacrées : Nemausos (l'ancien Clermont), Gergovie, Le Puy, etc. Bientôt les défenseurs se fondent avec l'envahisseur. Ainsi naissait la peuplade celtique des futurs Arvernes, voisins des Ségusiaves du Forez, des Rutènes de Rodez, des Cadurques de Cahors et des Lémovices de Limoges. On peut dire que l'Auvergne devient alors le nombril du celtisme. Virgile a décrit la magnificence des princes arvernes à la chevelure dorée, portant la « tunique d'or et le manteau rayé de mille couleurs ». Les fastes de Luern et Bituit, roitelets d'Auvergne, nous les montrent, jetant à pleines mains l'or des conquêtes, « espandant çà et là de l'argent, que ceux qui suivaient leur char pouvaient ramasser ». Fauchet [1], rapportant le geste de ces princes pécunieux, dans ses *Antiquités gauloises et françaises,* les dépeint avec leurs casques lamés d'or, sur leurs chars de guerre appelé « carrus » ou « rheda ». Bituit, défait « aux confluans de l'Isaire et du Rhosne », fut battu avec « les chiens de son armée » qu'il avait su enrégimenter. On rapporte l'effroi des chevaux gaulois, face aux éléphants de l'armée romaine. Bituit laissa sur le terrain 150 000 hommes. Éblouie de sa propre hégémonie et faisant ombre aux Allobroges, l'Auvergne celtique descendra jusqu'aux plaines de Languedoc, où Hasdrubal de Carthage se heurtera à son espace vital. Dans ces périples, les Celtes arvernes emportent avec eux leurs dieux traditionnels : Taranis, dieu de la Foudre, l'inséparable Lug, dieu de l'Astuce et des Arts... Tout un album doré de divinités qui sont censées monter au combat avec les meutes de chiens en cohue. Cette fresque, où manque Sirona, la déesse de la

1. BOUDON-LASHERMES, *Le Velay gallo-grec.*

Lune, doit être complétée par le dieu dispensateur des richesses, Cernunnos, tandis que Bellen, dieu des Sources, escorte le suprême Teutatès. Gardien des chemins, trônant sur les autels du puy de Dôme, ce fort entre les forts, sur sa montagne à sacrifices, reçoit les victimes qu'on lui égorge. Ainsi, au mont Dumias, désignation celtique du mont Dôme, l'Arvernie religieuse allume-t-elle ses premiers foyers, d'où rayonnera l'esprit de Mercure.

2.

Temples et volcans
Sanctuaires préhistoriques

Le mont Dumias ou mont Dôme, montagne de Teutatès

La voilà bien cette « montagne haute » trônant sur les soixante volcans alentour. Suspendue au-dessus des vésuves, elle en est la reine. Jean Rieuf, parlant des contemplateurs de ce « mont royal », écrit : « Les hommes qui vivaient là, dans la vallée de l'Alagnon, il y a plus de trois cent mille ans, ont vu se terminer le travail de modelé de nos vallées et le rajeunissement de nos montagnes. Se tournant alors vers les monts Dôme, ils ont pu apercevoir, dans le lointain, les deux derniers volcans d'Auvergne encore en feu, ceux de Crouelle et de Gravenoire. »

Montaigne appelle le puy de Dôme le « mont Doume ». Debout, pelé, enflé d'une blanche dômite, ce mont Doume est une coupole faite pour les dieux. Culminant à 1 465 mètres, il est une sorte de Machupichu. Mais à l'origine il était un haut lieu sans temple ni marches. Les druides répandaient à nu, sur la robe verte du mont, le sang de leurs victimes. On brûlait au vent les idoles d'osier, dans lesquelles étaient enfermées les personnes sacrifiées. Les sacrificateurs croyaient à l'immortalité de l'âme, à la métempsychose et donc aux peines, comme aux récompenses. Rendant un culte aux fleuves, aux montagnes et au tonnerre, ils étaient ici, sur ce piédestal, les prêtres suprêmes du plus grand de leurs dieux, Teutatès. Au sud, la chaîne des puys offrait quatre-vingts volcans à leurs yeux éblouis, tandis que les pentes escarpées du levant dressaient un paysage magique. Au loin la Limagne, à leurs pieds, Nemheid, l'ancienne colline inspirée de Clermont. Baptisée par les druides « éminence boisée », elle fut vraisemblablement le centre religieux d'en bas, tandis que les hauts du puy de Dôme étaient le phare d'en haut. Teutatès préside, entre les nuages, au commerce, à l'intelligence. Il descend aux Enfers les âmes des morts. Mais autant que le gui, symbole curatif, le javelot, symbole de la guerre, accompagne Teutatès. Alors tombe la faucille d'or qui cueillait le gui, dans la nuit de la sixième lune, après le solstice d'hiver. L'arme de combat, si l'on en croit Jules César, prédominera. A tel point que l'Auvergne, « fille de Teutatès », acceptera volontiers de voir romaniser son dieu gaulois, à condition de lui voir élever un temple-forteresse. Devenu Mercurius Arvernus, Teutatès siégera désormais sur d'imposants escaliers qui grimpent aux flancs de la montagne. Le nouveau Mercure du Dôme (ou Mercurius Dumias), à la fois Mars et Jupiter, par une sorte de syncrétisme religieux, glorifie la victoire et protège les voyageurs, tout en étant le dieu des Voleurs. Abandonnant le tonnerre grondant de Teutatès, face à la chaîne sublime des puys, il reçoit d'Apollon la science prophétique, en échange d'une lyre. On lui construit une statue gigantesque, la plus grande jamais admirée par les Gaulois. Sur des blocs cyclopéens, tirés des puys voisins, le Clierzou et l'Aumône, le sculpteur Zénodore élève un colosse de bronze. Pline l'Ancien assure que sa fonte dura dix ans. Prix : quarante millions de sesterces (dix millions de francs-or) ; hauteur : entre vingt et quarante mètres. Le sculpteur grec ne quitta le puy de Dôme qu'une fois son géant mis en place. Trois mille mètres carrés de vastes escaliers et de terrasses, à ciel ouvert. Boutiques, hôtelleries et autres sanctuaires échelonnés au pied du puy couvraient la montagne sainte. On y vint de loin. Pèlerinage réputé d'Occident, il attira jusqu'aux Italiens, fils des vainqueurs de Gergovie. On montre, à La Tourette-d'Enval, des emplacements d'un autre sanctuaire dédié à Mercure. Il est vrai que son renom allait jusqu'aux rives du Danube. N'a-t-on pas la trace d'un Mercurius Arvernus en Rhénanie, sur les bords du Rhin, sans parler du Limbourg et de la basse Meuse ?

Ce Mercurius Arvernorix intrigue les historiens par sa lointaine migration. Une floraison de monts Mercure s'est épanouie dans le Centre. Il y a des Mercœur en Haute-Loire et en Corrèze, des Mercuer dans l'Ardèche, des Mercurol dans l'Allier et un puy de Mercouer au sud du Puy-de-Dôme, sur une éminence de 1 250 mètres. Alors on ne compte plus les dérivés, allant du château de Mercœur de Saint-Privat-d'Allier à celui d'Ardes-sur-Couzes, en passant par les Mercœur de Lubilhac, de Malrevers et le Mercuret de Retournac. La forêt mystérieuse de Mercoire, siège d'une abbaye au XIIIe, fut-elle sacralisée par nos ancêtres, pèlerins de l'ancien Teutatès ? Car Mercure s'entourait encore des réminiscences de son prédécesseur et aussi d'autres divinités locales. Signalons enfin, avec Jullian, le Mercurius Vindonnus, au pied du puy de Dôme. Sans doute un dieu de source.

L'énigme demeure sur l'épicentre de cette Mecque auvergnate. Certains ont même contesté l'emplacement du colosse bâti en blocs de dômite (une pierre des environs baptisée ainsi en cet honneur). Certes l'enceinte de quatre mètres entourant la montagne, avec les vestiges de soixante mètres de façade (quadrilatère de cinquante-cinq mètres sur cinquante-deux), plaide pour le sommet du puy de Dôme. Mais on est perplexe devant la provenance de soixante espèces de marbre venus des extrémités de l'Empire. Ainsi vont les nuées de l'histoire sur ce dôme souvent enveloppé de brouillard.

Le champ des morts de Glozel

Aux confins de l'Auvergne et du Bourbonnais, Glozel, petit village, pose de grandes énigmes. Voici les faits. En 1924, Émile Fradin découvre, en labourant son champ, des briques aux signes indéchiffrables. L'une de ses bêtes était disparue à mi-corps dans un trou. Le terrain avait cédé sous les pas de l'attelage. L'instituteur, M. Bert, le curé, M. Naud, puis le Dr Morlet attestèrent de l'importance du gisement. Les sommités archéologiques crièrent à la mystification. Le conservateur du musée de l'université d'Oslo, M. Bjorn écrira : « Il faut être aveugle ou malhonnête pour nier l'authenticité de Glozel. » La France se divisa en glozéliens et anti-glozéliens. Le chanoine Cote écrivit un livre : *Glozel trente ans après*. Lorsque mourut Fradin, cet ecclésiastique lui composa l'épitaphe vengeresse que voici :

A LA MÉMOIRE DE CLAUDE FRADIN, PAYSAN DE FRANCE,
ARCHÉOLOGUE MALGRÉ LUI, COMBATTANT DE LA GUERRE DES BRIQUES
ET QUI MOURUT SANS S'ÊTRE DEMANDÉ SI L'ARCHÉOLOGIE DES MANDARINS
NE SERAIT PAS UNE SCIENCE OÙ L'ON BAFOUILLE...
ENCORE PLUS QU'ON NE FOUILLE...

Au-delà de l'épitaphe et de l'anecdote, au-delà du procès pour faux intenté à Fradin, Glozel semble contenir véritablement un trésor inestimable. D'ailleurs, aux alentours de Glozel, de nouveaux vestiges sont en train de poindre sous la pioche du paysan. Il faudra réexaminer scientifiquement les galets et tablettes gravées. Sans passion ni conjuration de contre-vérité. Peut-être Glozel dérange-t-il certains pontes, dont les théories sont remises en question.

Les lointains habitants du Bourbonnais connaissaient-ils l'écriture et la sculpture voici 15 000 ans ? Nos ancêtres supérieurs ont-ils pu trouver le secret de la fusion des métaux avant l'invention de l'écriture hiératique ? Certes la connaissance du fer semble remonter à 3 000 ans environ, mais une tradition américaine et la colonne de Kutub, vieille de 4 000 ans, aux Indes, ébranlent bien des idées reçues. Une civilisation très avancée n'a-t-elle pas précédé notre époque préhistorique ? Autant de questions dans cette lutte âpre et sournoise, rappelant l'intransigeance des maîtres de Galilée.

Le champ où Fradin fit sa découverte porte un nom étrange : « Le champ des Morts ». Quelle prédestination dominait sur cette vieille appellation ? Il est permis de rêver et surtout de mieux s'interroger sur l'écriture de Glozel.

L'Auvergne, berceau de l'écriture

Les tablettes portant des signes alphabétiformes n'ont pu être gravées par un mystificateur. Voilà ce que le monde savant a finalement reconnu. Mais il est cuisant d'abandonner le très vieil héritage oriental d'une écriture venant des Phéniciens. Pour l'instant, les tenants du « faux » exigent encore de trouver, à Glozel, des écritures nouvelles et similaires, réparties entre moins dix mille et moins deux mille trois cents. Il suffit ensuite de pouvoir localiser ces inscriptions dans des endroits étrangers à l'influence orientale. De tels signes auraient dû être inchangés depuis le paléolithique magdalénien, jusqu'à la protohistoire et l'âge des métaux.

Et puis n'a-t-on pas brusquement découvert, en Bulgarie, lors des fouilles de Karanovo, entre 1969 et 1971, des tablettes de type glozélien ? Le mythe de Sumer allait-il donc tomber ? Pourquoi ne pas admettre que les signes de Karanovo, exhumés de la couche VI du site, ont une ressemblance indiscutable ? La grande objection est que le monde barbare aurait produit ces figures schématisées, ces représentations humaines de bras repliés sur l'abdomen, etc. Une impossibilité, car de tels signes ne peuvent se réclamer d'aucune influence orientale, répliquent les incrédules. La sacro-sainte influence orientale refoule donc tout ce qui ne commence pas à Sumer. D'autres signes ont été repérés sur un des colosses de San

Agustin, en Bolivie. Signalés par Pierre Carnac[1], ils s'apparentent à ceux de Glozel relevés par le Dr Morlet. Cet auteur observe d'ailleurs que ces écritures sont liées à la civilisation des mégalithes.

Sans conclure sur le fond, mais en faisant des réserves sur les méthodologies, peut-on parler d'une conspiration du silence ? Si la thèse des glozéliens vient à se confirmer pleinement, le centre de la France aura connu un peuple évolué, avec son alphabet...

Et comme nos modernes régionalistes placent le Bourbonnais en Auvergne, on pourra dire que la vieille Arvernie fut le berceau de l'écriture.

En attendant, l'interrogation reste. Sur tout cela joue une clarté vague, celle de l'Auvergne secrète. Si Glozel ne relève pas de la préhistoire, il relève bien du mystère et non de la mystification.

La civilisation de Glozel (3 000 ans avant Jésus-Christ ?) a simplement besoin de lumières.

La race arverno-vellave et les rites préchrétiens

« Nous sortons d'une souche extrêmement antique et, parce qu'antique, extrêmement attachée à tout ce qui rappelle le passé. C'est pour cela qu'elle a conservé, jusqu'à nos jours, des rites préchrétiens qu'on ne retrouve nulle autre part : la pierre de la Trinité, à Cusse ; la Fontaine parlante, à Raffy ; Saint-Guignefort, au camp des Barrys ; le mont Lĕkous, au Mézenc... C'est pour cela qu'elle a gardé jalousement, en plein vingtième siècle, les prénoms ahurissants qu'elle est seule à porter : Clovis Souteyran, Clodomir Sahuc, Protésie Albert, Chilpéric Roux, Éric Mercier, etc. Ces noms, quasi préhistoriques, sont, chez nous, une tradition de la race qui resta éperdument attachée à son passé[2]. »

Ainsi parlent nos meilleurs érudits d'Auvergne.

Des puys de l'Auvergne au Puy-en-Velay l'hagiographie s'est nourrie de la tradition dite « païenne ». Les théologiens en conviennent : il est des lieux où le culte ne s'efface pas. Tel pèlerinage chrétien ne fait que succéder à tel sanctuaire païen. Dans Clermont, l'église de Notre-Dame-du-Port est un exemple. Ce nom de Port dérive, pour les uns, de *portus*. Le latin marquerait ici un lieu de transit des caravanes marchandes. Pour les autres, il s'agit d'une

1. *L'histoire commence à Bimini*, Éd. Robert Laffont, « Les Énigmes de l'Univers ».

2. Boudon-Lashermes, *op. cit.*, p. 21.

origine celtique. A cet endroit s'écoulait une source marécageuse. On montre, dans la crypte, un puits de trois mètres cinquante de profondeur. Peut-être saint Avit, le constructeur, choisit-il cet emplacement du puits pour édifier le sanctuaire. La source sacrée avait tant proliféré qu'elle créa ce marécage portuaire, engendrant, par là même, le culte des eaux mortes, après le culte des eaux vives. Ce puits est qualifié de miraculeux, dès lors qu'on en sortit une Vierge noire, celle du Port.

Une Cybèle fontainière, affirment certains. Un ex-voto des Arvernes à leur source sacrée, affirment d'autres. Quoi qu'il en soit, l'Auvergne est remplie de cet archétype de l'espace sacré. A Lezoux, à vingt-six kilomètres à l'est de Clermont, la chapelle Saint-Jean succède à un temple où s'allumaient les feux sacrés du solstice d'été. A Orcival, à vingt-sept kilomètres au sud-ouest de Clermont, se trouve l'Ourche Val (le vallon de la source, *urs* en celtique). Là aussi une source miraculeuse, où Notre-Dame vint sécher sa soif. Bouillet appelle cet endroit « vallée de l'Enfer », par allusion au temple dédié à Pluton et Proserpine, reine des Enfers. Leurs deux effigies en relief veillaient sous une crypte de terre et sur un trône d'ébène. On a proposé enfin le val d'Orcus, le chien-ours, divinité champêtre des Gaulois. Répété à l'infini, varié mais imperturbé, le culte à un dieu ou à Dieu trouve son cercle, son intersection, dans les mêmes lieux de l'Auvergne traditionnelle. Aux abords de l'histoire, les peuples sédentarisés, liés à leur cadre de vie, divinisaient le roc, l'arbre, la source, l'animal. Mais plus encore le dieu tonnant des Auvergnats, sous l'orgue des vents, était la divinité terrible. Divinités des montagnes et des bois, divinités des volcans, dont la gueule ronflait ses imprécations. Cette fureur des « montagnes de feu » imprimait à l'Auvergne sauvage ce fluide, ce fond de religiosité qui fluait comme ses torrents impétueux toujours fidèles à leur source. Une source d'abord fine, insinuante, telle une symphonie spirituelle où baignait le celtisme des Arvernes. Sensibles aux astres, adorant l'étoile du soir ou du matin, selon Jullian[1], l'ancêtre auvergnat, épris des grands mythes, reste un être subtil. Les impondérables, l'intangible et l'invisible, comme un fil secret, nouent sa blouse faite pour flotter. Lorsqu'il passe, entre les rocs et les moraines, il est attentif au moindre bruit. Le Drac de Molompize, tourmenteur des parages cantaliens, peut surgir d'un chemin creux, cheval blanc s'allongeant en accordéon pour mieux saisir sa proie. C'est l'être fabuleux qui emporte un chevrier pour le noyer dans l'Ala-

1. *Histoire de la Gaule,* Paris, 1908, p. 142.

gnon. Fades et lutins, sorciers et loups-garous, salamandres, hiboux, chats noirs et tout un bestiaire, envoyé par la divinité ou le diable, composent ce monde remuant de l'Auvergne mystérieuse.

Une Auvergne qui lève les yeux vers le ciel, rodée par des sortilèges lointains, avant d'accéder à la christianisation.

La mêlée d'apports libyens et atlantes

Cette christianisation n'abolira pas totalement, loin s'en faut, les réminiscences préchrétiennes. Un exemple, celui des chapiteaux, où le bestiaire des Atlantes fourmille d'étranges personnages ailés. A Montaigut, dans l'église de Glaine-Montaigut, ces atlantes femelles, aux jambes retournées, terminées en feuillages, soutiennent l'entablement du chapiteau des « Sirènes ». A la manière d'Atlas, supportant le ciel sur ses épaules, les nombreux atlantes des églises d'Auvergne semblent tenir en l'air une géographie de l'imaginaire. Par simple et pure dérivation de mots[1], nous touchons ici dans un au-delà – un *Finis Terræ* – où nous passons vers le littoral des colonnes d'Hercule dans les parages de l'Atlantide. Les Atlantes comme peuple ne sont pas étrangers à l'Auvergne, selon Boudon-Lashermes. Cet auteur écrit : « Notre race est le résultat de l'heureuse fusion de diverses races antiques que des invasions successives ont rejetées du nord au sud, du sud au nord, de l'orient à l'occident et qui se sont tour à tour accrochées aux roches altières du Massif central, pour tenir tête aux envahisseurs. L'élément dominant est, en Velay, la race arverno-vellave, de souche ligure, entièrement fondue dans l'élément celtique et mêlée d'apports libyens et atlantes. » Le Dr Bachelier a beaucoup étudié les vestiges de cette race mystérieuse de l'Atlantide en Auvergne. L'analyse de la toponymie, à l'ouest de l'Auvergne, lui inspirait la conviction que des entrepôts d'une civilisation préhistorique s'y trouvaient. Quant au Maître de Mercœur il précisait ainsi sa pensée :

« Nous avons nommé les Atlantes. On discutait jusqu'à ces dernières années sur l'histoire problématique de l'Atlantide, dont un fameux texte de Platon avait conté la destruction. Un autre texte, exhumé des Pyramides, faisait des Atlantes les civilisateurs de l'Égypte. Aujourd'hui les savants travaux de l'archéologue Jürgen

1. C'est du nom de leur chef Atlas que les Atlantes tirent leur origine, prétend Bernard Marque dans *Origines linguistiques de notre pays*, Tulle, 1935.

Spanuth ne permettent plus de mettre en doute l'existence du continent disparu et laissent entendre que celui-ci, beaucoup plus vaste qu'on avait pu l'imaginer, s'élevait jusqu'au nord, vers les régions polaires englobant l'Islande, l'Héligoland, l'Irlande, l'Écosse et l'Angleterre, qui en sont les îlots survivants. Une chose est certaine : pour qu'on ait appelé de ce nom l'océan Atlantique, il faut que l'Atlantide ait existé en cet endroit... » Gaston Cohen voyait dans l'effondrement du sol avoisinant Héligoland, un cataclysme violent. Or les druides traduisent cet effondrement par l'engloutissement de l'Atlantide dans les eaux de la mer. Devant ce raz de marée « les Gaulois, voisins d'Héligoland, prirent la fuite avec leurs troupeaux, pour descendre en Europe », observe l'érudit vellave. Héligoland signifiant « l'île royale », quoi d'étonnant si Spanuth a découvert, à 9 000 kilomètres de l'île, « de vastes murailles circulaires, construites de main d'homme, correspondant aux descriptions des édifices de l'Atlantide fournies par Platon » ? Cohen, cité par Boudon, évoque les terribles secousses sismiques ravageant une large portion du territoire disparu sous les flots ; l'île sacrée des Atlantes aurait été engloutie avec ce château royal, magnifiquement orné d'or, d'argent et de cuivre. « L'on sait que Celtes et Grecs avaient conservé le souvenir d'un sanctuaire lointain, d'où leur était venu le culte d'Apollon et de Poséidon. » Au passage, signalons que Polignac, en Velay, avait sa statue d'Apollon dont il pourrait tirer son origine, selon quelques érudits.

D'autres préfèrent, avec Prosper Mérimée, une représentation de Poséidon concrétisée par un masque colossal trouvé dans la salle du donjon. Apollon et Poséidon se voient, en tout cas, réunis ici, dans la thèse des chercheurs vellaves, sous l'emblème du cygne nordique. « Au temps de leur puissance, les Atlantes, proches voisins des premiers habitants de la Gaule – puisque le littoral du continent disparu encadrait toutes les côtes françaises de Normandie, de Bretagne, de Guyenne et celles de l'Espagne –, avaient eu avec eux des rapports fréquents. C'est pourquoi nous trouvons en Velay (et en Auvergne) le culte de leur dieu Poséidon, divinité dont les rites furent conservés à la fois par les Grecs et par les Vellaves. »

Telle est l'hypothèse des apports atlantes[1] aux portes de l'Auvergne. Si l'on admet cette hypothèse, l'enchaînement est pris avec l'assertion des mêmes savants voyant un « pays arverno-vellave, aux IVe et IIIe siècles avant Jésus-Christ, dont la race fut mêlée de

1. *Velay gallo-grec, op. cit.*; *Terroirs,* années 1950 et 1951, « Les survivants de l'Atlantide », par le Dr Bachelier.

Ligures, de Gaulois et de quelques Ibères, auxquels vinrent s'ajouter des Grecs, puis des Smyrniotes ».

Constructions hâtives de l'esprit ? Engouement régionaliste ? C'est le rôle de l'hypothèse de tenter la vérité dans cette histoire secrète de l'Auvergne. Sans elle, pas de vérité féconde. Mais avec elle, aussi, induction possible en erreur. Des chercheurs comme Boudon-Lashermes, des savants, tels que Jullian, ne possédaient-ils pas, à la fois, cette méthode de travail et cette divination, cette intuition qui sont à l'origine des hypothèses lumineuses ? Leurs suggestions, une fois vérifiées, prendront valeur de loi scientifique. En attendant, les secrets de l'Auvergne reposent sous le granit, à moins qu'ils ne scintillent avec les étoiles, « comptées » par ses bergers, pour reprendre une expression chère à Jean Anglade, le romancier des *Compteurs d'étoiles*.

Les Ligures, au sud du Bourbonnais

Car si le proconsul romain souligne, dans ses *Commentaires*, que les Gaulois se vantaient surtout d'être issus du dieu Dis, dieu souterrain, il reste vrai que les Arvernes avaient une multitude de dieux, parmi lesquels ceux du Ciel et des Étoiles. Certes ils mesuraient le temps par le nombre des nuits et non par celui des jours. Dans leur dialecte on dit encore, pour exprimer le terme « aujourd'hui », l'inverse de cette signification : An Neï (cette nuit) ; en réalité il y eut coexistence des dieux du Ciel et des Enfers. Au-dessus du sous-sol infernal, les Auvergnats d'alors portaient leur regard vers Taranis, dieu du Tonnerre, vers Bellen, « l'équivalent de leur dieu Apollon, dieu de la Lumière, de la Chaleur et de la Vie[1] », adoré au Mont-Dore, à Royat, etc. ; Sirona, déesse de la Lune, déjà nommée, voisinait avec d'autres astres adorés par leurs prédécesseurs, les Ligures. Le roi des astres, le Soleil au triple disque, avait sa montagne, la fameuse « montagne des Trois-Soleils[2] », tenue par un campement de tribu ligure au mont Fulletin, aux lisières de l'Auvergne.

Nous touchons ici à l'extension de ce peuple ligure que les Romains eurent de la peine à chasser. Installés « bien au nord du Velay, jusque dans l'Yonne, ils ont laissé des noms de terroir... De ce premier amalgame, affirmé par les druides et contemporain du

1. Jean Anglade, *Histoire de l'Auvergne,* Hachette littérature, p. 28.
2. Jean Peyrard, *La Montagne des Trois Soleils,* éditions Jeanne d'Arc.

cataclysme atlante, qui aurait soulevé le raz de marée devant lequel fuyaient les Celtes, arrivés chez nous avec leurs troupeaux, serait sortie la population troglodyte du Velay, de l'Auvergne, de l'Uzège, en deçà du Rhône, etc. Ce peuple serait déjà un mélange d'autochtones d'abord, de Celtes, d'Atlantes, de Tartassides... Mais le peuple primitif qui habitait tout cet immense territoire, avant l'arrivée des Ligures et des Celtes n'avait pas été anéanti... La race arverno-vellave occupait alors, au nord du Velay, tout le Berry et le Nivernais. Sa capitale était Vellodunum (forteresse des Vellaves) près d'Orléans. Mais il se trouva qu'à peu près tout l'élément ligure fut repoussé au sud du Bourbonnais. Il remonta alors la Loire, d'Orléans à Nevers, Bourbon, etc. Ainsi les Velaunes alpins sont de la même race que les peuplades du Velay, du Gévaudan, du Rouergue, du Quercy, de l'Auvergne, du Berry, du Bourbonnais... Voilà pourquoi ces peuples dansent aujourd'hui les mêmes bourrées. » Cette opinion du Maître de Mercœur[1] nous a conduit en Bourbonnais, ancienne province du Centre, formant aujourd'hui le département de l'Allier et une partie de ceux du Puy-de-Dôme, de la Creuse et du Cher. C'était avant les Romains, le pays des Aedui et d'une partie des Bituriges Cubi. Nous sommes à la circonférence de la grande Auvergne. Revenons vers l'authentique Auvergne, sur un autre point de sa circonférence qui nous fera mieux comprendre son centre, par les Bois-Noirs et Saint-Nectaire.

Ici la pierre brute porte ses messages. Elle sert de pivot central à l'Auvergne secrète. C'est la clôture de ses portes de cyclope.

De Saint-Nectaire aux Bois-Noirs
Mégalithes et pierres à empreintes

Le pivot central, c'est peut-être le Cantal, où les tumuli foisonnent. Dans ces tumuli, le dolmen enseveli, telle une sépulture de chef, garde sa pierre tabulaire sous le sceau du secret. Entre le monde des vivants et l'au-delà, le notable du clan veille ici, continuant l'épopée celtique, à la manière d'une épopée arthurienne. On cite le champ des Tombelles, le dolmen de Frayssinet, la butte funéraire de Chalinargues, cimetières d'une sorte de Graal auvergnat et celtique, avec tout ce que ces mots sous-entendent de magique et de légendaire.

Partout le paysage semble un rappel de l'ère et du message des

1. BOUDON-LASHERMES, *op. cit.*

pierres à sépulture. A Saint-Nectaire, un dolmen célèbre, vieille tribune du temps druidique, se dresse dans le parc du casino. On a voulu honorer cette table qui semble rescapée des ruines avoisinantes. Là une cité mégalithique émerge de l'écorce auvergnate. Peut-être un collège druidique exerça-t-il, dans la cité, ses fonctions sacrées ? Vers les cascades de Saillant, aux Tauves, la pierre levée intrigue. A La Pineyre, aux trois quarts enserré dans le sol, le dolmen paraît vouloir sortir, pour s'acquitter de sa mission. Le menhir de Freydefond eut des fortunes diverses. Depuis Saint-Nectaire une procession, celle du 11 août, tenta de briser son oracle. Un menhir, christianisé par la croix de Saint-Roch, sous le temps de la peste, fit courir des foules au XVIIe, à Sachapt. On y renversera des dolmens, mais on n'a pu, semble-t-il, briser l'auréole qui les entoure, fût-elle plate, indistincte, dans un refus de s'identifier au nimbe chrétien. La région de Saint-Nectaire, à quarante et un kilomètres au sud de Clermont, relève d'un monde à part. Une certaine virginité harcèle ce pays de grottes, où les peuplades troglodytiques trouvèrent abri. Au puy de Châteauneuf, la harpe druidique, sous le manteau gaélique, vibre dans les imaginations, au sommet du roc truffé de grottes et coiffé d'un château ruiné. Chaulignac, Boissières, Rageat, au nord de Murol, des noms qui accompagnent le bruit du vent, entre la Couze de Chambon et le ruisselet de Fredet. Une féerie aux mille cordes musicales, faite de tristesse et d'un certain romantisme relevé de bruyères et de genêts dorés.

Nous voici au bord de la circonférence, vers Les Bois-Noirs. Sombres sapinières d'une frontière qui domine les plaines du Roannais et de la Limagne. Point culminant : le puy de Montoncel, à 1 287 mètres.

Nous sommes chez le soleil des druides. Un soleil qui flamboie entre les rocs étranges, dont les contours se pénombrent au loin. Ces rochers, façonnés par la nature, accusent des profils hiératiques. D'aucuns voient dans ces figures gigantesques la main de l'homme, au temps de la civilisation mégalithique. Annette Lauras-Pourrat[1] qualifie ces lieux de « nouvelle île de Pâques ». Le terme n'est pas excessif. Découpant vigoureusement leur crâne sur le rideau bleu des monts, ces statures rupestres ont parfois le regard des colosses. Telle cette « pierre aux deux yeux », à dimension humaine de géant, haute d'un mètre. Ses orbites semblent véritablement fixer le point d'un tumulus. Le charme ténébreux des Bois-Noirs a fait se rallumer cent légendes. Lyrisme des purs de la mon-

1. *Guide de l'Auvergne mystérieuse,* Ed. Tchou.

tagne. Ils sont venus longtemps ici, au matin de la Saint-Jean, voir le soleil se lever pour le solstice d'été. Réservoir des forces de la terre et des démons. Fief incontesté des fades et fées auvergnates. Elles voulurent barrer le Sichon, afin d'inonder Ferrières, le Naussac des temps obscurs. Heureusement la pierre se fendit, au lieu-dit de la Pierre Encize. On parle aussi des « Pions », cette race d'hommes venus du pays mauresque. Sous l'Empire ils refusèrent la conscription. Une tradition tenace les fait descendre des Phéniciens. Ayant suivi le tracé d'Auvergne à la Provence, par la voie marchande, ils auraient fait étape sur la route de l'étain. Étape définitive dans le secteur de Lachaux, où la rumeur des âges les taxe de « sacrificateurs » antiques.

Le regard porte son échappée jusqu'aux extrémités du Bourbonnais, si l'on scrute bien l'horizon. Triple frontière avec l'Auvergne et le Forez, le Bourbonnais trouve ici sa lisière de l'étrange. Plus avant, la vue se perd en contemplation, jusqu'aux monts du Cantal et du Velay. Patrie perdue, Montoncel sent le druide. Les têtes des dieux courbées ou redressées, entre les cornes bleues des rochers, sont muettes. Mais les voix de l'esprit semblent ordonner ces images. Aux enchantements du matin, gorgé de soleil, succèdent les silences qui parlent. Et par les nuits de tempête, les fantômes rocheux prennent un œil scrutateur. Le pied sûr, les colosses de Montoncel font exception, une seule fois avec « la pierre branlante », voisine de La Rousille. Elle bouge à minuit. Sœur des « peyres fites », des « peyres plourouses », des « peyre ficades » et des « peyres plantades », elle inscrit sa magie aux confins des trois départements, Puy-de-Dôme, Allier et Loire. Trinité que ne dédaigne pas le touriste. Lieux inspirés de l'Auvergne secrète, servant eux-mêmes de guides par leur seul envoûtement et qu'il faut aborder avec un sixième sens, comme l'écrit Aimé Michel dans sa *France secrète*.

Les hauts plateaux des Bois-Noirs prolongent les monts du Forez vers le nord. La vallée de la Besbre les sépare des monts de la Madeleine. On ne sait plus le secret des pierres à bassin répandues çà et là. Au rocher des Combeaux, à Lachaux, le bassin des Incas revient à l'esprit. En effet, comme dans le site de Chavin, des canalisations sont aménagées sous le roc. Un labyrinthe sans doute, une sorte d'aqueduc où résonne l'écho. Si l'on remplissait d'eau la cavité du roc des Combeaux, on aurait un amplificateur acoustique similaire à celui de Chavin, chez les Incas. Il suffirait de capter les sons de l'écoulement. Le professeur Livraga avait tenté cette expérience chez les Incas, cette dynastie du Pérou qui se disait issue du

Soleil. Un bruit de tonnerre s'était répercuté par les monts, à travers les orgues de pierre. La cordillère entière répondit au professeur Livraga, comme le cri du jaguar répété mille fois. Les populations s'étaient enfuies, terrifiées. Terreurs religieuses calculées. Tel pourrait être, aux Combeaux, le système d'écho voulu par les adorateurs du Soleil. Ici quelque dieu mystérieux a laissé sa griffe.

La montagne granitique des Bois-Noirs offre d'autres pierres énigmatiques. Les « chaises du roi », le « siège de la reine », la « chaire de saint Mary » et autres sièges de lutins, signés de pas de géant imprégnés dans la roche, intriguent même les incrédules. En Bourbonnais, à Chouvigny, un bassin est ménagé dans l'angle nord du menhir taillé dans le vif de la colline. Ce monolithe, placé à cent mètres de la route d'Ebreuil, à Pont-de-Menat, présente une forme quadrangulaire. Ses angles sont orientés vers les points cardinaux. On remarque un rebord déambulatoire, abordable par un escalier de trois marches. Enfin une plate-forme, rasant le sol, fixe le soleil. Dans ce menhir de porphyre rouge, dressé sur ses quatre mètres cinquante, en hauteur d'une taupinière centrée sur la vallée, les spécialistes voient les traces de cultes singuliers. Les environs de la Sioule, jusque vers Châteauneuf-les-Bains, ont d'autres menhirs frères. Mégalithes variés, alignés sur le cosmos. Toujours la tradition solaire, dans cet alignement.

Saint-Rémy-sur-Durolle, Montoncel...
L'uranium et la voie des mégalithes

Nous sommes sur la route des mégalithes de l'Auvergne, une route qui passe à Saint-Rémy-sur-Durolle, Montoncel, et court sur la chaîne des puys. Sur cette route, veine fluidique, plane l'attrait moderne de l'uranium. On admire, en ces parages, le « Ré du Sol ». Son quartz miroite jusque dans la cité de Clermont, d'où les regards avisés peuvent l'apercevoir, quand il fait soleil.

Il y aurait beaucoup à dire sur le tracé des menhirs, les dolmens et allées couvertes, les pierres à empreintes ou à bassin, tout au long des pierres branlantes. Par Noirétable, Les Bois-Noirs, Thiers, Montferrand, en laissant Billom, sur la gauche ; en partant du Puy-en-Velay, par La Voûte-sur-Loire, puis en traversant la région de Craponne, de Viverols et de Saint-Anthème, jusqu'à Ambert, en laissant à gauche Saint-Germain-l'Hermitage ; ou bien en remontant du Puy-en-Velay, vers Clermont, par Auzon, Saint-Germain-Lembron, Champeix, Saint-Saturnin ; en joignant Le

Puy-en-Velay à Murat, par Langeac, Ruynes, Saint-Flour, en laissant à gauche Chaudes-Aigues ; bref, en suivant d'autres itinéraires se croisant, depuis Riom-ès-Montagnes par Lanobre, Latour-d'Auvergne, La Bourboule, Saint-Nectaire, Le Mont-Dore, Aydat, Rochefort, Herment, etc. C'est un véritable fil d'Ariane qui nous introduit au travers du labyrinthe auvergnat. Ces phares, jalonnant tant de chemins oubliés, n'ont pas été plantés par hasard. Luminaires de pierre, symboles d'immortalité, ils portent une sorte de testament olographe sans signature, mais non sans signification. Peut-être, justement, leur toile d'araignée suit-elle la voie des marchands de l'or et de l'étain, au-delà des voies maritimes tracées par les Phéniciens de Marseille. Ceux qui les empruntèrent, après en avoir projeté la ligne, obéissaient sans doute à un réflexe millénaire. Ils arpentèrent peut-être les lignes telluriques correspondant aux constellations visibles sur l'Auvergne, à telle date et telle heure. Le message de la coupole céleste servait de calque à leurs parcours. Une étude en ce domaine, notamment sur la trajectoire du chemin de Saint-Jacques-de-Compostelle, permettrait de crayonner la carte spirituelle de l'Auvergne. Car la route mégalithique obéit à une technique de la pensée, mais aussi à l'essor de quelque spiritualité perdue. Nous y reviendrons avec les repaires templiers. Il y a parenté, en effet, entre l'Auvergne mégalithique et celle des templiers. Par anticipation et puisque nous sommes dans le secteur de Montoncel, rappelons que le Ré du Sol de Lachaux, au quartz miroitant, a sa tradition templière. Un templier de Lachaux abattit un monstre dont le spectre hantait le Ré du Sol. Les chevaliers moines avaient une commanderie, au lieu-dit Les Murs-du-Temple, à une lieue et demie de l'église de Ris, au nord-est. Ce lieu celtique avait été pris en compte par l'Ordre.

Le sortilège des peyres mégalithiques
Religions dans l'« Armorique » de l'Auvergne

Telle est, sommairement frayée, la voie du sortilège auvergnat. entrons dans l'Ar-Breiz, cette région profonde, rehaussée de granits noirs et définie vaguement par César. Elle semble donc appartenir à la vieille Gaule, sous le nom d'Amnoric ou d'Arvermatenia, on ne sait pas. Le réduit auvergnat, sorte de Bretagne continentale, étalée du sanctuaire du Mézenc au sanctuaire du puy de Dôme (le Dumias), ce fut véritablement un monde à part, une Auvergne reculée, incluant le futur Monastier, Ruessium, Le Puy, en somme tout le Velay, avec l'Auvergne contemporaine. Dans ce réduit, océan de forteresses celtiques et de gazons, sur les landes parées de bruyère, une forêt de pierres levées et de pierres « plantades », dont la plus majestueuse fut le roc Saint-Michel du Puy, assure une légende.

Mais il faut, à la fin de la préhistoire, essayer de percer le mystère d'une religion vellave inconnue ; à l'ombre de ces représentations qu'étaient les rochers, sous le filet des sources et le panache des arbres, une liaison se fait entre la nature et les dieux. C'est une religion du sol. « A partir de ces suggestions, écrit J. Viscomte, est-il possible de concevoir les pratiques et le sentiment religieux des Vellaves ? » La réponse des chercheurs varie. A Séneujols, à Saint-Jean-d'Aubrigoux, le dolmen, aujourd'hui assez rare, est de basalte ou de granit. Dur à tailler, comme en Bretagne, s'est-il ainsi raréfié ? Cette objection à l'extension du mythe dolménique en Velay ne semble pas tenir. Les Bretons, dans les seuls départements du Finistère, des Côtes-du-Nord et du Morbihan, ont réussi une prolifération minimale de huit cents dolmens environ. La Haute-Loire en compte à peine une dizaine. Une religion plus ancienne gênait-elle cette pénétration ? Pourquoi les dolmens vellaves sont-ils à la périphérie, avec, toutefois, le dolmen des dolmens, sur le roc sacré du Puy-en-Velay ? Autant de questions prédisposant aux grandes méditations.

Le menhir, plus répandu, compte la vingtaine. On le croit très fortement relatif au culte solaire vellave. Quant aux roches sacrées, depuis les roches à bachas, recueillant l'eau du ciel, en vue d'aspersions lustrales, jusqu'aux roches à cupules ou à bassin servant à des cultes de participation par le sang, elles ont été travaillées avec l'énergie de la foi. Davantage insondable semble être l'énigme des roches à empreintes, avec leurs pieds humains, leurs marques de fer à cheval, leurs pattes d'animal. L'évangélisation s'en est mêlée, y voyant le pied d'un saint ou le sabot du diable.

Le sens originel des empreintes, à la fin de la préhistoire, dans le Velay antique, relève manifestement de pratiques magiques. Plus mystérieuses sont les roches « à fauteuil », fruit du travail de l'homme. « S'agissait-il de donner un siège à un être fantastique ou de placer un objet sacré dans une sorte de niche ? » se demande l'abbé Duffieux dans ses notes manuscrites. Les fées venaient s'y asseoir, comme sur leur trône royal, à moins que ce ne soit le lutin ou le prince luciférien de la montagne.

A l'autre bout de l'Auvergne, le Cantal déroule sur un horizon noir ses trente-quatre dolmens et ses vingt-quatre menhirs. Certains portent la roue, emblème du soleil. Que faisaient là ces « peyra-fichada » cantaliennes, fichées en terre comme des obélisques surmontés d'un rond solaire ? Elles rendaient hommage au dieu Râ, répond la tradition du légendaire. Vers Saint-Victor-de-Massiac, sur les flancs du Cézalier, abondent les tumuli ou tombelles. Ils dominent le village de Laurie, nécropole sans baume, mais champ sacré permanent au milieu des écroulements des pierres et du temps. On se souvient encore à Lair de la signification celtique du terme donné à chaque portion de terroir. Un menhir voyait graviter autour de lui ces pierres disposées en cercle. M. Vinatié y découvrit une moisson de poignards brisés et d'anneaux de bronze. Là aussi orientation des mégalithes résolument axés suivant l'astre solaire. Au solstice d'été ces pierres fichées sont à leur maximum d'éclairement. A Pierrefitte, sur le vallon surplombant Massiac, était « un séjour de la divinité ». Les templiers ne manquèrent pas de l'abolir vers 1150. S'agissant de divinités adorées, après Lug, Jupiter, Apollon, Mars et Mercure, familiers du Cézalier, pourrait-on oublier la « vache sacrée » de Massiac ? Jusqu'à ces dernières années, on la vénérait le 24 juin, jour du solstice. Immémoriale célébration du culte solaire, selon Jean Rieuf. Comme à La Trinité, en Haute-Loire, où une pierre levée qualifiée de miraculeuse, depuis les druides, se trouve enfermée dans le sanctuaire chrétien. Ici, pense-t-on, fut le pèlerinage d'Isis. Jean Rieuf écrit : « Le dimanche de la pleine lune, précédant le solstice d'été, les laboureurs de la région mêlent là, en secret, les rites du paganisme au culte chrétien[1]. »

Ainsi, à l'ère du rationalisme, en notre civilisation de béton, le paysan donne sa leçon. Du profond des âges lui vient un refus de s'identifier à la négation d'une certaine spiritualité. Une spiritualité puisée dans l'ombre de ces pierres levées ou plantées et qui se reflète au fond de son regard celtique.

Les statues-menhirs des Arverno-Vellaves
Le svastika auvergnat et le soleil divinisé

Strabon, dans sa *Géographie,* parle de petits hommes bruns, secs, vigoureux, opiniâtres, rusés et durs à la fatigue, se plaisant à la petite guerre, aux surprises, aux embuscades. Boudon-Lashermes,

1. *Almanach de Brioude,* 1965.

citant ces propos, appliqués aux « Auscii » d'Auch, les apparente au peuple vellave primitif refoulé vers le sud : « Que ces Vellaves aient atteint la région d'Auch, il n'y a là rien d'invraisemblable, attendu que les Arvernes se propagèrent jusqu'à Narbonne », indique-t-il. Puis il ajoute, afin de prouver que ces peuplades n'étaient pas seulement guerrières mais cultivées : « A-t-on découvert dans le Nord des statues-menhirs, comme celle de Saint-Privat-d'Allier ou celle du musée de Rodez ? d'archaïques Vierges-Mères comme celles de Vérane, en Velay rhodonien ? Non, seuls les pays d'oc ont connu l'art lointain de cette époque brumeuse[1]. »

En effet la carte des statues-menhirs s'ouvre sur le Midi méditerranéen, avec le cimetière de Trets, les stèles de Lauris, en Bouches-du-Thône, et Vaucluse, avec les statues-menhirs du groupe rouergat, etc. Mais il y a parenté du midi et du centre de la France, à la fin du IIIe millénaire. Plus proches de l'Auvergne, les statues aveyronnaises et celle de Saint-Privat-d'Allier, en Haute-Loire, montrent qu'il y avait des dieux dans la forêt. A propos de la statue de la Vierge-Mère de Vérane, citée ci-dessus et trouvée en Velay rhodanien, on pense à Koridwen, la Vierge-Mère gauloise, *alias* Déméter « la bonne déesse tenant en sa main trois épis, comme Saint-Chaffre, au Monastier », en Velay[2]. Gimon, dans son *Histoire de Nîmes,* rapporte que nous devons à la Crète le prototype de nos statues-menhirs, venues par l'Ibérie. Leur tracé part du Tarn pour traverser le Gard, l'Aveyron et aboutir à cette statue-menhir de Saint-Privat-d'Allier. Certes elle est brisée, mais elle n'aurait pas dû être pour autant ignorée dans les inventaires présents. Les statues-menhirs de nos voisins rouergats ont seulement une ceinture et deux trous pour les yeux, avec un trait pour le nez. Mais la statue-menhir de la Vierge-Mère de Vera, en Velay rhodanien, possède, avec ses embryons de couronne sur le crâne de la Vierge et de l'Enfant, deux orbites assez grosses et des traits, de part et d'autre du nez, avec une bouche. Dimensions : quarante centimètres de haut sur quinze de large, le tout en forme de gaine. Il faudrait fouiller les forêts d'Auvergne et du Velay pour sortir des sous-sols, comblés par une végétation très dense, ces statues enfouies avec les morts. On a émis l'hypothèse qu'elles étaient dressées pour obtenir la complicité des dieux, dans ces parages inextricables, afin de barrer le passage à l'ennemi. Au cœur de cette sylve luxuriante, de tels dieux et déesses faisaient sans doute l'objet de cérémonies secrètes.

1. Boudon-Lashermes, *Velay gallo-grec, op. cit.*
2. Savoret, *Du menhir à la croix*, p. 114.

L'initiation se faisait alors en dehors des femmes et des enfants, mais devant les jeunes gens.

Jean Rieuf, parlant de ces « déesses-mères » incarnant la terre-Mère, à la manière d'Isis en Égypte et de Cybèle en Gaule, retrouve « parmi leurs signes figuratifs le svastika, symbole religieux de l'Inde, première forme de la croix des chrétiens[1] ».

Il rejoint là Régis Sahuc, avec son svastika auvergnat tournant aux quatre vents froids de l'horizon. Une Auvergne des gouffres et des hauts, plantée de menhirs, hérissée de trois cents volcans ; des volcans dont la clameur s'est tue, remplacée par la voix sourde des dieux. Une mystérieuse contrée, « une manière de roue et de pivot, le svastika d'un continent, où viennent se briser et se fondre les grands courants de civilisation ». Un continent qui, sans être du Midi, était voué au culte solaire. Le rayonnement solaire, axé sur le menhir, le long des chemins de crête, remplissait l'espace de l'Auvergne mégalithique. Elle avait sa mystique du soleil. Cette mystique se trouvait exprimée dans l'expression géométrique ou figurative. On la trouve, convulsionnée dans le motif en *S,* image alternée de l'évolution et de l'involution, mais symbole surtout du soleil en mouvement. Mouvement alterné et orienté de la vie à la mort et de la mort à la vie. Spirale également de l'éclair ou de la foudre, le motif en *S* est répandu en Auvergne.

Frappé du sceau originel, le périmètre volcanique de la grande Auvergne ne s'est pas enfoncé en terre avec ses dieux infernaux. Il s'est plutôt élevé, avec l'ère du Bélier et du Taureau, vers Mithra et le « Sol Invictus ». Partout des légendes villageoises expriment le dogme solaire des Arvernes. Le Cantal a sa « grotte solaire » de Sainte-Madeleine. Creusée dans les orgues basaltiques, près de Saint-Victor-de-Massiac, elle est désignée sous le nom de « Château des Fées ». Tournée en plein sud elle reçoit tout le soleil lorsqu'il est au méridien. Rites magiques oubliés, cultes mystérieux, observent les érudits locaux. Grotte du soleil, disent les profanes. Comme au Puy-en-Velay ces affirmations rencontrent un sourire, tout de complaisance. Pourtant des historiens nombreux, parmi lesquels Jacques Viscomte, ont relaté ces légendes solaires inséparables du menhir. « Ainsi le rocher Saint-Michel d'Aiguilhe », note Jacques Viscomte, rocher, « qui, sans être pour autant un menhir, dans l'acception ordinaire du mot, est une gigantesque " peyra plantada " dominant la cité du Velay. » « Si une légende accompagne la pierre on pourra valablement présumer qu'il s'agit d'un

1. Jean Rieuf, *op. cit.*

menhir », indique le même auteur. Or cette légende existe et le plus grand menhir de la Gaule et du monde est peut-être bien le dyke d'Aiguilhe, au Puy-en-Velay.

Le menhir sanctuaire du soleil : Saint-Michel-d'Aiguilhe

Le géant Gargantua, pour les Celtes, était le fils de Bélénos, dieu solaire. Or, au Puy-en-Velay, sur le roc d'Aiguilhe, où trône une chapelle millénaire, trône aussi la légende ésotérique de Gargantua. Le fils du dieu solaire mit un genou sur le rocher Corneille et l'autre sur la plaine de Rome, il s'accroupit ainsi, pour satisfaire un besoin naturel. Le résultat fut la « Fiente de Gargantua » c'est-à-dire le roc d'Aiguilhe, excrément des dieux solaires. Ce roc est un véritable menhir en forme de grand obélisque surgissant en pleine ville. « Vieux de mille fois mille ans », comme l'a dit Pierre Bout[1], ce champignon de la nature aurait été pétri, d'après Daujas de Saint-Fond (1778), à la suite d'une éruption sous-marine. Pour certains érudits, sa forme paraît si bien sculptée qu'il aurait bien pu être taillé de main d'homme, loin dans le temps, à l'époque des civilisations perdues, en hommage à quelque divinité. Haut de quatre-vingt-huit mètres, avec cinquante-sept mètres de diamètre à la base, finissant en pointe, isolé de partout, ce « cierge noir », pour reprendre l'expression d'Édouard Estaunié, fut le gigantesque support de cultes préchrétiens.

L'existence d'un sanctuaire païen sur ce menhir colossal est à peu près certaine. On pense qu'il était dédié à Bélénos, dieu du Soleil, comme la plupart des menhirs. On sait que l'ombre des menhirs indiquait les saisons et l'heure. Le nom de Bélénos se compose précisément des sept lettres qui correspondent aux sept jours de la semaine. Par ailleurs en numération grecque on obtient les trois cent soixante-cinq jours de l'année si l'on additionne les valeurs numériques des sept lettres de Bélénos. Le Dr Bachelier a écrit à ce sujet[2] : « Le rocher d'Aiguilhe devait apparaître à nos ancêtres comme un immense menhir érigé par quelque génie à la gloire du soleil » que Rostand a magnifié en des vers où l'on croit entendre une brillante réminiscence des cultes ancestraux :

1. *La genèse du rocher Saint-Michel*, 1962.
2. Pierre Bout, *Millénaire du roc Saint-Michel*, 1962.

Je t'adore, Soleil! Tu mets dans l'air des roses
Des flammes dans la source, un dieu dans le buisson.
Tu prends un arbre obscur et tu l'apothéoses.
O Soleil! Toi sans qui les choses
[ne seraient que ce qu'elles sont.

Sur ce rocher mystique « peu après la conquête romaine, écrit encore le Dr Bachelier, on vit se juxtaposer ou peut-être même se substituer, au culte de Bélénos, celui de Mercure ». Dontenville dans sa *Mythologie française* pense que de nombreux menhirs étaient consacrés au Soleil[1] et il a démontré que le géant Gargantua était, aux yeux des Celtes, le fils de Bélénos, dieu solaire. Il a démontré aussi que le sanctuaire du Mont-Saint-Michel-au-péril-de-la-mer, avait des analogies avec celui du mont Gargan. Au Moyen Age, le château dominant la grotte Saint-Michel s'appelait Castello del Gigante (le château du Géant). D'où les analogies entre Gargan et Gargantua. Comme l'a souligné Marius Vachon, Gargan était ce « fabuleux géant, dont le souvenir épique est intimement lié à nos plus anciennes traditions et dont maint haut rocher, maint puy, mainte aiguille portent en France le nom ». Coïncidences aussi dans les légendes du culte de Saint-Michel, à Gargano, en Italie, et au Mont-Saint-Michel de Normandie. *La Légende dorée* rapporte qu'« en l'an 390 il y avait, dans la ville de Siponte, un homme nommé Gargano, du nom même de la montagne ». Il avait pris le nom de la montagne ou bien cette montagne avait emprunté son nom ; et il était très riche, possédant une multitude de brebis et de bœufs. Comme ils paissaient le long de cette montagne, il arriva qu'un taureau laissa le reste du troupeau, monta au sommet et ne revint point à l'étable... Enfin on le trouva au plus haut de la montagne près de l'entrée d'une caverne. Le propriétaire, irrité contre le taureau lui lança une flèche empoisonnée, mais aussitôt la flèche revint, comme poussée par le vent, frappant celui qui l'avait décochée. L'évêque enjoignit de jeûner trois jours et quand cela fut fait, saint Michel apparut à l'évêque Laurent, disant : « Sache qu'un tel a été frappé de son dard par ma volonté. Je suis Michel archange, je veux honorer ce lieu et le garder et j'ai voulu montrer que j'en étais le vigilant gardien. » Le symbolisme du taureau et du soleil apparaissent ici. Mais au Mont-Saint-Michel de Normandie une identique apparition va nous mettre sur ce symbolisme du taureau. Elle eut lieu en 710, au mont de la Tombe, près d'Avranches.

1. DONTENVILLE, *Mythologie française,* p. 85.

Saint Michel aparut à l'évêque de cette ville, lui prescrivant de construire une église « comme il y en avait une au mont Gargan... L'évêque étant embarrassé au sujet du lieu, l'ange lui ordonna de l'ériger à l'endroit où il trouverait un taureau que des voleurs avaient caché. L'évêque, ne sachant ensuite quelle dimension il devait donner à l'église, l'ange lui dit de se régler sur l'étendue du sol que le taureau aurait foulé aux pieds. Il y avait là deux rochers que nulle force humaine ne pouvait mouvoir. Saint Michel apparut à un homme et lui demanda d'ôter ces roches. Quand il y vint, il les ébranla comme si elles ne pesaient rien du tout. Quand l'église fut construite on apporta du mont Gargano une partie de la couverture que saint Michel avait mise sur l'autel, etc.[1] ».

Le tracé fait par le taureau rappelle celui du cerf au Puy sur le mont Anis, quand il s'est agi de construire la cathédrale. Le cerf et le taureau s'inscrivent « dans ces totems d'ordre animal, écrit Bernard Marque[2], où s'incarnent d'ordinaire les qualités maîtresses de chaque groupement d'individus (toute cause mystérieuse d'influence utile à l'homme se nommant un totem). Tels sont le taureau, le cheval, le cerf... »

Au mont Dol, non loin de Saint-Michel de Normandie, comme au roc Saint-Michel du Puy, se trouve également, dans un large creux, marqué sur le rocher, l'empreinte du pied de cet archange, « lorsqu'il reprit son vol vers le ciel. » Troublantes coïncidences, note le Dr Bachelier. Coïncidence « retrouvées dans les trois sanctuaires... cultes païens antérieurs, allusions à Gargantua, triple manifestation miraculeuse, empreintes du pied sur la pierre, choix de sommets inaccessibles... à croire que ces sanctuaires, tous les trois dédiés à saint Michel, ont bien une origine commune... dans la nuit des temps ».

Précisons que la façade de l'édifice, érigé au sommet du dyke d'Aiguilhe du Puy par le chanoine Truanus, porte un lobe où s'aperçoit un bœuf ailé, minuscule et tordu (Ap. V, 8). Ce bœuf nous ramène encore au soleil. Il rappelle que Bélénos ou son homologue Bel étaient fêtés dans le Velay et dans toute la Gaule le 1er mai. La fête de Bélénos s'est perpétuée jusqu'au XVIIIe siècle. Mais le bœuf gras est encore fêté le jour de Pâques dans les campagnes du Velay ou des Cévennes. L'historien Boudon-Lashermes a longuement insisté, dans ses ouvrages, sur le culte rendu par les druides à Bélénos, avec le retour du soleil, chaque 1er mai. La « fête

1. *Légende dorée.*
2. BERNARD MARQUE, *Le Cheval, totem dans l'antiquité.*

du may » procédait de ce culte à Bélénos, dieu solaire. Dans la nuit du 1er mai on plantait un arbre orné de rubans devant la porte de la fille adulée par ses soupirants. Le bœuf et le taureau sont donc bien associés, dans les différents monts Gargan ou Saint-Michel, pour exprimer le culte solaire. Nous reviendrons sur le symbolisme du taureau. Mais près du roc Saint-Michel, au Puy, au pied même du dyke se situe le temple de Diane qui semble relever encore de la spiritualité solaire.

Ouvrage templier ou temple du Soleil ?

L'historien Jacques Viscomte[1] parle de « cet édifice assez mystérieux de style roman octogonal où l'on a voulu voir un ouvrage templier. L'entrée principale est orientée à l'ouest et une autre, actuellement incluse dans une absidiole construite postérieurement, a dû ouvrir vers l'est. Or il existe à Sanxay, localité située au sud-ouest de Poitiers, un vaste temple gaulois et au centre de ce temple le sanctuaire proprement dit était un petit édifice octogonal ouvrant sur l'extérieur, par deux portes, l'une à l'est, l'autre à l'ouest. Ce temple était consacré peut-être à Cybèle. Un autre temple octogonal gaulois est connu à Saint-Révérien dans la Nièvre ». Certains pensent que le temple octogonal du Puy, appelé « Temple de Diane », portant des attributs astronomiques de Diane, dans les différentes phases de la lune, fut consacré à la lune comme celui de Montmorillon. On a, du célèbre chroniqueur Médicis, ces phrases : « Les payens faisaient aller corner les matins sur les montagnes prochaines du Puy, comme sur en Denise, Cornille et Flayat [la Denise, le mont Corneille et le dyke de Flayat, commune de Polignac] pour signifier au peuple et villages le service d'Apollo. » Le chanoine Fayard écrit à ce sujet : « Si on sonnait fréquemment du cor, en l'honneur d'Apollon, sur les sommets accessibles, n'était-il pas indiqué que dans les circonstances solennelles on ait tenu à l'honneur de “ corner ” aussi sur le roc d'Aiguilhe ? Ce rocher n'aurait pas été également propice à un culte du feu ? » Que peut-on penser, poursuit le même chanoine, « d'un autre indice de culte ou de superstition » (il s'agit d'une petite chapelle vouée à saint Guignefort, ou oratoire sur le sommet du roc d'Aiguilhe). Le Dr Bachelier donna sa thèse : « Sur le rocher Saint-Michel, saint Guignefort devait surtout être invoqué par les femmes

1. *Histoire du Velay*, t. II.

stériles (superstition qui existait encore au début de ce siècle, incitant les jeunes filles à tirer la cloche de la chapelle). Nous avons là un vestige sans doute bien amenuisé, mais aussi un témoignage transparent et irrécusable du culte rendu au dieu mystérieux de la fécondité invoqué à l'ère préchrétienne, sous l'image du soleil, source de toute vie. Le nom de Guignefort n'a-t-il pas une étymologie qui nous confirme dans cette certitude ? Et le dyke de Saint-Michel n'était-il pas prédestiné à devenir le symbole, dispensateur de la fécondité ? Tel, autrefois, Thot ou Horus, chez les Égyptiens, on voit l'archange saint Michel procéder au pèsement des âmes, etc. »

On sait que Horus, fils d'Osiris et d'Isis, identifié par les Grecs à leur Apollon-Phœbus, était regardé comme le symbole du soleil.

Tout sur le roc Saint-Michel contribue donc au symbolisme solaire, bien au-delà du christianisme naissant. Dans le temple de Diane, au bas du rocher, même symbolisme : « Tout en bas, au pied du dyke, écrit Annette Lauras-Pourrat[1], la chapelle gracieusement octogonale qu'on appelle temple de Diane, à cause de son linteau, timbré d'un chrisme, entre le soleil et la lune. » Encore et toujours le soleil.

1. *Guide de l'Auvergne mystérieuse*, p. 429.

3.

Les chibottes vellaves et cantaliennes sœurs des capitelles nîmoises

Le mystère des chibottes vellaves

Le Velay renferme un grand secret, celui de ses chibottes intactes ou ruinées. Près du site grandiose d'Arlempdes, près de Vals et près du Puy, sur des versants arborescents ou rocailleux, elles semblent peupler un monde mystérieux.

Cabanes insolites, dressant un peu partout leur cône de pierre sèche. Le plus souvent groupées, telles des huttes exotiques, elles ont intrigué les savants, mais laissé longtemps les pouvoirs publics indifférents. Une faible lueur revient sur ces villages d'un autre âge, avec le projet d'un parc des chibottes. Voici donc, au travers du labyrinthe, quelques traits relevés dans la foulée, sur ces squelettes étranges. Avec quelques échos venus d'en haut. Car, dans le monde savant, des sommités ont tenté d'arracher au Velay ce vieux secret. Les chibottes sont, en Velay, l'un des types les plus mystérieux de l'habitat humain. Bâties de main d'homme, elles sont les sœurs des capitelles nîmoises, des cabottes provençales et des bories du Luberon. Leur histoire se perd sûrement dans la nuit des temps. Mais les chibottes, qu'est-ce à dire ?

Désignation bizarre, consonance dépravée !

Elles remplissent le Velay de leur énigme. On les a traitées de simples cabanes circulaires. Rien n'est plùs rond à la base en effet que ces huttes de pierres. Rien n'est plus conique aussi que leur sommet.

Mais d'où viennent-elles ? Quels êtres fameux les habitèrent ?

Par quelles mains habiles furent-elles construites ?

C'est le mystère dans toute sa survivance.

Boudon-Lashermes, l'érudit opiniâtre qui les dénombra, affirmait que les Gaulois en usèrent pour demeure. Véritablement, qui nous le dira ?

Allez au mont Pilat, du côté du Forez, douze chibottes vous regardent du fond des temps. Allez à Vals-près-Le-Puy, ces habitations vous intrigueront. Construites de main d'homme, sur la terre natale, les voilà signalées, dès 1484, dans les statuts de la maladrerie de Brive, en patois vellave. Venaient-elles de l'Orient ? Du moins avaient-elles un apparentement avec les chambres à coupole de l'Asie Mineure ? C'est la question posée par Boudon-Lashermes, quand il évoquait la chibotte du Pontet, à Brive. En s'inclinant sur ces vestiges, il refusait de s'incliner devant les prébendés d'une science officielle, plus occupée à manier le sarcasme qu'à scruter les ruines. Mal lui en prit de pourfendre les pontifes intangibles. Aujourd'hui encore, peu d'années après sa mort, le Maître de Mercœur demeure critiqué. Par de petits érudits inconnus, compilateurs aveugles de choses surannées. Ce savant avait le flair préhistorique. Il devinait quel souffle agite un document. Mais le dénigrement ne viendra pas seulement des petites académies. Son fiel se distillera aussi dans Paris. Cet homme, l'homme des chibottes, me déclarait un soir, devant son âtre flamboyant : « Dès qu'une découverte valable est annoncée, on voit les pipelettes de l'histoire se réunir. Elles tâchent de ridiculiser l'affaire. Ces gens ne sont pas des journalistes. Les journalistes traitent leur sujet de haut. Ce sont les érudits officiels qui nous dénigrent systématiquement, par jalousie. Tenez, ces officiels de la science envoyèrent en Auvergne le conservateur du mobilier Louis XVI d'un musée parisien. Pour quoi faire ? Pour juger de l'authenticité des fouilles ou trouvailles des Côtes de Clermont. Sentence de ces messieurs : " L'oppidum arverne datait de l'époque du Trianon " ! » Belle erreur judiciaire commise par des juges trop « savants » et trop nourris de « science ». C'est en ces termes, repris dans ses livres, que le sage de Mercœur harcelait certains pontifes parisiens. Il n'était pas loin de les traiter de pharisiens.

Les Côtes de Clermont, un site pour initiés

Aux Côtes de Clermont le savant avait longuement cheminé à travers le dédale des fortifications antiques. Il leur trouvait une ressemblance frappante avec les plateaux de Bonnas, des Barrys et Bouzols-du-Meygal, en Velay. Même enfouissement sous les broussailles d'interminables murailles, « percées çà et là d'une multitude de huttes minuscules en pierres sèches, construites dans le rempart, en même temps que lui, le plus souvent formées d'énormes blocs de roche, à la base, et de lauzes plus sveltes, posées dessus, en forme de coupole ». Ces chibottes, car c'étaient des chibottes, n'avaient de commun, à ses yeux, avec celles de Crousas, du Puy, de Chausson, d'Espaly, que le procédé de facture et leur silhouette : elles n'étaient pas des habitations ; simplement des abris de tranchée où deux hommes pouvaient à peine se blottir. On observe que, partout où subsistent ces huttes minuscules, persiste la tradition d'un camp : celui de Vercingétorix à Clermont ; le camp des Barrys à Yssingeaux ; le camp de Bonnas, au Lysieux, le camp de Neyzac à Bouzols-du-Meygal, en Velay. Mais revenons à Clermont. Des « savants », tels que M. Maurice Busset, ont soutenu les thèses de Boudon. Quant à M. Louis, professeur de préhistoire, il affirma que le plateau des Côtes de Clermont était bien le siège d'un oppidum préromain. Mais alors pourquoi les cabanes de pierres sèches avaient-elles survécu, tandis que les défenses romaines s'étaient envolées ? Réponse de M. Louis : elles servirent de matériaux de reconstruction, « ce qui n'est évidemment pas le cas des modestes chibottes ».

Et Boudon-Lashermes d'ajouter : « On a détruit depuis un demi-siècle des centaines de ces chibottes, au Puy, à Boussoulet, à Chapteuil, au Pilat, et probablement à Clermont. » Il en va ainsi des cités perdues, cloaques de pierres voués au mépris, vestiges griffés par le vent, tas de cailloux labourés hier par les socs de nos ancêtres et demain par ceux de la SAFER. Ici, la controverse resurgit. Les chibottes n'étaient point disséminées en terres labourables. Au contraire elles étaient groupées dans une enceinte, sur des rochers incultes. On invoque alors les amoncellements pierreux des deux faces de la Tortue. On prend Chapteuil à témoin, on donne Crouzas comme preuve, on décrit Mirmande, cité de rochers effondrés. Dans ces preuves, dans ces récits, passe le souffle romantique d'une force probatoire contestée. Qui nous dira si Mirmande fut véritablement le campement ligure ou celtique dont il reste une forêt de laves s'étirant vers le ciel, furieusement ? Qui nous dira si les chibottes de Vals, près du Puy, où leur nombre constitue un véritable village millénaire, sont simplement les restes épars de refuges vulgaires ? Qui nous dira si la chibotte de Teyssoneyre, à Espaly, vit son tailleur de fauteuil solaire buriner sa roche comme le prétend Jean de La Laurencie ? Qui nous dira si les épierrements, blanchis au soleil, sur les flancs de nos collines, sont devenus des ruines après avoir ceinturé les cités antiques ?

A la manière des Mayas et des Chaldéens

Était-ce l'âpre lutte de la nature ou le labeur gigantesque de civilisations millénaires ? L'homme qui parcourt cet amas de laves noires, vert-de-grisées par le temps, le chercheur perplexe qui interroge ce cataclysme apparent de nos montagnes, le profane et le savant, le poète et le journaliste restent muets d'étonnement. Ils furent étonnés eux aussi, ces ouvriers chargés de remuer chaque pierre de la chibotte du Pont-de-Mars. Ils furent étonnés doublement, parce qu'ils durent s'y mettre à vingt. « Laissez derrière vous ces abris muets, laissez aux montagnes du Velay leurs secrets », diront encore les bonnes âmes. Sages paroles. Laissons aux vieux peuples leurs énigmes. Les morts ont enseveli d'autres morts. Ne remuons point ce linceul immense qui recouvre des civilisations perdues. Leur spiritualité pourtant nous inquiète à chaque pas et leur spiritualité semble toujours imprégner les garrigues écroulées. Elle enveloppe ces pierres, comme la vie enveloppe la mort sur des tombes anonymes. Ces pierres silencieuses sont-elles des cénotaphes ou des tombes ligures, quand elles surgissent, çà et là, isolées par le choix et aussi vénérées par le site ? Cailloux rangés à plat, sur les pentes méridionales de nos collines, êtes-vous venus ici, dès l'époque néolithique ? Êtes-vous, comme au camp d'Antoune, les rescapés trois fois millénaires de remparts fatigués ? Êtes-vous, comme les douze chibottes d'Antoune, d'Aleyrac ou d'ailleurs, l'encorbellement grandiose d'une terre inspirée ? Aussi discrets que les Mayas, aussi mystérieux que la Chaldée, témoins éloignés de tant de constructions émouvantes, vous seuls pourriez nous dire, du fond de vos nécropoles, si ces cabanes à coupole ont vu luire votre soleil et connu vos sueurs. Mais le livre des chibottes s'ouvre et se referme sans cesse sur les chibottes d'Auvergne et du Velay ; une page de M. Louis est spécialement applicable aux Côtes de Clermont : « On a nié, dit-il, avec acharnement, et contre toute évidence, l'antiquité, même relative, de la cabane en pierres sèches avec voûte encorbellée... Ce mode de contruction est très ancien. Il a été constaté à Babylone... de même en Égypte, au Honduras, au Guatemala, etc. »

Demeures ligures et divinités solaires

Un jour le livre des chibottes se rouvrira pour consigner ce que l'homme a de plus antique au patrimoine vellave.

En attendant, des poteries non vernissées, des perles, des silex, des hachettes et des foyers ont été découverts dans nos chibottes. La chibotte de Lobeyrac ne contenait-elle pas un mortier, sous forme d'un entonnoir taillé dans la pierre de Blavozy ? La tradition elle-même n'a-t-elle pas légué ainsi sa clef des secrets aux dernières générations ? Autant de passionnantes questions. Autant de souvenirs lointains que la pierre cache à vif ou sous la bruyère – et cela partout, à Bains, à Coucouret, à Chaudeyrac, à Masfreyt, à Cayres, à Montusclat, à Solignac, à Vals, etc. On tient pour assuré que ces demeures, vouées au culte solaire, avaient le trou de leur coupole orienté vers l'astre, à midi et au solstice. Vieilles cabanes épierrées sous la lune, qui deviendront, un jour, pulvérulentes à leur tour. Mais elles demeureront, aux côtés des ombres qui les habitèrent, cette poussière dont les morts se forment une aura mystérieuse. En côtoyant ces bâtisses, sur la route du Pal et du Tracol, en suivant leur tracé, vers les artères fluviales du Rhône et de la Loire, en parcourant ces chemins de raccordement du Velay rhodanien au Velay vellavien, ce sont les chibottes, mais ce sont aussi leurs mânes, esprits de notre première race, qu'on frôle, toujours présents, comme aux Champs-Élysées d'antan. Comme des âmes en peine, dont le péresprit s'est éloigné, le visiteur semble retrouver là, aux soirs des solstices d'été, la foule qui gravissait les monts du Velay, pour y fêter les hyménées. Civilisations antiques dispersées avec leurs pierres, vers les pâturages déserts. Les roses redeviennent ronces. Là-haut, près du mas antique, le culte de la divinité solaire ne triomphe plus. Pourtant ces logis pleins d'ombres recèlent les premiers gestes des péripéties humaines. Ils contiennent plus de lumière que notre cité moderne peut en offrir. L'homme de nos temps s'est acquis un pouvoir immense sur les choses. Mais à travers les baies de ses résidences somptueuses, son angle de vision s'est abaissé. Siècle étonnant qui éteint des lumières tout en voulant ranimer l'obscurité. L'homme du XXe siècle ne sait plus mettre de l'huile dans sa lampe. C'est un peu de cela dont il prend conscience, lorsqu'il vient se reposer dans une cabane de berger. Pourtant les parois sautent, il n'est plus à l'étroit. De même quand il entre dans une chibotte. Pour lui le monde s'agrandit. Alors il voudrait hausser la vieille lampe pour scruter son bonheur perdu. Tout au plus, peut-il se dire qu'il a pris un instant refuge aux sources d'un mystère, un mystère dont la chibotte peut rester longtemps le familier sanctuaire.

A Massiac, les cases en pierre sèche

Près de Massiac, une véritable cité antique livre à l'ethnologue son ensemble de cases similaires à celles du Velay. Cases dressées sur les éperons voisins de Massiac et de Blesle. Signe éminent d'une civilisation mal définie. Disposées le long du chemin des crêtes, furent-elles, sur le fameux « chemin Roumieu », l'itinéraire tardif des pèlerins chrétiens ? Adossées à des murs de défense, elles sont bien conservées. Il a fallu une organisation militaire et collective, pour édifier ces remparts géants, sertis de guérites rustres. On les voit à Montignat, à Chadecole. Entre le village de Besse et les falaises basaltiques de l'Alagnon, au confluent de la Sianne, vers Babory, elles montrent leurs toits ronds, sans ouverture. Au Puy-en-Velay, au contraire, leur toit conique est percé d'une ouverture solaire. Ici, dans le Cantal, elles sont également disposées en encorbellement, avec une entrée basse. Parfois carrées, d'une hauteur variant de deux mètres à deux mètres trente, ces cases, dites par certains « moyenâgeuses », sont espacées d'une vingtaine de mètres. Tout près, les eaux divinisées de l'Alagnon. Le dieu des Eaux Anno, dieu celtique, fut romanisé par les Gallo-Romains en Divus Anno. C'est dire la valeur mystique des parages. Le berger qui prit en compte des cases s'accommoda de cette spiritualité de la rivière et de la cabane. Il en fit une fantasmagorie. Par la suite, reliées entre elles par des souterrains, munies de conduits et de puits-citernes, avec un lavoir commun, ces cases devinrent militaires. On les trouve comparables à celles de l'oppidum des Côtes de Clermont. Le réseau concentrique de ces chibottes relevait d'une organisation tribale. Le silex n'est pas rare dans le sol. Néolithiques, selon Jean Rieuf, les chibottes cantaliennes sont devenues pastorales. A l'instar des capitelles s'égrenant en chapelet, sur les chemins de transhumance. Les « drailles » des Cévennes annexèrent ces abris légués par les chefs de troupeaux préhistoriques. On pense qu'ils furent bâtis, à la fin du Halstatt, entre la préhistoire et l'histoire, en ce temps de la protohistoire situé au VIe siècle avant Jésus-Christ, ou peut-être en 500 avant Jésus-Christ, au début de la Tène. Là aussi le mystère fait sa loi. Certains les attribuent aux Ibères, avant la pénétration celtique. L'une de ces cases intrigue, à Saint-Victor. Semi-circulaire, elle ressemble à un temple. Peut-être un sanctuaire dédié à Isis ? Les occupations successives des cases symétriques de Saint-Victor rendent problématique leur origine. Furent-elles construites peu avant l'invasion barbare, vers l'an 400 ? La venue d'un ermite, sur le rocher de Saint-Victor, fit quitter les cases à l'habitant. Il se groupa autour de l'anachorète. Ainsi finit et commence ce mystère des cases de Saint-Victor.

A l'ombre des oppida, les dieux gaulois taillés dans le roc

Les chibottes, en Auvergne, donnent un aperçu de l'habitat de nos lointaines civilisations. Elles tiraient des coulées basaltiques ces grandes pierres faites à la mesure de leur vie fruste et sauvage. La montagne de lave fournissait le mur et le toit. Des éboulis sortait la lauze bleu sombre, chapeau rustre et noble de la demeure celtique. Peu à peu la chaumière des genêts noircis le cède à cet habitat de pierre. Les hauts plateaux dénudés, les « chalm » (dérivé de *cal, calmis*) ont connu la chibotte, hutte de pierre circulaire, avec son trou pour le soleil qu'on adore toujours. Chibottes appelées carbottes dans d'autres provinces. Mais, demain, l'oppidum naissant reliera en fortification ces cabanes individuelles. Le système changera. Seul, le dieu gaulois se profile toujours, à l'image des longues pierres alignées, dont l'ombre trace la voie celtique. Dans le massif du Meygal, forteresse de lave, les portes des chibottes ouvrent au midi leurs gueules sombres. On voit encore aujourd'hui ces ruines circulaires sur les épierrements cahotiques de Boussoulet, à la montagne de la Tortue. Mais tout près d'ici, une autre montagne enchevêtrée de blocs cyclopéens s'est repliée sur elle, en quadrilatère fortifié. C'est le mont Lysieux, plate-forme géante, surmontée d'une pyramide naturelle. Au cœur de cette hauteur sauvage, un panorama insoupçonné et des itinéraires vierges. Sous le dôme gris, les dieux semblaient à l'abri. Encore inexploré de nos jours, le pic du Lysieux et son étrave, en forme de vaisseau noir, expriment une inexprimable angoisse. Sur la pente herbue un géant de pierre se dresse, nommé par certains « la dentellière », à cause de sa position assise, à la manière d'une travailleuse. Derrière le mont Lysieux, qui sépare le pays protestant de celui des catholiques, le géant se nomme « le Moïse du Lysieux », parce qu'il semble tenir les écritures, face au pays de Luther et des sectes. Mais la pérennité des fondations celtiques attribue à cette silhouette rocheuse, travaillée par l'homme, un vieux nom oublié qu'a recueilli, en secret, « la montagne interdite »... interdite parce qu'inabordable et cernée de vieux forts ruinés. Le nom second de cette montagne et de ses convulsions frénétiques, a pour équivalent le « Domnus Bonus », devenu le Bonnas contemporain. Ici était le dieu ligure. Boudon, dans ses *Viguerios,* affirme : « Le nom de Bonnas que l'on retrouve à Bannassac fut prononcé, jadis, par les monétaires mérovingiens (Bonnassius) et dérive du vocable du dieu ligure connu sous le nom de Bonus Domnus ou Bonus Parens. Un sanctuaire de cette divinité devait exister à Bonnas, vers la pierre sacrée qu'on y voit encore. »

Lug et Lusine ont laissé leurs traces un peu partout en Auvergne. La Loire elle-même, ou Lig-Ara, rivière du dieu Lug, traverse le Velay, tandis que sa compagne, l'Allier (Al-Lig-Ara) serpente en Auvergne. On n'en finirait pas de citer les noms de lieux auvergnats issus de ce dieu parent des Ligures. Luchiat, Luzinay, Lézigneux, sont dans la spirale initiatique de son parcours. Les monuments mégalithiques lui ont donné asile jusqu'à Montluçon, qui passe pour un mont Lug. Les dieux Lug, entre Loire et Allier, rivières ligures, ont essaimé en Haute-Loire, à Langeac, à Loudes, à Locussol. Les mégalithes cantaliens n'ont-ils pas enfanté, du côté de Saint-Flour, à Aurillac, à Loudière, Liganes, Ladinhac, Alleuze, Lez, Leucamp, Luc, etc. ?

Mais il faut revenir aux parages des oppida en Velay où, dit Boudon, le sanctuaire rocheux avait « sa divinité plus ou moins dégagée du roc primitivement adoré, tantôt à demi taillée dans la masse de la montagne (sphinx, hache crétoise, griffon géant), tantôt esquissé à la diable sur un bloc de granit ou d'arkose (statues-menhir, Vierges Mères) et c'est pourquoi le sanctuaire va toujours avec l'oppidum ».

Battu par le vent du nord, le plateau vellave a vu ses statues flagellées par les hivers. Quelques-unes sont restées comme le sphinx du Lysieux, ou la dentellière de Cheyrac près du Puy. Figures de proue du paganisme, dont on n'ose parler en ces pays chrétiens où, jadis, la voix de Cernunnos bramait sous l'ouragan, au sommet des trois rochers.

Comme en Égypte, les pierres géantes du Mézenc

A propos des chibottes on ne peut s'empêcher de comparer leurs encorbellements à ceux de Babylone et de l'Égypte. Exemple, la porte d'Arpidum, les coupoles d'Abydos, la nécropole d'Our en

Chaldée. Or les Ligures venaient de Chaldée et d'Égypte. M. Louis écrivait dans le *Bulletin de l'école antique* de Nîmes : « Cette voûte à encorbellement a été rencontrée, avec couverture de dalles plates, dans les palais des Mayas. » En Velay, à Rouffiac, les formidables entassements de roches les désignaient à l'attention de nos premiers ancêtres. Comme à Bonnas on fortifia et l'on dressa des chibottes et des statues. Véritable pavois trônant haut, près de la foudre, comme chez les peuples du Yucatan, du Honduras, du Guatemala, issus peut-être des Chaldéens, selon Beuchart. On aime retrouver à Rouffiac, dans la contorsion des laves, ce souffle divin, depuis les hauts du mont d'Allambre jusqu'au Cros de Las Mays et au Peyrou de Saint-Front. Le Peyrou était une roche « entourée d'une grande vénération », sur le vallon de l'Aubépin, au-dessous du Pralas, fief des Exbrayat (patrie du romancier de ce nom, Charles Exbrayat, patrie aussi des ancêtres maternels de l'académicien Goncourt Robert Sabatier). Une croix fut dressée à cet emplacement du Peyrou. Boudon écrit à ce sujet : « Du Cros de Las Mayas au Peyrou la limite de l'arx suivait le cours de l'Aubépin. Du Peyrou elle gagnait à l'est la Barbaste de Chaudeyrac, bloc de pierre grossièrement taillé sur lequel on voyait un dieu terme fortement barbu. Aymard ne désespérait pas d'y déchiffrer une inscription dont il assurait avoir lu quelques lettres. Depuis lors le dieu a disparu comme tous ses collègues et nous avons vainement exploré tous les buissons de Chaudeyrolles sans parvenir à découvrir son gîte. D'après les traditions il se serait trouvé sur la colline qui domine le lac de Saint-Front en face des rochers d'Anière, vers la cote 1291. » Mais Anière fut détruit de bonne heure et l'arx fut transféré à Fay. Il reste le candélabre noir des roches calcinées. Ce sont les Chapteuil qui construisirent, à l'extrémité d'une table rocheuse, la ville de Fay. Ils y édifièrent un castel, sur ce roc en saillie, dominant le val du Lignon, exactement à l'emplacement de l'actuel cimetière, où une croix est venue chasser le souvenir du menhir. « Du cimetière de Fay, écrit Boudon, de cette plate-forme aérienne, au-dessus de la gorge du Lignon, il est aisé de se rendre compte de la situation de ce bourg dominant toute la vallée. Une partie des plateaux vénérables qui parsèment les pentes, où coule le Cédron, est ici remplacée par des saillies de roc émergeant à demi des bouquets de verdure. Le castrum d'Anière occupait autrefois, dans le fond du tableau, la crête des sommets, tout comme l'église orthodoxe, à Jérusalem, celle du mont des Oliviers. » Beau décor en effet ces « hautes murailles s'élevant à pic sur les eaux. Mais à Fay il ne reste plus trace du fier castel d'autrefois et seule, au fond du cimetière, sur l'autre flanc, l'ancienne chapelle seigneuriale devenue paroisse en 1543, conserve le lointain souvenir d'une histoire tombée dans un passé brumeux ; à vol d'oiseau, deux lieues à peine séparent Fay d'Anière, mais la gorge est profonde et les deux pics sont élevés. » Tel est le sud de l'Arvernie, vers la montagne du Mézenc, face à la « Province », en avant de la Loire et du Rhône.

Sur la roche celtique, pieds du bœuf et dents du diable

Aux marches de l'Auvergne et du pays des Helviens, le Signon de Chaudeyrolles, comme un signe diabolique, en forme de griffe, torture les nuages. On appelle ainsi deux roches singulières d'un nom quelque peu maléfique : « Les Dents du Diable. » Rochers vigoureux, dressés à la manière de deux molaires. De très loin on les aperçoit sur la cordillère des Cévennes. Elles triturent le ciel du mont Mézenc dans son étendue sauvage et limpide. Ces dents du diable cachent l'entrée du souterrain du château du Mézenc, château fantomatique disparu sous la ruine. C'était le Chastelas, dont le Maître de Mercœur parle en ces termes : « Nous avons un Chastelas au Mézenc (les Dents du Diable) un autre à Grammeze, au camp d'Antoune (le chastelet), un autre près de l'Ignorande du Pilat, au mont Milan... » La veille du solstice de juin, jeunes gens et jeunes filles escaladaient les Dents du diable, vêtus de blanc. La montagne noire s'éclairait la nuit. Au rythme des danses, jusqu'à l'aurore, le rite se prolongeait sur les sommets. Comme à Pierre-sur-Haute, aux limites foréziennes de l'Auvergne. La flamme réchauffait les chairs, mais plus encore les esprits. Rien de luciférien dans ce folklore traditionnel. Le chant des hymnes occitans, à l'ombre des Dents du diable, relevait plutôt d'une cérémonie religieuse classique. Les dames et jeunes filles répondaient *Amen*, presque à l'unisson, après la fin de la chanson. Les dogmes supérieurs des Celtes ont légué à la montagne des Arverno-Vellaves ces pratiques bizarres. Ce rituel se trouve répandu couramment en Auvergne, au-dessus des abris sous roche, perchés sur les puys. Le paysan accordait sa voix à cet étrange mystère de l'heure, quand s'illuminaient les collines de minuit. Ce n'était pas seulement le fait de la jeunesse, mais de l'âge mûr. De nos jours ces traditions reprennent. L'aboiement des chiens dans le lointain, les branle-bas des chapelles sous les clairs-obscurs de la Voie lactée, l'équivoque des reliefs et des ruines dans la pénombre, tout cela composait et compose une aura de mystère ; cet instinct séculaire a persisté à

Chaudeyrolles, pays où Jules Vallès s'ébroua dans son enfance, près d'un vieil oncle curé. A Chaudeyrolles, lit-on dans *Us et coutumes du Velay*, grosse surprise, quand le curé vit les paysans transporter les pierres destinées à la nouvelle église, avec de jeunes génisses n'ayant jamais supporté le joug ; le curé en pleurait. C'était là une exigence millénaire, inconnue de l'ecclésiastique, mais impérieuse par la voie du sang, chez les descendants des Ligures.

Au Monastier, quand on construisit l'abbaye, les génisses des Surrel traînèrent les pierres. L'une d'elles avait été blessée. La tradition rapporte qu'une autre génisse se présenta, au hasard, pour la remplacer. Après quoi elle disparut et on « chercha vainement l'animal tout autour du chantier de l'abbaye ». Ce mémorial légendaire colle étroitement au pays d'Auvergne, à ses rocs, à son herbe, à ses bergers, à ses buronniers épiant devant leurs cabanes les signes du ciel. Et comme le cheval totem, le taureau, la vache sacrée, ou la génisse, tous semblent épouser la courbe des monts ; derrière eux s'abrite un certain sens de la fidélité à quelque message perdu. Près de l'âtre à pierres plates, au rythme de l'horloge à poids, l'Auvergnat raconte des « vérités » lointaines. Par exemple celle-ci : à Montbonnet, aux confins du Velay, de l'Auvergne et du Gévaudan, il y a, dans le rocher, deux empreintes : celle d'un pied d'âne et celle d'un pied de bœuf. Tout cela relève ecclésiastiquement d'un miracle médiéval. Saint Roch guérissait ici les maladies des bêtes. Aussi bien le curé de Bains voulut-il, naguère, transporter la statue de saint Roch dans son église. Impossible de l'ébranler... étant devenue subitement lourde, parce qu'on y touchait ! Le curé fit atteler un bœuf. Pas de résultat. Alors « on mit en flèche un âne qui passait ». Vainement... Depuis, les deux bêtes ont laissé chacune leur pied gravé sur le rocher. La statue est toujours dans la chapelle, au pré du Roy. Cela se passait sur les terres des fées de Nas-Bineyres, ces « fades » guérisseuses, mais soucieuses de conserver leur saint, raconte l'auteur d'*Us et coutumes* [1].

Aspect naïf de ces légendes qui sont nées sous le candélabre ou la bougie des chaumières ; elles ont été burinées dans le rocher, puis déformées par le temps. Mais des forces obscures les ressuscitent. Le torrent, l'orage, la cascade fine, l'éclair, le balancement des sapins noirs, le menhir figé, la pierre branlante, les orgues de basalte, le vent plaintif, tout, en mesure ou démesure, psalmodie et vocalise l'Auvergne intemporelle.

1. BOUDON-LASHERMES, *Us et coutumes du Velay.*

Rien ne meurt tout à fait, sous les ossements mégalithiques. Le temps part et revient, avec ses contes de la mémoire. L'âme celte est liée aux paysages d'Auvergne. D'autres spiritualités sont suspendues entre les vieux Dômes. Là est le secret d'une province qui en appelle sans cesse à d'autres dieux, à d'autres croyances.

4.

Antoune, île de Pâques du Massif central

Comme aux Côtes de Clermont, voici les chazournes de la fontaine d'Espinasse, par les chemins creux voisinant le bourg d'Arlempdes ; il y a ici des routes ignorées, à travers des sortes de pitons dentelés, dont le canon se dresse belliqueusement vers le ciel. En cette terre désolée on semble voguer par les fonds d'un antique océan. Un océan de vieilles choses, une sorte d'Atlantide à ciel ouvert ! A peine la civilisation, alentour, a-t-elle ceinturé ce paradis de pierres. La route qui, de Costaros à Vielprat, relie Pradelles au Puy, se tord, tel un serpent. Et nous sommes tôt au nœud gordien de ces routes modernes, là où se niche Arlempdes, sous le camp fabuleux d'Antoune. Le camp se dresse face à Vielprat, devant le paysage chaviré des confins du Velay. Abîmes effrayants, coiffés çà et là de murs démantelés. Les ruines, à 80 mètres au-dessus des gouffres de la Loire, ont quelque chose de dantesque. Partout le précipice va s'éclore aux bords escarpés du fleuve. Les veines du rocher, d'un gris sombre strié, ont subi l'érosion des millénaires. Leurs failles laissent passer des pins tordus au panache sombre. Entre les vallons verdoyants, c'est toute la butte du camp qui semble s'avancer comme un vaisseau fantôme aux flancs ardents, presque rougeâtres. Et ces parages ont l'allure d'une presqu'île battue par les ressacs du levant. Sur la rive droite, un arrière-banc s'élève, superétagé de rocs formidables aux assises puissantes. Un profil de sphinx de la « roche de feu » défie l'horizon où se cache Issarlès, tandis que sur tout le plateau sommeille le camp d'Antoune. De loin, on confond les rochers d'Arlempdes et ceux d'Antoune. Même élancement, même stature. Qu'il est étrange, à l'autre bout, ce rocher du grand-duc, aux saillies de laves noires, tout spongieux et ferrugineux ! Il fait bon l'admirer en venant de Vielprat, à l'approche de midi, quand le soleil miroite, dans un ciel limpide. Mais le contempler par le bas, quand vient un rayon lunaire, c'est combler toute imagination. Alors seulement Antoune baigne dans sa féerie de profils noirs et rugueux, images convulsées de figures grimaçantes, gargouillant dans le ciel. Spectacle magique de statues érodées fixant l'horizon comme à l'île de Pâques. Le camp d'Antoune est le gardien naturel du passage des Cévennes et de la Loire. Il faut laisser vaguer ses yeux entre Espinasse et Arlempdes pour bien apercevoir cette sorte d'île. L'étrange plate-forme a ses portes vers Espinasse, après un court trajet. Au détour d'un chemin de pâtre on pénètre dans l'enceinte. Ici fut un oppidum datant peut-être de l'âge de bronze. On compare Antoune aux Côtes de Clermont, au Chirat blanc, à l'olympe imposant de Merdogne. Généralement flanqué de chibottes, l'oppidum est, semble-t-il, l'œuvre des Ligures dans ses premières structures. Aux Côtes-de-Clermont les murailles soutiennent le terrain. A Antoune elles servent plutôt de remparts. Vastes murailles épierrées, avec tombes ligures ou celtiques. Si on enlève ces couches de pierres, on trouve des assises régulières. Nous sommes allés voir cette forteresse brisée au-dessus de la fontaine d'Espinasse. Les quatre chibottes, serties dans le rempart, ont beaucoup souffert. Elles avaient servi de logis à Boudon et toute son équipe, pendant les fouilles de 1947. Baptisées chazournes, comme celles d'Alleyrac, dont le nom est resté au cadastre, elles rappellent une chibotte photographiée par M. de La Roche lors des fouilles de Saint-Blaise, à Martigues.

Des blocs roulés de main d'homme, sur la voie de Bourdeyrac

Pour qui sait arpenter la route grecque, entre les genêts noircis et les roches gercées, il est aisé de parvenir, vers cette île sans mer, par le lac de Géorand, Soubrey et Salettes. Le Maître de Mercœur racontant ce trajet, écrit dans *Le Velay gallo-grec* : « M. Fourier, membre de la Société des fouilles d'Alésia, emmena un jour à Antoune toute la Société académique du Puy. Sans faire aucune fouille on glana sur le sol, à fleur de terre, une ample provision de poteries, ferrailles, clous antiques, débris de tout genre. Tout autour du plateau, extrêmement vaste, se dressant au milieu des nues, comme un gigantesque navire désemparé, perdu sur l'Océan, le mur d'enceinte est encore debout. Il est à demi enfoui sous les pierrailles, les buissons, les framboisiers énormes qui l'ont envahi de partout. L'entrée du camp est encore très visible et ses parapets sont assez imposants. Des blocs de rochers la protègent, isolés l'un de l'autre, à distance égale. On en voit à la fois sur la pente qui domine Goudet et sur celle qui commande Salettes, Soubrey et jusque vers le passage de la Loire. Aucune plume ne décrira l'angoisse qui étreint sur cet horizon en détresse. » Ces rocs ressemblent étrangement à ceux que l'on voit encore à Petra, près de la mer Rouge, à l'ancien castrum dont s'emparèrent jadis des croisés du Velay, conduits par un enfant d'Anis, Raymond du Puy, conquérant du château du Krak. « L'entrée de Petra, écrit le comte Pierre de Kergolay, était gardée par des rocs naturels, facilement défendables avec une poignée d'hommes et quelques pierres. Il suffisait de les faire rouler sur la tête des envahisseurs. » La voie gallo-grecque débouche à Bourdeyrac, entre deux énormes blocs. « On a peine à croire qu'ils ont été ici roulés de main d'homme », affirme le Maître de Mercœur. En bas, dans le trou béant, Arlempdes, sanctuaire sacré, avec ses murs pantelants. Entre les arbustes tordus qui peuplent les ruines, une tour de lumière se dresse, telle un bastion de légendes dorées. Vigie laissée par le temps, avec, çà et là, des sarcophages. L'horizon cahotique d'Arlempdes est celui d'une terre inspirée...

Septus, le mont divin et les « Portes de fer » de l'Auvergne
La frontière constellée

« Autour du Mézenc et du Gerbier-de-Jonc, les volcans ont laissé un *no man's land* raccordant la Cévenne déchiquetée au Velay, seuil de l'Auvergne. Cet espace relie, d'une manière schématique, la Province romanisée à l'Arvernie celtique[1]. » C'est dans ce Tibet tourmenté que passe la route menant vers le camp d'Antoune. A travers le déferlement des sucs pointus on distingue Géorand (ou Iguerande : la limite d'eau), Le Béage (Bisatico : la « Porte de fer » du royaume arverne), « car ce royaume se nomme aussi Arvermatenia ». Les Éperviers, roc fortifié dominant Saint-Cirgues, relevaient jadis du Puy-en-Velay. Borne lointaine de l'Arvermatenia, où vivent les oiseaux de proie sur une aire solitaire. Autour, pas un hameau, rien. La seule ferme collée aux ruines des Éperviers, avec son dernier habitant, M. Breysse, est la ferme du « pays brûlé ». Plus loin, Usclades, qui porte ce nom en souvenir de quelque catas-

1. Régis Sahuc, *Vent d'Usclades*, Le Puy, Imprimerie Jeanne d'Arc, 1966.

trophe. Les éruptions quaternaires ont chaviré le relief. De gros blocs, livrés au soleil levant, ceinturent l'ancien « Vicus ». Il y a les grandes pierres du Jaï la Roche, les Jaïandes, sépultures des héros celtes et, sous la coupole des landes et pâtures, un vaste lac légendaire. Mille cimes se dressent et vont mourir dans les torrents, se brisant en failles de prismes bleus. Cent dômes sont encaissés dans les gorges, rehaussés d'ombre. Au loin, les cornes bleues des grandes montagnes, avec le Septos, ce mont divin, voisin du mont Fol. Il y a aussi le mont des Ecuelles, ou mont Lekous, « consacré tout en entier au culte solaire, couvert de roches fantastiques où sont creusées des centaines d'écuelles ou cupules, représentant très exactement toutes les constellations du ciel[1] ». Nous sommes ici sur une montagne nue, sorte de reflet de la coupole céleste, travaillée par une peuplade ayant ses astrologues. Un savant, Jean de La Laurencie, avait tenté de tracer, à la craie sur chaque roche, l'axe autour duquel les cupules étaient pratiquées. L'aiguille de sa boussole, grâce à l'angle formé par l'axe crayeux, lui donnait l'âge des cupules. Pour le mont Lekous on obtenait 15 000 ans. Résultat : les axes signalaient le pôle magnétique du temps où avaient été creusées les écuelles. On sait que le déplacement du pôle magnétique varie. Aussi bien, en ces parages, retrouve-t-on ses parcours et variations. Ainsi du mont Toupernas (avec sa caverne légendaire enfouie sous les broussailles), jusqu'au mont Kekous, le folklore populaire retrace les survivances du culte solaire. Près de Rieutord et du roc de Kairé, une sculpture, encastrée dans le toit de la Besse, serait un masque solaire (face d'homme à chevelure en rayons). Ici, Celtes, Ligures et Grecs ont sans doute marqué les frontières constellées de la grande Auvergne. M. de La Laurencie, explorateur passionné de ces confins lointains du périmètre arverno-vellave, s'était spécialisé dans la recherche du culte solaire, autour du Mézenc. A Sainte-Eulalie, un Fialon du mont Lekous dansa, devant lui, l'ancienne bourrée. Le chercheur fut ravi de voir exécuter les trois sauts rituels de cette danse, « les trois sauts rituels des prêtres du Soleil ».

D'Issarlès à Vichy, les vestiges crétois

« Si l'on place une règle sur la carte du syndicat d'initiative d'Auvergne, de façon qu'un bout de règle soit sur Issarlès et sur

1. *Le Velay gallo-grec, op. cit.*

Hauterive, près Vichy, on constatera que la ligne ainsi tracée passe par Saint-Germain-Laprade, Durianne, Bellevue, Meyrat, Le Mas-des-Boudoux, Chomélix, où passe aussi la route grecque. » Trajectoire donnée par le Maître de Mercœur et jalonnée de caractères crétois, depuis le camp de l'Aligier, en Ardèche, jusqu'aux Salettes d'Usson, sur la limite vellavo-jarézienne. Au hasard de ce sillon de pierres, creusé dans l'ornière des chars gaulois, signalons le menhir de Chomélix-le-Bas. Vastes escaliers, grosses dalles, longues lauzes, tout s'imbrique, en escalade, sur cette avenue pavée. Le mulet passait devant l'autel druidique, entre le Pal et le Rou. Son pied cogne comme sur les galets de Pompéi. Depuis la croix du Pal, l'estrade celtique a franchi des torrents hargneux, atteignant Le Puy, vieille Anis, pour venir tremper dans un lac fangeux, qui s'étendait alors entre Gendriac et le roc dit « percé ». Le roc n'était pas encore percé, car la voie phocéenne évitait le lac pour franchir la Loire, sur le bac de Durianne.

Noms gaulois rimant avec le sol : villages à pont commençant par B, tels Brive et Brioude, villages méandres de la lettre D, tels Durianne et Dore, densité des consonances sur l'itinéraire de l'Auvergne prégauloise. Des noms comme le suc d'Abraham sur cette piste des Gaules, signalée par Strabon, des noms qui s'entrelacent avec celui de « Sainte-Abeille ». Ici le dieu Abélio s'est trouvé canonisé par la caste sacerdotale. Il prolifère sur Piestrade Vieille, traduction du nom grec Pal. Au camp de l'Aligier une « pierre sainte » guérira des vertiges. Il suffira d'enfoncer le doigt dans la cavité du granit, puis de le passer dans l'oreille. Rite païen que le clergé ne peut abolir. Alors il fait transporter la pierre à l'église du Rou, comme il placera le dolmen dans la basilique du Puy. Ainsi, sur cette voie d'Issarlès à Vichy, les spiritualités ont martelé le roc. Sur les deux rocs de l'Aligier, une inscription grecque, au suc d'Abraham ; des anneaux de fer, scellés dans la roche, pour les mulets ; des lacs, tel celui de Ferrand, servant d'abreuvoir aux caravanes, telle est la toile du paysage routier. Au-delà de Bauzon, on traverse la forêt du Loup. Plus loin le camp de l'Aligier a son hameau de Charroux, village carrefour, magico-religieux. Partout la route ancienne crie son message, bordée de panthéons rognés, escortée de dieux effrités. Au terroir de Borbon, le dieu Borvo parle avec sa fontaine et la fée bienfaisante du mont Dieu (ou mont Lekous) s'ombrage de pins tordus, au milieu des airelles. Sur ces cheminements rôtirent au soleil les générations essoufflées des marchands grecs. Mais la route du Pal, traversant le Velay et l'Auvergne, les conduisait à l'étain de Bretagne. Et l'Auvergne profita de cet hellénisme jusqu'à Vichy, une ville qui sera connue des Romains pour ses thermes célèbres.

Le sanctuaire de Beth. Le dieu Baal
Inscriptions phéniciennes

On ne peut quitter ce tracé sans parler de ces inscriptions ressemblant aux cunéiformes cachées dans le site de Beth. Ici même les caravanes de la voie phocéenne faisaient halte dans les abris sous roche entourant le camp d'Antoune. De véritables petits sanctuaires nichés contre la falaise. Ils s'échelonnaient entre Goudet, Fleurac, Beth, Les Ceyssoux. Temps d'arrêt dans les roches de la Gardasse, au-dessus des abîmes de la Loire. Les guetteurs embrassaient du regard le profond défilé par où survenait la cohorte bariolée, dans une sorte de poussière éblouissante. Ascension raide, avant d'aboutir au saint des saints du sanctuaire de Beth. Côté Fleurac, le délire des rochers et des logis troglodytes fait penser à la Cappadoce muletière et superstitieuse, celle qui adore le feu au mont Argée. La caravane débouchait sur un décor fait pour les dieux. Dans un à-pic vertigineux, les hommes de ces cavernes établirent un caravansérail aux minuscules corniches, peuplé d'escaliers et de chemins de ronde. Station où l'on réparait ses forces ; reprise d'haleine, mais repos religieux, entre les parois couvertes d'inscriptions. Le pied nu risquait, à tout moment, de basculer, en passant d'une chambre excavée à une autre. Vision hors de nos âges, mais qui a subsisté. Ce sanctuaire secret, encore inexploré de nos jours, surplombe une Loire d'argent cernant des rochers à cuves, émergeant de l'écume. Spectacle lunaire. Trois étages de grottes fouettées d'herbes folles, ornées de fleurs, coiffées d'arbustes entrelacés. Un lieu pour les nymphes. Voûtes en berceau naturel, niches et cavernes reliées par des chirats rocailleux. Mais, au fond de son abside verdoyante, Beth, le sanctuaire sauvage, s'encaisse entre deux pentes. Temple secret des troglodytes, où aucune cloche ne portait les appels, sauf les sonnailles des troupeaux. Lieu secret, sans chemin ni accès pour le vulgaire. Seuls les initiés y parvenaient. Voici les inscriptions de Beth, dont nous sommes allés voir, non sans peine, le contenu ésotérique. Peu à peu le temps s'en empare. Inscriptions alchimiques, semble-t-il, sur ces parois faites pour les adeptes de la pierre. On remarquera d'abord que Beth comporte la deuxième lettre de l'alphabet sacré. Sur une figure le T, signe de l'œuvre alchimique réalisée. Boudon-Lashermes nous définit un jour ces symboles où il voyait le creuset du bélier (V), équinoxe du printemps. Il y voyait le feu (S) qui renouvelle la matière, indiquée par le A, première lettre de l'alphabet sacré. Puis venait, dans une troisième figure, le Mercure animé, le soufre, principe actif et un premier quartier de Lune. C'était la matière épurée. La Vierge, le Bélier, les six signes du zodiaque, indice de la naissance, le feu qui dissout, le soufre philosophal, dit « Lion rouge » ; Saturne, la lettre Koph, symbole du soleil et de l'or, autant de messages traçant la voie aux initiés de Beth. Il y a la terre-mère et ses vierges de pierre, bref un ensemble de lettres runiques, impénétrables au commun. Mais langage dont il avait le sens et dont il relevait facilement les gisements. L'écho des voix perdues s'est inscrit sur le roc, à Beth, réveillant, sous le lichen, le message des prophètes. Beth ne signifie-t-il pas « la caverne où dort la toute-puissance » ? Captée sur la roche, cette annonce alchimique de Beth, c'était le fruit de la contemplation de ses habitants sous l'étoile ou le soleil. Sur le plateau incliné descendant vers la coupole des grottes, au revers de la Loire, un château avait remplacé l'oppidum. Ses ruines se sont ébranlées désormais sur l'éperon qui maîtrisait la route grecque. Mais l'aventure reste avec le mystère des Ibères.

Ibères et Atlantes. Le château de Bovon
Le cimetière des druides

Peut-être faut-il lier les arcanes et les degrés d'initiation de la roche de Beth à l'aventure des Ibères et des Atlantes, chère au Maître de Mercœur. N'est-ce pas lui qui citait « ce premier amalgame affirmé par les druides, un cataclysme contemporain du cataclysme atlante, qui aurait soulevé le raz de marée devant lequel les Celtes, fuyant le Nord, arrivèrent chez nous, avec leurs troupeaux » ? Le relais de Beth fut-il ce gîte d'où serait sortie « la population troglodyte du Velay, de l'Auvergne, du haut Vivarais, du Gévaudan, du Rouergue, du Quercy, de l'Urège, en deçà du Rhône » ? Au-delà du fleuve Rhône, c'était, on le suppose, la population troglodyte de l'Oisans, de la Tarentaise, des Alpes, du Valentinois... Ce peuple, estimait le Maître de Mercœur, était déjà « un mélange d'autochtones d'abord, puis de Celtes, d'Atlantes et de Tartassides ». Si les pierres de Beth et d'Antoune sont le miroir des tablettes crétoises, si ces cavernes sont un mini-labyrinthe de Minos érodé par le temps, on voit sur la montagne de Saint-Maurice, près de Coubon, des tombes et des inscriptions pareilles à celles de Beth. Une famille de Beth occupa la grotte du nom, avec Dalmas de Beth, dont la fille épousa un Monedier. Seigneurs de Beaufort et de Beth, deux noms unis comme dans l'inscription phénicienne Beth-Baal. Les maîtres, issus de ces alliances, occupèrent Ceyssoux, sur « l'estrade vieille », au carrefour antique du Brignon et de Tourtignac. Les gens parlent d'une « cité disparue », au nom de « Viale morte », cadastrée sous les vieux numéros 840 à 843. Ceyssous signifiait : « Viens coucher ici pour la nuit. » c'était sans doute une enseigne d'auberge. Pas loin du sanctuaire de Beth, au Brignon, un sarcophage avait un bras sculpté, dont la main portait une lampe, symbole d'immortalité. Sarcophage identique à celui de Saint-Julien-Chapteuil, « sarcophage énigmatique », écrit M. Gaudron, président de la Société préhistorique française, dans une lettre à M. d'Hérouville, le 24 décembre 1949. Ainsi les tombes, faites pour sceller l'oubli, réveillent l'éternité des choses dans le Sud auvergnat. Il y faut le roc des cavernes ou les moellons des castels. La chaumière chavire trop vite avec ses trésors de légendes contées devant la cheminée. Le château, comme à Bovon, inscrit ses annales sur la paroi ou le parchemin. Bovon, d'Antoune, était un personnage voyageur, sorte de paladin fréquentant l'Angleterre et l'Italie. Il y avait, sur le camp d'Antoune, deux enceintes concentriques, avec murs et fossés avancés. C'est le château de Bovon, dont les reliefs dominaient Espinasse d'Arlempdes. Dans la gloire des mousses, entre les chandeliers des pins rabougris, ce castel n'a plus que des soubassements fantômes. Mais d'avion on le distingue parfaitement, comme d'ailleurs toutes les lignes de défense et tourelles-chibottes, avec leurs enceintes et leurs portes d'accès. Royaume de casemates, lointaine citadelle celtique, peuplée de trous bizarres, traversée de cinquante murailles. Les paysans ont retenu cet emplacement dans leur dialecte : le « camp de Chabourous » (Caburus, guerrier oublié de l'histoire). Plus connu est le « cimetière des druides » que nous avons exploré depuis Espinasse. Ici, sur l'inclinaison des laves, jaillissent les rochers, campés à la manière des statues de l'île de Pâques. Une aiguille, taillée à son sommet de quelque tête de dieu ; d'autres menhirs géants, sortis d'un seul jet, face à la Loire qui s'en va ceinturer le château d'Arlempdes, voilà, dans leur pose étirée, les géants du camp d'Antoune. La tête sculptée de l'une des roches taillées a son identique dans le sanctuaire solaire « le plus renommé d'Europe et où accourent les touristes des pays d'outre-Rhin, celui d'Externsteine d'Irminsul, en forêt de Teutobourg », déclarait le Maître de Mercœur, familier de ces colosses immobiles. Il ajoutait, citant Nita de Pierrefeu : « Ces centres de rayonnement, rattachés les uns aux autres, représentent le carrefour d'une même quête spirituelle. » Les Externsteine ne furent-ils pas une sorte de capitole, au cœur de la forêt, une forêt parsemée de dieux de pierre, échelonnés jusque vers un lac ? Ainsi le pays arverno-vellave a ses pierres hautes, figées sous l'étoile polaire, ou ses roches branlantes, comme celle du rocher de Maniores à Orzilhac. Là aussi un « trou du soleil », sur la crête tournée vers les carrières d'argile. Sièges d'un culte archaïque, ces trous du soleil, tel celui de Couteaux, aux grottes de Lantriac, deviendront plus ou moins sanctuaires chrétiens. La cendre des ans n'éteint pas les cultes. Elle les change en les ranimant. C'est tout le sens du paysage tabulaire d'Antoune, avec ses dieux ridés, éclairés de leurs trous du soleil pratiqués rituellement.

Décor fantastique. Salles d'oratoire
Rochers sculptés comme en forêt de Teutobourg

Car au détour d'un chemin de pâtre, la plate-forme d'Antoune laisse toujours voir son fameux « trou du soleil ». C'est l'appellation même des gens du terroir. Et puis il y a, dans un décor fantastique, le fameux sphinx taillé, à même le roc, moins élancé que la Roche rouge, mais bien visible sur une paroi de la montagne dominant l'anse de la Loire, où se sont noyés les ingénieurs du barrage de l'E.D.F. Comme à Sainte-Eulalie, l'aspect mythique des blocs de pierre vous saisit l'âme. Et le rocher central de ces parages, surmonté d'une autre tête, se détache du flanc de la montagne, à la manière de la Roche rouge, située près du Puy ; mais cette tête est celle d'un homme. « Le sphinx était beaucoup plus bas, conclut Boudon-Lashermes. En 1898, il était encore très visible. Il a été bien défiguré depuis lors. » Quant au trou du soleil, creusé dans la paroi voûtée, il permettait aux rayons de l'astre de se « projeter sur l'autel. Le culte devait être célébré en face de ce point de l'horizon où le soleil se lève au solstice d'été ». Près de ce sanctuaire solaire, à gauche de l'esplanade nivelée de main d'homme, un roc abrupt et vertical forme un véritable mur. Dans cette paroi est creusée une salle qui semble un oratoire. Enfin, à droite, sort une aiguille rocheuse, au sommet de laquelle fut taillée une tête de dieu, respectée par les siècles. C'est le dieu des parages d'Arlempdes, terre d'inspiration, terre de mystère où s'inscrit, selon Boudon, le passage des Atlantes. Véritable théâtre de la nature en tout cas, où l'homme, avide d'absolu, a laissé la griffe du merveilleux. La rampe des rocs qui s'enfonce d'un trait vers les abîmes de la Loire, laisse voir entre ses flancs la boucle féline du fleuve. Là s'est enserré le vieux bourg d'Arlempdes. Maintenant que je vous ai égarés entre les vestiges du « camp des druides », il faut revenir aux ruines féodales, où la Loire baigne les pierres et les lierres, ici même au pied de la célèbre tour. Mais derrière ces murs gouachés, que trouverons-nous encore, sinon le merveilleux des terres inspirées ? Décidément, ce site étrange, cet ancien village fortifié, ne laissent passer, sous la porte de basalte, datée de 1066, aucune certitude, aucun prosaïsme. Que ce soit près de l'ancien camp gaulois, que ce soit à l'ombre de ses huit tours, Arlempdes, avec ses inscriptions indéchiffrables, nous étonne. Ses sarcophages restants, ses hiéroglyphes énigmatiques, ses cunéiformes probables, composent au visiteur une galerie du fantastique, un chemin du visible et de l'invisible. Si vous passez à Antoune ou Arlempdes, près des hauts rochers pointant leurs têtes sculptées vers le ciel, ne vous attardez pas trop. On dit que, par temps d'orage, une « dame blanche » hante ces rochers pareils à des fûts de canon. La tradition locale assure qu'elle vit toujours, s'abreuvant fébrilement aux sources abondantes des pâturages. La dame blanche garde les portes du cimetière des druides. Cette écorce nue des rochers est faite pour forger des dieux, et les nuits du pays sont des sorcières éternelles. Éteignons les torches que nous avions allumées pour éclairer ces rochers noirs ; fermons, sous la tour de lumière, le grand portail des ruines. Nous n'aurons pas eu en main la clef des superstitions et des croyances. Mais peut-être aurons-nous touché du doigt un peu de cette tere à la fois païenne et religieuse. Arlempdes a le flamboiement de ses chandeliers, l'ombre de ses pitons sauvages et la lumière de ses tours. Et tout près Antoune a son île de Pâques. Du haut de ces vigies l'aurore n'a pas besoin de flambeaux et l'Esprit souffle de partout. Si nous nous sommes livrés un instant aux regards hiératiques des têtes des dieux dont le roc semble vouloir toucher le ciel, nous sommes aussi redescendus près des marches de l'église romane, dont les colonnes soutiennent les bases d'une autre foi. Il y a des lieux qu'on admire en passant, mais d'autres qu'on retient pour d'autres voies secrètes. Le génie de ces parages est un arôme consolant pour notre civilisation nucléaire. Entre ses lumières et ses ténèbres, la terre du Velay est un bout de terre inspirée, aux confins de la grande et mythologique Auvergne.

5.

L'Auvergne et son royaume mythologique avant Vercingétorix

Un mot sur l'Auvergne fluidique

Au pied des collines de pierres nous venons d'évoquer brièvement ces abris de l'homme primitif avant Vercingétorix. Sœurs des caselles ou des bories, des capitelles ou des cayons, des louèges ou des chazelles, des cadolles ou des caravelles, ces chibottes de Crouzas, ces casornes de Loudes, ces cases de Massiac, c'est une des grandes énigmes de l'Auvergne. Nous avons donné le point de vue de leur spécialiste, le Maître de Mercœur. Pour lui ce type de construction à voûte élevée, ces huttes rondes et coniques étaient la survivance de villages celto-ligures blanchissant sous le soleil des ruines. Du Pilat aux Côtes de Clermont, sur la montagne lourde, il en voyait des milliers sous les épierrements. Forêt de piliers de lave, dont ses adversaires prétendaient qu'ils étaient des cabanes construites par les bergers enrubannés de Watteau. Leur plan circulaire, avec assises de basalte encorbellées, n'émouvaient pas ces pontifes d'une science acquise. Pour eux il n'y avait pas de chibotte du chef. Ni architecture militaire ni résurgence de quelque architecture lithique, aux confins des âges millénaires. Simple groupe d'habitat pastoral ou vignard. Nous ne prétendons pas ici lever une telle énigme. Mais en abordant l'Auvergne et son royaume mythologique, avant Vercingétorix, nous voudrions parler du fluide des druides. « Pour être touché par le fluide, disait précisément Boudon-Lashermes, il faut en avoir déjà dans son être. Le contact ne peut se faire qu'à cette condition. Et les druides n'avaient peut-être pas tort, lorsqu'ils enseignaient que ce fluide n'existait pas seulement dans l'âme humaine, mais aussi dans la nature et qu'il pouvait y avoir des transmissions ou évocations de pensées, de celle-ci à celle-là (sourciers, hauts lieux, fontaines parlantes). Le lac inspire Lamartine. Cent autres passeront, qui demanderont s'il est profond, quelle est sa largeur, d'où vient l'eau, si on ne pourrait pas le vider pour faire un barrage... A côté d'eux des adolescents ignorant encore Lamartine sentiront vibrer tout leur être au contact de ce fluide ignoré. Il y a ainsi, autour de nous, des sites qui nous " parlent ". Bien qu'au premier abord la chose puisse paraître étrange, il en est qui nous révèlent ou nous font pressentir leur passé. Nous avons, devant eux, non plus une vague inspiration, mais une véritable intuition de ce qui s'y passe, intuition assez imprécise, mais intuition quand même. Parfois, suivant cette intuition, nous arrivons à découvrir ce que nous avons pressenti et qui est resté totalement inconnu jusque-là. » Sans nous perdre dans les arcanes surréalistes d'une science vague, force est d'accepter un fait : le secret des choses naît aux limites du subjectif et du réel. Celui qui sent ce secret ou celui qui le crée sont aux mêmes confins, sur une lisière imperceptible. L'Auvergne mythologique et mystérieuse, l'Auvergne mythique et mystique sont de connivence. Que les rationalistes épais nous pardonnent. Il pèse, même sur leurs certitudes, un mystère qu'ils ne parviennent à nier. Ce mystère suit la vieille Auvergne, par les chemins droits et de traverse, sur les routes asphaltées ou dans le ferraillement d'un char démodé, à l'ombre d'un clocher équivoque, ou dans la grisaille nue des pâturages. Le berger des burons et l'Auvergnat des jasseries interrogeant l'autre côté des choses, par une nuit d'étoiles, est-il plus ignorant que le savant prébendé dans son laboratoire ? C'est pourquoi, au cours de ces pages, nous laissons émerger ce révélateur permanent des paysages. Ils peuvent trahir leur secret. L'Auvergne est remplie de lieux mystérieux. A Dienne, dans le Cantal, sur le plateau du Limon, des huttes, ceinturées de murs fortifiés, intriguent le chercheur. Vers Les Barres et La Fagitte, ces sortes de chibottes s'échelonnent comme au camp d'Antoune, rappelant une cité célèbre, la ville gauloise de Cotteughe. Surnommé « camp des Anglais », ce campement celte, où l'on retrouve la demeure du chef, a des fondements circulaires. Habitat énigmatique dont l'ouverture était uniformément orientée. Question : pourquoi, sur un seul rang, ces huttes de pierres allaient-elles par sept, séparées de six à dix mètres ? Ici le chiffre sept a sûrement son mot à dire. Ainsi l'Auvergne est-elle sphingétique. Le sphinx dévore ses horizons. Les « parsonniers » le savaient bien, eux qui les sillonnaient, chaque fois étonnés des choses rencontrées.

Les parsonniers coureurs d'aventure

Ces communautés, dites « parsonnières », étaient des hommes libres vivant en tribu, sur un territoire délimité. Sous le même toit, cette « gens » gardait les fleuves et passages obligés. Tribus arverno-vellages, concentrées en Limagne et Brivadois, elles avaient leur dieu protecteur. Funck-Brentano nous a instruits de ces groupements, où l'on se mariait entre jeunes gens de la même race. Ceux-là seuls étaient admis au culte des dieux lares. Les Romains ne pourront briser ce système. L'ensemble des puissances héréditaires y produisait le mystérieux « coup en arrière ». Le fleuve s'éloigne de la source pour brusquement y remonter. Tel était l'un des caractères de la race parsonnière vellave. L'influence collective des aïeux, au quatrième degré, ou à une plus grande distance, s'opposait parfois à l'hérédité immédiate du père. Les parsonniers qui cheminaient souvent à l'aventure sentaient obscurément le poids de ces caractères ancestraux, un peu comme les animaux. Alors, mettant un cran d'arrêt à leur course, ils choisissaient un territoire fixe, de préférence autour d'un roc. Et là ils reprenaient leurs fondements ancestraux, remparts de la famille. L'État, c'était le foyer ; la patrie, c'était le territoire de la communauté. En ces temps-là, au « mas des Parsonniers », règne le « sire ». C'est le maître du domaine, un domaine clos d'une enceinte de palissades. Vers le mont Mézenc, aux bords de l'Arvermatenia, derrière les rochers dentelés en forme de créneaux, vivaient ainsi sept chevaliers. Une charte de 1062 le prouve. Comme ceux du Graal, comme plus tard les sept fondateurs de l'ordre templier, ces chevaliers vellaves se resserrent autour du mas, avec leurs enfants et leur bétail, dans une enceinte ronde. Ils sont égaux en droit, à la manière du clan celtique ou de l'Odal germanique. Pour eux l'aïeul est un héros dont on respecte le sang de façon ininterrompue. Leurs membres jouissent de l'alleu. On les a dépeints raides et sévères, sur la colline héréditaire. Ils épient la vallée, là où se brise le cercle des monts, guettant l'éventuel assaillant. Pendant ce temps le chef de famille, au milieu d'une place circulaire, derrière la rangée de pierres brutes, tient conférence. Aux rebords du cercle, les tumuli, sépultures des ancêtres. Ce sont eux, les morts, qui donnent le ton, la voix et la force au sire, pendant sa conférence. Il ordonne, commande, réprime. Plus tard les féodaux leur feront payer impôt. En attendant, ces parsonniers vellaves déclarent « ne relever que de

Dieu seul ». Sous la haute cheminée de pierres sèches, naissent poèmes et chansons. Elles épousent, dans leurs rimes, les spirales des flammèches. Tel est le parsonnier vellavo-arverne en assemblée, autour des aïeux et de l'aîné. Un tribunal, des femmes qui tissent, une enseigne battue au fer dans la forge commune située en pleine cour, une épée pendue, sous la figure du dieu Taran, en attendant la prochaine aventure, tel est le décor et le milieu. Aux Garniers, aux Boudous, en Velay et partout, dans l'empire d'Arvernie, avec le roi vellave Vercassi-Vellaunus, un parent de Vercingétorix, campent ces guerriers, à la fois druides et poètes. Avec leurs épouses, danseuses de l'aurore, ils saluent le soleil. Les migrations les bousculeront. Il ne restera d'eux que ces levées de pierres hautes, alignant sur la lande appauvrie tant de légendes tenaces. Pourtant si, quelque chose de plus ancré restera : le goût du chemin de l'aventure, tendance infuse de l'Auvergnat. Fils enfouis des dômes et des cratères, les Arvernes semblent passer le cou, sur les rebords des volcans morts, aux perpétuelles écoutes de l'horizon. Puis, brusquement, ils s'élancent, messagers d'une certaine idée, porteurs et colporteurs de leurs colifichets. Il y a, chez eux, à la fois le sens traditionnel et le phénomène de l'errance. Mais le marchand se rabat toujours sur son aire. Sidoine Apollinaire donnait son courrier à des itinérants auvergnats. Ils portaient ses lettres à Bordeaux, Lyon et jusqu'à Marseille. L'un d'eux, Amantius, allant à Massilia « pour y faire quelques profits », dit la septième lettre du livre VII, servait de facteur à Sidoine. Différents sont les nomades primitifs. Cet Arverne des premières tribus nomades tient-il, de ses ancêtres phéniciens, cette exaltation à ne pas connaître le but de son interminable divagation, ou bien use-t-il ses jours à se dépasser au loin ? Comme les ancêtres venus de Massilia, abritant leurs barques dans les anfractuosités du rocher, avant de s'engager dans le tourbillon de la terre ferme, les parsonniers, poussés par une sorte de giration solaire, se prolongent au loin, à partir de leur tremplin volcanique, dans une marche vers l'ailleurs.

La bourrée d'Auvergne, danse troyenne venue de Pergame

Nous avons parlé des chansons familiales chantées devant l'âtre craquant des parsonniers. Le mot « geste » signifie « famille » ou tribu. De là naîtra la chanson de geste. Pour l'Auvergnat migrateur, c'est la bourrée, souvenir du voyage. La tribu, revenant de son expédition, module en les sifflant les airs rapportés du vaste monde. Mais elle a appris, surtout, la cadence frénétique de la danse guerrière des Troyens. Trois régions seulement dansent la bourrée : le groupe de la Sicile-Italie et de la Savoie ; les Bulgares et les Balkans ; le Berry et l'Auvergne. Or, prétendent nos érudits locaux, c'est vers ces contrées que nomadisa l'Auvergnat quand il revenait de Pergame. Fixés sur le rivage, nos ancêtres venant à quitter la barque engravée dans le sable, chantèrent leurs fatigues en saluant trois fois le soleil. Trois sauts rituels dont nous avons déjà parlé, mais qui étaient, il faut le répéter, un rite immémorial. Ainsi dansaient les Troyens, autour de leurs captives, brandissant le glaive. Cela ressemble étrangement au pas de bourrée auvergnat. Chez nous, on brandit le gourdin. Naguère encore, sur deux épées croisées, le cercle des danseurs entourait la mariée. Au pays vellave, dans notre enfance, les bras des jeunes et des aînés s'élevaient puis s'abaissaient, dans une sorte de bourrée rappelant étrangement la pyrrhique celte. Il manquait seulement aux mains la lance ou le bouclier. Le mystérieux nom de bourrée est d'origine obscure. Vient-il de « Bou-Rei-Go » (Bon Roi il y a) ? Dès lors, notre danse auvergnate n'est-elle qu'un sautillement rustique, rythmant la joie du peuple, à l'avènement du roi ? On peut en douter. « La montagnarde », exécutée avec perfection, la vraie, vient de plus loin. Certes on prononce « bourréïo ». Mais précisément ce mot ne serait pas occitan, nous arrivant des Balkans. Le Dr Stoïtcheff, débarquant un jour dans les stations du Puy-de-Dôme, fut étonné d'entendre fredonner les mêmes couplets qu'en Macédoine. Il écrivit ces phrases : « En 1898, réveillonnant avec quelques étudiants auvergnats, nous les vîmes danser la bourrée. Grand fut notre étonnement ! Cette danse se rapprochait à s'y méprendre de la danse bulgare " Ratchénitza ". Mêmes pas, mêmes gestes, même entrain endiablé... Ce qui est frappant c'est que, dans l'air même de la bourrée, on reconnaît le chant le plus populaire et le plus répandu des provinces bulgares : " Bouréno-Bourenké ", où nous trouvons le radical " Bouré "... En grec " Bouréion " est le nom du mets national des ponots : le ventre double (les ponots sont les habitants du Puy). Ce plat nous viendrait-il aussi de là-bas et aurait-il été, à l'origine, le mets sacré, après le sacrifice ? » Cette opinion du Dr Stoïtcheff se trouve confirmée par celle du professeur Blanchard. Pour lui, l'un des rares noms de la danse bulgare qui aient survécu se dit, comme en Auvergne, « Bourréia ». On pourrait épiloguer longtemps sur les mystères de la bourrée. Homère n'évoquait-il pas « ses adolescents qui dansaient en se tenant la main », lorsqu'il décrit le bouclier d'Achille ? Identité rythmique de chants composés en vers pyrrhiques. Similitude lointaine aussi entre la cornemuse ou gaïda des bulgares et la chabreto des Auvergnats. Lucain, nous ayant appris que les Arvernes étaient frères des Latins et issus d'Ilion, peut-être les Arverno-vellaves, ayant séjourné à Pergame, ramenèrent-ils la danse du soleil. C'était l'avis de Gandilhon-Gens D'armes, ce poète des veillées d'Auvergne qui, à l'instar de Sidoine Apollinaire, parlait de l' « Arte pyrrhica ». Joseph Canteloube lui opposait que la vieille danse auvergnate ne venait pas des pays celtes, où l'on danse à deux temps. Alors, répondait Gandilhon-Gens D'armes, si les Auvergnats dansent à trois temps et les descendants des Celtes à deux temps, c'est peut-être que les Arvernes, Ruthènes, Gabales et Vellaves occupaient nos montagnes, avant les invasions gauloises ? Notre vieille bourrée remontait terriblement loin... Si loin que ses variantes sont la biscotte, sorte de danse du ventre d'inspiration maure, la droite en Combraille, la giate de Giat, la vireneyre d'Ambert, la saltanelle d'Issoire, la limousine, la souillarde de Massiac, lou billodou d'Aurillac, le stira modaïssa, la crouzade, la tournijaïre, danse spiralée où l'on se tire les poignets, etc. La goignade, jugée indécente par Fléchier, à cause de ses gognes ou grimaces, fut excommuniée par l'évêque d'Aleth. Mais, constatait le prélat, avec une résignation éloquente, maintes fois interdite, la goignade s'apprenait dès qu'on savait marcher. « L'on peut dire qu'ils naissent avec la science infuse de leurs bourrées[1]. » La patria vellaïca a maintenu en Velay ce rythme ternaire et spontané dont l'inspiration ne s'est pas tarie. Sorte de fécondité mythique, où le chiffre trois a sa part, avec les trois sauts vers le soleil, tandis que les chants de plein vent, rituels et rustiques, emplissent la montagne des bergers. Chants des moissons, baleyros de la brise, psalmodiés au loin ; mélodies sorties de la bouche des pâtres, se donnant l'écho, se renvoyant leurs paroles d'une colline à l'autre ; chants des « réveilleurs » presque liturgiques, c'était l'Auvergne, c'est encore l'Auvergne dansante et chantante, mais secrète dans son folklore venu du fond des âges.

Les liens avec la mer
La route hellénique du vin. Arvernes et Phocéens

Mais derrière les coteaux bleuis, envahis par le lichen et les serpents, voici les pistes menant à la mer. Les Arverno-Vellaves « sont

1. *Mémoires sur les Grands Jours d'Auvergne en 1665,* Hachette, 1856.

en contact permanent avec la mer et les Orientaux qui la sillonnent », écrit le Maître de Mercœur[1]. Par le Tracol, Saint-Pierre-de-Bœuf et le Rhône, ils vont en Égypte, voient la Syrie, la Palestine. Nous en avons des preuves. Hommes d'un autre âge, vibrants comme leurs montagnes, sachant s'en éloigner, ils vont perpétuellement, la marche toujours recommencée, au son des grelots. Muletiers par le chemin étroit, escarpé, qu'emprunteront les pèlerins. Au Puy-en-Velay arrive le vin fou du Vivarais. Les Fabre, marchands du Puy, surnommés « sédiers », ramènent la soie de Chine. Dans la ville une société de navigation, la Nau (la Nef), portait son enseigne au nom de la maison David. On a l'impression que le négoce n'est pas la seule motivation. Une tentation de l'Orient et de l'Occident semble happer l'Arverne voyageur dans le mouvement alternatif de la courbe solaire. Périlleuses croisières, sous la voile déployée : elles portent les noms de leurs initiateurs : les Alvergnas, universellement répandus, les Mercœur, les Chabrol, les Chazelet, les Naute, familiers des sillages d'émeraude, comme les anciens partant pour les « îles Fortunées ». Les îles rencontrées sont abordées par l'Auvergnat. Malte est rempli de marchands du Puy. Les de Mourgues, les Baudoin de Pradelles, les Lamye de Lardeyrol, les Girard passent en Angleterre, aux Indes, au Canada. Les Du Bos, les Souteyran, les Dupuy, les Pébellier traversent l'Océan. L'Auvergnat suivra souvent le fleuve jusqu'à la mer et s'y enfoncera comme s'il pénétrait dans un autre univers, au-delà du *finis terrae*. Inversement, il aimera retrouver son Rhône ou sa Loire jumelée à l'Allier. Là sont ancrés ses ports de l'intérieur, ceux d'Aurec, du Chambon, de Retournac, de Bas, de Confolens, de Ventressac. Aboutissement des anciennes caravanes phocéennes. Parfois le muletier fait un détour par le bas Vivarais, venant de Largentière ou de Coucouron. Il débouche sur les marches de l'Auvergne, la tasse d'argent agrafée à la ceinture, les anneaux d'or aux oreilles. C'est l'Auvergnat navigateur, rentrant de Hallstatt où il a concurrencé d'autres marchands. La voie du Rhône monte à Lyon, mais la route du vin coupe à Pont-Saint-Esprit et vers Le Pont-de-Bœuf. Les Auvergnats y parlent la « langue d'Homère », écrit Boudon-Lashermes. Des vases rapportés à Champvalarin le prouvent par leurs inscriptions. Qui avait tracé la voie, sinon les Grecs de Phocée, créateurs de villes comme Anis (Aniké), Tiranges, Saint-Romain-les-Atheux, Allègre, Estublac ? Les Rhodiens donnèrent sans doute leur nom au Rhône, fondant au passage Rhodanousia (Beaucaire),

1. *Velay gallo-grec,* p. 29.

avant de s'enfoncer en Auvergne. « Les Arvernes, écrit Jullian, étaient les plus civilisés des nations gauloises... c'était par leur canal qu'était remontée jusqu'à nous l'influence des Phocéens. » C'était aussi la route du vin, le vin dont l'âme chantait, le vin qui avait ses divinités. Voilà quelques petits secrets de l'histoire d'Auvergne. Sur la piste désherbée sont passés les porteurs d'outres remplies du vin fou et aussi les marchands de poteries vides. Barnassac n'exportait-il pas ses poteries en Italie et dans l'Europe entière ? Lezoux, en Limagne, du gaulois *loudo* (boue, terre à potier), comptait deux cents fours. Cette ville, étagée en gradins, envoyait ses poteries sculptées au-delà des fleuves et des mers. Le secret de fabrication en est perdu, mais du vin et de la poterie est restée l'épopée. Pascon, dans son *Histoire du Velay,* indique : « Dès le temps de Salomon, les Phéniciens abordèrent en Gaule et firent du trafic sur le Rhône. Les Grecs y vinrent à leur tour au VIIe siècle avant Jésus-Christ et remontèrent bientôt jusqu'en Auvergne. » Ainsi l'aventure de l'Auvergnat migrateur se nouait et se renouait.

La Diane d'Éphèse et les Vierges noires d'Auvergne

Porteur de vin dans les outres (ou boutes, par le chemin des Boutières), l'Auvergnat était aussi fournisseur de mulets. Olivier de Serres affirme : « L'Auvergne nourrissait des mulets et mules en abondance, en approvisionnant ses voisins, le Languedoc, le Dauphiné et la Provence. » Chargées du vieux vin du pays d'Aps, déjà connu du temps de Pline, sous le nom d'Alba Helvia, les caravanes fatiguées confiaient leurs outres rescapées aux savetiers auvergnats qui les réparaient. Ceux-ci, dénommés les grouliers, passaient de hameau en hameau pour rafistoler savates et cuirs. Mais la caravane s'arrêtait au Puy-en-Velay, pour saluer la Vierge noire. La Vierge noire est liée à la route du vin. La patronne des convoyeurs, c'était en effet Notre-Dame du Puy, les deux autres patrons étant saint Antoine et saint Éloi. Mais si l'on remonte plus haut, sur le chemin sauvage, le mystère de cette Vierge noire s'épaissit avec celui des outres et des amphores. En Velay le village de Themey, vestige des ruines de Champvalarin, n'est autre qu'une évocation du culte des caravaniers à Déméter. L'érudit Pierre de Brun exhuma de Glanon « une amphore ayant servi à contenir le vin destiné aux sacrifices du culte de la déesse. Sur le vase figure une inscription " les thesmophories ", ou sacrifices offerts au temple de Déméter. » Indications du Maître de Mercœur, notées également sur l'Allier, à Vabres (terroir de Thesmos). Elles sont corroborées par celles de Jean Le Meur qui voit une influence gréco-phocéenne dans les pays arverno-vellaves, par l'abondance des Vierges noires. Noires images, jalonnant les antiques routes des métaux, observe M. Saillens[1] : « Les Phocéens amenant l'étain britannique, et qui s'étaient alliés étroitement aux Arvernes, avaient une divinité tutélaire qui, par la matière, le style, les circonstances mêmes de sa légende, ressemble, trait pour trait, à nos Vierges noires. C'est la Diane d'Éphèse. » Le sujet a été largement traité par divers écrivains[2]. Chez nous, en Auvergne c'est la « mascharade » (la déguisée) ou la « machurade » (la mâchurée) du Puy-en-Velay. Le sobriquet est la mesure du contraste, car elle n'est pas tout à fait noire. Dans cette appellation sourd à la fois une méfiance du montagnard et sa crainte dévote. Régis Sahuc raconte comment les paysans, aux grands siècles de foi, murmuraient contre cette courtisane défraîchie. A tel point que les prélats et consuls de la sainte ville faisaient désarmer ces grommeleurs, aux herses des portes. Mère protectrice, certes. Au fil des ruelles médiévales nos cités vellavo-auvergnates ont promené la « mère » avec foi. Mais ils savaient confusément qu'elle était d'un bois « étranger ». Peut-être un bout de cèdre du Liban, sinon quelque morceau de genévrier de Phénicie ou de Syrie, taillé à l'image de la déesse Isis... Le montagnard, au secret des églises sombres, soupçonne sans le dire quelque trame subtile et lointaine à ces madones « négresses », dont il n'aime pas chercher l'origine. L'Auvergnat, assez dissimulé, garde pour lui son sentiment. C'est la Vierge noire, c'est tout. Le reste, on ne sait pas, et peut-être vaut mieux ne pas savoir. Les simplistes ont noté qu'après tout ces Vierges n'avaient que la noirceur des madones enfumées par les cierges. Ainsi se démystifie à peine la « Mère des dieux », venue de Pergame. Ainsi se désacralise la Vierge sainte des grands pèlerinages. L' « Éphésienne », comme l'appellent les intellectuels, prédispose au rêve, à la supplantation scientifique, au mystère... Il est admis pourtant, par le clergé, que la spiritualisation du christianisme a fait passer la déesse-mère gauloise au stade actuel de la Sainte Vierge noire. Voici Isis, tenant le petit Horus sur ses genoux ; voici telle Vierge bistre à l'Enfant négrillon ; voici de vieilles statues foncées par le temps ; voici les veilleuses païennes des morts, symbole de la source ; voici les poupées archaïques et dorées ; voici les

1. *Nos Vierges noires, leurs origines,* Éditions Universelles, Paris, 1945.
2. Jacques Huymen, *L'Énigme des Vierges noires,* Robert Laffont, « Les Énigmes de l'Univers ».

reines brûlées des cryptes, noircies au flamboiement des bougies ; voici les filles des idoles converties, plutôt que détruites ; autant de phantasmes ou d'explications... Saint Augustin et les papes conseillèrent de ramener les iconographies païennes à leur bonne destination. D'ailleurs les Auvergnats, familiers du basalte noir, n'avaient aucune peine à cette adoption. Peut-être même voulurent-ils sculpter leurs Vierges sur un bois hâlé durci par le temps. Ils avaient, pour cela, un secret qui donnait au chêne une apparence charbonneuse. On dit aussi que les Gaulois conservaient, dans l'huile de cèdre, la tête de leurs ennemis. De là il n'y a qu'un pas à franchir pour expliquer la matière des Vierges noires celtiques d'Auvergne. Celle de Murat serait taillée dans l'olivier. La célèbre « Virgo Paritura » préchrétienne a fait couler beaucoup d'encre noire. En évoquant la Diane d'Éphèse, nous voulions attirer l'attention sur la symbolique de la couleur noire. Son caractère terrestre s'applique aux divinités souterraines féminines. Mais les Vierges noires d'Auvergne, à part celles des cryptes, ne sont-elles pas exposées au plein jour ? Malgré cela, pour mieux les voir, il faut les placer dans leur éclairage ésotérique.

D'autres dieux et d'autres temples
De Séneujols à La Bourboule. Les sphinx sur la montagne

Différemment et ailleurs, en Auvergne, transpire la présence d'autres dieux, faits pour d'autres temples. Le culte de Cybèle-Artémis dort avec les lions du baptistère Saint-Jean, au Puy ; terre nourricière et féconde, symbolisée par ces déesses. Le taureau du Puy exprime l'esprit celtique ; enguirlandé de feuillage, affublé d'oiseaux, n'est-il pas le dieu Taran ? Et puis il y a Cernnunos, le dieu bramant aux quatre coins de l'horizon, dieu-cerf ou dieu cornu. On parle aussi de la fameuse tête sculptée du Père Colhargue, dieu local, protecteur de la cité d'Anis. Souvent le dieu-cerf se trouve associé au taureau. Au Puy, l'inscription « Tarvos Trigaranus » (taureau aux trois grues) doit-elle nous faire penser aux grues messagères des saisons ? Les Arverno-Vellaves ont un peu partout leur répertoire mythologique dans ces diverses représentations figuratives. Le taureau, réfugié dans la forêt celtique, a souvent, sur sa croupe ou sa tête, trois oiseaux perchés qui l'avertissent du danger. On n'hésitera pas à sacrifier en offrande ce même taureau aux oiseaux, car ces derniers sont les hauts messagers. Le rocher Corneille, où se dresse la statue colossale de la Vierge, tire peut-être son nom de ces corneilles sacrées, messagères qu'on n'a jamais pu dénicher du roc légendaire. Pareillement en Irlande, Cuchulainn, en quête des vaches de Cooley, traque le taureau mais les déesses avertissent la bête du danger. Pour la prévenir, comme au Puy-en-Velay, elles prennent la forme des corneilles groupées en escadrille d'alerte. Les prêtres du dieu Apollon, « cornant » sur les sommets de l'antique cité, auraient peut-être fait naître cette dénomination de « Corneille » au rocher, où trônait la statue du Père Colhargue. Le très ancien chroniqueur Jacmon décrivit cette statue fichée contre la muraille de l'église Saint-Vosy, telle une « figure d'homme ayant autrefois un instrument avec ses génitoires, servant en l'ancienne loy payenne d'idole aux flammes ; lesquelles, celles qui n'avoient point d'enfans, l'aloient adorer et l'appeloient le Père Colhargue, patron des flammes ». Tout près, le taureau, aux cornes invincibles, matérialise la force virile. Telles sont les divinités familières du Velay, au pied de ses rocs et sur ses trois rochers aspergés du baptême chrétien. L'actuelle ville sainte renferme, dans son musée Crozatier, une prétendue Vierge à l'enfant mieux connue sous le nom de « déesse-mère ». Elle est pareille à celle d'Auxerre. Allégories de la survie ; figures ésotériques représentant une tête de chien ou de crapaud ; recettes de l'alchimie antique répandues çà et là dans les rues ; inscriptions du dieu Adidon, frises en S, au-dessus de la porte papale de la cathédrale, autant d'énigmes fragiles dans leur réponse. Adidon serait à la fois le nom divinisé d'Auguste et celui d'une autre déité de l'olympe gallo-romain, ou bien faudrait-il songer sur les hauts de la ville rocheuse à la « colline fortifiée d'Adi » (Adi-Dunum) ? Les inscriptions des monuments épigraphiques semblent se joindre « au dyke roide d'Aiguilhe », effilé comme une aiguille, pour faire de ces hauts lieux un piédestal d'où le sphinx pose des questions. Ce dernier roc, note Régis Sahuc, « n'a pas livré tous ses secrets. On ne sait rien de son architecte, le chanoine Truanus. Mais pour les initiés, cette flèche solaire, baignée d'occultisme, est un monument d'essence kabbaliste, judéo-arabe, compartimenté et distribué selon la magie du nombre, la loi secrète des chiffres[1] ». Les Celtes nous ont légué ainsi dans toute la région une série de génies protecteurs. Ils avaient peut-être conservé les dieux utiles qui les précédèrent, tel Adido, « le dieu de la montagne d'Anis ». Ils en inventèrent d'autres, sacralisant la forêt aux lisières du plateau volcanique de Séneujols. Ici le dolmen et la clairière. La « pierre de Séneujols », taillée dans

1. Régis Sahuc, *op. cit.*

le basalte, avec son groupe sculptural à trois faces, intrigue les âmes simples. Elle confond les savants. A l'évocation de ce type celtique, où se retrouve la divinité tricéphale gauloise, ils se demandent si les trois figures mystérieuses ont un rapport entre elles comme sujet unique à trois phases. A moins que les aspects monstrueux du personnage central aux yeux globuleux, aux lèvres tirées sur les dents, avec une longue crinière et des favoris sous la mâchoire, ne soit qu'une sorte de sphinx accroupi sur ses pattes... C'est l'attitude bouddhique de Cernunnos, aux oreilles et bois de cerf, dieu-cerf de Séneujols, opinent certains. Dominateur sur la sylve environnante, il narre, sous la montagne du Dèves, les aventures des géants, ses frères et sœurs de la forêt. Bouche ouverte, dents aiguës, le sourire carnassier figé de cruauté, veut-il, avec le serpent, montrer sa puissance chthonienne ou simplement nous étonner de sa terrible majesté ? La face de gauche aux yeux clos est-elle un génie de la mort dominé par la vie ? Celle de droite serait-elle celle d'une déesse-mère ou d'une Vénus habillée de sa tunique à plis ? Le souffle de l'inconnu souffle sur ce plateau. Il souffle en pleine figure du sphinx tricéphale de Séneujols. Il tient quelque chose sur son sein. Dès lors est-il masculin ou féminin ? Au rythme de la nature, en ces parages où les arbres sont courbés par le vent des altitudes, il semble suivre le rythme des saisons, il regarde trois fois les horizons vellaves. Tout proche l'éternelle Auvergne le défie avec Lug, armé du javelot et de la fronde. Mais Vellaunus, autre dieu bienveillant du Velay, dort-il ainsi sous les traits de la pierre de Séneujols, ou bien, simplement, est-il le « dieu de la clairière », le « ialonus » de Senoialum, vieux chef des bûcherons, blanchi sous les favoris, sorte de juif errant de la montagne enlisée dans la forêt ? Mégalithes hantés, solitaires sous l'ouragan et jadis frôlés de lointains pèlerins anonymes ; pierres altières, debout sur les forteresses de basalte, prophètes silencieux, taillés dans le silex ; femmes-déesses, toutes de vénusté et de celticité sacro-sainte ; vestiges épars, sans compréhension immédiate, dieux noirs de l'épouvante, que viendra exorciser le geste des bras distendus d'une croix... que sais-je encore ? Tout garde un voile d'obscurité que vient rehausser le rayon du culte solaire ; ombres et lumières, lumières et ombres. A l'autre bout de la Haute-Loire, en remontant vers le Cantal, Blesle nous propose Jupiter, dieu des Morts, imagé par un loup-chacal. L'église Saint-Pierre de Blesle possède en effet ses loups sculptés sur les boiseries du chœur des anciennes dames abbesses. Simple « Blas-Ila », (terre bien arrosée), rétorquent les celtisants. Blesle, substitué et patronisé par saint Blaise, qui dompta le loup, attend les réponses à l'énigme. Borvo, dieu des Sources, est un magnétiseur moins sournois. A La Bourboule, en Puy-de-Dôme, au pied du Sancy, il a cédé la place aux vertus bien connues d'une station climatique et thermale. La célèbre « Bourboule » du mont Meygal, dite « fontaine parlante », est de même inspiration.

Brioude, Issoire et Polignac avec son sanctuaire oraculaire

Dans l'Auvergne des traditions ces fontaines parlantes ou sanglantes semblent être les coreligionnaires de la nature prophétesse. Ainsi Brioude, toujours énigmatique, nous offre sa fontaine de sang. C'est la fontaine Saint-Julien qui porte au fond de sa cuve mille six cents années de secrets. Les soldats de Crispinius vinrent ici, le 28 août 304, trancher la tête du saint. On se les imagine le cuir ras, les paupières noires, personnages hâves, aux lèvres bavant la haine. Ils trempèrent le crâne de saint Julien dans l'eau sale. Tandis que l'auréole du saint filait dans l'espace, les pierres de la fontaine prenaient une couleur rouge foncé. Mais le miroir d'eau attrapait une singulière pureté. Les affreux vélites avaient cru laver un faciès massacré. Ils venaient de rendre l'onde cristalline. Grégoire de Tours relatera la stupeur de cet abbé d'Attane, nommé Triez, devant la pierraille rougeoyante de la fontaine. Il recueillit religieusement chaque pierre dans un reliquaire. Suspendant le tout à son cou, l'abbé se dirige vers Clermont. Mais quand surgit à l'horizon la capitale d'Arvernie, notre marcheur croit palper de la verroterie. Il n'en croit pas ses yeux. Dans le reliquaire une semence de perles a remplacé les pierres. Telle est, faite de mystère, frappée du légendaire, la cuvette propre de cette fontaine, autrefois dégueuleuse et sale. Vous apercevrez son lit de pierres, couleur teintée de sang. Courbez-vous seulement par-dessus la margelle. Vous verrez bien d'autres choses. A condition de ne pas brûler Brioude en excès de vitesse, l'œil rivé sur votre compteur. Mais peut-être le profane et le sacré vous paraissent-ils inquiétants, quand ils font croisière trop longtemps. Alors quittons Brioude, de crainte d'y trouver le diable en église et voguons donc vers Issoire, cité d'Auvergne. Ici je vous propose ces fameuses montagnes d'argile qu'immortalise une gravure de Pierron. Elles se dressent en autel fantastique, aux portes de l'Auvergne shakespearienne. Colonnes striées étagées en H.L.M. préhistorique, elles regardent les siècles, telles des pièces montées offertes à leur créateur. Une colline vergetée, aux liserés en liteaux. Une carapace de montagne ondulée, fouettée par l'érosion, quadrillée par les vents, biffée de veines et de coulées, raturée de lignes creuses. Des sillons zébrés émergeant vers le ciel. Des ornières artistiques aux ravines effilées. Un palais fantastique et fantasque sur fissures côtelées. L'empreinte d'un certain mystère a ridé les coutures naturelles du sol. On s'attarde volontiers devant cette falaise aux scarifications étranges. Pareille entaille n'est qu'un phénomène géologique, observeront certains. Comme ils ont raison. Mais comme elles nous troublent, ces lignes mystérieuses, ces figurations thématiques d'une Auvergne enfouie. On aime ses rocs dentelés, ses villages oubliés, ses chapelles aux arômes consolants. Une Auvergne resurgie derrière un virage discret, un clocher équivoque, une caverne insondable, c'est mieux qu'un snack-bar. C'est l'Auvergne invisible, cette Auvergne qu'il faut voir. Le Velay, diront certains, en fait partie. Là-bas, Polignac érige mille symboles vers le ciel. Quand on rentre en Velay au retour de lointains périples, on aime faire le crochet de cette route de Polignac qui est le vestibule du Puy. On entre toujours ainsi chez soi par les portes du fantastique. Polignac, c'est pour les rabatteurs du tourisme conventionnel « un donjon chargé d'histoire », un « haut lieu féodal », etc. Toutes ces expressions passe-partout ne signifient rien de bien nouveau... Elles relèvent de l'incolore et de l'insipide. A travers le temps, pourtant, au-delà des pâles slogans touristiques se dessine le sanctuaire oraculaire de Polignac, un sanctuaire méconnu. A Polignac nos pères furent en tête à tête avec le mystère. Sous le rideau sombre des nuages, un village clignotant nous revient des millénaires enfouis. Ces millénaires ont marqué les chemins, fussent-ils goudronnés. La route, fût-elle moderne, nous conduit, comme un sentier géant, sur la piste d'un Velay oublié. Mais pourquoi donc ce rocher de Polignac envoyait-il jadis ses oracles aux quatre pôles des ténèbres ? Parce qu'il existait, sur cette plate-forme rocheuse, un temple d'Apollon (d'où le nom de Polignac pour certains). Quand les vents soufflaient autour, unissant la meute ardente des fidèles du culte d'Apollon, de beaux prêtres se dressaient, spectres blancs resurgis de la nuit. C'était aux premières heures de notre ère. Près de ce rocher noir, droit comme un autel, les pèlerins déposaient une offrande. Puis, à voix basse, ils suppliaient la divinité. Elle comblerait leurs vœux. Ces hommes, ces femmes qui gémissaient dans le vent avaient ici un *aedicula* pour refuge, une espérance pour moteur. Venir de si loin, « consulter » le dieu, rester si longtemps, le soir, dans cette station, n'était-ce pas la foi vive de nos pères en tête à tête avec le mystère ? On nommait ces pèlerins des « consultants ». Passagers rapides de notre existence, ils consultaient l'éternel, en interrogeant un masque, une sorte de « bouche de la vérité ». Cette « gueule d'Apollon » mesure un mètre quinze de haut sur un mètre vingt de large. Elle se rapproche assez de « la bouche de vérité » conservée à Rome, piazza Bocca della Verita. Les rationalistes n'ont pas manqué d'affubler le masque d'Apollon de simple ornement fontainier. Quant au « puits de l'Abîme », taillé dans le roc, à quatre-vingts mètres de profondeur, sur six mètres de diamètre, ils en font une simple citerne. Le puits dit « de l'Oracle », dont la margelle aurait été recouverte par ce masque, ne pouvait servir de citerne, le masque empêchant d'y puiser l'eau. On a parlé aussi d'un égouttoir à sang pour les sacrifices humains. D'autres ont vu, dans le masque barbu, Poséidon, dieu des Sources. Nous serons toujours ainsi, depuis le fond des âges, de quelque religion que nous soyons. Nous interrogeons le dieu de notre foi. Nous posons aux rochers de l'ombre, aux autels de lumière, cette question brûlante : Qui sommes-nous, où allons-nous ? Contemporains, vous poserez-vous aussi la question ? Si elle s'arrête au travers de votre gorge, c'est d'émotion devant ce rocher de Polignac visité par l'empereur Claude en l'année 47. Le César romain balança sur ce dôme sa toge impériale dont les frous-frous marquaient l'opulence et la puissance. Le voilà bien, déposant les présents de sa munificence, païen pieux et glorieux. Le profil des nuages semble nous restituer sa silhouette altière courbée vers l'entonnoir de l'*aedicula*. Lui aussi consulte. Sa voix passe dans le souterrain jusqu'au fond de l'excavation. Elle remonte, tel un écho compressé, au travers du canal rocheux. Elle parvient au sommet, lointaine, mais amplifiée. C'était par cette ouverture que les pèlerins confiaient à voix basse leurs prières et leurs vœux, leurs questions et leurs supplications. Instantanément le tunnel portait tout cela vers la cime du roc. Un collège de prêtres recueillait à l'orifice supérieur les sons haletants de ces croyants. Vite, ils préparaient les réponses. Ainsi, le rocher répondrait. Mais cette montagne oraculaire avait son chemin d'accès. Une pente sinueuse attirait les questionneurs vers la plate-forme. Plate-forme de Polignac, où se dresse encore la forteresse, étrave abandonnée d'un trop puissant navire. Sur ce vaisseau ténébreux le donjon est resté, phare noir élancé, vigie de la ville du Puy. C'est sur cette plate-forme que l'oracle attendait les visiteurs. Là, nous dit Mangon de Lalande, « les réponses étaient prêtes. Les prêtres chargés de les transmettre se rendaient dans des salles profondes, contiguës à un puits dont l'orifice venait aboutir au sein du temple. Ce puits, couronné par un autel, était fermé par une petite voûte hémisphérique présentant, dans sa partie antérieure, la figure colossale d'Apollon, dont la bouche entrouverte, au milieu d'une barbe large et majesteuse, semblait toujours prête à prononcer les suprêmes décrets. C'est aussi par cette ouverture qu'au moyen d'un long porte-voix les prêtres, du fond des antres du mystère, faisaient sortir les oracles. Ces oracles, en portant dans les esprits le trouble, le respect et la persuasion, retardèrent de quelques siècles le triomphe complet et le règne du christianisme. » Il nous faudrait sans doute Chateaubriand pour vanter, autour des murailles de Polignac, le génie du christianisme. Sachez seulement que Sidoine Apollinaire, évêque de Clermont, hante ces lieux depuis le ve siècle. Il se disait issu de la race des Polignac, par son grand-père, converti de la religion d'Apollon à celle du Christ. A cause de ce paganisme récent, les chrétiens de l'époque renversèrent maintes fois le portique du château. Toujours relevé, le fronton ruiné jette aujourd'hui ses profils de pierre sur un ciel fantomatique. Et quand minuit sonne aux vieilles horloges de Polignac, la nuit semble s'éclairer des fulminations d'Apollon. Très vite les matines de l'aube arrivent du clocher pour combler ces voix orageuses des ténèbres. Ainsi, dans un ciel noir, sur les remparts massifs de Polignac, le combat continue entre les forces païennes et chrétiennes. Et tandis que les nuages courent, voilant au loin quelques étoiles, on croit entendre les pas d'une silhouette colossale. N'est-ce pas Goethe, le poète de la nuit, qui cherche à briser notre étonnement par cette phrase péremptoire : « Vouloir comprendre au grand jour, c'est une véritable niaiserie. Les Mystères ont pour éléments les Ténèbres. » La vive clarté de ces mots sert à chaque fois de lanterne quand on parcourt le Velay fantastique. Dans sa faune de nuit, à travers sa flore des matins naissants, on trouve plus d'informations et l'on va beaucoup plus loin aux royaumes de l'imprévisible, que si on voyageait de jour, d'après les guides officiels. Ainsi la « Potence d'Allègre », aux reflets de lumière que dorent les couchants d'or, aux créneaux blanchis qu'exalte la nuit. Visible de loin, en Auvergne comme en Velay, elle fait rêver les cœurs et bondir les âmes. Partout il faut savoir regarder de tels paysages. Regardez l'Auvergne avec des yeux neufs. Brisez l'écorce des choses connues. Le ciel de Velay et d'Auvergne vous apparaîtra hérissé de surprenantes lumières. Accrochées aux pans de murs déchiquetés, aux tours de légendes vigoureuses, ces lumières libéreront votre esprit en attendant que s'ébranle l'angélus d'un clocher, que clapote la source ou le ruisseau. Sous le miroir nocturne, la fleur des promenades germera et l'oiseau des aubes chantera. Au contact de ces banalités, que tout le monde voit, vous aurez touché la clef et sondé le vrai cœur d'une province. Pas assez pour en goûter la saveur d'une seule fois. Mais assez pour revenir à l'Auvergne des songes, au Velay secret des mille et mille jours.

Mercure et les Mercœur d'Auvergne

Cette Auvergne des songes trouve des appuis dans les mots de la toponymie. Le nom de Mercure est de ceux-là. Toute une littérature a parlé du temple dédié à Mercure au sommet du puy de Dôme. Au sommet mais également au flanc. C'est le Dumias (Mercurius) dont nous avons déjà parlé à propos de Teutatès. Romanisé, le dieu gaulois eut-il désormais son temple sur le cône des laves refroidies ? De gigantesques blocs de lave témoignent en effet sur les volcans proches d'Aumône et de Clierzou de la capacité constructive des anciens. Le sanctuaire de Mercure réparti sur les flancs, jusqu'aux pieds du volcan, avait son couronnement au sommet, avec une statue de Mercure. Colosse de bronze à la mesure de l'Auvergne tout entière prédisposée à la divinité. Toujours dans le département du Puy-de-Dôme, Mercœur, près d'Ardes-sur-Couze, a donné son nom au château du lieu, nid d'aigle boisé, détruit sous Louis XIII. Les étymologistes latins attribuent l'origine du lieu au dieu païen adoré sur la butte. Mais les celtisants y voient le radical celtique Mark, Merk, dont la signification est pointe ou borne. L'appellation toponomastique des Mercœur d'Auvergne prête certainement à contestation jusqu'en Gévaudan et Velay, où ce nom est très répandu. Un village de Mercœur existe dans l'arrondissement de Brioude. De même à Lubilhac, à Saint-Privat-d'Allier en Brivadois, à Malrevers, en Velay. On a aussi Mercuret à Retournac, sur la Loire et Mercurette près de Lavoûte-Chilhac. Du Mercurius Vindonnus, dieu de source du mont Dôme, au Mercurius de Lezoux, en passant par le Mercurius Arvernus, on arrive au Mercurius Arvernorix sur les bords du Rhin. Aire géographique lointaine d'une Auvergne mercurienne qui vient faire baigner ses frontières sur les berges du fleuve germanique. Les dieux ont emprunté la route ou les rivières. Migration jusqu'en Lozère, où la forêt de Mercoire, appropriation d'un couvent, l'an 1200, abrita des cisterciennes. Comme si, toujours et encore, la croix voulait exorciser l'idole. Parages sacralisés, généralement de hauteur tronçonnique, d'où le dieu embrassait l'horizon des volcans, tandis que, toute proche, sanglotait la source. Le Velay jette sa lueur sur le mystère des Mercure, avec le roc Saint-Michel. Ici l'archange terrasse le dieu, au sommet de la fine pointe volcanique. Tous les Monts-Saint-Michel de la carte de France sont des lieux hermétiques. Successivement le dieu, le druide, le diable et l'archange y posent leur empreinte, y sacrifient, y tiennent leurs assises. Le nom de Mercure est passé aux rues elles-mêmes, comme à Lezoux, où fut trouvée une statue mutilée de Mercure vers 1890. Mercure résiste souvent à Saint-Michel dans le mont Gargan. La fête chrétienne a succédé à la fête païenne, les mercredis, jours de Mercure.

Du Puy de Dôme au Cantal. Le sabbat du diable

Aussi bien est-ce l'heure de s'attarder un instant à ce combat entre saint Michel archange et le démon. Ce démon avait sa « montagne personnelle du sabbat » en Auvergne : le puy de Dôme. Grillot de Givry, dans son *Musée des sorciers,* rapporte que se tenait là-haut, chaque vendredi et mercredi de l'année, un chapitre général du diable. Un conseiller du Parlement de Bordeaux, Florimond de Rénond, ayant assisté à ce sabbat infernal des Auvergnats, en fit le récit dans son livre, *L'Antipapesse.* Le diable, figuré par un bouc, avait groupé autour de lui soixante participants. C'était à minuit, la veille de la Saint-Jean. Le prince des ténèbres ordonna à chacun de se signer de la main gauche. Après un salut irrévérencieux de l'assistance, « le bouc, qui avait une chandelle noire entre les cornes, y mit le feu, tirant ce feu de dessous sa queue... En cette assemblée on disait la messe en tournant le dos à l'autel. Celui qui faisait l'office était revêtu d'une chape noire sans croix, devant une tranche de rave teinte en noir, au lieu de l'hostie ». D'autres écrivains, comme Margaret Murray, qualifient le sabbat du puy de Dôme de « farandole », en 1594. Espèce de bourrée sautillante, où les célibataires faisaient le cercle en se tenant par la main. Le bouc noir, dont la queue était retenue par le doyen, conduisait le bal. Par exemple, dans le Cantal, à Saint-Projet, commune de Cassanioux, où se trouve une plaine du sabbat. Ici le diable tenait plutôt marché, à mi-chemin de Saint-Georges. Aux uns, il achetait leur cervelle, mettant du plomb à la place. Aux autres, il achetait le cœur, le remplaçant par une pierre. Particularité : le démon de Saint-Projet attachait les oreilles des grands personnages à leurs pieds, pour les mettre plus bas que terre.

La magie des sommets et des vallées : un ésotérisme gai

Plus bas que terre ! Un terme qui va bien à l'Auvergne avec ses entrailles noires, mais qui lui va si mal avec ses sommets et ses vallées enlégendés. Pénétrer au cœur de la montagne, franchir ses espaces noirs, s'élever sur ses flancs rayonnants, trôner sur sa plus haute pierre et voir s'effeuiller dans la vallée, jusqu'à l'horizon sans fin, le grand livre de la nature, quelle exaltation, quel intense moment ! Cet instant, ces minutes fortes, on les éprouve comme une magie, à la limite des volcans d'Auvergne et du Velay, en suivant la Loire, cette fée des montagnes. Avec la vallée de la Loire, cette princesse du Massif central, c'est toute la montagne que le regard caresse jusqu'aux plaines. Elle draine les hauts territoires, pénètre les plateaux poreux, irrigue les Limagnes, après avoir frôlé et raviné les volcans herbus. A elle seule, elle est le signet, le fil d'or qui ouvre le grand livre. Livre pittoresque que de vieux auteurs ont écrit. Charles Nodier et le baron J. Taylor, par exemple, avec Alphonse de Cailleux, firent des voyages non pas livresques mais pittoresques et romantiques en Auvergne. Ils en donnaient ce tableau dans la vignette du titre : « Sur des basaltes est assise la nymphe qui représente la Loire, dont les belles eaux, en descendant des Cévennes, viennent arroser le Velay... De là le fleuve va se perdre dans l'Océan, après avoir traversé et partagé la France. A ses pieds on voit la Cère, naïade du Cantal, et la Dore, qui sort des monts Dore, pour former, après s'être réunies, non loin de sa source, la rivière de Dordogne et aller, après un long trajet, se joindre à la Gironde. » Telle était, aux yeux ravis de Charles Nodier, la volte capricieuse du grand fleuve. Mais le frontispice offrait aux regards un fantastique dessin représentant les « éruptions des nombreux volcans qui couvrent l'Auvergne ». Visionnaire du passé, le poète romancier donnait sur gravure « le spectacle terrible de la nature embrasée par l'explosion des feux souterrains ». Le puy de Dôme, le pic de Sancy, le Cantal, Gravelleire, Volvic, Mont-Audoux, Chanturgue, dans un jaillissement alternatif « vomissent », dans ce frontispice, leurs « torrents de lave, obscurcissent le ciel de noirs tourbillons de cendres et de fumée ; les flammes de ces volcans brillent sur les eaux de l'un des fleuves qui sort de ces montagnes » Fresque d'imagination puissante et que la réalité des temps volcaniques n'aurait pas récusée. « La présence d'un volcan, même éteint, imprime toujours au paysage quelque chose d'étonnant et de tragique qui empêche l'attention de se lasser. Prophétie ou vue de l'esprit ? » écrivait Stendhal dans *Mémoires d'un touriste*. Ainsi va cette Auvergne volcanique « riche de paysages du style le plus sévère et le plus brillant, placée entre les Alpes et les Pyrénées. Elle envoie les eaux de ses fleuves... jusque sur les bords de la Méditerranée et de l'océan ». Elle y porte la fécondité avec une « physionomie mélancolique ». Mamelons et précipices rappellent les Highlands écossais, les Hautes Terres de l'Écosse, « mais la nature y a été plus forte, plus énergique, plus violente. Sa surface a été bouleversée par les feux de la terre. C'est, en quelques endroits, le cadavre d'un monde incendié. On y marche sur une terre noire, formée de charbons éteints, à travers des amas de laves gigantesques, recouvertes çà et là de quelques masses de verdure sombre qui contrastent à peine avec le reste du sol brûlé. Ses montagnes sont des volcans et leurs arbres de noirs sapins. En parcourant les chaînes de ces vésuves apaisés, vous découvrez tout ce que la nature a créé de sublime et de terrible. Les cimes de ces monts attirent incessamment les orages, comme si, à défaut de ces foudres souterraines, dont elles sont aujourd'hui dénuées, elles allaient chercher dans la nue les foudres du ciel. C'est une succession terrible d'impressions résultant du bruit du tonnerre, du grondement profond et sonore des cavernes, du sillon de l'éclair qui glisse au milieu des obélisques de basalte ou qui scintille à leur pointe, de l'éboulement des tours des vieux châteaux, ruinés par les ouragans et par le temps, du bouillonnement des eaux des lacs, du grondement des torrents et du fracas éternel et monotone des cascades. Il y a là des émotions pour tous les pinceaux ». On le voit, le tableau de Charles Nodier était celui d'un maître. Mais entre ces pages du livre de la nature brute, comment ne pas poser un instant son regard sur l'image d'une cité, gravée à l'eau-forte, Riom, par exemple ?

Des villes incrustées dans la pierre et dans le mystère

Riom, capitale des procès, justice des justices, où siège une cour d'appel rembrunie, derrière les murs épais de son palais... Au loin, trône le puy de Dôme, enrobé dans sa toge, montagne colorée du sinople de l'espérance. Il se confond dans l'azur ou prend la grisaille des nuages. Soudain, il se détache dans l'indigo bienveillant, conique puis rond, comme une toque. Mais ici, sur l'antique château fort romain de Ricomagus, Riom ruisselle de son grand éclat judiciaire. Jadis des sénateurs, aujourd'hui des conseillers.

Drapés dans leur robe rouge, savent-ils que ce château ducal, où ils rendent leurs arrêts, est bourré de mystères étranges ? Un chantre de l'église de Clermont, Amable, y corse une légende corroborée par l'histoire. Ce prêtre de Riom, par son austérité, avait acquis la sainteté. L'évêque de Clermont, Durand, voulut lui rendre hommage en faisant élever une abbaye. Lui-même fit construire un baptistère où on l'enterra en 475 ou 474. Ce curé, style curé d'Ars, avait le don de double vue. On le vit bien en présence du pape à Rome. Amable s'était esclaffé d'un gros rire caverneux presque interminable.

— Qu'avez-vous ? lui dit-on en fouillant dans son regard brillant.

— Je viens tout simplement d'apercevoir à distance, en Auvergne, un de mes ouvriers qui taille la pierre dans mon église de Riom...

— A Riom ? Mais vous êtes à Rome !

— Oui, je suis à Rome, Saint-Père, mais j'ai la vision exacte de ce qui se passe à Riom et je viens de voir un de mes ouvriers se taper sur les doigts avec son marteau de maçon.

Féeries légendaires ? Rien n'est moins sûr ! Les miracles d'Amable firent courir l'Auvergne entière. Mort, il continua par ses reliques d'inquiéter, de faire déplacer les foules et de guérir. « C'est sur un rayon de soleil qu'il fait son voyage à Rome, écrit Charles Nodier, il y reçoit, de la main d'un ange, le dépôt des ossements des premiers martyrs ; après sa mort, c'est un duc d'Auvergne, Victorus qui, ayant attaché son cheval près du tombeau du saint, en est puni au moment où il veut remonter en selle, par l'immobilité de son destrier et qui ne parvient à lui voir reprendre sa docile agilité qu'en implorant Amable. » L'ascète avait le pouvoir d'exorciser ; chasseur de démons, dompteur de serpents qui se jetaient au feu sur son ordre, il guérissait les « maladies frénétiques », les morsures, etc. Faydit rapporte qu'un ruban ayant touché ses ossements servait d'antidote contre le venin de vipère. De nos jours certains utilisent encore cette thériaque de saint Amable en lâchant des serpents dans le public, devenus inoffensifs par le simple contact du fabuleux ruban. A voir ! Mais ne faites pas comme le célèbre Massillon. Il avait tenté d'approcher de trop près les reliques fantastiques. « La populace crut que son intention était de les enlever... On s'ameuta, on sonna le tocsin, et ce ne fut pas sans péril que le prélat put se soustraire à la fervente inquiétude du peuple. » Mais délaissons le pouvoir occulte des reliques riomoises, fermons ici l'album enchanteur et feuilletons plus avant le livre du pays ! Pays où la magnificence des sites rejoint les colères fortes de ses habitants. Pays du formidable, du sourire fantasmagorique, pays aussi des Limagnes fleuries par une luxuriance de gaieté, pays sicilien par ses cratères, cendré, fumant et fumeux. Un faiseur de mot ajouterait : fameux ! Il aurait pleinement raison. Car le terme est juste. Il donne à peine pourtant le reflet grandiose de cette terre boursouflée, striée, dont le magma semble se mouvoir encore à nos yeux. Il est vrai que la grâce des forêts, celle de cette immense pelouse jetée par monts et par mystères, semble précisément poser un voile secret. Par monts et par mystères ! Oui, c'est bien cela ! Ces contrées sont tapissées d'obscures régions creuses comme les géodes, ces masses minérales frangées de cristaux. Mais ces cristaux éclairent les ombres. Le secret du terroir devient alors transparent, telle une enveloppe de cailloux spéculaires aux feuillets brillants, tel un manteau de mica entourant les épaules d'une maîtresse inconnue. Merveilleux terroir, où le passant se trouve être l'hôte assouvi. Vallées de merveilles, superbe ressaut de pics échevelés, imposant promontoire de plateaux herbus, l'Auvergne et le Velay des pâtres, où chantent les flûteaux de notre enfance, c'est un immense arpent de terre donné par nos pères, c'est un grand livre enluminé, pour un ésotérisme gai.

Dolmens et menhirs guérisseurs

Nous venons d'évoquer ci-dessus la guérison des « maladies frénétiques ». Il y avait aussi la guérison par les dolmens et les menhirs. Près du dolmen d'Anglards-des-Salers (Cantal), à cinquante-cinq kilomètres d'Aurillac, la croix de Malesalte domine un précipice. Les gens du pays ont recueilli la tradition du dolmen, mais aussi celle de la croix. Le dolmen, au sein du village, avec ses deux tables, servait à payer les impôts. Mais il devait aussi « porter guérison » car le christianisme venu, on planta la croix voisine, afin d'exorciser la pierre païenne. Cette croix de Malesale donne des jambes aux enfants en mal de marcher. Il suffit de réciter une oraison à sainte Foi et d'offrir quelques sous sur le piédestal. Les humoristes ne manquent pas de souligner que les pâtres raflent cet argent en ramenant leurs troupeaux quand ils passent devant la croix. Mais il faut voir plus loin. Il y a dans le mégalithe auvergnat, semble-t-il, les vestiges d'un culte indo-européen. Culte archaïque d'une divinité garantissant la conception puis l'entrée de la

« semence ». C'est le fameux symbole dit « ithyphallique » de nos menhirs. Conception de la vie et protection de la vie, donc guérison de la maladie. Les devins et guérisseurs modernes comme les « gogneurs d'Aurilly, dans l'Allier, transmettaient le " secret " de la pierre qui guérit ». Dans les environs de Pradelles, à Saint-Clément, on portait sur le rocher Saint-Maurice, dans les bois de la Grizeire, les marmots pieds-bots. Une fois la jambe passée sous le roc, les parents suppliaient : « Saint Maurice, ayez pitié, guérissez. » Là encore, une offrande sous la roche. Là aussi le berger de passage s'emparait de l'obole. Mais ce larcin était la condition pour guérir. Il est vrai que le berger devait s'agenouiller et prier pour saisir l'offrande. A Craponne, en Velay, le menhir guérit les verrues, ou donne la fécondité. Il suffit d'apporter un peu de seigle ou d'avoine. Ainsi passait l'esprit dans la pierre. Certains y voient le courant tellurique. D'autres en sourient. C'est mal connaître la science ésotérique de nos lointains ancêtres. Le souffle religieux imprègne le menhir depuis que l'homme vit entre les quatre éléments de la nature. Sous le dolmen est passée la magie du temps et sur lui la tradition.

Au Puy, la pierre des fièvres qui guérit

La pierre des pierres en Arverno-Vellavie est celle du Puy : « La pierre des fièvres. » Le porche de la cathédrale abrite ce dolmen brisé. Ses vertus thaumaturgiques étaient répandues dès l'antiquité celtique. Chacun sait que les malades s'y couchaient pendant la nuit du vendredi au samedi et s'en relevaient guéris. On a beaucoup brodé sur cette table de dolmen et ses vertus miraculeuses. Mais une réalité demeure : le dolmen fut christianisé. Placé au pied du maître-autel de la cathédrale, où elle entravait les pèlerins, elle fut refoulée hors du chœur. Il en reste un fragment assez important au sommet des grands escaliers de la cathédrale, sur le palier d'entrée. Pierre longue et noire, vénérée jadis par les pèlerins celtiques arvernes. De loin ils voyaient alors la table, le dolmen sacré dressé sur le roc abrupt, nu, farouche, dans un paysage échevelé. Cette dalle druidique fut taxée de sacrilège par les arrivants chrétiens. Ils la consacrèrent à la Vierge et la pierre continua de déplacer les foules par cent milliers de têtes. Durant le Moyen Age et jusqu'à nos temps, on est venu baiser ce morceau de basalte sombre et d'un beau poli. Nous avons vu, en 1979, une femme s'y coucher comme autrefois. Vincent de Beauvais a narré le fameux adultère qui s'y produisit. Vengeance du ciel qui frappa la pierre souillée de la foudre et la brisa. Voici quelques textes originaux des vieux chroniqueurs. Le frère Théodore parle du « perpétuel qui se fait sur la même pierre où deux dames infirmes avaient trouvé la santé, avant l'édifice. Elle n'a cessé depuis d'ôter la fièvre aux personnes qui s'y viennent coucher. Même les mahométans, les Maures d'Espagne viennent lui faire hommage. » Une inscription porte ces mots, d'un ancien distique, traduits comme suit, par Odo de Gissey :

Plebs hac rupe sita fit — sona sopore sopita
Ceux qui dorment sur cette pierre
D'être guéris ne tardent guère.
Si quaeras quare, virtus adscribitus arae
Si le pourquoi tu veux savoir, c'est que l'autel a ce pouvoir.

Autre traduction attribuée au frère ou père Théodore :

Dès que, sur cette roche, un malade sommeille
Il reçoit de ses maux l'entière guérison,
Désire-tu savoir quelle en est la raison?
La vertu de l'autel produit cette merveille.

Voici un autre fragment de la version de Théodore : « La veuve de qualité que le saint évêque de Périgueux avait baptisée dans le voisinage de Velaune était depuis longtemps affligée d'une fièvre quarte qui ne lui laissait plus ni repos ni force, et comme les remèdes ne lui étaient d'aucun secours, elle supplia avec tant de succès celle qui a pour nous une charité inépuisable qu'elle mérita d'en obtenir ces paroles : " Levez-vous, ma fille, d'un lit qui ne saurait vous rendre la santé et cherchez-la sur le sommet du mont Anis, où elle vous sera restituée. "

« Encore que sa débilité fût extrême, l'espérance la conduisit au lieu... mais ayant beaucoup souffert du transport, elle n'arriva que pour se coucher sur une large pierre qui semblait servir de marche à un rocher en forme d'autel. Et le dessein de se recueillir ne lui eut pas plutôt fait éloigner ses domestiques, qu'un léger somme vint soulager ou du moins suspendre ses peines. Son assoupissement n'ayant que lié le dehors des sens, elle aperçut, entre les rangs d'une troupe d'anges, une personne vêtue à la royale et toute rayonnante de lumière. Et après que la pieuse dame eut un peu calmé le trouble et l'admiration qui la surprirent, elle s'enhardit à demander à l'un des purs esprits le nom d'une si grande reine.

« " C'est elle, répondit-il, l'auguste mère du Sauveur du

Monde qui s'est particulièrement choisi cette place et afin que vous ne puissiez pas faire un songe, la guérison que vous demandez vous est accordée. "

« Ces mots furent suivis d'une douce harmonie et, la vision s'étant perdue dans les airs, la venue se vit à son réveil dans la merveilleuse disposition. Elle partit sur-le-champ pour informer saint Georges. »

Le chroniqueur Étienne Mege, dit Médicis[1], donne, quant à lui, cette version des déclarations faites par la femme venue d'une bourgade éloignée de six mille pas environ de la vieille cité, déclarations faites à l'évêque Georges : « C'est vrai, Père, j'étais affligée d'une terrible fièvre, quand, au cours d'une nuit, je vis dans mon sommeil apparaître et se pencher vers moi quelqu'un qui semblait fort inquiet de ma santé et de mon salut et qui me dit : " Lève-toi et va jusqu'au sommet de ce mont qu'on nomme Le Puy ; tu y verras une chose étonnante et si tu as la foi tu reviendras guérie. " L'aube naissante, je me levai et me fis conduire par quelques-uns de mes familiers, jusqu'au sommet de la montagne, où j'accédai, non sans peine, et je trouvai à cet endroit une pierre taillée en forme d'autel, sur laquelle, épuisée par la fièvre et la rudesse du chemin, je m'endormis aussitôt. Alors, dans mon sommeil, je vis descendre autour de cette pierre une multitude d'anges accompagnant une grande dame fort belle et richement parée. Et, comme je demandais quelle était cette si remarquable princesse, elle-même répondit : " Je suis la Reine du Monde et la Mère de Dieu. Je veux que désormais ce lieu me soit spécialement consacré et c'est toi qui me porteras témoignage, car tu as recouvré ta santé primitive. " Je m'éveillai alors et me levai guérie et jamais plus depuis je n'ai connu la fièvre. Aussi, remplie de joie, je rendis grâce à Dieu et à la Bienheureuse Vierge. Je suis retournée plusieurs fois en ce lieu et j'y ai toujours vu des choses merveilleuses. » Tel est donc, aux siècles chrétiens, le texte le plus répandu sur la pierre des fièvres. Mais il faut savoir que près d'un siècle auparavant le chanoine Odin composa un manuscrit anonyme pour la reine Charlotte de Savoie, épouse de Louis XI, manuscrit lui-même postérieur à d'autres documents sur *La Légende de Notre-Dame du Puy et de son sanctuaire*[2]. Odin intitule son récit : « Translation du latin en français de la fondation de la miraculeuse et sainte église et singulier oratoire de Nostre-Dame

1. Bourgeois du Puy, 1475-1585. Ses curieuses chroniques ont été récemment rééditées.

2. Manuscrit n° 8002, Bibliothèque nationale.

du Puy et de l'invention de son dévot, image faite par Jérémie, le prophète, longtemps avant l'incarnation de Jésus-Christ. » Cette antériorité revêt une grande importance. Elle prouve que le christianisme accapara, embellit, déforma la tradition celtique de la pierre des fièvres.

A la place d'Apollon, dieu du jour et du soleil

On le voit, « les antiquités religieuses de ce pays se perdent dans l'obscurité des temps[1] ». Le manuscrit du chanoine Odin rejoint les anciennes légendes contenues dans deux bréviaires du Puy (1516 et 1532), ainsi que la tradition vulgaire recueillie par deux importants historiens du Puy, Odo de Gissey[2] et Théodore[3]. Les uns et les autres racontent comment saint Pierre lui-même envoya saint Georges, premier apôtre du Velay, dans les Gaules, en compagnie de saint Front, le futur évêque de Périgueux. Près du lac de Bolsena, en Toscane, Georges « rendit l'esprit à Dieu ». Saint Front fit demi-tour pour annoncer l'événement à saint Pierre. « Ce voyant, écrit Odin, le Saint Vicaire de Dieu se dressa et, comme inspiré du vouloir de Dieu, bailla audit saint Front son baston épiscopal en lui disant : Retourne au lieu où est Georges et, quand tu l'auras désenseveli, dis-lui en cette manière : Lève-toi... » Bref, saint Front, que d'autres appellent saint Fronton, obéit. Il arrive sur les rives du lac, touche du bâton pastoral son compagnon et ce dernier « ressuscite incontinent ». Ce prodige avait comme pièce à conviction, si l'on peut dire, « le baston gardé et montré bien miraculeusement aujourd'huy en l'église de Saint-Georges en la ville de Saint-Paulien », écrit Odin. Depuis, l'évêque de Rome ne portait plus de bâton épiscopal, assure-t-il. Chose confirmée par Odo de Gissey qui assure l'avoir « vu souvent manier ». Le pape Innocent III effectivement ne portait jamais de crosse. Une légende, relatée par le savant Boudon-Lashermes, voulait que les deux prédicateurs soient parvenus non pas jusqu'au lac de Bolsena en Toscane, mais jusqu'au lac de Saint-Front, dit de l'Ancone, en Velay, où les riverains trouvèrent le corps de Georges couvert de roses

1. Caillau, *Les Gloires de Notre-Dame du Puy,* Camus, Paris, 1846, ch. i.

2. Odo de Gissey, jésuite, *Discours historique de la très ancienne dévotion de Nostre Dame du Puy, pays du Velay,* in 12, Le Puy, 1620.

3. Frère Théodore, *Histoire de l'Église Angélique de Notre-Dame du Puy,* Le Puy, 1693.

embaumées. Chaque jour, ils visitaient le « mort qui semblait sommeiller ». Sitôt que l'on aperçut saint Front revenant de Rome tout le monde accourut et les deux compagnons se dirigèrent vers les monts du Velay. Pieuses fictions ? Il est difficile de voir clair dans ces différentes légendes orales ou écrites. Georges fut-il vraiment le premier évêque du Velay ? Les érudits locaux exercent là-dessus leurs critiques. Nous nous bornerons à l'érection de l'édification « en la vieille cité » de la fameuse basilique romaine de Nostre-Dame que certains appelleront « Notre-Dame-des-Neiges [1] ». En ce « lieu cathédral », Georges fit abattre « les ydoles auxquelles sacrifiait le peuple et principalement l'ydole d'Apollo, lequel estait maistre et seigneur des autres ydolles et simulacres du pays, servi et honoré au chasteau de Polignac ». Il apparaît évident, aux yeux de l'histoire impartiale, que sur le mont Anis existait, dès le premier siècle de notre ère, un oppidum gallo-romain. Cette colonie somptueuse a laissé des traces dans un certain nombre de textes lapidaires et sur des vestiges de sculpture gallo-romaine. Telle inscription mentionne un préfet de colonie, des duumviri, un flamine ; telle autre sculpture, dans les substructions de la cathédrale, tels blocs de pierre travaillés appuient la thèse des épigraphistes. Selon eux, un temple romain précédait le temple chrétien qu'allait faire construire le successeur de Georges : Vozy et son adjoint Scutaire. Il y avait évidemment un sanctuaire gaulois antérieur au temple romain, sanctuaire druidique attesté par la pierre des fièvres qui n'a jamais disparu malgré les cultes successifs. Pour l'heure, Georges se contenta de cerner d'une haie de buissons l'emplacement de la future cathédrale. Et voici dans quelles circonstances « la femme de noble naissance » qui était venue voir l'évêque, pour lui raconter sa guérison, sur la pierre des fièvres, exprimait, comme nous l'avons indiqué plus haut, le souhait de la Reine du Monde de voir ce lieu consacré à Notre-Dame. La version du chanoine Odin, un peu différente de celle du chroniqueur Médicis, mentionne qu'une vénérable matrone, au cours de ses visions nocturnes, a donc reçu l'ordre de la Vierge « d'édifier en son honneur une église en la montagne d'Anis ». Le manuscrit décrit le site vellave « entre deux rivières de Borne et de Dolézon, où il y a deux monts assemblés et au plus haut estait figuré un autel de sacrifice, lequel se nommait le puis d'Anis, *" mons in quo bene placitum est deo habitare in finem "*, selon les paroles du prophète (la montagne en laquelle le bon plaisir de Dieu est venu finalement habiter) ». Des études savantes, de judi-

1. CAILLAU, *op. cit.*, p. 20.

cieuses critiques permettent aujourd'hui de l'affirmer : cet autel de sacrifice était bien un dolmen. Vraisemblablement, sur ces hauteurs, dominait uniquement l'immense pierre dont on ne voit présentement qu'un morceau, au sommet des degrés de la cathédrale. Elle devait abriter les cendres d'un chef ligure. On sait que de tels « génies » parsemaient la Gaule chevelue. Certains historiens du Velay pensent que le nom de ce chef ligure est accolé à celui d'Auguste, dans l'inscription gallo-romaine du linteau de la « porte papale » de la cathédrale *« Adidoni et Augusto sextus talonius musicus D S P P ».* Quoi qu'il en soit, l'évêque Georges « inclinant bénignement ses oreilles, à la voix de la très dévote matrone », se déplaça vers la « sainte montagne », accompagné de son cortège clérical « et du peuple ». C'était le « onzième jour du mois de juillet régnant le soleil, sous le signe du Lyon, en la force de sa servente chaleur ». Cette particularité revêt un caractère ésotérique. « Le soleil sous le signe du Lyon », là est le secret, un des secrets de la cathédrale du Puy, jusqu'ici passé inaperçu des profanes et des spécialistes. Peut-être la clé du mystère se trouve-t-elle dans la situation du Puy, au centre ésotérique d'une certaine Gaule.

Le Velay, centre ésotérique de la Gaule celtique

Le frère Théodore, « Hermite, prêtre de l'Institut de Saint-Jean-Baptiste[1] » dans son *Histoire de l'église angélique de Notre-Dame du Puy,* décrit le Velay « contenu sous le quarante-cinquième degré d'élévation (restant), aussi, tout entier, sous le vingt-cinquième de longitude et qui, presque rond de figure à treize ou quatorze lieues de traverse. Ses limites sont à l'orient le Vivaretz, le Gévaudan au midi, l'Auvergne au couchant et le Forets au septentrion et il est partagé quasi dans son milieu des eaux de la Loire ». L'ermite souligne que « la superstition régnoit dans cette vaste enceinte[2] ». Les évangélisateurs, Georges et Fronton, eurent fort à faire dans ce pays celtique : « La prédication de la foi qui fut reçue des Celtes, selon les termes de saint Irénée », rencontrait l'hostilité des notables et du peuple. « Le seigneur de Velaune, qui l'écoutait un jour (Georges), s'offensa, de telle sorte qu'il incita la populace à se jeter

1. Le frère Théodore, *alias* Bohard de Sarron de Champigny, publia chez Delagarde en 1693 un ouvrage rare orné d'une vignette gravée représentant la Vierge noire.

2. Frère Théodore, *op. cit.,* p. 19.

sur lui et le fit chasser avec outrage. Poursuivi à coups de pierres, il entra, muni de signe de la Croix, dans un temple qui se rencontrait sur son passage et les démons dont il était plein, faisant d'épouvantables cris à son approche, il leur commanda de se taire et de quitter un lieu où ils avaient si longtemps abusé des hommes. Toute leur malignité ne les pouvant défendre d'un pouvoir supérieur, il fallut qu'ils prissent la fuite, en rendant leur difformité visible. » Le nouveau prédicateur, « après avoir purifié (ainsi) quelques temples de la ville », s'occupa d'ériger un « siège à la Reine du Ciel ». On le vit aller « attaquer la gentilité, dans les endroits où la réputation de quelque idole la rendait plus puissante, et le seigneur de Polignac, obstiné à adorer son Apollon, lui ayant fermé son château, sans le vouloir entendre, on tient que par la vertu de ses prières il renversa le faux simulacre qui était d'une stature énorme et que c'est celui-là dont on voit encore les restes couchés par terre ». Voilà donc la statue d'Apollon renversée dans un lieu que l'on pourrait appeler le centre ésotérique de la Gaule celtique. Le dieu du Jour et du Soleil, alias Phœbus, dieu prophétique rendant des oracles, avait donc en Velay, comme à l'entrée du port de Rhodes, sa statue colossale. Cela se passait « l'an 45 du Verbe incarné ». La Gaule celtique environnante est ébranlée dans ses croyances. « Les habitants voisins, étonnés, brisèrent leurs idoles... » Plusieurs temples de ces dieux furent, plus tard, sacrés par saint Geoges et saint Fronton », note l'hagiographie. Mais les réminiscences du culte solaire sont demeurées.

La triade ligure des trois soleils au sud de l'Auvergne

Voici une preuve de ces réminiscences, au plein sud de l'Auvergne, dans l'Arvermatenia. V. A. Malte-Brun écrivait, dans *La France illustrée* [1], en 1855 : « C'est à Annonay, dans la maison de Hugues Morin, au quartier du Champ, que la Réforme fut prêchée pour la première fois dans le Vivarais. Au mois de novembre 1528, il parut, sur cette ville, un halo à la lune dont le cercle était d'une étendue extraordinaire. A quelque temps de là, l'on y vit deux soleils pâles qui se cachèrent et se perdirent dans une épaisse nuée, à l'heure de midi. Présages de grands malheurs, dit un chroniqueur ; et, en effet, des menaces les protestants en vinrent à l'action... Annonay était en leur pouvoir, quand Saint-Chamond, le

1. Éd. Gustave Barba, Paris.

baron des Adrets des catholiques, parut à la tête de sept cents pillards... Il met tout à feu et à sang. Après avoir fait raser les fortifications, Saint-Chamond se retire et revient en 1563. Mais là il lui faut combattre jusqu'aux femmes... Il livra la ville au pillage. Ses bandes, la torche à la main, le poignard de l'autre, tuaient femmes, vieillards, enfants ou les jetaient par les fenêtres. Le sang coulait à la hauteur d'un pied (d'Aubigné). Ils vendirent les prisonniers, les femmes et les filles à l'encan, après les avoir violées et, faute d'acheteurs, les égorgèrent. Presque toute la ville fut réduite en cendres. »
Tels furent les événements, jusqu'à l'édit de pacification de 1563, événements prédits par les deux soleils de novembre 1528, trente-cinq ans plus tôt. Tout cela découlait d'une plus ancienne tradition, la tradition celtique trisolaire. La croyance populaire, en effet, ajoutait foi très sérieusement à ces présages solaires. Dans ce pays ardéchois, proche de la Loire et de la Haute-Loire, contrée de l'Arvermatenia ou Arvermatenie, existe un véritable empire des sectes, où les mystiques du soleil ont perpétué, jusqu'à nos jours, une autre légende, celle de la montagne des trois soleils. Elle semble en rapport étroit avec l'apparition des deux soleils. C'est en Velay, au point d'intersection des trois départements, non loin d'Annonay, à Saint-Julien-Molhesabate et au sommet du mont Felletin ou Fultin, que les oscillations des trois soleils ont leurs mirages sur les glaciers des Alpes. De même que les hauteurs du mont Anis abritaient les cendres d'un chef ligure, de même les hauteurs du mont Fultin sont un cimetière de tribus ligures. Adorateurs du soleil, les lointains habitants du mont Anis et ceux du mont Fultin appartenaient à « ce peuple grec qui s'empara, au IVe siècle avant Jésus-Christ, de tout le pays compris entre Narbonne et Bellegarde, dans l'Ain[1] ». Prépondérants, au deuxième millénaire avant notre ère, et au début du deuxième millénaire, ces peuples avaient occupé, à une époque indéterminée, toute l'Europe. Le géographe grec Éphore, au IVe siècle avant Jésus-Christ, substitue le nom celtique au nom ligure. Cela s'explique par le fait que les Celtes sont un peuple de guerriers, de cavaliers, formé « en partie d'éléments de même origine que les Ligures[2] ». Au temps de Festus Avienus, ces Ligures règnent dans tout le pays compris entre les Alpes et le Languedoc inclus, écrit Bourdon-Lashermes dans son *Velay gallo-grec,* ajoutant : « Ces Ligures sont les néolithiques. Presque en même temps les Celtes descendirent du nord mais ne prirent le Velay qu'au IIIe siècle avant

1. BOUDON-LASHERMES, *Le Velay gallo-grec.*
2. BERNARD MARQUE, *Les Origines de la Gaule ligure.*

notre ère. Les Ligures qu'on retrouva bien au nord du Velay, jusque dans l'Yonne, ont laissé des noms de terroirs... généralement des noms de montagnes et de rivières... les noms en osc : Vanosc, Arlebosc, Chanelosc, sur la frontière du Velay, à Vocance, à Saint-Félicien et devant Annonay, Grnosc à Chamalières, aujourd'hui Granoue (Cartulaire de Chamalières). » Ainsi, c'est bien aux environs de la montagne des trois soleils que le savant Boudon-Lashermes situe l'implantation ligure, c'est-à-dire dans la périphérie de Vocance et d'Annonay. L'apparition à Annonay des deux soleils ne serait donc, en 1528, qu'une réminiscence des trois soleils des monts voisins du Grand et Petit Fultin. Vanosc et Vocance, villes ligures sous la ceinture du grand Fultin (ou Felletin), sont également à proximité du suc des Trois-Chiens qui culmine à 1 331 mètres. Triade des trois chiens et des trois soleils, essentiellement ligure. Le chien, comme le cheval, est totémique chez les Ligures.

Grottes totémiques et roches énigmatiques en Allier et Puy-de-Dôme

Ce totémisme mérite une courte définition. Nos ancêtres imputaient les choses heureuses ou malheureuses à l'action sur l'homme de puissances mystérieuses. Il y avait donc les génies protecteurs et les génies malfaisants. Ce qui faisait du bien à nos ancêtres se nommait totem. Cette cause mystérieuse bénéfique pouvait être incorporelle ou s'incarner dans un animal, un objet, ou prendre l'aspect immatériel d'une couleur. Totems d'ordre animal : lion, ours, taureau, cheval, aigle, chouette, grue, chien, loup, sanglier, renard, mouton, accompagnés de leurs qualités maîtresses. Totems de famille : lares, pénates, objets de culte ancestral, objets dits de « tabous », comportant des interdictions sacrées. Domaine du totétisme au champ illimité. Chez les Ligures, dont nous venons de parler, le culte totémique du cheval était pratiqué par les cavaliers, leur servant d'enseigne militaire. Il y eut chez les Latins une peuplade appelée les Eques ou Aeques (les chevaux). De ce vocable ligure *(equa),* seraient dérivés des vocables équivalents comme *egua* en Provence, ou l'*ega* (le cheval) en Velay-Auvergne. Le culte totémique chevalin, répandu chez les Celtes, trouve sa justification dans le nom même des Celtes, *keltaï,* signifiant, en dialecte dorien, « ceux qui se déplacent rapidement », ou « les rapides ». L'adjectif grec *keletes* ou l'adjectif latin *celeres* ont le même sens. Les Celtes d'Auvergne et du Bourbonnais inscrivirent leur cheval libre et sauvage sur leurs monnaies, sur leurs rochers, dans les grottes. C'était le « bige solaire », imitation des monnaies macédoniennes, avec cette inscription *keltaï*. Il ne faut pas s'étonner de trouver tant de chevaux dessinés sur les aspérités de nos grottes. Le coursier de guerre, comme le centaure, être fabuleux surhumain, homme-cheval de la mythologie antique, domine l'onomastique et la toponymie de l'Auvergne, jusqu'en Aveyron, où nous trouvons Asprières (du vocable *aspa,* exprimant les chevauchées des « fils de la jument »). Nous ne pouvons citer ici tous les noms de lieux ou de personnes de ce vocable, par transformation phonétique. Les radicaux *esp* ou *ep* (dérivés d'*asp*) se trouvent dans Espalem (Haute-Loire, arrondissement de Brioude), Espaly près Le Puy, Espinasse (Cantal, près de Chaudes-Aigues), Espinasse (Puy-de-Dôme, près de Saint-Gervais), Espinasse-Vozelle (près de Bellerive-sur-Allier, dans l'Allier), Espinchal (près de Besse, Puy-de-Dôme), etc. Les forces de bénédiction habitent ces hameaux, où le totémisme chevalin s'enfonce dans la tradition lointaine. Chamalières, près de Royat, est peut-être dans ce cas, avec l'étymologie proposée de cheval *(cabalus + aria)*, bien que Savaron, au XVIIe, attribue la dénomination à l'incursion des Sarrasins avec leurs chameaux *(cameli)*. Les grottes mystérieuses d'Esperluches, aux confins du Puy-de-Dôme et de la Haute-Loire, sont-elles un souvenir de la puissance impulsive de ce totémisme chevalin qui s'exprime par l'impétuosité du cheval ? Le radical *esp*, dérivé d'*aspa* (cheval totem), fait penser également à la croix de Saint-André, dont la giration solaire, adoptée par la résurrection chrétienne, est un des plus anciens symboles. Les chevauchées des Espani ou Hispani, ou celles des « fils de la jument », venues de l'extrême Occident, ont peut-être marqué le pas dans ces parages de la région d'Auzon, où la biche d'Azérat se voyait naguère, égorgée pour la fête de Sainte-Radegonde. Cette biche arrivait mystérieusement chaque année avec son faon. Les moines avaient la tête de la bête. Comme ils exigeaient la bête entière, les animaux ne firent plus leur apparition. Les grottes d'Espaly, près du Puy, toujours avec le radical *espa*, sont également fabuleuses. On parle du souterrain Espaly-Bellevue, galerie sous le gros rocher Corneille du Puy et où, dit une vieille tradition, passait un attelage de quatre chevaux. La galerie des quatre coursiers aboutissait au moulin de la Pinède. Là encore le cheval totem, coursier rapide ou cavale blanche indomptée, traînant un disque lumineux, pourrait être le symbole du soleil vivifiant, comme à Rhodes, « île du Soleil » où, une fois l'an, un cheval blanc et son char embrasé étaient précipités dans la mer, pour servir d'adjuvant au soleil[1]. Les grottes d'Arfeuilles, dans l'Allier, avec le Rez Murcein et ses petites enceintes, remémorent un culte du soleil antérieur aux Celtes. Le totem du loup-garou, réfugié dans les grottes, mériterait un examen bien à part, mais il s'applique surtout au pays de Gévaudan, où « la bête qui mangeait le monde » a nourri une autre imagerie légendaire.

La vouivre en Auvergne et Bourbonnais

Des grottes nous passons naturellement aux trésors souterrains gardés par la vouivre. Ce mot étrange est peut-être synonyme de givre, terme de blason signifiant serpent. Dérivé du latin *vipera* ou bien racine indo-européenne *guwer,* avec idée de chaleur ? La vouivre bourguignonne désigne une jeune fille vive. Serpents de feu ou serpents d'eau, avec leur charbon ardent sur le front, les vouivres sautent dans les fontaines. Non sans laisser ce charbon ardent (l'escarboucle ou *carbonculus*) sur la margelle du puits. La bête, sûrement totémique, est un symbole d'ardeur et de chaleur lumineuses, sortant de la terre noire. Jaillie des entrailles charbonneuses du sol auvergnat, la vouivre, dans les pans de brume, au bord des étangs noirs, se love, se tord en contorsions rythmées. La tête ceinte d'une couronne, elle dresse sa tête ophidienne, avalant un homuncule qui se débat entre ses crochets. Reptile de légende fascinant, qu'on rencontre à Beaulon, dans l'Allier, où la vouivre s'en vient boire un verre. Ici est un trésor englouti. Gardeuse fidèle, elle ne quitte sa faction qu'au son des cloches de Beaulon. C'est le temps des Rameaux, au moment du *Sanctus.* Quand le clocher a sonné, la vouivre se dirige vers l'étang de Pétrot. Alors on peut lui dérober son trésor. Faites vite, sinon la vouivre vous avalera comme un homuncule... Toujours dans l'Allier, à Chevagnes, la vouivre du château de la Motte, sorte de couleuvre volante, garde son trésor. Là aussi, elle ne déserte son poste que pour aller se désaltérer. Bête légendaire des eaux glauques ou « fille aux serpents » du bestiaire des provinces, elle apparaît rarement dans les blasons d'Auvergne, telle cette guivre des armes des Visconti, dévorant un enfant. Plus connu, le serpent fantastique du Livradois rampe jusqu'à Rome, où le saint chrême est fait des plus vieux reptiles de la terre. Dans la sylve touffue d'une Auvergne sauvage, le serpent vieillissant pleure, avant d'être « du voyage ». Au cœur de ces forêts, un « nœud de

1. Bernard Marque, *op. cit.,* p. 11.

serpents », appelé « vortet », porte bonheur. Jamais on ne le détruit devant l'âtre craquant, s'il vient à s'y glisser. Car avoir le vortet chez soi, c'est avoir la richesse.

Pierres sacrificielles et maléfiques

Richesse du bestiaire, en tout cas, allant du hibou à la salamandre. Plus riche est la terre d'Auvergne en pierres dites « sacrificielles ». A chaque pas on butte sur elles. Par exemple vers Aigueperse, à trente et un kilomètres de Clermont, là où subsiste la station néolithique de Chaptuzat-le-Haut. En ces parages est le menhir à cupules de Jayet, à six kilomètres d'Aigueperse. On l'a surnommé la « pierre sanglante ». Dans son bassin de quarante centimètres de profondeur, la pluie recueillie remplace le sang des victimes. Mais ce menhir de Saint-Genest-du-Retz prolonge son mystère vers la coupole céleste, dont il a quelques reflets, avec ses constellations gravées sur la face nord-est. En effet plusieurs trous y sont disposés en forme d'étoile. Cantonnés sur les revers de la montagne ensoleillée, les Celtes descendirent plus tard sur les étangs asséchés. Ce fut le bourg des étangs *(aquae sparsoe)* ou l'Aigueperse d'aujourd'hui. A Beaune, en Haute-Loire, mêmes roches à cupules et rigoles. Qui dira si l'on procédait ici aux sacrifices rituels ou si la marque est l'effet d'un symbole religieux ? Qui dira si les pierres du Mayet-de-Montagne, en Allier, dites pierres à cupules de Courtine, servirent d'autel pour les druides ? Elles coupaient les nuages, dit la tradition. Avec elles on empêchait la grêle de tomber sur la région. Creusées en bassin, à des fins inconnues, les roches « à bacha », comportaient souvent un gradin à la base du roc. Exemple à Sinzelles et au rocher Corneille, en Velay. On y a vu, dès lors, des autels antiques. Le sacrifice par étouffement exigeait une cuve. Les Gaulois utilisèrent-ils ces bachas en forme d'autel pour de telles pratiques religieuses ? On interprétera les cupules comme un signe féminin et lunaire du culte nocturne. Dans les cavités multiples, où se recueillait l'eau de pluie, se formait alors un miroir pour le ciel étoilé. Et si l'empreinte de quelque pied humain s'y trouvait, avec représentation d'une double hache, on voyait là une représentation du tonnerre et de la foudre, double puissance céleste. Pérennité du sentiment religieux. Les Celtes continuèrent certaines croyances des civilisations antérieures. Quand apparut le bronze, la lune et le soleil, symbolisés par les barques ou la roue à rayons (le svastika), se joignirent au tonnerre, représenté par la hache double. Ainsi peut-on voir ces signes dans les pierres à bassin. L'eau du ciel et la lumière des astres, le sang reluisant sur la roche sacrificielle, la hache et la foudre, emblèmes de religions ambiguës... nous sommes au cœur des légendes et des secrets perdus. Ni les pierres druidiques de Noirétable, sur le ressaut des bois noirs et des monts foréziens, ni les roches accolées de Cervières, aux soixante cuvettes, ni celles de la forêt du Guet n'ont rompu leur énigme. A Nadaillat, l'un des blocs, taillé en forme de siège, regarde l'horizon méridional, avec ses douze cupules. Les conteurs du soir rappellent qu'au roc de Brezou (ou petit berceau) les passereaux viennent fêter leurs couvées, le jour de la Saint-Joseph. La pierre sanglante de Saint-Pierre-Colamine, dolmen situé près de la ferme du Lac, dans la région de Besse-en-Chandesse, porte, elle aussi, dans son mystère, la froideur du sang. Pierres maléfiques souvent. Seules les pierres à venin, petits cailloux rugueux, trempés dans l'eau claire, deviennent bénéfiques. Vous les trouverez encore à Beaux-Malataverne, en Haute-Loire, où l'eau de la pierre à venin guérit les verrues, si l'on veut bien la boire. C'est un peu le cas des colliers guérisseurs de Tauves, en Puy-de-Dôme. Rangés dans les vieilles armoires, ces colliers de perles ou de pierres ordinaires chassent les maux de dents. A Saint-Julien-Chapteuil, en Velay, la pierre de Saint-Andéol fait marcher les enfants assez tôt, pour qu'ils ne soient pas « torsus ». Pareillement s'inscrit la marche séculaire vers le menhir guérisseur, phallus traditionnel où les femmes stériles viennent se frotter le ventre. Mélange souvent de ce culte phallique, de rites sacrificiels et d'Évangile. Les piliers d'église eux-mêmes, tel celui d'Orcival, dans la chapelle souterraine, jouaient le rôle du dolmen fréquenté par les femmes stériles. On est donc en présence de différents cultes écrits dans le roc par les vieilles tribus. Elles ont voulu, à l'ombre de leurs pierres minuscules et géantes, exalter la fécondité de l'univers. Un univers à la mesure et démesure de leurs empreintes et de leurs alignements, sur les landes solitaires, sous le regard des astres.

Les lacs légendaires avec ou sans volcans

Ces tribus, effrayées par les déflagrations de leur montagne, donnèrent aux dômes gris et calcinés des pouvoirs infernaux. L'eau qui se mêla aux cendres, en remplissant les cratères devenus froids, prit le nom d'aigue-negro. On retrouve ce nom jusqu'à Neyronnet (Neyro-Onet, ou Aygue-Neïre) près de La Palisse, aux sources de la

Loire, etc. Le mont Dore eut ainsi sa cheminée du diable et nous aurons les cratères lacustres. Pieuses légendes et vieilles superstitions qu'il faut bien signaler dans une lointaine Auvergne, dont l'horizon, démesuré par le cauchemar des laves, porte les cœurs à la rencontre des dieux ou des démons. La mythologie s'y inscrit avec le Tartaret, sorte de Tartare surplombant le lac Chambon. Au lac Pavin, une muraille basaltique domine le cratère de ses quarante mètres. La légende a cerné la circonférence de ce volcan sur ses deux kilomètres. Qui jette une pierre dans les eaux noires déclenche un orage terrible. Il engloutit celui qui l'a provoqué. Lac sans fond, où les poissons meurent. Le cratère vellave du mont Bar, au-dessus d'Allègre, s'inscrit dans ce recueil du légendaire. Coléreux, le volcan lacustre, aujourd'hui desséché, n'aimait pas qu'on l'insulte. Pour cela, il suffisait de jeter un galet dans ses eaux et le cyclone s'abattait dans les alentours. Les craintifs tentaient d'apaiser les foudres du lac en lui jetant des pièces d'or. A la fin on creusa les rebords d'une rigole et l'eau s'écoula pour toujours. Depuis, une source, la Fonteline (ou Font-Béline du dieu Bélénos), s'est égrenée longtemps au pied du volcan mort, avant d'être captée. Au Bouchet-Saint-Nicolas, en Haute-Loire, voici un autre coin légendaire, là où le lac fut un cratère. On pense que le lac tire son nom du Bousquet, nom du bois de sapins qui cerne ses eaux. Par déformation le Bousquet devint le Bouchet. Eaux claires, aux rives régulières, sur une parfaite circonférence, sans déversoir ni apport de ruisseau. D'où viennent ces eaux ? Mystère. La légende a ses réponses. Laissons parler Isidore Pharizier : « Réservoir mystérieux des sources abondantes, la Providence a caché aux regards de l'homme la puissance d'infusion qui l'alimente. Toujours égal, sans jamais varier... le lac du Bouchet est comme un roi assis sur son trône. C'est un fait de la nature si peu ordinaire qu'il a toujours été un sujet de contes fantastiques. » Et M. Pharizier de faire ici l'analogie avec Sodome et Gomorrhe, villes frappées par la vengeance divine : « Il fut un temps où la bourgade du Bouchet, alors très considérable, se laissa conduire dans l'impudicité. (Ses habitants), endurcis,... Dieu se lassa et il mit le doigt sur le livre de vie pour savoir combien il y avait de justes dans la bourgade du Bouchet. Il n'en trouva qu'un, c'était une femme vieille et pauvre qui ne possédait qu'une chèvre. Dieu lui fit savoir qu'il était temps de sortir de ce lieu maudit. C'était la nuit. La femme quitte précipitamment son grabat, fait le signe de croix à plusieurs reprises en traversant les rues de la bourgade et se dirige vers la montagne... A mi-côte elle se retourne et voit la bourgade s'abîmer dans les profondeurs d'une mer... Elle se jette à genoux... Les eaux s'apaisent peu à peu... Quand la femme se releva, elle vit sa chèvre qui broutait tranquillement autour d'une croix de pierre (transportée par les anges pour indiquer au voyageur dans les temps d'orage la route à suivre). De ce jour cette croix prit le nom de la croix de la Chèvre. » Ici nous rejoignons la légende de Cayres. La croix actuelle, récente, porte une chèvre due au sculpteur Philippe Kaeppelin. Par temps clair, on distingue les ruines du bourg, quand l'eau du lac est transparente. La nuit, on entend parfois le son d'une cloche. Il est dangereux de s'approcher. On retira des eaux un vase rempli de sang en voulant sonder le lac. Le sondeur ne dut son salut qu'à saint Nicolas. La marmite de sang et la femme de Sodome ont ici leur place dans l'album mythologique. Surgis de la nuit des temps, ces récits couvrent une partie de ce qu'on pourrait appeler l'Auvergne engloutie. Les volcans y étaient sacrés avec leurs gouffres. La chèvre de la femme de Luth resurgit. Au lac de Charbonnières, en Puy-de-Dôme, même sacralisation et punition. Ce lac de cratère appelé Cour-de-Tazenat a soixante-six mètres de profondeur. Assez pour susciter le mystère entre ses hautes berges. La cité du petit Riom disparut sous ses eaux. L'hospitalité refusée au Christ se retrouve ainsi dans le mythe des cités lacustres, où le carillon dolent d'une église noyée sonne par moments sa complainte. L'eau et le feu ont toujours nourri l'esprit de l'Auvergnat. On peut dire qu'il y a, chez lui, l'esprit du feu et l'esprit des eaux. Au Puy-en-Velay, où la cuvette des puits lance vers le ciel ses trois volcans effilés, cet esprit semble envelopper la cité de ses éruptions et de son immersion, dans une sorte de légendaire insulaire.

L'esprit des eaux et du feu

Pays des lacs, mais aussi des fontaines et des mille sources jaillies de sa montagne, l'Auvergne a son album alchimique. Bain mercuriel de la matière première du Grand Œuvre, fontaines d'où s'écoule l'élixir de longue vie... Et la roche d'Auvergne ne manque pas de produire la « pierre des sages », pour donner l'illumination intégrale. On la trouve sur les margelles rustres embellies parfois de rubis. Villes d'eaux ou terroirs aquatiques, marqués du symbole de la limpidité, de la pureté, de la réceptivité, terres de feu souvent marécageuses, où les farfadets et les feux follets nourrissent la superstition. Divination par le feu, corrigans, âmes en peine, etc., toute une activité alchimique se dégage et met en éveil le visiteur de l'Auvergne. Mais c'est au stade simple d'un voyage dans le concret que nous voulons rester. Dans le concret, là où s'abrite le secret... Les Ligures adorateurs de la pierre, de l'arbre et de l'eau, appelaient devèzes ou divies leurs fontaines (les déesses-sources). Les esprits divins vivaient en ces fontaines. La source, vie des hommes et des dieux, donnait ses rites au Velay. A Montanhac, au-dessus de l'abbaye de Doue, une pierre des fées voisinait avec une source ; aux Eygagères, près de Saint-Martin-de-Fugères, il y avait la pierre de Saint-Chaffre, roche à empreinte vénérée par les paysans. Le christianisme fit de cette empreinte la trace du pied de saint Théofrède. Le diable l'ayant voulu empêcher de bâtir son abbaye, le moine prit son élan et franchit d'un bond la vallée en imprimant sa sandale sur le granit. Une source coule tout près. A la Roche-Saint-Martin, près de Rosières, une cavité appelée l'écuelle de saint Martin portait également l'empreinte du diable, mais recevait la baignade des nouveau-nés. On ne compte plus les pierres de Saint-Martin de ce genre. Au bois de Bramard, à Saint-Victor-Malescours, roche et fontaine sainte sont associées. Saint Pancrace y guérit des maladies nerveuses. Certaines sources, comme la Fontberte, près de Cayres, ne crèvent que pour annoncer un cataclysme. Telle la fontaine de Siloé en Auvergne, dont le sanglot intermittent accuse son débit et sa complainte pour prédire troubles et malheurs. Autour de la source s'édifie le village. Les fontaines, avec les déterminismes vitaux, sont la genèse des cités. Alors paraît la divinité citadine, tel Adido, inscrit sur la porte papale de la cathédrale du Puy. Dans le chevet de cette cathédrale est un puits d'origine celtique. Le message des lacs, tel celui du Bouchet, à proximité du dolmen de Séneujols, rejoint le message des sources. L'eau de pluie bénie, qu'envoya Dieu sur le feu des volcans, est restée en quelques endroits, disent les vieilles gens. C'est pourquoi subsistent encore cratères lacustres et filets d'eau sur les pentes volcaniques. Ambert était une plaine qui fut délivrée des eaux. D'où le terroir du Livradois *(liberatus ab aquis)*. Henri Pourrat énumère les « fontaines de folie » : celle de la Font-de-Martelos, par exemple (fontaine des timbrés ou des marteaux), ou celle de la rue de Goye (du latin *gaudium :* joie). La fontaine Villedot, de Cérilly dans l'Allier, est liée au souvenir d'une ville engloutie. L'eau jaillit là où s'effondra la chapelle. A Noël, les cloches enfouies vibrent sous le miroir cristallin. Sourd tintement de ces clochers sous-marins qui, un peu partout, font tressaillir les imaginations. Aux limites du Forez-Velay, vers Saint-Jean-d'Aubrigoux, la montagne du Marrhus récite la même antienne : ville disparue après une bataille, église incendiée et fumante sous l'onde, fidèles massacrés, mais cloches toujours sonnantes reliées au monde par le fond d'une citerne. A l'heure du crépuscule et des orages, les cris des agonisants se confondent avec le glas du clocher du Marrhus. Le feu a ses lettres de noblesse dans les rites auvergnats. Vieilles réminiscences celtiques constatées par Bossuet, définissant à regret ces fêtes superstitieuses auxquelles, « après tant de siècles, les populations ne peuvent se résigner à renoncer, savoir : danser autour du feu, jouer, faire des festins, jeter des herbes par-dessus le feu, garder les tisons ou les charbons du feu sacré ». Dans l'embrasement des « fougirades » nocturnes, sur la montagne du Lysieux, à l'est du Velay ; sur le Signon, au sud-est ; sur le mont Malorum, au nord ; sur la Durande, à l'ouest, les couples en cortège dansaient, au son de la chabrette. Les fagots en flammes élèvent encore de nos jours leurs bûchers dans le ciel, répétant jusqu'en Auvergne l'éclairage des nuits de la Saint-Jean. A la lueur des torches de résine, en cercle, filles et garçons, vêtus de blanc, chantaient en langue d'oc l'hymne du feu. L'Église intervint pour canaliser ces rites païens. A Lezoux, près de Clermont-Ferrand, cette fête du solstice d'été avait un temple occupant l'emplacement d'une chapelle Saint-Jean, dans le cimetière actuel. Les flammèches s'échappaient dans le noir, en torsades farouches, pendant qu'on procédait aux sacrifices. Le brasier éteint, on jetait les cendres au vent, pour dissiper le mauvais sort. Cérémonies des feux de joie figurant la venue de l'été, au soir du 24 juin, mais que l'Église voulut baptiser sous l'égide de la Saint-Jean. Quand l'aube recomposait une solitude à la montagne, une sorte de silence prophétique enveloppait l'Auvergne. Alors le diable sortait des bruyères fauves et de la sombre forêt, il s'en venait sautiller près des cratères chauves, comme pour rallumer un autre feu, le sien, feu luciférien des anges déchus.

Le diable et l'Auvergne

Ce feu, c'est celui du conducteur des sabbats, au sommet du puy de Dôme. Sur la bave des volcans, séchée par les vents du nord, une froideur est venue solidifier les rebords des cratères. Voilà tout au moins ce que disent les partisans de Lucifer. Un peu partout, en Auvergne, la roche nue abrite des cavernes infernales. Gueules béantes des puys refroidis, gouffres noirs ouverts sur la nuit des temps, diableries en tout genre, contées aux soirs de veillées, récits des bergers écoutant ronfler, entre les orgues de basalte, le ruisseau du diable. L'imagination populaire promène le prince des ténèbres entre les ravins sacrilèges et les châteaux fantomatiques. Le souvenir des brigands et des coupe-bourses, au retour des foires, ne va pas sans le mauvais œil d'un tel ou d'un tel, rencontré au revers d'un chemin creux. Il faudrait un livre pour suivre le « malin » d'Auvergne, longeant les dômes gris ou traversant les pentes calcinées, pour se faufiler vers les clochers. Citons quelques lieux où s'est inscrite cette chronique satanique, si naïve soit-elle. Une « cheminée du diable » est à Parentignat, près d'Issoire. Puits d'argile contenant quelques laves, dont la sonorité répond aux lanceurs de pierre. Le pont du Diable, de Chalançon, d'après Ulysse Rouchon, avait été pris à forfait par un maître maçon désargenté. Sommé de le terminer, à date fixe, il risquait l'amende. Un faux bourgeois, voyant sa tristesse, promit de l'aider à bâtir l'ouvrage en trois jours. A condition de lui livrer le premier qui passerait sur le pont. Dans la nuit du pari, ce diable fit sortir tous les maçons de l'enfer et le pont fut dressé. Mais la femme de l'artisan, méfiante, avait murmuré à son époux la manière dont il fallait user pour berner le malin. Leur chien traverserait le pont. Il suffirait de jeter un morceau de pain devant lui. Le chien, alléché, courut sur l'ouvrage et le diable, furieux de cette prise médiocre, fit un trou au milieu du pont. « On n'a jamais pu le reboucher », disent les bonnes gens de Saint-André-de-Chalençon. En ce lieu s'érigent les stalles fameuses dont l'une est appelée « chaire du Diable ». Le Pont-Vieux de Vieille-Brioude est également attribué au diable. Chaque année, une pierre s'en détachait. C'est le diable qui volait cette pierre. Les amoureux venaient, sous l'arche, échanger le grand serment. Leurs mots, même chuchotés, s'entendaient sur l'autre rive. Le 27 mai 1822, le pont du diable s'écroula et, depuis, les amants ne viennent plus fauter à cet endroit. Le pont de Rousseil, sur la route de Lavoûte-Chilhac-Langeac, livré à l'épervier solitaire, voit passer une rivière en colère. C'est ici le domaine des fades et du diable. Justicières terribles, ces dames frappent le passant dont la conscience serait trouble. « Un mauvais prêtre préside à ces scènes nocturnes, mais les paysans assurent qu'il s'agit du diable », indique Ulysse Rouchon. Au volcan de Moissac-Bas, le diable du Bouchy se glisse dans une galerie menant aux défilés de l'enfer. La dalle couvrant ce souterrain s'ouvre le jour des Rameaux pour livrer passage aux âmes réprouvées. Un diable véloce et poilu, caché derrière la trappe, saisit les jeunes filles folâtrant par les sous-bois. Quelques-unes y laissent des lambeaux de leur jupe. Une bonne vieille confiait à Ulysse Rouchon que telle de ses compagnes n'avait pu retrouver son morceau de robe. A Brezons, dans le Cantal, au carrefour du chemin de Malbo, surgit, à l'improviste, le prince des ténèbres. Des chiens courants galopent à sa suite, hurleurs de la mort, serrés drus derrière leur grand veneur, toujours drapé de rouge. Son fouet conduit un équipage sinistre. Piqueurs vêtus d'écarlate, soufflant vainement dans leurs trompes insonores ; tremblements métalliques des avant-bras de ce grand veneur, dont le pied frappe en écho la terre d'Auvergne ; oripeaux branlants, mais bariolés, sur les squelettes de cette chasse infernale ; yeux de flamme des postillons et piqueurs ; tête caverneuse de leur maître dont le regard s'anime de charbons ardents, voilà quelques reflets de la « chasse éternelle » du diable de Brezons, filant, ras le sol, vers le Plomb du Cantal, par des nuits sans lune. Ainsi, le diable de Brezons joue au semeur d'angoisse. Une autre fois, caché derrière un pilier de l'église Saint-Pierre (c'était en 1722), il aperçoit messire Noël Verdier occupé à dorer le retable. Ce doreur, ayant un penchant pour la chopine, avait quelque peu gaspillé les deux cent quatre-vingt-quinze livres et dix-sept sols dont il disposait pour l'ouvrage. Le voilà se donnant aux cent diables. « Tu auras tout l'or nécessaire au revêtement, y compris pour les statues. En échange il me faut ton âme que je viendrai chercher le jour de l'inauguration. » Noël Verdier accepta le pacte. En langage auvergnat on dit : « Il fit la pâche. » Et le retable doré fut béni. Mais pendant la cérémonie le malin survint. Il réclama son âme au « maître d'honneur ». Alors celui-ci déclara : « Ayant tout mis dans l'autel, je n'ai plus d'or pour dorer la queue du chien de la statue de saint Roch. Il manque donc un peu d'or. Le marché est faussé. Tu m'as trompé sur la quantité. *Vade retro Satanas !* » Le démon s'en alla dans un bruit terrible, non sans donner un coup de pied aux rebords de l'église. Le mur extérieur s'écroula. Depuis on n'a pu le redresser correctement. La queue du chien est restée sans or. On assure ainsi qu'un Auvergnat est toujours plus malin que le malin. Ces croyances ingénues, cette crédulité populaire au diable rouge ou noir, à l'ombre des clochers de travers, représente, en profondeur, une foi dans les forces du mal. L'Auvergnat, moins religieux que le Vellave, dit-on, accorde au diable cette puissance confuse associée à une certaine peur des forces de l'invisible. Pourtant, en Velay, le domaine infernal a largement sa part, mais sous des formes plus transcendantes, comme à la tour de Mariac, près de Lafarre. Jourda de Vaux, dans ses *Châteaux historiques,* a pu écrire cette phrase : « Sur une arête formée de déjections volcaniques, dont les versants sont à pic d'environ deux cents mètres, se trouvent des vestiges de fortifications terminées par une tour, dite de Mariac, mais surnommée tour Constance, tour du Diable ou tour de la Dame blanche. » D'après les traditions populaires, pendant la procession du jeudi saint, le diable venait à la tour. Là, sur le rebord de l'unique fenêtre, à quatre mètres audessus du sol, il faisait frire au soleil ses écus d'or, comme pour dire aux chrétiens : « Votre Dieu possède le ciel, mais moi je possède l'or et la richesse du monde. » Familier des lieux « défortunés », le diable auvergnat s'insinue dans le paysage, après le coucher du soleil. Les forêts épaisses du Livradois, au pays de Gaspard des montagnes, sont un peu son royaume. Une angoisse étreint le passant entre les pierres-menhirs, où l'on croit saisir son ombre. Souvent l'Auvergnat prend des chemins de traverse, pour éviter les routes sournoises. Il a entendu sa grand-mère parler des « chasses infernales » ou des « chasses volantes », guidées au fouet par un démon chasseur, tout habillé de flammes. Devant lui galope, en silence, la meute des chiens rouges. Ce diable honore les forêts de La Chaise-Dieu et de Craponne où le clergé peut se targuer de le chasser. On ne compte plus les ponts bizarres en ces régions. Le pont d'Ardes-sur-Couzes, particulièrement étroit, à cinquante-sept kilomètres au sud de Clermont-Ferrand, s'appelle « pont de la chicane ». Deux chèvres s'y trouvèrent face à face, puis deux ânesses. Ne voulant pas reculer, tout ce bétail chuta dans le ruisseau. On interdit le pont aux bêtes. Mais deux femmes vinrent à s'y rencontrer. Personne ne voulant reculer, chacun tomba dans les eaux de la Couze. Ce pont en dos d'âne fut jugé diabolique pour ces raisons et pour bien d'autres. Nous citerons par ailleurs d'autres lieux maudits derrière les horizons clos. Enfermé dans ses montagnes, ne pouvant briser le cercle des monts, l'Auvergnat d'autrefois s'est trouvé dans une cuve de mystère. Il a fallu qu'un clocher vienne s'y dresser pour exorciser les terreurs confuses. Et encore ! « Les clochers muets déplaisent », note Ulysse Rouchon, conteur de *La Vie paysanne en Haute-Loire*. Pourtant, sur les monts chauves, pinacles du mystère, l'échappée du regard se donnait libre cours. N'empêche, Dieu n'y régnait pas toujours. Satan et ses mauvais anges infestèrent les monts Dôme. Nous en avons la preuve au chapitre des sorciers. Parfois le diable s'attaque aux dolmens. Les forêts de Saint-Martin-d'Ollières, dans l'arrondissement d'Issoire, ont enfanté la « pierre du diable ». Gros bloc erratique, bloqué aux bords d'un précipice. Troublantes inscriptions, à sa base inférieure. C'est l'empreinte du malin qui fit rouler jusqu'ici ce puissant mégalithe. Dans le département de l'Allier les tapages nocturnes de Souvigny mènent grand bruit. C'est la « chasse gayère », partant de Bourbon vers Saint-

Menoux, franchissant le fleuve et se perdant du côté de Ferrières-en-Sichon. Le démon conducteur, avec son escorte d'éclairs et d'orages, infecte la région d'une odeur de soufre. Les lacs n'ont pas échappé au diable. Le Pavin, cité plus haut, tiendrait son nom du mot *pavens* (qui répand la terreur). Gouffre légendaire « duquel sort ordinairement une grande foudre de grêle et de tonnerre gâtant blés et vallées », écrivait Abel Juan, dans sa relation du voyage de Charles IX. Ce lac avait submergé une cité maudite. On peut en apercevoir les clochetons et les clochers, quand l'eau devient transparente, rarement. Mais cette eau reste composée des larmes de Satan... En effet le diable avait pleuré sur la berge ; son pugilat avec Dieu l'avait découragé... Il rejoignit l'enfer, d'où sa rage soulève parfois une tempête lacustre. Nous retrouverons forcément le diable, cet Auvergnat. Il est temps de rendre visite aux fades, ses parentes éloignées. Fées charmeuses, parfois méchantes, s'étiolant dans les grandes ombres ou rayonnant dans les éclairs de la montagne, elles sont les « demoiselles » d'Auvergne.

Les fades, reines et déesses blanches, héritées de la mythologie

Au pays de l'antique Arvern, les Celtes durent accepter, dans leur métier de druide, les femmes druidesses. Groupées en fraternité, autour des sanctuaires, elles s'identifièrent à nos fées, ces « fades », propriétaires des fontaines. Femmes de faunes, nymphes antiques, ou *fatuae* latines ? Donatus, un grammairien du IVe siècle, les donne pour telles. On les retrouve au pays de Saugues, dans le Sud auvergnat, avec les « fatchinières » des forêts de Villeret. Le mot « destin » *(fatum),* l'ancien français *faer* (enchanter), le *fari* latin (prophétiser), le *phaein* grec (parler), autant de significations possibles. Prêtresses en tunique noire, à la ceinture d'airain, comme les *fatuae nigroe* de Gévaudan, elles sont sorcières et magiciennes ; ou bien on les aperçoit, furies des bois, allumant, entre chien et loup, des bûchers rustiques. Autour se danse une sarabande. C'était le cas, dans le nord du pays de Saugues, au Luchadou. Nul ne s'aventurait à leur rencontre, bien que parfois elles fuient, à l'approche du sauguain, en laissant leur chaudière suspendue. Au pays de Velay, ces filles des druidesses « fatchinières » cherchaient moins à « fasciner ». Réputées pour être « bonnes mères », elles ressemblaient assez peu aux femmes des « poulpicans » bretons, mauvais génies des bois. Bienveillantes, comblant la terre vellave de leur générosité, matrones de fécondité, elles procèdent ici au culte de la terre-mère, culte celtique. Au-dessus des eaux de la Loire, la dame blanche du château d'Artias est célèbre. A l'emplacement de cette forteresse wagnérienne, perchée sur une colline pyramidale, vivait jadis une reine légendaire. « Son corps était aussi blanc que la neige et tellement transparent que lorsqu'elle buvait une liqueur colorée, on voyait passer le liquide à travers sa peau. » Cette légende, rapportée par Ulysse Rouchon, rejoint les nombreuses dames blanches d'Auvergne et du Velay. Celles de Tailhac passent à travers le rayonnement lunaire, parmi les bruyères rousses. Ces six dames à chevelure blonde, vivant le jour dans une grotte, font la ronde des nuits, sous le champ des harpes. Aériennes, vaporeuses, elles filent la laine de leurs brebis. Quand pâlissent les étoiles de l'aurore, elles vont ouvrir leur dalle au fond d'une clairière et disparaissent dans les entrailles du sol. Un soir, ce palais invisible s'écroula dans un tremblement général. « Une force invisible » avait secoué leur demeure. Les silhouettes diaphanes des six dames ont depuis disparu à jamais. Cependant, aux jours d'orage, des échos d'outre-tombe secouent le rocher de la « tombe des fées », le « teule de las fados ». On montre la « crèche de l'âne », dolmen rescapé de ce caveau détruit, où se cache le « trésor ». Un paysan voulut s'en emparer. En vain, il ne fit que ruiner les deux portiques restants et le rustique mausolée. Les bonnes gens disent que les fées noires et blanches continuent de sortir, portant les dalles écroulées sur la tête, pour essayer de reconstruire leurs sièges, mais encore et toujours ces blocs les écrasent pour fixer ici leur seule sépulture. Les fées viennent dans la forêt de Tailhac s'abriter des rayons solaires. Leur caveau, sur 1 200 mètres, aboutit près d'Espigoux. Le Cantal a ses fées qui dansent sur le puy des Dames, près de Saint-Simon, où cinq tumulus et un menhir subissent leur hantise. Pierre Mousset voulut courtiser ces demoiselles dansantes vêtues de blanc. Attiré par leur minois éploré, intrigué par le son creux de leurs mains qui se touchaient, il joua un air de cornemuse. Deux de ces demoiselles l'abordèrent, saisirent son instrument, l'une prit la rose à sa boutonnière, l'autre son chapeau. L'Auvergnat trembla car leur regard perçait le sien. Hypnotisé, comme entraîné dans leur gambade frénétique, il parvint jusqu'à la colline de Belliac où ses pas cédèrent sous un précipice. En trépassant, le ménétrier imprudent raconta comment une main très douce l'avait jeté du rocher. Ces fées sont innombrables. Filles de l'Auvergne sauvage, déesses des bois, elles semblent s'être mêlées aux dieux mâles. Divinités étranges. Parfois leur sexe est indéfini. Telle Doumias, la divinité de la forêt sacrée de Pourcheresse, près de Langeac. Rôdeuses de la contrée, jusqu'au dolmen de Pinols, ou vers la pierre de La Fados, à Sauvagnat, ces déesses érémitiques vont aussi en cortège nocturne. Pareilles à Mélusine, dans la forêt enchantée, elles font partie du domaine mythologique de l'Auvergne. Vestales et devineresses, flottant dans les broussailles de Saint-Eble, près du castel du Cluzel, elles ont leur « pierre des fées », composée de douze blocs de basalte noir. Leur propension pour le menhir s'affiche, à la « Pierre fichade » de Champeix. Dans ces parages, près de Ludesse, la « cabane des fées », avec une pierre branlante, contribue, comme à Saint-Floret-le-Chastel, au musée de l'imaginaire. En ce dernier lieu les fées ont leur fontaine sous la grotte. On venait y plonger les enfants rachitiques au plus fort de l'hiver. Fonts baptismaux avant l'heure, ces lieux ont manifestement retenu une parcelle du culte druidique et toute l'Auvergne en est imprégnée.

6.

La montagne auvergnate, gardeuse hermétique de légendes indicibles

Le Graal auvergnat. Un immense réservoir, bordé de remparts, préserve l'acquis du sacré

L'Auvergne est notre planèze centrale, une manière de citadelle naturelle aux rebords escarpés, dans la France gauloise. Immense promontoire, en forme de terrasse, où sont venues buter les civilisations. Comme le retour violent des vagues sur elles-mêmes, ces, courants ont déferlé sans arrêt contre le haut rempart des laves. Surplombant les ressacs de l'histoire qui toujours ont fouetté son rivage, l'Auvergne est ceinturée d'un parapet mystique, inaccessible. Elle a gardé cette altitude surplombante, cette falaise noire, étayée de sombres traditions, face au mugissement des tempêtes nordiques et latines. Émergeant de la bruine et des embruns, l'Auvergne celtique, avec sa crinière de puys chevelus, semble couverte d'un manteau aux poils absorbants. Rien ne l'a brisée, ni la rage du temps ni l'écriture. Secouée par trois cents volcans, hérissée de reliefs gigantesques, elle a gardé dans ses creux le parfum d'une terre intemporelle. Habituée aux fourmillements, endurcie par les remous, tel un réservoir à fond de granit, l'Auvergne des puys et des lacs reste le territoire accumulateur, le haut lieu héréditaire, où se mire encore son visage d'antan. Telle est l'idée que l'on peut se faire de l'Auvergne secrète, jaillie du Massif central et s'extravasant largement autour de son contenant naturel. Mais en préservant pour elle un acquis : celui du sacré. Sorte de Graal, on a prononcé le mot... G. Durand, notamment, écrit à propos du Vasso Galate auvergnat : « Le linguiste Vercoutre montre que la légende du Graal reposerait sur plusieurs erreurs de traduction. On aurait traduit le nom celtique du temple célèbre des Gaulois " Vasso

Galate " par le latin " Vas ". Également le Graal est dit " sépulcre du Sauveur " parce qu'une acception latine de Vas est aussi " sépulcre ". Enfin, si dans certaines leçons il est question d'une nef mystérieuse construite par Salomon, c'est parce qu'un trouvère a pris " Vas " dans le sens de navis qu'il avait autrefois. Bien plus, l'épée, si souvent adjointe au Graal, vient aussi d'une acception paronymique de " Vas " signifiant " arma ", acception surdéterminée par la présence historique du glaive de César dans le fameux " Vasso Galate " du puy de Dôme [1]. » Jean-Paul Clébert a souligné qu'il s'agissait de l'épée perdue à Gergovie par César. Historiens et archéologues supputent encore à propos de ce mot « Galate », où l'on a vu le toponyme de Jalde ou Jaude. La place de Jaude ou « place de Galate », à Clermont, perpétue ce nom de « Galate » associé à celui du dieu Mercure. Rue Rameau, toujours à Clermont-Ferrand, une découverte récente a fait rejaillir le mystère du Vasso Galate. Grégoire de Tours avait parlé de restes d'un *delabrum* (lieu de purification) appelé Vasso Galate, en gaulois. Le « mur des Sarrasins » de Clermont et celui du « Vasso Galate » semblent être la même construction. La mise au jour rue Rameau, près de ce mur, d'un bassin rectangulaire en forme de piscine serait le bassin de la purification en question. Ces données [2], jointes à la sacralité du glaive et du volcan, donnent une valeur archétypale, s'inscrivant dans la quête du Graal auvergnat.

En ce lointain pays, inaccessible aux pas
Se dresse un château qui a nom Monsalvat.

Ces deux vers de Lohengrin, dans l'opéra de Richard Wagner, ont fait couler beaucoup d'encre, à propos du château inconnu servant de refuge au Saint-Graal. On parle volontiers en Auvergne du Saint-Graal, ce vase légendaire, dans lequel Jésus mangea, le jour de la Cène. Telle religieuse du Puy vous racontera comment Joseph d'Arimathie l'emporta chez lui. Telle conteuse d'Auvergne répète que le vase reçut plus tard le sang et l'eau du Sauveur crucifié. Quand le terroir et l'Évangile défilent, sous la cadence des fuseaux de buis, alors sur la rosace fine des dentellières du Puy semble s'ins-

1. GILBERT DURAND, *Les Structures anthropologiques de l'imaginaire,* PUF, 1960, p. 271, cité par JEAN-PAUL CLÉBERT, *La France secrète,* Encyclopédie Planète, p. 346.

2. *Manuel d'archéologie gallo-romaine,* t. IV, *Les Eaux,* Picard, 1900.

crire l'aventure des chevaliers d'Arthur. Groupées en rond, autour de leur carreau, les grand-mères âgées du Velay récitent l'histoire du vase du Graal qui s'était perdu. Les chevaliers de la Table ronde avaient entrepris de le retrouver et les plus savantes des béates Auvergnates cherchaient la mystérieuse similitude des noms : Montsalvat, Montsalvy, pourquoi pas ? Ce dernier village du Cantal à trente-cinq kilomètres au sud d'Aurillac signifie « mont du Salut », tout comme le Montsalvat de Wagner, placé par la mise en scène au nord de l'Espagne gothique. En fait personne ne sait plus si Montserrat, château de Catalogne, ou le Mont-Saint-Michel et bien d'autres « Monsalvage », correspondent au refuge du Graal. Pourquoi pas aussi le roc Saint-Michel-d'Aiguilhe ? Pourquoi pas Montsalvy, dans le Cantal, où saint Gausbert fonda son monastère fortifié ? Quatre croix mystérieuses délimitent le terrain monastique de Montsalvy, la troisième étant au Puy-de-l'Arbre, où s'élevait, jadis, le château de Mandulphe, construit par saint Géraud. Château selon le terme wagnérien, et d'où le panorama s'étend sur le massif du Cantal, l'Aubrac, les Causses et les horizons d'Espagne...

Le bestiaire d'Auvergne. Sur la terre aux loups :
un bestiaire des hommes et des bêtes

Oracles des montagnes formulés sous le vent, légendes apprises dans les livres, aux soirs de frimas, quand l'Auvergne se raconte devant ses cheminées. Ainsi, dans le jaillissement des étincelles, ou près du four à cuire se nourrissent les légendes. Nous sommes au pays des rustiques chaumières. Entre leurs villages sont passés les fameux loups au poil rouge et, sur trois notes, ulule toujours l'oiseau de nuit. Près de Châteauneuf-les-Bains, le loup de Bascobert effraie les marmots. Plus véridique, la bête du Gévaudan, celle « qui mangeait le monde », est un loup de poil auvergnat. Sa complainte se déroule encore par-dessus les villages de Lubilhac, de Chanteloube, ou Loubaresse...

Venez, les yeux en pleurs
Écouter, je vous prie
Le récit des horreurs
D'une bête en furie.

Ces couplets populaires évoquent l' « horrisble beste » dont on parlait déjà en 1731, quand une gratification était promise par les

États du Gévaudan à qui tuerait le monstre affamé. Gratification de six livres pour les gros loups et de trois livres pour les petits. En 1764 la forêt de Mercoire, celle du dieu Mercure, dit-on, semble ressusciter à elle seule le grand cauchemar. Dans un paysage embroussaillé, entre les rochers superposés passe la « bête » hurlante. Le Gévaudan est son premier fief. L'abbé Pic, J. A. Dalle et bien d'autres ont campé ce « Napoléon Bonaparte des loups » qui secoua la montagne. Énumérer les victimes par douzaines serait fastidieux. Un épistolier de l'époque écrivait : « Cette maudite bête, pendant plus de trente ans, ravagea notre pays, tuant par centaines femmes et enfants, les dévorant et n'en laissant pas même les os à son patron *le diable*. Fallut cinq cents hommes du régiment de notre baron Mgr d'Apcher, pour nous en libérer, Dieu merci. » Poil rougeâtre, raie noire sur l'échine, oreilles plus courtes que celles du loup, la « bête farousse » fut abattue le 19 juin 1767 par les « balles bénites » de Jean Chastel de La Besseyre-Sainte-Mary, près de Saugues. Avant elle, les loups proliféraient au sud de l'Auvergne : soixante-dix-neuf tués en 1764, quatre-vingt-dix-neuf en 1766. Après elle le loup ne disparut pas. L'un d'eux fut encore tué en janvier 1951, à Mararèches, par les frères Brunel. Horrifique bestiaire sous la mouvance des nuages lourds, dans le grand désespoir des neiges. Le vent, qui partait des lointains clochers, semblait passer dans les homélies des curés, faisant réciter des *Ave,* sur l'ordre de l'évêque de Mende. Le prélat avait prescrit que, le Jour des Rois, le saint sacrement fût exposé pour conjurer le ciel. Entre Saint-Flour et Massiac le monstre avait circulé longtemps avant de passer en Gévaudan. Un louvetier, en septembre 1765, s'était fait fort d'avoir tué la « vraie bête ». On l'avait portée à Clermont puis à Versailles pour la présenter au roi, embaumée. Mais l'autre bête, la bête « sorcière », continuait, défiant les fusils. Henri Pourrat écrit [1] : « Sa façon de ne craindre ni les fusils ni les fourches, d'échapper toujours à tous, sa force, sa vélocité, son habileté quasi manuelle, sa subtilité quasi raisonnante, ses divinations sans doute visionnaires, tout cela répondait aux idées du pays. » Quelques auteurs ont vu dans tout cela un mythe. La bête du Gévaudan n'aurait vécu que dans l'imagination de bergères affolées ayant aperçu souventes fois le même loup. Le Dr Puech et le bâtonnier Jacques Le Griel se sont ralliés à cette thèse. L'étude documentaire de l'abbé Pourcher, curé lozérien, celles de l'abbé Fabre et de l'abbé Pic, basées sur les

1. *Histoire fidèle de la Bête du Gévaudan,* Éd. de l'Épervier, Le Puy, 1946, pp. 46-47.

registres paroissiaux, où l'on constate les décès, prouvent l'existence de la bête. Certes elle n'était pas seule. Il y eut d'autres loups, comme celui tué par M. Antoine, et montré à la cour du roi. La terreur populaire enflait les carnages. En ces pays, dit-on, six mois d'hiver, six mois d'enfer. Dans sa réclusion hivernale, le paysan avait le temps de laisser couver les terreurs sous la cendre, près de l'horloge à poids, dont le balancier rythmait cette sentence : TOUJOURS — JA-MAIS ! Et le diable y prenait part, soufflant aux vieilles dames le « cantique des chaumières » :

Pendant l'hiver, chefs de maison
Ne tenez jamais de veillées
Car comme au sabbat le démon
Vient présider ces assemblées [1].

Et puis en ces pays il y a les meneurs de loups. Antoine Chastel, contemporain de la bête du Gévaudan, fut suspecté. Il avait passé du temps chez les « higuanauds » (protestants du Vivarais). On disait qu'il avait appris à mater les bêtes chez les Barbaresques d'Alger, où il fut prisonnier. Rescapé du monde des pirates, Chastel, devenu eunuque et renégat, ne pouvait songer à prendre femme au pays. C'est pourquoi il errait par les solitudes boisées du mont Mouchet. C'était lui le meneur de loups de la Tenazeyre. C'était lui qui conduisait allégrement la bête du Gévaudan. Elle allait et venait, parmi ses chiens et d'autres loups. De temps en temps Chastel lançait son monstre apprivoisé sur la haute lande, au milieu des bûchers et des bergers. Ayant « envoyé » longtemps son maître-loup aux quatre coins du terroir, le meneur apprivoiseur aurait été arrêté seulement par son père, Jean Chastel, dont le coup de fusil de La Besseyre-Sainte-Mary tua la bête. Cette version ne semble pas avoir déchiffré l'ordre des choses. D'ailleurs, à La Sagne d'Auvert, où tomba le monstre, l'herbe ne poussait plus ou si peu que, devenue rousse, pas une vache n'y touchait. Tout comme près de Tazenat, à trente-huit kilomètres, au nord-ouest de Clermont, dans ce village de Chanteloup, où pas un brin d'herbe ne voyait le jour. Là aussi vivait le « sournois » (le sumarau), autre meneur de loups. Déclenchant une sarabande diabolique autour d'un grand feu de bois, ce berger nocturne, coiffé d'un bonnet rouge et vêtu de peaux de bêtes, faisait commerce avec le démon. Plus d'un Auvergnat, de retour de foire, risqua sa vie en échappant à ses loups

1. Cité par Régis Sahuc, *Sous l'étendard blanc,* Imprimerie Jeanne d'Arc, 1962.

poursuiveurs. Il faut laisser à l'imagerie populaire ce catalogue du bestiaire où s'ajoutent les hiboux et les chats noirs, avec les salamandres. Ce dernier batracien, surnommé la « brune » ou le « souffle », ne respire qu'une fois par jour. Malheur à qui reçoit ce souffle. Il a reçu le poison. Une vache du troupeau qui avale une salamandre gonfle aussitôt. Si la salamandre vient à rentrer à l'écurie, pour les veaux, c'en est fini. La salamandre traversait les flammes sans se brûler, etc. Les Auvergnats et les Vellaves clouaient encore les chouettes sur les portes des granges, voici trente ans. On crucifiait ainsi ces oiseaux de malheur. Quant aux chats noirs, on les entassait dans un bûcher, place du Square, à Aurillac. Chacun sait que le chat noir a le « mauvais œil ». Les chats de La Chapelle-Laurent, au pays de Cantal, vont d'ailleurs en enfer. On les voit se grouper au volcan du suc de la Pèze, attendant leur maître, le diable. Quand il arrive, ils dansent autour de lui, toute la nuit. Au petit matin, ils se sont dévorés mutuellement. Le survivant descend en enfer. Tout chat qui disparaît a fatalement rejoint ce sabbat de chats qui se tient d'ailleurs non loin d'un endroit où un certain trésor arverne fut retrouvé. Nous touchons ici à la fable, mais aussi au symbole.

Fables et symboles d'occultisme

Dans ce bestiaire d'Auvergne, la chouette, par exemple, est avant tout « l'oiseau qui voit dans les ténèbres ». Emblème traditionnel d'Athéna et de la sagesse bien connue des mythologistes. On y réfère à cette philosophie hermétique dont la connaissance permet aux adeptes de mieux voir, bien au-delà du miroir des apparences. Légendes sûrement, tradition plus sûrement encore. Jean Rieuf écrit [1] : « Dans les religions antiques, comme dans la trinité égyptienne, Osiris, Isis et Horus, certains dieux étaient adorés sous forme de bêtes sauvages. Nos ancêtres, en Auvergne, adoraient Jupiter, le père des dieux, sous celle d'un loup, en langage celte *blez,* dans l'antique " Blazilia ", Blesle, la cité religieuse voisine de Massiac. » Voilà pourquoi Blesle en Auvergne a comme patron saint Blaise. Jadis et même naguère, dans les processions de cette belle cité, se voyait la statue du saint tenant en laisse un loup apprivoisé. Cela rejoignait la légende du loup dompté par saint Blaise, évêque arménien martyrisé en 316. Symbole du christianisme écrasant le paganisme. Mais réminiscence, bon gré, mal gré, des pratiques

1. *Auvergne Magazine,* n° 51.

antiques. Nous retrouverons le loup dans les cas de sorcellerie. Il faut dire un mot des loups-garous d'Auvergne. Les loups-garous surnommés « galipotes » aux frontières de l'humain et de l'animal, procèdent du fantôme. Au crépuscule, on les voit piétiner, entre les brouillards sales, attendant le passant. Bâtards réprouvés devenus loups, ayant revêtu la peau d'Ysengrin, donnée par le diable, ils sautent sur leurs avant-bras, traversent plusieurs paroisses. C'est un pacte avec le malin. Les chevrotines des fusils ne les atteignent pas. Il faut percer le loup-garou, en tirer du sang, pour qu'il devienne « humain ». Les loups-garous sont des « loups dont il faut se garer ». Métamorphosés, ils appartiennent à une mythologie lointaine. Virgile, Pétrone et Apulée en parlent dans leurs ouvrages. Ces lycanthropes relèvent d'une folie dans laquelle un malade s'imagine être devenu loup. Mais c'est aussi la faculté des sorcières auvergnates de se travestir en forme animale, par « une sortie en Astral ». On les désigne ainsi sous le nom de versipelles. Hérodote évoquait les Sarmates d'Europe, semblables aux loups-garous d'Auvergne. Sorciers vagabondant pendant leur sommeil, ils gardent leurs blessures lorsqu'ils sont redevenus hommes. Il y a plusieurs rites de protection contre ce monde des loups, notamment celui des « gardes ». Lupercus, le dieu de l'Italie ancienne, protégeait les troupeaux des loups. On célébrait à Rome les Lupercales, en sa faveur, le 15 février. Ces fêtes de Pan ou de Fannus, fêtes licencieuses, semblent avoir déteint sur nos traditions arvernes. L'Église tentera de modifier cet héritage populaire en faisant bénir, dans la chapelle Saint-Hubert, les balles destinées au loup. Le chasseur de loups devait porter sur lui un trèfle à quatre feuilles, dont on savait qu'il portait bonheur. Pratiques relevant de la superstition, mais aussi de l'occultisme. Le chat également, par son magnétisme, relève de la magie, où il joue un grand rôle. S'il est la bienfaisance même par sa protection contre les rongeurs, symboles de destruction, il est non moins maléfique. Traverse-t-il la rue, c'est risque de malheur. Le chat noir n'est pas forcément complice du diable. Il est souvent, en Auvergne, le porte-bonheur. En matière d'oniromancie, dans le domaine de l'interprétation des songes, le chat des volcans noirs personnifie l'adversaire déloyal. C'est un porteur d'angoisse. La chouette qu'on entend au rebord des volcans sombres était redoutée par son cri, présage d'une mort proche. Perchée sur les toits de lauzes du Velay, à côté de la croix de basalte bleu, elle était de mauvais augure. Répétition d'une antique fascination. Pline l'Ancien attribuait à ce hibou des toits un signe de stérilité pour la maîtresse de maison. Dans les colombiers des seigneurs auvergnats le chat-huant était plutôt favorable. Notre *Grand Albert,* enfin, prétend que mettre un cœur et une patte droite d'un hibou sur une personne endormie provoque chez elle réponse à toutes les questions. Mangé dans un plat d'omelette auvergnat, son œuf guérissait les ivrognes. Tels sont, sommairement parcourus, les sentiers de la fable et du symbole, depuis le loup et autres animaux, jusqu'à l'effraie et le grand duc des ténèbres. Le symbole, en occultisme, évoque des objets mais aussi de tels êtres. Le mythe, parole ou fable, projection d'un besoin collectif inconscient ou d'une conception universelle latente sur certaines situations, nous amène, lui, vers l'harmonie solaire auvergnate.

Mythes solaires et mystiques du soleil

Car le soleil est ami du pays des volcans et des cavernes. A Massiac le culte solaire a ses lettres de noblesse. Il s'est logé à même la falaise dans la fameuse « grotte solaire » séculairement vénérée. Là, sous la chapelle romaine du XIe, dédiée à sainte Madeleine, gît le culte préhistorique au dieu Soleil. L'astre envoie tous ses rayons dans l'anfractuosité du rocher, quand il passe au méridien. C'est un cadran solaire naturel. Cette grotte, classée parmi les cinq merveilles du Cantal, est tournée vers le sud. Son mythe rejoint celui des « pierres plantées » élevées par les hommes de la préhistoire en l'honneur de l'astre de la vie. Toujours en ces parages, au-dessus du village de Pierrefite, la « peyra fichada », depuis les temps néolithiques, fut le menhir élevé au dieu Soleil. Les druides avaient l'habitude de se rendre ici pour leurs rites. Venu le temps des templiers, ces moines pulvérisèrent le menhir solaire. Malgré ces destructions, en Velay et Brivadois, le rite a survécu, perpétuant les traditions lointaines de la Grèce homérique. Sur la montagne de la Durande, là où passe la frontière des deux provinces, s'allumaient naguère et chaque année les « fougats » nocturnes. Fagots entassés pour le soir du 23 juin au solstice d'été. Primitive possession rituelle, renouvelée sous la forme d'une procession. Elle précédait jadis les mariages collectifs. Aux siècles du christianisme, deux processions allant se joindre l'une l'autre gravissaient séparément la montagne, composées, la première de garçons, la deuxième de jeunes filles. Parvenus au sommet, les rangs formaient couple. Leur union était bénie par les prêtres. Récemment encore des mariages s'y faisaient au coucher du soleil. Ce legs ancestral tend à renaître avec les feux de la Saint-Jean que ranime notre moderne jeunesse. Près de Clermont, à Gerzat, c'est un feu de torches qui se brandissaient, aux cris de « granno mo mio, granno mo mouere, granno mo pouere » à l'adresse de l'ami, de la mère et du père. Dans le sillon des traditions, ces coutumes apparaissent comme un reste de l'ancien culte solaire, vivace au mois de mars, époque où revient l'astre. L'hymne au dieu Grannus aurait survécu dans la triple invocation du granno. Un vieux poète vellave, Hugues d'Avignon [1], célébrait ainsi l'étroite dépendance du sol arverno-vellave avec le soleil de nos pères :

A mille pas d'Espaly l'on voit du Puy la ville,
Une plaine au milieu, verdoyante et fertile,
Danise d'autre part en deux monts divisé,
Montre son joli poil de mousse tout frisé ;
A la Saint-Jean de juin le peuple en affluence
Va voir là, du soleil, au plus matin, la danse.

Ce soleil qui balance sa face d'or à l'horizon des sucs et des volcans reste un vieux compagnon dont parlent nos livres sacrés. Sous Vespasien, les Arvernes utilisaient vraisemblablement les anciens rites chaldéens. En Velay, dans la ville d'Espaly, nommée ci-dessus par le poète, un fauteuil solaire atteste ce rite. Fauteuils solaires de Bas, du Serre-de-la-Roue, etc. Culte de Déméter, associé aux conceptions cosmogoniques des Sumériens, note Boudon-Lashermes, qui relève le « cyne astral » (oiseau du soleil), emblème des Chaldéens et des Arvernes. Cette mystique du soleil se rehaussait à la démesure des ombres, le soir tombant, quand l'astre flamboyait sur les forteresses de pierre brute, les oppida, dont le nom se termine en « dun » comme Verdun ou Baladun (*baladun* signifiant la hauteur du soleil). Mythes de la race. Mystique des anciens. Mystère de l'heure des saisons auxquelles, sans le savoir, les aînés et leurs suivants accordent leur voix, à la manière d'un grand mémorial de nos montagnes du Centre.

Les enfants de Pluton

Mémorial qui passe sous les montagnes, avec les anciens Arvernes. Ces derniers, appelés « enfants de Pluton », se disaient fils du roi des Enfers, dieu des Morts. Sans doute ont-ils voulu montrer par là qu'ils avaient un empire de cavernes, où séjournait leur dieu identifié avec l'Hadès grec. Près de Besse-en-Chandesse,

1. *La Veyelade,* Lyon, 1630, p. 29.

au creux des pâturages, la gueule d'un cratère surgit devant les troupeaux. Terreur des pâtres, cette oubliette avale les chèvres égarées. Pour formuler leur épouvante les bergers ont baptisé « creux de souci » cet orifice ouvert sur les flancs du volcan de Montchal. Pas loin se mirent les eaux du lac Pavin, celles du lac Bourdouze et de Montcineyre. Un décor à la dimension du mystère qui plane sur cet ensemble lacustre. Les bergers, ployés sur leurs bâtons, se penchent avec prudence sur ces entailles du sol, ourlets circulaires de laves refroidies. Pour eux, du lac Chauvet à celui de la Landie et des Esclauses, c'est le pays d'Artense, terre sans frontière. Limite floue aux confins de la haute et basse Auvergne « pays de l'ours » (du gaulois *artos*) ou pays des pierres, ce terroir chevelu, coupé de moraines sombres, crevé de marécages, quelle réserve précieuse de légendes et quel endroit de mortels soucis ! Aussi bien, charbonniers, bûcherons et braconniers, emboîtant le pas des bergers, ont-ils appelé « creux de souci » ce qui, par ailleurs, est le véritable souci des spéléologues. Le gouffre de ce nom est une caverne ovale de vingt et un mètres de profondeur. Au fond de la poche, un autre lac. Sous ce lac, une galerie noyée, pourvoyeuse de la nappe. Les savants se confondent en supputations sur l'orgine de cette « mofette » remplie de gaz carbonique. Au-dehors, les cratères lacustres, enchâssés les uns sur les autres, dans une mosaïque d'émeraude, formeraient un paradis luxuriant, au-dessus des Enfers de Pluton, s'il n'était ce désert de schiste et de gneiss. Près des eaux stagnantes de La Landie, on reste trembleur. Le reflet brun de l'onde inquiète, les sangsues venimeuses montrent leurs silhouettes vermiculaires. Buveuses de sang chaud, elles participent de l'angoisse des bonnes gens, figeant les artères des plus craintifs. Au lac des Esclauses, il était une fois une certaine île flottante, baromètre des vents. Ces derniers ont soudé l'île au rivage, tandis que l'étang des Pialades, celui des « roches pelées », élargit plus loin le mystère. Sous cette calotte de lacs, de cheminées et de coulées volcaniques, est l'empire de Pluton, « le dieu qui ne rit pas », le dieu de la terre souterraine et de l'abondance agricole.

La présence des morts

Cet empire du dieu des Enfers est avant tout lié à la présence des morts. Il s'étend vers la Sioule et ses ruisseaux affluents, du côté de Menat. Les berges de cette rivière d'Auvergne, comme dans la mythologie, ont leur « chemin des âmes ». Un chemin bordé, çà et là, d'énormes blocs en forme de cône. Ils servent de repère au voyageur d'outre-tombe voyageant vers les îlots mystérieux. La tradition a baptisé « auberges pour les âmes » ces parages riverains. Les lanternes des morts enseignaient à l'Auvergnat la présence de morts. Celle de La Voûte-Chilhac est célèbre. Côté du presbytère une sorte de cheminée se dresse au bord de la toiture de l'église. Il y a là un fanal érigé selon un usage répandu chez les bénédictins. La nuit, ce fanal s'allumait afin de rappeler aux vivants le souvenir de leurs trépassés. La particularité de cette lanterne est d'être placée au-dessus du caveau des prieurs. Un clocheton la domine, au sommet de la colonne terminée par un entablement carré. A Culhat, au nord de Lezoux, la lanterne est coiffée d'un toit ovoïde surmonté d'une croix. Le rectangle de la fenêtre laissait voir la lanterne de fer dont la flamme rayonnait plus haut, à travers six baies d'éclairement. Par temps de peste, dit-on, l'habitant venait « prendre du feu » à ce monument, afin de ne pas « empester » son voisin. Ce recueillement de l'Auvergne pour ses disparus se dévoile encore à Mauriac, où une petite lanterne était située à l'entrée du cimetière. Par la suite, elle fut placée sur le flanc sud de l'église. Toujours proche de l'église, à Cébazat, une sorte de lanternon pyramidal s'érige sur des voûtes superposées. Galerie légendaire, sous cette lanterne des morts, la tradition populaire rapporte que des jeunes filles vêtues de blanc viennent y danser. La présence des morts est partout dans la planèze. La seule rigueur des montagnes, le recours aux forces mystérieuses, la fascination du soleil, source de toutes les fertilités et de tous les bonheurs, ne sauraient définir l'âme arvernovellave dans ses motivations, face à la mort, face au Dieu de la vie. Pourtant cette soumission sans comprendre est universelle. On rencontre en Velay, comme en Auvergne, une adhésion profonde du cœur et de l'esprit au culte des morts. Cette double adhésion, garante de certitude, n'est pas seulement le fait des vieillards ou des hommes déclinants que la maladie rapproche de Dieu. Elle est aussi le fait des autres âges, bien qu'il y ait, actuellement, une crise chez les jeunes. Ce pays de Velay et d'Auvergne incite à la foi, sans la mort et devant la mort. Ses montagnes sont faites pour être soulevées. De part et d'autre du mont Mézenc, il y a les vieux dolmens et les menhirs surmontés de la croix. Il y aura sur le plateau protestant ces tombes dans les champs, qu'apportera le christianisme. La double adhésion que j'évoquais, celle du savoir et du cœur n'est pas indispensable. Pascal, le grand Auvergnat, penseur des penseurs, n'écrivait-il pas : « C'est le cœur qui sent Dieu et non la raison » ? Quant au soleil, oui, il est une image. Comme la foi, il est un don, une lueur, sur ces horizons cendrés de rouge où dardent les derniers rayons de novembre. Après novembre, après la féerie de feuilles jaunes, après les premiers frimas, vient le feu des printemps solaires. Sur le mont Fol et l'Alambre, sur le Signon de Chaudeyrolles, sur le Meygal et le Lysieux, sur tous les monts, au revers de tous les sucs, le soleil, venu de l'autre côté, celui de Dieu, ruinera la mort, pense le Vellave. Dans l'aube vellave et arverne les pierres sont là, vigies de l'espérance, plantées par les aïeux. Elles posent, à l'horizon des volcans éteints, le sigle qui illumina l'enfance. Le sigle qui ranime toujours la vieillesse pour le grand voyage. Un sigle qui pose son espérance sur les tumuli et les tertres.

Croyances populaires

Mais les tertres d'Auvergne fournissent matière à d'autres croyances populaires. Celui de Leynhac, dans le Cantal, portait la « peyra de Martory ». Sorte d'autel pour un dieu inconnu qu'adoraient les maris venus le remercier de la chasteté de leurs épouses. La gaudriole s'est emparée de ce lieu, où les railleurs venaient entasser de nouvelles pierres. Les croyances populaires suivent les fleuves, depuis leur source jusque sur les Limagnes et au-delà. La Loire est pourvoyeuse de légendes, du côté d'Arlempdes, dans le recoin des ravins, le long des entonnoirs géants creusés par le fleuve. De même, en suivant l'Allier jusqu'en Auvergne, parmi les rocs fantastiques érodés en silhouettes, s'abritent les croyances primitives et naïves. Sur cette vasque déchirée d'Arlempdes, où fut un sanctuaire celtique, les êtres fantastiques ont leur retraite dans les forêts de la Crisière. Les braconniers, errant aux abords de la Loire, raconte le Maître de Mercœur, les ont signalés sur les ondes du fleuve, entre Cramaize et La Fare, ou sur les pentes abruptes du camp d'Antoune, sautant d'un rocher à l'autre. Ce sont elles, dit-il, qui ont apporté là tous ces rochers, non pas ceux qui gisent, informes, au fond des gorges de Goudet, mais ceux qui sont plantés, comme des statues, tout autour de l'entrée du camp. Ceux aussi, plus énormes encore, fichés avec art dans un à-pic effroyable, dressant leurs pointes orgueilleuses au niveau des remparts du camp encerclé de toutes parts. En aval de La Fare, elles ont résidence à la tour de Mariac, énorme bastion gallo-romain, piton rocheux dans un paysage encombré de moraines, au confluent de la Loire et du Langougnole. Les indigènes ignorent Mariac. Ils appellent la ruine « tour de la Dame blanche ». Deux dames prétendent à ce titre, en Velay, la Dame blanche d'Arlempdes et la Dame blanche de l'Arzon. A Arlempdes, la tour de cette fileuse est un logement confortable pour elle. Sans toit ni porte, elle doit voler pour entrer. Telle est, racontée par Boudon-Lashermes, sur un fond de printemps celtique, une autre légende, celle du Pal. « L'inondation de la Loire venait d'emporter le pont du Pal, à Goudet, coupant ainsi la route de Marseille en Bretagne et rendant impossibles les communications entre le Velay et l'Helvie, par Saint-Cirgues et Montpezat. Les voyageurs vont aussitôt implorer les druides d'Arlempdes. On décide que, pour rétablir le pont à une hauteur défiant toute inondation, deux chênes plusieurs fois centenaires, se dressant au milieu de la pente dévalant de Beaufort à la Loire, seraient jetés en travers du ravin. Entre la forteresse de Beaufort et le roc isolé de Pipet, la Loire se trouvait encaissée dans une gorge étroite faite de deux parois à peu près verticales. Mais les chênes étaient eux-mêmes à une si grande hauteur au-dessus des eaux, qu'il n'était pas facile de les faire tomber exactement sur la plateforme préparée à mi-hauteur du rocher de Pipet. Lorsque tout fut disposé pour leur chute, on attaqua à la hache la base des deux colosses. Puis, lorsqu'on jugea que l'entaille faite dans leur tronc était suffisante, on prépara les cordages pour les diriger le plus précisément possible de l'autre côté de l'abîme. Le grand druide monta sur le roc de Pipet et commanda de tirer les cordes. Au même moment un coup de vent malencontreux, engouffré dans les gorges, fouetta subitement l'arbre, le rejetant du côté de Beaufort. C'en était fait, le chêne énorme, qui déjà vacillait, allait choir au fond de la Loire. Mais quarante lutins apparurent, se ruèrent sur l'autre chêne et le basculèrent si bien qu'en s'effondrant il engagea ses branches dans celles du premier et le ramena dans le droit chemin. Avec un fracas formidable les deux arbres croulèrent ensemble, exactement sur le terrain destiné à les recevoir, tandis que les lutins franchissaient le fleuve et la vallée, escaladant les contreforts d'Arlempdes et disparaissant sous les bois [1]. » Ces récits mythiques recueillis par le folklore populaire ne sont négligés ni par les compilateurs de légendes ni par les historiens. Ils sont un reflet des civilisations disparues. Arlempdes c'est, bien sûr, l'historicité plus rigoureuse des ruines féodales cerclant ce piton basaltique trempé dans la Loire. Mais c'est dans les brouillards du légendaire que l'homme connaît l'indicible. Près de Massiac les croyances du paganisme précèdent, en leur ressemblant, les

1. Boudon-Lashermes *op. cit.*

croyances chrétiennes. La fête de Saint-Jean y durera cinq jours quand l'Auvergne sera christianisée. Au bord de l'Alagnonette, le fagot de bois géant maudira le ciel. De colline en colline, le Celte ou le chrétien voudront conjurer le sort. On trempera trois fois les mauvais esprits dans le feu ardent des « fougirades », comme en Velay ; jeunes gens et jeunes filles, obéissant à je ne sais quel geste séculaire, se lanceront par-dessus le brasier. Bourrée sacrée, sorte de romance rituelle et nocturne. Chacun emportera les tisons de ce foyer pour protéger l'âtre et les écuries. Que faut-il voir dans les arcanes surréalistes de ces farandoles antiques, baptisées plus tard fêtes de la Saint-Jean par les curés ? Quoi, sinon des religions rudimentaires successives, rudimentaires apparemment, mais assez fortes pour n'être guère modifiées par le temps. Au pays de Jules Romains, à Chapteuil, le Vellave reste assujetti au même folklore. Nous entendons par folklore « science des traditions ». Une telle science des traditions est toujours vivante à Chapteuil, cette ruine d'un castel évanoui, cette érection de basalte noir échevelé, ce ressaut vibrant de la montagne, dans une vision dantesque, au cœur de territoires encore inviolés par notre civilisation brutale. Pays certes civilisé par ses mœurs solides et ses traditions mêmes, mais précisément limite d'un certain monde, où le superficiel n'a guère de prise. Cet arrière-pays admirable pour sa beauté sauvage et fleurie ; cette contrée austère, dressant sous un azur de Méditerrannée ses pics échevelés ; cette provision de silence dans un recoin de montagne fabuleux ; ces vieux bourgs de lauzes, coiffés de croix taillées à vif ; ces demeures épaisses, serties dans la vieille lave sentant la poudre ; ce réservoir de Vellaves purs, ce parc de peuplades rebelles invaincues, ce Saint-Julien-Chapteuil et son canton, quelle émouvante fresque, avec tant de cimes altières, le mont Bard, Queyrières, avec tant de parages promis à la célébrité, La Chapuze, Monedeyres, avec tant de légendes, celles de faiseurs d'or cachés dans les failles de la montagne, avec tant d'horizons au revers des sucs et des collines tondues par le vent. Oui, ici, on peut lever les yeux du sillon et se croire aimé du ciel à jouir d'un tel paysage. Mais plaçons-nous autour de ces blocs de rocher de Chapteuil, sans entrer dans l'histoire de la forteresse écroulée. Loin sont les explosions des barils de poudre qui firent sauter les remparts pendant les guerres de religion. La vieille baronnie, où s'acharne le gazon des ruines, n'a conservé, pour nos yeux ravis, que le grand portail ogival. Les substructures, couvrant le flanc de la butte, témoignent de l'importance de ce point stratégique aux marches du Vivarais. Le castel disparu, Saint-Julien lui succéda, d'autant plus facilement qu'un seigneur de Chapteuil avait élevé, sur une éminence voisine, le prieuré auquel succéda l'église du XIIe. Voilà où déjà se croisent le monde ancien et le monde contemporain. La butte de Chapteuil, découronnée, a repris un blason touristique et son cadre festival. A l'occasion du jour le plus long de l'année, le 22 juin, des jeunes organisent parfois la fête du solstice d'été ; un retour aux sources. A 820 mètres d'altitude, au Village – Vacances – Familles se rassemblent ceux de Bacelles, de Chamard, des Couderts, du Fraisse, de Chanalez, de l'Herm, du Betz, de la Mouleyre, d'Auteyrac et d'ailleurs. Ils sortiront de la montagne, comme autrefois, pour allumer, dans les ténèbres épaisses, ces torches flamboyantes et aussi ces fougas, ces fougirades brasillantes de bois mort. Le cirque des monts en est illuminé. La joie tourbillonne sous l'aire féodale. Un peuple de paysans fait parler le Meygal tout entier et les cimes alentour. Il fait parler sa terre dans le tourbillon des bourrées, dans la féerie des feux de Bengale. Embrasés, la colline et le coteau retrouvent le frémissement des grands soirs celtiques. Croyances, avec ou sans contours, elles sont en Arvernie-Vellavie un désir éternel, un besoin, une chaîne qui relie. Cette chaîne unit les esprits à travers une autre Auvergne, celle de la petite hantise.

L'Auvergne de la petite hantise
Lieux maudits et bénis

Entre les pins rabougris et les sapins décharnés, au-delà des marécages fangeux, sous la contorsion des monts, comme au sein des gorges profondes, l'Auvergne donne partout la résonance du mystère. Elle a ici ses lieux maudits et bénis. Aussi bien prend-on ses précautions. Les jeunes du pays d'Arzon, en Velay, refusaient de se marier sans avoir exorcisé l'endroit. Une bonne bourrée exécutée sur la « terrasse des fées » servait de viatique. Accroché au-dessus des précipices, sur une faille entrouverte, ce belvédère ressemble aux « thieules de las fadas » de Saint-Flour. Les pâtres venus de Margeride, pour se louer en Auvergne, parlent avec effroi des dames volantes qui « maudissent » à la « trioura de las fadas ». Plusieurs de ces mégères de la nuit ont cassé leur fourche, éparpillé leurs gerbes, jeté la « mouise » à leurs moutons. Ni vraies ni fausses, ces créatures des brouillards, tristes fileuses d'un instant, couraient sur les eaux glauques, tels des feux follets, en tapant dans leurs mains. Leurs pas et leurs doigts claquaient comme des os. Leur visage avait couleur de lune. Ces mauvaises fades empestaient les champs. Les champs, ainsi maudits, ont leur prise sur l'instinct populaire. Leurs herbes ne repoussent plus jamais, là où les demoiselles de mort ont souillé la verdure. Tel cet autre genre de « champ maudit » des environs de Billom. Une foire ayant eu lieu dans ce bourg, un homme de Saint-Jean-des-Ollières en revenait lorsqu'il chuta sur le chemin, au bord du champ, foudroyé soudain par un coup de sang. Pas loin, « branle » une pierre, tandis qu'une autre inquiète le passant, au sud de Léobard. A main d'homme quelque primitif y fit des creux. Comment et pourquoi infligeait-il ses tourments à ce bloc de dix mètres sur cinq ? Nul ne peut savoir. Sur les pâturages, terreurs nocturnes des grands et petits. Les marmots versent des larmes, côté Craponne, derrière les fenestrous du hameau d'Olias. Tel couratier de nuit les a entendus pleurer, en longeant la croix de Joffre, vers Soulages. Les prêtres du christianisme avaient tenté alors de sanctifier l'endroit par cette croix. En vain, d'arrache-pied, ils voudront extirper le phénomène, en bâtissant une chapelle. Nouvel échec contre les forces obscures. Une statue de la Vierge, sans provenance connue, errera, de grange en grange, pour finir dans un champ dans un périmètre de circonférence enneigée. C'était en mai par des jours sans neige. Et c'en était assez pour bâtir, sur place, la chapelle du miracle, vouée à Notre-Dame-des-Neiges qui hantait ces lieux. Ces herbes ont parfois des vertus, tel le matagot, privilège des talus. Il faut la couper sous les étoiles de minuit. Elle soulage les tendons. Un jeune d'Escurolles, dans l'Allier, s'en frottait les jambes, au seuil de la Première Guerre mondiale. On lui avait dit que ses jarrets gagneraient ainsi l'épreuve cycliste. Le pic-vert vient durcir le bec au matagot. Il percera mieux, ainsi, le tronc des arbres. Croyances irrépressibles. Au bout de cette Auvergne insolite, l'Allier offre d'autres tests pour le destin des filles, par exemple à Durdat-Larequeuille. Veulent-elles combler leur fringale d'époux ? Il leur faut grimper, la nuit du 19 mai, sur le rocher de la baleine ou le rocher du diable. C'est près de La Malentrée, là où les amoureuses se laissent déraper, en douceur, sur l'aspérité glissante des rocs. Arrive-t-on sain et sauf en bas des rochers ? C'est le signe d'un proche hyménée. Lieu béni à Vèze (Cantal), où les fées complaisantes transforment en fil le chanvre qu'on laisse devant leur résidence. Seule une cloche lancinante appelle au loin. C'est la cloche d'argent de Fortunier, aux accents lugubres, montant des ruines souterraines. Pour les cas précis de hantise caractérisée nous verrons plus loin le temps de la « hantise 1900 ». Car elle existe toujours, au seuil du XXe siècle, et sa permanence traverse nos temps.

Le sortilège des sites fantastiques

Nous venons de voir, dans quelques lieux maudits, les moyens de nuire. Ces moyens, avec prédictions de l'avenir, portent le nom de sortilèges, assortis de maléfices, de sorcellerie que nous verrons au chapitre des sorciers. La magie spontanée de la nature, dans ses effets, est elle-même sortilège. L'interprétation des sorts se nomme Sortilegi par opposition à Divini. Nous ne sommes pas encore au temps des saints qui jouaient la divination en ouvrant l'Écriture, pour y trouver indication sur l'avenir. Héritage inconscient des sorts virgiliens et homériques, à l'aide des passages d'Homère ou de Virgile, choisis au hasard ; héritage des sorts prénestins, sur les tablettes secrètes des temples de Preneste et d'Antium, avec le doigt des enfants désignant un texte des tablettes susceptible d'ouvrir l'avenir ; autant d'interprétations, jusqu'à l'ère chrétienne. On pressait un volume de poèmes, histoire de faire de la rhapsodomancie. Mais le grand livre de la Nature qui s'ouvre et se referme, et sur lequel il faut tenter de vivre, pour paraphraser Paul Valéry, ce grand livre-là est présent partout, sous nos yeux, avec ses sites fantastiques. Le pic de Chamaroux, au nord-ouest de Marcenat, ne manque pas d'étrangeté. Inexplicable phénomène, à son point culminant où la neige fond toujours. Pas une herbe n'y pousse, alors qu'au pied de la montagne s'étale une verdure luxuriante. Lieu terrible, disent les gens. Que la jeunesse s'abstienne d'y faire halte, dès le crépuscule ! Sinon les fées, toujours les fées, les crochèteraient, au passage, pour une danse interminable. Celui qui sera pris dans la farandole chutera, exténué dans l' « hort de las fadas », où la mort attend. Non moins fantastique est le « pays des buges » avec ses landes et ses étangs de Tyx, de Ramade, de Gasserot et du Sioulet, aux lisières du Bourbonnais. Le précipice de la Fade terrifie lorsque viennent les ténèbres denses, vers Lachaux et le moulin de Brousse. Dolmens du côté d'Herment. Trois d'entre eux furent pulvérisés, au siècle dernier. Un arbre, dit « du chabretais », en souvenir d'un joueur de cabrette, égare le passant qui s'en approche. Malgré ses progrès, malgré ses usines hydro-électriques, l'homme ne s'est pas libéré de l'envoûtement des sites. Telle rivière, comme la Sioule, a vu s'édifier des barrages, à quarante kilomètres au nord-ouest de Riom. Barrages de Garachon, de Queuille et des Fades. Cette dernière appellation mérite explication. Deux demoiselles d'un âge avancé, généreuses sur leur fin, avaient offert leurs biens pour bâtir un pont. Taxées de folle générosité, elles ont laissé leur sobriquet au pont et, dit-on, au viaduc voisin. Le panorama hallucinant excite au surnaturel, vers ce viaduc des Fades. La modernité n'a pu briser la féerie des gorges, sous cet ouvrage de cent trente mètres de haut et de cinq cents mètres de long. En aval, la Sioule convie à l'irréel, vers le site du paradis de Queuille et ses à-pics. Confrontant les entrailles de ses volcans et ses collines chenues, l'Auvergne des nudités et des forêts pousse aux rêveries. Stupéfiante est la croyance des bûcherons dans une maîtresse plus ou moins visible qui vient danser sa ronde autour d'une borne, « la peiro qué guse » (la pierre qui aiguise). Elle avait dressé cet aiguisoir pour eux. Ils ne viennent plus guère y aiguiser leur cognée. La tronçonneuse est oublieuse des fées. Mais dans les bois voisins de Saint-Sylvestre, elles reparaissent, tenaces, au « rond des fées », rendant les oracles nocturnes. Ainsi l'insolence des constructions modernes et des techniques ne rebute pas le rendez-vous du fantastique.

La vallée des Saints

Le temps lui-même est devenu sculpteur de l'imaginaire. A cinq kilomètres à l'ouest de Saint-Germain-Lembron, l'œil découvre un chef-d'œuvre de l'érosion : la vallée des Saints. L'oxyde de fer, au travers des argiles sableuses, a paré de sang et d'or cette fantaisie de la Limagne issoirienne. En cette Auvergne étalée comme une araignée, la griffe des siècles et du vent a jeté sa rosée, tout en déchirant les pâtures, pour y sculpter des formes bizarres, sous un ciel pur d'un bleu indigo. Vallée rouge, crevassée d'une rivière sanguinolente. Torrents fous, dont la voix s'enfle comme pour chanter son travail séculaire. Des colonnes torsadées, des tourelles étranglées. Des promontoires comme ceux du facteur Cheval. Mais l'artiste est la nature. Elle aime exposer sa fresque sous un quartier de lune rousse. Saints de terre en extase, personnages cuivrés, fées de pourpre, vieillards violacés, voilà ce qu'on peut trouver dans ce moulage fou. Le défilé capte le soleil matinal pour roser ses rebords. Le soir, la vallée des Saints s'endort dans ses ciselures bleutées, où quelque dieu vient convier le ruisseau pour de nouvelles moulures. Les fées d'Auvergne y ont leurs cheminées et leurs canons que décrivent cent fois les minéralogistes ! Dans cet amphithéâtre de Boudes, familier des pâtres, ni bauxite ni mine d'or, mais simplement la peau ridée d'une Auvergne celtique. Drapée de ses capes multiples, la montagne est ici pastorale.

Inquiétante aussi, avec ses capuchons rouges, sous lesquels des visages semblent détourner le regard. Pourquoi « vallée des Saints », sinon parce que le christianisme y a vu quelque « abbaye escarpée » pour ravir à Maupassant une expression de son « clair de lune ». Palais de la nature, le site raviné de Boudes offre ses clartés étonnantes, ses cannelures, ses stries, ses fissures et ses crevasses, comme une image côtelée de la beauté de l'Auvergne. Peu connue du tourisme, la vallée des Saints fait partie de l'Auvergne rouge et secrète, prête à se réveiller avec ses volcans noirs. Pour y parvenir, emprunter le chemin du cimetière, puis le sentier conduisant au ruisseau. Les statues surgissent alors des parois d'argile. Silhouettes plantées dans un cadre lunaire, elles sont les « saints » de la vallée. On trouve, par un autre sentier, une eau minérale gazeuse et consommable. Au-delà se trouve Saint-Hérent, village suspendu sur les éperons du ravin de Courbières. Saint-Hérent où Hérem, ermite, habitait une grotte sous l'esplanade du rocher. Pas loin de la vallée des Saints cet endroit reste la vallée du saint. Anachorètes et dames des bois composent ainsi le répertoire des sites extraordinaires, nourrissant le mémorial des contes locaux. Un peu partout, en Auvergne, on pénètre aux croisées de tels sentiers, parmi les roches, chez les « grandes fadasses ».

Les pierres de justice

En certains cas la « grande fade » trône sur un siège. Autour d'elle les fées justicières. A trente-cinq kilomètres de Vichy, vers La Chabanne, une pierre des fées porte trace de leurs pieds, sur le siège présidial. Une manière de chambre assise. A La Côte-de-Chaumeil, près de Menat, le menhir, la pierre à cupule, les pyramides gravées composent une sorte de sanctuaire triangulaire. Il est vrai que nous baignons dans le val de la Sioule, où s'honoraient les déesses de la fécondité. D'autres pierres à cupule, monolithes fonctionnels, servaient à rendre la justice. Telle cette pierre Mahuret, commune de Neuf-Églises, au lieu-dit Le Bandit. Le chiffre trois semble présider à l'érection de ces temples judiciaires installés à ciel ouvert. Exception pour le palais des trois pierres de Jabrun, dans le Cantal. Ici est la caverne de Saint-Pierre. Mais en réalité les prud'hommes arbitraient et vidaient les différends sous le grand ormeau, près des trois pierres, à la manière de Saint Louis. Plus tard, cela contrariera le hobereau de l'endroit. Il fera couper l'arbre et le débitera. Avec les planches il refera la boiserie de son castel. Depuis lors, en ce manoir, fut la chambre de justice seigneuriale. Certaines « roches à fauteuil » n'étaient peut-être que des estrades pour juges. Le bloc de basalte, taillé en forme de siège, au sommet du mont Journal, près de Massiac, a ses accoudoirs. Sur ces accoudoirs l'empreinte des cinq doigts. Ici s'est posée la main de Jupiter, de part et d'autre de la chaire. Non, répliquent les chrétiens, c'est la chaire de saint Mary venu consacrer cet endroit païen. De fait la croix surmonte cette « chadeïre », où viennent s'asseoir les fatigués du rein. Tout à côté, le sanctuaire de saint Mary domine les précipices grandioses, sous un ciel cantalien, ouvert sur des légendes innombrables. Nous aurions bien des révélations sur les pierres de justice, si nous abordions méthodiquement chaque monument druidique. A Medeyrolles, l'abbé Griver fut toujours intrigué par la « triaille », cette « énorme pierre triangulaire, posée sur trois autres », à même la place de l'Église. La pierre-à-bœufs de Saint-Paulien, également devant l'église, était composée de trois pierres superposées, dont l'une a rejoint le sanctuaire, comme table d'autel. Monuments druidiques, pierres de justice ou de sacrifices ? Le mystère est entier. Un collège de druides, d'Église neuve à Mauzun, avait sa grande table près de Billom. Nous sommes au cœur des peuplades arvernes.

L'Auvergne fabuleuse et le pactole aurifère

Ces peuplades celtiques des Arvernes-Vellaves étaient enserrées par les Rutènes de Rhodez, les Cadurques de Cahors, les Lémovices de Limoges, les Ségusiaves du Forez, les Éduens de la région d'Autun et les Helviens de l'Ardèche. Dans cet immense caravansérail se forgent les fables où s'est enclose la vérité historique. Les druides n'ont pas laissé d'écrits. Seules la roche et la montagne parlent, en accord avec les horizons bosselés, parsemés de bruyère. Mais il y a un langage dans cette nature vouée aux grandes méditations. Strabon a donné le ton de l'Auvergne fabuleuse, quand il décrit les rois Bituit et Luern jetant l'or à pleines mains, aux foules massées sur leur passage. C'est là un aspect de cette seconde Irlande qu'est l'Auvergne. Son réduit, profond comme l'Écosse, regorge de contes fabuleux. L'or est au fond des gouffres bleutés. Il est présent, avec sa chèvre d'or, près d'Ambert, à Grandrif. Les vieux Auvergnats enterraient cérémonieusement leurs chèvres. Ont-ils gardé, ici, le souvenir de la chèvre Amalthée, nourrice de Jupiter, dont le culte ne serait pas éteint ? La chèvre est honorée au Bouchet-Saint-Nicolas, en Haute-Loire, là où nous avons parlé de la « marmite de sang ». Dans la contrée de Massiac, c'est le veau d'or qu'on enterra, près de La Chapelle-Laurent. En vain les chercheurs d'antimoine (prospecté dans la région) ont-ils fouillé. Plus désolant encore est le rocher de Saint-Roman. Il s'entrouvrait au dimanche des Rameaux, quand le curé bénissait les vents. Une mère et sa fille aperçurent, dans le gouffre du rocher béant, des pièces d'or entassées. La petite fille voulut pénétrer vers ce pactole, mais déjà les parois se refermaient. « Poil sec », un géant de la région, tenta d'ouvrir le piège. Il fallut une invocation à la Vierge noire, héritière de la déesse Isis, pour délivrer l'enfant. En Velay l'or est vénéré. Son auréole semble nimber les pyramides noires basaltiques. Depuis l'antiquité cette puissance du métal a fasciné le Vellave. Il y a chez lui les faiseurs d'or de Monedeyres. Faux-monnayeurs et faiseurs d'or, souffleurs et charlatans ! Or vrai ou faux, or alchimique, or vulgaire, or étincelant... De tout cela nous avons entendu parler, dès notre plus tendre enfance, à Cromedeyre-le-Vieil. Le métal précieux tintait à nos oreilles. Son ardeur brûlait nos yeux, ses dards ensoleillaient nos rêves. Mais aujourd'hui que le rationalisme brise le merveilleux, faut-il croire aux faiseurs d'or ? Suivons du moins les sentiers, tracés par l'histoire et la légende, quelques sentiers perdus dans la montagne, sentiers de l'alchimie, où s'engagèrent les émules de Nicolas Flamel. Ils nous mènent aux recoins de la province, chez les faux-monnayeurs, derniers héritiers des faiseurs d'or proches de Queyrières. Ils nous conduisent entre les collines solaires, à l'ombre des pitons noirs, au pays de Jules Romains. Car à l'âge atomique, en notre époque de transmutation, il est bon de revenir aux sources. Ces sources ont fait couler jadis la *materia confusa,* le ruisseau d'or, le pactole éblouissant. Il a fallu bien des essais, bien des fluides et combien d'alliages pour saisir, après cuisson dans le creuset, cette composante, ce bain, cet éclat final. Ici et là, en France et dans nos terroirs, a travaillé le vieillard bizarre, le savant toqué, entre ses fioles et ses fourneaux. Et puis, un jour, payé par les gros bonnets du fief, il a réussi : l'or a jailli. On a frappé monnaie avec l'effigie du Seigneur. Il a trouvé le secret, le petit toqué... avec ses planètes et ses instruments à la Satan ! Dès lors ce n'était plus un sorcier, mais un quidam mystérieux... Ainsi se circonscrit, chez les célèbres seigneurs de Chapteuil, le long cheminement des faiseurs d'or vellaves. On trouvera les références sur les Chapteuil et l'atelier monétaire de Monedeyres, dans *Les Vigueries carolingiennes du diocèse du Puy,* par Boudon-Lashermes. On y apprendra notamment que « le capitole de Vellavum (Chapteuil) est resté jusque dans le haut Moyen Age la capitale des comptours du Velay, avant Revessio et Anis. Longtemps confondu avec Saint-Paulien, Vellavum a été distingué par le savant travail du Dr Olivier sur les monnaies mérovingiennes du Velay. L'existence des ateliers monétaires, autour du capitole, dut son origine aux grandes foires qui se tenaient près du temple, le jour de la fête du dieu ». En Velay les premiers ateliers monétaires furent créés à Monedeyres, dans le mandement de Chapteuil, en ce carrefour de Raffy, où venaient se croiser, devant La Bourboule, les caravanes antiques des quatre routes. De Chapteuil même une route se dirigeait droit sur Monedeyres et Raffy. Monedeyres fut l'atelier monétaire... Monedeyres, en langue d'oc, signifie : hôtel des monnaies... Les Spert ou Espert, seigneurs de Volhac, au XVIIe siècle, descendent en ligne directe des Esper de Chapteuil (dont une branche cadette habitait encore Noustoulet, sous Louis XIV). Ils semblent venir de ces Esperius qui battirent monnaie à Chapteuil, sous les Mérovingiens. Quant à l'atelier monétaire de Monedeyres, il existe encore, sous les amoncellements basaltiques. « A l'époque des invasions (fin du Ve) les familles gallo-romaines qui avaient réussi à sauver un patrimoine intellectuel, devenu très rare, se groupèrent autour du capitole. Les comptours du Velay surent s'entourer de toute une élite brillante. Lorsqu'ils voulurent battre monnaie il n'y avait plus un ouvrier capable ; toute la noblesse mit la main à la pâte. Pendant la fin du Ve, aux VIe et VIIe siècles, les familles rescapées de la barbarie furent toutes des dynasties de monétaires. En Velay, ce fut chez les comptours de Chapteuil, à Monedeyres, au pied du Meygal, que naquit l'atelier primitif, devenu plus tard le centre artistique et manufacturier de l'industrie vellave. » Cette assertion de Boudon se vérifie. Des quatre coins de la province on alla s'instruire à Monedeyres, à Chapteuil, centre culturel des Arverno-Vellaves. « Ce coin de terre ne fut pas seulement le centre intellectuel, au temps du troubadour Pons de Chapteuil. Il l'était, dès le temps de Clovis. Venus s'instuire à Chapteuil, tous les fils de famille de la terre vellave emportaient chez eux le secret du monnayage d'or. Ainsi naquirent d'autres ateliers qui conservèrent les méthodes, les dessins et la frappe de Monedeyres. Seuls les noms de monétaires et de cités changeaient. » Les monnaies mérovingiennes furent de trois catégories :

Les plus anciennes portent encore le nom et le buste des empereurs romains.

Les suivantes sont au nom des rois barbares.

Les dernières sont au nom des monétaires.

Les monétaires apparaissent sur les pièces à la fin du VIe siècle.

Ce sont d'éminents dignitaires. Sur les monnaies vellaves on retrouve le nom des anciens comptours. Les Chapteuil se nommèrent : Ursus, Ursio, Ursinus, Ursolenus, Illudius, Sylvius, Sylvio, Aspasius, Redemptus...

Le premier, Ursus, vivait vers 570.

L'inscription en exergue indique la cité ou le bourg pour qui la frappe est faite, les lettres gravées horizontalement, l'atelier qui frappe. L'atelier de Chapteuil marquait ses pièces B. A. Les forges où se frappèrent les monnaies de Monedeyres sont secrètes. Les gens du pays les montraient récemment, telles des reliques, en disant : « C'est ici qu'on faisait la monnaie. » On désigne encore l'emplacement au Platou de Las Farjos. La première constatation de l'atelier capitolin de Monedeyres remonte entre 565 et 578 (empereur Justin). Au début l'atelier de Chapteuil frappe seul pour Vellavum (Chapteuil), pour Revessio et Anis. Les monnaies mérovingiennes vellaves étaient également frappées à Monedeyres, poursuit Boudon-Lashermes. Quatre des familles de monétaires mérovingiens ont survécu jusqu'aux XVe et XVIe siècles. Toutes quatre sortent de Monedeyres, de Chapteuil ou Bonnas (domaine de Chapteuil), savoir : les Baudoin, les Joumard, les Sper, les Monédier.

Les Baudoin furent seigneurs du château des Hermens, encore existant. Ils ont trois types de monnaie à leur nom, sous sa forme primitive de Bodolenus, diminutif de Bodo. Les Joumard ont à leur nom sept types de monnaie différents, portant Dagomares qui a donné Djoumar puis Joumar. Cette famille a subsisté à Araules jusqu'à nos jours. Les Sper ont donné onze types de monnaie au nom d'Esperius. Espert devint Spert lorsqu'ils furent fixés au Puy et seigneurs de Volhac. Étienne Espert, vers 1225, était possessionné à Chapteuil et Solignac. Michel Sper était capitaine de la ville du Puy au XVIe siècle. Nos chartes du XIIIe les appellent encore Monétaril : ceux qui frappent la monnaie. Précisons que des monnaies frappées à Monedeyres se trouvent dans un musée des pays scandinaves. Telles sont, confrontées au pays de Jules Romains, la fable et l'histoire du pactole aurifère. Entre le mont Bard et le pic de Monchany, un chemin conduit toujours vers une faille énorme. On y ferait entrer sans peine une âme en détresse. Les ténèbres semblent y retenir les marteaux des faiseurs d'or. Il est aisé de franchir ces collines où je suis né. Même si la pesanteur et le secret me l'interdisent. Une pesanteur étrange qui s'accentue au fur et à mesure que se gravit la montagne. Un secret chicaneur, dont semblent être jaloux les Celtes et leurs successeurs, les seigneurs justiciers. Leurs ombres timorées paraissent vouloir faire ascension du mont Rouge et du mont Bard, comme si, là-bas, devait capituler leur conscience. Ou comme si trop d'or se cachait au sommet. Ils ont bien tort, ces monstres étonnants. Nous ne cherchons plus l'or, mais seulement la route du soleil, à travers les pages de ce livre, là où convergent histoire et légende, par deux sentiers différents.

L'Auvergne souterraine

Des sentiers qui vont nous faire séjourner un instant dans les dessous de l'Auvergne volcanique. A Royat, longtemps fut célèbre la grotte du Chien. Comme celle de Naples, elle avait sa nappe d'acide carbonique. Pression des volcans, dont les mâchoires tordent, ici et là, le paysage, dans une contraction permanente. Et puis, un chien, égaré dans cette galerie, se trouvait asphyxié. Aujourd'hui on ne lance plus ces pauvres bêtes vers la nappe délétère. Il fut un temps où se pratiquait cette abomination afin d'égayer le touriste. L'âme des boutiquiers s'est humanisée...

La non moins célèbre grotte des Lavandières offrait l'eau chaude aux voyageurs de l'époque romantique. Les batteuses de linge se voient encore sur les vieilles lithographies, nouvelles fées laveuses, au bord de la margelle d'une source thermale. De véritables fées avaient leur grotte, portant nom « grotte des Fées ». Enleveuses d'enfants, elles subirent les représailles des hommes de Royat. A leur tour ils vinrent ravir aux fades leurs petits « féetaux ». Les mères-fées s'en allèrent sous les fenêtres de Royat, dans un clair de lune cuivré, criant cette lamentation : « Randi noutri fadou quies fadou, vou rendri tous saladous » (Rendez-nous notre féetau qui est fadé. Nous vous rendrons vos salés). Les « salés » étaient les chrétiens baptisés avec le sel. Cette grotte des Laveuses inspira, dit-on, Fénelon, pour sa grotte de Calypso. Sur trente mètres de long et dix de profondeur, avec trois mètres de haut, elle se trouve au bord du torrent. A sa voisine, vers La Tiretaine, se rattache le souvenir de Gabriel Simeoni. Cet ingénieur florentin, sur instruction de Jacques d'Amboise, voulut alimenter Clermont-Haut, avec la source de la Petite Grotte. Une inscription, sur le roc, nous apprend qu'il dédia ce « monument aux muses et au génie des eaux, aux nymphes de Royat, qui, doucement, s'épandent sans tarir ». Les grottes des environs, paradis de l'onde et des vagues mortes ou dormantes, sont aussi qualifiées de « soupiraux de l'Enfer ». D'autres grottes rouges et bouillantes sont évidées sous la « Montagne rouge » de l'ancien Rubiacum (le Royat romain). Elles bâillent sous la coulée de lave du « petit puy de Dôme », boursouflures crevées de quelque dieu des volcans. N'a-t-on pas mis en évidence, sur une paroi de la grotte du Chien, une petite statue de lave, issue du puy Pariou et nommée « dieu du volcan ». La célèbre Montagne percée, dominant Clermont, sur la route du puy de Dôme, est une galerie traversant le rocher, de part en part. Mais la véritable Auvergne souterraine ne réside pas uniquement dans ses souterrains, tels ceux de Condat-en-Combrailles ou ceux de Giat, avec des fossés de trois cents mètres d'étendue, avec des tumuli perforés, des tranchées renflées, bourrées de poteries et de couteaux tranchants. L'Auvergne souterraine est dans cette autre Dame-sous-Terre de Clermont-Ferrand, avec Notre-Dame-du-Port, dont nous parlerons dans « le nombre d'or ». Quelque « materna » de la vieille Arvernie avait ici ses fidèles. Déesse païenne, précédant la Sainte-Marie-Principe-de-Clermont. La crypte, sous le maître-autel, évoquait les forces matricielles. Elle ne s'appelle plus que « la Souterraine ». Rites gallo-romains succédant aux vénérations plus antiques de la terre nourricière. Un puits est là, creusé dans la caverne. Une eau transparente y susurre doucement les cultes oubliés. Au-dessus, rutile la mitre en couleurs de Notre-Dame-du-Port, appelée « Notre-Dame-Souterraine ». Est-elle vectrice d'un pouvoir occulte ? Assurément. Pouvoirs miraculeux d'un endroit où vinrent piétiner les pèlerins celtiques. Bien des ecclésiastiques, tel l'abbé Randane, en conviennent eux-mêmes : « Cette source pourrait avoir été, jadis, l'objet d'une vénération de nos ancêtres, dans le " Nemetum ", ou " bois sacré ". Plus tard, à l'avènement de la religion chrétienne, le culte local de cette source a pu faire place, là comme ailleurs, au culte de la Vierge immaculée, dont la pureté sans tache se trouvait, du reste, admirablement figurée par le cristal de l'onde. » Très souvent, dans l'histoire, les Auvergnats invoqueront leur vieille Dame souterraine. En 1614, ils sortirent en procession pour qu'elle arrête les pluies diluviennes. Elles cessèrent et l'on engrangea les récoltes. L'évêque Joachim d'Estaing fut prié de solenniser ce 15 mai 1614. Ce d'Estaing hésita devant le rejaillissement bimillénaire d'une vénération ambiguë. Triomphante fut la résurgence des forces souterraines.

Hermétisme lointain de l'Auvergne sauvage

Puisque nous sommes à Clermont, au cœur d'une certaine Auvergne hermétique, arrêtons-nous devant le numéro 19 de la rue du Languedoc. Une entrée, un linteau, deux consoles. Que signifient les têtes simiesques grimaçant au-dessus du passant ? Pourquoi cette vêture de pagnes égyptiens ? Est-ce l'emblème oriental de quelque magie exportée ici ? Est-ce Hanuman, le « général des singes », héros de l'épopée hindoue, ou bien quelques-uns de ses sujets figurés ? Aucun expert de la symbolique auvergnate n'a pu répondre. Tout près, à Montferrand, rue Kléber, une autre maison fait rêver : la maison d'Adam et Ève. Certes elle ne date que du XVe, mais cette représentation adamique et sculptée de nos premiers parents les montre isolés l'un de l'autre par l'arbre de la science. Un serpent en vrille se tortille sur la tige. Le reptile finit d'épanouir son enlaçante course dans un brusque mouvement de tête, dardant un regard maléfique. Mais cette tête est humaine. Symbole ophidien du serpent de feu de l'Auvergne ? Simple représentation des caractères traditionnels de la finesse, de la ruse ou de la prudence arvernes ? Sous le ciel auvergnat, ensemencé d'étoiles, le soir, par une lune rousse, le rampant à visage humain de la rue Kléber semble projeter dans la nuit les furies de quelque Méduse du feu central. Pourtant, en le regardant, je me rappelais ces mots d'Anatole France, dans *Thaïs :* « Le serpent aux ailes d'or qui déroulait, autour de l'arbre de la science, sa spirale d'azur, était pétri de lumière et d'amour. » Le rocher sur lequel s'est enraciné cet arbre de séparation retracerait, pour certains, le chaos alchimique, générateur des êtres et des choses. Emblème de la *materia confusa* universelle, à l'origine de tous les métaux ? On peut en effet trouver ici la symbolisation des forces de la terre, la force originelle qui engendra le Grand Œuvre, dans ce pays premier. Pays de la grande aire sauvage, où les prieurés sont parfois le miroir déformé du vieil Hermès Trismégiste, le dieu trois fois très grand, identifié à Thot, le roi de la magie égyptienne. Prenons l'exemple du prieuré de Thuret, près de Randan, où le « Singe cordé » avoisine Adam et Ève. Enseigne du démon et du Bon Pasteur, interprètent les chrétiens. Mais ne faut-il pas aller au-delà ? Que signifie, par ailleurs, cette scène où un être fait le geste de dégager le visage masqué de sa compagne, lui enlevant, à la fourche, les vipères dont elle est couverte ? Hérésie de la doctrine de la Mani, condamnée par l'Église, répond le christianisme. Quant à la femme soi-disant sans âme, la voilà réintégrée dans sa véritable identité. Cependant l'énigme tient sur les vieux frontons, obscure et vague, prolongeant ses abîmes dans la montagne, bien au-delà de la gargouille de Thuret. En s'éloignant du portail de cette vieille église du XIIe, le passant fixe un instant le jongleur perché là-haut, son miroir concave dans les mains. Il se dit : pourquoi ce personnage en déséquilibre joue-t-il à la renverse ? Veut-il interdire l'entrée sud du sanctuaire, pour qu'on entre seulement par le nord ? Oui, c'est un langage d'initié, affirment les fidèles de la pensée première du maître d'œuvre. Tout cela intrigue les archéologues. Le singe enchaîné au pilier sud de Thuret, le chapiteau d'Adam et Ève, ses griffons buvant dans un calice, l'échassier de la pile sud-ouest mangeant son reptile, la tête luciférienne crachant d'autres serpents, derrière une Vénus aux manches pendantes, tout cela reste subtil et plein d'obscurité. Vers les grottes de Saint-Pierre-Colamine, près du cimetière de Lompras, un pseudo-calvaire, dans un cadre sauvage, semble porter le sceau hermétique. Longtemps l'Église y fit pèlerinage. Lorsqu'elle s'aperçut de l'origine ésotérique de ces pierres, elle fit annuler ce pèlerinage. A même un tas de pierres une sphère, grossièrement taillée, supporte une colonne de basalte. Au bout, une tortue. Deux pierres sculptées en partent, intriguant le chercheur par leur symbole occulte. La première représenterait le dieu celte Cernunnos, drapé à mi-corps, avec ramures sur les membres. La seconde imagerait une fille aux bras en croix, soutenant le soleil d'or, un soleil galbé en forme de cœur. Colonne hermétique, surmontée de son Hermès ? Sans doute. Peut-être l'emblème de la terre volcanique, d'où part le jet de l'esprit, dans une confluence vers la vie éternelle. La tortue n'est-elle pas le symbole de cette convergence, bien que son nom procède étymologiquement de Tartareus (appartenant à l'enfer, au Tartare) ? L'Auvergne est remplie, dans les endroits incultes ou effrayants, de ces pierres dispersées, où parle un vieux langage hermétique, plus ou moins mythologique. Un langage imperméable aux rationalistes. Le tourisme intégral dévore peu à peu ces sites abandonnés, ces contrées farouches de l'Auvergne lointaine. Pourtant demeure encore, au revers des volcans noirs, tout le secret du monde. Derrière les pans de brume, aux confins des landes cantaliennes, sur les confins de la Margeride, voici, par exemple, les Poulacres, cyclopes de légende, avec leur œil alchimique perforant les brouillards. Le bois des Poulacres existe, près de Ruynes-en-Margueride, dans le Cantal. Bien que certains attribuent ce nom de « Poulacres » à une génération de pillards espagnols, la haute tradition les donne pour Cyclopes. Antique cité ruinée, Ruynes a ses substructures et ses vestiges. Des fouilles ont mis au jour poteries, tuiles, meules et monnaies. La vieille estrade qui menait ici du Cantal au Gévaudan conduit le chercheur moderne à l'hypothèse de Gabalum, métropole des Gabales. En tout cas cette ville légendaire aurait été ruinée par les Poulacres dits

Cyclopes. Ce dernier mot, du grec *kuclos* (cercle) et *ops* (œil) désigne, dans Homère, un peuple de pasteurs anthropophages, fils de Neptune et d'Amphitrite. Leur œil unique, au milieu du front, leur taille gigantesque, l'existence de ces géants, dans les cavernes de la Sicile, avec Polyphème pour héros, tiennent de la grande mythologie. Mais dans Hésiode les Cyclopes sont les trois fils d'Uranus et de la Terre. Précipités dans le Tartare par Uranus et délivrés par les Titans, leurs frères, à nouveau enchaînés par Saturne, délivrés de nouveau par Jupiter, ils offrent à ce dernier la foudre comme récompense. Ils donnent le trident à Neptune. A Pluton ils font présent du fameux casque qui le rend invisible. Nous avons fait allusion aux Arvernes, enfants de Pluton. Ainsi la légende de l'Auvergne rejoint quelque peu la mythologie grecque par une sorte de parenté de race. Notons au moins que la confusion des Cyclopes homériques et des Cyclopes Titans, forgeant la foudre, a donné lieu à une autre race de Cyclopes ayant des similitudes avec les Cyclopes de Ruynes. Je veux parler des ouvriers de Vulcain, sous les volcans de l'Etna, aux îles de Lemnos et de Lipara. Les Poulacres, êtres fantastiques du Cantal, habitaient les souterrains du ruisseau de La Roche. La tradition veut que, dans leur antre, ils forgeaient les foudres qui produisaient les volcans cantaliens. Un jour, fatigués du tourbillon des flammes, ils laissèrent leurs marteaux, sortirent des entrailles de l'Auvergne et s'en allèrent se distraire au-dessus du moulin de Guerly, pour marcher sur une corde tendue sur les deux rives. Un nouvel Apollon, irrité des jeux de ces nouveaux Cyclopes, coupera la corde et les monstres à l'œil unique s'abîmeront dans les précipices. Il convient de trier ici légende, mythologie et affabulation de la tradition. Une part d'occultisme règne aussi sur ces récits de l'Auvergne sauvage, où l'on voit Uranus et la Terre, signes astrologiques, définir à la fois des appellations mythologiques et des processus analogiques. Le processus uranien, caractéristique d'Uranus, traduit le changement graduel qui se manifeste soudain par l'originalité, le mouvement rapide. L'œil unique des Cyclopes, symbole d'intelligence et de puissance, pourrait avoir sa place dans l'Auvergne hermétique du feu central.

La future France ou l'Arvernie, avec quelque chose autour

Ruynes, hypothétique cité des Gabales, évoque les incessantes migrations. C'est l'heure des grands brassages de Ligures et de Celtes ; c'est l'heure de la poussée de cinquante nations, tournoyant dans un cercle de quatre cents kilomètres, avec la résistance, sur la ligne des dolmens, depuis la Bretagne jusqu'à nos planèzes. Voilà une première France. Sur les abords de ce plateau central nettement celto-ligure, l'Arvernie est le cœur de la Gaule naissante. Strabon avait écrit que l'Auvergne possédait la suzeraineté dans les Gaules, depuis « le mont Pyrénée jusqu'à l'Océan et au Rhin ». Mais peu à peu une compression s'est exercée. Nous avons évoqué plus haut ces rois pécunieux ayant nom Luern et Bituit, jetant l'or du haut de leurs chariots d'argent. De rares documents gréco-latins épandent un clair-obscur palpitant sur ces premiers battements du cœur de l'Arvernie. Cependant, derrière les forêts de chênes, voici les premiers chefs aux noms évocateurs : Vercingétorix (le roi des cent tribus), Ambiorix (le roi des montagnards), Orgétorix (le roi des buveurs de cervoise). En choisissant Vercingétorix, chef de tribu des Arvernes, la nation consacre « celui qui commande aux cent chefs ». Il est fils de Celtill, brûlé devant Gergovie, pour avoir voulu s'emparer du pouvoir à main armée. L'Arvernie, sous sa férule, c'est bien, dès lors, le cœur de la future France, et la France, ce sera cette Arvernie militaire, avec quelque chose autour : les Parisii, les Cadurques, les Senons, les Pictons, les Lemovices, les Aulerques, les Turons, les Andes jusqu'au bord de l'Océan. Dans un fracas de boucliers et d'épées, au milieu des chevaux hennissants, l'Arvernie se meut vers son destin. Son vieux sol volcanique résonne sous les sabots cognants. Sur leurs montures aux poils effarés, les lieutenants chevelus de Vercingétorix s'apprêtent à commander la charge des cavaliers arvernes. L'Auvergne celtique finissante connaîtra la stratégie de la terre brûlée. Devant l'envahisseur, elle connaît ainsi ses dernières splendeurs.

7.

Vercingétorix face aux Romains de la Province Le rix national

Le sang de la montagne et le rite des cendres

Le sang a teinté ses collines vertes. D'abord avec le sacrifice de Celtil ou Celtillus, dont le commandement s'était exercé sur toute la Gaule. Ce chef, de nom celtique, avait résisté aux Teutons, vers l'an 105. Il avait contenu le flot des Combres. Le grand public sait peu ou mal que les Barbares assiégèrent un oppidum inconnu, celui des Côtes de Clermont. On le situe vaguement entre Durtol, Nohanent, Blanzat et le puy de Chanturgue. Enceinte préromaine, soutenue par les contreforts de la montagne. Une rangée de chibottes abritait les guetteurs arvernes. Le rouleau compresseur des 300 000 envahisseurs, traînant avec eux leurs femmes et enfants, ne put briser l'oppidum des Côtes de Clermont. Seulement, dame Famine veillait. Les Arvernes de Celtil résolurent de saigner leurs vieillards et leurs malades. Ils sacrifièrent tous ceux dont l'âge ne pouvait lutter. Cet héroïsme, qui se nourrissait de chair humaine, n'était pas nouveau. Il était de tradition celtique. César [1] rapportera en effet que, dans Alésia assiégée, l'un des chefs arvernes, Critognatus (le fils du juge), fera cette inhumaine proposition. Vercingétorix, se rappelant qu'un tel comportement, cinquante ans auparavant, avait coûté la vie à son père, Celtillus, ne voudra pas déployer aussi farouche énergie. Il ne voudra pas subir les représailles des familles des sacrifiés. Car, contrairement à l'histoire officielle, Celtillus démis de son commandement avait été brûlé, non pas comme candidat malheureux à la royauté, mais bien pour répondre à la vengeance des siens, celle du sang. Le sang de la montagne qui ven-

1. *Commentarii de bello gallico* ou *Commentaires de la guerre des Gaules.*

geait les pères et les frères. Et tout cela, selon le rite des cendres. On jeta les siennes dans l'Allier. Chez les Celtes, ne brûlait-on pas la dépouille des trépassés ? N'incinérait-on pas leurs boucliers, pour que l'âme vogue plus facilement et sans encombre ? Désormais le sang inscrivait une autre ère dans la poussière des camps.

De volcan en volcan, le téléphone d'alerte

L'un de ces camps mais, cette fois, celui de l'adversaire Jules César, est installé dans la cité de l'antique Ardèche, à Aps, au pays de l'Helvie. Ici le proconsul a massé un corps de bataille, l'an 52 avant Jésus-Christ. Il veut foncer vers l'Auvergne. Déjà, de piton en piton, l'alerte est donnée. Là-haut, sur le Tanargue, gigantesque « montagne du tonnerre », au-dessus des cols de Mayres et de la Chavade, un peu partout, jusqu'en Velay, des feux s'allument, au crépuscule. Les Helviens, vaincus par Domitius, le consul « à barbe d'airain », étaient clients des Arvernes. Ils avaient guerroyé à leurs côtés, sous le commandement de Bituit, mais depuis leur défaite, sur l'embouchure de l'Isère, ces Helviens résignés, installés sur la ramification des Cévennes, se contentent du rôle d'avertisseurs. Le feu sert de message téléphonique. Une certaine forme de cri strident, corné d'oreille en oreille, prévient également à la manière du dieu Cernunnos bramant dans les ouragans. Trois jours plus tard, les Arvernes sont sur pied. Vercingétorix siège à Nemetum, au cœur du « bois sacré ». Dans cet oppidum des Côtes de Clermont, en plus de l'élite combattante, il a réuni une cohue de minables et de besogneux *(delectum egentium ac perditorum)*. Ce n'est pas avec eux seuls qu'il pourrait triompher. Aussi bien envoie-t-il des émissaires aux tribus bordant l'Océan, aux Parisii, aux cinquante nations de la future Gaule. Mission : leur rappeler la loi jurée aux pays d'Arvernie. On le rejoint ou on ne le rejoint pas. Vercingétorix fait alors couper des oreilles et crever des yeux. Bref, il se fait obéir. A sa droite, Lukhtair, chef cadurque, son lieutenant prestigieux qui va tenter d'infléchir ce caractère du chef suprême aux décisions intransigeantes.

Le plan secret de Lukhtair

Lukhtair commence par proposer au jeune Vercingétorix de ruser avec l'ennemi. Ne pas agir de front contre le Romain. Ne pas l'attaquer en rase campagne. Le déborder, le saisir à l'improviste dans une multitude d'endroits. Lukhtair propose également une diversion en Narbonnaise et dans le Toulousain, chez les Volques et les Rutènes, sous la coupe de Rome. Il faut tenter de les soulever. Cette tactique permettait à Vercingétorix de se porter lui-même chez les Bituriges, vieux maîtres de la Gaule, tout en rameutant le Centre, l'Ouest et le Nord qui, à leur tour, défieraient César. Hélas, Vercingétorix n'ira pas jusqu'au bout de ce plan qu'il adopte pourtant, mais en le tenant trop secret. Pour l'instant voici le chef auvergnat gardant sous son commandement le corps de bataille arverne. Nous le voyons confier à Lukhtair tous les excédents de l'armée : Cadurques, Éleutères, Corréziens, Vellaves du Velay et Gabales du Gévaudan. Nous voyons Lukhtair ramasser au passage les Rutènes de l'Aveyron, les Nitiobriges du Lot-et-Garonne, voisins de la Province. La *Provincia Romana* allait alors jusqu'au pays des Tolosates, Volques de souche, parents des Lemovices. Ici se placent les fameuses légendes des *Annales manuscrites de Limoges,* d'où émerge la parenté Tholosis-Lemocin et Narbon avec Lemovices et Arvernes. Une parenté étrangement corroborée par la coutume commune des peuples volques. Celle de la déformation du crâne des enfants nouveau-nés. On veut ainsi leur pressurer la tête afin d'allonger le faciès. Un faciès rappelant la forme totémique du crâne chevalin. Coutume de la « déformation toulousaine » pratiquée jadis encore dans le haut Limousin.

César sur la route du Pal

Au galop du cheval, Lukhtair emporte la décision. Les lieutenants de César, matraqués, prennent peur. Le proconsul, de voyage en Italie, fait demi-tour vers son armée. Ramassant les contingents de la Province, le général romain fixe des sentinelles chez les Rutènes provinciaux et chez les Volques. Il faut appuyer les Tolosates et les Narbonnais. César le fait. Ayant rassuré tout le monde, le dictateur à la mâchoire de fer tourne maintenant les yeux vers l'Arvernie rebelle. La neige a garni de son manteau les routes de l'Helvie. Qu'à cela ne tienne, malgré six pieds de neige (soit un mètre quatre-vingts), malgré les congères, César passe et concentre aux carrefours ses recrues d'Italie. C'est l'heure des légionnaires et des mercenaires. Avec eux le conquérant déborde le rempart des Cévennes en suivant la route du Pal chère au savant vellave Boudon-Lashermes. Ce fameux rempart qui, « à l'égal d'un mur », note *De bello gallico*, séparait Arvernes et Gabales. La machine de guerre romaine avait pour mission de pénétrer dans le saint des saints de l'Arvernie. Sans trève ni merci, en pratiquant la terreur et le ravage. Cela forcerait bien les Arvernes à rentrer dans leur patrie menacée. On avait tenté de porter leur chef vers le sud, afin de l'isoler de son corps de bataille. Maintenant il fallait frapper. Le plan du Romain faillit réussir. Mais les dieux gaulois veillaient. Au fond des ravins embrumés, sur le volcan pelé, partout, la divinité remue les cœurs, virilise les courages. Le sourd piétinement des légions romaines se mêle, dans la vallée, aux supplications de la haute lande. Supplications des compagnons arvernes, cernés entre les dômes et le ciel de Teutatès. Lukhtair les entend. Empêtré par les points de fixation de la province romaine, il se dégage et rejoint Vercingétorix au pays arverne. Car le chef suprême est accouru. Telles sont les forces en présence dans cette guerre secrète. Une guerre qui appelle des « commentaires sur les *Commentaires* ». Tant reste énigmatique le récit autobiographique de César ! César, content de sa manœuvre et qui, marchant de nuit, arrive dans Vienne. Là se trouve prêt un corps de cavalerie. Le reste des légions l'attend à Sons (Agedincum). Le général romain y groupe son armée. Les Arvernes, ces futurs Auvergnats, ne savent pas ou savent mal que César est là. Devant leur porte, fiévreux de la victoire. Dans une série de va-et-vient compliqués, les stratégies arverne et romaine font un chassé-croisé de marches et contre-marches.

Le chef arverne ne se laisse pas hypnotiser
Le terre brûlée

Vercingétorix, grand chef de la Gaule, avait dû répondre aux appels des Bituriges, en marchant vers Sancerre, capitale des Boïens, appelée « Hauteur dominante » et dont il fit le siège. Quant à César, évitant Sancerre, il fonçait sur Château-Landon (Vellaunodunum), forteresse des Senons, puis sur Orléans. Cette ville incendiée, le Romain passait la Loire. L'Auvergne n'était pas loin. Pour Vercingétorix, c'était l'heure de vérité. Il fallait lever le siège de Sancerre et marcher contre César à Meung-sur-Beuvron. Vercingétorix envoie donc sa cavalerie. César renforce la sienne. Elle est trop faible. Quatre cents cavaliers « germains » la soutiendront. Ces « auxiliaires » vont-ils forcer le destin ? Oui, les Gaulois reculent et le proconsul atteint Bourges, la grande ville des Bituriges. Sous la coupole semée d'étoiles, le chef arverne fait son *mea culpa*. Il a mal suivi le plan de Lukhtair. Il a trop affronté de face le soldat romain.

Alors, dans la hutte gauloise, il réunit les sages de l'état-major, et Vercingétorix leur dévoile entièrement le plan Lukhtair. Un plan qui détournera l'hypnose et la fascination de Rome. Un plan qui coupe aux Romains leurs vivres et leur fourrage. On roule sur le Romain comme un torrent qui passe. On oblige l'ennemi à se disperser pour se ravitailler. On le grignote ensuite, en jetant sur lui des patrouilles de cavaliers. Plan subtil mais qui se double d'un impératif : détruire. Détruire sa propre terre, raser les récoltes, faire le vide absolu devant César, en emmenant femmes et enfants. Non seulement les Gaulois se résignèrent à sacrifier leurs réserves, mais ils voulurent encore sacrifier leurs cités. C'était le plan Lukhtair dans son intégralité. Une vingtaine de villes bituriges furent incendiées. Cette autodestruction allait se propager jusqu'en Auvergne, quand le sort d'Avaricum interrompit l'hécatombe.

Les mystères d'Avaricum et ceux de la guerre secrète

Avaricum était la plus belle cité des Bituriges. Ses habitants supplièrent le chef arverne d'épargner leur ville facile à défendre. Vercingétorix vint à fléchir. Il mettrait dans la citadelle dix mille cavaliers et César lèverait le siège. Hélas, c'était compter sans le traître Epasnactus. Cet espion, au service de César, le renseignait régulièrement. Vercingétorix, un jour, avait campé à proximité d'Avaricum, au camp de Maubranches. Afin de mieux guetter César et pour attaquer ses lignes de ravitaillement. Mais tel est pris qui croyait prendre. Le chef arverne vit son propre camp assailli pendant qu'il était sorti. L'affaire tourna court pour César, mais dans le camp gaulois on s'interrogea. Pourquoi le proconsul avait-il attaqué pendant l'absence de Vercingétorix ? Les deux chefs n'étaient-ils pas de collusion ? Soupçonné de compromission à l'instigation d'Epasnactus, le chef suprême des Arvernes dut s'expliquer. Il prouva son innocence en montrant des prisonniers romains. Le même Epasnactus avait cependant fait d'une pierre deux coups : il avait trahi Vercingétorix tout en lui faisant un procès devant les siens. Qui était Epasnactus ? Il reste un personnage ésotérique. Dénommé tantôt Eposognatus, tantôt Epasnactus, ou « fils de la déesse Jument » avec ce nom totémique (du gaulois *epas*, cheval) il porte sur sa fougueuse monture le sobriquet divin de la déesse chevaline Epona, très en honneur chez les Celtes. Tirant ces paronymes d'une même tribu, celle des « fils du dieu Cheval », dompteurs aux chevauchées rapides, il faisait partie, de droit, du grand conseil des chefs gaulois. Les textes nous le présentent comme un rejeton de race, issu de hordes guerrières imprécises. Sous les fausses couleurs du patriote, soutenant l'indépendance, il feint de se rallier à Celtil proclamé capitaine. On retrouvera son nom inscrit dans les monnaies d'Alésia. Nous retrouverons sa simulation à Gergovie quand une certaine grogne arverne tentera de limoger Vercingétorix. Vercingétorix qu'il fera échouer. Vercingétorix qu'il tente, pour l'instant, de séduire par ses manières captieuses. Homme de l'ombre et du voile, Epasnactus règne sur l'oppidum familial de Corent, au sud-est de Gergovie. Il y frappe monnaie et silencieusement s'en va parfois vers César. Celui-ci s'efforcera de cacher le simulacre [1]. Un général ne donne pas la source de ses renseignements, afin de mieux protéger ses espions. Il n'empêche que le conquérant de la Gaule conviendra d'une chose : il a connu, au pied de la lettre, les décisions de l'état-major de Vercingétorix. Et pour cause. On n'est jamais trahi que par les siens. Les *Annales manuscrites de Limoges* semblent élucider les raisons secrètes de la haine d'Epasnactus. Exécuteur d'une lointaine rancune familiale, il aurait jalousé ses compatriotes. Parce que « Lemovix, Pictovix et Gergovix étaient les fils du vieil Alvernus », descendant commun de cet ancêtre mythique, conducteur des Arvernes, il aurait pris ombrage de Vercingétorix, tel un cousin frustré. Car les petits-fils du vieil Alvernus rivaliseront jusque dans l'oppidum des Côtes de Clermont, où Celtillus sera volontairement bloqué par Epasnactus, sous le fallacieux prétexte du « salut commun ». Il y avait là des querelles de commandement et de prédominance, peu mises en relief par les historiens. Ces divisions intestines atteindront-elles le sentiment patriotique ?

Les approches de l'Auvergne par Saint-Didier-en-Velay
Les énigmes de la « Champ Dolent »

Tandis que le « cheval libre » d'Epasnactus pousse ses hennissements totémiques du côté d'Avaricum, d'autres hennissements d'allégresse, repris comme un cri de guerre, s'entendent dans la bouche des cavaliers arverno-vellaves, vers Saint-Didier-en-Velay. Ici avait été transmise en trois jours, par les feux et les crieurs, la décision prise chez les Carnutes de rendre la Gaule libre. César avait alors tenté sa démonstration militaire en Velay-Auvergne, afin d'attirer Vercingétorix au sud et de mieux effrayer les Arvernes pri-

1. *De bello gallico,* VII, 18, 72, etc.

vés de leur chef. Démonstration fulgurante. On se souvient que pour disloquer le plan de Vercingétorix, le proconsul avait lancé sa cavalerie aussi loin que possible, au-delà de la route du Pal. Pour certains historiens, César serait d'abord venu à Saint-Didier. C'était, dit Ronin [1], « un point de ralliement assez convenable pour les contingents venant des arrondissements d'Ambert et d'Issoire, de Mauriac, de Saint-Flour, de la Lozère et de la Haute-Loire. C'est donc probablement dans la région que devait fatalement se produire le choc. La route de Saint-Didier à Saint-Genest-Malifaux traversait le bois de Bramard, forêt solitaire et angoissante, où chaque bruit se répète à l'infini ». Forêt parsemée de trilithes écroulés. La vieille estrade de Saint-Didier s'en trouve encore bordée, à gauche et à droite. Au bout de cette montée le dolmen du Mont, pierre plantée de trois mètres de haut. Un autre bloc gît au sol. Sa chute en a brisé un autre. Telle partie est restée en équilibre instable, tandis que, plus loin, deux cercles de cromlechs veillent près du tombeau du chef. Ici et là, trois dolmens en ruine. Vers Montsubeyre (le mont supérieur), les circonférences mégalithiques continuent. Face au trilithe du Mont, tel dolmen à un pied est resté taillé en forme de tribune, cependant que, sur un énorme bloc, une tête d'aurochs gravée par le Celte ou le Ligure fixe le passant. Tel fut le cimetière guerrier où les troupes de César parvinrent. Cimetière peut-être phénicien, où la tradition et les rêveries mythologiques se confondent. Dès leur arrivée, les Romains recouvrirent la via qui grimpait au Mont. Elle y est encore. Ils conservèrent les trilithes des abords du chemin, respectant en cela quelque nécropole ligure, aujourd'hui remplacée par le calvaire de « las tris croux ». On voit encore une pierre branlante renversée, pierre dont les vibrations servaient d'augure aux Ligures. Il suffirait de dégager ici bien des rochers géants de leur gangue de terre pour que ces dolmens à excavations reprennent leurs alignements. C'est en ces parages, à trois kilomètres au nord de Saint-Didier, que les Arverno-Vellaves, poussant leurs « brames », foncèrent sur les troupes de Jules César. D'où le nom de forêt de Bramard. Pour d'autres érudits le nom vient du cri « brame », de bouche en bouche et de sommet en sommet, après cette première victoire nationale de Saint-Didier. Entre les genêts rabougris et les pins tordus s'aperçoit la clairière aux tumulus de Champdolent. C'est le « champ de la douleur ». Mais si c'était au Mont la victoire des

1. *D'azur au lion d'argent,* Éd. S.A., Imprimerie Théolier, Saint-Étienne.

Ligures, c'était, à la « Champ-Dolent », la victoire des Arverno-Vellaves. Le « Campus dolens » aurait donc été, selon certains historiens, le théâtre sanglant entre les troupes de la haute Auvergne et les milices vivaroises alliées de César. Ces troupes de la haute Auvergne, associées à celles du Gévaudan et du Velay, étaient l'un des trois corps mis en mouvement par Vercingétorix contre la Province romaine. Le processus des opérations aurait été le suivant : César, ayant posté sa cavalerie à Vienne, n'aurait pas emprunté la route ardéchoise du Pal, mais la voie qui traverse les montagnes, entre Vienne et Saint-Didier, aux limites du Velay-Forez. Ces montagnes que César nomme, par extension, Cévennes. De fait elles sont une ramification des Cévennes et des Boutières. C'était là l'opinion de quelques érudits locaux. L'un d'eux, le chanoine Fayard, fait arriver César au Puy par Lamastre, Chinac, Saint-Agrève et Pont-de-Mars. C'est, dit-il, la voie classique du Puy à Rome. Opinion très soutenable et jusqu'ici inconnue, exprimée en 1978 dans les *Cahiers de la Haute-Loire*. Ainsi serait-il parvenu à Saint-Didier. Puis il aurait laissé Brutus et ses colonnes infernales dans l'Yssingelais et le bas Velay, afin d'attirer son adversaire. Le proconsul en personne serait allé chercher d'autres troupes à Vienne-Servières. N'avait-il pas averti Brutus, son lieutenant, qu'il serait de retour dans trois jours ? Exactement le temps qu'il faut pour franchir les soixante kilomètres de route entre Bramard et Vienne. Les troupes de Vercingétorix, mal attirées par Brutus, ne délogèrent pas trop, mais Vercingétorix lui-même était retourné en Auvergne, voyant César parti. Le stratagème avait donc réussi. Il suffisait à César, sur le retour, de se joindre à Brutus et d'enfoncer les troupes gauloises, privées de leur chef, à la Champdolent. Mais Vercingétorix aurait eu le temps d'accourir. Dans un choc gigantesque, au dire de la tradition, les Romains essuyèrent un échec sanglant. Cette victoire de Champdolent n'est pas contredite par les *Commentaires*. Malgré ses bulletins vagues, ne précisant ni le lieu ni le jour des batailles, on trouve dans le Journal de César l'aveu d'une cuisante défaite en ces parages voisins de l'Auvergne. On y trouve des ossements en abondance. Aujourd'hui encore les Vellaves traitent de Brutus, de Mandrin ou de Javogues les personnes trop cruelles. Réminiscences lointaines du Romain, et celles, plus proches, du brigand au grand cœur ou du révolutionnaire fougueux, celui qui, sur l'échafaud, arrachait les enfants au ventre de leur mère. Quoi qu'il en soit, pour venger le sanglant échec de « Champ-Dolent », note Paul Ronin, César fit ravager le Velay par Brutus et entreprit désormais la conquête méthodique de la Gaule.

Commentaires sur les Commentaires

César, l'Imperator, était d'un autre métal que Vercingétorix. Son livre est partial. Il nous montre un proconsul avide du pouvoir, se donnant l'avantage dans ses communiqués de guerre. Lorsqu'il est perdant, il nous parle de coup de main et non d'une bataille. Mais les trompettes d'Avaricum semblent toujours sonner, dans le vallon, le retrait de ses légions. Vercingétorix, plus franc, est une sorte de Christ des Arvernes allant au sacrifice. Lui, n'aurait pas truqué ses commentaires. Cependant les *Commentaires* de César ont au moins un avantage. Ils nous font pénétrer, par endroits, dans la vie rituelle des Arvernes. Guerriers dans l'âme, s'en allant moissonner les armes à la main, comme les modernes Israéliens, ils vivaient dans une sorte d'exaltation permanente. A cela s'ajoutait la chasse aux crânes et l'alliance par le sang. Les Arvernes décapitaient leurs ennemis, fussent-ils morts. Leurs huttes s'ornaient de ces trophées suspendus à la charpente. On embaumait les dépouilles selon une coutume celtique. Une manière de montrer le nombre de ses décorations. Plus rituelle semble l'alliance par le sang entre membres de plusieurs tribus. L'échange se faisait en buvant réciproquement une goutte de sang. Une parenté était née, un pacte était scellé. Le don, avec surenchère, se pratiquait. Tournois de générosité donnant droit au blason. Le serment, avant le combat, entretenait une certaine émulation guerrière. César, racontant la mêlée, admire ces Gaulois fiers de mourir. Pour eux le trépas est une accession à « l'autre vie » et les dieux sont descendus vers eux. Des dieux démesurés par les brumes et les voix de la montagne. Ils ont leur vie terrestre, en Arvernie, au bord des volcans noirs. Jullian [1] a mis en exergue l'âme religieuse des Gaulois. Parés de l'auréole guerrière, ils trouvent, dans le fracas des armes, le summum de la volonté divine. De l'encombrement des chariots de guerre monte comme une prière. Celle de l'Arverne à son dieu Teutatès paré du javelot. Teutatès prêt à conduire dans l'au-delà les âmes des mourants. Teutatès, dieu de la guerre et des rumeurs de terre, dont la silhouette domine la cavalerie romaine. Cette cavalerie faisait fi des puissances humaines et surhumaines contenues dans la spiritualité arverne. Elle allait s'efforcer de latiniser l'Auvergne. Une ère nouvelle s'ouvrait. Elle mérite un rappel historique.

1. *Histoire de la Gaule,* t. II, p. 200 et suiv.

DEUXIÈME PARTIE

L'Auvergne latinisée

1.

Rappel historique

Gergovie, haut lieu victorieux
Incertitudes géographiques

Les dictionnaires donnent le nom de Gergovia à deux villes de la Gaule. La première chez les Arvernes (Aquitaine première) sur une hauteur qui se détache des monts Dômes ou mont Gergovie à sept kilomètres au sud-est de Clermont. La seconde chez les Boïens, à Saint-Revérien (Nièvre) à vingt-sept kilomètres au sud de Clamecy. Sa forteresse, Arx in Boiis, a laissé son nom au village d'Arzemboy. Sous Napoléon III, le nom de Gergovie fut donné au hameau de Merdogne, commune de La Roche-Blanche (Puy-de-Dôme). Ce fut là un contresens impérial, prétendent certains historiens. L'empereur, désireux de bien écrire son « histoire de Jules César », s'était déplacé. On n'a cessé, depuis lors, de se disputer la cité mystérieuse, cent fois débattue. Clermont opinèrent les uns, Clermont l'ex-Augustonemetum, l'ex-Arvernas de l'authentique Auvergne. Champgrillot près de Riom, Corent près de Martres-de-Veyres, dans l'arrondissement de Clermont... Gergovie aux Côtes de Clermont, avait conclu Gabriel Simeoni, humaniste florentin de la Renaissance. Récemment la querelle rebondit : Gergovia ne pouvait être à Gergovie. Principal argument : la description donnée par l'historien grec Polyen, dans ses *Stratagèmes* : « La très haute montagne, sise au bord d'une plaine et qui portait Gergovie à sa cime – couverte de guerriers à l'aspect imposant dans le soleil levant – bien élevé et sûr, sans hauteurs au voisinage qui le dominaient. » Paysage des Côtes, plutôt que de Merdogne. A la grande époque on fit des fouilles, mais la plupart des collines de la Limagne avaient connu l'être humain entre le néolithique et les premiers temps de notre ère. En 1945, il y eut les volontaires de Gergovie, avec les fouilleurs du professeur Labrousse. Cette nouvelle bataille archéologique resta sans victoire. Alors, point d'histoire insoluble ? Plusieurs sites restent coriaces en face de l'histoire. L'identification, peut-être trop hâtive de l'empereur, fut longtemps acceptée. Maurice Busset, dans les années 1930, fut séduit par le réseau de murs et les abris de pierre sèche cachés sous les ronces de Chanturgue, sur le plateau des Côtes. Durant un an « sans parler à personne », cet artiste clermontois sonda. Il sonda les « cabanes désertes », pénétra dans les ruines peuplées de vipères, traversa les enchevêtrements de basalte, exhuma des poteries, mit au jour des portes d'accès et des postes de guetteurs. Pour lui l'acropole des Arvernes se trouvait ici. Pierre de Nolhac, historien et académicien vellavo-auvergnat allait l'encourager. « Mais c'est Gergovie que vous venez de ressusciter ! » s'écria-t-il. Mais l'archiviste Fournier contre-attaquait. On citait Jullian qui avait passé à côté de Gergovie « sans le voir ». On citait surtout César qui parle du « grand camp » et du « petit camp » romains. Dans le *De bello gallico* n'avait-il pas écrit : « Il fit creuser un fossé double, de douze pieds de large, du grand camp au petit, afin qu'une troupe pût y circuler à couvert d'une attaque soudaine. » Ce *fossam duplicen* (fossé double), Napoléon III l'a traduit par « deux fossés parallèles contigus », observent les critiques du contresens impérial. Nous en sommes là. Et puis Gerzat pourraient être Gergovia. Le nom de Gergovia se repère avant le xe siècle, à Gergoia, Girgoia, Gergoeta, en plusieurs terroirs. Au xvie il concernait un domaine sous la colline de Merdogne. Si l'on remonte la nuit des temps, Gergovia sent le druide. Gergovia aurait eu comme étymologie celtique Kergobia, « enceinte des forges ». Gobannitio, le « brillant forgeron », frère de Celtil, aurait quelque part à cette dénomination du plateau des Côtes. Ainsi Gergovie serait-il un haut lieu victorieux du celtisme. Mais où donc est Gergovie ? Longtemps de nouvelles études et des articles de folliculaires pleuvront. A côté de l'obscurantisme officiel qui place Gergovie là où il est administrativement, à côté des pontifes, et malgré les savants authentiques, l'oppidum s'environne d'un épais mystère. Ni les démolisseurs de légendes ni les historiens éclairés ne semblent avoir decelé l'endroit exact de la présence gergovienne. Mais la querelle des thèses n'est-elle pas superflue ? Ne faut-il pas aller vers les conquérants et les conquis, pour saisir le drame et la trame des choses ?

L'échec de César à Gergovie

Une tradition veut que César, après son passage des Cévennes, soit venu à proximité de La Chaise-Dieu [1] : « On l'amena au Bancillon comme au poste d'où il pût voir mieux le pays et la carte. D'ici il considéra cette vallée, sans doute celle des Ambivareti, celle qui est devenue le pays d'Ambert... Là-bas, au bout, on ne distinguait que des monts escarpés, engagés les uns dans les autres. Une vallée hermétique, fermée au reste de la terre, faite pour être un royaume de druides solitaires et de bergères chantantes... César a fait faire lentement volte-face à sa bête. Ce pays qui ne donne pas sur le monde n'est ni pour lui ni pour sa troupe. Un dernier coup d'œil, puis il rend la bride. » César se dirigeait-il vers Gergovie ? Peut-être, à moins que le proconsul n'ait rejoint son camp, dans le bassin du Puy où certains érudits l'ont placé. De là il aurait poussé des pointes jusqu'à Brioude et vers Issoire. Parvenu en 52 avant Jésus-Christ devant Gergovie, le conquérant romain se trouve face au jeune Auvergnat de vingt ans. Vercingétorix guettait l'arrivant. César fit le tour de la « montagne élevée » où trônait l'oppidum, probablement les Côtes de Clermont. Le chef arverne avait réparti alentour, dans des camps séparés, les troupes des cités alliées. Chaque sommet était occupé. « L'aspect était terrifiant, écrit Bernard Marque [2], les divers chefs de chaque cité choisie pour former son conseil avaient ordre de s'assembler, dès le lever de l'aurore... il ne se passait pas de jour sans qu'il y eût quelque combat équestre entremêlé de coups de flèches. » Face à l'oppidum, un piton fortifié. C'était le puy de Chanturge, séparé des Côtes par le Maupas (maudit passage). Vercingétorix avait garni cet escarpement d'une faible troupe. Sans coup férir, usant des premières ombres, César l'emporta. C'est là qu'il aurait fait creuser le fameux fossé double, du grand camp au petit. Afin de donner à ses légionnaires une tranchée de circulation aisée à l'abri de l'ennemi. Nous voici à l'heure cruciale. César a dû s'absenter momentanément pour déjouer un complot éduen. Il fut de retour à son campement de Gergovie avant le lever du soleil. Ce complot ourdi par Convictol, Tavis et Litaviccus, il venait de l'écraser, mais « redoutant un plus grand soulèvement de la Gaule et son encerclement par les associés,

1. La Maisondieu, *Vie de saint Robert,* Albin Michel, 1944.
2. *L'Échec de César sous Gergovie,* Imprimerie Juglard, 1955.

il se demandait comment il pourrait lever le siège de Gergovie, sans que son départ ressemblât à une fuite », écrit B. Marque. Plongé dans ces méditations le proconsul observait. Il vit alors une colline dégarnie. C'était sans doute le puy de Var, relié à l'oppidum par une dépression. Vercingétorix avait seulement fortifié cette dépression qui servait de passage. Le général romain, fort du renseignement, fit battre les environs de bruyantes sorties de cavalerie. Un stratagème. Mulets harnachés, conducteurs casqués, cavaliers effrénés circulaient vers les collines. Au loin, des cavalcades fermaient leur boucle. De Gergovie, cette ruse militaire restait vague. La VIIIe légion romaine avait même été lancée dans ces directions incohérentes. Puis elle s'était nichée dans un bois. Les Arvernes étaient dans les transes. Que se passait-il ? Ils se mirent à fortifier leurs retranchements, abandonnant l'intérieur du camp. La malice romaine avait joué. César fait avancer les siens par files prudentes du grand camp au petit. Soldats camouflés, drapeaux cachés, les Romains manœuvrent par surprise. L'heure venue, le proconsul lance ses Eduens à l'assaut, vers la droite. Échec de César. A mi-côte de la pente, les Arvernes avaient dressé un mur qui n'est pas encore écroulé. Certes il fut escaladé. Teutomatus, roi des Nitiobriges, fut surpris dans sa tente, en train de faire la sieste. Mais les défenseurs de l'oppidum, à bride abattue et conduits par les fils de Sedulius, commençaient à mettre le Romain en déroute. César, quoi qu'il en dise, s'en aperçut, et donna le signal de la retraite [1]. Cependant les autres légions romaines n'avaient pas entendu la trompette de repli. Elles s'étaient avancées sous d'autres murs de Gergovie. Une clameur terrorisa d'abord le camp. Des matrones arvernes, « poitrine nue », joignaient les mains pour supplier les Romains. A l'écoute de ces nouvelles « pleureuses », un coup de foudre passa chez les Arvernes et galvanisa leur courage. On les a vus derrière l'oppidum travailler aux fortifications. Ils entendaient maintenant les cris des femmes. Ils se dressaient à leur tour. Dès lors, une lutte acharnée s'engageait. Vercingétorix repoussait dans la plaine les légions romaines. Vercingétorix, s'adressant aux Arvernes, n'avait-il pas lancé cette proclamation, après Avaricum : « Les Romains ne doivent pas leur victoire à leur courage mais à leur art... Notre cause est celle de la Gaule tout entière. Nous serons un jour si puissants que l'univers entier ne pourra plus rien contre nous. » Le proconsul, de son côté, reprochait à ses soldats leur excès de témérité.

1. Voir à cet égard les *Annales manuscrites de Limoges,* divergeant avec les *Commentaires* de César, soucieux de trouver des excuses à cet échec.

Puis il les fit sortir dans la plaine, espérant attirer le chef arverne. Mais Vercingétorix, jouant au plus fin, déjouait l'Imperator. L'Imperator, dépité, fit repasser son armée sur l'Allier. Tel fut Gergovie, sommairement décrit. Dans l'étincellement des casques et des cuirasses, parmi les chibottes de pierre sèche, le sang de sept cents assaillants commence à sécher. Le vent du nord appelle César. Une victoire brûle déjà pour lui, au septentrion : Alésia.

Les maléfices de Gergovie

Au cours de ce combat de géants nous avons vu les cohortes de la Xe légion romaine se faire massacrer au Maupas, vers le mauvais passage. Les Arvernes y subirent aussi de sanglantes pertes. « De là le nom de Maupas, écrit B. Marque, un nom conservé par les Arvernes à ce lieu maudit. Chaque lieu de combat funeste aux Gaulois est resté sous la forme d'un lieu-dit commençant par le préfixe « Mau » comme un signe de malédiction pour la cause gauloise [1]. » Les Arvernes que Polyen désignait sous le nom de « Barbares » ont la statue de leur chef dressée sur le plateau de Gergovie. A l'est du belvédère trois colonnes soutiennent un casque aux ailes d'alouette. Ce monument à la gloire des Barbares arvernes défie la civilisation mécanisée des Romains. Il est une sorte de sanctuaire érigé à trois cents mètres, sur le socle basaltique du prétendu Gergovie. Car Gergovie, encore une fois, fut-il ici ? Quoi qu'il en soit, cette butte est le mémorial d'une dernière victoire. Un temple s'y est trouvé au cours des fouilles. Avec des bijoux de fer et de bronze. Avec aussi une minuscule Vénus, statuette exsudée du sol tant fouillé par l'empereur. Celui-ci l'acheta. Il la plaça aux Tuileries. Peu après, elle périt dans l'incendie du palais. Statue maléfique pour Napoléon et pour le proconsul car elle aurait d'abord appartenu à César, dit la légende. Elle aurait exercé sur les deux « Imperators » sa malfaisance occulte, chargée qu'elle était du sortilège des batailles. A Sarliève, au grand camp supposé, des épées et des boucliers voisinent avec des squelettes parés de bracelets. En direction de Gergovie, par la route de Ceyrat, trône la tour ruinée de Montrognon, le *mons rugosus*. Une légende imprécise attribue à César l'édification du fort. Des galeries se ramifieraient jusqu'à Montrodeix, sous le puy de

1. BERNARD MARQUE, *op. cit.* Voir également à ce sujet *Les Champs de bataille de César en Gaule et le préfixe « Mau »,* mémoire présenté à la Sorbonne en 1927 par B. Marque devant Jullian puis Espérandieu, etc.

Dôme. A l'intérieur, un trésor. Vers 1884 on fouilla dans les souterrains. En vain. Pas de magot. Mais la terre, « jalouse du trésor », s'effondra sur les ouvriers.

Vercingétorix pris dans Alésia

Gergovie avait été une terre de malheur pour César. Ce nom de Gergovie retentit dans toute la Gaule jusque chez les Éduens qui lâchèrent les Romains et se rallièrent aux Arvernes. Un chef suprême était proclamé : Vercingétorix, général en chef des Arvernes (Ambibarètes du Livradois, Vellaves de haute Loire). Motif : recruter des fantassins et soulever tout le pays. Le proconsul, sans cavalerie gauloise (elle était passée aux Arvernes), se trouvait également coupé de la Province romaine. A cela deux remèdes. Le premier : recruter à prix d'or un corps de cavaliers germains. Le second : foncer vers la Province pour la secourir. César se met donc en marche pour franchir la Saône et descendre dans la Province. Vercingétorix, posté sur le mont Auxois, dans Alésia, épiait le départ du Romain. Pour lui, c'était l'heure de porter le fer et le feu chez l'ennemi. Du moins le croyait-il, en l'absence de son meilleur conseiller, Lukhtair. Epasnacus, le traître arverne, lui, était présent. Il conseilla de poursuivre César à grandes journées. Mieux, le fameux serment fut suggéré, sinon imposé, aux cavaliers gaulois : ne pas rentrer sous le toit, ne pas revenir embrasser femmes et enfants sans avoir traversé deux fois les lignes romaines. Le serment fut prêté. C'était aller au suicide. C'était rompre avec le plan secret de Lukhtair. Folle équipée dont le train d'enfer va se heurter aux mercenaires germains recrutés à l'insu de Vercingétorix. Car Vercingétorix, privé de son chef du service de renseignement (Lukhtair), ignorait le véritable dispositif de César. César qui s'est installé à la ferme maudite de Mauchamp, à quelque huit kilomètres de Til-Chatel. Sa cavalerie germaine entre en action. Panique chez les Celtes. Leur centre et leur droite sont culbutés. Déroute. On se rabat vers Alésia. Un cavalier arverne, dit-on, réussit à emporter dans sa fuite l'épée de César pour l'offrir à ses dieux. Anecdote incontrôlable. Ce qui est contrôlé par l'histoire, c'est le repli vers Alésia, à défaut de pouvoir situer exactement cette ville. « Lorsque Vercingétorix, jalousé par tous, s'enferma dans Alésia, il n'y eut que les Vellaves et leur chef Vercassi pour tenter de le délivrer. Ils périrent tous les armes à la main », écrit Boudon dans son *Velay gallo-grec*. La suite est trop connue pour insister. Vercingétorix, assiégé, manque de vivres. Les débris de sa cavalerie le gênaient. Et puis le cheval est le totem des formations celtiques. Pas question de s'en nourrir. Sa chair est frappée du tabou religieux. Tabou tellement sacré qu'il n'a pas totalement disparu. Vercingétorix renvoie donc ses cavaliers. Ils iront appeler une armée de secours. Pendant ce temps Epasnactus, le félon, parle de se rendre. Critognat rétorque fièrement qu'un traître ne mérite pas qu'on le regarde. Critognat qui propose d'imiter l'exemple des anciens : se nourrir de la chair des vieillards et manger les inutiles. Pendant ce temps l'armée de secours viendra. Proposition rejetée. L'armée de secours ne tarde pas. Mais elle se brise contre César. Trois sorties des assiégés en trois jours. Échec, ils ne peuvent se joindre à l'armée de secours. La trahison de l'intérieur avait abattu Vercingétorix. Son cousin, Vercassivellaunus, venait de livrer le dernier combat, un combat où les chefs de l'armée de secours furent pris. C'était la fin. Il aurait pu s'enfuir. Non, dit la chronique, il sentait peser sur lui la destinée de son père. Stoïquement, il assembla son conseil où figurait Epasnactus et s'offrit, pour apaiser les dieux vengeurs, en victime expiatoire. On pouvait le tuer ou bien il se livrerait aux Romains. César, toujours laconique dans ses Mémoires, dit qu'il se livra *(deditur)* en expiation, « comme il l'avait offert ». Dion avance que Vercingétorix espérait ainsi obtenir sa grâce. Cela est en contradiction flagrante avec le personnage. Au demeurant, Plutarque écrit [1] : « Vercingétorix se couvrit de ses plus belles armes, sortit de la ville sur un cheval magnifiquement paré puis, après l'avoir fait caracoler autour de César, assis sur son tribunal, il mit pied à terre, se dépouilla de toutes ses armes et alla s'asseoir aux pieds de César où il se tint en silence. César le remit à ses soldats et le réserva pour son triomphe. » Vercingétorix était là, immobile et fier, devant son vainqueur. Il n'inclinait pas le chef. Il ne disait rien. Il était là. C'est tout. Ici quelques historiens, comme Bernard Marque, ont divergé : « César offrit aux principaux de ceux qui l'avaient soutenu, l'Arverne Epasnactus en premier lieu, ... de prendre le pouvoir dans leurs cités... Il leur rendrait vingt mille prisonniers arvernes et éduens à condition de les faire servir contre les cités insoumises. Ils promirent... Les prisonniers arvernes et éduens furent relâchés. Ils formèrent la fameuse légion des " Alouettes "... On procéda à des réjouissances publiques... Il fallait offrir un sacrifice aux dieux infernaux, suivant les rites gaulois. La victime expiatoire était toute désignée. C'était Vercingétorix que ses adver-

1. *Vie des hommes illustres,* Delagrave, p. 338.

saires accusaient d'être la cause première de toute la guerre. César, en signe d'amitié, renonça généreusement à le produire à son triomphe et le livra à ses ennemis. C'est donc à Bibracte que le grand chef arverne fut rituellement mis à mort, en présence des troupes et des traîtres qui l'avaient desservi et hypocritement livré[1]. » La *Biographie universelle* de Michaud, se fondant sur d'autres textes, inscrit ceci[2] : « César le fit jeter en prison : après avoir langui six ans dans le silence et l'obscurité des cachots, il orna le triomphe de son vainqueur (46 avant Jésus-Christ) et fut étranglé. » Étranglé avec un lacet. D'autres disent décapité ou poignardé. D'autres enfin assurent qu'il fut crucifié. Mais les preuves manquent. Il y a donc énigme et cette énigme tient une grande place dans l'histoire secrète de l'Auvergne. Car le nom de Vercingétorix retentit comme un symbole sur les cratères d'émeraude. Il pare les revers du manteau pourpre de l'Auvergne.

Énigmes au-delà d'Alésia
La huitième campagne passée sous silence

Auvergne indicible en ses mystères, en ses énigmes. Telle cette énigme d'Alésia qui rejaillit sur l'Auvergne. En effet, c'est généralement sur l'oppidum du mont Auxois, près d'Alise-Sainte-Reine, dans la Côte-d'Or, qu'on place Alésia. Cette capitale des Mandubiens, qui se voulait de fondation divine, par son titre de « Foyer et cité-mère de toute la Celtique », s'érige comme un sanctuaire au-dessus des vallons. Alaise ou Alise. Beaucoup d'écrivains, tel le duc d'Aumale, dans son *Étude sur la septième campagne de César*, placent la ville forte d'Alésia à Alaise, à vingt-cinq kilomètres au sud de Besançon. On a découvert de nombreux tombeaux gaulois, des armes et des travaux militaires à Alaise. L'aspect des lieux ne concorde pas moins qu'à Alise avec le texte de César. Le mystère demeure. Alise-Sainte-Reine est connue pour sa fontaine, réputée inépuisable, dite « de sainte Reine ». Deux cents ans après la défaite de Vercingétorix, Alise ou Alésia aurait recueilli le martyre de Reine, la sainte guérisseuse. Légende controversée. L'histoire l'est encore davantage, au lendemain d'Alésia, les *Commentaires* de César ayant passé sous un silence relatif la huitième campagne. Car c'est après Alésia que naissent les énigmes au lendemain de la mort de

1. B. Marque, *Lukhtair,* Tulle, Juglard, 1933.
2. I. 48, 1827, p. 167.

Vercingétorix. César avoue [1] que les tribus du Centre, ces « hors-la-loi », conservaient la rage au cœur. Insoumis, ils songeaient à la première revanche. Lukhtair avait pu s'échapper d'Alésia. Il se concerta avec Draptes et Commius, ralliant les débris de l'armée. Elle avait prêté l'inviolable serment de fidélité jusqu'à la mort. Ce serment liait le soldat à son chef. Un serment quasiment religieux qui sera honoré même et surtout si le chef est devenu malheureux. « C'était le cas des anciens clients arvernes que Vercingétorix avait confiés à Lucterius et notamment des Éleutères de la Corrèze, des Gabales du Gévaudan, et des Rutènes de l'Aveyron [2]. » Un seul continuait de négocier avec César : le traître Epasnactus. Reconnu comme chef prédominant en Arvernie, il eut en face de lui les insoumis. Ici un passage entier mérite d'être cité au chapitre *De bello gallico* (c'est César qui parle à la troisième personne) : « César sachant sa douceur, connue de tous, ne craignait pas qu'on l'accusât de rien faire avec sévérité par cruauté innée. Et il ne voyait pas la réalisation de son but, si pour une telle raison on commençait à se révolter en différents endroits. Il pensa qu'il fallait terrifier les non-révoltés par un supplice exemplaire et c'est pourquoi il fit couper les mains à tous ceux qui avaient porté les armes, leur laissant la vie pour mieux affirmer le châtiment des insoumis. » Malgré ces répressions, une résistance active s'empara de l'Arvernie. Cette guerre secrète est mal connue. César nous laisse presque le soin de la deviner, tel un sphinx de guerre qui pose des énigmes à travers ses *Commentaires* truqués. Avant de pénétrer dans cette campagne obscure, voyons une évidence qui s'impose : dans la Celtie romanisée survivait la foi en l'éternel incréé de la Gaule indépendante de Vercingétorix. Une telle foi animera les combattants de l'ombre et leur donnera la fureur sacrée.

Survivance de la foi celtique sous l'occupant romain

Il y aurait beaucoup à dire sur le paganisme de l'Arvernie latinisée, sur son polythéisme. Malgré cela le monothéisme des fils de Vercingétorix ne s'éteint pas. La permanence du druidisme et du celtisme s'affirme. A la religion se mêle l'empirisme médical celtique. C'est le temps où le surnaturel, le merveilleux et la vieille superstition cohabitent dans un refus des idoles romaines. Ici et là,

1. *De bello gallico,* IV, 1.
2. B. MARQUE, *op. cit.*

les grands druides pratiquent leurs secrets de santé ou leur magnétisme curatif. L'Auvergne gardera longtemps le souvenir de leur radiesthésie médicale. Les recettes de bonheur et de longévité, les multiples sciences celtiques sont recommandées pour guérir les maladies populaires. L'imprégnation romaine se fait. Elle ne peut détruire les traditions immémoriales. En Arvernie survit la médecine atlanto-celte, basée sur l'équilibre des quatre éléments terrestres et cosmiques. On se réfère toujours aux sciences du druidisme, à l'homéopathie, à l'influence cosmique. Comme la future Auvergne est au creux des cures thermales, on fait appel à l'itinéraire des druides en ce domaine. Ils connaissent les secrets du centennat, les procédés de rajeunissement, les lois de l'hérédité cosmique, les mystères de la longévité, les aliments revitalisants... Bref, la Gallia-Francia naissante refuse la romanisation. Les collèges druidiques d'Auvergne instaurent les droits et coutumes de l'Arvernie. C'est l'éclosion des futurs ordres de chevalerie celto-francs et le prolongement du Rix-National Vercingétorix. Loin de subir l'occupation, l'Arverne se rebelle sous l'impulsion des collèges druidiques. Haut lieu du celtisme, l'Arvernie ne renie pas ses grands maîtres. Tandis qu'elle saigne sous le fer du proconsul, dans quelque clairière protégée l'officiant se tourne tour à tour vers les quatre points cardinaux. Puis, tirant à demi l'épée du fourreau, il interroge le ciel : « En Arvernie y a-t-il la paix ? » Non, répond l'écho des batailles proches. Au son de la harpe celtique, les femmes encouragent le guerrier. On voit le barde-ovate porter le glaive symbolique du roi Arthur et de Vercingétorix. Une sorte de préfiguration des templiers qui seront d'ailleurs plus ou moins l'émanation des ordres celtiques. Dans ces cortèges clandestins, des silhouettes se glissent, vêtues de longues soies, blanches pour les druides, bleues pour les bardes, vertes pour les ovates. Ces derniers sont chargés des sacrifices et des augures. Ce sont eux qui pratiquent la médecine arverne. L'intronisation celto-druidique des collèges se faisait à la barbe de l'occupant. Le druidisme arverne n'est donc pas défunt. A la *galliae aeternali,* à l'*arverniae aeternali* vont les serments des recrues et des vétérans. Cela corrobore Jullian quand il parlait d'une guerre des Arvernes, évocatrice de toutes les puissances humaines et surhumaines. Le combat de Vercingétorix, fût-il malheureux, avait galvanisé dieux et hommes. Ce combat était à la fois quelque chose de charnel et de spirituel. Entrant dans le comportement mystique des Arvernes, la guerre exaltait. Certes, Vercingétorix, vaincu dans Alésia, s'était livré au licteur et, durant cinq siècles, la Gaule subirait peu ou prou le joug romain. En tout cas cette pseudo-victoire, dit Boudon-Lashermes [1] « ne nous apporta pas de sang romain. Elle se contenta de faire couler le sang gaulois. Il y eut beaucoup de massacres et très peu d'unions. On en compte une ou deux par province, d'après les légendes ancestrales (par exemple les Titaud, en Velay) ». Il n'y eut pas de reddition dans les couches profondes de la nation. Les haillons couverts de sang resteront des drapeaux ambulants. Sur le plan linguistique, malgré une latinisation progressive, le langage celte demeure dans le dialecte vellave. On refuse d'emprunter le vocabulaire de l'occupant. L'identité entre la parole des Celtes et le dialecte vulgaire se maintient. A Saint-Didier-en-Velay, le *bram* germanique correspond au *brama* patois qui signifie crier. La *dacula* ou le *dailli* celtique donnent le *daï* patois (la faulx)... Le *suc*, du prélatin *zucco*, est une expression des Celtes passée dans le langage vulgaire des campagnes, pour désigner le *su* ou le *suc*, la hauteur des Vellaves. Ces Vellaves allaient être détachés des Arvernes par César, car le proconsul victorieux de la Gaule venait de faire la conquête d'une immense circonscription ethnographique appelée Celtica. Une circonscription qu'il fallait démanteler. Cette Celtica aura, contre César, ses derniers sursauts, les sursauts héroïques d'une Arvernie belliqueuse puisant son ardeur chez les dieux.

Derniers sursauts. Les Arverno-Vellaves, face à la Pax Romana

César tente de briser cette ardeur en quadrillant le pays. Durant l'hivernage de 52-51, il met en place ses lieutenants. Fabius et Minucius Basilus, chez les Rêmes, pour les garantir des Bellovaques ; Anistius Reginus et sa XIe légion, chez les Ambibarètes du Livradois, dans la région d'Ambert, etc. Le proconsul établit son quartier général à Bibracte, entouré de la XIIe légion. Auprès de lui Marc Antoine, son questeur. A l'horizon de Bourges couve la révolte. En quarante jours, par une marche rapide, César pénètre chez les Bituriges et les détruit. Les Carnutes sont à leur tour dispersés dans les forêts. Les Bellovaques sont hachés sur leurs hauteurs cernées de marécages. Pendant ce temps, le pays des Ambibarètes est la proie du transfuge Epasnactus. Ce collaborateur arverne de César voudrait incorporer à son Arvernie à lui plaines et montagnes d'Ambert. La XIe légion d'Augustus Reginus l'appuie. Les Ambertois ou Ambivareti resteront résolument dans la dissidence. Le nom

1. *Velay gallo-grec,* p. 27.

d'Ambivareti signifie « ceux qui sont défendus de toutes parts ». Défenses naturelles des remparts montagneux. Comme ces lieux d'Amberg, en Bavière, ou d'Amber, en Inde. Certains étymologistes prêchent pour cette autre signification : « gué de la rivière ». Quoi qu'il en soit, Ambert devra satisfaire au vainqueur. Les Ambibareti ou Ambivareti feront définitivement partie de l'Arvernie.

De Saint-Flour à Chaudes-Aigues

Epasnactus, les mains libres, emmène la XIe légion vers les Gabales et vers les Pictons rebelles du Velay. Cette portion vellave de la Celtica doit être détachée de l'antique Celtique et attribuée à l'Aquitaine avec le Gévaudan. Elle le sera sur le papier et recevra même le titre honorifique de « Civitas libera », mais en fait, dit Boudon : « Le Velay ne se soumit jamais. Vainement le vainqueur acheva-t-il de détruire la cité d'Anis comme il avait détruit Gergovie et la remplaça-t-il par une cité à lui, Revessio, qu'il créa tout exprès, comme Augustonemetum en Auvergne, pour y installer son gouverneur. » Le territoire des Gabales comprenait alors Saint-Flour (l'ancien Indiciacum) et Anderitum (Anterrieux), près de Chaudes-Aigues (Aquis Caldis). Ce territoire fut à son tour incorporé dans l'Auvergne. Bref, Epasnactus, sorte de nouveau Gauleiter, étendait son emprise, quand Lukhtair surgit. Voyant César s'en aller chez les Rutènes, il descendit vers le fameux puy d'Issolu, la « haute forteresse » (uxello dunum) du Sud-Ouest. Victoire de Lucterius sur Caninius. Sur la ligne des remparts, les Celtes, se ralliant à leur cri de guerre, font hennir leurs chevaux indomptés. Cette clameur humaine et totémique, au signal de Lukhtair, qui tend le bras au signal victorieux, restera longtemps dans les échos portés de colline en colline, près de la fontaine sanglotante de l'Oulier. Le Romain, pris de panique, emmêlé dans ses chars et balistes, a fui vers le ruisseau de la tourmente. Le sol du puy d'Issolu nous livre encore, à l'occasion des fouilles, ses vases, ses boucliers et ses épées, englués de vase. Ne cherchons pas dans les *Commentaires* de César l'aveu de cette défaite, celle de la Xe légion, sa garde consulaire. Débris épars qui rejoignirent Maubuisson, la « hauteur maudite », où poussaient les « maudits buissons » de Saint-Denis. La cavalerie gauloise n'avait pu traverser cette buissonnade. Ce qui sauva les rescapés romains. Mais déjà César envoyait Epasnactus et Duratius au secours de Caninius, tandis que la fameuse légion des Alouettes se constituait, formée de ralliés gaulois. On vit Epasnactus paraître dans le haut Quercy, devenu arrondissement d'Aurillac. Plusieurs médailles représentent Epasnactus, le défectionnaire des Arvernes, servant au sein de cette légion renégate des Alouettes. En costume romain, il tend fièrement son étendard. Une autre médaille montre son compère de haute trahison, Duratius, la bouche ouverte, poussant le cri de guerre. « Au revers, le cheval libre, symbole monétaire et totémique des Celtes, surmonté d'un petit temple, en l'honneur de l'ancêtre Julios. » Car Duratius, bien qu'ayant des attaches celtiques, était de la gent Julia, dont César lui avait accordé le gentilice [1]. Avec son faux frère Epasnactus il regagne la cité arverne pour mieux la soumettre. Pendant ce temps la légion des Alouettes attend Lukhtair à l'improviste.

La fin de Lukhtair au sud de l'Arvernie

Cependant, au terme de péripéties sans nombre, Lukhtair, émule de Vercingétorix, essuiera bien des embuscades. Il s'en réchappe à Maubugé (le mauvais passage) et à Mauguet (le mauvais gué) sur le chemin de Poitiers. Talonné chez les Éleutères corréziens, il expliquera aux siens « la trahison de Duratius et d'Epasnactus envers la cause sacrée de l'indépendance gauloise [2] ». Paré de l'auréole du chef invincible, il insufflera aux cohortes l'esprit de résistance à outrance au Puy-Graulier et au Puy-Merle. Le puy graulier était la dénomination du corbeau sinistre encore appelé la graula ; son croassement, sur les champs de bataille, se mêlait aux cris belliqueux des merles. D'où ces lieux-dits de Puy-Merle ou Chante-Merle, sur le passage des légions. Les cohortes arboraient sur leurs enseignes ces volatiles évocateurs. Seuls, les vieux légionnaires avaient conservé l'aigle de Maruis (l'auzelou). Et l'alouette des ralliés gaulois laissera son insigne frappé de mauviette, au camp d'Antoune, en Velay, là où turlute encore le souvenir de la légion de l'Alouette. De l'épopée même de Lukhtair il ne restera que l'héroïque résistance de l'oppidum d'Userco-Dunum, avec le massacre de la combe des morts. Uzerches, sur sa colline escarpée, dans l'arrondissement de Tulle, se souvient de ces derniers combats. César avait fait savoir aux assiégés qu'ils ne devaient pas indisposer « les dieux infernaux » en accueillant Lukhtair. Les Gaulois, tout « en riant de la menace », incendièrent des tonneaux garnis de suif, y mirent le feu et les firent rouler sur la pente. Puis ils tentèrent l'im-

1. B. Marque, *op. cit.*
2. B. Marque, *Lukhtair,* p. 61.

possible sortie. Un combat farouche. César fit escalader l'oppidum où les eaux de Maubec avaient cessé d'arriver. « Les oppidans atterrés, écrit B. Marque, virent tout d'un coup la fontaine intarissable tarir sous leurs yeux. Les dieux infernaux se vengeaient. De désespoir... ils se rendirent. La conduite du conquérant romain fut abominable : il ne pardonnait pas aux malheureux Gaulois d'avoir failli le mettre en échec et balancé ainsi la fortune de Rome... Il donna l'ordre de couper les mains à tous les défenseurs de l'oppidum qu'il avait si indignement trompés... que la fin du tyran assassiné à coups de poignard par les siens soit une éternelle leçon pour les ambitieux, avides de gloire malhonnête [1]. » César fit encore enfumer des souterrains, près de Brivezac, où les « indigènes » tenaient bon. Le parjure Epasnactus devenu le maître du haut Quercy, dans l'actuel secteur d'Aurillac, ne savait pas que Lukhtair s'était réfugié ici, après sa tentative avortée de ravitailler Uzerches [2]. Une fois « informé de sa présence, il le fit saisir par trahison et n'hésita pas à le faire conduire, enchaîné, aux Romains. Lukhtair, après cinq ans de prison dans les cachots de Rome, eut donc l'honneur de figurer la Gaule vaincue sur un char pris aux Bretons, dans le cortège triomphal de César. Avant d'être étranglé, suivant la coutume, il fut représenté ainsi par le monétaire Sasserna, sur un denier romain, avec la barbiche et les cheveux flottants. » Ainsi finit Lukhtair au sud de l'Arvernie, désormais latinisée. César, au chapitre 44 de ses *Commentaires*, avait noté insidieusement : « Lucterius, qui s'était enfui du combat, tomba entre les mains de l'Arverne Epasnactus, changeant fréquemment de résidence... Il ne pouvait rester longtemps nulle part sans danger... Cet Epasnactus donc, grand ami du peuple romain, sans hésitation aucune, le conduisit tout enchaîné à César. » Fielleuses paroles, où César dissimule mal son acrimonie.

1. B. Marque, *Lukhtair,* p. 75-77.
2. *Ibid.*, p. 76-77.

2.

Nouvelles acropoles et cités sacrées

La civitas arvernorum *sous l'impérialisme romain*

« Les Romains, note Montesquieu[1], abusaient de la subtilité des termes. Ils détruisirent Carthage disant qu'ils avaient promis de conserver la cité et non pas la ville. » Ce principe du conquérant est effectif dans la *civitas arvernorum* et la *civitas vellavorum*. On entendait jadis par « cité » la fédération autonome de tribus groupées sous des institutions religieuses et politiques. Ce fut le cas de la vieille Sparte, cité aristocratique ou celui d'Athènes, cité démocratique. Après la répression, la participation. César avait dépecé l'Auvergne. Il avait brisé les villes. Pourrait-il briser ce corps moral, ce moi collectif des Arvernes ? Pourrait-il abolir les dieux et les magistrats, le culte et la Constitution ? Parviendrait-il à frapper cette personne publique de l'Arvernie ? Non, le proconsul sait bien que la ville et la cité sont différentes. La cité reste une association religieuse et politique. Certes la ville, lieu de rencontre de cette association, en est aussi le sanctuaire. Mais une ville rasée retrouve d'autres murs, d'autres temples. Et si la cité n'a pas de temples, elle s'abrite sous la voûte des forêts, dans le creux des rochers. Alors César et l'empereur Auguste voudront donner une héritière à Gergovie la rebelle. Ils tenteront d'accomplir la cité nouvelle. La cité gauloise avait son administration. C'est l'heure de l'administration romaine. Le pouvoir impérial crée la confédération des Arvernes en brisant l'antique « Celtique ». Auguste allait faire de la Gallia cornata trois unités provinciales, l'Aquitaine, la Lyonnaise et la Belgique. Le Velay, le Gévaudan et l'Auvergne furent attribués à l'Aquitaine.

1. *Grandeur et décadence des Romains,* VI, p. 139.

Une exception : le Velay, du point de vue politique, recevait, comme nous l'avons dit, le titre honorifique de *Civitas libera*. Une manière de *civitas* indépendante et autonome, soustraite au légat impérial. En 297, Dioclétien partagera même l'Aquitaine en Aquitaine première, avec le Velay, et en Aquitaine seconde, avec l'Aquitaine ibérique. Bientôt la religion chrétienne sera tolérée par l'Empire et dès lors les Vellaves auront leur acropole chrétienne. Les Arvernes avaient été plus ou moins sans capitale. Ils allaient de citadelle-refuge en citadelle-refuge. Les Romains, dit Boudon, tenteront alors de créer tout exprès Augustonemetum, en Auvergne, comme ils avaient tenté d'imposer aux Vellaves Ruessium, le Saint-Paulien moderne.

La cité latinisée d'Augustonemetum

Strabon parlait de Nemôsos, le « bois sacré ». Les Celtes se souvenaient farouchement de Nemheid. Camille Jullian évoquera Nemeton, le « lieu sacré ». Et les Romains latiniseront en Nemetum cette enceinte sacrée. A la fois citadelle et sanctuaire, voici l'Augustonemetum, au plein centre d'une religion druidique qui ne veut pas s'éteindre. Le nom de l'empereur Auguste s'alliait à celui de l'acropole arverne, l'*Arverna civitas* ou *Civitas arvernorum*. Une certaine confusion règne dans la naissance de cette cité très noble, la *Nobilissima*. Les historiens cherchent en vain ses contours jusqu'au IIIe siècle. Des villas luxueuses ont proliféré au pied de la butte. Les magistrats et le Sénat ont leurs demeures, leurs monuments. Un souffle gallo-romain passe dans les esprits. L'Arverne, à l'égal du Romain, vient à se dire fils des Troyens. Augustonemetum, à l'instar d'Augustodunum (Autun), avait été relié à Lugdunum par la voie romaine. Ainsi Clermont et Lyon, se joignant par la route, oubliaient les vieilles pistes gauloises impraticables. Les trafiquants de poteries s'y engagèrent comme un seul homme. Lezoux enverra ses poteries en Angleterre. L'ancienne Rubia est devenue Rubiacum, le Royat d'aujourd'hui. Randun se transforme en Randunum (Randan), Crodun s'appelle Crodunum, ancêtre de Cournon. Bref, vétérans et marchands, dieux gaulois et dieux latins fraternisent. Teutatès ne refuse pas Mercure. Sous le règne de Claude, la montagne du puy de Dôme édifie à cet empereur son fameux temple, avec des marbres roses. Cité florissante, « abreuvée d'un aqueduc grand et merveilleux », diront les chroniqueurs. « Cité plantureuse en vignes, remplie de peuple, affluente en trafic et commerce, grandement pompeuse. »

L'égale de Rome. La souterraine. Le puits religieux

Ville souterraine qui égalait Rome, dira Grégoire de Tours, son enfant célèbre. L'histoire s'est plu à truffer la butte de l'ancienne acropole de galeries inextricables. La place de la Victoire dite « de Derrière-Clermont » est coupée de tronçons, de substructures étranges. Le boulevard Trudaine, la rue Montlosier ont un réseau mystérieux de labyrinthes et de caves. On a, ici, comme une révélation du divin. Ces soupiraux, ces arches et ces passages mènent à je ne sais quelle crypte oubliée. Univers inattendu, mais qui cadre bien avec la capitale des volcans. Cité des dieux et de l'habitat insolite, l'antique Clermont mériterait d'être mieux exploré. A la lueur des vieux textes se dégagent des croyances plus ou moins connues. Avec la prospection se révélerait la plénitude souterraine de Clermont quelque peu négligée. Une exception : le puits miraculeux a échappé à l'indifférence. Il est vrai que le pèlerinage du Port et une autre religion, avec la dévotion à la statue sacrée, se sont identifiés, christianisant ici un culte plus ancien. Ville pimpante que Grégoire de Tours voit « trop pompeuse et magnifique », mais dont il admire l'agglomération « munie de fortes tours... féconde en terres, touffue en bois ». Bois ou broussailles. La place des Bughes en témoigne. Saint Austremoine, arrivant dans Augustonemetum, y trouva un recoin garni de ces « bughes » ou broussailles. Il y avait, tout près, l'inévitable source : celle du quartier de Cantuben ou Chantoin. Source sacrée, dont la place des Carmes a connu le pouvoir séculaire exercé sur les foules. Ici s'organisera le *Vicus christianorum.* Ici les souterrains seront de nouvelles catacombes abritant les persécutés.

Le Pagus vellavensis. Velay-Auvergne brumeuses frontières et limites sûres

Mais avant d'en arriver à l'Auvergne christianisée, un mot du Velay détaché de l'Auvergne. C'est l'époque des Pagi, sièges d'un comté. Voici le Pagus vellavensis, pendant du Pagus lugdunum lyonnais. En 778, Charlemagne préposera au Pagus vellaicus un certain Bullus, comte du Velay. Dès lors le Pagus vellaicus comprend vingt divisions. Puis viendront les mandements et les villas qu'on fortifiera. Le castellum naîtra, les vigueries verront le jour et sur les frontons flamboiera le blason des têtes cornues. La cité habille ses pierres. De ses venelles jaillit une féerie d'or et de sang.

Le sang qui forge de nouvelles races et devient bleu. Le sang des nobles qui se charrie, en Velay, chez deux familles principales, les Chapteuil et les Mercœur. Les Chapteuil sont les descendants des rois celtiques du Velay, les Mercœur ceux des anciens rois celtiques de l'Auvergne. « Seule explication valable », écrit Boudon-Lashermes, autour des *Vigueries carolingiennes*. Voici donc ces rois, « pontifes suprêmes » d'un pays divinisé. Ils perdront leur pouvoir souverain avec les invasions, mais résiteront et conserveront leurs domaines. Boudon nous les décrit se barricadant à la hâte « sur un éperon de rocher », narguant l'ennemi. Ils continueront avec prestige de drainer dans leur sillage les familles vellaves. Sous Charlemagne, le comté de Velay comprendra vingt-deux vigueries : Saint-Privat, Cereys, Cayres, Landos, Mariac, Saint-Baudile, Le Soutour, Tence, Montfaucon, Bœuf, Prayles, Le Betz, Bas, Les Roys, Champvalarin, Craponne, Ruessio, Le Puy, Yssingeaux, Chapteuil, Bouzols, Solignac. C'est le correspondant du Pagus de Strabon avec les vingt-quatre oppida de Nîmes, l'oppidum étant le chef-lieu de la viguerie. Il faut suivre un peu plus en avant ce Velay héréditaire. Le 18 juillet 877, avec l'édit de Quiersy-sur-Oise, les vigueries devenues fiefs des viguiers se transformeront en baronnies diocésaines, jusqu'à la fin de la monarchie. Pour l'instant, l'arx ligurien se maintient. Il gardera le nom de « mandement » jusqu'à la Révolution. La cour des castra restera, la Révolution les emportera avec les baronnies. Sur ces vingt-deux baronnies, deux passèrent à l'Auvergne, Beaumont et Allègre. Rochebaron passa au Forez. Les Polignac cessèrent d'être barons de Solignac et devinrent vicomtes de Polignac. Ainsi des vingt-deux baronnies, il en restera dix-huit. Ruissellement continu de terroirs et de mandarins, naissances et explosions de privilèges. Ces arx de baronnies avaient une circonscription judiciaire propre. « Les juges et bayles d'Agrain, de Malyvert, de Saint-Quentin, de Chapteuil survécurent ainsi à des castra que n'habitaient plus guère que les ramiers, les hiboux et les hirondelles », écrit Boudon-Lashermes. Mais la plupart du temps ces gros personnages, ces châtelains, sorte d'intendants, « menaient grand train, donnant dans le manoir seigneurial de brillantes fêtes, mariant leurs enfants dans la noblesse du ressort ». Un monde nouveau pour de nouveaux hommes affinés par la civilisation. L'estrade volcanique reliant l'Auvergne et le Velay, tel un fil d'Ariane passé entre les villes, coule son rêve incandescent. Elle relie des frontières brumeuses, celles du Velay et de l'Auvergne, vers Sauvessanges et Viverols. « De Montarcher, écrit Boudon, la frontière du Velay descendait jusqu'à l'Ance, qui formait la limite entre Viverols

(Arvernie) et Usson, Apinac, Estivareilles (Velay). Sauvessanges était vellave. On arrivait à Chanteloube, au nord de Saint-Jean-d'Aubrigoux. De Viverols, les Arvernes allaient jusqu'à Randan et Chantemerle, qui marquaient leur frontière septentrionale. Les Vellaves gagnaient Beaumont, où Chantegrix (de Vernassal) était le point frontière traditionnel. A l'ouest de Fix il y avait encore un Randon sur le ruisseau. La limite était ensuite marquée par le lac Limagne et par la Durande (Igorande). La limite Velay-Auvergne laissait Veilhac en Auvergne, atteignait Jorat (Jullianges). A gauche, la croix de Malvières marquait la frontière entre le Velay et le Livradois. Dore-l'Église était l'entrée du Livradois (dore en celtique signifie « entrée, porte »). Il y a là un sanctuaire préhistorique de la Hache : Labry et un village, Les Brayes, limite des Gaulois braillés et des débraillés (notre patronyme Exbrayat vient de là). Par Berbezit le Velay poussait en Auvergne une pointe, entre La Chaise-Dieu, Auzon et le puy de Dôme. Cette pointe vellave finissait à Chanteduc. Après la Durande la pierre de Chantereine indiquait la frontière des Vellaves et des Gabales sur l'Allier. Chantereine était au pied du château de Rochegude. L'Allier séparait ensuite Gabales et Vellaves jusqu'à Chanteloube de Saint-Haon et, plus loin, Mont-Velay et Ville-Morte sur le cadastre de Cayres section B – I. Ces précisions de Boudon-Lashermes, où les frontières « chantent », nous ont paru nécessaires pour circonscrire des frontières inconnues du grand public. Les frontières diocésaines, encore plus secrètes, s'étendaient sur une partie du département de la Loire et de l'Ardèche, jusqu'au Rhône. Avant la foudroyante campagne du proconsul, existait une enclave de l'Allobrogie sur la rive droite du Rhône (Seguso-Vellavie). Elle remontait, dit-on, à la bataille de Pont-Saint-Esprit (121 avant Jésus-Christ). Enclave formée du Velay primitif et du Forez antique (Ségusie). En Brivadois, la limite reste mieux connue, vers Fix (le *Finis Terrae*), en passant par La Chaise-Dieu (La Casa Dei). Frontières insaisissables pourtant que le Gévaudan des Gabales rend plus obscures encore. Mais limites sûres, projetées au loin par une seule capitale, la cité d'Anis, haute ville flamboyante dans ses laves.

La « ville des sept villes ». Origines de la cité d'Anis
Vellaves et Velaunes

Anis, la cité créée dès le Ier siècle ou le IIIe, selon nos érudits. Anis, le « bourg bien petit », tenait-il son nom de la famille des empereurs, les Anicius ? « Il est difficile, écrit Ronin [1], d'assigner une date précise à sa fondation. » Nous avons évoqué plus haut sa pierre druidique et son temple gaulois. Le premier document connu semble être le texte de Grégoire de Tours daté de 591. Le sanctuaire du mont Anis y émerge de la masse broussailleuse des rocs, sous le nom de « Locus d'Anicium ». Quatre siècles durant l'histoire sera muette, avant l'érection des fameux sanctuaires posés sur la pyramide d'Aiguilhe et le rocher Corneille. Une capitale-citadelle, de toutes parts cernée de rocs jaillissants. Une métropole catholique, gardée au loin par des montagnes aux croupes inclinées s'emboîtant les unes dans les autres avec, à l'horizon, le plus haut sommet, l'empereur des Cévennes, ce massif grandiose du Mézenc, culminant à 1 754 mètres. Voilà cette acropole chrétienne, d'abord celtique et pour cela insaisissable. Un musée naturel de l'hermétisme gaulois, un secret perpétuel dans ses murs incendiés, une énigme incessante entre ses logis désordonnés. Oui, une « ville des sept villes », stratifiées les unes sur les autres, avec ses initiés, ses druides, ses alchimistes, ses devins et son « algèbre mystique », écrit Régis Sahuc [2]. Anis, centre du monde vellave, semble porter dans son amphithéâtre l'empreinte orientale de quelque cité des mille et une nuits avec ses coupoles et ses minarets. « Où donc se perd le fort grec d'Anicium, écrit Régis Sahuc, où est le Pagus celtique, l'oppidum du roi Vellaunus, appelé par certains Uxellodunum, la colline aux mains coupées ? Où est le Puy de Scutarius, pontife et constructeur qui laboura les ruines pour en extraire les meilleures pierres, afin d'élever le premier sanctuaire chrétien ? [3]. » La cité des Vellavi, au pays des hautes eaux (Vell-aven), confond le chercheur. Est-ce la capitale de la terre des vaillants, celle du Wal-Land ou du Walhalla des héros ? Est-ce le pays du meilleur (du Gwell breton) ou plus simplement le terroir des Velaunes ? Mystère. Le silence des documents sur Anicium, avant le VIe siècle, réjouit les rationalistes. Ils y voient la non-existence d'Anis. Mais, alors, comment expliquer ce nom s'il remonte seulement au VIe siècle. On a fait valoir le transport de monuments païens de Ruessium, capitale voisine imposée par les Romains, jusqu'au Puy d'Anicium, « pour marquer le triomphe du christianisme ». Très douteuse hypothèse. Le temple gallo-romain, dont certains nient l'authenticité, a conservé ses frises, au saint des saints du vieux Puy. Et puis aurait-on amené

1. *D'azur au lion d'argent, op. cit.*, t. II, 1944, p. 32.
2. *Terre occitane, op. cit.*, p. 188.
3. *Ibid.*

de Ruessium à Anicium, soit de Saint-Paulien au Puy, la trop probante pierre des fièvres ? Et la source, la *fons ope divina* du clocher, n'est-elle pas là ? Si Le Puy fut la capitale des Vellaves, aux temps gallo-romains, elle existait donc avant le VIe siècle. Pourtant Ptolémée désignait Ruessium comme capitale du Velay, vers 175[1]. On note aussi que les bornes milliaires partaient de distance en distance, depuis Ruessium. Ruessium, avec sa stèle de la « pierre des Triumvirs », trois têtes alignées et le fragment d'une statue priapique. Ruessium, dénomination du mot celte « froid ». Ruessium, capitale contestée du Velay et cité gallo-romaine, jusqu'au IX siècle. Ruessium, vieille Ruessio, au nord-ouest du Puy, imposée par les Romains, mais adoptée par les évêques. Ils en feront la cité des conciles. De sa basilique, doublure de la cathédrale du Puy, est restée la fameuse inscription à Etruscille, l'épouse impératrice, « Mère des camps du Velay ». « Les soldats d'un camp romain, note le chanoine Fayard, aimaient à se réclamer de l'impératrice, comme de leur mère et protectrice. Il y avait donc un camp en Velay. » Etruscille, épouse d'Auguste, de notre auguste empereur de la cité libre des Vellaviens, dit une inscription. Peut-être l'épouse de Decius, « le buveur de sang chrétien ». L'histoire chuchote même qu'Etrucille, Decius mort, serait venue mourir à Ruessio, au pays de la pierre évidée en forme d'autel. Pierre à quatre arceaux, d'origine païenne et mystérieuse. Ainsi l'histoire inconnue d'Anis et de Ruessio laisse à tous le plaisir de chercher encore. Villes sphingétiques et citadelles énigmatiques. Patrie lointaine de la Vellavie sans capitale définie...

De la Virgo paritura à l'église Notre-Dame
La ville des treize portes

« Cette patrie est semblable à la Syrie et au pays jadis donné aux Israélites », avait écrit le jurisconsulte Jean Barbier d'Yssingeaux[2]. « Plantureuse province », où Le Puy lui présentait beaucoup d'apparentements avec l'Orient. Mais surtout, écrit Barbier, parce que la terre y est « une vraie mine d'or ; il s'y engendre des pierres précieuses et de telle excellence qu'elles combattent au prix avec celles des lapidaires du Levant ». Odo de Gissey accompagnait

1. Ptolémée, Mémoire, V, 1re partie, pp. 365, 389 ; X, pp. 516, 522.
2. Cité par ODO DE GISSEY, édition de 1620, p. 6.

la citation de ce sixain, relevé sur un écriteau de la basilique du Puy :

Parmi le sol velaunois
Brillent ainsi qu'en l'Indois
A foison les pierreries
Es monts, ès champs et prairies
Dont l'éclatante lueur
Fait preuve de leur valeur.

C'est d'Orient que la Vellavie celtique allait recevoir la première révélation de l'Évangile par saint Georges et saint Front, disciples du Christ. « Georges avecque Fronton, son compaignon très cher, a esté de Jésus l'intime familier », rappelle Odo de Gissey. Nous avons fait allusion à la manière dont Georges, premier évêque du Velay, envoyé par saint Pierre, « trépassa en chemin » mais « fut ressuscité par l'attouchement du baston papal, dix jours plus tard ». Ce bâton pastoral, dont se servit le premier pontife, « pour raison mystique », est-il purement légendaire ? Vrai, affirme Odo de Gissey, l'église de Saint-Paulien en a la moitié. « Je l'ay vu souvent et j'ai manié l'autre moitié, ayant été transportée à Périgueux par saint Fronton. » Mais « c'est assez discouru de ces bastons miraculeux », écrit Odo, séduit par le site de la future cathédrale. « Saint Fronton en sortit, dit-il, pour battre la campagne d'alentour. » Il baptisa « en un village voisin de la rivière de Borne une vertueuse matrone qui, la première, eut l'honneur de voir le rocher sur lequel, depuis, on a basti la grande esglise ». Le Puy, vieil oppidum gaulois, s'offre à l'attention du monde entier pour sa *Virgo paritura*. Durant cinq siècles elle sera la gloire du sanctuaire. Le chroniqueur Médicis, consul au temps d'Henri II, a transmis cette tradition : Jules César, giboyant dans les parages, fut frappé de l'heureuse situation d'Anis, colline merveilleuse, au creux des hautes montagnes, entre deux rivières. Admiratif, il fit élever une très haute tour [1]. Déjà un oppidum. Si les hommes de César trouvèrent ici un sanctuaire gaulois et s'ils le remplacèrent par un sanctuaire gallo-romain, ils respectèrent néanmoins les dieux traditionnels de l'antique Vellavie. Ils exigèrent uniquement d'adjoindre à leurs idoles leurs propres dieux : Auguste et la déesse Rome. Un linteau de porte, au Puy, en témoigne par son inscription : *« Adidoni et Augusto sextus musicus, etc. »* Cet Adidon était probable-

1. Jacques Langlade, *Le Puy et le Velay,* Paris, Henri Laurens, 1921, p. 11.

ment un dieu local, thaumaturge du dolmen. On lui adjoignit le culte de l'Empereur. Beaucoup pensent que ce fut en vain. Même les évêques renoncèrent, en maintenant le culte, modifiant seulement sa destination. « Les prières que le peuple adressait à Adidon furent détournées vers la Vierge-Mère : le sanctuaire était créé. Il devint si fréquenté qu'une ville s'aggloméra autour de l'église, croissant de saison en saison. A la fin, Ruessium (loin du Puy) parut aux évêques du Velay une résidence moins heureuse que la benoîte colline d'Anis et ils y transportèrent leur siège épiscopal. Voilà une façon probable dont est née la ville du Puy[1]. » Ainsi, comme a Chartres, la Vierge noire du Puy apparaît proche de l'initiation celtique. En rapport avec les constructeurs de la cathédrale et les alchimistes, fille de la mystérieuse Isis, elle s'inscrit dans la tradition des déesses-terres druidiques. Le Puy, ville occulte, était fait pour recevoir une Vierge noire. Une Vierge venue d'on ne sait où et peut-être d'Éphèse ou de Babylone. Ne dit-on pas qu'un sultan de cette ville l'aurait offerte à Saint Louis ? Mais d'autres Vierges noires avaient précédé celle-ci. Leur histoire se fond dans la légende, La ville du Puy, qui l'a recueillie, flotte partout dans l'extraordinaire. L'un de ses vieux chroniqueurs observe[2] : « Le circuit de cette ville est d'environ quatre mille pas. Elle est percée de dix portes, outre les trois murées de la haute ville. » Le Puy, la ville aux treize portes, encore et toujours revitalisée par ses mythes et ses mystères, comme le nombre 13, symbole de renaissance. C'est par l'une de ces portes qu'arrivèrent d'étranges capitaines, un faux Christ et quelques illuminateurs. L'un d'eux s'illustrera dans Clermont, sœur jumelle du Puy fortement christianisée, au cours du IIIe siècle. C'est l'heure en effet d'un persécuteur légendaire. Il surgit sous les porches noirs de la ville arverne romanisée. Une manière de croquant barbare, envoyé par les Enfers, vers les sombres laves.

Le mythique Chrocus et le faux messie de Provence

Une ancienne abbaye bénédictine, siège des futures ursulines, abritera une obscure cellule, ancien refuge des persécutés. Qui fuyaient ces persécutés, sous la crypte aujourd'hui inaccessible ? Chrocus, le mythique Chrocus... Cet homme, arrivé de l'est, passe pour être celui qui saccagea le Delubium, lieu de purification du

1. *Ibid.*, p. 13.
2. ODO DE GISSEY, *op. cit.*, pp. 55 et 117.

Vasso galate. Sa horde aurait anéanti six mille deux cents néophytes tassés dans les cryptes de l'actuel faubourg Saint-Alyre. Écoutons Grégoire de Tours : « On rapporte que ce Chrocus était d'une grande arrogance. Après avoir accompli un certain nombre de méchancetés... Venant en Auvergne, il incendie, détruit et démolit le temple qu'on appelle, dans la langue gauloise, " le Vasso Galate ". Ce temple avait été fait et restauré admirablement. Son mur était double. Il était formé, au-dedans, de menu blocage, et à l'extérieur de pierre de taille. Ce mur avait une épaisseur de trente pieds. Quant à l'intérieur il était décoré de marbre. Au-dessus, il y avait un toit de plomb. » Chrocus et ses Germains sont éclipsés par un faux Christ, sorte de magnétiseur, apparu sur les hauteurs du Puy. Là aussi Grégoire de Tours doit être cité largement[1] : « Un certain du pays de Berry estant entré dans un bois de haute futaie, afin d'abattre les arbres, fut investi d'un essaim de guêpes et de taons. Cette noire armée donna telle épouvante à ce bûcheron qu'il en eut le cerveau détraqué... Deux ans durant on le tint pour fol. D'où l'on peut reconnaître la malice d'enfer. Ce pauvre homme, ainsi traité, se met à courir dans les villes voisines. Après diverses courses se rend en Provence, s'affublant et revêtant de peaux et pelisses. Il vaquait à prières, comme s'il eût été religieux. Pour se moquer de lui on disait qu'il savait deviner et prédire. De quoi fâché... il quitte la Provence et se rend au pays de Gévaudan, se disant être quelque chose de grand. Sa présomption s'élança si avant qu'il assurait être Jésus-Christ et prit avec soi une femme disant que c'était sa sœur et l'appelait Marie. Le peuple courait après lui... lui présentant des malades que par le seul attouchement il guérissait. Les uns et les autres lui fournissaient or, argent et vêtements. Lesquelles choses afin de mieux piper le peuple il distribuait aux pauvres. Puis, se relevant, il commandait à ceux autour de lui de l'adorer. Il prédisait ce qui devait arriver à quelques-uns... Il pratiquait tout ceci par l'artifice du diable et par l'art magique. L'on ne pourrait croire le monde de peuple qu'il trompa par ce moyen. Pas seulement de la populace mais encore du clergé. Il avait plus de trois mille hommes à sa suite. Il se mit à piller et voler ceux qu'il rencontrait et donnait les habits à ceux qui n'en avaient point. Il menaçait de mort les évêques et les citoyens des villes, à cause qu'ils ne voulaient lui prêter l'hommage et adoration. Il se voit parquer en pays de Velay, devant la ville qu'on appelle Anis, ou Le Puy, avec toute son armée. Auprès des églises il rangeait son camp, comme

1. Grégoire de Tours, *Histoire des Francs,* livre 10, ch. 25.

s'il eût voulut attaquer l'évêque nommé Aurélius. Son avant-garde et ses fourriers étaient des hommes tout nus sautant et jouant. Ils signifiaient que leur maître était proche. Le prélat Aurélius, étonné de cette façon de faire, envoie au-devant de lui quelques bourgeois des plus accorts, pour savoir que prétendait cet homme. Or voici qu'un vieillard d'entre eux l'aborde et ayant fait mine de lui vouloir baiser les genoux, se baisse comme s'il eût voulu faire la révérence. Le sorcier, commandant qu'on le dépouillât, ce bourgeois tire son épée et le taille en pièces. Ainsi cet Antéchrist fut terrassé et mis à mort. Ceux qui étaient de sa suite geignent à ses pieds et Marie, prise, est appliquée à la question. Elle découvrit toutes les sorcelleries et tromperies de ce malheureux. Tous ceux qu'il avait séduits par ses charmes et sortilèges magiques jamais ne revinrent à leur bon sens. Ils persévérèrent toujours à protester que ce sorcier et sa Marie avaient une partie de la " Déité ". » Ce texte de Grégoire de Tours est peu connu, sinon inconnu. Le faux messie qui avait campé dans la prairie du Breuil, sur l'actuelle place de la Préfecture du Puy, apparut comme une sorte de Mandrin avant l'heure. Illuminateur de pacotille pour les uns, rustique prophète selon d'autres, emporté dans ses voyages par la passion des inspirés, au gré du vent et des zéphyrs. N'empêche, le pas de danse de son avant-garde de nudistes, la persistance de ses fidèles avaient tellement troublé l'évêque Aurélius que, dit-on, il en mourut. Grégoire note : « Voilà le tragique récit de cet imposteur... Le trépas de notre évêque ayant desconfit le faux Messie, aussitôt après la victoire de ce magicien, arriva sur la fin de l'année 595. » Cette anecdote s'insère dans un temps charnière où vont poindre mille années de christianisme. L'encens et les cantiques vont couvrir la sylve d'Auvergne, cette autre forêt de Brocéliande où s'estompent d'autres ombres, d'autres enchanteurs Merlin. Nous sommes à la fin d'une certaine histoire illusoire en Auvergne. Mais nous sommes toujours au seuil d'une histoire énigmatique et secrète.

3.

La venue du troisième homme Sidoine Apollinaire

Les habitants d'Arvernas contre les Wisigoths

Parmi les commis voyageurs du christianisme, Sidoine Apollinaire, né à Lyon vers 430, sera le troisième homme. L'histoire a consigné les deux premiers Apollinaire : l'aîné rhéteur et grammairien, et Apollinaire le jeune, son fils, l' « Hérésiarque ». Ce dernier enseignait que Jésus-Christ, en s'incarnant, avait pris une âme humaine sensitive, sans raison ni entendement. L'Apollinaire des Arvernes a été préfet de Rome sous l'empereur Avitus, son beau-père. Quoique marié, il devint évêque de Clermont en 472. Trois ans plus tard, les Goths assiègent sa ville. Sidoine jette contre eux son beau-frère Ecdicius. Dans la vacation encombrée des chariots et des troupeaux, cette sortie héroïque ne sera qu'un baroud d'honneur, car l'empereur Julius Nepos a négocié l'Auvergne avec Euric, le roi des Wisigoths. Vains appels de Sidoine Apollinaire : « La servitude pour les Arvernes qui osèrent se dire, jadis, les frères des Latins et font remonter aux Troyens leurs origines ! Nous n'avons point tremblé devant les Goths... Rougissez de honte de préparer un traité si peu avantageux... Une autre contrée vendue de la sorte attendrait l'esclavage. L'Auvergne attend le supplice. Si vous ne pouvez rien, faites du moins par vos prières assidues que survive la race de ceux dont la liberté va périr. » Cette apostrophe était la machine de guerre d'Apollinaire. Elle invectivait l'horizon et l'univers, les amis et les ennemis. Comme l'a si bien dit Paul-Louis Courrier [1], cette apostrophe était le moyen « secret de parler aux gens qui ne sont pas là, de lier conversation avec la nature, d'inter-

1. *Œuvres,* pp. 40, 41.

roger au loin les morts et les vivants ». Puissance et magie du verbe. Pour l'avoir si bien manié, Sidoine paiera. Il sera déporté quelque part vers les froides Pyrénées, près de Carcassonne. Revenu de sa forteresse lointaine, deux ans plus tard, ce prélat notera ses souvenirs d'Arverne dans un style obscur et barbare. Retenons qu'au temps de sa préfecture de Rome il s'était fait pirate, déroutant cinq voiliers pleins de blé et de miel. A la façon d'un Surcouf des mers, Sidoine avait alors ravitaillé ses administrés. Particularités inconnues de cette vocation tardive, mais personnage considérable. Homme généreux, qui distribuait sa vaisselle d'argent à la gent des pauvres, au grand désespoir de sa femme Papianilla[1]. Il enrichira l'Auvergne populaire de ses charités et mourra à cinquante-huit printemps, enterré dans l'église Saint-Saturnin, sur le terroir des « plats », au sud de la rue de Rabanesse. Mais la tradition dit qu'il fut au contraire inhumé, à vingt-cinq kilomètres au sud de Clermont, à Aydat. Une pierre de l'église d'Aydat porte cette inscription : *Hic sunt duo innocentes et sanctus Sidonius* (ici sont deux innocents – (mais qui sont-ils ?) – et saint Sidoine). Une île du lac d'Aydat porte le nom de Sidoine Apollinaire, recelant peut-être dans ses berges ce petit mystère : celui de sa finale sépulture.

1. Papianilla était la fille de Flavius Eparchius Avitus, cet Arverne devenu empereur de Rome. On a donné Aydat ou Avitac comme le domaine d'Avitus. « Un paradis lacustre sous les volcans », écrira Sidoine Apollinaire. Avitus, jeune marmot, était enfoui par son père dans la neige. Ce dernier le forçait à briser la glace du lac d'Aydat avec ses pieds nus. Traitement de Spartiate. A l'ombre des murailles d'Arvernas, le jeune Avitus se battra en duel avec l'assassin d'un serviteur. Cet acte et d'autres en feront un soldat puis un empereur d'Occident. Harangué par Sidoine Apollinaire, son gendre, Avitus, le César arverne, s'entendit flatter de cette harangue : « Au pied de notre ville (Arvernas) une plaine féconde s'étend à l'infini. Aussitôt que le soc a sillonné ses flancs sombres au blond froment elle offre une glèbe fertile que n'ont jamais reçue Égypte ni Sicile. L'homme y a le pied fort et le bras intrépide. A cheval, il ne craint personne. Souviens-t'en, César, toi qui devant Gergovie as tremblé, toi qui n'as pu grimper les flancs de leur colline, toi qu'a fait reculer la ruée des Arvernes. » Ce panégyrique, cité par l'écrivain Jean Anglade dans son *Sidoine Apollinaire,* était comme une double revanche littéraire et politique jetée aux mânes de Jules César.

L'Auvergne en paradoxe sous le joug des Barbares

Nous avons vu Chrocus et ses Alamans traverser le Rhin. Il est venu renverser, sur les hauts d'Auvergne, la statue de Zénodore. Chrocus a tué saint Didier, le futur patron de Saint-Didier-en-Velay, dont le bâton de bouvier, « fixé en terre, fleurissait » miraculeusement. Son compagnon, saint Martin, s'était arrêté au-delà de Bramard. Son cheval avait marqué sur le rocher l'empreinte de son sabot. Puis le saint s'était porté vers les trente mètres cubes de rocs, entassés par les Ligures, afin de détruire ce centre d'idolâtrie. Il avait planté la croix sur l' « autel diabolique » des sacrifices païens. Une série de lieux-dits Saint-Martin, près de Soulier-Haut et Soulier-Bas, nous met dans l'itinéraire de cet apôtre pourfendeur. « Les Ligures païens adoraient (à Soulier-Haut et Soulier-Bas) le soleil haut du levant et le soleil bas du couchant », note Vital Chausse [1]. La chose mérite d'être notée : ces évangélistes du terroir firent face aux invasions. La ruée des Barbares les stimulait autant que l'exclusivisme du paganisme. Arvernes et Romains avaient perdu, un instant, leur valeur militaire dans le luxe et les plaisirs. Ce fut le paradoxe de cette Auvergne indomptable sombrant dans les revirements. Le bas peuple d'Auvergne, miséreux sous les Romains, accueillit parfois l'envahisseur dans l'indifférence. Ces avalanches humaines libéraient au contraire la curiale des bourgeois, en brisant les chaînes qui les liaient à l'Empire. Seule une vaillante armée d'apôtres, soit par le prêche, soit par l'excitation au soulèvement, émoussera l'envahisseur. Ce fait extraordinaire, paradoxal, heurte la raison. Il est pourtant vrai, face aux Burgondes venus du Forez. Ces Burgondes mettent Brioude à sac et « malgré une belle résistance des Vellaves » (qui ne sont pas arvernes), ils s'implantent dans le Sud auvergnat [2]. Sans parler des Huns, voici pourtant le roi des Goths, Euric, conquérant du Velay. Mais à l'appel de ses prêtres, ce petit peuple se redresse. « En 503 et 504, les Burgondes envahirent l'Auvergne et le Velay. Le Vellave Illidius ou Allyre qu'avait prévenu et dirigé une blanche colombe, fit un véritable massacre de Barbares. Illidius conduisit ses troupes à Brioude, pour rendre hommage de sa victoire à saint Julien, patron de la cité. Quatre Burgondes prisonniers s'échappèrent, non

1. *Saint-Didier-en-Velay*. Imprimerie industrielle, 1948, p. 21.
2. *Ibid.*, p. 23.

sans avoir pris, à Brioude, une aiguière. De retour dans leur patrie, ils voulurent l'offrir à leur roi, Gondebaud, mais celui-ci fit rendre cet objet d'art à Saint-Julien [1]. » Devant la cavalcade effrénée d'Attila, ce fléau de Dieu, l'Auvergne a failli trembler. Nulle herbe ne poussait plus jamais, une fois passées les tribus guerrières. Sur les volcans froissés que piétinaient les sabots d'une folle cavalerie, l'Auvergne éteignait les brasiers des camps. Puis, hagarde, elle ne reconnaissait plus son paysage, ce paysage, décrit comme suit par Apollinaire, dans une de ses missives : « Cette plaine immense comme la mer... et d'un parcours facile... paradis des chasseurs, avec ses hautes montagnes couvertes de pâturages, ses coteaux plantés de vigne, ses terres fertiles, ses riches villas. » Fresque du paradoxe, là aussi, tandis que les cendres tièdes du Barbare fument encore sous les bivouacs détruits.

Clovis, le roi des Francs, annexe l'Arvernie
L'étrange bataille de Vouillé

Sous les feux nocturnes de l'invasion, l'Auvergne est un immense campement, d'où émergent les mitres triangulaires des prélats. Car les crosses, emmêlées dans les épées, ont fait le geste de l'an 507, lorsque, à l'appel des évêques, Clovis marche contre les Wisigoths du Sud-Ouest. Alaric II, leur roi, est trucidé à Vouillé, près de Poitiers. Déjà, par une sorte d'incohérence, trente ans plus tôt, l'évêque Sidoine Apollinaire et les habitants d'Arvernas s'étaient joints à la République romaine contre les Goths. Et maintenant Clovis se heurtait au second Apollinaire. Apollinaire junior avait fait passer l'Auvergne dans le camp des Wisigoths. Grégoire de Tours nous a laissé quelques traits de cette avance foudroyante contre l'armée arverno-wisigothe. Les eaux de la Vienne avaient monté. Il fallait traverser le fleuve à gué. Mais où donc était son niveau le plus bas ? Nul ne savait, quand une biche attentive, jaillie d'un bocage sacré, joignit les deux rives, indiquant le passage. Dans la nuit un autre prodige guida la marche. C'était une colonne de feu tournoyant sur la basilique Saint-Hilaire. Au *campus volladensis* le choc avait été mémorable. « Il périt dans cette bataille un grand nombre d'Arvernes et même des plus considérables venus avec Apollinaire. » Francs ripuaires et Francs saliens furent soumis après cette victoire. L'Arvernie, annexée, participait désormais à l'unité

1. Ronin, *op. cit.*, p. 40.

de la Gaule, dans un empire franc, préfiguration d'une nouvelle France.

Thierry assiège les cités arvernes

Clovis meurt et l'Auvergne passe dans les mains de son fils Thierry, pour qui le repos fut insupportable. Un ravageur qui avait déjà dévasté le pays sous le règne de son père. N'avait-il pas fait le siège de Château-Vieux, près de Mauriac ? Basolus était ici le maître. Thierry traîna son captif vers Sens, laissant à sainte Théodéchilde, fille de Clovis, le territoire de Mauriac. Il ne reste de Château-Vieux que des pierres vitrifiées. Autre siège de Thierry devant Chastel-Marlhac. Théodéchilde aperçut ici, au crépuscule, une lueur qui vacillait dans la forêt. Elle y dépêcha ses domestiques. Surprise : c'était l'effigie de la Vierge. A ses pieds une lionne montait la garde. Sur-le-champ, Théodéchilde fit bâtir un oratoire. Un luminaire s'alluma désormais, jour et nuit, en cet endroit, pour commémorer cet éclat mystérieux de la forêt. Cierge perpétuel qui s'éteignit à la Révolution seulement. Cette chapelle ardente de « la Dame à la lionne » passe pour avoir été bâtie avec les vestiges d'un temple mercurien. Sanctuaire païen, où l'on voyait un dieu rouge vermeil enchâssé de pierres précieuses. La statue du dieu recueillie près de Monclar, sur le castel de Malsarte, aurait servi d'alliage dans la fabrication de quelques vases sacrés. Et Notre-Dame-des-Miracles, succédant à l'idole, couvrit la région de ses prodiges. Quant à Théodéchilde, elle laissait ici le futur monastère de Mauriac. Son frère Thierry continua d'infester le pays. On le vit à Vollore-Ville, au Lavolatrum décrit par Grégoire de Tours. Thierry s'empara de ce fort par surprise. Procule, un prêtre félon, avait pratiqué une brèche dans la muraille. Récompense : les séides de Thierry lui tranchèrent la gorge dans son église. Le fils de Clovis exerça encore au Tigernum Castrum de Thiers sa rage destructrice. Thiers tire son étymologie de Thiern, désignation celtique du chef. Les Thiernois ont gardé la tradition de leur église de bois, livrée aux flammes par Thierry. Un vent providentiel égara le feu. Dans l'amas des cendres les Thiernois retrouvèrent une boîte d'argent. C'était le reliquaire de saint Symphorien avec, à l'intérieur, trois pierres teintées de son sang. Les vieilles gens vous diront que les trois pierres sont perdues, mais non le pouvoir d'être guéri de la maladie des yeux, la « maille ». Seul le curé de Moutier détient ce don qu'il laisse, bien entendu, à son successeur. Pieuses réminiscences, où passe la silhouette macabrement sauvage de Thierry d'Auvergne. Le chroniqueur de Tours mentionne que dans l'une des places assiégées, cinquante Arvernes firent une sortie. Les hommes de Thierry s'en emparèrent et s'en furent les montrer à leur famille, ligotés, l'épée sous la gorge. Les parents payèrent la rançon (un tiers de sou d'or par homme) et nos Auvergnats furent libres. Telle est la chronique de Thierry, une chronique sans gloire, où ce fils d'une concubine avait eu l'Auvergne en partage, par préciput. Sur un faux bruit de sa mort, Childebert, son frère, courut à son tour s'emparer de l'Auvergne, partie du royaume d'Austrasie, mais ce Childebert dut se retirer et choisir d'autres contrées.

Mystérieuse Austrasie
La machine de guerre de Pépin le Bref

On parle bien peu de ce mystérieux royaume d'Austrasie qui incluait l'Auvergne et le Velay. C'était le royaume de l'est de la Gaule franque (Ost Reich) par opposition à la Neustrie (Non royaume de l'est). Royaume des Francs orientaux du VIe au VIIIe siècle. Il comprenait, outre la Thuringe, la Franconie et l'Alémanie, les duchés de Bavière et de Frise, avec les pays situés entre le Rhin, la Meuse et l'Escaut. L'Auvergne et le Velay furent englobés de force dans ce royaume lointain. Sa capitale était Metz et son premier roi fut Thierry, fils de Clovis. L'Austrasie, berceau de la dynastie carolingienne, connut sa suprême puissance avec l'élévation au trône de Pépin le Bref. Pépin le Bref, dont l'Auvergne connut les incursions à Tournemire, Escorailles, Peyrusse... Tournemire, le village aux cinq forts, sur la rivière Doire (*dorum* signifie rivière en celtique), faisait partie de la haute Auvergne. Mais c'est la capitale même des Arvernes que Pépin vint embraser. Bon nombre d'habitants furent jetés au brasier. Pépin alla jusqu'à en faire égorger quelques-uns « sans distinction d'âge ni de sexe ». La basilique construite au Ve siècle par saint Namace se dressait alors à l'emplacement de la villa gallo-romaine de Cassius, patricien martyr, baptisé par Austremoine. Elle avait cent cinquante pieds de long, soixante de large, cinquante de haut, quarante-deux fenêtres, soixante-dix colonnes, huit portes, d'après Grégoire de Tours. Sa magnificence sombra dans le feu. A la cité des Arvernes semblait s'appliquer cette phrase biblique[1] : « Vous amasserez, au milieu

1. Bible de Sacy, Deutéronome, XIII, 16.

des rues, tous les meubles et vous les brûlerez avec la ville, consumant tout en l'honneur du Seigneur votre Dieu, de manière que cette ville devienne comme un tombeau éternel. » Car Pépin le Bref agissait « au nom de Dieu », comme la plupart des conquérants. Il s'en fut porter le fer au puy de Chateix (ou du Chastel) à Royat. Là sur une montagne, s'était érigée la forteresse légendaire de Wafre, duc d'Aquitaine. Pépin, aidé de son fils Charles, le futur Carolus Magnus, au dire du chanoine Audigier, réduisit le fort en cendres. Ce n'était pas loin du fabuleux « grenier de César », tertre argileux rempli de seigle, réserve calcinée, grillée jadis par les Arvernes, pour soulager Gergovie. L'aventure incendiaire de Pépin le Bref ne se termine pas avec le sac de Clermont et de Bourbon-l'Archambault, en Bourbonnais. Il reviendra, torche en main, poursuivre Wafre, sur les contreforts des monts d'Auvergne, s'emparera des siens et le traquera dans la forêt d'Edobol (ou forêt de Ver). Le feu était son arme, en plus de ses machines de guerre signalées par Grégoire de Tours. Ce prince incendiaire, surnommé le Bref, à cause de sa petite taille, avait livré un combat célèbre contre un taureau et un lion, au dire du moine de Saint-Gall et de l'Astronome. Il sut néanmoins se rendre grand, en préparant le destin de son fils Charlemagne. Mais, surtout, ce prince brûleur, à la fois raillé et déifié par ses soldats, trouvera le moyen de s'élever, en se réconciliant avec les prélats d'Auvergne. Il est vrai que c'était à l'invite sévère de l'abbé de Mozac, près de Riom. Ce religieux lui fit faire le trajet du monastère de Volvic jusqu'à celui de Mozac, avec les reliques de saint Austremoine sur le dos, pieds nus et la couronne sur la tête. Pénitence expiatoire pour avoir rasé le couvent de Volvic ; châtiment et pardon, sur treize kilomètres, pour toute la suite de ses désastres en Auvergne. A la vérité, sanction légère... Après quoi ce boute-feu mourut d'hydropisie.

La naissance de Clarus Mons et la fin du sortilège latin

On a voulu dire que le *Clarus Mons,* étymologie de Clermont, provenait de la fournaise allumée par Pépin le Bref. Séduisante filiation de mots. La phonétique s'en accommode. La rouge lueur, sur le mont des Arvernes, quand elle incendiait le ciel des volcans, dut à jamais grandir dans les esprits et les mémoires. A l'évocation de cette métropole, noyée dans le bouillonnement des étincelles, au souvenir immémorial de ces feux éclairants, Clermont scintille et fourbit sa légende incandescente. Mais le flambeau semble être ailleurs que dans le château de « Clairmont », au cœur de la cité. Certes l'appellation de « mont Clair » voit le jour, après la ruine de la citadelle. Comme pour désigner le « mont bien éclairé », sur la butte, dénudée par l'ouragan de feu. Mais ne faut-il pas voir dans la cité reconstruite, qu'on voyait de loin, un symbole appellatif essentiellement religieux ? Celui de la colline lumineuse épiscopale et biblique promise aux renouveaux chrétiens. Lassée du tourment des dieux païens, enclos réservé d'une nouvelle mystique, cette « cité des lumières » féconde, au VIIIe siècle, un autre avenir. A la toge des sénateurs avait succédé la soutane des prélats. Séjour des dieux et berceau des religions, le nouveau Clarus Mons devient acropole chrétienne. Jullian, ayant assimilé Augustonemetum à Lugdunum [1], déclare simplement, dans son *Histoire de la Gaule,* que la capitale des Arvernes changea de nom, pour perpétuer celui de sa colline lumineuse. Sans doute épiloguera-t-on sans fin sur ce petit Machupichu inconnu, premier siège d'un temple dédié à Bélénos. Le culte d'Apollon y fut remplacé par celui de Sidoine Apollinaire rendu au dieu chrétien des Arvernes. Curieuse homonymie. La cité brisait les vieux sortilèges latins. Sur sa butte de quatre cents mètres allait se dresser la basilique du Port, puis la cathédrale de lave noire. Métamorphose d'un Clarus Mons consacré au pied d'un puy de Dôme, profane et sacré, culminant bien plus haut, à 1 465 mètres. Enchâssé dans ses couzes écumantes, le Clermont de la petite colline inaugurait la magie d'un nouvel âge.

1. La juxtaposition de Lug (Claus) et Dunum (Maus) évoque le culte du corbeau très lyonnais avec son compère d'Apollon.

TROISIÈME PARTIE

L'Auvergne francisée et christianisée

1.

Les moines civilisateurs

L'Auvergne déifiée cédée sans combat

Voici l'âge chrétien. Il s'inscrit dans la romanité. Vers l'an 313 le culte est libre. L'empereur Constantin, par l'édit de Milan, officialisera le christianisme. Une manière, pour les Césars, d'être libéraux. Bien avant, les Arvernes se sont pliés aux nouveaux cultes. Cérès, Apollon, Diane ou Jupiter faisaient ombrage à leurs divinités cornues mais ils recevaient néanmoins, peu ou prou, la religion du Christ dans l'Empire. L'Auvergne a sa nouvelle foi. Une religion expulsée de Rome, mais venue de Rome. La religion des « mille dieux » n'était pas pour déplaire aux Césars. Pourtant le christianisme continuera de les gêner. Ils en feront un grand feu de torches. Ce sera le temps des confesseurs de la foi et la gloire des martyrs. Augustonemetum, capitale des Arvernes, adopte à cette époque le nouveau nom d'Arvernum, *alias* Arvernas. Un des sept évêques envoyés en Gaule pénètre dans ses murs. C'est Austremoine, le Stremonius des Latins, cheminant ployé sur un bâton. Dans sa besace le pain bénit, à sa bouche le verbe des inspirés. Le voici à Lezoux, chez les potiers, au milieu des cupidons. Il bannit les représentants des dieux imposteurs. Un agitateur, dénoncé par l'Administration. On le chasse et la populace le couvre de horions.

Mais ses disciples quadrillent le terrain. Saint Genès est à Thiers, saint Nectaire à Champeix ; Manet et Mary couvrent la haute Auvergne. L'Auvergne chevelue des dieux païens prend la tonsure. On peut dire que cette Auvergne déifiée d'autrefois est cédée sans combat. Le dieu chrétien, surnommé le Dieu des dieux, en sort victorieux. Mary, un saint dont le nom exorcise la montagne, entre Saint-Flour et Massiac, abolit le sublime Jupiter sur son trône du mont Joux. Lorsqu'on transportera les reliques de Mary à Mauriac, le mulet glissera dans les précipices. Il ne sera retenu que par l'intercession de saint Mary. Depuis, dit la légende, l'endroit porte le nom de puy Mary. Austremoine finira martyr dans Issoire, Ferréol et Julien, soldats convertis, seront pris. Un album légendaire se remplit de saints personnages arvernes et vellaves. Hagiographie parfois naïve et légendes souvent trop dorées. Leurs récits vont grossir la piété du petit peuple, exaltant simultanément le rêve et la foi. Julien, décapité à Brioude, dans la forêt de Vincelle, est enseveli par deux vieillards, près d'un temple consacré à Mercure. Les deux vieillards, la besogne terminée, sont rajeunis de quarante ans. Miracle. Les habitants de Brioude vénèrent toujours cette fontaine où la tête de Julien fut lavée par ses bourreaux. Une tête emportée à Vienne par les soldats, comme preuve de leur exploit. Chaque année, le 28 août, la pierre du monument Saint-Julien semble rougir. Les eaux de sa fontaine prennent la couleur de l'épanchement sanguin. Et chacun aime en caresser sa peau. La croyance au sang de saint Julien se perpétue. On emporte l'eau, dite sanguinolente, pour se guérir de l'érysipèle et autres infections. Grégoire de Tours, ayant eu de violentes migraines, en fut guéri. Ferréol, le soldat compagnon de Julien, ayant refusé de sacrifier aux idoles, périt à son tour et fut inhumé à Vienne. C'est dans sa fosse que la tête de Julien avait été jetée. L'évêque Mamet la retrouvera dans les propres mains de Ferréol, intacte et récente, comme au soir d'une sépulture. En conclusion, on peut dire que les saints ont un peu remplacé les dieux. Ceux-ci s'étaient largement confondus chez les Latins et les Gaulois. Teutatès et Mercure, sous les marbres roses du puy de Dôme, avaient eu leurs fidèles communs, jusqu'en Rhénanie. Les divinités des eaux et des sources s'étaient insinuées dans les stations balnéraires et le christianisme arrivait, pour consacrer tout cela. Le pape Fabien était décidé à évangéliser l'Auvergne, où les missionnaires du Christ avaient guéri le sénateur arverne Cassius. Ce sera le temps des martyrs auvergnats, avec, parmi eux, le courageux sénateur Cassius.

Le Vicus christianorum

C'est maintenant le temps des chapelles et des oratoires. Quatre mille églises sont consacrées à saint Martin, dans la Gaule. Toute l'Auvergne semble se mettre à genoux. Des quartiers entiers passent au christianisme. Tel celui de Fontgiève, à Clermont, quartier de la Fontaine juive. Le faubourg Saint-Alyre prend le nom significatif de « Vicus christianorum ». Les fidèles de ce Vicus se terrent alors dans des cryptes ou *cellae*, modestes refuges construits par Austremoine. L'une d'elles est célèbre, celle de Notre-Dame-entre-Saints, ainsi appelée à cause des nombreux sarcophages entassés entre ses murailles. On citera souvent l'abattage humain des six mille néophytes abrités dans le Vicus. C'est un haut lieu du christianisme auvergnat. Dans ce « bourg des chrétiens », sorte de catacombe arverne, les six mille ensevelis soutiennent, sur leurs corps, de nouveaux temples. Des temples qui remplacent, ci et là, ceux de Mercure, dont les ruines dominent toujours les horizons d'Auvergne. Vers les monts Dore, la Celtie avait sa patrie, avec les dolmens de La Pineyre, de Saillant, des Tauves, de Freydefond. Saint Nectaire, un apôtre grec, arriva. Une légende le précédait : saint Pierre l'avait ressuscité, afin de le mander en Gaule. Le voilà traversant le Tibre. Nectaire découvre soudain que le passeur est le démon. Heureusement un ange vole au-dessus de la barque... Parvenu en Auvergne aux abords du mont Cornadore (« réservoir des eaux » ou mont Corneille), saint Nectaire érige sanctuaire sur sanctuaire. Toute l'Auvergne semble s'éclairer des chandeliers dressés sur les autels. La foule invisible des campagnes rampe vers les églises comme une immense fourmilière conduite par les prêtres. Le Dumias du puy de Dôme et les puys alentour paraissent, avec leurs dieux, dans un autre territoire des ténèbres. La montagne du Cornadore balance dans les nuages sa tête païenne avec son temple d'Apollon. Saint Nectaire vient exorciser ce lieu, y bâtit une chapelle. De là, il s'en va ressusciter Bradulus, un notable de Clermont. Dans l'église actuelle de Saint-Nectaire un chapiteau du chœur montre le saint armé de la croix et contraignant le diable nautonier à lui faire passer le Tibre. Une résurrection opérée à Saint-Nectaire et celle de Bradulus à Clermont sont racontées par ce chapiteau, où les morts se lèvent au contact de la croix. Les morts, avec qui s'entretient saint Martin, ce chemineau missionnaire, allant sur un âne ou un bateau... Cent cinquante saints environ quadrillent ainsi l'Auvergne du paganisme. Parmi eux se détache le peloton de tête avec saint Austremoine, saint Baudime et saint Auditeur. L'évêque de Clermont, saint Gall, ancien brûleur d'idoles à Cologne, éteint les flammes qui ravagent la capitale de l'Auvergne. Il lui a suffi de paraître, drapé dans ses habits pontificaux, et de bénir le feu. A Riom, saint Amable fait sortir les démons des corps. L'on voit « couler le venin de ceux qui avaient été mordus ». Bref, c'est l'heure d'une nouvelle idolâtrie avec ses miracles et ses reliques. La parole du nouveau Dieu fait passer son courant dans l'Auvergne christianisée.

Guérisons en tout genre et calamités insolites

Le menhir cède la place à la croix. A Pierrefite, au cœur de la planèze cantalienne, le menhir portera la statue de saint Lambert. Un pâtre, ayant pris son repos dans la prairie, avala un serpent. Sa mère n'eut qu'une ressource : le transporter sous le menhir, où dominait saint Lambert. Aussitôt le reptile sortit et ses congénères ophidiens auraient paraît-il, déserté la région... La peste, mal inguérissable, répand son mal horrifique entre les pays, désolant une grande partie de l'Auvergne. Un dimanche, trois cents morts gisent sur les dalles de l'église Saint-Pierre, tandis qu'à la cathédrale une alouette diabolique vient moucher les cierges. Affolement des sacristains qui l'empêchent de foncer sur le tabernacle. Grégoire de Tours a fait également le récit de cette double armée de sauterelles venues s'abattre sur les environs de Romagnat, avant de se dévorer mutuellement. Saint Men exerce ses dons de guérison à Jaleyrac, au nord-est de Mauriac où sévit la lèpre. L'art et la dévotion se complètent. Le mal de Saint-Men (lèpre des Grecs) courait des monts Dore au Limousin, s'étendant jusqu'à Salers et vers Gourdièges, du côté de Pierrefont. Le « mal de Jaleyrac » se guérit dans les léproseries, au lieu des « plattes », à la croix des Anders (ou croix des dartres), tandis qu'à Randol une voix de femme appelle en vain, par-dessus le torrent de la Monne. Elle appelle non pour elle, car elle a échappé au mal, mais pour son village ravagé par l'épidémie. Saint Roch, heureusement, traverse quelquefois l'Auvergne, suivant le fléau de hameau en hameau. On le voit à Saint-Dier, aux lisières du Livradois et du Forez, où l'on bénissait, naguère, vaches et moutons, pour la Saint-Roch, car le saint préservait les troupeaux du mal. Partout se répand son image statufiée, le représentant appuyé sur le bâton, près de son chien fidèle. D'une main il montre les plaies de sa jambe droite et sa légende s'inscrit, au revers des chemins creux, tel un symbole itinérant. Saint Roch chassait la peste au moyen du signe de croix. Parvenu à Plaisance il vit sur lui-même les symptômes du fléau. Ne voulant pas être à charge, dans les hôpitaux surpeuplés, il s'éloigna de la ville et se réfugia dans un bois. Le chien d'un grand seigneur lui apportait tous les jours un pain dérobé à son maître. Un valet découvrit le saint en chassant. Le chien s'était détaché de la meute, volant un pain entier pour l'apporter à son protégé. Le gentilhomme, touché de compassion, offrit à Roch un asile dans son château. Mais le saint n'accepta qu'une cabane, avec autorisation, pour le chien, de continuer à lui porter du pain. Saint Roch, guéri de l'épidémie, quitta l'Italie pour le Languedoc. Aux confins et sur les chemins d'Auvergne, son souvenir s'inscrit dans les églises et les oratoires, au bord des routes. Sa statue muette semble marcher. Elle se cache derrière les entrecolonnements des nefs. Elle déplace encore les pèlerins du mois d'août.

Moines et Maures

Aux calamités de la nature s'ajoutent celles des hommes. Cent ans après la mort de Mahomet les Arabes sont parvenus en Espagne. Voici les mahométans en Velay, l'an 725. Ils massacrent les habitants. 732 : Charles Martel arrête à Poitiers la vague des Maures. Quatre ans plus tard, les voilà revenus dans le Velay, conduits par Ioussouf-Ben-El-Rahman. Échec à ce capitaine, aux Fosses, près La Valla, puis au combat, près de Saint-Genest-Malifaux. Le mont de Saint-Didier-en-Velay conserve encore un lieu-dit mont Sarrasin. A deux pas du Puy-en-Velay, au-dessus du village de Peyrard et de l'abbaye de Doue, le hameau de Sarrazine témoigne de l'incursion des Sarrasins venus du Monastier, où ils s'en prirent aux moines. Des fontaines, comme celle de Fontarabie, près de Saint-Martin (Saint-Didier-en-Velay), attestent leur campement. Enfin le village d'Ally, aux limites de la Haute-Loire, est resté célèbre pour ses moulins à vent et sa colonie arabe. La ville de Riom-ès-Montagne passe pour avoir été détruite par des Sarrasins échappés de Poitiers. Après quoi ils furent décimés sur place. Leur sang coula dans le « ruisseau des Sarrasins ». Les fers « sarrasins » de l'église de Mauriac évoquent une tradition bien incrustée. Un jour, les gens de Mauriac découvrirent, à côté d'une chapelle, deux rescapés des geôles d'Espagne, où les Sarrasins les avaient faits prisonniers. Ils portaient encore les chaînes de leur captivité. La veille Notre-Dame-des-Miracles les avait libérés, les transportant avec leurs chaînes en Auvergne. L'étang des Maures, à huit kilomètres de Billom, aurait eu sa chaussée bâtie par les Sarrasins, du temps de Charles Martel. Ici venaient boire les chameaux des guerriers arabes. Cette étymologie des chameaux se retrouverait dans les Chamalières d'Auvergne et du Velay. Savaron n'excluait pas cette hypothèse. Il voyait dans la cité auvergnate un campement permanent de chameaux *(cameli)*. Mais il faut être prudent en étymologie.

Le Chamalières vellave tire plutôt ses origines de ses fastes monastiques. Pareillement la ville de Maurs, dans le Cantal. Selon une légende, ce fut le pays natal du félon Ganelon (les habitants du lieu se nomment Ganelets)... La cité doit plutôt, là aussi, son renom et son nom au monastère bénédictin du XIe, fondé par Béranger, vicomte de Carlat. Et nous arrivons aux moines civilisateurs qui reviennent souvent après les guerriers dévastateurs. La croix éclipse le croissant.

La vie monastique s'installe

Les Sarrasins avaient ruiné, notamment, le monastère de Volvic. Cinq cents ans plus tard, un abbé de Mozac le rebâtira. Un chapiteau porte la représentation de saint Priest, évêque d'Arvernas, assassiné en 674. La légende prétend que l'assassin fut rongé vivant par les vers. L'auteur de ce crime aurait été un propriétaire terrien fatigué d'avoir à donner des prairies pour élever toujours de nouveaux couvents dans le diocèse. Volvic a conservé la châsse de son évêque martyr et miraculeux. Dessous, une épée de fer, celle qui aurait frappé le prélat. Le monastère édifié ici eut saint Godon pour abbé. Cet abbé, à son tour, opéra des miracles. Sauxillanges, à quarante-sept kilomètres au sud-est de Clermont, ayant été empesté, les moines firent amener, de Volvic, le corps de saint Godon. On promena ses restes embaumés par les ruelles. Le mal pestilentiel s'arrêta. Ce prodige fit accourir les foules. Tant et si bien que les moines de Sauxillanges ne voulurent pas restituer le saint. Vainement les réclamants le chargèrent sur un char à bœufs. L'attelage ne put décrocher, cloué par une force mystérieuse. Ces anecdotes montrent l'affermissement des monastères et la ténacité des riverains à les conserver dans leurs cités. Scellés au ciment d'un certain mystère, les ordres monastiques adhèrent aux lieux de leur fondation par une sorte de symbiose commensaliste.

D'Issoire à Chantoin. Après le druide, le moine

La serpe d'or du druide est remplacée par la faucille du bénédictin. De sa lame recourbée en croissant, le moine émonde et taille dans les vallées. En fait l'Auvergne des sanctuaires n'a pas changé. Trois éléments : les sommets et leurs vallées, les grottes et leurs oratoires, les points d'eau et leurs domaines ont constitué, pour le druide ou le moine, le périmètre du sacré. Le choix du lieu n'a pas varié. Seul un culte nouveau s'est superposé à l'ancien. La source, symbole de sacralité, reste la bouche de la terre mystérieuse et miraculeuse. Telle cette source sacrée du quartier de Cantoben ou Chantoin de Clermont. Autour d'elle s'amoncelleront moines et pèlerins. L'espace sacré se révélait ainsi lui-même aux moines bâtisseurs, après avoir été retranché de l'espace profane par les druides devanciers. Hauts sont les monts et le druide y remplace d'autres dieux ! Basses sont les vallées et le moine y descend après avoir christianisé. Issoire est un cas. Cette ville aurait été créée par le roi des Arvernes, Bituit. C'est son fils, Dorix, qui aurait sollicité cette fondation. On aurait adoré Isis et vénéré Dorix. D'où le composé étymologique Issiodorum. Le celtique Iccio et Dura, ou « ville des eaux », est également avancé. Au temps de la Celtie, les saronides, druides instituteurs (de Sar-Naoidh, Sar-Nidh, très vénérables) avaient ici un collège. Austremoine prit le relais. La chronique nous le montre cheminant vers Issoire, par Pierre-Encize (Saint-Yvoine). A cet endroit, l'Allier aux gorges incisées cachait dans ses rives de porphyre un esprit malfaisant. Cet esprit malin jetait les voyageurs dans le fleuve. Austremoine y mit ordre en désenvoûtant ces lieux. Parvenu dans Issoire, il fit d'abord construire sa cellule, première pièce du monastère. Une communauté de juifs existait à proximité, à Perrier. L'un d'eux assassina Austremoine. D'autres pensent que le meurtrier était une sommité de l'endroit, fâchée d'avoir vu son fils se ranger sous la religion du moine fondateur. Inhumé sur place, le saint vit ses reliques transférées à Volvic et Mozac. Son monastère fut restauré par Gislebert, moine de Charroux. Quelques désordres s'y étaient introduits. Charroux y remédia en faisant embastiller les moines indignes dans une tour spécialement bâtie à leur intention.

Couvents dans les montagnes : les symboles de Mauriac

A Mauriac, où l'abbaye de Saint-Pierre-le-Vif, de Sens, était propriétaire, les moines avaient également défrayé la chronique. Ils voulurent dépendre de l'abbaye de La Chaise-Dieu. Rébellion du prieur, qui fut destitué par l'abbé de Sens. Mais les gens de Mauriac prirent le parti des moines. Il y eut des rixes. Un chapelain eut les yeux arrachés. Il faut dire un mot des symboles de la basilique de ce lieu monastique. L'église de Notre-Dame-des-Miracles a ses lions en faction sur l'entrée. Elle déploie ses lions passants dans l'intérieur. Est-ce une allusion à l'image de la vierge gardée par une lionne dans un bois ? Lions orientaux peut-être, comme à Saint-Géraud d'Aurillac. Un quadrupède, à l'entrée de la chapelle sud, doit être également un lion, sur la façade principale de la corbeille. Cette bête féline lèche la tête d'un personnage, dont le corps sort de l'astragale. D'un coup de griffe, il lui crève l'œil. Cet ensemble léonin reste énigmatique. Deux quadrupèdes s'accrochent sur l'autre côté du chapiteau. Boucs, chèvres, par quatre, s'adossent et s'affrontent dans ce sanctuaire. Les serpents enroulés y guettent un avare ou quelque personnage couronné. D'autres sculptures fantastiques, aux piliers de la croisée, atlantes acrobates, aux figures mi-homme mi-bête, voisinent avec les cynocéphales et les lions à deux corps mais à tête unique. Un véritable délire du bestiaire monastique. Une fantasmagorie du moine constructeur. Sur tout cela, l'ange déploie ses ailes et les sonneurs de cor soufflent dans l'ivoire, olifant aux lèvres, l'œil rivé sur quelque sentence lointaine : peut-être celle du Jugement dernier. Au-dehors le moine bâtisseur a fait mettre sur les corbeaux la figure grimaçante du démon. Ce sont des compagnons itinérants, ayant opéré à Saigues et Moussagues, qui ont mis, sous leur ciseau, ces rictus ou ces quiétudes de visage. Volatiles symboliques, individus en postures obscènes, jouant l'acrobatie. Et puis encore et toujours des lions affrontés au dessin très fin. Les colonnes-contreforts de l'abside principale étalent, dans toute sa splendeur, un aigle royal écartant ses ailes. Il montre son collier de perles enroulé autour du col. Sur le portail ouest, deux lions et Daniel dans la fosse. On le voit, le thème choisi par les moines est varié. Quelle signification donner à cette verve, à ce délire de pierre stylisée ? L'imagination monacale paraît plus apte à draper ces silhouettes biscornues qu'à représenter le Christ central et ses apôtres. Une inscription, pourtant, à laquelle ils ont tenu : *Tres sunt atque decem.* (Ils sont treize qui regardent monter le roi des cieux, le Christ, seigneur des seigneurs. Jésus monte de la terre au ciel. En sont témoins ceux qui maintenant sont bienheureux au ciel). Treize et non pas douze. On peut épiloguer sur la signification de ce collège au complet, comme on peut épiloguer sur les signes du zodiaque, dans l'archivolte du portail. Les douze signes du zodiaque présentent le signe du Bélier (mars) puis du Taureau, des Gémeaux, etc., dans un ordre dérangé. Les moines ont tenu à compenser ces insuffisances ou absences de signes par des scènes étrangères au zodiaque. Ainsi voulaient-ils déployer l'univers zodiacal et cosmique. Ce n'est pas en vain que le Christ y est désigné comme le « roi des cieux ».

La double vue de l'abbé de Royat

Ne quittons pas Mauriac sans y voir un fait prodigieux. Le couvent de femmes de Chamalières (Camelaria) avait été fondé, au VIIe siècle, par saint Genès, ce comte d'Auvergne qui, dès son enfance, avait don de miracle. Un estropié, venu précisément de Mauriac le visiter, se mit à marcher. Mais tout près, Royat, avec ses vestiges archéologiques du temps d'Auguste, fourmille de statuettes encapuchonnées. Sous le capuchon, des visages mélancoliques ou patibulaires. Qu'est-ce à dire ? Les moines en pèlerine ne sont venus qu'après les Romains. Similitudes druidiques ? On ne sait. On a surnommé ce gisement « Lourdes gallo-romaine ». Lorsque les thermes gallo-romains furent supprimés, les eaux médicinales chaudes cédèrent la place au praticien Martius, ermite des lieux. Un guérisseur. Un attirant des foules. Quittant sa grotte, Martius, d'après Belleforest, édifia une villa-prieuré nommée Saint-Mart. A mi-chemin, entre l'oratoire et le palais, ce monastère qualifié d' « arverne » déroula ses murailles hautes sur la vallée de Tiretaine. Saint Mart, au dire de Grégoire de Tours, avait le don de double vue. Un exemple : tel proche du monastère vint à dérober, de nuit, quelques fruits dans le jardin. Mais il ne pouvait plus sortir, ayant perdu la porte. Saint Mart, qui voyait tout de sa cellule, appela son jardinier, pour dire qu'un bœuf était dans le jardin. Le jardinier compatissant porta secours à l'auteur du larcin, en lui chargeant son butin sur les épaules.

Brioude et ses chanoines-comtes
Une préfiguration des templiers

Brioude dérivait de Brivas (le pont, en celte) et se trouvait à Vieille-Brioude. Ici était un pont « du diable », avec son arche unique et fantastique, « la plus grande du royaume ». L'imagination populaire pensait que seul le tout-puissant des ténèbres avait pu se lancer à corps perdu dans l'édification de cet ouvrage, défiant les eaux du fleuve, à une hauteur vertigineuse. La tradition rapportait qu'une pierre du pont glissait sans cesse vers l'Allier, fût-elle scellée de neuf, et cela dès qu'on la changeait. En réalité, ce pont légendaire aurait été l'œuvre d'une châtelaine soucieuse d'assurer la liaison avec le prieuré et les monastères brivadois. Les Normands avaient ruiné l'église de Brioude. Une nouvelle basilique surgit.

C'était le temps des brigands. Une société de quatre-vingts chevaliers d'Église se constitua. L'ordre des chanoines-comtes était né. Ici prend tête la figure singulière de Guillaume d'Aquitaine, peut-être fils de Charles Martel. Un colosse, dont la cuirasse et le casque étaient à sa mesure. Le chapitre de Brioude rangea parmi ses ex-voto l'épée de cet énorme chef, épée qu'il avait laissée lui-même sur le tombeau de saint Julien, lors de son départ pour le monastère de Gellone, fondé par ses soins. L'ordre des chanoines-comtes aurait pu servir de prototype à celui des templiers, d'après certains auteurs. Ils notent que les chevaliers de Brioude arboraient au cou une médaille retenue par un ruban noir. Sur leur sceau, l'emblème des quatre chevaliers armés. A la fin, seule l'épée restera, vieux souvenir déposé sur les autels, bien essuyée de ses exploits sanguinaires. Au IXe siècle, le surplis des chanoines éclipsera la cuirasse des comtes. Ils envoyaient au roi, chaque année, leur impôt en nature : un cheval, avec lance et bouclier. De même que le Temple de Paris fut démoli, par suite de la Révolution, de même, en 1793, le 28 août, fête de saint Julien, l'ordre des chevaliers brivadois sombra. On fit un autodafé de leurs papiers sur la place du Postel. Ainsi finit cet ordre paratemplier de moines-chanoines-chevaliers, ayant eu droit de battre monnaie.

Lavaudieu et ses bénédictines

Toujours dans le Brivadois, voici les moniales de Lavaudieu. Également chanoinesses prébendées, elles furent fondées par Robert peu après La Chaise-Dieu. Ce dernier leur alloua d'abord, dans cette ville, un local spécial. Mais, dit la tradition, en 1077, la fille du comte d'Auvergne, Judith, avait fait profession de moniale. Or elle avait un fiancé et ce fiancé, Simon de Crépy, était entré lui-même au couvent à Saint-Oyend, dans le Jura. Tout était bien. Seulement Simon voulut se rapprocher de sa fiancée. Il fit donc mutation pour l'abbaye voisine de celle de sa fiancée. Saint Robert, le grand abbé de la maison mère de La Chaise-Dieu, sur le qui-vive, décidait alors de transporter ses bénédictines à Lavaudieu. Cela séparait les amoureux. Toute légende a sa part de vérité. L'histoire, plus rigoureuse, dit seulement que Judith était entrée à Saint-André-de-Comps, nom primitif de Lavaudieu. Les chanoinesses nobles de Lavaudieu avaient rang de mondaines, ayant domestiques et donnant des bals. Un jour, pourtant, elles supplieront le comte de Latour-d'Auvergne d'augmenter leurs revenus, « un revenu insuffisant à des filles de condition pour leur subsistance et pour nourrir une domestique que chacune est obligée de se procurer ». Elles avaient un prieuré à Coltines, dans le diocèse de Saint-Flour. Le comte de Latour-d'Auvergne leur alloua le prieuré de Toulx. Ceci « sous le bon plaisir de Sa Majesté »,. Mais cet ordre de translation était diffusé le 13 décembre 1768, au seuil de la Révolution. Il fut éclipsé par la grande tourmente. Quand elle éclata, il ne restait que treize religieuses exactement, sur vingt-cinq à l'origine. Lavaudieu est remarquable par son église, où l'on voit le serpent diabolique s'enrouler de part et d'autre d'Adam et Eve. Ci et là, des dragons passant l'un dans l'autre. Riches peintures décorant un vaste tympan de l'arc triomphal. Une « peste noire » est représentée par une femme voilée. Elle tend des flèches de ses deux mains sur un groupe d'hommes qui s'écroule. Hécatombe où sombrent prélats, moniales, leurs frères moines et même le souverain pontife. A signaler le fameux crucifix roman, dont la tête est au Louvre, et le clocher octogonal. Sa flèche fut tronquée à la Révolution. Le cloître est célèbre avec ses chapiteaux, où se confond une imagerie ésotérique variée : ange priant et sirène à deux queues, lion passant faisant les gros yeux ; la femme aux serpents, ou la femme allaitant deux salamandres sortant de la bouche d'un personnage accroupi ; bourse en pendeloque au cou d'un avare... L'avarice et la luxure figurées dans les symboles de ce cloître contrastent avec le grand Christ en majesté du réfectoire. Émile Mâle a comparé la fresque des douze apôtres, la plus grande d'Europe, à la fresque de Baouit, en Égypte. C'est un thème antique cher à l'Orient des premiers temps.

Les grandes heures de La Chaise-Dieu

Grande solitude des forêts, vaste sapinière et vieille lande, plantée de milliers de cierges bien droits. Là, au cœur de ces bois perdus, dans la trouée d'une sylve dense, les moines sont venus entasser leurs prières, leurs labeurs et leurs chants mystiques. Autour, le vent qui beugle a baptisé ses chalets de « hurle-vent » et les paroisses ont leur « chapelles de la forêt », comme à Sembadel. Plateau forestier, que Dom Genoux trouvait inaccessible. Au temps de l'an mille on mettait quatre jours à traverser ce profond territoire de Comps. C'est Charles VIII, dit-on, qui remplaça ce nom de Comps trop « vide et déshonnête » par celui de la Casa Dei ou « maison de Dieu ». Forêt hermétique, presque ténébreuse où, dit-on, Robert de Turlampde s'était mis la main sur les yeux, en pivotant sur lui-même, pour choisir au hasard sa maison de Dieu. Après quoi, de l'autre main, il projeta très loin un pieu qui alla se ficher vers un oratoire édifié par l'évêque Namace. Mais c'était à une heure de marche et le légendaire ne manque pas ici de trésors. Les bénédictins piochèrent et trouvèrent un essaim d'abeilles en terre. C'était un signe, « une chose vraiment merveilleuse pour un pays si froid ». Les abeilles étaient le symbole de la ruche monacale. Désormais le murmure du rucher ne va plus s'arrêter. Les voix grégoriennes des moines flotteront dans l'air et toute la forêt chantera au bruit de leurs pas. Trois cents moines égalant ceux de Saint-Victor de Marseille ou de Cluny. La construction du monastère fut une véritable épopée. M. L. Chapelle a donné un mémoire singulier sur la cabale numérique de La Chaise-Dieu, c'est-à-dire sur les nombres employés par les anciens dans l'érection des monuments. Le gothique austère de l'église de La Chaise-Dieu renferme une danse des morts du XVe appelée « danse macabre ». C'est à peu près la seule existant en France, tout comme le sanctuaire de La Chaise-Dieu est le plus grand des églises françaises de montagne. Cette danse présente un squelette décochant ses traits sur un groupe de personnages, Adam et Eve, que sépare un serpent à tête de mort. L'artiste avait prévu vingt-quatre personnages. Il en reste vingt-trois : le pape, l'empereur, le cardinal, le roi, le patriarche, le duc, l'évêque, le chevalier, l'homme d'Église, le bourgeois, la chanoinesse, le marchand avec son escarcelle, la religieuse, le serpent, la vieille, l'amoureux en longues manches, fleur à la main, le procureur avec son encrier à la ceinture, le ménétrier, l'avocat, le laboureur, le moine, l'enfant et le clerc. Le manquant serait l'écuyer. Chacun de ces personnages est accompagné de la mort. Ils forment entre eux une chaîne et se tiennent mutuellement. La mort folâtre avec les uns, riant avec la vieille, flirtant avec la religieuse, portant le cercueil du clerc, hésitant, taquinant les uns, morigénant les autres. La Chaise-Dieu avait eu une église plus ancienne que celle élevée par Clément VI, ancien moine de l'abbaye. Grégoire XI, son neveu, termina cette dernière. La basilique eut ses grandes heures avec l'arrêt du pape Urbain II se rendant à Clermont prêcher la croisade. La fameuse tour Clémentine, pleine de moines, résista à Blacons, lieutenant du baron des Adrets. Ce capitaine huguenot se vengea en décapitant les statues et en se ruant sur le tombeau de Clément VI. On assure, de génération en génération, qu'il ouvrit le cercueil du pontife, lacérant la peau de cerf dont il était enveloppé. Après quoi il but dans le crâne du pape forçant la soldatesque à l'imiter. Une discussion byzantine d'érudits vellaves s'est déroulée ces dernières années pour identifier les os restant après le sacrilège de Blacons. Pour les uns la sépulture papale ne fut pas violée. Le chirurgien Pissavin avait aperçu un crâne et des ossements en 1709, crâne ayant subi une trépanation. Pour d'autres le tombeau a été fouillé. De plus, les ossements seraient ceux d'un poulet jeté par des ouvriers ayant réparé le tombeau. Enfin un crâne de femme seul subsisterait et le crâne trépané aurait disparu. M. le chanoine Fayard pensait que ce crâne fut enlevé en 1709 et M. Paul concluait que la tombe pontificale, ouverte à la Révolution, aurait subi la rage révolutionnaire. Raisonnements parfois abscons. Au fond de son caveau le sort du grand pontife est resté énigmatique. Le visage de son gisant est celui d'un sphinx.

De Villedieu à Chamalières. Les fastes monastiques

Ainsi vont les nuits et les lumières des monastères, quant à leur histoire. Pitons d'ivoire, tours légères et donjons massifs, dans la nuit d'Auvergne. Une nuit qui semble nous bercer de ses fantômes. Près des chaumières et des chapelles habitent les âmes des fidèles et des moines. Les chansons guerrières font encore vibrer la terre, mais le chant grégorien enveloppe la forêt. Aux vieux temps les gentilhommes firent suer le gueux. Cependant, sous les murailles féodales et monacales, brillent encore les dernières faucilles, plus nobles que les moissonneuses mécaniques. Il y a toute une féerie dans cette âme des villages bâtis autour des monastères sous les constellations. Un message reste, et par temps d'orage des chants euphoriques semblent s'élever des cloîtres. Le sortilège auvergnat s'exerce à chaque pas sur ce sol foulé par le moine. L'enchantement aussi... et quelque chose d'instructif, qui émane de la toponymie monastique. L'empreinte des siècles est là, faite d'un monachisme presque tibétain. Ainsi, à Villedieu, en Velay. Sur une terrasse naturelle, frangée de vieux arbres, une demeure étrange qui est aussi la demeure oubliée. En allant sur Chapteuil, on trouve son portique orné de trois sculptures. Deux mascarons tirent la langue au passant. Derrière s'étale, entre les ombrages, le manoir sombre. Son histoire, inconnue des érudits, est pourtant liée à celle de l'Herm. Voici ce qu'écrivait à propos de l'Herm, M. Veysset : « Sur le suc de l'Herm, comme on l'appelle dans la région, on voit encore les restes d'un petit château fort. Les murailles, du côté est, sur le versant de la Rible, sont particulièrement conservées et visibles sur plusieurs mètres. Au sommet du piton rocheux, des fondements de constructions, aujourd'hui écroulées, restent encore visibles. » Plusieurs paysans nous ont affirmé avoir vu, lors des nuits très obscures et très calmes, des feux follets, visibles par intermittence, gravir ce suc, pour disparaître à son sommet. Un souterrain existait là aussi, mais nous n'avons pas eu la chance d'en découvrir l'ouverture. Le Betz devait terminer ce système défensif dont il ne reste que des vestiges. Chacun sait que les feux follets sont des émanations de phosphore d'hydrogène dans les marécages ou cimetières. La superstition s'en est emparée, prenant ces feux pour des âmes en peine. Certains ajoutent qu'ils égarent ainsi les voyageurs par les lieux de souffrance. Tel est le lutin ou farfadet, cher au savant Boudon-Lashermes. Dans le Velay, jonché de cimetières féodaux, l'esprit escorte un peu partout les hautes murailles ou les remparts en éboulis. Mais à l'Herm, comme à Villedieu, l'indication d'un souterrain retient davantage l'attention. Mlle Layes, propriétaire du manoir de Villedieu, est formelle : « Un souterrain partait de l'intérieur pour rejoindre l'Herm, c'était celui des templiers. » A Villedieu règne une certaine puissance des lieux. Armoiries du XVIIe siècle venues se superposer à celles d'une commanderie templière, déjà existante à Villedieu. On trouve, en effet, sur l'écu des Ranquet, haute bourgeoisie consulaire du Puy, un « Écartelé en sautoir d'azur et de gueules, à un lion d'or brochant sur le tout. » Ce lion fut celui de Pierre Ranquet, premier consul du Puy en 1577, qui fit reconstruire, dix ans plus tard, le logis de la Lune. Ce logis, « où pendait l'enseigne de la Lune, écrit Boudon, était bien connu des pèlerins du XVIe », avec son entrée sur la rue Saint-Gilles. Ainsi ce lion très élaboré, dont la tête sculptée se détache en saillie, sur la façade du manoir de Villedieu, serait à la fois celui des Ranquet et celui des templiers. Dans son livre *L'Or des templiers,* Maurice Guinguand a consacré une étude au symbolisme templier des constellations, dont celle du Lion. « Par leur nom et leur symbolisation, écrit-il, les constellations devenaient des personnages imaginaires ou des animaux mythiques puisant, auprès des dieux, la source des messages à transmettre aux hommes, en leur langage mystérieux [1]. » En plus de certaines excroissances, manifestement templières, notamment sur les pierres à boule en forme de gland, il faut voir, au bout de l'allée, ces substructions d'une chapelle dont il reste les soubassements de colonnes et les colonnes même, avec verrouillages métalliques. Chapelle des templiers, chevaliers du Christ,

1. Maurice Guignard et Béatrice Lane, *L'or des templiers,* R. Laffont.

dit la tradition. Lorsque Philippe Le Bel fit raser les édifices des templiers, sectateurs du Baphomet, avec leurs figures « à faciès de chat », cette chapelle a dû subir le même sort. Le journaliste érudit qu'était M. Perrin, originaire de Saint-Julien-Chapteuil, avait fait part à la propriétaire actuelle de Villedieu, Mlle Layes, de ses recherches sur cette commanderie. Certes, Villedieu n'est pas signalé par les chercheurs du Velay, dans les possessions templières. Mais rien d'étonnant nous dit Louis Charpentier[1], auteur des *Mystères templiers*, car les chevaliers « possédaient dans toutes les villes nombre de maisons ne figurant que rarement sur ce qui nous est demeuré de leurs cartulaires ». Cela afin d'échapper à la mise sous séquestre de leurs biens. Depuis, Villedieu a subi des remaniements constants. Rasé, puis reconstruit, il porte la trace de tout le labeur qui est entré dans sa bâtisse. Mais il en est resté comme le reflet d'une foi et l'empreinte des chevaliers bâtisseurs : linteaux puissants, angles massifs, murailles géantes. Tout proche, le culte de saint Barthélemy, à La Chapelette et à l'Herm, comme autrefois à Villedieu, évoque très probablement les templiers, dont les monastères étaient placés sous le vocable du saint. Dernière particularité pour les amateurs de coïncidences : pendant la guerre de 1914, un fils des métayers de Villedieu fut blessé au combat. Au même instant la partie gauche des bâtiments de Villedieu, côté grange, s'écroulait. On voit encore la scission dans la bâtisse reconstruite. Les Chapuis, surnommés « Lou Villadieou », étaient les fermiers du manoir. Et tandis que sur le porche de Villedieu grimacent les symboles ambigus de personnages énigmatiques, un récit légendaire s'impose, celui des annales monastiques. Ce récit est dû à M. Perrin, dans *Le Carillon* de novembre 1951 : « Il allait passer à Villedieu... Qu'est-ce que cette magnifique terrasse ? demanda Antonin, pour écarter le sujet de l'assassinat. Bordée de ses vieux arbres, cette allée semble conduire au palais secret de l'enchanteur Merlin.

« – J'ai entendu raconter qu'autrefois il y eut ici un monastère avec sa chapelle, ses tours et ses moines qui priaient dans leur robe brune. C'est eux qui enseignèrent aux paysans à bâtir des maisons et à forger des charrues.

« – Et tout a disparu sans laisser de traces ?

« – Durant la guerre contre les Anglais, celle qui dura cent ans, des bandes de brigands parcouraient le pays, dévastant les récoltes, incendiant les bourgs et massacrant les habitants. De Cra-

1. Éd. Robert Laffont.

ponne, ils vinrent piller Le Monastier, puis se dirigèrent vers Chapteuil. Ici on les attendait, et les habitants se réfugièrent dans les murs du château. C'était un après-midi très sombre, dit-on. Le vent soufflait en rafales, arrachait les branches des arbres ; toutes les forêts hurlaient. Des nuages couleur de lauze s'amoncelaient et se tordaient. Dans l'obscurité de la chapelle, les cinq moines étaient prosternés sur les dalles et priaient Dieu d'éviter les horreurs aux habitants de la contrée. Le prieur s'écria : " Prends nos vies, Seigneur, mais épargne le pays. " L'orage se déclencha, terrible. Durant trois heures, le tonnerre roula, se répercutant dans les vallées ; avec des craquements de fin du monde la pluie tomba en averse. Quand le soleil brilla de nouveau, vers le soir, le monastère avait disparu comme englouti par le travail d'une immense bêche. Depuis ce jour, la foudre n'a jamais tué personne sur le territoire de Saint-Julien. Le lendemain, le capitaine de Bonneville écrasa les brigands sur les montagnes qui dominent la Gagne. Dans une même fosse, on entassa trois cents cadavres de mécréants et au-dessus on bâtit la petite chapelle de Saint-Barthélemy de la Chapelette. »

A Chamalières, dans l'ancien prieuré conventuel appelé souvent monastère, d'étranges récits monastiques parlent du saint clou laissé par Charlemagne. Il s'agit d'un clou de la croix du Christ chargé de pouvoirs guérisseurs. Un valet du sieur de Chalençon retrouva la vue en touchant ce clou. Le maître du valet se gaussait de ce miracle. Il envoya tout de même son cheval aveugle chez les moines. La monture du sieur de Chalençon était seulement aux portes du monastère quand elle perdit sa cécité. Mais à l'instant même le seigneur était frappé d'une lésion oculaire, à ne plus pouvoir avancer. Le cheval conduisit le sieur de Chalençon jusqu'aux moines. Ils lui firent toucher le saint clou et le seigneur fut « désaveuglé ». Il exprima sa gratitude en fondant un prieuré. Le monastère précédait-il ou suivait-il ces événements ? On ne sait. La tradition assure que l'église fut construite avec les pierres d'une carrière d'Artias, colline pyramidale gigantesque, coiffée d'une ruine féodale fantastique. Une mule et deux bœufs formaient l'attelage du charroi. Attelage sans guide, les bêtes allant et venant toutes seules du castel au prieuré. On aperçoit dans les portes du monastère un lion ailé, un centaure et saint Georges luttant contre le dragon à cinq têtes et, derrière le chœur, le « bénitier des prophètes ». Un prieur grincheux terrorisait le cloître et les environs du petit monastère, interdisant aux habitants l'élevage des chèvres, leur seul moyen d'existence. « Forcés, au préjudice de la nourriture de leurs enfants, de vendre leurs chèvres par le sieur prieur chicaneur », les suppliants s'adressèrent à l'intendant du Languedoc, M. Le Nain. On ignore sa réponse, mais sous la coupole du mont Gerbizon, le prieuré de l'an 932 entretient cette permanence du légendaire qui déchire l'horizon de l'Auvergne. Ainsi, partout, les bourgades s'approchent et se dérobent de l'histoire. Bourgades, avec leurs secrets bien gardés, où se trouve la piste de l'indiscernable.

Les chanoinesses de Blesle et leur bestiaire

A soixante-quinze kilomètres au sud de Clermont, par la nationale 9, l'itinéraire de cette Auvergne secrète nous conduit à Blesle. Les ducs de Mercœur firent bâtir une tour « à vingt angles », au milieu des forêts parmi « l'énorme grosseur des arbres ». Mais c'est au IXe siècle que la femme de Bernard II surnommé « Plantevelue », comte d'Auvergne, fit ériger une abbaye de comtesses-chanoinesses ou chanoinesses-comtesses. Cette femme, Ermengarde, fit le voyage de Rome où le pontife la remercia d'avoir mis son couvent d'inspiration bénédictine sous le vocable de saint Pierre. Il lui offrit une table de marbre noir comme autel. Une inscription rappelle encore cet événement. Quatorze marches accèdent au chœur des dames et non pas treize. Mais une femme dite « aux serpents », comme à Lavaudieu, orne l'extérieur. Une frise de bêtes fantastiques sur la fenêtre du croisillon nord, avec des animaux passants, sculptés en relief, se dirigeant vers le haut : un lion, un triton (homme à queue de poisson), un griffon, une salamandre à six pattes, un oiseau à corps de coq et tête de lézard ; un lion mangeant un dragon, un quadrupède à tête humaine, un taureau, un autre lion, un bélier, comme les douze signes du zodiaque, mais sans correspondance entre le bestiaire et les signes. Voilà, en verve, les pierres de Blesle. Ici les moniales, devenues relâchées, se recrutaient parmi la noblesse. Parmi la flore des oiseaux qui croisent leurs becs, parmi les lions affrontés, les griffons ailés et les sirènes à deux queues, ces moniales contemplaient une résurrection du Christ et deux anges veillant sur son tombeau, pas loin des saintes femmes approchant de la sépulture, avec leurs fioles d'onguent. Chimères et dragons ailés ornent les chapiteaux, enlaçant leurs cous aux queues nouées, sur des motifs énigmatiques. Dans l'abside, à la fenêtre nord-est, deux cavaliers affrontés intriguent. Une boule, avec trois trous ronds, les séparent. S'agit-il de la « quintaine » des chansons de geste ? Une tête de Sarrasin pivotante semble être la proie de guerriers qui chargent, tandis que le cavalier de droite peut être une femme. Femme à chevelure luxuriante et comme enjuponnée, sans épée. Elle pose la question de son sexe. Une autre femme allaite un reptile de son buste large. Particularité : il est évacué par la bouche d'un homme nu à visage patibulaire croupissant dans son coin. Une bourse se balance à son cou et la salamandre gloutonne, buvant aux seins de la matrone, s'accroche avec ses pattes arrière aux cuisses et à la lèvre d'une nudité masculine, au faciès convulsé, mais couronné. Que signifient, chez les abbesses de Blesle, ce délire de luxure et de gloutonnerie ? La fécondité, la terre généreuse pour tous, y compris les monstres ? Mystère. La peste s'approcha du couvent, au XIVe siècle et la ville dut son salut à Notre-Dame de Laurie. Un incendie effaça partiellement, sur le monastère, ces recueils de fables et de symboles des pierres. Une sainte du IVe siècle, Natalène, fille du gouverneur de Pamiers, avait eu la tête coupée par son père allergique au christianisme. On amena le corps de la décapitée à Blesle, où les cloches s'ébranlèrent seules, pendant qu'une fontaine jaillissait. On l'implore contre la grêle ; et d'autres saintes, d'autres saints, à travers l'Auvergne et le Velay, dans maints lieux écartés, le chapelet au côté, veillent sur l'Auvergne secrète : ce sont les ermites et anachorètes.

Hommes de Dieu en Auvergne

Un noble saxon, Till, se convertit au christianisme sous le roi Dagobert. Il fut l'un des premiers ascètes du Cantal, au sommet d'un roc dominant les gorges de l'Auze. A Brageac sa cabane devint monastère, au creux de la roche. Une croix marque l'emplacement de ce monastère, remplacé par une abbaye, à son tour balayée par la Révolution. Une église, en éperon sur le roc, contient la « bourse de saint Till ». Aux confins de l'Auvergne et du Limousin, à trois kilomètres de Bourg-Lastic, un bénédictin de Mozart choisit sa thébaïde, à La Celle-de-Mozat. Sa cellule dominait les précipices et devint La Celle-Notre-Dame, refuge de moines cordeliers. Pas loin, un rocher de la Chèvre évoque les ascètes érémitiques de La Cellette. Une chèvre avait été prise par un loup qui coinçait sous sa patte la bergère. Un moine surgit et ordonna au fauve de lâcher prise. Le loup obéit et se coucha aux pieds de l'ermite. On montre les empreintes de chacun des antagonistes. En Velay, à Monistrol-sur-Loire, un prélat, Mgr de Béthune, chargea un ermite de veiller à l'embellissement du château épiscopal, résidence estivale. Jean

Coppin, ce gardien érémitique, était un ancien officier de cavalerie. Ayant quitté brillamment le métier des armes, il avait fait carrière à Damiette, comme « syndic de la Terre sainte ». Maintenant le prélat se plaisait à louer « sa vertu extraordinaire ». Ce mérite touchait à l'art d'écrire et de prier. L'ouvrage qu'il publia, sous le titre *Bouclier de l'Europe ou guerre sainte*, incitait l'évêque à suivre l'exemple d'Adémar de Monteil, son prédécesseur, que le pape Urbain II avait donné pour chef aux croisés d'Auvergne. Il y avait là une certaine exaltation mystico-magique. Mis au contact du fait musulman, l'ermite Coppin rêvait d'aller convertir les infidèles, comme Charles de Foucauld, plus tard, ce lieutenant de cavalerie, devenu frère Albéric, aux lisières de l'Auvergne, à Notre-Dame-des-Neiges. L'officier de cavalerie Coppin ne devait pas finir au Sahara. Son ermitage, vers 1674, comportait un oratoire dédié à saint Maurice. En Velay il y aura une suite ininterrompue de solitaires, objets de l'étonnement populaire. Ils étaient « tenus de célébrer à perpétuité, tous les vendredis, une messe qu'ils devaient sonner au branle de leur cloche ». Bochart de Sarron, *alias* frère Théodore, anachorète, écrivit une *Histoire évangélique de Notre-Dame du Puy*, en 1693. Ouvrage émaillé de quelques secrets relatifs à la cathédrale, « dans laquelle on entre par le nombre et on sort par les oreilles ». Cathédrale presque alchimique, où scintillaient trente-deux lampes d'argent, devant le maître-autel, sous le clocher templier garni de onze cloches. Pour mettre en branle la plus grosse, quatre hommes devaient se suspendre aux cordes. Le 16 décembre 1716, le solitaire fut inhumé sous la chapelle de son ermitage. On respecta son désir d'être enfoui « avec sa plus mauvaise robe ». Une rue du Puy perpétue son nom, exaltant le silence, au milieu des bruits de la ville moderne.

Ermites du mont Denise et des monts Dôme

Les automobilistes arrivant au Puy par la route de Clermont, s'y trouvent invités par une enseigne d'auberge : le Relais de l'Ermitage. Après quoi, le Belvédère de l'Ermitage ouvre tout grand l'incomparable site du Puy, d'où jaillissent les trois rocs coiffés de sanctuaires. Mais pourquoi donc ces appellations : route de l'Ermitage, avenue de l'Ermitage, station de l'Ermitage ou relais de l'Ermitage ?

Descendons la route des ermites et laissons pénétrer ses méandres dans l'aventure magicienne. Tout au bout, dans la poussière de l'oubli, apparaissent trois ermites. Le premier, type

Jules II, artilleur nimbé sur les nuées, dirige un feu de batterie ; le deuxième verse à boire, entouré des fumerolles de l'encens. Le troisième nourrit un feu de bois, dans une grotte enfumée. Le Collet est un peu la porte sainte des sommets de la cité. Un ermitage séculaire s'y est installé. Le chroniqueur Médicis raconte l'odyssée d'un étranger venu en pèlerinage au Puy, s'arrêtant au Collet, accablé de fatigue. On parle de l'année 1333 ou 1393. Les dates sont controversées. Ce fut le début d'une longue série de destinées solitaires, au creux du rocher, puis, dans un abri aménagé. Un fait singulier mérite d'être noté. Il y avait, au château du Collet, une épine de la couronne de Notre-Seigneur. L'an 1568, un Lanthenas voulut montrer à des visiteurs cette sainte épine enfermée dans un coffret. Il ôta la cire du bout « d'un canon de plume », où elle était logée, et tenta de la sortir, mais en vain. Alors il pria et « la sainte espine d'elle mesme se montra et sortit à demi, par trois fois, sans que je bougeasse la main, comme le serpent, lorsqu'il est en colère montre son aiguillon, se monstrant et se remettant d'elle même par trois fois ». Ce récit de l'auteur et témoin alerta le monde religieux. Ayant fait le vœu d'offrir l'épine aux clarisses du Puy, François Lanthenas tomba malade, « sans avoir pu accomplir sa promesse ». Le monastère, averti, organisa une procession au Collet, pour y prendre la précieuse relique : à peine y fut-on arrivé que Lanthenas était subitement guéri. Voici maintenant une autobiographie « antémystique » : celle de l'ermite Michée. A quatre ans, il s'empare d'un couteau pour percer le ciel. Ils sont encore très nombreux, au Puy, ceux qui ont connu ses prédécesseurs et le dernier solitaire du mont Denise. C'était Pierre Liabœuf qui aimait se surnommer lui-même : Pierre l'Ermite ! Sa grotte, pratiquée à même les roches de pouzzolane, s'ouvrait face à l'ancienne route. Elle donnait jour au ciel, par un tunnel lui servant de cheminée. A travers les cieux gris de la chronique, un autre ami de la solitude vint égayer ces lieux prédestinés. C'était en 1562. Le Puy était assiégé par le capitaine huguenot Blacons. Après s'être emparé d'Espaly, le chef protestant installait ses canons sur le mont Ronzon. Et d'ouvrir le feu sur la ville. Alors on vit l'ermite du Collet diriger le feu des contre-batteries. Hissé sur son belvédère, ce vieillard, ancien militaire, allait sauver Le Puy. Prestement, rassemblant les bouches à feu disponibles, il pointait lui-même les pièces sur Blacons, réduisant ses canons au silence. On cite l'exploit de cet homme de guerre devenu anachorète, en même temps qu'on rappelle la fougueuse sortie de tous les moines de la ville, cohorte sainte et furieuse se ruant sur les assiégeants. Bien d'autres solitaires ont habité le Collet ou ses parages. Mais le plus rocambolesque des ermites du mont Denise, c'est donc François Bon, dit « Michée ». Son portrait a été peint par Mme Brune, née Pagès, du Puy. On peut le contempler, au musée de cette ville, où il figurait autrefois au n° 98 du catalogue. François Bon se qualifiait lui-même de ce titre : « L'ermite du mont Anis. » En 1839 il avait lancé le prospectus d'un ouvrage intitulé : *Almanach de l'Esprit de vérité ou le « consolateur »*. Ensuite vint *L'Almanach de Nostradamus et l'Almanach religio-poli-prophétique de la Haute-Loire, conçu par le pauvre Michée, ermite et tanneur au mont Anis, pour l'an 1842*. L'auteur y modifiait les jours de la semaine profane, les remplaçant par des noms de l'Écriture sainte. Au cours de ses pérégrinations à Paris, à Lyon, François Bon pratique le commerce et fait cent métiers, puis il revient au Puy. C'est pour choisir une grotte, en haut de l'ermitage actuel, parmi les falaises de pouzzolane. Là, il tient cabaret avec des femmes. Il rêve alors de relier les trois rochers du Puy par un pont sublime. Il voudrait faire du Puy une autre « Rome ». Puis il repart en aventures rocambolesques. Ainsi, aux marches de l'Auvergne, ces personnages mystiques, à la barbe fournie, rappellent au passant leur pauvre destin ; épaves grises dans leur froc de bure, coiffés d'une auréole invisible, les ermites du mont Denise ressemblent, peu ou prou, à ceux de la haute ou basse Auvergne. Roberston, moine cantorbérien, dans ses *Matériaux pour l'histoire de Thomas Becket*, raconte l'odyssée d'un cénobite sur les sommets du puy de Dôme. Thébaïde floconneuse, plate-forme de prédilection, mais balayée de nuages ambulants. Entre leur course se distingue une chapelle dédiée à saint Barnabé. Là, un ermite originaire de La Chaise-Dieu, nommé Étienne, veille sur l'Arvernie païenne, à peine sortie de l'obscurantisme. Il tire parfois sur sa cloche, perdue au milieu des vents. Une nuit, dit la chronique, Thomas Becket, l'archevêque meurtri de Canterbury, lui apparaît. Vision précise, à l'instant où les quatre chevaliers tueurs cernent sa cathédrale. Le visionnaire du puy de Dôme découvre l'impassible prélat, à distance, dans toute sa raideur indifférente. L'archevêque pouvait fermer les portes de sa cathédrale. Face à ses immolateurs il attend, sur les marches de l'autel. La vision de l'ermite de La Chaise-Dieu, en tous points conforme à l'histoire, mérite un complément : Thomas Becket, persécuté par le roi d'Angleterre, vers 1164, avait choisi l'Auvergne comme refuge. Il voulut bien rentrer à Canterbury, quelque temps plus tard. On l'assurait une entière réconciliation. En fait, c'était un piège et il fut donc immolé par les séides du roi. La relation du moine Roberston précisait que le bienheureux Thomas, apparaissant à l'ermite

Étienne, lui avait dit : « Lève-toi, commence l'office nocturne, je veux y assister ! » L'ermite s'exécuta et durant tout l'office l'ombre de l'archevêque le suivait, au moindre mouvement, baignée dans une gerbe de rayons lumineux. L'office terminé, raconte Roberston, l'ermite renvoya le frère qui avait psalmodié avec lui, en alternant les versets. Mais voici que le martyr lui adressait la parole : « Frère, tu remplis bien ton office, maintenant je vais te faire une recommandation, pour la transmettre à tes frères de La Chaise-Dieu, je veux qu'ils fassent mémoire de mon nom. Dis-leur d'envoyer des ambassadeurs vers l'église dont j'ai été évêque, pour prendre de mes reliques. – Quel est celui qui parle ? demanda l'ermite du Puy-de-Dôme. – Je suis Thomas Becket », répondit le saint. Et la vision s'éclipsa. Le puy de Dôme a gardé le culte de saint Barnabé qui traquait les faux dieux. Quant à la chapelle, sans voûte ni toit, en 1745, elle sera la proie des vandales et le refuge des pâtres. Ses pierres roulantes, sur la pente du volcan, évoquent à peine ce haut lieu divinisé. Le 11 juin de saint Barnabé y succède au solstice d'été. L'Auvergne confondait ses hommes de Dieu et ses saints. Ermites sauvages, vêtus de peaux ou en froc de bure, vivant souvent par trois, comme à Saint-Curiat. Là, près de Vic-sur-Cère, jusqu'au seuil de la terreur de 1793, ils vivaient avec les pâtres de leur haute thébaïde, guérissant par les plantes et faisant brimbaler la cloche à l'oratoire, aujourd'hui ruiné. On cite également le « saint de Jailhac », François Lesmarie, le paysan frappé, à l'aile gauche du nez, d'un mal incurable. Le curé d'Ars l'ayant guéri, il revient à Notre-Dame-de-Claviers, pour une vie de solitude. Il avait monté, seul, sur les épaules, au rocher de Claviers, une statue de la Vierge rapportée d'Ars. Un polygone de treize stèles forme son tombeau à cet endroit. Souvent les ermites ont eu leur sort lié à ceux des moines. Ainsi, au monastère de Meallet, au nord-ouest de Moussagues. Dans ce couvent, fondé par saint Mary, un nommé Calupan, rompu à l'ascèse, fut jugé inutile par ses confrères moines. Il déserta le monastère pour une grotte de la vallée de Montiral. Là, au-dessus du torrent de Marilhoux, il écoutait le bruit de l'eau sans avoir la force d'en aller boire. La Providence eut pitié de ce nouveau hiéronymite, en faisant sourdre de l'eau du rocher de sa grotte. Calupan sera visité par saint Grégoire de Tours. Il lutta le reste de ses jours contre les dragons infernaux, tandis que sur son repaire se développe la nuit de la mort qui fera de lui saint Calupan.

2.

La crosse et l'épée

Les temps obscurs. Avatars et magnificences d'une basilique

Autour de ces ombres silencieuses va naître la période des temps obscurs. Après la destruction du temple de Mercure sur les hauts de l'Arvernie, il y a comme un trou de plusieurs siècles. Depuis que l'ermite Barnabé a pourchassé les dieux, sur le mont Dôme, l'histoire est confuse. Grégoire de Tours avait tenu bien rempli son livre de chroniques. Après lui c'est le silence. Grégoire, mort en 594, avait noté le rattachement de l'Auvergne à l'Aquitaine et son entraînement vers le Midi. Nous avons vu ainsi Pépin le Bref s'opposer à Waïfre, duc d'Aquitaine, soutenu par les Arvernes. Nous avons vu Augustonemetum brûler d'une flamme purificatrice et devenir Clarus Mons. Nous avons suivi les moines fuyant les pirates et l'invasion normande. Moines omniprésents à Moissat, à Lezoux, partout... Et voici que la cathédrale incendiée au feu des envahisseurs, avec Notre-Dame-du-Port connaîtra aussi les magnificences de ses autels. Il faut escalader ses escaliers en spirale, noyés dans la masse des murailles, il faut s'introduire dans ses galeries en torsade pour sentir un monde intérieur en ce lieu saint, appelé « le Port », un lieu où nous attend le nombre d'or.

Notre-Dame-du-Port et le nombre d'or

Notre-Dame-du-Port est une église ésotérique. Elle fut l'église-mère des Arvernes. La date de construction est imprécise. Les Clermontois aiment à dire : « Nous descendons à " la Souterraine ". » Cette crypte, au sein de la ville turbulente, est un refuge, loin des choses profanes. La foule, si dense soit-elle, se sent ici comme le petit nombre des rares initiés admis dans l'impénétrable. Temple clos, saint des saints des sanctuaires d'Auvergne, avec une statuette de la Vierge noire, dite « de tendresse ». Le monument brille par son unité. C'est la gloire du roman en Auvergne. Son architecture complexe n'est pas le fruit du hasard. Et pourtant son élévation fut rapide. Preuve qu'elle obéissait à un plan mûri, à une sorte de schéma initiatique. Construite presque sans interruption, donc sans rupture ni abandon du plan initial de l'œuvre, elle n'a pas connu la discontinuité des autres églises d'Auvergne, généralement en chantier sur plusieurs siècles. Cette homogénéité de la bâtisse romane procède du nombre d'or (1,618), le nombre correspondant à une proportion considérée comme parfaite. De même que la « section dorée » intervient dans la composition d'un tableau, de même à Notre-Dame-du-Port la nef sans le narthex donne un rectangle d'or. Dans le partage asymétrique d'une composition picturale, le rapport entre la plus grande des deux parties et la plus petite est égal au rapport entre le tout et la plus grande. L'utilisation de la règle du nombre d'or, dans l'architecture de Notre-Dame-du-Port, a fait que la nef et le narthex produisent ensemble ces deux carrés, dont le côté commun est indiqué par deux colonnes mystérieuses, serties dans les piliers de la nef. Cela sans arc doubleau. Ces deux colonnes sont le secret de la Souterraine. Les initiés qui bâtirent ont bien computé leur affaire. Le rapport de la hauteur des deux colonnes à la largeur de la nef devait donner strictement 1,618. Fixation par là même du premier carré, côté transept. Détermination du rectangle d'or, plus réduit, vers le narthex. Vestibule d'un autre monde, ce sanctuaire, aux demi-jours accusés, reflète une plénitude, une puissance qui vous écrasent. La lumière s'y glisse, entre les vingt-quatre fenêtres élevées. Elle joue avec les ténèbres, sous les voûtes sournoises. Elle fait le tour des piliers corpulents et revient s'élancer vers les arcades, pour dorer les chapiteaux. Ces chapiteaux sont précisément absents sur les fameuses colonnes. Pourquoi, sinon parce que la « proportion dorée » le veut ? Ces deux colonnes déchapeautées mettent, pour ainsi dire, l'accent aigu sur la rencontre des deux rectangles, construits selon le nombre d'or. On voit nettement ces deux rectangles, au plan de la nef.

L'arbre en Y, signe alchimique

Un tremblement de terre aurait fait chuter les cloches de Notre-Dame-du-Port. Le chevet n'eut pas à en souffrir. Peut-être à cause de sa géométrie parfaite. Le maître d'œuvre a fait jouer le triangle de Pythagore et la corde graduée. Pascal disait que les maîtres d'œuvre de la Limagne avaient cet « esprit de géométrie ». Ajoutons que le goût du symbolisme se mêlait au souci de la proportion dorée. On a comparé ce sanctuaire de Sainte-Marie-la-Principale à une plante poussant dans le narthex, pour bourgeonner et fleurir vers les absidioles. Représentation du néophyte chrétien (*néophytos,* le nouvellement planté). On se rappelle la définition qu'en donnait Chateaubriand, dans son *Génie du christianisme :* « Le nouveau chrétien marchait à l'autel, pour y recevoir le pain des anges. A la vue de l'autel, couvert de vases d'or, de flambeaux, de fleurs, d'étoffes de soie, le néophyte s'écriait avec le prophète : le Seigneur m'a établi dans un lieu abondant en pâturages. » Les chapiteaux de Notre-Dame-du-Port portent seize inscriptions énigmatiques, aux résonances diverses. Mais au moins un des thèmes iconographiques semble clair : celui de l'arbre de vie ou du livre de la vie. Un ange, porteur d'un livre, le confirme, au chapiteau du fondateur. C'est visiblement le livre de vie du psaume 139 que des mains en supplication voudraient atteindre, dans le chapiteau historié. Mais ce sont les mains du vice. Un combat s'engage entre la vertu casquée et le vice ébouriffé. Le démon ailé et le dragon des Enfers, entortillé dans les bras de la colère, au milieu des cuirasses, mènent le combat. Ailleurs, Adam et Ève, cotoyés de près par le serpent, incrusté de perles. Ève décroche de l'arbre le fruit fatal et le porte aux lèvres. Le démon l'imite, mais le Dieu de la Genèse apparaît dans le jardin. Ses mains soutiennent le livre *in quo totum continetur.* Tout est contenu en effet dans les pages de ce livre de vie du chapiteau du Port. Mouvement thématique, au milieu des feuillages de l'Eden. L'arbre en Y trône sur les chapiteaux de cette église citadine, tel un symbole chrétien, mais aussi comme signe alchimique, où apparaît le dualisme du cosmos et de l'homme.

Église pour initiés et cathédrale pour évêques-seigneurs

La première église du Port avait été édifiée par l'évêque Avit. Épargnée par Pépin le Bref mais brûlée par les Normands, elle fut restaurée par l'évêque Sigon, qui s'y fit ensevelir. L'église peut-être due à l'impulsion de cet évêque, Pons de Polignac, héritait ainsi des virtualités du bâton pastoral. La crosse d'argent et d'or se recourbait en volute, le nœud ouvragé, sur ces sanctuaires armoriés des comtes d'Auvergne. Le pouvoir temporel présidait au pouvoir spirituel ou s'imbriquait avec lui. La mitre éclipsait-elle, pour autant, le bonnet de l'initié ? Non, car dans cette église du Port, par exemple, le maître d'œuvre dépassait le maître du diocèse. C'était lui qui, avec ses cercles et ses angles, dictait aux pierres la grammaire des symboles, dont il avait le secret. Ce portail de Notre-Dame-du-Port, sous sa férule, accusait, lui aussi, le nombre d'or, rectangle rigoureux des contreforts à la corniche. Ce portail avait, pour ainsi dire, ses deux « portes d'or », l'intérieure et l'extérieure. Sur son linteau, « l'or spirituel » abonde. Transmutation de l'homme, ou alchimie mystique, dont Notre-Dame-du-Port est remplie. Cette surabondance imagée des scènes byzantines et des thèmes prophétiques, ce foisonnement de symboles solaires, avec fractions de svastika, cette montagne sacrée de la bâtière, bref cette profusion parlante du portail de Notre-Dame-du-Port en fait un « portail des initiés », la porte axiale étant plus vulgaire. D'ailleurs cette dernière, située à l'ouest, nous conduit aux chapiteaux des livres fermés et non ouverts. Elle nous entraîne par un chemin de quête spirituelle. L'alchimie mystique du portail des initiés visait à nous conduire vers la quintessence des choses, à écarter, au passage, les métaux vils (péchés, passions) pour trouver l'or spirituel, le paradis perdu. Le portail axial, lui, fait faire le voyage concret et interprété aux catéchumènes. Le catéchumène *(katékhouménos)* étant celui qu'on instruit dans la foi, pour le disposer à recevoir le baptême, se distingue par rapport à l'initié, au croyant, au fidèle. Il aspire à une initiation et le portail axial lui facilite ce cheminement. La pérégrination alchimique, vers la nef, sous la voûte plus élevée, se produit en passant d'abord sous le symbole trinitaire et préliminaire des trois arcades superposées, une triple, une simple et une double. Cela correspond au symbole trinitaire 1, 2 et 3 et à leur somme, le 6, symbolisme de perfection cher à saint Augustin. On pourrait prolonger cette visite de régénération jusqu'au carré de la nef, où les chapiteaux, avec leurs centaures et leurs oiseaux (l'eau et le feu), surveillent les pas de l'entrant. Une fois immergé dans ce ventricule du sanctuaire l'arrivant s'y trouve en liaison avec les mondes supérieur et inférieur. Deux axes, qui se coupent, nous le disent. Le symbolisme des chiffres aussi, avec un clocher et un puits à huit pans. Mais quittons l'église alchimique de Notre-Dame-du-

Port pour la cathédrale. La troisième cathédrale, dite « la cathédrale des sept autels », avait été dressée par l'évêque Étienne. Cette cathédrale symbolique des sept autels fut donnée comme modèle aux constructeurs de Saint-Aignan d'Orléans. Les maîtres d'œuvre d'Auvergne avaient acquis une telle science qu'on les donna, dit-on, en modèle à Cluny, où ils avaient été élèves. Au XIIe siècle une nouvelle cathédrale sera partiellement reconstruite par l'évêque Hugues de La Tour. Son nom nous dit assez qu'il y a là un peu de la crosse et de l'épée. Évêques-seigneurs, toujours (ne dit-on pas encore monseigneur ?). Mais seigneurs-évêques souvent et en même temps seigneurs féodaux. L'un d'eux, saint Gall, a laissé ici sa marque légendaire. Grâce à lui, jamais d'hirondelles sur les flèches de cette cathédrale. Il les avait expulsées, avec défense d'y revenir. Les mitres épiscopales, elles, n'ont pas fui, si elles coiffent des personnages cornus, sous la grande rosace du nord. Prélats mêlés à une sarabande folle, style médiéval, dans le genre des mascarades habituelles, évoquant les fous chassés du temple. Il est vrai que la chronique rapporte ceci : longtemps la cathédrale, après l'office, tint lieu de halle. Un véritable marché s'y était installé. En vain la foudre y tombait. Les sacrilèges continuèrent jusqu'aux tremblements de terre de 1477 et 1478, où les marchands furent chassés du temple par la colère de Dieu.

3.

Le Puy-en-Velay, citadelle mystique des Auvergnats

Trait d'union entre l'Espagne et l'Auvergne

Dans le Sud auvergnat, en Velay, une autre cathédrale élève son clocher superposé sur la citadelle mystique. Le Puy n'est pas auvergnat et pourtant l'Auvergne s'en réclame à travers les siècles. Citadelle du *comitatus vellaicus,* séparé du *comitatus arvernicus.* Ayant refusé l'hégémonie des Arvernes, après la dictature de Guillaume Tête d'Étoupe, le Velay s'affranchit. La royauté avait favorisé l'extension du pouvoir temporel des évêques du Puy. Le comte épiscopal du Velay étendit même son influence sur des enclaves, dans les diocèses de Valence, de Vivier et de Mende. C'est dire le prestige du Puy-en-Velay. A tel point que les Auvergnats de Clarus Mons faisaient un rêve, quand ils se sentaient une âme de pèlerins : aller au Puy, voir la Vierge. Nous avons évoqué plus haut la Diane d'Ephèse et les Vierges noires d'Auvergne. A la Vierge des druides *(Virgo paritura)* avait succédé la Vierge d'Anis. La pierre des fièvres, autel druidique, était devenue celle d'un pèlerinage chrétien. Charlemagne était venu deux fois au Puy, l'un des plus célèbres pèlerinages de la chrétienté. La grande peur de l'an mille mettra les foules en marche vers cette acropole chrétienne du Puy-Sainte-Marie. « Cité illustre et populeuse », selon une expression de chroniqueur, Le Puy sera l'étape des rassemblements et des grands départs vers Saint-Gilles-du-Gard, jusqu'à Saint-Jacques-de-Compostelle. La cité est connue mondialement pour avoir attiré quatre papes, quatorze rois et empereurs. Elle est le trait d'union entre l'Espagne et l'Auvergne. Carrefour de l'humanisme chrétien, Le Puy ne reliait pas seulement la péninsule ibérique et les gens du Nord. Il était aussi un relais entre l'islam et la chrétienté. Une sorte d'intersection entre la croix et le croissant, une rencontre de l'étoile d'Orient et d'Occident. L'Espagne, l'Auvergne et le Velay ! Trinité sur laquelle semble tomber le regard des dieux de toute éternité. Avec celui des déesses pathétiques, avec celui des anges et des démons. Avec celui des piétas machurées et rembrunies. L'Espagne, l'Auvergne et le Velay, foisonnante trilogie où converge une histoire pleine de vigueur ! La poésie des minarets, la foi des pères, celle des montagnes, une certaine religiosité, le sens de l'honneur, l'auréole séculaire des grandes vertus... On voit au Puy de vieux minarets aux coupoles arrondies. L'un d'eux, proche de la place du Clauzel, jadis christianisé par une croix, émerge des toits. Du haut de sa tour le chrétien a sonné la cloche sur la ville, comme le muezzin qui, chez les musulmans, appelle à la prière, sur le désert sans fin. Poésie et profusion de l'art hispano-vellave. Arcs trilobés et polychromes de Saint-Paulien ou de Saint-Julien-de-Brioude ; arcs polylobés et familiarités musulmanes du Monastier, de Chamalières, de Bains, d'Arlempdes, autant de souvenirs mauresques. Grâce à quoi, dans leur style composite et sur les fresques de la salle capitulaire de la cathédrale, l'islam perce et l'Espagne dessine ses portraits. Et puis les chansons de geste médiévales ont accordé leurs échos lointains, venus des chemins de la croisade espagnole, avec les clairs-obscurs des peintres et les violences de la palette. Fruits dorés de l'art, coloris et puissance de la mystique qui ont donné la plénitude aux églises érigées sur les rochers. Sévère monumentalité qui n'a point rompu leurs élans ni leurs pointes aiguës. Elles ont ébauché, au contraire, dans ces phares de notre Occident roman, l'impatiente vision des hommes, au-dessus de leur terre scintillante. Terre arverno-vellave que l'ombre ne semble pas devoir atteindre. Terre dévorante de beauté que le ciel pourtant rend fertile en mystères... Avec ce croissant mi-chrétien mi-chérifien qui semble l'encadrer. Tel est le pays où flotte un air d'Espagne, tels sont ses sanctuaires et ses cités d'inspiration mozarabe.

Une cathédrale alchimique

Velay, terre de l'encens, des jubilés et de la kabbale, déjà évoquée avec sa pierre mégalithique, cette pierre des fièvres « salubre à ceux qui dorment dessus ». Vers l'an 510, rapporte Odo de Gissey, une femme s'en était relevée guérie. Elle avait instruit aussitôt l'évêque Georges du désir de la Vierge de construire une cathédrale sur le mont Anis, désir exprimé au cours d'une apparition. Bien qu'on fût « en juillet, au plus fort de la chaleur, la neige recouvrait alors la terre de cette partie de la montagne. Comme s'il pouvait rester encore quelques doutes, dans l'assistance, sur les volontés d'en haut, tout à coup apparut un cerf qui, dans une course rapide, se mit à tracer sur la neige le plan de l'édifice et disparut ensuite sans qu'on pût savoir d'où il était venu et comment il était parti ». On notera que la grande frise de la cathédrale porte une biche et un cerf. Ils galopent dans une forêt. Déjà, avant son apparition, le cerf était inscrit sur la pierre païenne. Le mystère du cerf n'est pas nouveau. Il trace le cercle de beaucoup de sanctuaires en France. Le pourtour de la future basilique du Puy venait d'être dessiné par une puissance occulte. Dans l'immédiat, l'évêque Georges se bornait à cerner d'une couronne d'épines sèches le sanctuaire désigné par l'animal. Le lendemain, le cercle d'épines mortes avait fleuri. Deux siècles s'écoulèrent. La Vierge reparut à nouveau sur la pierre des fièvres commandant aux Vellaves d'aller guérir leur évêque Vosy. Ils exigèrent sur place la pose de la première pierre. Celui-ci s'exécuta. Non sans avoir pris la route de Rome, pour une autorisation du pape. Celui-ci proposa Scutaire comme architecte. C'est l'heure des légendes aimables contées par les vieux livres. On y voit les anges apporter eux-mêmes de Rome les reliques du sanctuaire. Un sanctuaire consacré par leurs invisibles mains, tandis que les cloches s'ébranlent toutes seules. Mais un fait plus important est à retenir. Au moment où la foule s'était rangée sur l'emplacement choisi pour être la cathédrale, l'évêque Vosy était tombé à genoux. « Saisi d'un transport subit, il s'était écrié comme un autre Jacob : “ *Quam terribilis est locus iste !* ” (Que ce lieu est terrible !) Et il avait ajouté : “ C'est ici la maison de Dieu et la porte du ciel. ” » Un ancien lectionnaire affirme que, cette fois encore, l'emplacement destiné à l'église fut recouvert d'une épaisse couche de neige. La présence inattendue de cette neige, en plein été, remplit d'étonnement les spectateurs[1]. Ce mot de *« terribilis »*, employé par le prélat, a quelque chose d'intensément inquiétant dans sa bouche. La terreur mystique s'y devine. L'évêque se trouve pétrifié devant ce lieu *(locus iste)* siège d'un culte païen préchrétien, déjà dépositaire de la « merveilleuse pierre ». Dépôt magique dont la présence s'imposait à nouveau, impitoyablement, au nouveau culte. « C'est ici la maison de Dieu et la porte du ciel. » Par ces mots l'évêque est dans une ligne chrétienne classique. Mais on peut se demander s'il n'a pas

1. Père Caillau, *Les Gloires de Notre-Dame du Puy,* Paris, Librairie Camus, pp. 23, 24.

conscience d'une « porte de l'ailleurs ». Ces expressions épiscopales rappellent, avant l'heure, celles, mystico-scientifiques, du grand Einstein, l'apôtre de la relativité : « La mort est un passeport pour Ailleurs. » Tout en haut des escaliers de la cathédrale, la pierre des fièvres, pierre druidique ou pierre astrale, souffle séculairement des rites renaissants. Ce mégalithe noir, brisé par la foudre, à cause des premiers ébats sacrilèges d'un couple, subira de nouveau, en mai 1631, par un vendredi vénusien, la profanation de Pestre, le portier, séducteur passager de la veuve d'un boucher. Et toujours, depuis, se mêlent au sommet des cent trente-quatre marches de la basilique les appels d'une dévotion millénaire et d'une abomination furtive. Mille ans de cierges grésillants ne peuvent noyer les imaginations. Elles voient dans la gueule sombre du portique, ouvert sur l'horizon des laves, une sorte de passage dans l'autre dimension. Après avoir frôlé la météorite des fièvres, vieux socle des sacrifices, le pèlerin chrétien côtoie les pèlerins des ténèbres. Vision pour d'autres dieux, regard cosmique, au seuil d'un temple alchimique. Quittons la porte dorée et pénétrons dans ce temple configuré par le cercle d'épines du cerf, devenu cercle de roses. La rose n'est-elle pas, en alchimie, la purification finale de l'esprit ? Les rose-croix naîtront de ce symbolisme de la renaissance avec l'objet ressuscité, avec le mouvement de Raymond VI, au XIIᵉ, et celui des Rosenkreuz, au XIVᵉ. Il se perpétuera, au XVIIIᵉ, dans le cercle contenant la croix, figure d'un ésotérisme de la théologie chrétienne. Un ecclésiastique, l'abbé de Valmont, obtiendra même, par un procédé alchimique, en 1715, un « spectre de la rose » dans une carafe. C'est la rose ressuscitée. Il s'épanouira, au XIXᵉ, par Stanislas de Guaïta, fondateur des Rose-Croix. Péladan, créateur de la Rose-Croix catholique, esthétique du temple et du Graal, voudra préparer le règne du Saint-Esprit. Les rosicruciens américains resurgiront en 1907, avec l'astrologue danois Max Heindel, se disant contacté par les supérieurs invisibles désincarnés. Bref, la rose, symbole de l'homme intérieur, poursuivant sa quête spirituelle, se trouve à l'origine, dans le chevet de la cathédrale du Puy. De même que, sur le palier de la porte dorée, le dolmen druidique, brisé, mais ayant servi de couche, avait porté le sommeil « du vieil homme », dont parle saint Paul, pour devenir l'autel de l'« homme nouveau », de même les roses mystiques, décrites par le cerf vellave, sont pleinement ésotériques.

Mystères d'un cloître et symboliques lointaines

En suivant le mur septentrional de la basilique, accédons maintenant au cloître, perfection de l'art roman. Le cloître du Puy, ce n'était pas seulement ce monument particulier, où soixante chanoines s'imposaient la vie de moine. C'était aussi une fraction de la haute ville, avec ses ruelles sombres et pavées, au cœur d'une enceinte fortifiée. Ici était le réfectoire commun, et le dédale interminable. Entre les colonnes, sous les mâchicoulis, passaient et repassaient des silhouettes, en forme de guêpes. Soutanes noires ou surplis blancs, caparacés du camail moiré à petit capuchon. Ces hommes silencieux d'une chanoinie antique portaient au bras l'aumusse de fourrure en allant à l'office de Notre-Dame du Puy. De leur mosette courte sortaient ces têtes énigmatiques aux joues vermeilles rehaussées, sous l'inquisition, d'une lippe dédaigneuse. Dès le IXe siècle, ces soixante moines du chapitre cathédral s'affranchiront de la règle et le cloître deviendra promenoir. Mais ils continueront de voir, au-dessus d'eux, cet ange du cloître tenant sa banderole sentencieuse où s'inscrivent ces simples mots : « Livre de la création. » Un appel à ceux qui ont accès en cet endroit de méditation. Une invitation à comprendre le symbole de ces pierres pâmées, pétrifiées dans leur silence. Les pensées elles-mêmes, prises dans cette chape, ont du mal à se libérer chez le visiteur profane. Mais soudain la paroi s'anime de visions, sous l'enfer des pierres. Une féerie de monstres et de chérubins sort des burins, comme si le sculpteur était encore là, à graver au ciseau, à guillocher dans les rinceaux des feuillages. Des figures hirsutes, des êtres de flammes, nés à la pointe de l'acier, habillent en profondeur ce cloître de Notre-Dame, véritable champ magnétique de la grande symbolique. Périmètre d'une vie intérieure, conçu par les maîtres compagnons. Vrai royaume des initiés. Ici chaque figure parle et les chapiteaux de la galerie méridionale, ceux de la travée orientale font voir des colombes prêtes à s'envoler ou des têtes sur la rosette. Tel visage, en demi-quartier de lune, montre son profil étrange, enfoncé dans les volutes. Tel chanoine dort, sous un dais gothique, tel ange, aux ailes coupées, gémit près des nervures. Telle bouche d'homme rejette des cordons, tel bœuf a le mufle encastré de palmettes enroulées. Pendant ce temps des colombes se délectent dans un calice, signe de la dualité répétée et de la vie perpétuelle. Les cordons celtiques sont le verbe fertile et la tête du bœuf est le *caput* vital. Voici un moine et une abbesse s'arrachant le bâton pastoral recourbé. Le religieux, de l'autre main, étreint un missel. En arrière-plan, deux êtres difformes semblent exciter à la concupiscence, en crachant leurs rouleaux de filasse. L'imagier a voulu « flétrir l'ambition ecclésiastique, la crosse étant l'emblème du pouvoir abbatial », écrit Jacques Langlade[1]. N'est-ce pas plutôt le déroulement spiralé des forces génétiques, une sorte de vrille évolutive de la vie naissante que vient sublimer la vêture de l'habit religieux ? Le bâton recourbé n'est-il pas l'axe vital et sacré auquel on s'accroche ? Que font ces deux lions adossés, encordés dans une sorte d'immobilité voulue et retenus seulement par un tortillon fragile ? Harmonie de toujours et centre d'énergie éternelle partant d'une jointure commune, disent les spécialistes. Nous ne passerons pas en revue tout ce déploiement sculptural, où le rythme et la projection du subconscient se marient avec l'impact du virtuel. Il y a plusieurs langages de la plastique. Mais on ne peut passer sous silence la chevauchée des centauresses et des centaures mâles. Cavalcade arborant des fleurs et des gourdins. La fleur, tenue par la centauresse, est-elle fleur de volupté et le gourdin de son conjoint vient-il la libérer du sceptre enchanteur ? Les centaures mythologiques d'Auvergne, familiers des landes et des montagnes souterraines, sont ici des initiés. Sur la frise, leur pouvoir formidable vient au secours des âmes en péril, même si la centauresse, telle une sirène cruelle, attire sous ses sabots les curieux médusés. La fleur des montagnes unit le couple illuminé. Après l'empoignade, l'équilibre. Ainsi le cloître du Puy nous fait pénétrer dans un monde insolite, par des chemins croisés, où s'inverse le monde. Partout c'est une seconde naissance, un grand courant des ondes, un sursaut vers la conscience, plus haut que le bas état animal. Cette mutation intérieure s'arrache aux mille embûches signifiées par les nez crochus et les dents aiguës des monstres grimaçants. Lévriers mordillant des queues de diable, moines accroupis près de leurs porcs aimables, rictus de personnages bouffons et sans nombre, qui et quoi reconnaître dans cette frénésie hallucinatoire, dans ces divagations sacrées sur les corniches ? Une exaltation, un transport, sûrement. Une transcendance chrétienne ou simplement alchimique. Une ivresse de la connaissance, au milieu des tourments. Le cerf ailé de la cathédrale nous conduit par les sentiers de cette spiritualité, où le démon figé, dans ses ailes pliées, tente de sortir du cercle diabolique classique.

1. *Le Puy et le Velay, op. cit.*, p. 47.

Énigmes sur la porte papale
Portes du nombre d'or et portes dorées

Il est évident que les sculpteurs de la cathédrale possédaient à fond la science symbolique, traduisant au bout de leurs burins et marteaux la sagesse antique. Cela se retrouve dans le porche du For, au sud-est, appelé ainsi parce qu'il donnait accès à la place du For. Là se trouvait le forum, siège du tribunal épiscopal. Les pontifes étaient reçus par cette entrée réservée. Après leur départ la porte était murée. Le For, lieu favori de l'official du diocèse, a entendu les hautes sentences séparant les bons des mauvais, pour maintenir l'intégrité. Champ clos de l'aire spirituelle. On est ici dans un périmètre qui écrase, qui irrite. Seuil de la grande épreuve, avant l'introduction dans le sanctuaire, le For porte, sur un linteau, les sept péchés capitaux. Olivier Beigbeder a trouvé, dans cette porte accueillante, un almanach des quatre ordres du monde : l'ordre animal, avec ses griffons et volatiles ; l'ordre végétal, avec sept feuillages ; l'ordre humain (têtes des deux sexes couronnées) ; l'ordre céleste (fleurs et roues tournantes). La main du Tout-Puissant soutient, doigts rayonnants, un fût de colonne, siège de tous ces ordres. Ici est le domaine des sciences oubliées. On semble heurter, à chaque pas, l'ombre de Nicolas Flamel. Une pulsation élève le regard vers les chapiteaux du porche borgne. Là s'épanouit une spirale, ailleurs se concilient les rythmes dans les sirènes à deux queues. Au bout, une tête d'homme porte, sous la couronne, le secret de la vie. Un secret qu'il essaie d'appréhender par la pression de son bras sur l'une des sirènes. Une autre tête humaine bat le rappel de la conscience, entre deux bêtes ailées adossées. Bouche bée, face à l'horizon vellave, il semble surprendre, sur le mouvement des collines mortes, quelque univers perdu. C'est le thème du « troisième terme ». D'autres, plus chanceux, entre les feuillages, semblent foncer vers un cosmos nouveau, loin des chaos de l'inconscience et des poussières millénaires. Tout est mystère, sous le grand arc du porche. Pourtant le pèlerin a l'impression d'y venir soutenir sa propre destinée, comme cet homme d'un chapiteau portant l'univers sur son dos.

Avec les bâtisseurs, avec les piliers, avec cet ensemble d'un travail divin et surhumain, nous sommes dans un décor médiéval que soulignent à l'ouest des mâchicoulis en ligne. Derrière eux semble vouloir surgir quelque homme de garde, attardé sur le soir d'une faction, au bord d'un couloir en coursive. Mais toutes les galeries de cette cathédrale conduisent vers un monde sacré. Dans la cité du Puy sont plusieurs portes du nombre d'or, avec leurs rectangles dorés. Portes du nombre d'or qu'il ne faut pas confondre avec la porte dorée de la cathédrale. Celle-ci, avec ses colonnes de porphyre rouge oriental, était ainsi appelée, autrefois, parce que ses battants étaient couverts de bronze ciselé. Les évêques y faisaient leur première entrée. Aujourd'hui, la porte est une simple grille de fer. Cette porte dorée, où se trouvait la matière extra-pure, symbole du divin, aidait l'homme à traverser la distance qui sépare le monde apparent du vrai monde, disent les alchimistes. Car c'est en fabriquant de l'or, en son propre intérieur, que l'homme y parvient. Telle est la transmutation du pèlerin qui franchit la porte dorée de la cathédrale. Les portes du nombre d'or, en ville du Puy, symbolisent l'union de la terre et du ciel. Ce sont les portes des « petits mystères », par où passent les initiés en puissance. La porte du zodiaque, autre porte de la haute ville, est faite pour les « connaissants ». Elle est dite porte des « grands mystères », avec ses douze carrés dorés. Analogie avec les douze apôtres de Jésus-Christ, les douze initiés de l'Évangile. Au-dessus, une tête horrifique gueule sa démesure à la fois paillarde, énigmatique et patibulaire, signe du verbe qui est *verbe* mais crie dans le désert. Après ce détour nécessaire vers les portes de la cité, revenons à la basilique.

Le nombril et les deux oreilles du sanctuaire

« Si ta vie n'est pure, fuis ce seuil de vie. N'approche pas d'ici. Tant que tu exhaleras l'odeur corrompue d'une chair coupable. » Cette inscription, à gauche d'une porte, est à rapprocher d'un distique gravé sur le revers de deux marches de la primitive entrée de l'église : « Si tu ne te gardes du péché, évite de toucher ce seuil redoutable, car la Reine du ciel veut un culte exempt de toute souillure. » Cette inscription latine saisissait l'arrivant qui, soudain, comprenait. Nous sommes sous la nef, vers les deux portes de cèdre. Elles sont sculptées à la mode arabe. C'était autrefois la grande façade principale de la cathédrale. Depuis, elle fut prolongée. On avait vu trop petit. Le flot des pèlerins augmentait comme un fleuve à rebours. Un fleuve fidèle à sa source. Alors on construisit dans le vide, au-dessus de l'abîme. Il ne fallait pas songer à reculer le chœur où trônait l'objet sacré, la Vierge noire, la Vierge qui avait tracé elle-même le plan. On lança donc sur les pentes du rocher d'énormes piliers. La cathédrale, en partie, y repose, mais l'escalier primitif est devenu tunnel. Il mène, telle une galerie, vers le saint des saints et l'on sort par deux portes latérales. « Elles sont de chaque côté de la sainte chambre, tout à fait à côté du grand vase, ce qui a donné lieu à ce mot populaire qu'on y arrive par le nombril et qu'on en sort par les oreilles. Il y a là du gnostique. Le verbe naît par l'oreille. Le nombril est le centre de la vie de l'homme, le point de sa quête vers lequel il marche. » Ainsi le frère Théodore s'exprimait-il naguère. Un autre chroniqueur, Vincent de Beauvais, rapporte que la voûte fut percée par un éclat de tonnerre : « La chute fut accompagnée d'un si horrible fracas que toute la ville en demeura plusieurs jours dans l'effroi. » Comment un lieu « si renommé par les faveurs du ciel et honoré même des présents des Sarrasins d'Espagne » avait-il pu être exempt du fléau, « instrument du courroux divin » ? Purification par le feu des souillures de ce sanctuaire, répondait la catholicité.

Fontaine ésotérique, blasons hermétiques

Les souvenirs profanes continuaient d'imprimer à la cathédrale, aux yeux du clergé, cette sorte d'empreinte ésotérique des premiers âges. Cela se retrouvait au puits, c'est-à-dire à la fontaine dolménique de la basilique du Puy. Là était une fontaine sacrée et sur le chevet de l'église se voit encore son vestige : un puits frappé de ces vers à double rime :

Fons ope divina languentibus e medicina
Subvenien gratis ubi deficit arsypocratis

Ces lettres onciales, de forme très ancienne, veulent dire : « Cette source est, par la puissance divine, pour les malades, un remède efficace, qui vient gratuitement à leur secours, là où l'art d'Hippocrate demeure impuissant. » Nous sommes, comme à Chartres (où la cathédrale fut bâtie sur un dolmen), en présence d'une fontaine ésotérique. Là où il y a dolmen, il y a Vierge noire dolménique et son puits celtique. A Chartres, le puits rappelle que les druides pratiquaient le rituel initiatique du baptême par l'eau. Louis Charpentier voit dans cette eau, à trente-trois mètres sous terre, des vertus mystico-magiques. Une telle similitude est probable au Puy. La magie de sa fontaine dolménique est purifiante de l'âme et du corps. C'est une médecine d'essence divine. L'ésotérisme a d'ailleurs enveloppé de son écharpe d'autres fontaines de la cité vellave. On pourrait étendre aux armoiries vellaves, figées dans la pierre, cet aperçu ésotérique des environs de la cathédrale. Retenons ce blason soutenu par deux lions. Au sommet, un casque, servant de cimier. Une femme au buste nu y trône, expression de la vie surgie du masque rituel du chevalier. Un lion, dans l'écu, domine l'astre du jour. Il semble commander à un dauphin soumis, symbole de la puissance rayonnante du soleil, à côté de l'intelligence du dauphin. Un tout, chez l'homme perfectible, rendu meilleur par la sagesse et la lumière ; une sorte de contrepoids, par lequel chaque homme redore son blason et recrée son âme.

La façade et le nombre neuf

« Vue du nord-ouest, de la route de Clermont, la cathédrale se dresse hostile, sombre, farouche, telle une forteresse. Mais de l'ouest, en face de l'entrée principale, elle est aérienne, souriante, mystique. Elle semble appeler les âmes à la contemplation. » Cette vision de Jacques Langlade[1] correspond à la perspective voulue par les maîtres d'œuvre. Ils ont écrit dans cette cathédrale et sur sa façade plusieurs livres de pierre. Les blocs polychromes parlent. Leurs tonalités multiples sont constellées tour à tour des frimas vellaves et des soleils du soir (six mois d'hiver, six mois d'enfer) ; mais aussi d'un soleil perpendiculaire de l'été faisant luire, sur cette façade, tournée vers le nord, un regain d'humanité. Regain d'humanité perdue, traduit par l'élan et la cohésion de cet extérieur du sanctuaire, par rapport à l'arrière-corps. Un devant spirituel, percé d'une immense porte, au sommet des cent deux marches. C'est du moins l'opinion des spécialistes de la symbolique. Ils voient aussi, dans les trois arcades de la zone inférieure, dans les trois fenêtres de la zone moyenne et les trois pignons de la zone supérieure, le trois fois trois neuf occidental. C'est le nombre de l'achèvement spirituel, celui de la perfectibilité, dont nous parlions plus haut. Ainsi nous avons pérégriné, en Velay, par un itinéraire spirituel, dans un voyage de la pensée, au travers d'un sanctuaire fabuleux qui mit en marche des milliers de pèlerins frappés d'une obscure pulsion. C'était la même forme de mouvement qui poussait les foules vers Clermont, au temps de la dynamique des croisades.

1. *Op. cit.*, p. 32.

4.

L'Auvergne des croisades et des papes

Le concile de Clermont et la première croisade

Ces foules cheminaient sur l'interminable chemin de Compostelle. Saint-Jacques-de-Compostelle est déjà le gardien de la grande escorte des croisés. Sa sauvegarde veille sur le piétinement de ces foules en loques, demain cuirassées et bardées de fer. Voilà comment sont nées les croisades d'Auvergne, en cette province reculée, mise en relation avec l'univers par les moines et pèlerins du chemin de l'Étoile *(campus stellae)*. Si bien qu'en 1095, Clermont, siège du concile et de la trève de Dieu, sera le point de départ de la première croisade. Le pape Urbain II, venant d'Avignon et du Puy, fait relais chez les moines de La Chaise-Dieu. Il pénètre dans le vieux Clarus Mons, sous les cloches et bourdons des cinquante-quatre sanctuaires de la cité. La vague écumante de la multitude bat comme un ressac les abords de la cathédrale d'Étienne. Dans cette cohue attentive est passé le souffle mystique du pays d'oïl et du pays d'oc. Deux Frances ralliées, ici, par la souffrance et les prodiges annonciateurs d'épouvante. Une famine terrible avait sévi, en cette année 1095. Voici plus de cent mille hommes et femmes, en rangs pressés, dans l'encombrement du Champ-de-l'Herm. C'était au levant de la cathédrale. Treize archevêques, trois cent quinze évêques, des chevaliers par milliers ont fait cette longue marche, avec leurs mules, leurs équipages ou à pied. La capuce baissée en cagoule, puis rabattue sur le dos, le souverain pontife se distingue au milieu de la cohorte des bénédictions, sur son cheval couvert de parures. C'est sur l'actuelle place Delille qu'avait été dressée l'estrade d'Urbain II, proclamateur de ce grand départ vers l'Orient. Il a parlé en langage d'Avignon : « Peuple des Francs, peuple d'au-delà des monts, peuple élu et chéri de Dieu... séparé des autres peuples de l'univers... De Jérusalem et de Constantinople nous sont parvenus de pénibles récits... » Dépeignant l'envahissement des lieux saints, le pape s'écrie : « A qui donc appartient-il de venger cela, sinon à vous, à qui Dieu accorda la grandeur de l'âme et la force d'humilier " le crâne chevelu " d'un adversaire ?... Que rien ne vous retienne, ni vos biens ni vos familles, car ce territoire que vous habitez, enfermé de toutes parts entre la mer et de hautes montagnes, contient votre nombreuse population, il ne regorge pas de richesses... Vous vous déchirez sans cesse. Que les haines cessent... Prenez la route du Saint-Sépulcre... Dieu a donné aux fils d'Israël possession de cette terre, dont il dit qu'il y coule du lait et du miel... Le Rédempteur l'a illustrée... Prenez donc cette route, assurés de la gloire incorruptible du royaume des cieux. » Cette prédication entonnée par Urbain II et traduite aussitôt par Robert le Moine, avait soulevé le cri fameux de « Dieu le veut ». Du haut de ses chaires, l'Auvergne de la Croix s'enflammait à l'assaut du Croissant.

L'évêque du Puy conduit la première croisade

Robert le Moine dit qu'une psychose s'empara des croisés. Elle « ébranla toute la terre, en sorte que la nouvelle fut connue jusque dans les îles de l'Océan. » Adhémar de Monteil, évêque du Puy, était l'un des personnages entourant le pape au concile de Clermont. Quand le souverain pontifie convie l'assemblée à délivrer le Saint-Sépulcre, l'évêque du Puy s'écrie : « Nous agirons ainsi ! » Le pape charge alors Adhémar de conduire la première croisade « et de porter l'enseigne... Que tous fassent de grandes journées par les monts et par les plaines, traversant rapidement la France et l'Allemagne, la Lombardie, Rome et toute sa contrée, afin que Jésus leur permette de vaincre cette nation du diable » (les Turcs). » Adhémar répond : « Je les guiderai et porterai l'enseigne. » Le prélat du Velay est un conducteur d'hommes, aux réflexes sobres, au langage tout militaire. Durant trois ans il sera l'esprit d'une armée de deux cent mille hommes. Une vaste chevauchée de manants, de vilains, de bourgeois et de chevaliers, rappelant les grandes ruées modernes. Un érudit vellave écrira : « Quand j'ai relu les exploits de nos ancêtres à Nicée, Antioche, il m'a semblé que je trouvais, burinée depuis mille ans, par un devin inspiré et génial, l'épopée de nos soldats écrite en caractères de sang, sur le front de nos armées

(1914). » Ce prélat qui avait endossé l'armure chevaleresque, avant d'être consacré, fut choisi parmi une phalange de quatre-vingts généraux. Il avait une réputation de bon cavalier. L'armée du Midi, dite « armée des Prouvinçaux », formait deux divisions. La première était commandée par le comte de Toulouse, la seconde par Adhémar de Monteil. Pendant que les deux chefs organisaient leur expédition, il se fit, à travers l'Allemagne et la Hongrie, un exode populaire sans organisation, un exode dirigé, tant bien que mal, par Pierre l'Ermite. Ces hordes, sans armes ni discipline, mais galvanisées par la foi, étaient « plus dangereuses aux chrétiens qu'aux infidèles ». Cela finit par leur massacre, en Asie Mineure (septembre 1096). Le départ de l'évêque du Puy fut fixé au 15 août 1096, conjointement avec les Méridionaux du comte de Toulouse. A la bannière du prélat, la Vierge magique du Puy. Il tient ce langage à ses troupes : « Quand les Français voient que le pays est plein de bruit, que vallées et landes sont couvertes de Turcs, ne vous étonnez pas s'il y a des malades. Mais le courage vient aux pieux. Le Sauveur, mis en croix, a dit que ses fils le vengeraient avec les épées fourbies d'acier. Sur le mont Thabor, ainsi que le dit l'Écriture, quatre cors sonneront au jour du Jugement. Le mort sera ressuscité et toute l'humanité reviendra à la vie... Vous trouverez cent mille saints que Dieu a élus. Voyez les Sarrasins, ces faces brunes maudites. Écoutez comme ils mènent grand bruit et grands cris. Que chacun de vous soit habile à frapper et que les écus soient pris au nom du Seigneur. Je prends sur moi les péchés, les grands comme les petits. Au nom de la Pénitence, frappez sur les Arabes. » Parmi les guerriers du Christ, il y avait des couards. Mais cette harangue les remua. Cette colonne de chevaliers et de piétons, de clercs, de boutiquiers, de femmes et d'enfants, avec traînards et maraudeurs, est un phénomène de l'histoire. Il y a des moments où les peuples se mettent ainsi en marche, de façon mystérieuse, à l'appel de ses illuminateurs, allant se faire mettre en pièces, au-delà des montagnes. Malraux a remarqué ce mouvement subit ne répondant pas forcément à une nécessité historique et suivi ensuite, pendant des siècles, d'un endormissement des foules, avant de reprendre tout aussi mystérieusement.

Une épopée conjuguée : les Arverno-Vellaves et les « Prouvinceaux »

Nous ne ferons pas ici l'historique de cette première croisade prêchée à Clermont. Notons simplement que les croisés d'Auvergne et de Provence traversèrent Lombardie, Vénétie, et bien d'autres pays. Des régions sauvages « dans lesquelles, dit le chroniqueur, nous ne vîmes, durant trois semaines, ni animaux ni oiseaux ». Les hautes montagnes du Dormidor franchies, on passa sous les rafales terribles de la bora, le vent furieux de la Serbie. Le comte Raymond, cerné par une bande, « s'empara de quelques esclavons et leur fit crever les yeux ». L'évêque du Puy lui-même, à Antioche, acceptera des mains de Tancrède, de sinistres présents : des chefs décapités de Sarrasins qu'il paiera un besant d'or par tête. Une grande victoire, Nicée, avait été assombrie par le trépas de Gui de Pourchesse tombé malade et qui s'était « fait saigner » lui-même. « Les croisés dolents l'ensevelirent, sous les yeux des Turcs qui contemplèrent, du haut des créneaux, le cortège des funérailles. L'évêque du Puy présida la cérémonie et bénit la fosse avec l'encens. Les ennemis, saisis de crainte devant le calme recueilli des croisés, s'écriaient : " ce peuple est plus fier que les léopards et les lions. Nous ne durerons point contre une telle nation. " » Les Arverno-Vellaves avaient décuplé cette ardeur invincible devant les palais et basiliques de Thessalonique. Palais tapissés de marbres multicolores. Sur un décor de mosaïque à fond d'or, saint Démétrius, le patron de leurs armées, les avait animés d'une énergie nouvelle, électrisant leur courage pour le long chemin. L'approche du combat enflammait cette masse bariolée qui venait camper dans les ports, au milieu des bazars et de la magnificence byzantine. Ayant franchi les portes d'or de Thessalonique, ayant traversé le Bosphore, ayant débordé Nicée, où l'évêque fit saper une tour d'angle, ces guerriers d'Auvergne et du Velay s'étaient avancés partout en faisant la tortue, boucliers sur la tête, creusant sous les forteresses, franchissant les défilés du Taurus. Là, cinquante chevaliers avaient été pris et décapités. L'évêque du Puy avait « pleuré des yeux du front », mais s'était repris, allant au secours de l'« Esnasé » (le chevalier sans nez), général de l'empereur de Constantinople. Les cadavres à nouveau avaient jonché la route, mais toujours et encore le prélat guerrier du Puy, bénissant les corps, répétait : « Écoutez, je vous dis que celui qui meurt ici est guéri et sauvé. Les âmes de ces corps sont déjà en paradis. » « Mille chevaliers en larmes » s'étaient « pâmés » devant ce corps meurtri de Gaston de Montaigu, mais l'évêque du Puy survint et sut « faire cesser les pleurs ». Ailleurs, il proclamait : « Chevaliers barons, Dieu notre Père a dit, quand il rédima le monde, que ses fils, après lui, le vengeraient. A Clermont, en Auvergne, nous en fîmes le serment. » Et les Français d'Auvergne et de Provence se mirent « à genoux », prêts à se lever pour continuer l'épopée. Vision vraiment épique. Telle était, comme un poème tragique, l'héroïsme sublime des croisés de Clermont. Mais bien des chevaliers, ayant perdu leur monture, se trouvaient sur des bœufs. On avait attelé chèvres, chiens et « jusqu'à des porcs, pour porter les bagages et couvertures ». Le comte de Toulouse, malade, allait trépasser, quand il revint à lui, en entendant l'office des morts. Le siège et la prise d'Antioche furent fertiles en événements extraordinaires. Il y eut l'assaut du fameux pont du Ferne. Là, on effraya les Turcs en lançant, pardessus les murs, des cadavres décapités, exhumés d'un cimetière. Adémar de Monteil exalte alors les courages en invoquant le Saint-Sépulcre, en faisant vibrer toutes les trompettes. « De colère il prit un cor et le sonna très haut. » Un frisson passait, relevant les courages fléchissants, à la suite du tremblement de terre et d'une aurore boréale, « choses qui frappèrent beaucoup les croisés ». L'évêque du Puy trouvait même le moyen d'être obéi en ordonnant un jeûne de trois jours, à la suite de ces phénomènes. L'armée provençale n'avait plus qu'une centaine de chevaux, mais on n'en construisait pas moins un ouvrage-défense, le château de la Mahomerie. « Commencé le 8 mars, il fut achevé en onze jours. » Antioche, pris par les croisés, fut à nouveau assiégé par les vaincus. On arracha les feuilles des arbres, on fit bouillir du cuir de cheval pour subsister. Cependant, quelques chevaliers « attachèrent leurs cordes aux créneaux et se laissèrent glisser dans la campagne. On les nomma les " funambules "... Adhémar de Monteil fit lui-même des rondes (pour arrêter ces désertions) ». Il allait, galopant, de rempart en rempart, quand des visions se produisirent. Louis Brehier écrit[1] : « La vision la plus frappante fut celle d'un paysan provençal, Pierre Barthélemy, qui, le 10 juin, vint révéler à Raymond de Saint-Gilles et à l'évêque du Puy que l'apôtre saint André lui était apparu, à plusieurs reprises. Il lui avait ordonné d'indiquer aux chefs que la lance avec laquelle le centurion Longin avait percé le flanc du Christ se trouvait enfouie dans une église d'Antioche. Raimond d'Aiguilhe nous dit que l'évêque refusa d'abord d'attacher une importance quelconque à ce récit, mais le comte de Toulouse y ajouta foi immédiatement. Raimond d'Aiguilhe fut chargé de garder le visionnaire et, le 14 juin, en présence de douze témoins, la Sainte-Lance fut découverte par Pierre Barthélemy, sous les dalles de l'église Saint-Pierre. » Enthousiasme chez les croisés. Hélas, une

1. *Un évêque du Puy à la première croisade,* Société académique du Puy, 1923, t. VIII, p. 242 et suiv.

peste se déclara. Elle n'allait pas empêcher la victoire des croisés qui desserrèrent l'étreinte des Turcs sur la citadelle d'Antioche. Adhémar de Monteil était devenu « chef unique de toute l'armée des Prouvinceaux ». Une pluie fine providentielle, « grâce divine », s'était mise à tomber pendant la bataille. Raimond d'Aiguilhe avait élevé la Sainte-Lance au-dessus des combattants, tel un « présage de victoire ». Dans l'action « un mirage subit des chrétiens leur fit voir, au sommet des montagnes, des cavaliers innombrables, montés sur des chevaux blancs et arborant des bannières. Ce fut dans leur pensée, un secours céleste »... Les patrons des armées saint Georges, saint Mercure et saint Démétrius étaient à leur tête... La route de Jérusalem était ouverte. Mais, fin juillet, le comte de Toulouse et l'évêque du Puy tombèrent malades. Adhémar de Monteil succomba, le 1er août 1098, jour de la fête de saint Pierre ès-Liens. On l'inhuma à l'endroit où avait été découverte la Sainte-Lance. Deuil universel de l'armée. L'auteur des *gesta francorum* salue le dépositaire de la pensée d'Urbain II qui avait réussi à maintenir la croisade arverno-provençale sur son chemin. Entré dans la légende, l'évêque du Puy « apparut en songe à Pierre Barthélemy et lui révéla qu'il avait été, un moment, dans les tourments, pour avoir douté de l'authenticité de la Sainte-Lance. Il apparut aussi à un de ses familiers, le prêtre Bertrand, le 15 juillet 1099, le jour de la prise de Jérusalem. Des croisés le virent monter, le premier, sur les remparts, en invitant les guerriers à le suivre. On finit même par lui attribuer l'initiative de la croisade qu'il aurait conseillée au pape, à la suite d'une vision d'un chevalier. Celui-ci, au retour de la Terre sainte, était venu à Notre-Dame-du-Puy, avec onze de ses compagnons[1] ». Longtemps, les chanoines du Puy conservèrent et revêtirent le pourpoint cuirassé de l'évêque légendaire. Ils ceignaient son épée et chantaient, comme on chante encore, le prestigieux *Salve Regina,* antienne du Puy, aux grands jours des pèlerinages. Personnage d'épopée, à l'image de la *Chanson de Roland,* pourfendant l'infidèle d'une main et bénissant de l'autre, il est une de ces gloires du Moyen Age chrétien, gloires pénombrées d'un clair-obscur magique.

1. Michel Bertrand, *Histoire secrète de la Provence,* Éd. Albin Michel, p. 207.

Papes du Massif Central

Autres gloires : sur les dix-sept papes produits par la France, six au moins ont des attaches avec le Massif central. Il convient d'insérer dans les papes du Massif central Urbain V, natif du Gévaudan, aux portes de l'Auvergne. Malachie avait révélé son destin par ces deux mots : Gallus Vicecomes (le Français vice-comte). De fait, il fut nonce apostolique auprès de Visconti de Milan (d'origine française). Sixième pape d'Avignon, Urbain fut, en 1366, rançonné par les grandes compagnies que Duguesclin conduisait en Espagne. Il dut donner l'absolution à ces « croisés, pèlerins de Dieu », avec deux cent mille florins. Il est vrai qu'ils étaient trente mille. Une absolution générale s'imposait. Clément IV, bien que né dans le Gard, fut évêque du Puy. Un mystère plane sur son blason. Ses armes étaient « d'azur à six fleurs de lys d'or posées en orle 1, 2, 2 et 1 ». Mais, sur un parchemin des archives départementales de la Haute-Loire, pend un sceau avec une figure de faucon. Sur la légende, le mot « mil » est resté. Le faucon était-il l'enseigne de Guy Foulques, avant son accession au pontificat ? Le chroniqueur Gissey dit en effet qu'il portait « en ses armoiries une aigle comme faict la ville du Puy ». Ce qui correspond, une fois de plus, aux prédications de Malachie : *Draco depressus* (le dragon vaincu). Car les armes de Foulques représentaient, en réalité, l'aigle tenant un dragon dans ses serres. Le tombeau du pape Clément VI, à La Chaise-Dieu, frappe les visiteurs dans son sarcophage de marbre noir. Sans ornements, la dépouille, étendue en gisant, repose sur un autre marbre d'une blancheur légèrement veinée, probablement de Carrare. Les traits du pontife furent tracés « de son vivant et sous les yeux du pape, par un ciseau à la fois résolu et délicat. La tête, coiffée de la tiare à trois couronnes fleuronnées, repose sur un coussin », note M. Faucon. Les trois couronnes ne datent guère que du pontificat précédent (Benoît XII). Avant Boniface VIII la mitre pontificale était simplement ceinte de trois cercles. Le chiffre trois a dû jouer ici son rôle secret. Deux lions, à la crinière autrefois dorée, veillent aux pieds de Clément VI. En 1562 Blacons, le capitaine ravageur des huguenots, brisa la tombe du pape, l'ouvrit pour boire dans le crâne et sépara la tête du pape en deux, disent nos légendes. « Tout mutilé qu'il est, le tombeau garde encore, comme l'ombre de ce Jason, dont parle Dante, son aspect de souveraine grandeur », écrit M. Faucon. Clément VI et son neveu, Grégoire XI, ont marqué La Chaise-Dieu de leur népotisme. Son tombeau en donne une preuve unique dans l'histoire des papes : quarante-deux personnages, « rangés comme une garde d'honneur », encadrent son corps. Parmi eux, l'évêque de Clermont, le comte de Beaufort et ses deux épouses, avec l'archevêque d'Arles. Le futur Clément VI, jeune profès de La Chaise-Dieu, venant de Paris, gagnait son abbaye, quand il fut surpris par des voleurs, dans la forêt de Randan (Puy-de-Dome). Laissé nu sur place, il gagna Thuret, où le prieur Étienne Aldebrand le restaura. « Quand et comment pourrai-je m'acquitter vis-à-vis de toi ? » dit Pierre Roger. « Quand tu seras devenu pape ! » répondit le prieur, sur un ton de plaisanterie. Clément VI se souvint du prieur, puisqu'il en fit un archevêque d'Arles. Il figure parmi les quarante-deux personnages de sa garde mortuaire d'outre-tombe. Mais le monument ayant été mis en pièces, il ne reste que des vestiges. Le Limousin revendique Clément VI, premier pape limousin, Innocent VI le deuxième, Grégoire XI le troisième. Tous trois sont nés aux marches de l'Auvergne, en Corrèze. Le corps de Clément VI, ramené d'Avignon à La Chaise-Dieu, fut déposé dans la chapelle de Vignonnet, près d'Antignac, dans le Cantal. Il était cousu dans des peaux de bouc, dit la tradition. D'autres textes le disent cousu dans une peau de cerf. Grégoire XI, neveu de Clément VI, septième pape d'Avignon, était né à Maumont. Le château de Lamothe, à côté de Brioude, était la propriété de Guillaume Roger, frère de Clément VI et père de Grégoire XI. On pouvait voir encore, récemment, dans « la chambre des papes » de cette forteresse, leurs portraits appendus. Clément VI fut envoyé chez les bénédictins de la Chaise-Dieu tout jeune. Clément VI, surnommé « Le Magnifique » appartient ainsi à l'Auvergne comme son neveu Grégoire XI. Le mieux doué des pontifes du XIVe, écrira-t-on. Pétrarque, dans son *Rerum memorandum* attribue la prodigieuse mémoire de Clément VI à la blessure qu'il avait reçue à la tête dans sa jeunesse et qui nécessita l'opération du trépan, signalée par le chirurgien Pissavin. Savoir : « Un travers de doigt de la suture coronale et un grand travers de doigt de la digitale. L'opération du trépan y avoit été faite ainsi, ce qui convient aux dires de Pétrarque. Il est donc hors d'apparence que l'on ait fait un gobelet du crâne de ce pontife, puisqu'il est encore entier. Il paraît plus vraisemblable que ces impies burent dans la tête de marbre qu'ils coupèrent » (note relative à la violation du tombeau, Bibliothèque nationale, manuscrit 12664, f° 102-103). Né exactement au village de Rosiers, paroisse de Maumont (Corrèze), pape de 1342 à 1352, Clément VI s'appelait Pierre Roger ou Rogier. Les de Rogier de Beaufort blasonnaient « d'or à la bande d'azur, avec six roses de gueules en orle ». Les roses des armoiries sont-elles en relation avec le village de Rosiers, ou plutôt avec cette rose d'or que le pontife bénit le quatrième dimanche de Carême ? Michel Bertrand dans *Histoire secrète de la Provence,* à propos de la « cérémonie de la rose d'or », au chapitre du « Mystère des papes d'Avignon », définit le symbole de cette rose d'or, « symbole de la durée du monde et des promesses éternelles ». Malachie, dans ses prophéties, assigne cette devise à Clément VI : « De *rosa atrebatensi* ». Il fut effectivement évêque d'Arras avant d'être pape. L'allusion à la « rose d'Arras » est évidente. Le neveu de Clément VI, également né Pierre Roger de Beaufort, pape de 1370 à 1378, sous le nom de Grégoire XI, fut le dernier des papes d'Avignon, le dernier des papes limousins et le dernier des papes français. Les cardinaux élurent à l'unanimité ce neveu papal. Il est vrai qu'il avait été précoce dans ses fonctions, puisque doté, à onze ans, d'une prébende canoniale et muni du chapeau de cardinal à dix-neuf ans. On lui reprochera ses sévérités inquisitoriales. Il maniait facilement l'interdit. Catherine de Sienne, la sainte italienne, voulut le rapatrier à Rome. Le 2 octobre 1376, Grégoire XI s'embarquait à Marseille, en pleurant sa patrie. Les vagues déchaînées coulèrent les navires de sa suite. Comble de malheur, malgré un accueil romain chaleureux, deux mois plus tard le pontife trépassait. La devise que le prophète Malachie lui avait donnée était : *« Novus de virgine forti »* (nouveau d'une vierge forte). Il fut appelé en effet Pierre Belfort, quand il était cardinal de Sainte-Marie-la-Neuve. Innocent VI, né au village des Monts, paroisse de Beyssac (Corrèze), fut pape de 1352 à 1362. Il s'appelait Étienne Aubert et fut surnommé « le Réformateur ». Malachie le prophétisait ainsi : *« de Montibus pammachii »* (des monts de Pammaque), du titre de Pammaque (au mont Coelius), dont les armes portaient six montagnes. Allusion aux collines de Rome et peut-être aux Allerti d'Italie, ancêtres des Aubert du Limousin, d'après Mgr Farges. Le sixième ou plutôt le premier des papes du Massif central est Sylvestre II, *alias* Gerbert.

Le pape alchimiste Gerbert d'Aurillac

Henri Durif[1] a raconté la « légende merveilleuse du pape Gerbert », fils d'un pauvre tenancier de Belliac. Né vers 940, près de

1. *L'Ancienne Auvergne et le Velay,* III, « La haute Auvergne », Moulins, 1847.

l'abbaye d'Aurillac, jeune pâtre, Gerbert tenait à la main une branche creuse. Il comptait les étoiles. Les moines de l'abbaye Saint-Géraud l'aperçurent. Cette sarbacane ou tube creux, permettant au berger d'observer les astres, intrigua les religieux. Ils conduisirent l'enfant au couvent. Là, « il débita tant de jolies paroles, fit tant de surprenantes promesses, si on voulait lui permettre d'étudier dans les livres que le prélat-abbé se laissa convaincre et le destina à être clerc ». On lui enseigna les trois arts (le *trivium)* : grammaire, rhétorique et dialectique. Il absorba aussi les autres sciences (arithmétique, géométrie, astronomie, musique (le *quadrivium*). Un jour passait Borel, comte de Barcelone, venu en pèlerinage à l'abbaye de Saint-Géraud. Il eut son attention retenue par ce jeune phénomène et demanda au prieur de le lui confier. Voilà Gerbert partant pour l'Espagne. « Le pâtre devenu bénédictin et assiégé déjà par le malin, note Durif, arriva chez les musulmans, quitta son habit pieux, s'établit dans une ville damnée nommée Cordoue, et là, en compagnie des rabbins et de Belzébuth, apprit la chiromancie et la magie blanche. D'autres disent qu'il avait appris ainsi " les arts curieux " des Arabes. Le président Hénault[1], par exemple, rapporte qu'on attribua à Gerbert l'introduction du chiffre arabe ou indien, tenu des Sarrasins. Ce fut aussi Gerbert, écrit Michaud, qui entreprit la première horloge dans laquelle, en 1650, on substitua le pendule au balancier. Sa grande science le faisait passer pour magicien. » Gerbert se rendra en Italie, puis suivra Othon II en Allemagne, reviendra en France, puis sera archevêque de Ravenne et deviendra, en 999 le pape de l'an 1000. Fondateur du royaume de Hongrie, il est qualifié d'homme « le plus extraordinaire de son temps ». Gerbert, devenu Sylvestre II, fut le premier Français qui soit monté sur la chaire de saint Pierre. Il avait fait une tête de cuivre qui répondait aux questions difficiles[2]. On cite aussi ses orgues hydrauliques, son paratonnerre, son invention de lettres abrégées, etc. On l'a surnommé « faiseur et défaiseur de rois ». Il avait aidé Hugues Capet contre les Carolingiens et soutenu Othon de Saxe. Il était revenu des pays du Sud, « très savant dans les sciences criminelles, connaissant ce que signifient le chant et le vol des oiseaux, sachant lire les écritures cabalistiques et faisant des calculs avec des chiffres inconnus. Gerbert, à cette époque, se flattait déjà de pouvoir prédire l'avenir par la position des astres. Quelques-uns disent qu'au lieu de prier il examinait curieusement le mouvement ondulatoire des

1. D'après la *Biographie universelle* de Michaud.
2. DEZOBRY, *Dictionnaire de biographie,* Delagrave, 1888.

vagues, ainsi que les jeux colorés de la lumière, soit sur les flots tranquilles, soit sur les gerbes mouvantes des cascades. D'autres ont été jusqu'à prétendre que ce prêtre indigne interrogeait le sommeil des plantes, qu'il savait les mystérieuses amours des fleurs, qu'il cherchait à leur ravir une poussière ténue et fine qu'elles laissent échapper, à l'heure de la fécondité. On l'a surpris, au printemps, couché sur le sol, prêtant l'oreille pour entendre la sève bouillonner dans le sein de la terre. On l'a vu, le matin, recueillir, en silence, sur le gazon humide, ces brillantes perles de cristal, larmes secrètes de la nuit. Et de tout cela Gerbert composait des philtres, au moyen desquels il évoquait les apparitions surnaturelles et appelait le démon qui se rendait soumis à sa voix ». Cette légende, précieusement recueillie par Durif, a peut-être de l'excès, en un temps où l'on passait facilement pour sorcier, car « devenu sorcier, rien ne pouvait être mystère pour lui ». Aussi, dans une solennité publique, avoua-t-il, devant tous, qu'il possédait un talisman (*Abacus,* livre des nombres), volé à un vieux sage, par la puissance duquel il pouvait tout deviner. C'était avec son aide qu'il avait découvert le trésor merveilleux et le palais d'argent enfouis sous la statue de fer du champ de Mars, à Rome. Dans le même livre Gerbert avait lu cette chose : si un prêtre, officiant à Rome, le jour de Noël, pouvait prononcer dans la deuxième messe les paroles de la consécration, au moment précis où l'astre montait de l'orient, à l'instant toutes les richesses de l'univers, si profondes soient-elles, deviendraient visibles à l'œil nu. On comprend que le pape Jean XV ait interdit au futur Sylvestre II la célébration des saints mystères. « Tison qui roule du foyer dans la chambre trois fois sa longueur, annonce méchante visite », professait Gerbert. Ce tison roulant avait effectivement appris aux fidèles qui entouraient le chevet de saint Géraud, sa proche agonie. La tradition rapporte encore un fait étrange consigné par Durif :

« Une fois, Gerbert vint à Belliac, accompagné du doyen du monastère qu'il voulait convertir au paganisme. Ils restèrent ensemble plusieurs heures dans la maison paternelle, discutant toujours. Puis Gerbert, ne pouvant réussir à perdre cet homme, lui demanda s'il voulait être témoin d'un miracle. Le doyen ayant dit oui, Gerbert le conduisit au bord de la rivière. Après avoir tracé d'innombrables cercles et prononcé des mots bizarres, il frappa tout à coup les ondes de la Jordanne avec une baguette de coudrier et les eaux, de bleues et claires qu'elles étaient, se changèrent soudain en flots d'or. De sorte que, pendant un instant, l'or coula par larges nappes entre les deux rives, comme s'il se fût échappé d'une fournaise ardente. Mais depuis ce temps la Jordanne a coulé des paillettes précieuses et la ville en a pris le nom d'Aurillac, ce qui veut dire " lac doré ". Plus tard, Gerbert, voulant devenir pape, fit un pacte définitif avec les puissances de l'enfer. Toutefois, avant de s'engager irrémédiablement, l'adroit archevêque, très versé dans la cabale, essaya de tromper le diable. L'ange du mal, plus savant que lui, avait tout prévu. Sylvestre II, qui, d'après les conventions faites, devait vivre jusqu'au moment où il aurait dit la messe à Jérusalem, oublia qu'il y avait à Rome une église de ce nom et y officia un dimanche. Atteint d'une indisposition subite et averti du lieu dans lequel il se trouvait, le pape se vit perdu et lui, si fort, frissonna et trembla comme un chêne secoué par la tempête. Il s'humilia en ce moment, se frappa la poitrine, mais les jours de miséricorde étaient passés. Satan vint, réclama sa proie et Gerbert mourut. Sylvestre II fut enterré, non dans une église, mais sous le portique de Saint-Jean-de-Latran. C'est alors que le démon, maître de son sort, voulut que, puisqu'il avait tout sacrifié à cette soif insatiable de connaître l'avenir, il continuât à le prédire, même dans sa tombe. D'après une loi sinistre la dalle noire de son sépulcre, bien que conservée dans un lieu sec, devait annoncer deux semaines d'avance, par son humidité, la mort de chaque souverain pontife. Or, certain jour, un pape malade, ayant été informé que la pierre de ce cercueil commençait à se mouiller de sa sueur funèbre, ordonna tout de suite que le tombeau fût fouillé et que la cendre de Gerbert fût jetée au vent. On le trouva dans son suaire, entier, les traits rajeunis, les yeux ouverts, la bouche prête à parler. Au dire des ouvriers, en voyant la lumière, il fit un mouvement comme pour se lever ; mais un nuage sulfureux sortit rapidement de la fosse et passa sur le corps qui tomba en poussière. Quelques minutes après, il ne restait plus rien de lui. Voilà la légende de Gerbert, celle qui est contée dans les environs d'Aurillac et de Saint-Simon. » Saint-Simon est une commune à cinq kilomètres d'Aurillac comprenant le hameau de Belliac. Des chroniqueurs complètent la relation de Durif en assurant qu'on recueillit tout de même, dans son tombeau ouvert, la croix et l'anneau papaux. Tout cela fut inséré dans une colonne de l'église du Latran. La Hongrie paya un monument au pape auvergnat à cet endroit. Michaud précise que la tombe avait été ouverte en 1648 et que Gerbert était parfaitement conservé, mais lorsqu'on voulut y toucher, tout tomba en poussière. Tel fut Gerbert « âme livrée aux sombres aventures », pour reprendre la phrase de Victor Hugo. Sa mort date du 12 mai 1003. Il était alors « très avancé en âge », indique Michaud. Gerbert l'Arabe ou Gerbert le philosophe, Gerbert le magicien ou Gerbert l'alchimiste, qu'importe ! Il appartient soit à l'alchimie islamique, soit à l'alchimie chrétienne. C. A. Burland[1] a émis l'hypothèse que Gerbert l'Auvergnat avait peut-être entendu parler « de l'autre Gerber », Djabir Ibn Hayyan, se trouvant à Cordoue, quand Maslama Ibn-Ahmad professait à Madrid les théories alchimiques et les sciences mathématiques. C'était aussi le temps où Mohammed Ibn Oumaïl rédigeait ses poèmes alchimiques, connus seulement deux cents ans plus tard chez les spécialistes européens. Quoi qu'il en soit, Gerbert d'Aurillac illumine singulièrement la fin de l'âge des ténèbres et son esprit mérite le terme d'« intelligence surhumaine » qui lui fut donné. En quittant Gerbert, surnommé « le pape de l'an mille », observons que le chapitre des papes français s'était ouvert en effet sur l'an mille. C'est dire que ces pages prennent, avec le recul du temps, le souffle d'une certaine apocalypse. Apocalypse avortée, historiquement, si l'on entend, par ce terme, une conflagration générale et physique, avec survenance du Jugement dernier. Mais Apocalypse tout de même, si l'on se place dans le domaine ésotérique et spirituel. L'an mille fut bien l'an redoutable et redouté, où vint se briser le cercle des années. Un cercle trop plein qui se dédoublait sur une nouvelle ère chrétienne. A ce point de rupture, des signes dans le ciel, des famines mémorables, et des luttes sans merci entre grands et petits. On vit le peuple monter aux calvaires et s'agenouiller devant, tandis que la voix des moines jetait sur une foule apeurée la nostalgie des psaumes. Panique générale saisissant les nobles eux-mêmes en Auvergne. Jusqu'aux exégètes, invoquant l'étrange coïncidence du Vendredi saint avec l'Annonciation de la Vierge (25 mars). De tels récits, sur l'année fatale, ont été rapportés par nombre d'annalistes. Pourtant, certains, rejetant l'historicité de pareilles craintes, réfutent l'existence d'une grande terreur. Et d'exciper sur le silence de quelques biographes. Outre que la plupart ne restèrent pas muets, une partialité des auteurs religieux jette le voile sur les frayeurs populaires qui existèrent vraiment sur la planèze d'Auvergne[2].

1. *Le Savoir caché des alchimistes,* Ed., Robert Laffont.

2. Dom François Plaine, « Les prétendues terreurs de l'an 1000 », *Revue des questions historiques,* 1er janvier 1875 ; Boy, *L'an 1000;* Rosières, « La légende de l'an 1000 », *Revue politique et littéraire,* 1878, p. 919.

5.

Le diocèse d'Auvergne et l'unité provinciale

Prélats et moines supplantent le comte

L'an mille nous a conduits au temps où les féodaux et la féodalité ecclésiastique entrent en conflit. Les papes, avec la croisade, avaient appuyé cette prédominance ecclésiastique. Les armées de Clermont portent, sur le bleu et l'or, le lys de France et la croix rouge des croisés d'Urbain II. Un autre pape, Alexandre III, viendra, en 1165, tenir un concile à Clermont, Thomas Becket y assistera et l'exilé de Cantorbéry, on le sait, apparut plus tard au moine de La Chaise-Dieu. Le légendaire prend le pas sur l'histoire. C'est le temps où l'Auvergne féodale, en cédant le pas à l'Auvergne épiscopale, avait retrouvé une certaine unité provinciale. Clermont, siège du diocèse, par ses évêques, supplantait les comtes d'Auvergne. Ces prélats, ayant droit de monnayage, répandirent autour d'eux une sorte d'empire. Nous avons assisté à la prolifération des abbayes, où brillent de grands noms, comme ceux de Pierre de Montboissier, dit le Vénérable, ou du grand Odilon de Mercœur. Nous avons vu s'agréger, autour de Cluny, les couvents de Cusset, de Souvigny, de Sauxillanges, de Saint-Flour, de Mozat. Partout le moine lui-même supplante le seigneur. Après Géraud d'Aurillac, saint Robert, le géant fondateur, avait éclipsé Cluny, sur le plateau de La Chaise-Dieu, tandis qu'à Saint-Cerneuf-de-Billom le chapitre dirigeait une sorte d'université. On raconte souvent cette anecdote qui illustre bien l'interférence du comte et de l'abbé. Robert de Turlande, né aux environs de l'an mille, avait étudié au monastère de Brioude, dans le temps où les féodaux, gantés de fer, pénétraient dans les couvents pour en diriger l'administration. L'un de ces derniers, ainsi bardé, rencontra un vieillard surpris d'un tel accoutrement. « Pour un abbé, vous voici curieusement équipé ? – Ne sais-tu pas que je suis à la fois comte et abbé ? répondit l'autre. – Comte, répliqua le vieillard, mais quand le diable aura pris le comte, que restera-t-il de l'abbé ? » Tout cela montre du côté religieux des influences profondes. A l'époque, sans cesse, les pèlerins revenaient du Puy. A l'appel des cloches vespérales, ils campaient autour des monastères jalonnant leurs ermitages. L'arrêt à la source druidique, puis l'arrêt à la source mariale étaient suivis de l'arrêt au centre monastique. Ces va-et-vient mystiques éclipsaient les gens d'épée. Les pèlerinages créaient des lieux de rassemblement autres que ceux des armées. Ici les romiers auvergnats saluaient une relique de Géraud d'Aurillac, ailleurs ils venaient honorer saint Genès de Thiers.

Diocèses et monastères
influences religieuses sur le développement de l'Auvergne

Pierre Roger, l'ex-novice de La Chaise-Dieu, ayant ceint la tiare, sous le nom de Clément VI, envoyait à son ancienne abbaye « quatre mille florins d'or de bon poids ». Innocent VI, qui avait occupé le siège épiscopal de Clermont, sous le nom d'Étienne Aubert, était un mécène pour les moines auvergnats. Bref, la cour de Rome, par ses libéralités pontificales, soutient en devises l'édification des monastères. Ces bâtisses font ombrage aux forteresses. Les maîtres maçons ne sont pas seulement sur les pignons des castels, mais aussi sur les clochers des couvents et des cathédrales. Le 17 août 1347, on signale à La Chaise-Dieu une chute d'échafaudage catastrophique. Falciat, le maître de fabrique, est précipité sur le sol avec vingt de ses compagnons manœuvres. Ils furent brisés *(cassati)*, dit un texte, ayant eu les os rompus. Maître Raymond, chirurgien de Brioude et le barbier Hugues furent dépêchés pour les soigner. A Clermont, Pierre de Cébazat, autre maître de fabrique, continue l'élévation de la cathédrale, commencée un siècle auparavant. Sous la main de ces compagnons, comme une pâte, montent, dans le ciel d'Auvergne, ces châsses de pierre, nimbées d'or au levant, carminées au crépuscule. L'ancien Pagus celtique enfante des églises. Les campaniles se profilent à côté des beffrois. Les clefs de voûte enguirlandées de La Chaise-Dieu et de Clermont se ressemblent. D'un seul jet les flèches s'élancent. Il ne faut pas croire, écrit Maurice Faucon « que les constructeurs des cathédrales travaillaient très lentement. Il n'en est rien. Ce qui est vrai, c'est que faute de ressources ou par suite de guerres, de calamités, les édifices commencés étaient interrompus pendant un demi-siècle, puis repris, abandonnés, poursuivis encore. A La Chaise-Dieu où aucun de ces troubles n'existe, les travaux suivirent leur cours normal[1] ».

Temporel et spirituel, mauvais attelage

Ce fut une époque où les comtes d'Auvergne étaient devenus les vassaux de l'évêque, seigneur féodal. Même le sire de Bourbon, comte de Nevers, était dans ce cas. Les barons se vengent parfois. Le monastère de Saint-Flour, œuvre du grand Odilon de Mercœur, secrétaire de l'abbé de Cluny, est mis à sac par Amblard d'Apchon dit « le mal hiverné », *alias* le malgracieux, celui-ci destructeur de couvents et violeur de nonnes. A ce sujet l'on rapporte la pénitence des deux Amblard repentis. Amblard d'Apchon et Amblard de Brezons offrirent leurs hautes terres fortifiées d'Indiciat aux moines de Cluny, pour expier leurs méfaits. Pieds nus, ils vinrent quémander un verre d'eau et du pain chez le prieur. On fonda sur ces terres la ville de Saint-Flour. Ainsi se confirma le vieil adage : « Beus mal ivernez en mars est lassez si chiet en la voie » (le bœuf mal hiverné en mars est lassé si bien qu'il chute sur la voie). L'attelage des deux Amblard avait trébuché. Ces rivalités entre l'Église et le pouvoir féodal, mises en relief par l'anecdote, affirment la nouvelle unité provinciale religieuse. Elles infirment l'union de la crosse et de l'épée, là-haut sur le territoire héréditaire, nimbé de ses auréoles saintes, balayé de ses glorieuses poussières. En somme, l'anecdote peut s'appliquer à ce mauvais attelage du temporel et du spirituel. Dans cette Auvergne le diable et le bon Dieu ont leur royaume bien à part, mais parfois un royaume emmêlé sur les landes vénéneuses et boursouflées, là où les creux ésotériques sont plantés de hautes croix de lave. Territoire disparate, aux émergences convulsives, où les intérieurs brûleront toujours d'un feu secret qu'il est dangereux d'étouffer.

1. « Le troubadour Élias de Barjols », *Bibliothèque méridionale,* 1re série, t. X, Toulouse, Privat, 1906.

6.

Troubadours auvergnats

Le chant secret du pays d'oc

L'Auvergne est pays d'oc. Au Moyen Age la langue parlée dans le sud de la Loire était appelée langue d'oc ; celle du Nord portait le nom de langue d'oïl. Pour dire oui on prononçait oc dans le Sud et oïl dans le Nord. A ces deux langures parlées ou chantées correspondaient les troubadours, pour le pays d'oc, les trouvères pour le pays d'oïl. Voilà des vérités simples. Et pourtant il aurait pu en être autrement, sans l'impérialisme du Nord et l'exploitation du Sud.L'Auvergne a subi le sort des provinces méridionales, malgré la supériorité de sa culture par rapport au Nord. La langue d'Auvergne dite aussi langue limousine était employée par les quatre cents troubadours du pays d'oc, dont le territoire courait jusqu'à l'Adriatique. La résurgence contemporaine de l'Occitanie a quelque chose de vague, de mythique et de mystérieux. Elle correspond cependant au refus d'oppression des sept grandes régions où l'on parlait cette langue d'oc : Auvergne, Dauphiné occitan, Gascogne, Guyenne, Languedoc, Limousin et Provence. Sept régions, sept dialectes. Le Dauphiné occitan portait son écharpe au-delà de la frontière franco-italienne et la Gascogne s'étendait vers le Val d'Aran espagnol. En somme un grand pays. L'Occitanie moderne a repris le flambeau des troubadours à sa manière, en s'appuyant sur le seul critère universel pour justifier de l'existence d'une nation : sa langue. Pour elle, la nation dominante a imposé le parler français. Cette oppression culturelle va de pair avec l'oppression économique. Les cauchemars de l'histoire sont toujours présents. Les terres d'oc avaient été un immense champ de bataille. Il y eut la croisade albigeoise venue du nord. Face à tout cela, il y eut aussi le chant protestataire des troubadours. On serait tenté d'évoquer uniquement cette poésie troubadouresque, simplement courtoise et musicienne, avec ses lyres, ses canzones, ses tensons et ses plaints. L'image du jongleur suiveur est là, rythmicien accompagnateur du troubadour, de château en château. Chacun de nous a ces vers des *Ulivades* à l'oreille, ceux du grand Mistral :

Fatigué de racler psaltérion et viole
Cernamon le jongleur, au sacré monastère
Est venu savourer le charme du mystère
Le Nirvâna en Dieu, la paix du cimetière.

Mais l'histoire secrète du troubadour est autre. Plus souvent, il utilisait, dans sa poésie, le fouet de la satire, ménestrel plein de reproches. Ses sirventes attaquaient dans un style gothique et chevaleresque. Le seigneur était parfois lui-même troubadour. Alors on entendait le dauphin d'Auvergne lancer ces couplets contre Richard Cœur de Lion :

Je ne suis pas roi couronné
Que je ne puisse à mon gré, Seigneur
Défendre mon pauvre héritage
Pourtant vous que les Turcs félons
Redoutent plus que le lion
Souffrez-vous qu'on vous garde Gisors ?...
Pourtant Dieu m'a fait assez pieux
Pour qu'entre Le Puy et Aubusson
Je puisse rester parmi les miens...
Notre roi de maintenant
me rend Issoire et me laisse Usson...

Tout le chant secret du pays d'oc est dans ces recueils dont l'originalité poétique est incertaine. Venue du mélange des races arabo-latines qui sécrétait le doute, cette lyrique populaire se changeait en armes.

Bravoure et poésie chez Pons de Chapteuil et ses confrères

Aux environs même de Gergovie, vers Montrognon (le *Mons rugosus*), Robert Ier, dauphin d'Auvergne, faisait l'accueil aux troubadours ses confrères : Pons de Chapteuil, Hugues de Peyrol, Pierre d'Auvergne, Perdigon, le Provençal... Aujourd'hui, une tête de sphinx plane sur les contreforts ruiniformes de cette ancienne cour. La silhouette de Pons de Chapdeuil « beau comme Antinoüs, bon poète, cœur d'or », pourrait s'y profiler aisément avec ses petits mystères. L'un de ces mystères est le suivant : on admet généralement que Pons, après avoir célébré Azalaïs de Mercœur, femme d'un comte d'Auvergne, renonça aux plaisirs du monde pour une croisade en Palestine où il fut tué en 1190. M. Stronsky semble avoir démontré la fausseté de cette croyance. Pons de Chapteuil vécut bien au-delà de 1210. Né dans le Velay, il serait mort à une date et dans un lieu fort incertains, bien que selon M. Fabre « sa mort sur les rivages lointains de la Syrie ne soit plus douteuse, sa lutte contre le clergé transformant cette mort en une espèce de châtiment du ciel. Poignante mélancolie ». Quant à Azalaïs, son amante, personne, M. Teilhard de Chardin en tête, n'a pu l'identifier exactement et il n'est pas sûr qu'elle soit morte en 1189. Pons l'aurait aimée après l'an 1211. Seigneur de Vertaison en Auvergne, il renonce, par acte de 1211, à sa châtellenie. On le retrouve au Puy avec sa femme Jerentone, en 1218. Il avait joué un rôle éminent dans les sanglants combats d'Auvergne, vers 1213. Robert, évêque de Clermont, taxé du surnon d' « Antéchrist de l'Auvergne », selon le poète de la croisade, avait lancé par la campagne Basques et Cottereaux. Pons de Chapteuil se dressa contre l'évêque, l'emmena captif dans son castel de Vertaison et le livra à son frère ennemi. Mais le roi intervint et Pons fut jugé rebelle. Les collègues troubadours de Pons prirent sa défense. Peire Cardinal traita l'évêque de « Robert le Caïn ». On le voit, les troubadours d'Auvergne n'étaient pas seulement ces chantres tout de courtoisie et de dévotion à leurs seigneurs. Leurs sirventes, inspirés de l'actualité politique, regorgeaient de couplets acides. Nous en avons un exemple dans Austorc d'Orlac, troubadour vellave, revendiqué par l'Auvergne, sous le nom d'Astorg ou Astan d'Aurillac. Adolphe Michel écrit[1] : « Ce troubadour du XIIIe siècle est issu, selon toute vraisemblance, de la race de saint Géraud (souche des seigneurs d'Aurillac). Il fut témoin, en 1270, de la mort du roi Saint Louis. Le chagrin qu'il en ressentit lui inspira une pièce de vers fort curieuse, publiée par Raynouard, dans laquelle il maudit les fauteurs de cette guerre désastreuse. Il blâme les évêques, accuse le pape et engage les chrétiens à se faire mahométans. Modèle d'exaltation fiévreuse, de verve ulcérée et de poétique colère. » Une nuance doit être établie. D'abord Mandet, en 1842, réclama ce troubadour pour le Velay. Ensuite il existe au moins une erreur dans ces interprétations : le

1. *Ancienne Auvergne,* t. III, p. 256.

sirventes d'Austorc d'Orlac se rapporte à la croisade princière de Saint Louis en 1247 et non à sa mort en 1270. Quant aux malédictions, nous les avons trouvées ainsi exprimées dans le texte (traduction) :

Que maudite soit Alexandrie
Et maudit tout le clergé
Que maudits soient les Turcs qui vous ont faits prisonniers
Dieu a mal fait puisqu'il leur en donna le pouvoir
Aussi est-il raisonnable de renier Dieu à jamais
Servagan et toute sa secte

Au texte original on lit : « Et qu'Azorem Bafomet » mais il est admis généralement que les poètes du Moyen Age, trouvères ou troubadours, appelaient Mahomet « Bafomet ». Cette remarque de M. Fabre[1] nous fait penser au Baphomet des templiers. M. Fabre souligne que le pape Innocent IV avait fait prêcher une croisade contre Frédéric II, excommunié en 1246, sous le nom d' « Antéchrist ». Le pape s'était déclaré prêt à faire appel aux musulmans contre Frédéric. Mais ce dernier, très populaire par sa croisade en Orient, avait repris Jérusalem en 1228 et s'y était fait couronner roi avec l'assentiment papal. Il était au mieux avec les mahométans de Nocera, dans la Pouille. Voilà pourquoi le souverain pontife le traite d'hérétique et de sectateur de Mahomet. Il fallait guerroyer contre lui au lieu de se croiser contre Louis IX. Les dîmes du clergé devaient soutenir cette pseudo-croisade contre Frédéric. Blanche de Castille en tête, une ligue française se révolte contre cette attitude. Ce fut l'insurrection des Pastoureaux contre les mauvais moines et l'Église extra-temporelle. Le troubadour vellave, Austorc d'Orlac, a voulu seulement dire dans ses vers : « Comme on accuse Frédéric d'être mahométan, faisons-nous mahométans. » Non, Frédéric ne s'est pas fait Turc, note M. Fabre : « Innocent IV voulait la fin de son ennemi et celle des Hohenstaufen. Ses diaboliques souhaits furent exaucés... La famille des Hohenstaufen s'éteignit dans le sang avant que Saint Louis allât trouver la mort dans une seconde croisade sur le rivage pestilentiel de l'antique Carthage. » Voilà un point secret de l'histoire dévoilé. Grce au troubadour qu'on retrouve en 1265, sous le nom de « chevalier du Temple », pourfendant Rome dans ses *Tornades*. Vision-

1. C. Fabre, t. XIII ; Société secrète agricole et scientifique, *Mémoires et Procès verbaux*, t. XII, Le Puy, 1904-1905.

naire de son temps, il prévoit que le temple de la mère de Dieu, à Césarée, sera transformé en mosquée... La croix du temple devient vénale (croix de tournois). Le pape et ses légats revendent les indulgences pour de l'or. Originaire d'Orlac (commune de Pébrac), en Haute-Loire, il fut vraisemblablement élève de la « quanorguia » célèbre du Puy, d'où sortit Peire Cardinal. Il maniait comme lui la langue d'oc, cette « langue vulgaire », la faisant vibrer sur l'instrument. Il poussait ainsi, sous le ciel féroce des villes en feu, son cri de détresse et de malédiction. Sa vielle vengeresse n'avait fait que flétrir un peu trop amèrement les félons de la croix et ceux de tous les temps.

Vodable, cour littéraire d'Auvergne dans la vallée du diable

Ainsi fleurissaient à la fois poésie et satire. A Montferrand, sous les auspices du dauphin, pendant plus de cinquante ans, se rencontraient Peyrol l' « Alvernhatz », Guillaume de Saint-Didier, Perdigon de Gévaudan, celui qui prendra malheureusement le parti du Nord contre les Albigeois. On y voyait aussi Uc de Saint-Cyr, Gaucelm Faidit, Peire Cardinal. Il faut y ajouter les dames Marie de Ventadour, Marguerite d'Aubusson et la troubadouresse célèbre de Meyronne. Cette châtelaine de Venteuges, en Gévaudan, était l'épouse trompeuse de son trop dur mari, surnommé « Le Turc ». A cette cour, Pons de Chapdeuil était devenu un peu le chantre de la désespérance et de la mort. Il l'appelle comme une délivrance. Ses derniers cantiques sont remplis de pleurs. Le moine de Montaudon, un confrère, vantera son œuvre. Ce moine d'Aurillac nommé, croit-on, Pierre de Vic, était le seigneur de la fameuse cour de l'Épervier au Puy-en-Velay, une succursale de la fastueuse cour d'amour du château de Vodable. L'épervier d'or y était la récompense du gagnant, lors des joutes poétiques. On lui remettait des fleurs d'argent ciselées, en le proclamant « Prince de la cour de l'Épervier » au milieu des étendards. Cette cour d'amour de l'Épervier resurgira plus tard dans les années 30, quand Boudon-Lashermes la fera revivre pour « célébrer l'âme vellave, l'esprit gaulois et la poésie ». Alors, dans le décor féerique des gorges du Lignon, à l'ombre des tours ruinées, « dans le cloître et sous les porches orientaux de la cathédrale du Puy » perdurera le troubadour Pons de Chapteuil. Une élite intellectuelle accourra de toute la région « voire même des quatre coins de la France, de la Belgique et de l'Écosse », pour retrouver le fier chevalier et magnifier son œuvre. Hymne chanté par le peuple en sa langue propre, comme sur les enseignes des logis, ou bien gravé dans l'airain par les ciseleurs. La vallée de Chapteuil, du 11 ou 14 juillet 1836, refera jouer les mystères. Un cortège de druides et druidesses, mêlés aux troubadours costumés, avec chevalier, « l'épée au poing », le fanion flottant au vent ; des archers, des prévôts, des hallebardiers, des pages porteurs de soixante bannières des vassaux de Chapteuil ; la reine de Bouchard d'Aubeterre Eyelle et le prince de Polignac en velours noir ; douze descendants directs du troubadour, Pons de Chapteuil, en escorte ; le druide porte-cor sonnant la trompe « aux quatre vents du ciel et le grand druide déclarant ouvert le Gorsed de Chapteuil », telle sera, sous le grand portail gothique, la reconstitution de la cour de l'Épervier[1]. Ces mainteneurs vellaves porteurs du glaive d'Arthur, redisant la prière bardique, cette messe félibréenne en chants de langue d'oc, au pays d'Amour, méritaient d'être signalés dans l'*Histoire secrète* de l'Auvergne. Car l'idéal troubadour tend à revivre de nos jours. Il renaît dans « l'âme émue et charmée » de cette jeunesse, héritière des jeux floraux de la cour de l'Épervier du Puy-Sainte-Marie. Les mêmes oriflammes, la même musique de

1. Le Foyer des Troubadours du Velay est peu connu. C'est Claude Fauriel dans son *Histoire de la poésie provençale,* t. III qui en a révélé l'existence. De toutes les institutions établies ayant pour but de perfectionner « l'art de trouver » si cher aux troubadours, la plus importante fut celle de Puy-en-Velay. La ville faisait partie des domaines du comte de Toulouse. Rendez-vous de toute la chevalerie du Midi, assure Mandet. Les troubadours s'y disputaient le prix de leur art et un jury y donnait ses sentences. On y donna plus tard le prix de la Marguerite et celui de la Rose, fleurs exécutées par Antoine Irad, orfèvre au Puy. Cette institution servit de modèle à celles du Nord et de Normandie et même d'Angleterre, note Ronin. Aussi appelait-on la ville du Puy « Le Puy d'amour ». Ces choses sont très peu connues des historiens qui se livrent aux grandes analyses sans descendre dans ces réunions collectives de troubadours. Là trônait Clara d'Anduze, Dona Castelloza et Tiberge, « les trois plus illustres troubadouresses de France », écrit Ronin. Vingt jongleurs entonnaient une cantate en l'honneur de la Vierge, les chalunels, les cithares, le violon et la viole, le rebec, la harpe célébrant les dames en plein auditoire. Il y avait en même temps un tribunal de femmes qui condamnait les coupables de lèse-galanterie. Le baron de Rochebaron y fut flétri. Le peuple le tua plus tard au cours d'une émeute. Mais c'était plutôt le tribunal qui récompensait la « gaie science que le baron Guillaume de Rochebaron avait souillée ». « La belle bouschière » étant Bayle de l'Évêque. Ce qui explique la vigueur de la sentence du peuple.

vers, rythmés et berceurs, réveillaient à Vodable les splendeurs troubadouresques. Vodable, à onze kilomètres au sud-ouest d'Issoire, est qualifié par certains de « vallée du diable », mais d'autres y voient la *vallis tabula,* l'autel des vallées, par référence à quelque sanctuaire druidique. On en trouve d'ailleurs la trace, un peu plus loin, dans la cité mégalithique de La Gourbie. L'aspect ruiniforme de l'antique forteresse de Vodable renoue avec les fastes de la cour d'amour. Ici Robert le Magnifique mit son palais à leur disposition. Pons de Chapteuil, Pierre d'Auvergne, Peire Cardinal et bien d'autres y furent attirés.

A l'école de Gerbert et du Graal

Il existait une corporation de troubadours utilisant en prose et poésie le *trobar clus,* sorte d'écriture hermétique dont les initiés comprenaient parfaitement le sens voilé. On rencontre le trobar clus en Velay et Cantal et nous étudierons plus loin sa technique chez les troubadours hermétiques. Les troubadours cantaliens viennent d'on ne sait où. Les anciens castels de leur séjour ne sont plus que des collines tondues par le vent. A peine quelques manuscrits nous mettent sur leurs traces, vers les terres faméliques d'Aurillac. A Vic-sur-Cèze, la triple forteresse de lave abrita, dit-on, le berceau du moine de Montaudon. Cloué dans un monastère, il secoua son froc bénédictin, s'adonnant à « plaisirs et liesse, bons repas ». Obsédé par les « dames avenantes », il puisa dans la bibliothèque bénédictine aux secrets du pape alchimiste Gerbert. L'abbaye d'Aurillac, tenue par l'abbé Pierre Bruni, contenait ses manuscrits. Montaudon sortit souvent, voyageant jusqu'en Limousin, allant présider au Puy sa cour de l'Épervier d'or. « Dieu, écrit-il dans un de ses tensons, l'avait invité à quitter » le couvent. L'abbaye de Montaudon qui porte son nom serait près de Clermont, mais sa position géographique est très énigmatique. Pierre Rocher, autre troubadour cantalien, résidait au château enfoui des Rouziers. Chanoine de Clermont, puis jongleur, il avait une idole poétique lointaine : Dame Ermengarde, à la cour de Narbonne. Son amour était resté trop platonique. Déçu par les femmes qui ne se contentaient pas de l'encensoir des rimes, il revint trouver au monastère de Saint-Michel-de-Grammont, près de Lodève, « calme, silence et paix ». Astorg de Segret, notre dernier troubadour cantalien, rimait ainsi les secrets de sa personnalité :

Je ne sais qui je suis, tant je suis hors de connaissance
Ni ne sais d'où je viens, ni ne sais où je dois aller
Ni ne sais rien de ce que je dois dire et faire
Ni ne sais où fut le lieu de ma naissance
Ni ne sais tant fortement je suis ébahi
Si c'est Dieu où le diable qui nous a affligés.

Ainsi ce troubadour ne savait d'où il venait pas plus qu'on ne sait au juste où se trouve caché le vase sacré ayant servi à Jésus-Christ lors de la dernière Pâque. Ce vase du Graal ayant contenu l'eau et le sang coulés de ses plaies, c'était la « queste des chevaliers de la Table ronde ». C'était probablement celle de certains troubadours. Dans le cycle épique du roi Arthur ils ont leur place, près du Graal légendaire. Ce symbole de la chevalerie universelle, nous le retrouvons avec Perceval qui est le conte du Graal de Chrestien de Troyes. Mythe religieux et littéraire cher au Parzival de Wolfram d'Eschenbach, vers l'an 1200. « De vaillants chevaliers ont leur demeure à Montsalvage où l'on garde le Graal. Ce sont les templiers. Ils vont, chevauchant au loin, en quête d'aventures. Ils vivent d'une pierre dont l'essence est toute de pureté », dit l'ermite Trevizent du *Parzival.* Nous avons évoqué plus haut Montsalvy, le mont Salvage du Graal légendaire auvergnat. La confusion signalée par G. Durand, à propos du Vasso-Galate clermontois, traduit *vas,* signifiant soit *arma* (lance) soit *navis*. Cela, à cause de l'interprétation d'un trouvère, montre bien que trouvères ou troubadours s'intéressaient au Graal. Le Montsalvy du Cantal au pays du pape Gerbert ou le Vasso Galate de Clermont sont bien troublants pour reprendre une expression de Jean-Paul Clébert[1] : « En lisant attentivement la carte des environs de Clermont, écrit-il, on trouve sur la route de Pontgibaud, à huit kilomètres de Clermont, un hameau qui se nomme " Chez Vasson ". La mention de ce Vasso-Galate, au cœur de la France, est des plus excitantes, puisqu'on a voulu y voir une trace certaine du Graal[2]. » Mais il faut aller plus loin. Les chevaliers de la Table ronde avaient à cœur de ramener le Graal du château du roi pécheur. Ce château se trouvait dans « un autre monde », réel et symbolique. Ce territoire de l' « autre monde », sous la plume des trouvères, comporte mille couloirs conduisant aux flancs des éperons et des vallées. En fait, dans la langue adaptée de ces poètes qui s'adressent au peuple, se cache la tradition initia-

1. *La France secrète,* op. cit. p. 346.
2. Il y a aussi Montsalvat, dans le Cantal, où, selon Pierre Benoit, se trouvait le haut lieu, la forteresse spirituelle du Graal.

tique de l'autre monde ésotérique. Ce n'est pas nouveau, puisque les Arvernes, selon César, se targuaient d'être issus de Dis Pater ou Teutatès (le roi de l'autre monde), comme l'enseignaient les druides auvergnats.

Peire Cardinal, le Juvénal du Velay

Si le Graal est d'inspiration méditerranéenne, avec Chrestien de Troyes il pourrait l'être avec Peire Cardinal, ce Vellave qui s'est hissé au sommet du Parnasse provençal. Furieux comme les volcans de son pays, ce troubadour épandra sa lave longtemps. En 1306, il mourra presque centenaire, écrit G. Paul. Non sans avoir écrit une sorte de lettre ouverte à Dieu, en ces termes tragiques :

Je veux écrire un sirvente nouveau
Que je dirai au jour du Jugement
A celui qui me créa du néant
S'il veut me gourmander de quelque faute
Et m'expédier ensuite chez les diables
Je lui dirai : Non, par pitié !
Je ne veux pas désespérer de vous
Que vous sauviez mon corps avec mon âme
Renvoyez-moi là d'où je suis venu
Ou pardonnez mes torts et mes péchés
Point n'en aurais, si ne m'aviez fait naître.

Il y a là un semblant de catharisme que nous retrouverons à l'heure des hérétiques. Peire Cardinal, *alias* Cardonal ou Chardonal, était seigneur de Servissac, en Velay. Sur ce cône basaltique, strié d'orgues étirées vers le ciel, se dressait le haut manoir du troubadour. Servissac, un lieu fait pour l'esprit, avec son rocher convulsé, où semblent battre les vagues porteuses de la croisade de Damiette. Ici, de 1180 à 1260, vécurent les membres de sa famille « gens de Paratge, cavaliers e dumna ». M. Fabre a fait un sort aux contradictions présentées à ce sujet par les biographies de Miquel de Tor et de Jehan de Nostredame, brisant l'énigme des origines de Peire Cardinal. Dans sa communication, M. Fabre avait montré que les Cardinal, tous chevaliers, de père en fils, étaient seigneurs de Servissac... Les Cardinal, maîtres de la fraîche rivière de l'Auzic, qui forme la superbe cascade de la Beaume, s'appelaient Loz Chardonalz... La famille avait régulièrement destiné ses cadets à l'Église. Le troubadour avait, sur ce point, trompé les espérances de ses parents. Il avait préféré à la dignité de chanoine d'Anis la vie aventureuse des poètes. Son blason était « d'or au chardon à trois tiges de sinople ». Sur les reliefs du roc de Servissac semble s'ébaucher encore le son du troubadour, là où s'est élevé un nouveau castel d'inspiration wagnérienne. L'écume jaillissante de la poésie troubadouresque y tournoie au sommet des tourelles, jusqu'en haut du piton noir où domine la croix de fer. Comme une burle venue du pôle, un vent musical emprunte le buffet d'orgues basaltiques. Il s'en va mourir sur le pinacle des rochers. Embruns des marées lointaines et remous d'oublis, brisant la vague, sur les flancs du castel. Ainsi renaît la métrique du troubadour Cardinal. Ses sirventes politiques paraissent happer le roc, comme en 1211, quand il maudissait Simon de Montfort, vainqueur de Carcassonne. En 1213, revenu en Auvergne, le troubadour soutint le comte Guy contre l'évêque de Clermont et contre Philippe Auguste. Quatre sirventes, au Puy-en-Velay, « flétrissent » le chanoine assassin Estève de Belmont. Cardinal s'approchait de Dante par le verbe. Il a dénoncé, en termes caustiques, la cupidité des clercs. Sa langue mâle, burinée comme la pierre lancée des hauts de Servissac, faisait retentir des phrases dures à l'égard de l'évêque de Clermont. « Un évêque sortant du lupanar pour monter à l'autel. » Ses flèches versifiées atteignaient les moines aux « voix angéliques », hypocrites des sombres cloîtres, emmitouflés dans leur procès. Ses vers, pleins de saillies, stigmatisaient les abus de son temps. Louis Pascal nous le montre « courant le monde, suivi d'un jongleur qui chantait ses vers, le fidèle Faidit ». Mais il était profondément et sincèrement religieux. Il versifiait quelques humbles « sermons » aux accents toujours pathétiques, sur la haute lande. Gloire de la Provence, mais poète immortel, derrière la cordillère volcanique du Velay, il a ici, au revers des pitons noirs, son royaume de « pieux parmi les sages ». Fervent du *Salve Regina* des grandes foules, Dante avait des affinités avec Peire Cardinal. Le poète florentin mettra presque mot pour mot l'hymne de Peire Cardinal dans la bouche de saint Bernard : « *Vergine madre, figlia del tua figlio* »... (Vierge-mère, fille de ton fils, humble, mais élevée plus qu'aucune créature). Terme fixe de la volonté éternelle. Tu as tellement ennobli la nature humaine que Dieu n'a pas dédaigné de devenir son propre ouvrage. Particularité inconnue d'un plagiat dans l'histoire secrète troubadouresque[1].

1. *Divine Comédie,* Paradis, ch. XXXIII, cité par C. FABRE ; *Poésie,* de Cardinal, t. 16 ; *Mémoires* et *Procès verbaux*, Société académique de la Haute-Loire, 1909, p. 62.

Guillaume de Saint-Didier, le Vellave mystérieux

Il y a bien des secrets dans la vie du troubadour Guillaume de Saint-Didier. Amant de Marqueza, épouse du vicomte de Polignac, la sœur du dauphin Robert d'Auvergne, il dut servir « de sa lance » la cause des Polignac. Selon Nostradamus, il mourut en 1185. Assertion discutée, car le moine de Montaudon « le trouvera vivant et plein de gloire vers 1194[1] ». Nostradamus le fait donc mourir après qu'il eut composé son chant de croisade. Il aurait été alors « chargé d'ans ». Erreur probable de Nostradamus. En effet, Guillaume de Saint-Didier figure dans le sirvente où le moine de Montaudon apprécie les troubadours ses contemporains. Ce sirvente est bien postérieur à 1185. Il peint une époque littéraire faisant revivre Guillaume au concert éblouissant des lyres provençales, à la fin du XIIe. M. Fabre, dans les *Annales du Midi,* s'est penché sur Guillaume de Saint-Didier qui portait le nom de son castelas de Saint-Didier-en-Velay (Veillac). Le troubadour vivait encore en 1194, à « l'apogée de sa gloire ». Il dut mourir avant 1200. Il florissait sous le règne de Richard Ier Cœur de Lion. A cette époque, il y eut un Oradour-sur Glane, avant l'heure, à Vitry, dans la Marne. Là, se trouvaient mille trois cents personnes que brûlèrent dans leur église les soldats. Pour expier ce crime, le roi Louis VII prit part à la deuxième croisade. Guillaume de Saint-Didier se joignit à cette expédition lointaine prêchée par saint Bernard, abbé de Clairvaux. En ce temps, les contrées voisines de l'Auvergne parlaient la langue romane. Guillaume de Saint-Didier, de retour de son expédition malheureuse en Terre sainte, vint rimer, autour des châteaux vellaves, ses sirventes militaires. Ronin, revenant sur l'erreur de Nostradamus, écrit : « Tous les provençalistes, jusqu'à Anglade, considèrent le problème résolu... tout le monde se trompe. » D'après Mandet, ce troubadour s'accompagnait de la mandore, mais sans doute aussi de la lyre provençale. Nous retiendrons de lui son *Traité des songes,* où il indiquait l'art de s'en procurer d'agréables avec un poème « Les effets de la puissance de Dieu ». Sa liaison avec Marqueza, femme du « roi des Montagnes » (un Polignac), finit tragiquement pour elle. « Pourquoi appelait-on ce seigneur " roi des Montagnes " écrit Ronin. Parce que la forteresse de Polignac se dressait sur un immense rocher, à une lieue du Puy. Les donjons,

1. RONIN, *D'azur au lion d'argent,* 1944, t. I, p. 67.

les tours s'élevaient sur ce socle basaltique. Une double enceinte... six cents hommes d'armes, six cents esclaves abrutis, prêts à se faire tuer au signal du maître. Le vicomte passe des jours et des nuits entiers au sommet du plus haut donjon, épiant une proie. Malheur au pèlerin isolé, au voyageur égaré, aux caravanes qui traversent la contrée. Et là-haut des femmes, merveilles de sculpture, promenaient leur buste. Parmi elles la marquise. Ses amours avec le troubadour restèrent longtemps un secret bien gardé », note Ronin. « Le jeune rival se taisait. Le poète, pour écarter tout soupçon du mari », adressait à quelque imaginaire beauté des chansons composées pour sa maîtresse. Voici comment cela finit, d'après Mandet : « A droite de la troisième porte du vieux château, sur le plateau du rocher, est une tour ronde, assez élevée. On voyait encore, en 1779, une énorme poutre qui la traversait diamétralement. Le temps et l'humidité l'avaient noircie, car l'air et la lumière ne pénétraient dans le donjon que par d'étroites ouvertures. Au milieu de cette poutre, seul débris du plancher qui divisait la tour en deux étages, était suspendue une lourde chaîne, terminée par une ceinture en fer que fermaient plusieurs gros cadenas. Cette tour, dit le chroniqueur, avait servi de prison à une vicomtesse de Polignac ayant eu pour amant un troubadour, dont les poèmes se trouvent à Paris, en la bibliothèque du roi. La pauvre femme fut bien cruellement punie. Elle demeura, jusqu'à sa mort, dans ce noir donjon, retenue dans ces affreuses chaînes[1]. » Le plus frivole et plus gracieux poète du Moyen Age, selon Ronin, sortait de ce foyer des troubadours vellaves, haut perché sur le rocher d'Anis, où « les plus nobles clercs s'exerçaient en l'art de métricature ». Nous verrons que Guillaume était un troubadour « hermétique ». Dans cette cour d'amour, Ronin évoque l'émule de Guillaume de Saint-Didier, Peire Cardinal. « Grave et pensif... on l'eût pris pour le prophète des Lamentations. (Ce jour-là), il psalmodia d'un ton railleur une singulière chanson : Que le créateur de toutes choses conserve les chevaliers... Voici l'onguent dont je vais vous expliquer la recette. Il faut prendre quantité de nuages et de vent, des accords de crécelle mêlés à des chants de joie, des cris de scarabée, des bruits de marteaux tombant sur les enclumes, des mugissements de veau, le bon sens d'une femme folle, les refrains d'un ivrogne, les médisances d'un méchant voisin, des murmures d'eau courante, une chanson de bergère et des glaçons forgés dans une fournaise. A cela

1. Manuscrit laissé par ANTOINE ALEXIS DURANSON, publié par Jacotin dans *Société agricole et scientifique de la Haute-Loire,* t. XII, 4 mars 1903.

le trot d'un pauvre pèlerin fatigué, la respiration d'un lièvre aux abois, une vive douleur au talon, une entorse, une forte odeur de cuisine, un mal aux reins et du lait de poule[1]. » L'originalité de ce morceau est suivie de vers mordants pour les puissants. Le jongleur Faidit préludait à ces compositions en plein air. Sur la harpe venait un autre ton familier à Peire Cardinal : « Si j'étais amoureux, je saurais bien trouver des chants d'amour... » Le censeur inflexible cédait au chanteur, à l'ordinaire impitoyable, devenu « tendre jouvencel ». Le tout se terminait par une procession à Notre-Dame, avec le haut lignage et le peuple. Telle était la cour d'amour du Puy, exaltée par un chroniqueur nommé Sabbatier. Il nous dépeint « les cours d'amour du Puy, célèbres à Anicium, en Velai, ville forte, noble et consacrée à Notre-Dame-la-Vierge ». Mais ce lieu de légendes épiques, tantôt exotériques tantôt ésotériques, avait, tout à côté, en Gévaudan son répondant.

Énigme sur le troubadour Gavaudan était-il du Gévaudan ?

On ne saurait parler des terres du Gévaudan sans poser l'analogie onomastique des personnes appelées Gévaudan. Elles sont nombreuses. Il y a beaucoup de Saugues à Saugues, et beaucoup de Gévaudan en Gévaudan. Tant vaut la terre, tant vaut le seigneur. Tant vaut le sol, tant vaut l'homme. Bien peu de gens savent qu'il existe un troubadour nommé Gévaudan. Le traducteur de son œuvre, M. Jeanroy, professeur à Toulouse, localisait « dans le Velay un de ses poèmes. Il inférait, de son nom, qu'il était peut-être originaire du Gévaudan ». Hélas pour nos chercheurs, entre les rimes vibrantes des pastourelles, entre les chartes médiévales et modernes, le nom de Gévaudan passe comme le souffle d'une chandelle dans le vent. Tantôt papillonnante, sous sa forme provençale de Galvada, de Galvadan, de Guavaldan, de Gavauldan, de Javalda ou de Javauda ; tantôt portée sur des ondes où sa consonance se francise en Gévaldan, Gévauldan, Gévoldan, Gévodan, Gévolde, Gévaudon, Javaldain, Javaudain, Jévodain, tantôt vellave ou gévaudanaise, cette chandelle au vent s'éteint dans le gouffre des origines. « Dans une table de plus de trente mille noms concernant surtout le Velay et parfois le Vivarais, le Gévaudan, le Forez et le Lyonnais, écrit C. Fabre, M. Jacotin n'a mentionné que

1. Pièce tirée du manuscrit d'HONORÉ D'URFÉ, n° 2701 f° 131, 1re col. 4.

quatre personnes du nom de Gavaudan. Cependant, ajoute Fabre, le nom de Gavaudan est porté par bien des familles de Saugues, ancienne ville du Gévaudan, aujourd'hui dans la Haute-Loire. Mais les parages de Saugues ne sont pas en face du mont Mézenc comme ceux du Brignon. » Car pour nos érudits, le mystère se trouve « en face du Mézenc », c'est-à-dire sur le terroir du Brignon, où versifia Gavaudan, disciple de Guillaume de Saint-Didier. Les rimes du troubadour caressaient de tout près la croupe impériale de la Cévenne. Les pastourelles allaient panacher le mont tranquille de leurs vers ébouriffants. En ces parages « une famille Javauda a existé au Brignon au commencement du XIVe... Or on voit le Mézenc de bien des points du Velay, mais on ne le contemple mieux de nulle part que du haut plateau de Tarreires, au-delà de la Sauvetat, sur vingt kilomètres, entre la vallée de la Loire et les monts boisés du Velay. Là, partout, à Tarreires, à Concys, au Brignon, à Tourtinhac, à Cayres, à Costaros, on a en face de soi, à l'est, le géant des Cévennes, tantôt resplendissant de neige, tantôt couvert des nuages noirs qui le couronnent d'une auréole menaçante, tantôt dénudé et gris, sous un ciel pur, où semblent monter les effluves dorés du climat de la Provence. Or, Gavaudan, qui fait la conquête d'une pastoure, triomphe des hésitations de la jeune fille, en la menaçant d'aller se faire ermite au sommet du Mezenc ». Ainsi, conclut Fabre, le grand spécialiste des questions gévaudanaises, « le troubadour Gavaudan, s'il était du Brignon ou des environs, aurait décrit dans sa pastourelle son propre pays d'origine avec des traits qui permettent de le reconnaître ». Ce pays d'origine, est-ce le pays de Saugues en remontant le fil conducteur des généalogies du Brignon ? On se laisserait prendre volontiers à cette hypothèse dont le murmure vague et bruissant nous porte sur la route de Saugues, du côté de Bains. En ces parages, le strapontin du mont Mézenc surgit au loin comme dans les ruines du troubadour Gavaudan. Une grisante poésie nous envahit à voir s'élever, dans le ciel indigo, ce Mézenc surnommé le Géant. D'ailleurs, pour certains, Gévaudan signifie géant. Bref, pour reprendre Fabre, trouverions-nous jamais « une patrie déterminée au poète », il nous manquerait toujours, diriez-vous, l'arôme pur de ses rêves, pour chanter sa petite patrie. Pas tout à fait. Écoutez ce chant du troubadour Gavaudan :

Désemparé, sans compagnon,
Complètement éloigné et privé d'amour
Je chevauchais par un Chambon
Marri, triste et pensif...

Dans cette strophe, le mot Chambon est révélateur. « Les Chambon sont nombreux, surtout en Velay et dans les provinces limitrophes. On en trouve, écrit Fabre, dans toutes les communes. Ils désignent des localités importantes : Le Chambon (Lozère), Le Chambon (Puy-de-Dôme), etc. C'est donc un mot local. » Local pour désigner aussi le Gévaudan de la Lozère. Dans ce langage, du pastour à la pastourelle, pourquoi ne se reconnaîtraient pas le Gévaudanais et la Gévaudanaise ?

L'autre jour, par un matin
Je franchissais une cime
Et je vis sous une aubépine
Au premier rayon de soleil
Une jeune fille qui pour moi ressemblait
A celle que j'avais coutume de voir
Et je me détournai du chemin
Vers elle. Elle me salua en riant.
Tout joyeux, de mon cheval
Je descendis sur le gravier
Elle me prit par la main, près d'elle
Elle m'assit à l'ombre d'un tilleul
Elle ne me demanda aucune nouvelle
Elle me baisa les yeux et le visage.
– Belle, fis-je, comment êtes-vous ici ?
Dieu, je crois, m'a ménagé cette rencontre.
– Oui, seigneur, car il nous a réunis
Je ne veux, ni ne désirais rien d'autre
Et si elle vous plaît, elle me plaît à moi
Cette amitié pour laquelle on m'a le plus réprimandée.

Il faut écourter ces mélodies où frémit une ardente lumière et l'eau de la rivière. Elles sont l'amour du pastour et de la pastourelle, mais également la consanguinité de la terre du Velay et du terroir gévaudan. Venant du troubadour vellave Gavaudan, elles vont à tous les Saugains, à tous les esclops du pays, aux poètes Robert Sabatier et Louis Amargier. En forme d'envoi, par-dessus la caresse des monts et les horizons lointains, par-dessus la rime et la rive, là où nous atteignons les troubadours hermétiques.

Les sectateurs du Trobar Clus *et les troubadours hermétiques*

Nous appelons ici troubadours hermétiques ceux dont les versets paraissent impénétrables. L'un des maîtres de cette poésie troubadouresque est sans conteste Guillaume de Saint-Didier. M. Fabre le découvrit un jour[1] : « Mon étude concernant Guillaume de Saint-Didier m'apprenait que ce troubadour, dans la seconde partie de sa vie, après 1190, avait été conquis par le *trobar clus* très cher à Gavaudan. Il avait composé le chef-d'œuvre de la *Rime dérivée,* dont Gavaudan a fait usage dans plusieurs poèmes... Mais c'est surtout comme versificateur que Gavaudan est un disciple de Guillaume de Saint-Didier. M. Jeanroy a fait ressortir que son poète " compte parmi les sectateurs les plus fervents du *trobar clus* ". Il l'a donc rapproché un instant de Marcabrun, de Pierre d'Auvergne, de Raimbaud d'Orange et d'Arnaut Daniel... Le *trobar clus* de Gavaudan n'est pas emprunté aux grands maîtres du genre, mais directement au poète (pourtant gracieux et clair) qui a introduit un moment, en Velay, l'art bizarre d'Arnaut Daniel. Déjà Torcafol avait écrit en *trobar clus* (en *rima clauza*). Guillaume de Saint-Didier a composé le chef-d'œuvre de la rime dérivative, " Bels m'es oimais qu'ieu retraia ". Or ce sont surtout les rimes dérivées qui séduisent Gavaudan. » Cette sorte de cénacle du *trobar clus,* où se réunissaient un petit nombre de poètes, fait penser à la définition que donnait Thibaudet[2] : « Le cénacle, c'est un nom ésotérique qui désigne simplement l'entourage d'un poète qui reçoit. » Mais il faut aller au-delà de l'ombre des cercles littéraires fermés. Si le *trobar clus,* comme l'indique son nom, est clos derrière les volets de ses rimes, il offre ses clefs à qui sait les découvrir. Prenons les chants VI et VII de Gavaudan. Dans le premier nous trouvons quatre vers masculins de huit syllabes, pareils à ceux des *coblas* masculines de la rime dérivative de Saint-Didier, dans son « bels m'es oimois qu'ieu retraia ». Les autres cinq vers de sept syllabes sont féminins, mais on pourra comparer, ci-après, les textes traduits. Texte de Guillaume de Saint-Didier : « Il me plaît maintenant de construire / sur un motif léger et clair / une chanson telle que l'entende / celle vers qui tout mon cœur se porte / car dans sa rigueur / elle me sépare et m'éloigne d'elle / elle est pour moi si étrangère à merci / que je ne crois point qu'il me vienne d'elle la moindre joie / je ne sais si je meurs, où je vais, où je viens / même si je vis, car un méchant seigneur étranger / je sers ; et je ne m'assigne pas, pour ma mort, un terme éloigné / car déjà le jour se mesure pour moi / et plus je reste devant elle, la tête baissée / moins elle entend aucune de mes prières

1. « Le troubadour. Gavaudan et le Velay », *Mémoires et Procès-verbaux,* Société académique de la Haute-Loire, t. 16, 1909, p. 83.
2. *Histoire de la littérature française,* p. 178.

/ même je sais qu'ils me tueront tout naturellement / les biens que l'on croit que j'obtiens d'elle.'»

Texte de Gavaudan : « Le mois, le temps et l'année se séparent de nous : je répands et verse au-dehors la sottise et ensuite je restaure, élève de nouveau, bâtis et construis un vers plein de sagesse, tel qu'un autre n'en puisse construire ; car il me faut amasser et élever une sagesse qui ne puisse se répandre ni se verser, de telle sorte que jamais autre n'arrive, comme moi, en ce lieu où je ne crains pas que feuille tombe. » Nous imaginons volontiers nos troubadours appuyés sur leur pupitre, sous la blafarde lune rousse d'avril composant ces morceaux difficiles à interpréter. Procédés occultes de spécialistes de la rime, réservés à quelque sérail académique ; sorte d'alchimie et préciosité, une poésie, maçonnée par et pour les membres du club. On en trouvera le retour dans notre poésie contemporaine. Notons cependant, avec M. Fabre, que Guillaume de Saint-Didier était « plus clair que Gavaudan. Il avait d'ailleurs prétendu composer une chanson très intelligible " de *razon plana* ". Son disciple, au contraire, semblable à Arnaut Daniel, se vante de son obscurité et ne veut pas qu'on le comprenne ». A lire ces chants rimés on croit voir à l'œuvre Gavaudan trempant sa plume dans sa préparation alchimique : « Je dois faire ce vers en telle rime, mâle et femelle, qui rime bien, car je tire le grain de la paille, de façon que nul homme de sens ne s'y empaille et je mets dans la balance ces gens niais et frivoles qui changent douceur en amertume, par perfide et amer amour, car une étincelle se change en grand feu, lorsque, déjà morte, elle se rallume. » Tout cela est un art recherché parfois énigmatique, où se perdent les érudits eux-mêmes. Ainsi M. Jeanroy essayait-il de préciser « quelques points restés obscurs » dans l'analyse de M. Fabre, lorsqu'il écrivait[1], à propos des « pièces entachées de *trobar clus* » : « Il est certain que Guillaume de Saint-Didier n'a connu cette maladie poétique qu'à la fin de sa carrière, après 1189, au moment où il se sépara de la marquise de Polignac, pour forcer ses hommages à la comtesse de Roussillon. Sa pièce " si tôt me soit un petit malananz ", de 1189, n'est pas encore un poème " *cubert e clus* ". La même remarque doit être faite pour Gavaudan. Son chant de croisade (1195) n'est pas entaché de *trobar clus* en ce qui concerne les rimes et la construction strophique. De même ses pastourelles qui sont des chants de jeunesse... l'on est fondé à conclure que le *trobar clus* ou au moins " la rime dérivée " est la dernière caractéristique des poèmes de Gavaudan... Un poème reli-

1. *Op. cit.*, t. 16, 1909, p. 83.

gieux, où le troubadour dit qu' " il a si longtemps courtisé Fausse Amour qu'elle l'a affaibli, comme elle a affaibli Samson ". Dieu l'a ramenée depuis dans le droit chemin. Évidemment, conclut M. Jeanroy, cet acte de contrition est de la vieillesse du poète ! » Ce pourrait être notre conclusion sur cette subtilité jugée excessive, d'un raffinement alchimique, de notre langue d'oc rimée. Cependant les sentiments ne s'y sont pas volatilisés, mais plutôt sublimés. Restons sur cette sublimité. Et retenons surtout que les troubadours, en discorde avec Rome, étaient les messagers d'une plus antique tradition : la recherche du Graal. D'ailleurs Parsifal, éclos sous le christianisme, n'était que le prolongement de religions magiques antérieures, religions enfantées dans le secret des grottes. Les grottes, où nous retrouvons les templiers troglodytes.

7.

Les mystères de l'Auvergne templière

De la grotte au Temple. L'arverrann des Arvernes

En effet, le passage de la grotte au Temple s'inscrit dans une logique initiatique. La grotte, refuge des premières communautés de l'homme, c'est son destin taillé dans le rocher, c'est son véritable sanctuaire. Citadelle de l'esprit et du corps, elle a présidé à la conscience du clan avec les Celtes. Les Celtes arvernes, ceux de la « haute demeure » ou de la « haute contrée » *(arverrann)* continueront de porter leur choix sur les anfractuosités des rochers, sanctuaires préhistoriques, lorsque viendra la conquête romaine. Et quand Philippe le Bel voudra détruire les templiers, c'est dans les grottes de Jonas, au cœur de la montagne fortifiée, que les chevaliers retrouveront sécurité pour leur fantastique chevauchée. Ici pénétrera le soleil, dieu héréditaire, après la magie de la nuit. Les grottes de Jonas, creusées de main d'homme, aujourd'hui en partie éboulées, se trouvent à dix kilomètres au nord-est de Besse. Ici est la marque celte. Le tuf volcanique, de couleur rougeâtre, est évidé, sur la falaise en à-pic. Cinquante-sept ouvertures sont les yeux de ces véritables logis de sept étages, reliés par un dédale de couloirs et d'escaliers. Nous étudierons plus en détail Jonas et les templiers. Il fallait savoir déjà que de nombreuses grottes arverno-vellaves ont servi de sanctuaire, où se réfugiera naturellement le chevalier du Temple. Non loin de Coubon s'élève, arc-boutée sur le rocher, la maison de La Roche-Dumas, à proximité du Puy. Ce lieu templier, composé de grottes superposées, avec escaliers et souterrains, s'est effondré partiellement, une grosse portion du roc ayant roulé dans la vallée. Là, plane le souvenir du chevalier du Temple, André Delmas (XIIIe siècle), celui qui portait, dit Chaurand, le « nom d'une famille de chevaliers établis à La Roche-du-Mas ». Signalée en 1257 : « Rocham Bertrandi Dalmacii », en 1330 « Ruppes Deus Dalmas », en 1561 « Rocha de Dolmas », ce lieu étrange fut peut-être le refuge secret des templiers persécutés. Comme tous les sites inspirés, cet endroit voir resurgir l'histoire passionnelle, depuis ce temps lointain où un dieu de la Roche, dieu païen, exhibait sa tête de Dispater, le Jupiter, trouvé dans un champ appelé « Lou Bé de Grail ». Consulter, à cet égard, l'ouvrage de M. Gounot, *Collections lapidaires,* où figure la représentation du dieu mystérieux. Le 2 mars 1855, M. Balme faisait cette communication à la Société académique : « Il y a quelques années, dans un champ que je possède, près de La Roche, la charrue amena à la surface une pierre ayant l'apparence d'une tête humaine. Cette forme extraordinaire excita la curiosité du laboureur... Il découvrit tous les traits d'un visage humain... Il me raconta sa découverte... Je me fis apporter cette pierre... Je crus y reconnaître une sculpture antique. J'en fis part à M. Aymard qui me la demanda pour le musée. » Puis, posant le mystère de ces débris, fasciné par « le charme que l'on trouve à pénétrer dans le champ de l'inconnu », M. Balme ergotait sur ce « Bé du Grail » (le Bec du corbeau), de forme triangulaire, raison même de son appellation. Champ en déclivité, sur le bord du torrent le séparant de La Roche-Dumas. Décrivant les cinq ou six grottes, plus ou moins vastes, habitations de l'homme primitif, Balme signalait qu'elles étaient d'ailleurs habitées, en 1855, par « quelques pauvres familles avec, sur le reste du rocher, une ancienne construction, de forme ronde, que les paysans appellent " la Tournelle ". Ce devait être en effet une tour. Au nord, un mur ayant fait partie d'une enceinte fortifiée. Ces ruines, on prétend que ce sont celles d'un château dépendant de celui de Bouzols... On comprend, par sa position, qui commande la Loire, que là, il dut y avoir un établissement militaire... » Telles étaient les analyses de M. Balme sur « cette place forte ». Poussant plus loin l'analyse, M. Balme cherchait le secret de la « figure d'homme » de ces grottes, « plus grande que nature ». Le cou, parfaitement conservé, provenait, à son avis, d'un buste : « La barbe est entière, la chevelure bouclée ; le nez, malheureusement, est mutilé. La bouche, les yeux, sont bien modelés. Bien que cette figure soit taillée dans un grain grossier, semblable à celui de Blavozy, bien que le temps lui ait fait subir quelque altération, on reconnaît, dans ses traits, une expression de grandeur et de forte intelligence. Sur le derrière de la tête se trouve une section qui paraîtrait indiquer que la statue devait être placée dans une sorte de niche. » Le savant s'interrogeait ensuite « sur l'origine gauloise, gallo-romaine ou médiévale de cette divinité ». Peut-être un personnage illustre ? Il excluait l'hypothèse d'un débris du Moyen Age. On faisait alors des christs, des vierges, avec une sorte de naïveté dans l'exécution. Les grottes de La Roche-Dumas n'étant pas tellement éloignées de celles de La Terrasse, Balme pensait davantage à quelque divinité gauloise. Sa forme était « une et invariable » comme le dogme druidique, la théocratie. Mais l'origine gallo-romaine le flattait bien plus, avec l'harmonie des proportions. Celui qui avait taillé ce bloc avait étudié sous des maîtres romains... L'indépendance religieuse se manifestant dans les arts, la force protectrice ayant conscience de sa puissance, la statue d'un Jupiter protecteur domestique, autant de suppositions pour cette tête gallo-romaine... Hélas, le mystère de la statue de La Roche-Dumas n'a pas été percé. Le ciseau du sculpteur a peut-être laissé en ces parages d'autres témoins. « Qui peut savoir ? disait Balme, aucune fouille n'a été faite dans la vallée de Coubon. » Ces sites, riants et fertiles, arrosés par la Loire, couverts de castels, lui paraissaient avoir eu la faveur romaine : « N'est-il pas possible que des maraudeurs aient enlevé cette tête à quelque monument de l'antique Vellavie ? Qu'elle ait été apportée là par le possesseur du manoir de La Roche, comme trophée d'une victoire sur quelque voisin ? Sans doute nous entrons ici dans le champ de l'incertitude. Le temps seul peut donner le mot de cette énigme, car s'il détruit tout, il rend à tout l'existence. » M. Bretagne émettait enfin l'idée d'une statue de Jupiter. M. Aymard y voyait « un Jupiter-Sérapis »... Il faut surtout mettre l'accent sur le mystère des grottes de La Roche-Dumas, en évoquant leur refuge templier. Albert Chaurand, dans son étude sur les *Chevaliers du Temple*, opte pour leur fuite vers les grottes de Jonas (Puy-de-Dôme). Une soixantaine de grottes, appelées « des Templiers » creusées dans un escarpement formidable, en à-pic du mont Jonas, recueillirent peut-être les soixante-cinq templiers échappés à la fureur de Philippe le Bel, la nuit du 13 octobre 1307. Pourquoi les grottes de La Roche-Dumas n'auraient-elles pas servi elles aussi « d'eschapatoire provisoire » aux templiers du Puy, selon le terme du chroniqueur Médicis, cela avant l'expédition vers Jonas ? Ces grottes étaient celles d'un templier : André Delmas. Il faut voir ces « trous des ténèbres », pour reprendre l'expression de M. Pierre L. G. Dumas, membre de la Société académique, descendant de ces Dumas de La Roche et des Dumas de la Planche, actuellement décorateur à Nice. M. Jacques Viscomte, dans le tome II de son *Histoire du Velay*, précise que le Dis-Pater était le dieu-père infernal, régnant sur la nuit du sous-sol, antre des germinations souterraines (les grottes...). A côté de ces grottes, la croix du Christ veille et fait l'appel des ombres, ramenant les chevaliers près de la ferme Lavastre...

L'évasion des templiers du Velay

Parmi les grottes susceptibles d'avoir abrité les templiers d'Auvergne et du Velay, il faut donc retenir Jonas et La Roche-Dumas. Jonas, baptisé « le Graal dans la montagne [1] » semble avoir été le refuge des templiers du Velay. Ces templiers relevaient de la commanderie de Saint-Barthélemy qui, « à son tour, écrit Chaurand, dépendait du grand prieuré de Provence, siégeant à Montpellier ». La croix rouge rutilait à Chantoin, Mirmande, La Sauvetat, Montredon, Marlhettes, Jalès, La Glutonie, etc. Dans ce dernier hameau nous avons pu identifier leur souterrain particulier débouchant vers un champ, près de Saint-Jean-Lachalm. Nous passerons rapidement sur les noires légendes perpétuées en Velay, à propos de la cupidité des templiers. En ce temps où le maléfice se loge parmi les brouillards de la vallée, il ne faut pas que le soleil luise trop fort sur l'or. Précisément trop riches étaient les templiers, ces trésoriers-payeurs de la chrétienté, cavalcadant, richement harnachés, sur les terres désolées du Velay. « Des légendes, écrit Chaurand, soigneusement répandues par les ennemis du Temple, circulaient un peu partout. On racontait qu'ils spéculaient sur les grains, affamaient le peuple. On leur attribuait intempérance, immoralité... Ne dit-on pas aujourd'hui : boire comme un templier ? Le mot allemand *Tempelhaus* désigne une maison mal famée. On leur reprochait le mystère dont ils s'entouraient... leurs cérémonies avaient lieu la nuit, salle bien close, soigneusement gardée par des sentinelles. La foule disait : " Qui se cache a quelque chose à cacher. " » Telle était, telle est encore, dans les campagnes reculées du Velay, la croyance, nouée solidement par l'histoire. Dans ces conditions, le procès des templiers, férus d'occultisme, tombait plus facilement sur ces soi-disant profanateurs. On sait d'où venait le coup de Philippe le Bel,

1. *Auvergne Magazine,* Éd. Dessagne, où l'on peut lire (juillet-octobre 1976) : « Montségur en pays cathare, Montsalvat dans le Cantal (selon Pierre Benoit), et Jonas récemment, hauts lieux spirituels, ces forteresses se dressent orgueilleusement vers le ciel, comme pour signifier l'inaccessible auquel nul n'a droit s'il n'est pas pur en esprit. »

débiteur de l'or des chevaliers. Lorsqu'en septembre 1307 il résolut le fameux guet-apens, lorsque dans la nuit du 12 au 13 octobre ses hommes d'armes firent irruption dans les commanderies, la sénéchaussée de Beaucaire arrêta soixante-six templiers. Il y en eut quarante-cinq à Aigues-Mortes, quinze à Nîmes, six à Alais et, parmi eux, sept templiers du Velay. Médicis, chroniqueur de ce pays écrivit : « Disent certains (non pas que je l'ai trouvé) que quand cette expulsion advint, lesdits templiers de Saint-Barthélemy, voyant leur dommageuse desconvenue... ne pouvant résister à la force de leurs exécuteurs qui approchaient, pensarent trouver eschapatoire et ne scay ce qu'ils devinrent. Mais avant, par folle vindication, getarent en un puits voisin grande porcion de bonnes et excellentes reliques, desquelles j'ignore le nom. C'est pourquoi il est dit qu'à cause de ces reliques l'eau de ce puits est moult utile et vertueuse au purgement de plusieurs et diverses langueurs et égritudes. » Cette tentative de s'échapper (l'eschapatoire) semble avoir réussi. Quant au puits, où fut jeté le trésor des chevaliers, on le situe près du pont Saint-Barthélemy. Nous le verrions aux abords de l'actuelle cité « Negocia ». Un nom ultra-moderne, qui revient à la surface, comme les trésors, pour montrer l'endroit préféré des templiers du Velay. Le 22 juillet 1475 le chanoine Bodon du Puy fut assassiné. Il expira en criant : « Au diable soit Penchenat. » Cette imprécation allait à son meurtrier qui l'avait tué pour un trésor composé d' « un lièvre tout d'or, avec les yeux de diamant, qui menait un chariot d'or tout garny de pierres précieuses, une sirène toute d'or, tenant un miroir, tout de perles, une sainture d'or, un mouton avec une grande toison d'or, une belle coupe d'or, plusieurs bagues et joyaux ». C'était peut-être le trésor des templiers découvert par le chanoine de la cathédrale...

Jonas, refuge du Temple. La Cappadoce de l'Auvergne

Le trésor mis en lieu sûr, les templiers traversèrent probablement l'actuel département de la Haute-Loire, pour atteindre la région de Besse-en-Chandesse. A dix kilomètres au nord-est de Besse, le sanctuaire religieux de Jonas les attendait avec ses salles d'armes, ses écuries, son évier, son four à pain. Par l'escalier à vis, toujours existant, ils grimpèrent vers la paroi de la montagne, raconte une légende. Cinquante-sept ouvertures du roc attestent de ce haut lieu templier, serti dans la falaise. Les chevaliers disposaient d'un pont-levis dressé à dix mètres du sol. Refuge imprenable. Il faut voir colonnes et chapiteaux, il faut errer dans la crypte dédiée à saint Laurent (le saint Laurent des cavernes) pour sentir une « présence ». On y retrouve sagesse et souvenir. La grotte ici n'est pas l'enfouissement mais la lumière que l'homme cherche à travers les anfractuosités du roc baignées de soleil. Des fresques rupestres du XIe représentent notamment le Christ parlant à sa mère. Ce roc, percé d'habitations, avec sa chapelle, où le chevalier venait ployer genoux, semblent faits pour purifier l'esprit. On croit respirer en ces lieux l'encens de *Parsifal*. Citadelle druidique, puis refuge templier. Jonas, vaisseau de lumière, surpris dans l'ombre, avec ses hublots muets, semble reprendre le large au moment de ses embrasements lumineux. Une salle, au-dessus de la chapelle, avait pour destination l'entrée du soleil par une large ouverture. Ce jet de lumière allait vers le sanctuaire, grâce à la rosace semi-circulaire du plafond. Jonas rappelle au visiteur que l'ésotérisme n'est pas ombre mais lumière. M. Jean Gédéon a vu dans cette « forteresse du Graal » une place forte de l'esprit. L'énigme de la pierre mythique de la connaissance reste, mais l'Auvergne semble être ici un de ses bastions. Ces soixante grottes artificielles, près du hameau de Chaix, commune de Saint-Diéry, ont mérité le surnom de « Cappadoce de l'Auvergne ». On y voit un château fort intérieur, où les boulets sont restés. L'initiation de la chevalerie se confond, en ce lieu médiéval, avec l'originalité païenne, une originalité que n'a pu gommer le mysticisme chrétien tributaire des religions magiques.

8.

Les Vierges noires d'Auvergne et leurs énigmes

La Maschurade

Ce mysticisme et cette dépendance des religions magiques se retrouvent dans les Vierges noires dont les sources sont peut-être en Égypte. La Vierge noire du Puy est noire, comme son clocher templier primitivement bistré. On sait que les templiers possédaient une réplique de cette dame sombre. Elle les suivait partout. Celle du Puy passe pour avoir été rapportée des croisades par Louis VII ou Saint Louis. En fait, la Vierge noire fut au Puy bien avant. Faujas de Saint-Fond, ami de Buffon, dans ses *Recherches sur les volcans éteints du Vivarais et du Velay*, décrit la statue de cèdre, sorte de momie, au visage « longissime ». Le coup de sabre d'un sans-culotte lui ayant tranché le nez, le 8 juin 1794, on vit bien qu'elle était de cèdre. Jetée au bûcher sur la place du Martouret, elle livra un parchemin en forme de boule sorti de son dos. Là se trouvait ménagée une petite cavité : c'était un papyrus qu'un témoin voulut saisir, « mais il en fut empêché ». Au crépuscule, l'éboueur porta les cendres dans la prairie Chanal. Plus tard, on y trouva une pierre ovale chargée d'inscriptions en hiéroglyphes, avec « figures égyptiennes ». Cette pierre isiaque de jaspe sanguin représentait probablement Isis. En 1844, le diocèse mit en place une nouvelle statue vénérée dans l'église Saint-Maurice, couronnée le 8 juin 1856, au jour anniversaire de la destruction de l'ancienne, en présence de soixante-dix mille fidèles. Chaque année, au 15 août, la Maschurade est portée en procession. On la vénère à l'occasion des jubilés qui ont lieu seulement deux ou trois fois par siècle, chaque fois que le Vendredi saint coïncide avec le jour de l'Annonciation (25 mars). Ce « grand pardon » daterait de l'an 99 et le prochain aura lieu en l'année 2016. Le jubilé de 1502 vit passer les foules à travers blés et vignes. « La presse était telle dans les rues, dit Médicis, que si quelque chose tombait, personne n'osait le relever, de peur d'être foulé aux pieds. Y rendirent leur âme à Dieu plus de cent personnes (étouffées). Les trois mille confesseurs du jubilé furent débordés. Il fallut en appeler mille autres. » Au jubilé de 1622 on compta trois cent mille pèlerins. Pourtant « aux siècles de grande foi, écrit Régis Sahuc, les paysans murmuraient contre la Vierge noire, la Maschurade. C'est la déguisée en noir, raillaient-ils grossièrement. Tous les mandements des évêques et les édits des consuls ordonnaient de les désarmer aux herses des portes [1] ». Cette atmosphère est à la mesure de la vénération lointaine portée par les hommes de la préhistoire aux déesses-mères. Nos Vierges noires à l'Enfant précèdent indiscutablement ces déesses, dont le symbole est précisément la Vierge à l'Enfant.

Symbolisme lointain des Vierges noires

« Brûlons l'Égyptienne », s'était écriée une certaine foule du Martouret, au Puy, en 1794. Le papyrus jailli des charnières de la statue, au milieu du bûcher, contenait sans doute le secret de son origine égyptienne. N'oublions pas que cette statue fut décrite ainsi : « La statue miraculeuse de Notre-Dame du Puy était d'ébène. Elle représentait la Vierge assise sur une espèce d'escabeau tenant l'enfant Jésus sur ses genoux. Des bandelettes fortement serrées, à la façon des momies égyptiennes, enveloppaient le corps du fils et de la mère, ne laissant apercevoir que les visages. » Nous voici dans l'au-delà pharaonique. Le dieu agraire Osiris, dieu des Morts, noir comme la terre noire d'Égypte fécondée par le soleil ; Isis, l'épouse d'Osiris parfois vierge, parfois mère, fécondée surnaturellement par Dieu engendrant un dieu-fils, autant de thèmes de la déesse-mère et déesse-terre. Lorsqu'elle était fécondée de façon surnaturelle, chez les Égyptiens, Isis était figurée en noir. On la voit du reste peinte en noir sur les monuments funéraires, avec son fils Horus sur les genoux. Les Romains recueillirent ce culte. Ils le fondirent dans une sorte de synchrétisme religieux qu'on retrouve forcément au Puy-en-Velay, centre initiatique installé par les Sarrasins du VIIIe siècle. Quelques auteurs ont souligné que la cathédrale du Puy, de style oriental, fut bâtie par des initiés. Sa Vierge noire tient

1. *Terre occitane,* p. 187.

l'enfant sur ses genoux, comme Isis tenait Horus sur ses genoux. Chargée d'un potentiel symbolique lointain, issu d'une religion initiatique égyptienne, elle-même relevant d'un concept plus lointain, la Vierge noire du Puy et toutes les Vierges noires d'Auvergne puisent à la source des mythes merveilleux. Elles ne datent pas du Moyen Age, mais d'un autre âge. Leur message passe par les Celtes, mais aussi par la tradition orientale. Les templiers qui les ont recueillies n'ont fait que recevoir ce message enserré par les alchimistes dans le secret des cathédrales, abris de pierre des madones devenues chrétiennes. Dame d'Éphèse, Dame du Puy, ou de Notre-Dame-du-Port, elle est passée aussi par le sort des croyances juives en provenance du fonds égyptien. Bien des rites chrétiens, comme celui de la Trinité, avec l'oiseau peint sur les bas-reliefs, proviennent de la civilisation pharaonique, « mère de toutes les religions ». Ainsi la liturgie tissée autour des Vierges noires est le résultat d'un long cheminement au cœur de l'Auvergnat.

Leur message clé, issu de religions millénaires

Liturgie reprise inconsciemment par le chapitre de ses chanoines. *Nigra sum sed formosa*, chantaient les clercs de Notre-Dame du Puy, psalmodiant le verset 4 du chapitre 1 du Cantique des cantiques. « Je suis noire, mais je suis belle. » Cette Vierge noire du Puy sera le modèle des autres Vierges noires d'Auvergne. Il y a de l'occultisme dans cette couleur. Plus noire était la Vierge, plus forte était la dévotion. Elle est restée symbole ésotérique, à la fois de résurrection des morts-nés, pour lesquels on priait naguère, et de lumière de la nuit, « source de vie » éternelle. Le noir semble inséparable du Moyen Age priant. Mais les foules du 15 août, en 1980, se précipitent toujours vers le cortège portant la Maschurade en procession. Il y a donc une permanence irrépressible. A Notre-Dame-du-Port de Clermont-Ferrand, la procession du troisième dimanche de mai entraîne une foule assidue. Comme au temps où les Celtes arvernes vénéraient sur leur parcours la déesse nommée Anna ou Annis. « La Noire », déesse égyptienne en cèdre noirci, aux yeux de verre, se perpétue ainsi. Parfois elle vient à s'éclipser, mais rejoint sa crypte comme à Notre-Dame-du-Port. Notre-Dame-la-Noire, vierge des pestes et des calamités sans nombre, trône aussi à Randan (Puy-de-Dôme), à Thuret (près de Vichy). Ici, la croix des croisés frappe le manteau de la Vierge et l'Enfant, au milieu des chapiteaux garnis de la rose-croix et de la feuille d'Isis.

Virgo paritura des Celtes (la vierge qui doit enfanter), elle s'est répandue autour des dolmens et des sources sacrées. On la voit à Riom, le troisième dimanche de mai, porteuse de miracles. On la voit à Marsat ou Cerzat, issue des vignes, trouvée près d'une source. On la voit aux pieds du Montoncel, vers Les Bois-Noirs, dans la chapelle d'Arconsat, punisseuse de ses ravisseurs. Ici la fontaine de la Vierge rappelle qu'une source jaillit pour réanimer les braves venus récupérer leur Vierge volée par les Foréziens. On la voit à Besse, toujours aussi voyageuse mais revenant à sa montagne. Cette Vierge noire d'Auvergne au pluriel, présente à Orcival, à Authezat, à Montferrand, pose pour l'Arvernie antique et moderne, toujours droite et hiératique, fût-elle assise, figée comme son mystère.

Et vers elle, comme vers la Pierre noire de La Mecque ou vers la Sara des gitans, l'homme chemine encore, chercheur de soleil.

QUATRIÈME PARTIE

L'Auvergne prophétique et le temps des enragés

1.

Mystiques et prophètes

Épidémies, présages, miracles

Nous avons rencontré les sept évêques évangélisateurs de l'Auvergne et ses six mille deux cents confesseurs martyrisés. Leurs mânes apaisés ont eu des successeurs chez les mystiques et les prophètes, bien au-delà de la mission des Gaules. Grégoire de Tours, l'Auvergnat, fut un visionnaire. Il avait des émules avec Sérénat dans la région de Thiers, saint Mary à Salers, saint Nectaire à l'ombre des monts Dore, avec son compagnon saint Baudine à Saint-Mamet-sur-Vic, Aurillac et Murat, saint Flour, le mystique du Cantal. Leur comportement avait quelque chose d'occulte et la croyance dont ils bénéficiaient tenait de la superstition. Saint Verny, patron des vignerons des Limagnes, tonnelet en main, avait sa statue qui devait protéger les vignobles. S'il échouait, à Auzon, on lui plaquait la face contre la muraille. A Corent, il était plongé dans la fontaine villageoise. Ailleurs, on lui retirait son « capel ». Cette mystique naïve (du grec *mustikos*, relatif aux mystères) revêtait des pratiques supérieures à la raison. Les maladies des troupeaux, sur la planèze, faisaient invoquer saint Blaise. Vers les monts Dore on ne distribuait aux brebis que du pain bénit. Vers La Margeride, un cierge s'enfonçait dans le flanc des vaches pour préserver du mauvais sort. D'ailleurs, près des troupeaux, les sources elles-mêmes venaient à prédire ce mauvais sort. On continue d'y croire. Ainsi, Font-Voudorre, aux environs de Riom-ès-Montagnes, annonce des malheurs lorsque son filet coule trop fort. Dans le Cantal, à Ruynes-en-Margeride, vers 1600, un orage de grêle emporta une cinquantaine d'habitants. Parmi eux, le curé. « Il parut alors, en l'air, un homme noir, avec une longue queue », raconte l'abbé Teillard, témoin du phénomène. Parfois l'accord mystique se fait avec le ciel. Tel fut le cas, au sud de Mayres, non loin de Saint-Alyre-d'Arlanc. Là, un moine casadéen vit apparaître une dame sous le rocher. Elle voulait un oratoire. Les moines de La Chaise-Dieu taillèrent dans la pierre une Vierge noire, avec un ermite à ses pieds. Plus tard l'image fut volée mais les calamités tombèrent sur le voleur. Il dut ramener la statue miraculeuse présentement à Mayres.

Le Savonarole auvergnat

Ces quelques exemples d'une « mystique à l'état sauvage » pour reprendre les mots de Claudel, sont le balbutiement du prophétisme auvergnat et de l'oracle mystique. *L'Oracle de saint Cyrille,* de Jean de Roquetaillade, nous ramène en plein milieu spirituel joachimiste, au temps de Joachim de Flore, annonciateur d'un nouveau règne du Saint-Esprit purifiant l'Église. Les visions eschatologiques de Roquetaillade ressemblent aux annonces de Joachim de Flore. Notre moine vit le jour près d'Aurillac, à Marcoles. D'autres le font naître à La Roque, hameau voisin, d'autres encore à Yolet. On ne sait, en tout cas, où et quand il mourut. Sa réputation d'occultisme alla jusqu'à Rome, où l'on foudroya ce visionnaire non conformiste « vaticinant au fond de ses geôles ». Il était passé frère mineur l'an 1332, comme l'atteste un manuscrit des archives vaticanes. Mais sa prime jeunesse s'ébroua dans l'ombre d'un oncle orpailleur qui lui apprit ses secrets et fit de lui un alchimiste. Cherchant dans le lit des rivières les paillettes d'or recueillies par lavage, cet enfant chercheur ressemblait au pâtre Gerbert, le pontife initié, son compatriote. Étudiant à Toulouse, il fait son entrée au monastère d'Aurillac, l'an 1340. Les cordeliers de Notre-Dame-des-Neiges le gardèrent quatre ans. La prédication s'était emparée de cet Auvergnat de feu qu'on promena de cellule en cellule, puis de prison en prison, à Brive, Saint-Junien, Cahors, Toulouse, Avignon. Dans cette dernière ville il eut un cachot plus doux. La justice des pontifes fut ici plus indulgente à l'égard de ce moine mendiant. Son ascétisme contrastait avec l'opulence de la cour pontificale. Il dénonçait toutes ces choses à la manière du Savonarole de Ferrare. Du fond de sa cellule même, il fulminait contre la décadence ecclésiastique. On l'enferma pour un an au couvent de Figeac, à cause de sa thèse réprobatoire contre le luxe du clergé. Des visions avaient persuadé le Savonarole de Florence qu'il était le prophète de Dieu. Jean de Roquetaillade eut également la vision de la Vierge dans sa geôle papale d'Avignon en 1349. La Madone le « félicita de son courage » et lui dit de persévérer. *L'Oracle de Saint-Cyrille,* son œuvre latine, était truffée de prédictions contre la dégénérescence du clergé. Mais il y avait aussi des traits contre Louis de Sicile, l'Antéchrist, disait-il, ce parent de Frédéric II le Germain, voué à l'islam, par l'éclat de Palerme. Le *Liber secretorum eventuum* voulait, dans ses pages, « révéler l'Antéchrist, sa race et sa secte au monde ». On perd sa trace, dès l'an 1356. Mais l'on sait qu'il passa loin des bûchers de l'Inquisition. Peut-être, comme l'écrit Froissart, les cardinaux voulaient-ils le « laisser vivre tant qu'il put durer ». Cela permit au Savonarole cantalien de prédire les combats de Crécy, la chute de Calais, la ruine d'Aurillac et le temps des pestiférés. On lui attribue même une prédiction de la Révolution. Ses ouvrages, nourris de combats entre Angevins et Aragonais, sont fameux par le *Liber ostentor* rédigé dans la vermine d'un cachot, dite « prison du Soudan ». Là est tracé l'événement contemporain napolitain, là passe une évocation brûlante de la Castille et de la France, au souffle visionnaire du prédicateur des apocalypses. Sa plume allait vers les frères martyrs, frères mineurs, réfutés par la potence ou la flamme des bûchers. Comme lui, en 1354, ils avaient prôné la pauvreté, au péril de leur vie, affrontant le dernier supplice. Pour sa part on le tortura sur « une machine, l'étirant jusqu'aux pires tourments ». Laissé « comme un chien promis aux vers, qui remuaient sur sa jambe cassée, à tel point qu'on les ramassait à pleines mains », il retrouva néanmoins les ailes de la liberté. Mais il s'envolait pour de nouvelles chaires fulminatoires. Repris, interrogé par le pape lui-même, Roquetaillade se vit reprocher son alchimisme largement traité dans *La Vertu et la propriété de la quinte, essence de toute chose,* ouvrage apparemment médical, mais inspiré, comme son *Liber lucis,* de la pierre philosophale. Roquetaillade représente, à lui seul, les astrologues et alchimistes d'Auvergne si nombreux dans la région. Froissart, qui lui avait réservé deux chapitres, dans ses *Chroniques,* le visita l'an 1360 : « Oui, lui dit-il, je suis prisonnier, je ne m'en plains pas et pourtant, en ce moment, les lis fleurissent, l'alouette chante et la brise fait la folle dans les lauriers de vos jardins... Voyez ces nuages qui courent là-haut, savez-vous pourquoi ils sont si beaux ? C'est parce qu'ils sont libres... Je surprends mon âme à vouloir m'échapper pour les suivre, pécaïre ! Comme si mon âme se sentait des ailes. » Cette âme avait certainement des ailes. Des ailes brûlées, comme celles d'Icare, non pas aux feux de la chimère, mais bien au feu des visionnaires.

2.

Le temps des brabançons
Les décroisés

La marée humaine des lépreux
Breuils, Couze et la Bajasse

Visionnaires, astrologues et alchimistes se confondent parfois dans cette Auvergne du temps des croisés. L'un de ces croisés, le sieur de Montcelet, avant son départ, voulut fondre sa réserve d'or, pour en éviter la dispersion. Il en fit douze statues, répliques fidèles des douze Césars. Ce trésor, caché sous les ruines de Moncelet, n'a jamais été dégagé du souterrain. Ces traditions types, surtout celle de Saint-Germain-Lembron, mêlent trésors des sanctuaires et trésors d'alchimie. Les lieux saints étaient propices aux légendes. Ils se voyaient submergés par la marée humaine des lépreux comme aux Breuils-sur-Couze. Le malheur enfantait l'espoir et la superstition. Il était créateur d'une passion de vivre. Son écume fléchissait la raison, la reliait à un autre monde : celui du surnaturel. Et c'est bien ainsi, car trop de bonheur est rationaliste. Camus a pu dire que tout le malheur des hommes venait de l'espérance. Mais en ce temps des calamités, l'Auvergne avait d'abord le malheur, et l'espérance ensuite. Ces deux puissances, aveugles et occultes, visibles ou mystérieuses, exaltaient l'Auvergnat. Elles divinisaient son infortune, cristallisant les reflets de son histoire. Dans cette histoire, les maladreries se confondent avec les bûchers. Elles couvrent les vallons riants de la Bajasse, près de Brioude. Là, un humus épais recouvre, tel un blockaus, la foule des lépreux dormants. Le XIIIe siècle comptait dix-neuf mille léproseries. Celle de la Bajasse, fondée l'an 1150, par Odilon de Chambon, était placée sur le grand chemin de Brioude au Puy, au confluent de la Sénouire et de l'Allier. Il en reste un beau Christ lépreux, aussi émouvant que le Christ noir de la cathédrale de Saint-Flour. Si ce dernier est le seul Christ noir de France, le Christ lépreux de la Bajasse, suspendu tel un vivant souffrant, à la basilique brivadoise, est encore plus impressionnant dans son terrible réalisme. Il image bien, au-delà des collines, en écho au carillon dolent des clochers, l'émotion religieuse d'Auvergne. Le 2 mars 1327, la léproserie de Brioude s'unissait au prieuré. La lèpre ayant cessé, ses biens passèrent à l'ordre de Saint-Lazare.

Croisade contre les décroisés

Pendant ce temps, des pèlerins douteux envahissaient les routes. Certains vétérans d'une croisade, plutôt guerrière qu'idéaliste, traînaient sur les routes d'Auvergne avec leurs savates de brigands. Ils eurent un surnom : les « brabançons » *alias* « cottereaux », désignation d'un ésotérisme populaire. Peut-être les premiers de ces aventuriers étaient-ils des croisés issus du Brabant, avec leurs chefs Martin Arcas et Lupicaire, salariés par Jean sans Terre. Quant aux seconds, enrôlés par seigneurs et rois, l'énigme leur attribue le mot *koth* (cabane) ou les affuble de longs couteaux, à moins qu'ils ne soient tout simplement des *cotarelli* bénéficiant d'une charte. Les rois d'Angleterre tiraient leurs cottereaux de l'Écosse (Scotia), d'où une autre interprétation. Ils portaient la cotte de maille. De là venait leur nom, affirmait une autre tradition. Quoi qu'il en soit, ayant occupé Malmort, aux portes de l'Auvergne ils furent écrasés sur un appel de l'évêque de Limoges, le Jeudi saint de l'an 1177. On le voit, il n'y avait pas sur les routes que de bons pèlerins, allant gagner « leur romagne » sur la tombe de saint Pierre. Parfois criminels repentis, ces derniers, surnommés « romiers », au sein d'une foule bigarrée, allaient droit vers les petites Romes de Saint-Alyre et de Clermont, vers celles de Saint-Gènes-de-Thiers ou d'Aurillac, bourlingueurs sincères, affleurant, au passage, l'honnête homme, en lui demandant seulement un peu d'eau et de sel. Quittons ces « faidits » auvergnats, pour approcher l'heure d'une autre croisade.

3.

L'heure des hérétiques et des insoumis

Croisade contre le catharisme

Rome voulait anéantir les Albigeois. Robert de La Tour, évêque de Clermont, s'y employa. Guy II, son frère, comte d'Auvergne, le suppléa. Mais c'est au Puy que l'intransigeance vis-à-vis des cathares trouva un zélé incendiaire en la personne de l'évêque Robert de Mehun. Moine cistercien, il prit des mesures violentes contre les hérétiques, dès son retour du quatrième concile de Latran. Il excommunia Bertrand de Cayres. Le prélat draconien fut assassiné, en représailles, comme l'indique son épitaphe. Une lutte impitoyable fut menée contre les cathares en Velay, notait un érudit local, le Dr Bachelier. L'hérésie médiévale professait, ici comme ailleurs, que « le corps n'est plus qu'une guenille, dont il faut souhaiter se débarrasser ». L'idéal des cathares était d'être tendus tout entiers vers le ciel, « en refusant la chair et la terre ». Ces « parfaits », ces rares bannis de l'Auvergne, attirèrent sur eux la férocité épiscopale. En fait, ils étaient les survivants du Midi cathariste, réfugiés dans les montagnes du Centre. A leur tour ces cathares se vengèrent impitoyablement et cruellement du tort qu'ils avaient souffert. Ils furent les horribles « bannis », les mauvais « faidits ». Une appellation désignant bien toutes sortes de malandrins, au revers des chemins creux.

Le zèle antihérétique d'un évêque du Puy

Au Puy, l'évêque Pierre d'Ailly, d'origine picarde, était surnommé « L'Aigle des docteurs ». Sa devise était « *Veritas vincit* » (la vérité triomphe). Devenu évêque de Cambrai, puis cardinal, il passe pour avoir prédit la naissance de l'Antéchrist en 1789, d'après Arthur Dinaux. Il est mieux connu pour sa cruauté dans le martyre de Jean Hus. Cependant, on n'en reprocha pas moins au prélat d'avoir laissé subsister les erreurs et les superstitions qu'avait enfantées l'ignorance des siècles précédents. L'emblème de son buste le représentait avec une balance contenant, d'un côté les Tables de la Loi et de l'autre une mitre, avec une crosse et un chapeau de cardinal. La balance penchait du côté des grandeurs ecclésiastiques. Cette Éminence admirait l'Université de Paris en ces termes : « C'est elle qui, comme une torche resplendissante, illumine toute la chrétienté, c'est elle qui a éloigné de notre pays le monstre de l'hérésie. » Nominaliste ardent, Pierre d'Ailly, admirateur de saint Dominique, voyait la « barque de Jésus sur le point d'être submergée ». Aussi bien ce confesseur du roi, devenu évêque du Puy, gouverna-t-il tantôt avec une verge de fer, tantôt avec douceur. Il poursuivit l'extinction de la simonie, la nouveauté en liturgie. En 1369, les juifs avaient volé seize hosties consacrées, puis les avaient percées de coups de poinçon. « Le précieux sang avait coulé en abondance des blessures faites au corps sacré du Seigneur, écrit l'abbé Pontvianne. Pierre d'Ailly fit lui-même une enquête sévère sur ce miracle et le souverain pontife le déclara authentique. En 1409, Notre Seigneur apparut dans la sainte hostie, tout couvert de blessures, à un chevalier, Jean du Bois, seigneur Isaac. Le sang inonda les nappes de l'autel. Pierre d'Ailly reconnut ce prodige. » Cependant « il poursuivit avec tant d'ardeur les erreurs des béguins, des turlupins, etc., qu'il fut appelé " le marteau des hérétiques ". La condamnation de Jean Hus, livré par d'Ailly au bras séculier, puis brûlé vif, le 6 juillet 1415, avait attiré sur lui les attaques des Bohémiens et des protestants ». Un mérite à son actif parmi d'autres : dans son ouvrage, *Imago mundi*, il traçait la voie à Christophe Colomb, qui se servit de sa carte. « Pierre d'Ailly avait trop cédé au penchant de cette époque pour les sciences occultes, écrit l'abbé Pontvianne. Il a, il est vrai, énergiquement condamné la magie, à laquelle on attribuait alors assez de puissance pour guérir Charles VI. Mais il aimait et pratiquait l'astrologie, qu'il identifiait avec l'astronomie... Il enseignait l'harmonie de l'astronomie et de la théologie. » Dans son livre *Concordance de Saturne et de Jupiter*, dit-il, tous les neuf cent soixante ans il se produit « des modifications dans les empires et les royaumes ». Autre ouvrage, le *De vero cyclo lunari*, où il compare l'astronomie des Européens et des Arabes. Il proposait la réforme du calendrier, l'année grégorienne étant trop longue de vingt secondes. Vers l'an 5600 cette erreur serait terrible, car elle atteindrait un jour. Tout cela était fort bien, s'il n'avait écrasé ceux qui avaient une foi différente de la sienne.

Chaperons blancs d'Ambert et capuchons du Velay

Et pourtant la foi elle-même était sujette à caution. A cette époque la foi des croisades allait de pair avec la mauvaise foi des pseudo-croisés, avec celle des pèlerins de sac et de corde, dont nous avons parlé plus haut. Leurs méfaits provoqua les foudres du concile de Latran. En 1179, il interdit tout rapport avec ces brigands infestant la voie des pèlerinages. Impossible de se rendre au Puy-en-Velay. Un charpentier, Durand, alla trouver l'évêque Pierre IV. « Je tiens du ciel, dit-il au prélat, cette image que voilà, celle de la Vierge qui m'est apparue. Voyez, elle tient Jésus dans ses bras. Et voyez l'inscription : " Agneau de Dieu qui efface les péchés du monde. " Les péchés, vous les voyez : autour de vous l'impunité, la faiblesse des édiles. Le peuple en a assez, le sanctuaire du Puy est entouré de brigands. » Malgré les réticences de l'évêque, le charpentier fut écouté. On créa sur place une association « des capuchons », ou « frères de la paix ». Bientôt ils furent cinq mille. Le nom de capuchon venait de leur secte. Le capuchon convenait à la mélancolie des cloîtres, à leur mystique, à leurs ombres. Mais il convenait également aux vieux palais, aux vieilles ruines, où filtraient, entre les orties, les conspirations d'une invisible armée. Cet empire des expéditions nocturnes avait besoin d'une cagoule. Dès lors qu'était levé le masque, tombait le mystère. Et quand tombait le mystère, tombaient les sortilèges, derrière les œillères noires de ces nouveaux « encapuchonnés ». Petit capuchon, au bout duquel pendait, se balançant sur la poitrine, une monnaie d'étain ou quelque médaille frappée à l'effigie de la Vierge. Il y eut des confessions générales, des communions. La secte multiplia ainsi ses adhérents. On les appela « chaperons blancs ». En principe, ils devaient laisser « leurs couteaux pointus », ne pas jurer, éviter la taverne et s'habiller sobrement, uniquement vêtus de bure. Une cotisation de six deniers par tête était exigée. L'armée des chaperons blancs devint puissante. Elle écrasa, à Charenton-sur-Cher, douze mille cottereaux. Dans la plaine d'Ambert, près de Marsac, trois mille d'entre eux furent laminés par les chaperons blancs dont l'oratoire de Riols semble commémorer la bataille. Le tumulus de Cors, près d'Arlanc, passe pour contenir les restes des victimes. Il y a, en ces parages, une « pierre des supplices » avec rigoles pour le sang, creusées dans le roc. La secte des capuchons vellaves, une fois le terrain ratissé, obtint la trêve de Dieu. L'évêque lui-même avait adhéré à cette confrérie. Le pays d'Auvergne et du Velay, purgé de ces « routiers », reprit ses pèlerinages. Mais, au-delà de ces cagoules fenestrées, se projetait un autre clair-obscur, celui de lendemains sanglants.

4.

Les capitaines de l'Apocalypse

En haute et basse Auvergne, les exploits des princes noirs

Lendemains de la guerre de Cent Ans. L'Auvergne est ravagée par le cyclone des « routiers » venu du Nord. Knolles, capitaine anglais, pénètre en Auvergne. Le fameux Edouard, prince de Galles, surnommé le Prince noir, à cause de son armure sombre, déploie sa cruauté, aux lisières du Limousin et de la grande Arvernie. Knolles s'est emparé de Cusset, de Pont-du-Château. Il paraît devant Blesle et surgit en Velay. Bertucat d'Albret sévit dans le diocèse de Saint-Flour. Volvic tombe. Thomas de La Marche conquiert dix-sept châteaux et s'approche jusqu'à Saint-Privat-d'Allier. Seguin de Badefol tient quartier dans Brioude. Beaumont et ses routiers campent à Beaumont, aux portes de Clermont. Aimerigot Marchès terrifie Alleuze. De son nid d'aigle de la Roche-de-Vendeix, il purge la Limagne. Perrot le Béarnais infeste Montferrand. C'est la grande pitié avec Geoffroy Tête Noire. C'est l'abomination avec l'Espagnol Rodrigo de Villandro, « l'empereur des pillards ». Telle est la chevauchée des capitaines de l'Apocalypse arrivant par l'Auvergne bourbonnaise. Le connétable Du Guesclin a tenté de briser les incursions de ces bandes vêtues de haillons ou portant le haubert. Face à eux le connétable périt d'une congestion, à Châteauneuf-de-Randon, après avoir sillonné l'Auvergne et délivré ses villes. Passant au Puy en pèlerinage, n'avait-il pas dit à ses lieutenants : « Venez avec moi à Châteauneuf. Si Dieu le veut nous y ferons des exploits, nous aurons la citadelle et si le soleil y entre, nous y entrerons aussi. » Malgré cela l'écu des pillards ne sera brisé que plus tard. Encore a-t-il fallu réduire les débris des grandes compagnies. Chevaliers d'une cour des miracles mouvante, elles allaient, de manoirs en castels, sur le haut pays. Deux plates-formes, La Roche-Sanadoire, au nord, Carlat au sud, servent à leurs raids foudroyants sur la plaine. Les abbés font prier, les évêques lancent des mandements. Du haut des chaires tombent en vain les monitoires appelant à la justice divine. Dieu est avec les gros bataillons. On se fortifie dans les cités. L'Auvergne se mure chez elle, jusque dans ses églises. Sur les pentes des volcans, un souffle de terreur descend, tandis que ces nouvelles tribus, venues de loin, bousculent menhirs et vieilles croix. Saint-Flour, sur son plateau de basalte funèbre, ressuscite alors la foi sanfloraine. En quatre assauts, Bertucat d'Albret y brise son épée. Comme quoi la foi soulève les montagnes.

Les hommes-loups de la planèze et les capitaines diaboliques

Les tuchins eux-mêmes échouent devant Saint-Flour. Ces insurgés du Languedoc devaient leur nom aux « touches » ou « touchia », les bois qui les abritaient. L'incomparable Henri Pourrat a décrit ces hommes-loups : jacquerie fauve des ténèbres, couverte d'oripeaux, élevant douze moutons et trois vaches. Traquant la louve et le sanglier, habillés de peaux, ils allaient, dévoilés par la pleine lune, éclairant leur propre misère de son croissant. Images de paysans traqués, dont les ancêtres, déjà pourfendus par Grégoire de Tours, resurgissaient, tels de nouveaux Jacques tendant un poignard vers l'horizon, sur l'aube pâle des forêts. Le jour venu, ils attaquaient le chemineau des grands chemins. Pour donner le change on se recouvrit, comme eux, d'une peau de chèvre. Peine perdue, les tuchins éventèrent la ruse. Ils trucidèrent les passants qui n'avaient pas de cals aux mains. Les tuchins s'emparèrent de Châteauneuf-de-Randon, de Chaliers, de Carlat, etc. On les appelait aussi « tue-chiens » parce qu'ils tuaient le plus fidèle ami de l'homme et se recouvraient de sa peau. Ces hommes-loups rappelaient aux anciens les loups-garous et galipots. Les vieilles dames récitaient l'histoire de la « trêve » : cette femme de la nuit qui hantait les foyers. On l'apercevait à la fenêtre chargée de peaux blanches, secouant ses épaules, telle une grande chauve-souris...

Tout cela rejoignait la chronique des chevaliers rapaces. L'un d'eux, Bernard de Garlan, surnommé « le méchant bossu » s'était emparé du château d'Alleuze. Même après son départ les paysans redoutaient son ombre et son haleine fétide. Pour détruire l'odeur de ses pas, ils incendièrent le castel qui avait gardé son mauvais souffle empesté. C'était ainsi. Un parfum sanguinaire, venu d'un autre monde, semblait se mêler aux vent de la planèze. Dans cette planèze *(planitia)* le paysan oppressé revenant des foires, humait, haletant, l'effluve des grands brigands. Tel Aymerigo Marchès, traversant l'Auvergne de sa galopade furieuse, ramassé sur son cheval d'apocalypse, géant inépuisable, venu du Limousin. Il était seigneur de Châlus et se mit à piller ses voisins. On le vit jusqu'aux abords de Montluçon, jetant des échelles sur les remparts. Froissart a conté les repentirs de cet « Anglais » (terme générique désignant les brigands) : « Quand nous chevauchions à l'aventure et que nous pouvions trouver sur les champs un riche abbé, un riche marchand ou un convoi de mulets de Montpellier... tout était nôtre, on rançonnait à notre volonté... Les vilains d'Auvergne et de Limousin nous pourvoyaient... Nous étions étoffés comme rois. Et quand nous chevauchions, tout le pays tremblait. Par ma foi, cette vie était belle et bonne... » Aymerigot surgira devant La Roche-Vendeix, puis, talonné, croira se réfugier chez un parent, le sire de Tournemire, aux environs d'Aurillac. Ce cousin le livrera. Au Châtelet, à Paris, le roi le fera exposer au pilori. Après quoi, aux quatre portes de Paris, on fixera sur un gibet ses membres écartelés. Là encore, les vilains d'Auvergne rasèrent les endroits méphistophéliques où ce personnage de *Faust* avait traîné ses fers. Mais, popularisé comme un démon, Aymerigot marchait toujours dans sa légende méphitique. Il n'était pas mort tout de suite. Ayant fait pacte avec le diable, celui-ci lui avait réservé encore pour cinq ans la belle dauphine. Passé ce temps le « très-bas » lui avait fixé rencontre près du mont Dore, à la cascade de la Vernière. Là, son maître l'avait enfoncé dans les eaux. Une pierre lancée sous la chevelure de cette cascade passe encore pour faire jaillir une écume brûlante. Alors, entre les hautes gerbes phosphorescentes, vient se briser l'éclair des foudres, réminiscence des fureurs d'Aymerigot le diabolique. Il y a aussi Robert Chanuel, le bandit de Sanadoire, écartelé, place de Grève, à Paris, tandis que Bonne-Lance, un capitaine bourbonnais, vient à Montferrand séduire les belles dames, en chassant de l'Anglais, c'est-à-dire du routier... Montferrand se souvient d'avoir été pris par Perrot le Béarnais, un routier parmi les routiers.

5.

Les heures du refus et de la rage

Les emmurés de Montmurat et les hérétiques d'Issoire

Sur cet horrifique tableau viennent se superposer, dans la région cantalienne, quelques épisodes sanguinaires. A Montmurat, vers le sud, les ruines d'un nid d'aigle féodal exhument la tragédie des oubliettes où furent jetés les condamnés. De l'enfouissement des treize tours, perchées sur le roc de la Garenne, semble jaillir leur plainte consignée par ces phrases : « Un cachot, profondément creusé dans le roc, au milieu des ténèbres, d'où aucune voix humaine ne pouvait être entendue, se trouvait sous le château ; on ne pouvait y pénétrer que par un boyau fermé de trois portes dont l'une, qui existe encore dans les décombres, était en fer. A la voûte on voit aussi un terrible crochet de fer scellé à quatre crampons, instrument sinistre des exécutions [1]. » Tout près « la cave des Anglais » et des grottes célèbres par leur entrée murée. Ici les emmurés, pétrifiés dans leur position assise, sphinx de l'éternelle nuit, posent au visiteur l'énigme de leur supplice. Ainsi, après les sociétés secrètes des tuchins, après les bandits infestant l'Auvergne, après les exploits du terrifiant Rodrigue de Villandro, le pays s'était dépeuplé. Terre indocile, l'Auvergne allait encore devoir lutter contre une nouvelle Inquisition. Un livre secret attaquait, dans Clermont, le culte à la Madone. Puis un cordelier, passant le Rhin, vint prêcher carême à Issoire, sous les chapiteaux où le diable grimaçait. La voix du moine luthérien semblait ébranler la voûte romane patinée du reflet solaire des douze signes du zodiaque. Il y eut un contre-prêche des catholiques avec un cordelier de Clermont

1. *Dictionnaire statistique du Cantal*, t. IV, p. 368.

qui s'empara de la chaire. L'Allemand dut s'enfuir à Genève, mais il garda relations avec ses fidèles Auvergnats. L'hérésie était née. Moines empalés, tombes profanées, la guerre civile commençait, tandis qu'en Velay cette résurgence d'intolérance ranimait le souvenir de la sorcière brûlée.

Retour aux sorcelleries des siècles de fer

Elle s'appelait Jeannette Revergeade. Pauvresse ambulante, originaire de Farge, près de Siaugues-Saint-Romain, elle se livrait à la sorcellerie, hantant les cloîtres et les manoirs. Concubine adroite, elle s'était installée au castel de Chadron, où l'abbé du Monastier la fit pister. Traduite au tribunal, sous l'inculpation de sortilèges, elle reconnut avoir usé de charmes et de breuvages. On l'avait brûlée vive au Monteil-de-Saint-Front. Là, au Couderc, le bûcher s'était dressé pour la guérisseuse. Jacob Nègre l'avait liée au poteau tandis que le peuple des hautes terres, accouru pour voir la mise à mort, criait sentence pour cette « amie de Satan ».

— Vous me brûlez, mais le château du Monteil brûlera trois fois ! s'était écriée la condamnée, le 6 août 1390. Maintenant qu'on brûlait les hérétiques d'Issoire et d'ailleurs, la prophétie était près de se réaliser au Monteil, où la guerre de religion sévissait. Gabriel d'Avignon, seigneur du Monteil, était devenu calviniste. Son château brûlera plus tard, mais il brûlera trois fois. Au rappel de ces ombres, le Velay évoquait le diable. Mais le diable, disait-on, était surtout auvergnat. A preuve, du côté des monts Dôme, à cinq kilomètres de Montsalvy, cette muraille fantastique de Peyre, dite « mur du diable ». Quand Dieu créa l'Auvergne, racontent les chroniques, il donna au prince des ténèbres l'autorisation d'édifier trois cités : celle des Maurs, celle de Laroque-Brou et celle de Montsalvy. On croyait et on croit toujours aux sorciers, en Auvergne. Croyance ferme à ces réunions sabbatiques sous les clairs de lune des volcans. Singulier pouvoir de cette obsession démoniaque et populaire à laquelle Pascal lui-même sera sensible. Jacques Chevalier, dans son *Dictionnaire des auteurs,* parle de la « chose extraordinaire » qui arriva au grand penseur. Il ne supportait pas la vue de l'eau, « non plus que celle de son père et de sa mère, proches l'un de l'autre. Pour conjurer le sort que lui avait jeté une femme, il fallut le transporter sur un chat noir qui mourut. Il fallut appliquer à l'enfant un cataplasme de neuf feuilles et de trois herbes cueillies avant le lever du soleil, par un enfant de moins de sept ans ». Vers les monts du Cantal, on raconte la légende de saint Pierre croisant une jeune fille se rendant aux eaux de Vic-en-Carladez. Les voilà faisant route ensemble, dans la même direction. Celle-ci le prie, à un moment, de s'asseoir au bord du chemin. Soudain il voit une flamme brasiller dans les yeux de sa compagne. C'est le démon que saint Pierre précipite dans les ravins des gardes. Le diable laissa, à même le roc, la trace de ses griffes. On montre encore les fameuses crevasses appelées « le harpon du diable », vers Le Puy-Brunet et le buron de Pranads. A Marcoles, toujours dans le Cantal, les diableries du hameau de Saint-Géraud évoquent un sorcier sur les cimes rocheuses. Habitué du « feu des sorciers », ce nocturne personnage avait le pouvoir de bondir de cime en cime et d'allumer des fougirades instantanées, dans lesquelles venaient danser les démons. Saint Géraud anéantit ses exploits. On n'en finirait pas de décrire l'Auvergne démoniaque. Auvergne possédée, dont l'épaisseur se trouve pénétrée d'une magie des jours et des nuits. Les sorciers règnent dans chaque village et parfois même au sein des chapitres et des églises. Les chanoines de Brioude le savent bien, eux qui appellent au secours un sorcier. Cela se passait sous Pierre le Vénérable. Le chapitre de Brioude demanda à ce sorcier de l'aider à découvrir un reliquaire volé. Sortilèges de la montagne peuplée de jeteurs de sorts. La croyance au mauvais œil se marie avec la foi dans le pouvoir des guérisseurs occultes, plus ou moins sorciers. Les bourreaux eux-mêmes passent pour avoir des vertus extraordinaires, comme celui de Riom, sous Louis-Philippe, dont on disait qu'il guérissait les rhumatismes. Nous pourrions citer d'innombrables procès de sorciers et leurs condamnations. Jean II, comte d'Auvergne, surnommé « le Mauvais Ménager », au XIVe siècle, avait été ensorcelé par Blanche de Paulet, faiseuse de sortilèges. Celle-ci lui avait cousu un parchemin bizarre dans sa robe de comte. Elle en avait truffé son lit et ses appartements. On la livra aux juges épiscopaux devant qui elle avoua ses maléfices. Ainsi le diable mordille la croûte des volcans, à la cadence des misères du temps. Comme un rouet mû par une manivelle infernale, mercenaires et brigands entretiennent cet ébranlement des consciences. La paix provisoire n'abolit pas les forces du mal. Venu le temps des guerres religieuses, le diable reste dans la mêlée.

Capitaines huguenots et catholiques

Thiers, Billom, Salers, Aigueperse ont leurs églises réformées. Près de cette dernière ville, au château de La Roche, une présence toujours vivante, celle de Michel de l'Hospital. Il voyait, chez les huguenots, des bons hommes révoltés, prônant à leur égard indulgence et liberté de conscience. « Qu'est besoin de tant de bûchers et de tortures, disait-il, ôtons ces mots diaboliques : partis, séditions, luthériens, huguenots, papistes, ne changeons pas le nom de chrétiens. » La Saint-Barthélemy ulcéra L'Hospital mais ne désarçonna pas le philosophe : « Le plus sûr est de ménager tout le monde, écrivait-il au cardinal de Châtillon. Il faut les uns pour leur noblesse, les autres pour leur mérite, les autres pour leur affection à notre égard et se servir de tous, malgré leurs ressentiments. » Cette attitude machiavélique détruit quelque peu le portrait enlégendé des manuels d'histoire, où seul apparaît le grand humaniste. Il en est ainsi de l'histoire officielle des grands personnages d'Auvergne qui ont leur histoire secrète. Tel ce fameux baron des Adrets qui noya Montluçon dans le sang et força les catholiques à sauter du haut d'une tour. Ayant pris de nombreuses villes, Lyon, Vienne, Orange, Montélimar, il finit par se trouver contre les huguenots et mourut catholique en 1586. C'est le temps d'une folie meurtrière et mystique. Jean Brugière, de Fernoël, fut condamné au supplice du feu par son compatriote auvergnat, Pierre de Lizet. Sa potence fut dressée sur la place d'Issoire. Orry, l'inquisiteur, lui suggéra de « baiser la sainte face du Christ », moyennant quoi il serait descendu de son gibet. Détournant les yeux, Brugière refusa, en criant : « J'adore le vrai Dieu en esprit et vérité et non un objet fabriqué de main d'homme. » Le bourreau Ponchet n'avait plus qu'à pendre le récalcitrant. Mais, troublé par le courage de Brugière, au moment où il lui accrochait la chaîne de fer pendue sur le brasier, l'exécuteur trébucha. Alors Brugière lui tendit sa main généreuse et lui dit : « Courage, monsieur Ponchet, relevez-vous. Ne vous êtes-vous pas blessé ? » Geste éphémère... la haine surpasse la miséricorde. On brûle à Montferrand les sieurs Berne et Peyrollier et « leurs messes ». De nos jours, sur le plateau protestant de la Haute-Loire, le terme de « messards » désigne, en aparté, les catholiques allant à la messe. Ceux-ci appellent « momiens » les affidés de la secte des « higanaous ». Permanence ou résurgence latente des souvenirs guerriers.

De la trompette d'Aurillac à la reine Margot

Le souvenir du capitaine Merle, chef huguenot, originaire d'Uzès, s'est perpétué en Livradois. « Avec celui-là, disait un de ses lieutenants, j'attaquerais l'enfer, fût-il plein de cinquante mille diables. » Merle fit écorcher vifs trois religieux issoiriens, puis mit les catholiques à califourchon sur un baudet, la face tournée vers la queue, pendant qu'on les bénissait avec un jambon. A la tête de sa bande arrivée d'Issoire, il pénétra dans l'église d'Ambert et attacha son cheval au socle d'une colonne. On montre l'emplacement de l'anneau, sur le pilier nord. Merle, venu de la Corrèze, n'aimait pas les églises. Il avait déjà essayé de mettre le feu à celle d'Issoire en étançonnant le pilier central d'une carapace de bois, puis en mettant le feu aux étançons. Le duc d'Alençon, surnommé « le Fléau de Dieu », avait repris la ville, mais ses représailles rejaillirent sur les pauvres gens. Pour couronner le tout, la foudre s'en mêla. L'église Saint-Pierre s'écroula. Pillages, viols et pendaisons s'exercèrent alors au milieu d'un abîme de feu. Sur ces décombres d'hommes et de choses, une pancarte fut plantée avec cette inscription : « Ici fust Issoire. » A l'autre bout du périmètre auvergnat, l'insaisissable baron des Adrets avait fait enterrer vivants prêtres et clercs, mais jusqu'au menton seulement, afin que leurs têtes servent de quilles aux soldats. Représailles : à la Saint-Barthélemy quatre-vingts protestants montèrent à la tour de Colombe et durent enjamber les créneaux. Les huguenots voulurent apporter leur vengeance dans la ville. Une cloche, d'elle-même, se mit à branler, dit la tradition. L'an 1581, au mois d'août, les huguenots crurent pourtant à la victoire. Dans la nuit du 4 au 5, ils firent l'escalade des remparts. Un texte assure que « déjà leur trompette fanfaronnait sur la courtine et criait : " Ville gagnée ! " Mais un des habitants lui tira un coup d'arquebuse. Le lendemain la trompette fut trouvée, au pied de la muraille ». Miracle ! s'écrièrent les catholiques, car la « pitoyable et miraculeuse Marie, leur patronne » avait éclairé les ténèbres « d'un jour aussi clair que le soleil... éveillant les habitants... Alors qu'il faisait fort obscur, dehors, à la confusion des hérétiques. Il fut assuré que la Vierge avait paru à certains, sur la porte d'Aurinques ». Maintenant l'Auvergne chantait ses tristes complaintes, telle celle-ci : « Voyla la fin des rebelles d'Yssoire, jamais sans fin il en sera mémoire. » Et puis ce fut la fin de cette guerre stupide entre « higanaous » et catholiques. Les cimetières, qui avaient vu leurs tombes ouvertes par les enragés, pouvaient laisser dormir ses suppliciés. Seule une lointaine réminiscence persistera, celle de la reine Margot exilée en Auvergne, au château d'Usson, par le Béarnais. Haïssant son mari huguenot, le futur Henri IV, Marguerite de Valois, *alias* la reine Margot, avait d'abord fui dans le Cantal, à Carlat. Éprise d'un jeune page, M. d'Aubiac, « le bel Athis », elle dut à nouveau s'échapper avec lui, telle une amazone, en croupe sur son cheval. Ils gagnèrent Aigueperse, où la soldatesque d'Henri III s'empara d'Aubiac. Ils le pendirent par les pieds au-dessus d'un trou. On l'y enterra vivant. Agrippa d'Aubigné, racontant son supplice, dit qu'« au lieu de se souvenir de son âme, il baisait un manchon de velours... le seul gage qui lui restait des bienfaits de sa dame ». Marguerite de Valois transita par Issoire et la région du Cézalier. Là son fantôme léger peuplera longtemps les veillées des chaumières. Entourée d'espions, à Usson, Margot séduira ses geôliers. L'un d'eux, le petit marquis de Canillac, sera le « captif de sa prisonnière ». Celle-ci lui fera miroiter, en compensation, ses droits sur le comté d'Auvergne. Parée d'or et de bijoux étincelants, recevant à l'occasion une balle dans ses jupes, lors d'un assaut des troupes royales, la reine était à la fois dévote et licencieuse, vivant entre la crainte du poison et les cantiques de l'exil, jusqu'au moment où Henri IV l'autorisera à regagner Paris. De nos temps, les érudits locaux recherchent les descendants de ses nombreux amants. On montre à Usson un tabernacle, où sainte Radegonde emprunte les traits de la reine pécheresse... Il est vrai que Margot, après avoir connu ses ultimes extases avec un joueur de luth, surnommé « le roi Margot », mourut en récitant des chapelets, pendant que protestants et catholiques s'égorgeaient.

CINQUIÈME PARTIE

L'Auvergne du Grand Siècle et celle de Pascal

1.

L'épidémie de jansénisme

Fléaux en Auvergne

Quand meurt la reine Margot, en 1614, Savaron, le Peiresc de l'Auvergne, se souvient qu'il a colligé, à Paris, les titres de Marguerite de Valois. Cet érudit, auteur d'un *Traité contre les masques,* remonte à Paris et plaide violemment, aux états généraux, contre les abus du pouvoir. « Sire, s'exclame-t-il, au roi, que diriez-vous si vous aviez vu dans votre pays d'Auvergne les hommes paître l'herbe à la manière des bêtes ? » Dans ses collections Savaron avait « un limasson et une langue de serpent pétrifiés ». L'alerte donnée par Savaron au roi finit par émouvoir Richelieu dont la litière rouge passe en Auvergne. Joachim d'Estaing, l'évêque de Clermont, a beau le gaver d'un riche souper, le cardinal de fer brisera les privilèges. Il fera raser les châteaux forts d'Auvergne. Usson, Murat, Vodable, Mercurol, Nonette, etc., sont démolis. Pendant ce temps la peste, « ce mal inventé par le diable », se répand comme un autre mal, le jansénisme. Mais si l'on peut lutter contre l'épidémie noire, en prescrivant treize substances aromatiques, on ne peut arrêter le vent puissant du jansénisme. On a brûlé vif quatre Toulousains soignant les pestiférés avec « leur secret », on ne brûlera pas tous les Auvergnats atteints de jansénisme.

La boutique de Satan et celle des jésuites

Ces partisans de la « porte étroite » répandaient en Auvergne la doctrine de Jansénius qui tendait à limiter le libre arbitre. Le Christ auvergnat n'étendait plus les bras sur sa croix. Il les joignait presque en haut, limitant son choix aux sauvés de la « porte étroite ». La casuistique des jésuites a toujours provoqué en Auvergne une certaine haine. On retrouvera cette haine perpétuée avec le polémiste Montlosier, ce lutteur et ce Romain des lettres, guerroyeur contre le « parti prêtre » des jésuites. Libelliste, revendiquant hautement son titre de chrétien ; on l'avait surnommé le « Tirésias d'Auvergne ». Montlosier, ardent janséniste, fit de sa haine antijésuite « une maladie auvergnate ». Cette obsession lui fit intenter une action judiciaire contre les jésuites. Il fallait camper brièvement ce pugiliste exceptionnel, bien qu'il appartînt aux sursauts tardifs du jansénisme. Original s'il en fut, lui qui chaque soir se faisait enfermer, enveloppé de sa grande redingote, « les pieds en bas, la tête en haut, dans une espèce de cavité en forme de tour », révèle Jacquemont (1825)... « Enfoncé là-dedans, on lui fermera son trou, avec une grande planche, laissant assez de jour pour que l'air puisse y pénétrer et suffisamment pourtant pour empêcher les loups de lui manger les oreilles. » Ainsi, tous les jours, jusqu'au jour de sa mort. Ce jour-là, on refusera à ce janséniste du XIXe siècle des obsèques religieuses, pour ne s'être pas rétracté. Les Auvergnats donnèrent tort à l'Église en l'accompagnant, nombreux, à sa dernière demeure, vers les bois de Randanne, où l'on dressa son tombeau. Il avait dit : « Qu'on m'emporte dans la petite chapelle de Randanne : elle m'attend. Qu'on y plante une croix. Les pauvres femmes se signeront en passant, leur prière me suffira. » Les hommes du terroir trouveront en effet ce jésuitisme antijanséniste trop sectaire. Montlosier sera réhabilité. A Billom, à Mauriac, à Clermont, les jésuites avaient formé leurs adeptes à une rude discipline. Trop rude, selon les Arnauld, Auvergnats prétendant descendre d'une grande famille provençale. Antoine Arnauld attaqua le collège des jésuites qu'il traita de « boutique de Satan ». Ses plaidoyers déterminèrent leur bannissement. Angélique Arnauld, abbesse de Port-Royal, réformera le célèbre monastère. Du « grand Arnauld », le jansénisme passe chez les Pascal, famille alliée. La tribu du jansénisme se retrouva dans cette signature énigmatique EAABPAFDEP. Cela veut dire : « Et ancien ami, Blaise Pascal, Auvergnat, fils d'Étienne Pascal, père du grand Pascal. » Celui-ci n'ira pas jusqu'au bout de son jansénisme. Dans sa dix-septième lettre, il dira : « Je ne suis pas de Port-Royal... je veux mourir dans la communauté, avec le pape. » Il y a là une énigme du personnage. La flamme janséniste qui a gagné les autres membres de la famille Pascal a gagné aussi Domat, un ami d'enfance de Blaise. Domat, dont Jacqueline Pascal écrira une biographie. Grand inspirateur de la « secte », il influence Pascal dans sa *Huitième Provinciale* (relative à la corruption des juges) et sa *Quatorzième* (droit de tuer). Domat est vilipendé par les évêques comme étant le diable du jansénisme. Par-dessus les Dômes, l'enseignement de Domat se poursuit avec son cousin, Jean Soanen, qu'on exilera à La Chaise-Dieu, aux lisières du Velay. Figure de proue du jansénisme auvergnat, résistant légendaire, s'opposant farouchement à la fascination du jésuitisme, cet originaire de Riom était le fils d'un fonctionnaire des impôts qui fit de la prison pour avoir refusé d'exécuter les « misérables ». Soanen s'étant démis une épaule, à La Chaise-Dieu, dans son couvent d'exil, le diacre Pâris vint le guérir, en lui appliquant une relique. Miraculé et miraculeux (les paysans lui attribuaient des pouvoirs de thaumaturge), il avait son image le représentant, chargé de chaînes. Le symbole même de l'excommunication des indomptables du jansénisme. « Un janséniste est un calviniste qui dit la messe », écrira un jour Sainte-Beuve. L'évêque Jean Soanen était montré du doigt, comme tel, à quatre-vingts ans. Les érudits locaux se disputent, quant à savoir si ce prélat renia ou pas. Ulysse Rouchon prétend qu'il se rétracta à ses derniers moments. L'évêque hérétique, en tout cas, imagina cette épitaphe pour son tombeau, un tombeau dressé au milieu des arbres en fuseau : « Moi, Jean, jadis évêque, maintenant poussière. »

2.

Le grand Pascal et les Provinciales

Mystères d'une naissance

Restons dans cette poussière qui enveloppe de ses ors le vert des Limagnes, le noir des laves et le rouge des volcans d'Auvergne. C'est là, entre le chatoyant des prairies et le bossu des collines, qu'est né le grand Pascal. Gonod posait, en 1847, l'énigme de ce lieu natal : « Sa maison est restée inconnue jusqu'à ce jour, écrivait-il. Les vieillards, interrogés par moi, il y a plus de trente ans, n'ont pu me transmettre que des opinions sans fondement. » Maurice Barrès a donné une description d'une maison « aux trois faces libres, l'une s'étendant sur la rue des Gras, la deuxième séparée de la cathédrale par un étroit couloir... la troisième bordant la rue des Chaussetiers, mesquine et resserrée... Principale singularité : un passage qui la troue, où coulent deux filets malpropres, tous divers, tous sordides »... Cette demeure, à cour intérieure, aurait été démolie au début du siècle pour aérer la cathédrale. Il convient de signaler que les ancêtres de Pascal ont souche au village de Pascal, en Velay, près du Pertuis. Si les vieillards entendus par Gonod ne se souviennent guère de son logis clermontois, ils savent, par tradition, que le grand Pascal faisait « sa prière à Dieu pour demander le bon usage des maladies ». Le texte de cette oraison fut dicté au château de Bien-Assis, forteresse du jansénisme, par le grand penseur lui-même et l'on pense que ce fut son dernier contact avec la province natale. Une autre face de l'univers lui était révélée par les colorations farouches des couchers du soleil, par la rutilance des prairies de son pays. Floraisons d'un grand vitrail de la terre d'Auvergne qui l'invitait aux rêves d'éternité et baignait ses pensées dans le printemps des renouveaux de Port-Royal.

L'âme fulgurante du penseur

La pensée de Pascal a fulguré sur les Dômes, telle une fumerolle de volcan qui résistera aux extinctions du temps. Dans la lumière pourpre et sombre, cette pensée demeure ardente. Elle irradie, elle polarise, surtout quand l'expérience instruit la raison et qu'elle se laisse guider par le cœur. Pascal avait su domestiquer les infinis aux confins de la science et de la foi. L'Auvergnat qui inventa la machine à calculer et qui s'en fut purger sa pensée en Limousin, ce même homme parlait de pensée discontinue, tout en supputant scientifiquement sur les probabilités. Ainsi fut-il parmi les plus grands et le puy de Dôme symbolise le piédestal de son immense gloire. A côté, Clermont couché en long semble dormir sous ces monts d'Auvergne qu'un petit-fils du Velay, Maurice Barrès, définissait ainsi : « Le dôme granitique et volcanique de la pensée française. » Mais dans ce cadre à la fois ardent et apaisant, c'est l'individualité mystique de Pascal qui veille. Entre les rues modernes et les venelles obscures, proches de l'antique cathédrale, le promeneur averti retrouve la survivance chaotique des confrontations intimes du grand penseur. La ville de Pascal demeure l'acropole de ses *Pensées*. Elle porte ainsi dans ses murs les ferments du progrès. Ses *Provinciales* avaient annoncé les machines pensantes et la croissance dangereuse de la mécanique pouvant aboutir à la fin de l'homme. Entre autres choses, écrit Jean Guitton, « Pascal avait trouvé la méthode des fiches », rangeant ses notes « en petites liasses », selon telle ou telle matière. Il serait curieux de noter sur fiches les pensées de Guitton, le Stéphanois, et celles de Pascal, l'Auvergnat, dans ce qu'elles ont de corollaire. « C'est toujours avec peine, dit Jean Guitton, qu'on quitte Pascal. Ce n'est pas un auteur, c'est un ami qui nous excite d'abord, nous instruit, puis disparaît pour nous révéler nous-même à nous-même. »

Génie spéculatif et génie pratique

Mais revenons au premier maître, quand il passait de Combrailles en Poitou. Aux lisières du Limousin, le chevalier de Méré introduit Blaise Pascal dans la société. Méré avait une propriété en Poitou. Ainsi pouvaient-ils évoquer Descartes qui, précisément, avait fui le Poitou ancestral, où l'embourgeoisement familial coupait les ailes au génie. Ensemble, Pascal et Méré discutent sur l'esprit de finesse et l'esprit de géométrie. Le génie spéculatif prédomine-t-il sur le génie pratique ? L'avenir nous apprend la supériorité du pragmatisme matériel de Pascal. Pascal est aussi grand par ses inventions utilitaires que par l'étendue de ses pensées. Les suggestions de M. le chevalier poitevin de Méré y sont pour quelque chose. C'est grâce à lui que Pascal en vint au fameux calcul des probabilités, à la géométrie du hasard. On se plaît à raconter comment l'Auvergnat et le Poitevin décidèrent un jour d'inaugurer une ligne directe de carrosses entre deux quartiers opposés de Paris, le tout pour cinq sols. Cela était un effet de leurs notions communes d'étendue, de néant et d'infini, de nombre et de mouvement. Un autre ami, Roannez, gouverneur du Poitou, avait noué des liens de la meilleure fibre avec Blaise Pascal. En 1653, ils avaient poussé leur carrosse jusqu'en Poitou. C'est là, justement, qu'ils ont découvert le chevalier de Méré. Entre les haltes à petites journées, au gré du vent, le chevalier de Méré avait montré une lippe dédaigneuse à l'égard des mathématiques. Elles écrasaient l'esprit, disait-il, tandis que la géométrie conduisait au cœur. Quand Pascal reviendra sur Paris, vers 1654, il emportera dans ses bagages ces hautes leçons du terroir poitevin. Le temps n'est pas loin où il vendra son carrosse et ses chevaux. Son âme courageuse s'est portée vers la perfection de l'oubli, perfection qu'il voudra exalter dans la tombe. Mais la gloire vient chercher les êtres de génie sous les dalles anonymes. Elle visite les fosses, après avoir creusé les sillons. Si le corps de Pascal, retombé dans l'abîme, n'a jamais connu les retrouvailles de la postérité dans un somptueux mausolée, du moins le sommet du puy de Dôme est le faîte de sa glorification. Pour nous, Auvergnats, c'est l'autel naturel qui lui conféra l'apothéose. Ce devrait être le sommet funéraire de ses cendres dispersées depuis les caveaux de Saint-Étienne-du-Mont. Ainsi son cénotaphe aurait une mesure commune avec la hauteur de son génie. Que nous importent les enragés de mai conspuant le reliquaire mortuaire de Pascal. Ils ne connaissent du philosophe que son masque aux yeux clos. Voilà ce que nous enseigne le prince de la pensée face à nos tourments sociologiques.

Pascal, père de l'électronique et précurseur de la méthode scientifique moderne

On se complaît à décerner à Pascal ces titres de prince du verbe et de prince de la pensée. Mais on s'applique trop à sa vie passée. Sa survie compte davantage. Voyez donc les conséquences des raisonnements, l'actualisation des inventions de Pascal ; elles nous amènent aux rives proches et lointaines de notre siècle futuriste. Les découvertes actuelles en physique et mathématiques sont dues à cet enfant taciturne qui se cachait de son père pour goûter au plaisir géométrique. Cette géométrie, découverte en cachette, il en fut véritablement le père moderne. Trouvant tout seul les trente-deux positions d'Euclide, l'écolier se hisse d'un seul coup au niveau de la gloire grecque. Il avait douze ans seulement. A seize ans, c'est déjà le traité des coniques. Il égale Archimède. A dix-huit ans, voici un trait de génie qui éclaire notre vie bureaucratique et lui facilite ses calculs : oui, le jeune Pascal a découvert la machine à calculer, un jour de loisir, pour dépanner son père, agent de l'impôt royal. Il restera l'inventeur de la « pascaline ». Cette « machine arithmétique », il va en diffuser la reproduction, mais en garder le brevet. Notre époque électronique vient de lui faire subir là une expropriation posthume. Et pourtant, qui prononce le nom de Blaise Pascal dans les centres industriels, au cœur des labos ? Personne, hormis les familiers du passé ou les savants familiarisés, comme lui, avec les yeux d'une science expérimentale. Ah ! Monsieur Pascal, si votre spectre revenait folâtrer, par un soir de printemps, aux alentours de votre berceau, comme nous aimerions voir s'éclairer le sommet du puy de Dôme, siège de vos inventions, tandis que dans l'ombre mugiraient vos détracteurs. Parmi eux, nous distinguons, croulant sous le poids de l'opinion admise, cet excellent Père Noël dont le nom restera pour toujours un délicieux euphémisme. Car ce Père Noël, jésuite contradicteur, n'apporte rien de nouveau à son siècle conformiste, sauf l'idée aristotélicienne de l'horreur du vide. Écoutons le Père Noël pourfendre Pascal. Son épître est adressée au prince de Conti :

« Monseigneur, la nature est aujourd'hui accusée de vide et j'entreprends de la justifier en présence de Votre Altesse. Elle en avait bien auparavant été soupçonnée, mais personne n'avait encore eu la hardiesse de mettre des soupçons en faits et de lui confronter les sens et l'expérience. »

De quoi s'agit-il ? Querelle mesquine entre gens de société académique ou bien combat de coqs entre savants et savantasses ?

Non, c'est un grand tournoi entre plénistes et vacuistes. Aristote avait conclu à l'impossibilité du vide. Bacon targuait le vide de désordre, mais Torricelli permettait la découverte du baromètre. Pascal allait plus loin par son « expérience du vide dans le vide ». Le voici plaçant un tube de Torricelli à l'intérieur d'un autre tube plus grand. L'existence de la pression atmosphérique est établie.

L'expérience du puy de Dôme

Mais Pascal s'attaque à « l'équilibre des liqueurs », sujet qu'il épuise en 1653. Certes, il n'était pas seul sur les sentiers d'une telle découverte. De nos temps, la fission de l'atome a eu ses émules et ses rivaux. Souvent les possesseurs de science entrent dans l'arène, se jetant le gant pour mieux se quereller. Chez Pascal, le moteur, c'était l'humilité. L'homme, devant l'insondable vallée des connaissances, doit s'incliner devant tant de choses cachées. Pascal savait que l'humilité précède la gloire. Mais voici que l'alchimiste se fait alpiniste. La fameuse expérience du puy de Dôme, confirmant la pesanteur et le ressort de l'air, ne le grise pas. « Elle mit le sceau écrit Michaud, à l'une des plus importantes découvertes de la physique, opérant une de ces grandes révolutions dignes de faire époque dans les annales de la science. » Oui, l'expérience ouvrait la voie à notre méthode expérimentale moderne de physique. Elle préfigurait les règles chères à Claude Bernard. Enfin, un nouvel essai, sur toute la hauteur de la tour Saint-Jacques-de-la-Boucherie, lui permettait de savoir « si deux lieux sont au même niveau, c'est-à-dire également distants du centre de la terre, ou lequel des deux est le plus élevé ». N'était-ce pas déjà le principe de détermination des altitudes par le nivellement barométrique ? Mais, voici mieux, à propos de la corrélation entre les variations du temps et du baromètre : « En une même région, l'air pèse davantage en un temps qu'en un autre, suivant que l'air est plus ou moins chargé. » C'est la prévision du temps découverte. Blaise Pascal fait procéder aux mesures de vérification de sa théorie à Stockholm, à Paris, à Clermont. Partout ! N'est-il pas, du coup, l'anticipateur de nos stations météorologiques ? Pascal n'avait pas craint d'affirmer, avec une simplicité de savant : « La connaissance du temps peut être utile aux laboureurs, aux voyageurs, pour connaître l'état présent du temps qui doit suivre, mais non pour connaître celui qu'il fera dans trois semaines. » Disons-le sans excès, l'expérience du puy de Dôme éclairait l'horizon scientifique. Pascal a donné là-haut son virage à la science. Il a mis ses rouages dans un engrenage neuf : celui de la science expérimentale des temps modernes. Son mode de raisonnement audacieux, l'application de règles anticonventionnelles, allaient préparer les voies de l'avenir. Sa très humble témérité intentait un procès au passé. Les tenants de « l'horreur du vide » ne lui pardonnèrent pas cette hardiesse qui cassait les vitres de leurs poussiéreux et confortables laboratoires. Qu'importait à cet Auvergnat résolu ! Aventureux patient des choses de l'esprit, il continuait d'entrer en lice par la production des deux traités : celui de l'équilibre des liqueurs et celui de la pesanteur de l'air.

Il a inventé notre « futur » mais dénoncé nos monstres sacrés

A la clarté de ces deux traités s'ouvrent les perspectives d'une autre science : l'hydrostatique. C'est le principe d'égalité de pression. Pascal innove, se hissant à la portée de nos temps modernes, avec la brièveté de l'éclair. Il vient tout simplement d'inventer la presse hydraulique, « nouvelle sorte de machine pour multiplier les forces ». Notre industrie lui doit cet engin puissant. En précurseur, Pascal utilisait, selon sa méthode personnelle, les connaissances de ses devanciers, grâce à la rigueur rectiligne de son raisonnement, grâce également à la souplesse de son esprit. Champion de la géométrie du hasard, sautant de la physique aux mathématiques, cessant d'approfondir un sujet quand un autre l'appelait, Pascal jouait tantôt avec les puissances du binôme, tantôt avec notre actuelle physique statique. Ainsi fut-il à l'origine du calcul des probabilités et de l'application moderne du phénomène statique. Enfin, son génie incomparable ouvre la voie au calcul intégral. Trait de génie ? Sans doute, mais avant tout simple amusement avec la roulette aujourd'hui dénommée cycloïde. Imaginez-vous Pascal regardant cette courbe décrite par un point de circonférence qui roule sans glisser sur une droite. C'est, dit-il « le chemin que fait en l'air le clou d'une roue quand elle roule de son mouvement ordinaire ». Galilée avait tâté de la roulette. Pascal en fait un « traité » déterminant les centres de gravité, les volumes, les surfaces réalisées par la courbe. C'est le futur contingent de notre calcul intégral, où se familiariseront hautement Newton et Leibniz. On le voit, Pascal disposait d'une virtuosité et d'un potentiel inventifs faits pour nos temps. Oui, précurseur et joueur, exerçant son esprit aux jeux habiles de la géométrie, il préparait nos voies, renouvelant la théorie des coniques, inventant l'électronique, donnant le jour au calcul intégral, à celui des probabilités, imaginant nos monstres bouillants de la machine, alors tout chauds dans son esprit, mais tout frais pour nos temps modernes. Je devrais dire plutôt nos monstres sacrés, avec cette restriction : Pascal proscrivait l'abus des sciences, science sans conscience, c'était, après la lettre, son adage avoué. La géométrie, la science, c'était pour lui « le plus beau métier ». La science était bonne « pour faire l'essai, non pour faire l'emploi de notre force ». Ici, le maître nous enseigne. Il juge notre civilisation de progrès forcené qui invente, à la même cadence, des remèdes pour guérir et des armées pour tuer. Fabriquant allégrement des médicaments et des gaz toxiques, des bombes et des poumons d'acier, notre siècle a besoin de Pascal. Devant la montée future des machines, Pascal adjure l'humanité : « Que l'homme se regarde comme égaré dans ce canton détourné de la nature et que, de ce petit cachot où il se trouve logé, il apprenne à estimer la terre, les royaumes, les villes et soi-même... son juste prix. » Oui, Pascal et Einstein se rejoignent pour alerter l'homme, ce fauve d'une jungle réinstaurée par la science dans sa primitivité sordide. Nourri d'humanisme, il était épris de l'homme. S'il vivait encore, ce serait pour proscrire à haute voix les fauteurs de guerre de l'Est et de l'Ouest, pour leur prêcher raison. Mais il saurait aussi ramener les utopistes aux réalités. « Qui veut faire l'ange, fait la bête ! » Pascal ne se complaisait pas dans ce faux intellectualisme, apanage de nos beaux esprits contemporains, incapables de sortir des vues théoriques de l'esprit, incapables de réalisme dans un monde qu'il faut bâtir tous les jours par des actes concrets et non par des jérémiades. Raison, tradition, expérience, respect et conscience, tels sont les rudiments de sa pensée.

« L'homme est fait pour penser », écrivait Pascal. Il y avait chez lui, comme chez tout être, deux champs d'action pour cette pensée. Le monde intérieur, tout d'intimité et d'appartenance secrète. C'est là que les âmes tentent, par divination, de se joindre. Dans le monde extérieur, chacun est assuré de se connaître et de se rencontrer. Dans le monde intérieur, la jonction reste problématique. A partir de ces données, Pascal désigne la connaissance du monde extérieur sous le nom de science ou de raison à caractère géométrique. Sur l'autre abîme, un univers pascalien se dessine à travers les perceptions du cerveau et les sensations du cœur. Nous ne suivrons pas le philosophe dans ses argumentations. Nous avons tâché seulement de suivre les traces de sa semelle. Pascal a frappé du pied les sentiers qu'il empruntait. Des sources ont jailli. Essayons de nous y abreuver, tels ces « roseaux d'or » desséchés par notre siècle trépidant. Prenons le rendez-vous de la pensée, malgré les jours trop clairs, ou par les nuits étoilées. Sur la courbe de l'infini, l'homme vaut ce prix : penser un peu, alors qu'apparemment il vit si peu. Prenons les rendez-vous des aubes calmes ou des soirées sereines, au cœur des villes comme aux détours des champs. Écoutons l'appel des ombres entre les silences froids et les clameurs ivres. Ces ombres nous parlent, celle de Pascal, penchée sur le rivage, nous apparaît, dépouillée dans la mort, mais revêtue de grandeur ; le manteau des saints et la cape du génie habillent un même spectre. Le génie et le saint nous parlent un même langage. Les échos de leurs voix nous tracent une même voie :

Celle de notre propre sauvetage, quand la marée noire vient déferler sur nos grèves.

Celle de notre avenir, entre la négation et le devenir.

Celle de notre surpassement, entre le tout et le néant.

Autour de Pascal plane enfin le spectre mystique de sa nièce et filleule, Marguerite Périer, la miraculée de la Sainte-Épine. Mais nous voici déjà aux Grands Jours d'Auvergne, où interviennent précisément Marguerite Périer et Domat, la bête noire des jansénistes.

Le rôle secret de Domat

En effet Domat a joué un rôle secret dans ces « Grands Jours d'Auvergne ». On appela ainsi les sessions extraordinaires du Parlement royal dans les provinces, pour réprimer les brigandages impunis. Fléchier a laissé des *Mémoires sur les « Grands Jours d'Auvergne »* publiés en 1844 [1]. Ce tribunal ne se serait pas transporté à Clermont, « si un conseiller à la Cour des Aides et l'avocat du roi, Domat, longtemps vexés, l'un et l'autre, par les crimes de " l'homme aux douze apôtres " n'étaient venus au Louvre se jeter aux pieds du monarque et implorer sa justice... Louis XIV fut tellement frappé du rapport que lui fit Domat sur la situation déplorable où se trouvaient les habitants d'Auvergne qu'il promit de faire rendre justice et il nomma des commissaires ». « L'homme aux douze apôtres » dont il s'agit est ce seigneur de Pont-du-Château qui avait garni ses tourelles de douze brigands fieffés, catéchisant à l'épée. Ce sire de Canillac-Montboissier appelait vérita-

1. On a contesté leur authenticité. Le comte de Resie a polémiqué à ce sujet avec Gonod mais Sainte-Beuve penche fortement pour leur authenticité. Cette polémique dort pour se réveiller quelquefois. La mise en doute de l'authenticité du manuscrit affleure dans *La Revue des Deux Mondes* (1937). Certains attribuent le manuscrit original à Caumartin. Mystère et scepticisme se conjuguent ici.

blement « ses douze apôtres » les douze scélérats de sa demeure, perchée sur l'Allier. Recevant « la cruelle leçon de leur maître », ils franchissaient le pont-levis ou les souterrains du castel fantomatique, portant la terreur aux environs. Ils avaient nom Sans-Fiance ou Brise-tout, etc. On dit même qu'ils passaient à cheval dans le souterrain ménagé sous le fleuve. Canillac en voulait à Domat. Marguerite Périer rapporte que Domat, promoteur des « Grands Jours », contribuait à traquer les nobles, compères de Canillac. Mais « ni les mesures de plusieurs gentilshommes qui avaient juré sa perte ni quelques coups de fusils, tirés sur lui, ne furent capables d'intimider Domat ».

Le tribunal des seize bonnets carrés

Il est vrai que le roi en personne exerçait tout jeune sa « répression contre l'audace des puissants ». Seize juges à bonnet carré siégeaient à Clermont dans ce tribunal d'exception. Il y eut jusqu'à trente exécutions par jour, dont celle de Lamothe-Canillac. Exécutions souvent en simple effigie. Tous les Canillac ne subiront pas le supplice. Bien des coupables étaient partis. Coupables nombreux, puisqu'il y avait douze mille méfaits dans les dossiers. Un ami du juge Caumartin vint tenir la chronique judiciaire. C'était le fameux abbé Fléchier. Ses *Mémoires sur les Grands Jours* sont sans égards pour les moines et les évêques. Ce natif de Carpentras avait combattu le quiétisme et participé aux exégèses de Bossuet. Sous sa plume nous voyons des magistrats gaillards tenir séance jusque vers deux heures après minuit. Cinq heures après, terribles, ils font dresser les gibets. Tout ne fut pas juste dans cette lessive des Grands Jours. L'histoire secrète annonce que le marquis de Pont-du-Château bénéficiait d'une certaine indulgence, car il était l'époux de la cousine du président Novion. Gaspard d'Espinchal, seigneur de Massiac, empoisonneur de sa femme, surnommé « le grand diable », trompa la vigilance des prévôts, dit l'abbé Esprit Fléchier. Bref, il fit si bien qu'il « les rencontra, leur parla, si bien déguisé et faisant si bien l'honnête homme qu'ils ne le reconnurent pas. On ne put s'en saisir et il fut condamné par contumace à avoir la tête tranchée. Son château de Massiac fut rasé. Espinchal était allé se mettre au service de la Bavière »... Réfugié sur les hauts bourgs des forêts noires, le rapace Auvergnat défiait ses juges. Un jour il sortira des brumes de la Bavière, gracié par le roi, et se fera bâtir une nouvelle demeure, devenue la mairie. En vieillissant le diable se fait ermite, dit le proverbe. Espinchal vérifia l'adage en finissant pieusement. Ses restes sont dans une chapelle de l'église de Massiac. Fléchier nous montre encore cet évêque étrange de Clermont, Joachim d'Estaing, batailleur contre ses moines et donneur de bals, « gentilhomme en habit violet qui disait des douceurs aux dames ». Il était devenu aveugle. Cela ne l'empêchait pas de saluer toutes ces dames « plus que paternellement et mesurant avec sa main leur visage, il se rendait compte et ne se trompait point sur... leur beauté, ayant son discernement aux mains comme d'autres l'ont aux yeux et connaissant, comme bon pasteur, toutes les brebis ». Fléchier aperçoit les Auvergnats dansant la bourrée ou les « goignades ». Danse bizarre qui les fait « tourner sur un pied et sur les genoux, se joignant l'un l'autre immodestement ». Fléchier y voit « une imitation des bacchantes » et l'histoire y voit une réjouissance du peuple, un peuple heureux qu'on frappe enfin haut et fort. De ce tribunal spécial, écrira Michelet, le peuple des Grands Jours s'était fait « un rêve merveilleux, fantastique, apocalyptique, un vrai Jugement dernier, où les grands seraient les petits ». Hélas ! le sang des puissants continuera de couler dans leurs veines. La chronique secrète rapporte même que le marquis des douze apôtres « avait vu lui-même, d'une fenêtre voisine, son exécution (en effigie, sur un carton), et il avait trouvé fort plaisant d'être au repos dans une maison, pendant qu'on le décapitait dans une place et de se voir mourir dans la rue pendant qu'il se portait bien chez soi. Il n'eut pas le moindre mal de tête de ce coup ». Le haut tribunal frappe pourtant les magiciens ou tels « noueurs d'aiguillette » qui bloquaient un époux, le soir de son mariage et les nuits d'après. Les Grands Jours finissent en janvier 1666. Fléchier s'en va rapporter ses fastes dans les salons parisiens. Il prend soin de noter que l'Auvergne est le pays des saints. Saint Augustin et saint Ambroise n'ont-ils pas prophétisé cette colère de Dieu sur la vieille Arvernie ? Son livre attirera les foudres de la postérité provinciale. On ne pardonnait pas à Fléchier d'avoir stigmatisé au prétoire un prêtre fornicateur, assassin de Saint-Babel. D'où la polémique sur l'authenticité. Heureusement, il y avait le greffier. La plume de maître Nicolas Dongois, sur les liasses jaunies, s'accorde, telle une lyre sanguinolente, avec celle de Fléchier, pour plaindre le peuple d'Auvergne, vengé par les Grands Jours.

3.

Le temps des calamités et des maudits

Au temps de Massillon

Ce même peuple sortait d'une folie religieuse où il avait sombré. Issoire, centre du protestantisme auvergnat, avait brisé jadis toutes ses croix. A Maringues, les femmes avaient supplicié avec raffinement le capitaine protestant Lucquet, en lui enfonçant les épingles de leurs cheveux sous la peau. De tout cela les catholiques se souviendront. Il y aura des dragonnades dont le ricochet se fera sentir dans le Sud auvergnat, aux lisières de l'Auvergne. Tout cela engendre représailles et furies. Les juifs eux-mêmes subiront ces furies. Il est vrai qu'au Puy-en-Velay on se souvient du juif assassin. Fatigué des chants d'un enfant de chœur de la cathédrale, qui chantait sans cesse la naissance du Sauveur, ce juif avait tué le petit chanteur, puis l'avait inhumé secrètement. Il arriva mystérieusement que, le dimanche des Rameaux, l'enfant de chœur ressuscité se mit à chanter au milieu d'une procession. Quand cette procession passa devant la fontaine de l'Ange gardien, l'enfant de chœur désigna son tueur. Le juif fut aussitôt lapidé par la foule. Dès lors tout ce qui était juif fut proscrit du Puy. Une loi de Charles le Bel privilégia même les enfants de chœur de la basilique, en leur accordant le droit de juger tout juif qui violerait cette ordonnance. Mérimée a raconté cette tradition, expression caractéristique des haines de l'époque. Une haine qui engendre encore ses calamités aux siècles futurs.

Calamités et malepeste. En 1694, l'évêque de Clermont voit dans tout cela le « péché des Auvergnats ». Il prescrit un remède, toujours le même : les processions. On y portera Notre-Dame-du-Port, puisque « Dieu frappe les Auvergnats pour leurs péchés ». Il les frappe avec la famine, dit l'Église, avec leurs épidémies, comme cette « peste des rizières » qui tuera douze cents personnes de Thiers. Tous les évêques de Clermont n'ont pas cette sévérité. Celui qu'on appelait « le doux Massillon », quelque peu exilé en Auvergne, arpente le Cantal en prêchant de tendres sermons. Son carrosse glisse entre les bosses de lave, barque dorée frappée du soleil de Hyères, où était né ce prélat, qualifié de « Marseillais ».

– Cet homme-là est du Midi et non d'Auvergne, s'écrient les gens de Riom, en apercevant son carrosse. Il vient nous voler les reliques de saint Amable qui nous protégeaient des serpents et du feu ! Qui donc, après cela, nous chassera les démons du ventre ? Cet évêque est le diable !

On sonne le tocsin. Massillon bat retraite dans la sacristie. Avec peine il remonte en carrosse, lapidé par une foule en délire. Jeune, il avait voulu être moine, mais ses maîtres, « par divination », l'en avaient détourné. Curieux homme qui, pour se divertir, imitait le « baragouin des Irlandais, l'aboiement d'un chien, le son des cloches ». Il mêlait dans ses homélies propos égrillards et sentences légères. Apôtre gai de ces « paroisses montagneuses » d'Auvergne, « où l'on ne pouvait aller qu'à cheval », il se plaignit d'y épaissir. Ce personnage suave sut pourtant « reléguer » dans les tours de Mauzun quelques curés « infidèles ». Enfin il dénonça la misère des petits Auvergnats sans pain. « C'est un fait certain, écrivit-il au cardinal Fleury, qu'il n'y a pas de peuple plus pauvre et malheureux que celui-ci... Les nègres sont plus heureux... »

Des Saintes-Marie d'Auvergne aux malandrins auvergnats

Ce tableau sinistre d'une Auvergne patibulaire est rehaussé par les ombres des rouleurs de grands chemins. Un arrêt du Parlement de Paris doit bannir, en 1612, les « Égyptiens et Bohémiens » ; ces fils du vent rançonnant les paysans. A leurs bandes armées s'opposèrent les villageois avec leurs fourches en trident. La région de Riom-ès-Montagne, vers Collandres, laissait voir, entre les branches noires de ses collines, un groupe d'Égyptiens et d'Égyptiennes aux guenilles colorées. La chronique de l'an 1750 les montre avec quinze hommes, quatorze femmes et trois chevaux, vagabonds hétéroclites, armés de bric et de broc, en costumes bariolés, poursuivis par les paysans, dans le bois de Marlhou, vers Trizac. Troupes en roulottes, infestant les bois du Lioran. Certes, il y a, parmi ces Bohémiens campeurs, les diseurs de bonne aventure et les musiciens. Mais l'Inquisition ne verra chez eux que les sorciers errants portant, sous la crinière de leurs chevaux, le *Livre de Thoth des Bohémiens,* ce livre d'Hermès des doctrines secrètes qu'on retrouve dans le Tarot des tziganes, avec ses vingt-deux lames majeures et ses cinquante-six lames mineures. Lames des des jeux de cartes de divination, aux figures du XVe et censées illustrer le « Grand Œuvre alchimique ». Tsiganes auxquels on avait fait, dans le temps, des procès de magie. Tribus sans racines, pour reprendre le mot de Daniel-Rops, mais nomades aux errances étranges, sachant parfois se fixer, au gré de la pâture. Ainsi l'Auvergne eut ses Saintes-Maries, près de Pont-du-Château, sur les hauts de Vertaizon. La tradition tient pour certain que ce lieu fut fondé par les gitans. Dans l'église de Vertaizon on trouve effectivement des sculptures de pierre à l'effigie des trois saintes Marie. Statues du XVIe, imageant un peu ce « peuple de la Bible » voué au nomadisme et où l'Auvergne devrait retrouver quelques-unes de ses racines. Car l'Auvergnat n'est-il pas, loin de ses bases, l'éternel errant qui s'en allait naguère chercher son pain ? Le terme de nomade convient, de par son origine grecque, aux « pasteurs », à ceux qui vont au-delà des collines faire « paître » leurs troupeaux, par monts et par vaux. Les peuples nomades de pasteurs auvergnats appartenaient, dans le vieux temps, à ces groupes humains tentés un jour par la caravane. On citera d'ailleurs Marsan, le voleur de chevaux et sa bande auvergnate, originaires de Menet. Ils allèrent jusqu'en Limousin et en Quercy. Surpris à Égliseneuve d'Entraigues, en novembre 1752, Marsan fut arrêté dans l'auberge où il était descendu. Lié par deux chaînes de fer à son lit, il trouva le moyen de s'enfuir « par la fenêtre, comme s'il avait volé », note le rapport de l'huissier. Personnage magique, dirent les bonnes gens. Marsan, comme Mandrin, appartient à la montagne occitane rebelle. Simples voleurs ou chevaliers au grand cœur, ils sont proches de l'insurrection montagnarde. Leur action, plus tard, ressemblera aux dernières étincelles de la poussée des camisards. Tout cela rappelait les batailles entre moines, qui nécessitèrent deux conciles et l'intervention du roi. Tout cela ressemblait aussi à la rébellion d'Anglars-des-Salers, quand le chef de village montait sur une pierre de la place publique pour inciter au non-paiement de l'impôt. La maréchaussée approchait, on sonnait le tocsin. Luttes sanglantes qui furent appelées « la guerre des sabots », aussi bien du côté de Salers que vers Marcenat. Ici les chapiteaux de l'église de Saint-Saturnin offrent au visiteur leurs démons grimaçants et leurs moinillons volants, mais on évoque surtout les grands rassemblements de croquants de l'an 1635. Une véritable insurrection montagnarde obligea le vicomte de Murat à fuir. On dit que, parvenu à Lugarde, il embrassa à genoux les pieds de son cheval qui l'avait sauvé. Lugarde, « le pays du loup », où l'herbe et le roc parlent de la « bête qui mangeait le monde ». Ce n'est pas ici le sujet de la bête du Gévaudan, mais sa complainte se mêle à celle de Mandrin, pour délier de l'obscurité le temps des calamités et des maudits.

Mandrin et les margandiers

Mandrin, le capitaine justicier, était bien connu en Auvergne pour être passé à Saint-Georges-d'Aurac, à Brioude, à Thiers, etc. Un peu partout le contrebandier délivre des quittances de ses rafles, toujours « honnête en affaire »... Ces reçus sont signés « Monsieur Mandrin ». Au Puy-en-Velay, la maréchaussée l'aide à distribuer du mobilier saisi. Personnage de légende, Mandrin, au col de Fix, assiste à Noël, à la messe de minuit en compagnie de ses brigands. A Saint-Didier-en-Velay, il distribue des prises de tabac aux femmes, après avoir dévalisé la buraliste, dame Mollon. Il embrasse une fillette qui lui tend un bouquet et laisse sa canne plantée dans un sac à l'hôtel Savy. On montrait récemment encore ce gourdin noueux et ferré, d'où surgissait un stylet de quinze centimètres. C'était un « Mandrin à la fureur, qui mange les mangeurs de gens », pour reprendre l'expression de Voltaire. A Marsac en Auvergne, il sentit peser sur lui le destin : il eut le pressentiment qu'une femme le trahirait. Il sera déféré au tribunal de Valence, le 13 mai 1755 et roué vif le 26. « Je demande pardon à Dieu, au roi, à la justice », dit-il, mais il ajouta à voix haute : « Jeunesse, prenez exemple sur moi ! ».

Attitude héroïco-bizarre.

Dès lors la complainte prit son vol :

Lorsque Mandrin courait l'Auvergne
Il fit courir plus vite encor
Gabelous, dragons et gendarmes
Qui des fermes protégeaient l'or.

Ce perturbateur, héros du faux saunage, aura des émules. Tel Jean-Baptiste Simon, dit le Borgne, et son lieutenant Massard, surnommé le Dragon, paré d'un manteau pourpre sang. Ils sillonneront longtemps l'Auvergne, rejoignant le Forez, par le col de l'Homme-Mort. Ces « margandiers » symbolisaient la fureur, mais aussi le besoin de justice. La fureur, « car, dit Vialatte, l'Auvergne est née de la fureur... ». Pourtant l'Auvergne reste « pascalienne. Son vent nous souffle les pensées en pleine figure et, quand il balaie l'herbe rase, entre les genévriers bas, on sent passer un goût de gentiane dans son alcool, je ne sais quoi de tonique et d'amer, une sévérité qui saoule [1] ». Une sévérité presque mystique, dont nous allons retrouver l'empreinte avec l'Auvergne teilhardienne.

1. *Histoires et légendes de l'Auvergne mystérieuse,* Éd. Tchou, 1969, p. 14.

SIXIÈME PARTIE

De Pascal à Teilhard de Chardin

1.

L'Auvergne inspirée

Les mystiques des burons et les bergers compteurs d'étoiles

L'Auvergne, dans le cours de son histoire, se trouve constamment en proie avec son inspiration. Une impulsion surnaturelle l'habite. Dieu et les dieux semblent lui dicter son comportement. Pareille à la pulsation interne de ses volcans, l'Auvergne inspirée, tantôt violente, tantôt lyrique, exalte ses hommes, enflamme ses femmes, insuffle, aux lettrés comme aux bergers, l'esprit de l'Auvergne, fait de fureur, de déraison, mais aussi de sagesse, la sagesse d'un nouveau Tibet. Là-haut, sur les burons, ces petites cabanes de berger enfantées par la montagne, il y a les « compteurs d'étoiles », chers à Jean Anglade et les « guetteurs d'étoiles », chers à Louis Amargier. Déjà Chateaubriand avait remarqué ces huttes pastorales : « On voit partout, écrivait-il, les burons ou les chalets d'Auvergne, sur le puy de Dôme. » Les buronniers qui faisaient leurs fromages dans ces burons avaient leurs secrets de fabrication, secrets transmis depuis les Gaulois et toujours jalousement gardés. Sur ces fromages en fabrication une croix était tracée pour exorciser les mauvais esprits. Cela empêchait le lait de cailler. Signes anodins, mais qui appartiennent à la montagne inspirée, où le parler d'oc a ses secrets, au milieu d'une forêt de dictons et de proverbes hermétiques. En accord avec l'orgue du vent le berger entonne une pastourelle ou bien siffle ses bœufs. Ils marchent à cette mélodie de certains cris et de certaines chansons de labour. On appelle ces chants de plein vent les « grandes », héritées de la Grèce. Elles stimulaient vraiment les attelages, mais déroutaient l'étranger qui les entendait. Henri Charlier a parlé de ces mélodies ancestrales sur lesquelles pâtres et bouviers improvisaient les paroles de leur cru, mais d'une « grandeur lyrique ». On a pu voir paraître, à la télévision régionale, quelques-uns de ces bergers encapuchonnés, l'œil rivé sur les étoiles, au-dessus de leurs brebis. Ils parlaient un langage châtié d'anciens séminaristes ou de « simples », connaissant bien le planisphère céleste. Les uns et les autres, comme Louis Amargier, se plaisent « à regarder les innombrables points brillants dans le ciel... Aujourd'hui encore quand les nuits sont belles, je vais faire quelques pas dans un chemin creux pour voir si elles sont toujours au rendez-vous dans le ciel sombre et j'ai toujours eu une conversation intime avec ce spectacle, chaque fois nouveau par son mystère impressionnant... Le chemin d'une autre vie... Loin de mes monts les nuits n'ont plus d'étoiles ». Telle est l'Auvergne des compteurs d'étoiles et des « pêcheurs de lune ».

A l'autre bout de l'Auvergne, en Velay, vers 1709, Decellières le devin, « par un vent des cinq cents diables, coiffé d'une capuce, regardait le ciel. Notre homme de magie laissait paraître, entre ses mains, un genre d'astrolabe. De temps à autre, comme catapulté, il allait se mettre sous un abrivent. Et là, fébrilement inspiré, sous la clarté lunaire, il portait ses observations [1] ». Le carnet de ce paysan de Saint-Victor-Malescours a été publié par l'abbé Arsac, de la Société académique de la Haute-Loire, mais l'original s'est égaré. « Ce présent livre est à moy, Jean Decellières... S'il venait à se perdre, qu'il me soit rendut et je payeray le vin à la Saint-Martin », avait écrit, en exergue, cet autre compteur d'étoiles. « Notre homme, écrit l'abbé Arsac, avait dû trouver dans sa famille une partie de ce cahier déjà écrit. Il y a en effet des pages d'une écriture plus ancienne... C'est une somme de connaissances... des notes sur les vertus du soleil et des planètes, leur influence sur les naissances, des proverbes populaires, une formule d'exorcisme. Tout cela étudié à fond, remanié, complété et nous ne croyons pas être trop hors de la vérité en nous représentant notre écrivain en culotte et guêtres courtes... le regard mystérieux et profond, avec quelque chose de songeur, sur le seuil du portail, étudiant les nuages et les vents, rendant ses oracles. Et tous ses voisins de croire à sa science. »

Ils pouvaient y croire, car ce Decellières était le parent d'un futur professeur de mathématiques spéciales et d'astronomie au lycée Bonaparte, chargé de mission par Napoléon en Italie, le savant François Peyrard (1759-1822), traducteur des œuvres du magicien Henricus Cornelius Agrippa, expert en kabbale, pour qui

1. *Dans l'armoire aux souvenirs,* l'Éveil, 1969, p. 15 et suiv.

la magie était l'unique science et faiseur de miracles [1]. Tels étaient, tels sont encore, en Velay-Auvergne, les compteurs d'étoiles, un peu faustiens, mais surtout simples pâtres en cagoule, coiffés de beaucoup d'esprit et habités de rêves raisonnés.

Les sectes huguenotes du Velay

Puisque nous sommes en Velay, voici le haut pays des sectes et des mages de la montagne. A l'heure où couvent encore, sous la cendre, les dernières émeutes d'Irlande, nous sommes ici aux confins de l'incroyable et du vrai. La forte présence huguenote, sur le plateau vellave, cache dans son sein, sous l'appellation vague de « momiens », divers groupements. Ils sont ici nichés aux rebords du plateau cévenol, aux lisières de la grande Auvergne frangée par le Velay. Près du mont Lysieux, au village de La Bataille (un nom qui sonne à la manière d'un hameau camisard), il y a des souvenirs guerriers. Ce pays momien est infiniment attachant. Il faut aborder les « exclusifs », cette secte bizarre aux tribunaux secrets, avec une extrême prudence dans son jugement. On a parlé de « mœurs antisociales ». De hautes personnalités contemporaines ont prononcé ce qualificatif. La chose est plus complexe dans ce royaume d'ombres, où les sectes se rejettent les unes sur les autres vers le néant. On revient toujours néanmoins de chez les momiens avec l'étrange sentiment de se retrouver fasciné par cet antagonisme entre les clochers et les temples, entre les morts d'hier et les vivants d'aujourd'hui sous un ciel grisâtre, aux reflets de volcans. Ce ciel vellave, où se profilent tant de croix, cache, derrière sa grisaille, le culte de plusieurs sectes anglo-saxonnes venues d'Irlande et de Plymouth. Ici la montagne porte le souffle de Dieu, elle rend l'écho des luttes sauvages entre la troupe catholique et les réformistes du plateau. Une complainte semble monter de l'horizon, pour évoquer la férocité des dragons et des mignons, ces janissaires qui pourchassèrent la croix protestante et l'ancêtre. Au clair de lune, ces croix pourchassées ont pris leur pénombre de tristesse, s'estompant parfois dans la dissidence des frères et dans la disparition des symboles. C'était l'époque des assemblées dans le désert. C'est aujourd'hui celle d'assemblées tenues au grand jour, mais dans le mystère persistant des derniers tribunaux secrets. Ici, pour

1. Cf. Ribadeau-Dumas, *Les Magiciens de Dieu,* avec le portrait de Cornelius Agrippa, Éd. Laffont.

suivre le verbe et sa marche biblique, il faudrait interroger les momiens dans la splendeur de leurs solitudes, mais chaque fois on est refoulé sous le sceau de l'interdiction. Pénétrer chez les « frères exclusifs » est une entreprise difficile. On craint de n'avoir pas entièrement saisi la voie des sectes montagnardes. Car nous sommes, là-haut, deux fois dans la « montagne ». Il est nécessaire de préciser ces notions et de camper le milieu protestant, avant d'entrer dans les clans séparés. Pourquoi sommes-nous ici doublement dans la montagne ? Parce qu'il existe une région spirituelle de ce nom. Elle est ainsi baptisée pour distinguer la colonie protestante des plateaux de celle des plaines environnantes. Et parce que, en même temps, nous sommes dans la vraie montagne, en plein rapport géographique absolu. Sur les bords du Meygal se dressent les pics ardus aux pointes élancées. Ils jaillissent comme des prières, ils sont posés comme des mains jointes. Près d'eux, le massif de Lysieux. Il fait émerger son pic à 1 391 mètres d'altitude. Cette prestigieuse montagne est souveraine au pays protestant. Elle regarde le territoire huguenot, elle avise les momiens, elle fait ombre à leurs champs, elle fournit la lauze de leurs toits, elle dresse leurs murailles et sert d'enclos pour leurs tombes. Mais la montagne, ce n'est pas seulement cela. C'est d'abord, pour les églises protestantes, la Sion biblique des lieux. C'est le nom séculaire et mystique de ce cœur du pays protestant. Il convient à cet égard de citer M. Darcissac, qui a su souligner d'une phrase un fait vraiment exceptionnel : « Les deux communes de la Haute-Loire, qui peuvent être considérées comme les deux communes les plus protestantes de France, ce sont Le Chambon-sur-Lignon et Le Mazet-Saint-Voy. Elles accusent, la première, quatre-vingt-dix pour cent et la seconde, quatre-vingt-quinze pour cent des fidèles. » Tous vous diront le sort de leurs pères sous Louis XIV et Louis XV. Ils évoqueront discrètement, mais fièrement, les pasteurs du désert. Ils vous ressusciteront ces persécutés de la montagne vellave et vivaroise, contraints de se donner le mariage en cachette. Allez à La Bataille, près du socle du Lysieux, les gens vous feront les honneurs de ce chapitre d'histoire oublié. Ils vous diront : « Nos aïeux paysans, après la révocation de l'édit de Nantes, subirent au Lysieux des vexations sans nom. Cela ne fit que les fortifier dans leur foi. Alors certains partirent et suivirent Jean Cavalier, le chef des Camisards, portant leur chemise (leur *camisa*), par-dessus leur habit. Histoire de se reconnaître au combat. » Deux siècles après ces persécutions, sept mille protestants survivent en Haute-Loire. Les mises à mort collectives, les razzias d'autrefois ont dressé les fureurs du souvenir. Ces souvenirs semblent s'étirer vers le ciel dans les ombres des rochers. Faites le tour du pic de Lysieux. Vous croirez apercevoir saint Pierre, l'apôtre de Rome, assis majestueusement face aux vallons huguenots, vous diront les catholiques. Il semble être là, Pierre sur la pierre, statufié sur les rochers, bâtisseur d'églises aux aguets, d'autres l'appellent « la dentellière ». Mais les protestants nomment ce colosse de pierre « le Moïse » du Lysieux fixant la vallée mystique, le livre des Écritures sur les genoux. En face, au Mazet, point d'église catholique. Du moins pas de culte et l'église est fermée. On suit du regard ces profils rudentés des rocs du Lysieux, statues naturelles se balançant dans un ciel rouge sang. A l'heure du dernier soleil, on imagine la troupe catholique surgissant d'un chemin creux. Son arrivée, c'était le martyre au recoin des vallons, la chasse à l'homme dans les bois et le soleil se couchant sur des morts. A moins qu'une capture emmène les blessés vers les bagnes du roi, pour que voguent les galères de Sa Majesté catholique. Venant de ces rochers, on croit entendre le vent des voiles ou le fouet des mercenaires balayant un hyménée de printemps. Les squelettes des suppliciés se dressent aux bords de la montagne, marquant du doigt la route à suivre. Et face à ces messagers de pierre, posés sur le basalte du Lysieux, en bas du massif, étalés sur la plaine, quatre mille protestants de l'Église réformée, deux cents de l'Église libre, deux mille trois cents de l'assemblée des frères et nombre de momiens. Ils semblent répondre au signe des aînés leur criant depuis les maquis lointains : « Souviens-toi, souviens-toi de préserver la foi ! ». Car à Fay-le-Froid, à Montbuzat, on se souvient. C'est un souvenir sans haine, mais on se souvient par le sang et par ses liens. « Nos ancêtres tenaient l'arquebuse d'une main et de l'autre la charrue, disent les vieux protestants du Chambon. Prêts à faire feu et prêts à " charruyer ". » Ils disent cela avec une sainte passion dans les yeux. Au fur et à mesure que leur récit monte, on se laisse porter par l'histoire des batailles, quand les chevaux faisaient feu des quatre pieds. Ils s'élançaient, ces ancêtres, superbes et rageurs, parfois féroces dans leur foi. C'était bien par ici, près du Lysieux, le coin de la mêlée. Dans cette rétrospective d'un instant, on verrait les dragons de Louis XIV mordre la poussière souvent. Alors Lamoignon de Baville, l'intendant royal, surnommé le « bourreau des Cévennes », s'amènerait sur le plateau. A toute bride, il remonterait du Vivarais pour talonner les paysans.

Une mystique étrange que fortifie
le silence du jour et le crépuscule des temples

Et depuis, c'est ici le haut pays protestant, terre impénétrée, colorée de basalte noir, parsemée de clochers, assombrie de croix. Des croix de pierre érodées par le gel, effritées et mâchées par les dents du grand vent. Terre également sans croix et sans ornements, avec seulement la Bible pour orner les murailles de ses temples nus. Ces temples sont une douzaine. Bâtisses à face austère, murs lisses où le dogme se dépouille d'allégories inutiles. Autour de ces murailles, inlassablement fouettées par la bise, le protestant ne proteste plus. Il prie. Il médite sur le Livre des livres. Il interprète, seul avec son inspiration, la Bible de ses pères. Et puis, il travaille silencieusement son champ, évitant, s'il appartient aux sectes, son coreligionnaire catholique, impénétrable en ce cas, ténébreux, le regard creux. On dit le catholique plus rieur. On le dit aussi plus léger. Mais n'est-ce pas une image surfaite que celle du momien aux rides gonflées, allant sans mot dire, le faciès parcheminé, quand il rencontre un impur chrétien ? Il ne fréquentait pas les frères séparés et il excluait les impurs. Voilà ce qui est sûr chez ce frère sectaire. Ils sont la fine fleur de la secte. Mais la secte elle-même est multiple. Combien étaient-ils, disséminés des hautes terres du Vivarais à la plaine vallonnée de Tence, jusqu'au Chambon ? On ne sait. Ils étaient nombreux, très nombreux, répartis en darbystes, libristes, ravenistes, etc. Différents chacun dans leur foi, infimes par la masse, mais variés dans leurs croyances, ils pratiquaient, disent certains catholiques, une sorte de « momerie », d'où leur appellation de momiens, apparentée à celle des momiers, dans la Suisse romande. Alors, on se laisse dire que ce fidélisme, où venait, de temps à autre, souffler un apôtre de passage, il fait bon l'approcher. Il est à lui seul reposant et on se trouve aux sources directes. Il y a, en ces lieux, une mystique étrange que fortifie le silence. La sérénité du massif du Lysieux semble faire tomber partout son philtre de puissance ; il polarise une présence formidable et vaporeuse, cette présence biblique qui permit aux aînés des momiens de braver les dragons. Conscient de cette présence, on aime grimper vers le pays huguenot. Mais dans son ascension, vers cette montagne symbolique et sacrée, on doit buter à la fois sur de nombreuses collines inspirées et sur pas mal de taupinières. J'ai nommé les sectes réformistes. Pour y voir plus clair, il faut s'arrêter, en chemin, chez les darbystes en se réservant d'aller ensuite chez les exclusifs et autres frères séparés. Il faudrait aussi visiter les vrais « frères » des vraies Églises. Car les momiens n'ont pas d'églises. Ni églises ni pasteurs. Ils sont seuls avec leur conscience, fatalistes déjà exclusifs, « rejetant les bonnes œuvres et les regardant comme inutiles » pour le salut du chrétien, affirme un document des archives. Ils sont fermés, très fermés, presque inapprochables. Pour les faire parler, on doit parfois user de subterfuges. Au demeurant, ils sont éminemment sympathiques et sincères. Ce qui étonne, ce sont leurs façons, leur hermétisme prudent. Ils répondent bouche cousue, tels des dissidents. C'est à peine si, par monosyllabes, ils vous diront :

– Nous admettons le péché, le péché originel, oui, et la foi suffit sans les œuvres ; à quoi bon vous en dire plus ?

– Pour ici-bas, mais pour l'au-delà ?

– Pour l'au-delà, c'est Lui qui nous guide. Nous sommes prédestinés. Nous savons bien qu'ici-bas nous ne sommes pas libres !

– Vous croyez donc aux apparitions ?

– Oui, nous croyons aux apparitions et nous sommes des purs, des vrais protestants. Les autres, ils ne sont pas dans la Voie. Ce ne sont pas des frères.

Voilà ce qu'on peut entendre du côté des Brus et du hameau de Hugon. Le momien, quel paysan sublime dans sa foi silencieuse, mais quel type difficile à saisir dans sa piété rentrée, et quel personnage buté dans cette communauté étroitement close ! Du moins apparemment, pour nous qui sommes profanes.

Darbystes et momiens. L'avènement du darbysme dissident

Pour certains analystes, ces momiens sont, à proprement parler, des darbystes, subdivision des méthodistes anglais, dont le maître est Wesley. Qui donc présidait, à l'origine, à l'avènement de ce darbysme dissident ? Le nom nous en avertit : ce fut Darby, « un homme d'un talent fort ordinaire », indique une note des archives de la Haute-Loire. Les darbystes autrement nommés « groupements baptistes », c'était la dissidence en France. Elle bourgeonna surtout en Velay et Vivarais. C'était, au cœur du pays protestant, une hérésie des Églises institutionnelles. L'affaire était partie d'Angleterre. Elle avait ses racines en Irlande. Un dentiste de Dublin en fut l'initiateur, lui qui réunissait du monde chez lui, par des soirs sans lune, histoire de commenter la Bible. Son zèle proliféra. Tant et si bien que plusieurs pasteurs anglicans, pris d'une sainte émulation, s'en furent propager le mouvement biblique jusqu'à Plymouth et Bristol. Là-dessus, un certain Darby, ex-étudiant en droit, pasteur de surcroît, prit en main ce prosélytisme ardent, décidé à raviver la foi de ses concitoyens. Il reprochait à l'Église anglicane son manque de sérieux dans la « succession apostolique », voire son obédience à l'État. C'était l'époque où les côtes d'Angleterre voyaient passer des missionnaires fougueux. Les uns se disaient revivalistes, d'autres piétistes. Cette floraison de cultes anglicans submergea bientôt les rivages de la Belgique, sous le sigle de communautés placées en avant du « réveil » intellectualiste. La pensée libérale sautait des rives de la Grande-Bretagne à la Bretagne tout court. Belges et Wallons voyaient surgir sur le Continent ces flots refoulés des pentecôtistes, des méthodistes et des mennonites. Autant de racines déviées de la foi luthérienne ou calviniste. Son noyau atteignait la France. Darby n'était pas étranger à cette invasion spirituelle. A la base, un livre de son cru, intitulé *La Nature et l'unité de l'Église de Jésus-Christ,* opuscule dont on retiendra cette phrase : « Les Églises organisées ont trahi la pensée du Maître... seuls peuvent demeurer en Christ les Frères assemblés, en dehors de toute hiérarchie. » Voici dont le mot lâché. Pas de hiérarchie. Et pas d'Église établie. L'auteur était passé de la théorie aux actes. Il était venu prêcher à Plymouth sa doctrine révolutionnaire. La secte était créée. Les plymouthistes étaient nés. Pour être plus précis, observons que beaucoup qualifient Darby de « personnage hors du commun », contrairement à certains documentalistes de la Haute-Loire. Ruant dans les bancs d'un confessionnalisme étriqué, il s'était joint, dit-on, aux concélébrations collectives de la fraction du pain. Dans ce rite sans ministre, on procédait à l'intercommunion des fidèles. Indépendance coupable aux yeux des réguliers. Elle souleva des interdits. Darby, avocat de sa nature, sinon de son état, n'avait que faire de telles interdictions.. Au contraire elles furent son ressort. Le voilà cependant riche, mais déshérité par les siens. C'est à peine si un oncle l'appuie dans sa rébellion objectiviste. Le neveu avait embrassé le ministère anglican, au terme d'études mouvementées. En se mettant sur les rangs de l'Assemblée nouvelle des frères de Plymouth, Darby rompait avec ses pairs. C'était un contestataire du système classique protestant. C'était un renonciateur. Un renonciateur à quoi ? A l'Église, à l'Église cléricale. Si nul n'est prophète en son pays, personne n'y demeure vraiment missionnaire. Il faut faire voile ailleurs, vers des continents inexplorés. Telle était du moins la thèse discrète du partant. Il avait mis le cap sur la Suisse en faisant un périple par le sud de la France. C'était en 1845.

Quand le pape d'autres momiens arrive d'Irlande

Darby allait tout naturellement se laisser attirer par les hautes terres vivaroises et vellaves, où le protestantisme dessinait une bande à cheval sur la Cévenne. Notre prédicateur eut tôt fait de recruter des fidèles au Chambon, à Tence, au Mazet-Saint-Voy. Aujourd'hui, les descendants de ces premiers darbystes sont peu nombreux, mais ils comptent dix mille adhérents sur l'ensemble du territoire national. Allez donc à Pont-de-Mars, sur la lisière de la Haute-Loire et de l'Ardèche. Et parlez aux protestants des moumiens. Ils vous répondront à voix basse : « C'est ceux-là qui nous font du mal, les moumiens. » Quant aux catholiques de la périphérie, pour ceux de Recharinges, de Queyrières, d'Araules, et de Saint-Jeure, le momien, c'est un sobriquet imprécis, presque mystérieux... Ce terme n'a aucune signification péjorative, mais il crée la confusion. Puis il y a tout de même une sorte de méfiance instinctive à l'égard des momiens et une méfiance directe à l'égard des exclusifs. Ceux-là apparaissent vraiment, aux yeux des catholiques comme les adeptes bizarres d'une secte. Ces catholiques disent :

« Attention, les momiens vous soutiendront que la fin des temps est imminente. Ils vous parleront de la bataille entre le Christ et l'Antéchrist, une bataille proche, puisque, pour eux c'est bientôt le retour glorieux du Christ. Le Christ vaincra, il enlèvera ses élus dans les cieux. Ce règne ou plutôt cet interrègne ne durera que mille ans. Après quoi, ce sera le Jugement dernier. » Les momiens ajoutent, en ânonnant sur leur dogme, que le Seigneur reste la seule Autorité suprême. Il n'y a pas d'autre inspiration que l'esprit. Tous les frères sont égaux et responsables, quand ils sont réunis en assemblée. Cette assemblée refuse parfois la participation de tel ou tel à la Cène. Elle désigne quelquefois l'un des siens aux postes d'administration. Mais pas de pasteur et pas d'église. Chacun parle quand il est inspiré. Il commente la Bible devant les autres. Voilà leur foi. Quant aux exclusifs, on les confond souvent avec d'autres « purs ». Ils ont leur temple au Chambon. Pour le commun des mortels, le pape des momiens vint un jour de la chaude Irlande, mais il n'était pas buté comme les exclusifs. Eux refusent d'avancer d'un seul pas vers les frères ne partageant pas leurs idées. Leur fidéisme est entier, à l'emporte-pièce et sans compromission. Mais il est très difficile d'apprécier et de juger leur inconditionnalité. Quant aux darbystes, répandus en Auvergne il faut se contenter, historiquement, de mettre l'accent sur cette largeur d'esprit avec laquelle Darby prêchait en Suisse sa doctrine première. Il admettait les sympathisants, fussent-ils d'une Église différente. Pourtant, il en vint, lui aussi, aux intransigeances dogmatiques.

Le darbysme prend des tendances sectarisantes mais se maintient chrétien

A l'origine, cette secte venue d'Irlande, ce darbysme pur, avait un goût âpre de jansénisme protestant. Son courant vivace allait mordre dur sur les mouvements issus du fameux « réveil ». Dans son *Histoire du protestantisme,* Léonard nous situe ces sortes de groupes pieux constitués « en Irlande aux environs de 1825 ». Déjà l'une des pierres de touche du darbysme, c'était la théorie de la ruine et de l'apostasie de l'Église. Dieu utilise des moyens humains pour mouvoir son œuvre. Quand l'un de ces moyens échoue par infidélité, Dieu le change. Un îlot de croyants n'est pas l'Église. C'est une simple assemblée d'attente, une société de l'espoir. Voilà, en deux phrases, la doctrine. Est-elle corrosive et destructive ? Non, répondent les uns ; oui, affirment les autres. Elle opère son propre sabordage. Mais sans pénétrer dans ces théologies d'esthètes et sans aborder en profondeur cet anticléricalisme farouche, suivons Darby hors des rives irlandaises. Il est devenu exclusiviste à l'égard de Newton, son confrère de l'Assemblée des frères de Plymouth. Sa « nouvelle table » a été très vite excommuniée par l'Assemblée primitive de Plymouth, bien qu'approuvée par celle de Bristol. Pourtant cette Assemblée de Bristol, elle aussi, a vu tomber l'excommunication. Ses rangs se remplissent de fébriles adeptes. C'est l'aile brisée mais vaillante des « frères larges », aile volante du darbysme, par rapport aux stricts. Devant ce nouveau coup du sort, fuyant ces purs darbystes trop enrobés dans leur carapace austère, nous l'avons dit, Darby avait franchi la Manche. Quand il s'éteignit, en 1882, loin des tempêtes doctrinales, son mouvement avait une immense ampleur. Certes, il était encore segmenté en un petit nombre de sectes. Mais le biblicisme de Darby avait fait tache d'huile sur la carte des Cévennes. Il est aujourd'hui en Auvergne la piété personnelle du maître, sa faculté de savoir catalyser les collectivités autonomes, sans les astreindre à former des églises, voilà qui lui donnait l'envergure d'un apôtre. Cet apostolat atteignit ainsi les hauteurs du Vivarais et du Velay. Darby, on doit l'observer, appartenait à la classe aristocratique d'Irlande. Il était simple mais inflexible. Sa doctrine relève de celle de saint Paul. Elle fut à ses yeux « le rassemblement des croyants ». Dans une lettre postée de Plymouth, le 2 mai 1841, Darby faisait allusion à l'invasion cévenole darbyste :

« Je les ai tous vus, mes frères de l'Ardèche. Je me rappelle, chez eux, mes courses dans la montagne... »

« Les frères », voilà un terme consacré. Le Dr Rossier, écrivain darbyste, insistera sur le purisme du terme. Dans une missive du 11 avril 1861, datée de Saint-Agrève, Dentant, le disciple darbyste écrivait :

« Cette dénomination de darbystes qu'on nous donne, depuis quelque temps, nous ne l'acceptons que comme les protestants acceptent le terme de huguenots.

« De même qu'en certains lieux on cherche à flétir les chrétiens par l'appellation de momiers (ou momiens). M. Darby est sans doute un frère respectable... mais nous sommes loin de le considérer comme notre maître. Car notre Maître, c'est Jésus et Lui seul... il ne faut pas s'imaginer que, parmi nous, tous aient les opinions de Darby et qu'il soit notre chef spirituel. Notre principe d'admission est de recevoir quiconque est né de Dieu sans avoir égard à ses opinions... le terme de darbyste n'est donc pas celui qui nous convient. C'est celui de " frères " qui convient. » On parvient à classifier tant bien que mal ces frères en trois sectes :

— Les frères larges ou amis de la division. Ils sont mille environ.

— Les frères de Plymouth n° 4, englobant ravenistes et exclusifs ou darbystes de Bronac. Ils seraient au nombre de six cents.

— Le reste de la secte est une dissidence des premiers. Leurs contours sont imprécis, leur nombre variable selon qu'ils s'intègrent ou pas.

Quelques-uns sont objecteurs de conscience. L'égalité de la femme n'est pas reconnue en général. Leurs cérémonies sont animées par l'Esprit-Saint et ils enterrent leurs morts dans leurs jardins. On leur attribue deux journaux, *La Bonne Nouvelle* et *La Parole d'édification mutuelle*. L'absence de pasteur les fait se réunir sous l'autorité du Saint-Esprit. Certains méconnaissent l'utilité des bonnes œuvres, d'autres les éprouvent comme superflues. Quant aux exclusifs, nous allons le voir, pas de journaux, pas de radio et des mœurs très fermées. Mais comment le darbysme avait-il atteint le Velay ? Par le Vivarais et par l'arête des Cévennes, jusqu'aux approches de la chaîne du Meygal. Dès 1836, les plymouthistes s'étaient signalés en Ardèche. Cinq ans plus tard, en 1841, un disciple de Darby, Elie Meylan, avait lancé depuis Saint-Agrève l'Assemblée des frères. Ce missionnaire était, comme Darby, un galvanisateur. Darby lui-même, poussé par les vents contraires d'Irlande et de Plymouth, se trouvait frappé d'exclusivisme ; il s'installait en 1845 sur le haut cévenol. De 1860 à 1880, dans les paroisses hautes, des Assemblées de frères proliférèrent. Dévoré d'un zèle apostolique étonnant, Darby apportait la dissidence à Mars, à Pont-de-Mars, au Chambon, au Mazet. En 1843, visitant l'Ardèche, il montait jusqu'à l'église libre du Riou avec Elie Meylan. Résistance d'un nommé Dantan, qui finit par céder au torrent que ne gelaient pas les rudes hivers aux longues veillées. Mais dans ces veillées, on parlait d'un autre pasteur de la montagne, Mathieu Monnier. Celui-ci signalait, dès 1864, « les idées darbystes, cet esprit de dénigrement, disait-il, cet esprit de critique du troupeau... ». Rien n'y fit, les plymouthistes, ces riverains de la marée noire, venue de Plymouth, étaient irrésistibles. Ils commencèrent par être deux cents. On les voyait fréquenter Le Riou, ce village tassé, d'où émergeait une sorte de chapelle rebelle. Là, sous le toit de phonolithes, ils écoutaient Dantan leur prédicateur fougueux. Cela se faisait un peu en cachette. C'était une scission à l'intérieur du consistoire de l'Église réformée. Alors, comme il arrive contre des gens qui font division, il y eut des plaintes. L'Église officielle protestante avait protesté. Elle avait porté sa requête contre ces « momeries », c'est-à-dire contre ces manies religieuses clandestines. Le sous-préfet d'Yssingeaux enregistra la dénonciation, mais avec une certaine prudence. Il devait proposer au préfet de « ne pas en tenir compte, au nom de la liberté de conscience et des cultes ». Mais le préfet, dans un rapport au ministre, rendait compte, en glissant toutefois sur la question. Les esprits contempteurs ou les érudits, amateurs de rapports secrets, pourront consulter ces dossiers aux archives départementales de la Haute-Loire, aux dates du 5 décembre 1833 et du 3 août 1841. Mais voici de l'histoire proche... Un Américain, ressortissant new-yorkais, fondait, vers 1958, en Angleterre, la secte des exclusifs. Il s'appelait James Taylor. On le surnomma bientôt « Big Jim ». C'est de lui dont on dit, en montrant timidement sa photographie : « Voici le pape des momiens ! » Big Jim n'est point le pape des momiens. Mais il est le père, le fondateur de la « secte des purs ». Et c'est comme tel qu'il faut tenter de camper son étrange personnage.

Au pays des exclusifs

Voici quelques années, l'ambassade des États-Unis s'inquiétait des agissements de cet apôtre de haut rang, allant çà et là sur le plateau vellave. Était-ce un shérif, un gangster, un ministre ?

Non, c'était plus simplement un riche commerçant. Il avait quitté sa boutique de New York pour fonder, en Grande-Bretagne, une secte bizarre. Ce n'était pas la première fois que cet énigmatique gentleman se montrait au Mazet. Près du village de Bronac, sous les rochers fantomatiques du Lysieux, il avait rassemblé ses « frères exclusifs ». Plus de deux cents voitures, parquées au bord des chemins et dans la prairie. D'où venaient-elles ? De l'autre côté de la Manche, de Suisse, du Rhône, de la Drôme, de l'Isère, de la Loire, de l'Ardèche, de la Haute-Loire, etc.

Une certaine police, à nouveau, levait les yeux du côté de Lysieux. Elle envoya ses inspecteurs. Par la suite, M. Mandeville, chef de cabinet du préfet de la Haute-Loire, s'intéressa à ces mystérieuses rencontres. Mais avant d'entrer dans leur pénombre, définissons les frères exclusifs. Leur vraie dénomination : « Exclusive Brethren ». Lieu de leur fondation : Plymouth, tout comme les darbystes. Leur chef : Big Jim, le fameux commerçant recherché par les polices anglaise et française. Il exigeait de ses fidèles qu'ils se « retranchent du monde », progressivement, lentement, mais inexorablement.

Comment cela ?

En supprimant télévision, radio et journaux. C'était donc là cette secte antisociale, ce défi à notre civilisation du XXe siècle, un retour au Moyen Age ? Un tel jugement serait un peu simpliste. Le qualificatif d'antisocial paraît trop accusateur. Pourtant les frères exclusifs de Taylor n'ont pas droit au tabac. Ils doivent prendre leurs repas à la maison et seulement à la maison. Pas de politique, c'est interdit. Pas de vie civique, c'est contraire aux lois de la secte. Interdiction de voter et d'assister aux réunions publiques. A cet égard, un inspecteur de police déclarait :

« Ces gens-là nous ont intéressés et nous intéressent toujours au moment des élections. Ils sont d'irréductibles absentionnistes (35 % environ), tout comme ils se défilent parfois devant le service militaire. Au moment de la guerre d'Algérie, nous avons dû intervenir. Finalement, ils se sont exécutés... » Refus du restaurant et des hôtels, fuite des cérémonies collectives. Pas d'université, pas de clubs, pas d'assistance aux enterrements. Décidément, n'en voilà-t-il pas assez pour se faire targuer d'intolérance ?

– Nous ne sommes pas des intolérants, répliquent les frères du sieur Taylor, nous sommes des exclusifs.

– Oui, c'est vrai, disent-ils encore, nous avons mission de vivre seulement entre nous. Il nous est interdit de parler à tel paysan qui n'est pas de notre secte. Il nous est interdit de boire au café du coin ou de prendre un verre avec les étrangers à notre secte. Entre nous et les autres, tout est réglementé, même les rapports sexuels (ils doivent se limiter, au plus, aux rapports hebdomadaires), si l'un de nos frères purs est marié avec une femme devenue impure elle est frappée d'exclusion. Enfin, nous n'avons pas le loisir de consulter un médecin ». Interdit, interdit, voilà un mot qui revient souvent dans la bouche. Certes, c'est un mot bien français. Mais les Français ont l'habitude chronique d'enfreindre malicieusement tout ce qui est défendu. Sauf, là-haut, chez les « purs ». Est-ce un fanatisme dévot, un puritanisme persécuteur ou bien un prosélytisme exalté ?

Rigorisme biblique et doctrine de saint Paul

Telle est, procédant de saint Paul, la doctrine de M. Taylor, cet Anglo-Saxon venu semer en Velay, selon certains, son intransigeance étriquée de yankee. Déjà, nous l'avons dit, l'Angleterre avait connu son « purisme ». Les Britanniques le jugèrent « scandaleux ».

L'affaire avait fait grand bruit. Du haut de la tribune des Communes, un député avait alerté l'opinion britannique :

« L'honorable représentant de la Justice de Sa Majesté devrait faire toute la lumière sur les agissements hautement blâmables de Big Jim Taylor, et sur sa secte des purs », s'était écrié le député, en feuilletant une revue. Cette revue, un illustré de presse, montrait la photo d'un Anglais pleurant à chaudes larmes, à la sortie d'une assemblée des frères. L'homme venait d'être exclu. Il suppliait silencieusement son épouse et ses deux enfants. L'air glacial, indifférents, les deux enfants et la mère promenaient un regard de mépris sur le père de famille coupable d'être exclu. « Ce n'est pas possible, s'écria le député du haut de la tribune, ce n'est pas possible de voir ça au moment où nous allons sur la Lune. » Puis le député referma le journal avec une moue d'indignation. Le lendemain, un raz de marée monta contre les vingt mille adeptes de la secte. Le ministre de la Justice ne put rentrer son émotion et l'un de ses magistrats déclara : « Taylor est un être antisocial. » Mais lui, Taylor, que déclarait-il, pendant ce temps ?

Eh bien, le plus tranquillement du monde, il déclarait ce que saint Paul disait aux Corinthiens : « Frères, ne vous unissez pas avec des incroyants. » Mais il y a loin de la foi de saint Paul à celle des exclusifs, quand elle entre dans les faits. Prenez le cas de ces locataires expulsés parce qu'ils sont impurs aux yeux d'un propriétaire « exclusif ». On a eu le cas de chefs d'entreprise congédiant leurs ouvriers au nom de cet exclusivisme. Combien et combien de mariages ont vu leurs liens brisés, parce que l'une des parties découvrait que son futur conjoint était un impur. Il faudrait aller dans les archives des hôpitaux psychiatriques pour y découvrir des cas de folie dus au sectarisme brutal de la doctrine tayloriste. On découvre de tels cas sur le plateau mais, au fur et à mesure, on admire ces incroyables exclusifs que certains qualifient trop vite d'illuminés. La responsable des excès et de la démesure, sur le plan social, ce serait avant tout, semble-t-il, Big Jim, le pape des exclusifs. L'ambassade des États-Unis en France l'accusa sans façon. Depuis, les allées et venues de Big Jim sont demeurées secrètes. Son nom continue, là-haut, sa colonisation mystique, et son squelette errant maintiendra, au-delà du séjour des morts, cette emprise terrible qui ceinture la montagne de Lysieux. Par cette emprise s'exalteront longtemps des légendes et des vérités sacrées. Allez derrière cette montagne de Lysieux, allez aux alentours de Tence et du Chambon, demandez, à voix basse aux enfants des purs :

— Pourquoi dans cette école mangez-vous à part ?

— Parce que mes copains d'en face sont impurs !

Voici quelques années, les parents d'élèves d'une école firent prévenir l'inspecteur d'Académie d'avoir à respecter cette distinction sur les bancs d'école.

— Voyez cette jeune fille, m'a confié un protestant, c'est elle qui a exclu toute sa famille, c'est elle qui a condamné à mort son père et sa mère, ses frères et ses sœurs.

Partout la rigueur momienne appelle à cette résistance magnifiante. Un paysan a refusé de payer l'assurance scolaire parce que ses enfants sont assurés « pour la vie éternelle ». Au prochain Noël ils feront les cachottiers, camouflant les friandises dans leur cartable. Pourquoi ? Parce que c'est de la gourmandise de manger des bonbons, à la vue de tout le monde, c'est une impureté parmi les impuretés. Fumer, c'est aussi de la perversion. Tolérer les images, les dessins, les figurations, c'est adorer une puissance maligne. Alors on voit des gosses gratter leurs images de plumier. Toute cette doctrine relève d'une intransigeance jugée aveugle par certains, par d'autres sublime. Une confusion encore à ne pas faire. Les purs ne se réunissent pas aux Brus et il ne faut pas les assimiler ainsi aux darbystes. La mollesse des chrétiens de la plaine doit-elle être comparée à ce brûlant fidéisme du plateau momien ? En tout cas, quel style respectable, quelles traditions dans cet éblouissant décor, aux lisières de l'Auvergne. Ici, d'autres sectes voisinent, en pleine époque atomique, et leur Bible se fiche du progrès nucléaire. Quelle intensité spirituelle ! Quel feu intérieur chez ces darbystes, mais également chez ces libristes et ces ravenistes. Les libristes disent :

– Nous sommes de l'Église libre. Nous avons notre pasteur. Il vient dire l'office pour une vingtaine de familles.

– Nous avons nos prédicateurs, affirment les ravenistes. Le premier de nos pasteurs, c'était Raven...

Encore une consonnance anglo-saxonne.

Les ravenistes ont plus d'ombre à leur tableau que les darbystes. Les frères darbystes, sur le fond, sont plus proches du catholicisme que du protestantisme. Ils sont, de très loin, les plus nombreux en France, environ quinze à vingt mille. Les ravenistes sont presque inexistants, depuis leur adhésion au dénommé Taylor. Leurs missionnaires sont laïcs. Ils prêchent à cent familles du plateau. Chez eux, aussi, pas de journaux, pas de radio. Cherchez sur leurs toits des antennes de télévision, vous n'en trouverez pas un soupçon. Comment distinguer entre tous ces darbystes et ces libristes, entre ces « istes » ? C'est chez eux, sur le chemin d'un sectarisme en jachère, que Big Jim recruta, voici plus de vingt ans, ses meilleurs adeptes. En 1958, des missionnaires décidés débarquèrent ici, venant d'Angleterre. Gravissant d'un pas vif les coteaux du Mazet, ils s'infiltrèrent en tapinois dans les fermes des ravenistes. Leur prêche sous la cape dura des mois. Quand ils s'en furent, le feutre recourbé, ils avaient, entre les feuillets de leur Bible, une liste noire, celle de leurs futurs adeptes. Quelque temps après, ce recrutement d'exclusifs éclatait au grand jour, sur les vertes prairies de la ferme de Bronac. Il y a eu, dans une maison, toute une sarabande. On dit qu'ils se sont condamnés les uns les autres, à voix basse. Comme dans un tribunal secret.

Le tribunal des proscrits. Le ministère

La maison de ce tribunal collectif est au bord de la départementale 47. Les frères se parlent dans le creux de la main pour se confier le nom des impurs.

– Frère, il faudra rompre avec Untel sous huitaine. De ce jour il est exclu.

L'exclu, ce peut être un grand-père proscrit par sa fille ; ce peut être quelque voisin ne répondant plus à l'exigence spirituelle biblique.

Big Jim exigea de ses purs qu'ils cessent de manger à la table des impurs. Encore une forme d'exclusion. On rencontrait naguère, sur le plateau, de vieux Gaulois condamnés à rompre le pain de leur solitude à l'écurie. Au diable cinquante années de labeur si par malheur le doigt de la secte les avait désignés à la vindicte. Ils finissaient leur soupe et leur soir de vie, isolés, excommuniés, dans un réduit de pénitence. Il avait suffi de cette petite phrase prononcée par le clan, à la sortie d'un colloque secret : « Tu n'es plus digne d'approcher de la Sainte-Cène. » Ou encore : « Tu n'es plus digne de manger à la table des fidèles. » Phrase sans appel que venait consacrer Big Jim Taylor, le visiteur des ténèbres, à l'occasion de ses voyages impromptus. Dès l'instant où cette phrase est prononcée, les anciens frères boudent l'exclu. Finies les poignées de main. On est devant un mort en sursis. Le cas du paysan de La Miou est connu. Lâché par les siens, relaps, cerné de honte et de désespoir, ce pestiféré était devenu un exclu fantomatique. Les frères le conspuèrent silencieusement entre Le Riou et Le Mazet. Seul le regard attendri de ses bêtes lui donnait encore un instinct de solidarité des êtres asservis. A quels drames terribles de conscience et du cœur, à quels rêves impossibles l'intolérance conduira-t-elle demain les êtres pris dans un tel engrenage ? L'ordre dramatique de cesser toute entraide, n'est-ce pas pour un agriculteur serviable le cauchemar insupportable ? C'est ainsi, c'est le tribunal des purs. On vous passe à tabac spirituellement. Si vous prétendez refuser leurs décisions inciviles, même si vous faites appel à la Bible, ils vous répliquent par cette sentence du ministère : « Va-t'en ! Désormais tu es mort pour les purs ! »

L'alternance entre la mort et la vie, entre la lettre et l'esprit

Les purs ne se marient qu'entre eux. Mais on a vu des fiancés refuser de s'arracher à la dernière étreinte, celle de l'ultime séparation décidée par un « délibéré de la secte ». En pleurant, ils ont voulu rester enlacés pour un avenir plus libre. Bien entendu, ils ont été frappés par le geste réprobateur du consistoire cagoulard, au fond de la colline. Cinquante pour cent environ échapperont à cet envoûtement chez les ravenistes. Le reste vit intensément dans son isolement lugubre. Ce noyau de purs coagulera de plus en plus durement ses adeptes. Les exclus, de leur côté, se regroupent. On les retrouve du côté de La Varenne. Ainsi deux clans voient grossir leurs rangs, tandis qu'à l'automne se fanent les fleurs. L'hiver remplira leurs rancœurs réciproques, près de l'âtre flamboyant. D'un côté comme de l'autre, le Saint-Esprit, omniprésent, hérissera leur conscience ou l'apaisera. Par le fenestrou, le Lysieux projette la gueule terrifiante de ses rochers. Sur la table, une boisson forte, par exemple, une liqueur, « la goutte » du pays, seule chose permise par la secte, consolera ces exclusifs, ermites farouches de leur terre biblique. Car la Bible, paraît-il, permet certains alcools tonifiants. Mais la culture se meurt. L'agriculture est abandonnée. Cette terre des hauts plateaux, depuis quelques années, les exclusifs semblent donc la déserter. Pure apparence. En fait, des ordres partis d'Angleterre ont prescrit le repli sur les cités. A chaque vacance, le pays est envahi par les propriétaires des maisons de campagne. La plupart sont membres de la secte. Parmi eux, des fonctionnaires et beaucoup d'enseignants. Ainsi on ne fait plus le vide au pays des momiens. C'est le principe des vases communicants. Des bâtiments surgissent, çà et là, ressemblant non à des temples mais à des garages. A Fay-sur-Lignon, à Tence, à Saint-Agrève, au Chambon-sur-Lignon, ils affichent cette inscription frappante :

« Si le Seigneur le veut, la parole de Dieu sera prêchée le jour du Seigneur, dimanche à 15 heures. » Le local des exclusifs du Chambon, bâti en quinze jours, sur la route du Mazet, se campe à l'entrée de la ville. C'est un exemple de l'ardeur mystique des frères. Ici, frères et sœurs firent la chaîne, se passant les pierres et les madriers, sous le chant des hymnes, tandis que les gosses ravitaillaient les gosiers de bière et de pain. A Saint-Étienne, un autre bâtiment prouve que chez les purs on a de l'argent. Il vient de l'étranger. Du moins on le dit. Tel membre de la secte n'assure-t-il pas régulièrement des liaisons par avion avec la blanche Albion ? Rompant notre propos avec un pasteur protestant, nous avions assisté, un 19 août 1969, à une réunion sur le plateau des Brus, chez les darbystes. Je sentis alors mon appartenance catholique imprégnée d'un parfum et d'un encens nouveaux. Nous avions parlé de la férocité des dragons sous le roi catholique. Mais ces souvenirs, consignés par les patriarches du pays, s'effritaient sur nos bouches comme le mal s'effrite à tous les vents. Nous étions des chrétiens retrouvés et seulement cela. Le village m'apparut d'abord plongé dans une opaque sérénité. Mais brusquement, sous le soleil d'août, je vis luire un millier de voitures impeccablement rangées. Au centre de ce parking, une impressionnante bâtisse de béton. Pas de signe religieux, pas de croix ni de symbole. Une dame gardait le parking. Je m'informai : « Est-ce un temple protestant ? » Réponse négative. Et puis cet aveu presque ascétique : « Les frères darbystes sont réunis à l'intérieur. Vous pouvez entrer... » Très vite repéré, j'ai pu assister sans ennui à la réunion qui m'a le plus impressionné de ma vie. Je n'oublierai jamais ces commentaires inspirés, cette foi chantée, ce mysticisme frémissant. Des cantiques puissamment enlevés, merveilleusement modulés. Mon épouse, quant à elle, rapportait de tout cela un sentiment d'effroi. En quittant cette assistance hautement spiritualisée, je me suis promis la discrétion de convenance. Je l'honore entièrement par égard pour les frères des Brus. J'ai seulement pris des clichés à la sortie des fidèles comme j'ai pris en chemin des clichés des tombes parsemant les champs protestants, car les frères ont choisi leur tombe sur la prairie fleurie. Respectons leur choix au coin du pré, comme aux lisières des bois. Respectons de même leur sectarisme, si sectarisme il y a, car c'est leur foi. Ce respect s'adresse aux sectes, à toutes les sectes du plateau. Il m'a semblé entendre là-haut comme une complainte, une complainte qui me restituait, un instant, la fresque vivante des martyrs huguenots. Leurs squelettes blanchis disaient adieu à leurs amis d'aujourd'hui, comme à ceux d'autrefois, sur la chaîne des galères :

Au revoir chers amis de la montagne,
Adieu chers amis du pays bas...
Notre corps tombe mais notre foi ne cède pas.

En effet, cette foi magnétisée n'a pas cédé. Elle n'a fait que se multiplier. Fût-elle polarisée ou sectarisée, elle habite les sommets du Velay. Elle demeure, là-haut, le rempart des âmes. Près des chaumes déserts et sous les basaltes noirs, cette foi reste la perle des montagnes. Mais elle tentera longtemps les aventuriers de l'esprit, dussent-ils venir des rivages d'Irlande, comme John Darby, ou de l'océan des Amériques, comme Big Jim Taylor. Elle tentera les émissions de télévision. Ce qui fait dire aux momiens : « Ne crains point ! Tu sais où tu vas et, toi seul, tu sais d'où tu viens ! »

Magiciens et confréries

Après les exclus les reclus. L'Auvergne a eu ses reclus de haute Auvergne. Volontairement cloîtrés à vie, adoptant le régime cellulaire, ces fils du Moyen Age rompaient tout contact avec le monde. Un fenestrou donnait le jour à une pièce minuscule dont la porte était murée. Par là passait la nourriture. Aurillac, Pont-du-Château, Saint-Flour, Mauriac, Brioude, etc., eurent leur « recluserie », avec chapelle. Au siècle dernier, « à l'orée du village, écrit Pierre Besson[1], la vieille recluse, dans sa misérable cabane crépie de bouse de vache, était assise sur le billot de hêtre qui lui servait de chaise, égrenant son chapelet, la tête branlante sur son cou grêle ». L'Auvergnat portait beaucoup d'honneur à ces êtres cloîtrés, à face parcheminée, sur laquelle se lisait le destin. Ils étaient les tabous tutélaires de la montagne. Mais il y avait aussi les prophètes à petit pied, tel saint Barcari. En juillet 1901, du côté de Saint-Romain-Lachalm, ce jeune homme de vingt-quatre ans « s'est avisé de faire le sorcier, écrit le curé Defour, et même le prophète et le thaumaturge, chez son oncle B. dans la paroisse de Marlhes. Il a attiré près de lui jusqu'à trois cents personnes par jour qui venaient de Saint-Étienne, Montbrison, Lyon, Valence, Avignon ». Mais ayant prédit du mal à un voiturier infortuné, on s'aperçut d'un coup monté avec ce dernier. L'Auvergne croit pourtant facilement à ces hallucinés. L'ermite du mont Denise, Michée, le Petit Bon Dieu (Digonnet), ont également défrayé la chronique. Ce dernier promettait des places au ciel, en fonction de l'obole versée. Ce personnage eut une grande notoriété en Forez et Velay. Le folklore mystique de l'Auvergne a ses associations du Gonfalon, confrérie aux racines lointaines. Elle a, comme en Velay, ses pénitents blancs et noirs que l'on voit arpenter le pavé des processions au Puy, à Saugues. La confrérie était à Marsac, à Vic-sur-Cère, à Chaudes-Aigues, etc. Leurs chapelles ruinées s'encombraient de piques, de croix et d'emblèmes appelés « mystères », objets hétéroclites de la Passion du Christ. Le falot du soleil et de la lune, d'énormes lanternes, compo-

1. *Un pâtre du Cantal,* Éd. Delagrave, 1936, p. 64 et 65.

saient cet attirail mystico-magique. L'on faisait à Vassivière une procession de reliques. A Saugues et au Puy la procession des pénitents revient chaque jeudi saint, émouvant cortège nocturne de cagoules ameutant les populations du Velay et du Gévaudan. Il y a aussi les « enfarinés de la petite Église », schismatiques du Rouergue et du Cantal, ayant refusé le Concordat. Sectateurs aux longs cheveux, poudrés à la farine, ils comptaient cinq membres en 1911 sur le nid d'aigle rocheux de la Bécarie. Revêtus d'un manteau noir, les femmes en capuchon, ils procédaient eux-mêmes à l'inhumation de leurs morts, crucifix en tête du cortège et lanterne à l'arrière, troupe de l'ombre cagoularde, vouée chaque jour à la méditation. Béates ou filles de village, « châles hauts » du Puy, ou « angéliques » de la haute ville, avec leur pièce de laine courte sur l'épaule ; menettes du Cantal, datant des jésuites, ou filles dévotes de Sainte-Agnès, bref moinettes ou bigotes portant l'ancienne visière, qui voilait leurs yeux au monde, autant de variétés de congrégations. Le Velay avait sa confrérie des « cornards », rue Chamarlenc, où l'on voit encore deux mascarons portant cette inscription « Vois le cornar rian » et « Ah ! que les cornes vont bien sur un front comme le mien ». Issue des guerres de religion, cette société burlesque tenait ses assises à Saint-Germain-Laprade, près d'un arbre, l'arbre des cornards, sous la présidence d'un grand maître. Réminiscence lointaine de Cernunnos, le dieu celtique cornu criant dans la prairie, pour appeler ses fidèles aux « mystères ». On revient ici à l'Auvergne des sorciers, loin des siècles de fer.

Phénomènes contemporains

Nous ne ferons pas de retour en arrière sur les puys, rendez-vous de la sorcellerie auvergnate, ni sur des types semblables à celui de Jeanne Revergeade. Nous sauterons la mère Brenette et le grand Pegant, tous les dracs et lutins, pour entrer dans le val de la hantise, au moulin de Perbet. Encore de nos jours, dans l'âtre craquant, autour des veillées, chaque brasier apporte son feu ardent de contes vrais. Des légendes viennent tisonner sous la casserole d'un vin chaud. Alors crépitent les souvenirs enfouis par la cendre. Après avoir festoyé, ou même après avoir prié, l'homme a besoin de libérer son besoin du fantastique. Ainsi, au fond des ravins de l'Auvergne et du Velay, l'attisoir remue de vieux récits, la bûche jette sa flambée. Mais de ces braises et de ces fumerons sorciers, quelle vérité retenir et que nous apporte donc la magie des flammes ?

Dans pareil scintillement, où se complaît la sensibilité des collectivités humaines, quelle est donc la part du réel et du mythe, la frange du visible et de l'invisible ? Pour répondre à la question il faut aller vers les gorges de l'Aubépin, au moulin qui, depuis les temps des fées, répète ses mystères. C'est ainsi qu'on l'appelle encore le moulin du Mystère ! Niché au fond des gorges de l'Aubépin, le moulin fameux du Perbet défraya jadis la chronique spiritiste internationale, quand en 1900 *L'Écho du Merveilleux* ou *La Libre Parole* passionnaient l'opinion. Tour à tour Gaston Méry et Gabriel Delanne dans *La Revue spirite* signalèrent au monde son tic-tac étrange, à l'ombre des sortilèges de la rivière des fées. Si vous montez à Saint-Front, par-delà Laussonne, vous trouverez, sur les bords escarpés de votre route, une faille profonde d'où s'élèvent de hautes silhouettes de rochers. Ce sont les « pierres longues » signalant au ciel le moulin démoniaque. Leurs blocs granitiques donnent au val de l'Aubépin une grandeur sauvage. Un peu de mysticisme, voire de poésie noire, vous envahit soudain, quand vous apprenez l'histoire de l'Aubépin. C'est celle d'un tas de pierres écroulé, l'histoire des écluses mortes au pied des roches longues. Roches longues des fades et lutins qui ont légué à l'époque 1900 et à nos temps présents leur fantasmagorie bruyante. Cette histoire, à la fois délicieuse et sinistre, avait rempli naguère les colonnes de *L'Express* de Liège et celles du *Messager* de Liège. *Le Soir,* de Bruxelles, et la Société de recherches psychiques de Londres en firent grand cas. Des gens d'Écosse firent le voyage du moulin hanté. Nous l'avons fait souvent pour entendre, là-haut, ses témoins survivants.

En Velay, de Laussonne à Saint-Front, le val de la hantise...

C'est dans ces parages que les fantômes semblent avoir fait élection. Dans cette vallée des femmes possédées, tout paraît témoigner de la survivance des êtres après leur mort : les roches dénudées, les crevasses de la rivière, les abîmes de la montagne. Ici les vents sifflent lugubrement. Ils descendent en tourbillon vers un moulin envahi par les arbustes et visité par les chauves-souris. Ces volatiles aux ailes membraneuses passent et repassent dans une sorte de va-et-vient sacré. Il plane en cet endroit comme un éther de la surconscience humaine. Les eaux arrivent dans le bief, telle une chevauchée d'âmes singulières. La maison du meunier étale sa carcasse sous un ciel féroce. Terrible désolation. Imaginez-vous une maison isolée de toute autre habitation ! Ruines solitaires ! Misérable moulin et bien pauvre masure !... Et pourtant ce moulin fut à cette époque la cible de tous les regards. Des scènes fantastiques s'y déroulaient au bruit sourd de ses meules déchaînées. Les reporters de presse se précipitèrent alors dans la vallée. Quatre journalistes de *L'Avenir* fouillèrent le val sombre en quête de sensations et de témoins. Ce n'est pas un ou deux témoins qui s'offrirent aux collaborateurs du journal ou à son rédacteur en chef, mais deux cents !...

Tous disaient à peu près ceci : « Là-bas on fait de la "physique" ! C'est ce qu'on vous dira encore à Laussonne sur ce ton : oui, monsieur, parfaitement, de la physique ! des histoires de " trêve " en somme ! Des esprits frappeurs ! » Les plus savants vous exposeront que les phénomènes surnaturels rendirent ici les meubles animés et les femmes possédées. En fait les frimas de l'an 1902 virent bel et bien éclore dans ce creux fabuleux les plus extraordinaires diableries ! Elles duraient depuis un an. Le meunier Étienne Joubert en était blanc de terreur et sa femme vivait dans les affres de l'épouvante. Les feuilles spirites internationales fouillèrent le problème. Le 6 décembre 1902, un journal lançait ainsi la nouvelle : « La semaine dernière, pendant trois jours consécutifs, ces phénomènes se sont reproduits. Leur caractère, leur intensité, ont jeté l'émoi dans les localités environnantes. » Ces faits insolites avaient été rapportés par Jean-Claude Gérentes, conseiller municipal de Saint-Front. Jean Masson et Pierre Sahuc corroboraient son témoignage. Prenons, à titre d'exemple saillant, la journée du 27 novembre, sur le coup de 3 heures du soir. Nos trois hommes revenaient du marché de Laussonne, se dirigeant vers Bournac. Ils avaient pris la direction de Bournac à vol d'oiseau, par-dessus la crevasse de l'Aubépin. Les voici devant le moulin d'Étienne Joubert, au bout de la descente. De chez le meunier monte comme une immense plainte saccadée de cris d'effroi, entrecoupée de pleurs ! Ces lamentations semblent sortir des fenêtres ou de la cheminée. La porte est close. Moment d'intolérable émotion ! Ils domptent leur peur et franchissent la passerelle. En face d'eux, l'écluse fait se mirer la demeure étrange où le mystère a élu domicile. Ils prennent leur courage à deux mains. Leurs sabots martèlent déjà la pierre du seuil, quand Marie Boyer, femme en secondes noces du meunier, ouvre les portes en hurlant à la mort : au secours, au secours ! Nos hommes pénétrèrent dans la cuisine. Il y régnait un sabbat infernal ! Les meubles se renversaient dans un vacarme étourdissant. D'un bout à l'autre de l'appartement, tables et pétrins, armoires et fourneaux se déplaçaient comme transportés par des bras invisibles. Les ustensiles allaient et venaient, balancés lentement, rompant leur équilibre ou volant en éclats. Une main de l'ombre lançait dans la cuisine des cailloux brûlants. Bref, dans cette valse échevelée, les enfants eux-mêmes se trouvaient bousculés. On les vit projetés au sol sans mal apparent et pourtant avec une telle violence... A l'écurie contiguë, même tohu-bohu commandé par l'au-delà, les vaches beuglant sous des couvertures et des draps. Quelle mystérieuse main les avait couvertes de ces bâches nouvelles, quelle force maléfique les faisait se débattre ? Chacun s'interrogeait. Les femmes se signaient, les hommes se regardaient, médusés de terreur. Pourtant l'un d'eux, Masson, dompta la peur qui l'étreignait.

– Qu'est-ce que tout cela signifie ? articula-t-il, devant la femme Joubert, dont le mari était absent.

– C'est la Marie Exbrayat, la première épouse de mon mari ! Elle est décédée voici huit ans. Et maintenant elle manifeste sa présence par des lettres ! Elle en a déposé une là, sur cette table, pas plus tard qu'hier ! On n'en a pas tenu compte ! Alors elle s'est montrée de sa personne à ma fille de quatorze ans. Aussi vrai que ces meubles diaboliques ! C'est sa vengeance ! Elle s'est « plainte » de la mauvaise volonté qu'on a mise à exécuter ses dernières volontés !

Pendant ces explications les bestiaux hurlaient toujours à fendre l'âme. Les enfants continuaient à se rouler au sol, criant : « Quelqu'un nous pousse, maman, quelqu'un nous pousse ! »

Alors Jean Masson voulut en avoir le cœur net. Saisissant la plus grande des filles à bras-le-corps, il tâcha de la tenir. Vainement ! Elle était « tirée fortement, par une force invisible ». Bien pire, Masson vit l'un des sabots de la petite arraché violemment puis lancé contre les vitres de la fenêtre. Un carreau fut brisé. En même temps une pierre énorme partait de l'extérieur, percutait l'autre carreau et venait rouler aux pieds de Jean Masson. Notre brave voulut s'en emparer. Elle était brûlante.

Maintenant la soirée de ce jeudi fatidique avançait. Témoins impuissants de pareils phénomènes, les trois paysans s'apprêtaient à remonter vers Bournac, sur les bords escarpés de la vallée.

– Restez, fit la meunière, ne me laissez pas seule !

Ils stationnèrent dans la cour. Mais au loin apparut la silhouette du meunier. Prestement ils s'esquivèrent en disant à la femme : « Ton mari arrive, tu n'es plus seule ! »

Mais le mari, cette nuit-là, dut une nouvelle fois déserter son moulin, terrifié par cet envoûtement maléfique. Quand donc viendrait-on exorciser ces démons du jour et de la nuit ? Une ombre noire dans son écluse semblait lui répondre avec l'horloge à poids : Jamais ! Jamais ! Et cette réponse, scandée par le balancier, on l'entendait, on semblait l'entendre dans toute la vallée !

Un autre jour l'une des filles déclara devant les enquêteurs réunis au moulin : « J'aperçus face à la porte un homme qui me regardait fixement. Je me dis : c'est quelqu'un de Bournac ! Puis je ne reconnus pas cet homme pour être d'un quelconque village. Il était d'une taille extraordinaire, avec des moustaches et une barbe rouges ! Cet homme bizarre me regarda dans les yeux, pendant cinq minutes. Tant et si fort que je pris peur ! Et je me mis à crier ! Effarouchée, je m'enfuis, laissant tomber le grain des poules. Cependant, je voulus rentrer à la cuisine. J'ouvris la porte. Alors l'homme rouge me dit : " Ma petite, n'ayez pas peur ! " En même temps, il me posait la main sur l'épaule gauche. Alors j'entrai seule et le laissai dehors ! Quand ma grand-tante fut revenue de la grange, je lui racontai ma frayeur. Je lui dis : " J'ai vu un homme qui ressemblait au diable. Il était rouge et débraillé : il portait un sac de toile sur le côté ! " »

Ici se terminait l'interrogatoire du maire. Il venait de révéler l'existence du « géant à barbe rouge » dont allait s'emparer la presse et la rumeur. Cette rumeur évoquait, par la bouche de François Souveton, la vision d'un mendiant « porteur de besace, mendiant à la barbe rouge de la plus haute taille qui soit ». Souveton avait eu à son service la petite Marie durant quatre mois. Elle était sa bergère sur la route des Pandraux à Fay-le-Frois. Près d'elle Souveton avait aperçu « l'homme rouge » assis sur le bord de la chaussée. Était-ce le même étrange personnage ? Était-ce un sosie ? L'affaire intriguait les esprits.

Un médium à barbe rouge

« La chose s'était passée voici quatre ans et pendant trois ans, la petite Marie ne fut nullement incommodée de sa rencontre avec cet homme rouge qu'elle avait même oublié. Cependant deux dignitaires de la commune, investis de fonctions publiques, affirmaient que c'était « le diable à barbe rouge qui avait jeté le sort aux fillettes ». Mais voici que *L'Écho du Merveilleux*, feuille spiritiste, prenait position, par l'organe de son directeur, M. Gaston Méry.

« Il est établi, de la façon la plus parfaite, que les phénomènes surprenants du moulin de Perbet étaient liés à la présence de certains êtres à complexion spécialement désignés sous le nom de médiums. »

Et le théoricien de magie d'invoquer une première preuve : la disparition totale des manifestations, dès que les deux médiums, Marie et Philomène, purent être éloignées du moulin. Deuxième preuve avancée : ces bizarreries s'étaient répétées à l'endroit où l'on avait déplacé les deux filles. Il aurait été bien osé de prétendre qu'elles aient pu « être les auteurs inconscients de phénomènes si compliqués et d'une étrangeté si particulière ! »

Comment donc une meule de moulin, se mouvant toute seule, ou des pierres brûlantes, se projetant à l'envers des lois de la balistique, auraient-elles pu être le seul fait d'un seul agent commun : les deux enfants du meunier de Perbet ? Derrière eux, les techniciens du spiritisme percevaient « une intervention, une volonté étrangères, ayant agi sur les médiums ».

Bref, tout le monde, dans les sphères de la haute voyance, convenait du fait médiumnique. Seule divergence divisant les contempteurs : cette volonté étrangère était-elle véritablement humaine, extra-humaine ou diabolique ?

— Au diable vos analyses d'échoppe, s'écriait une bonne fraction de l'opinion, et puis à quoi donc rimait ce fait médiumnique, amalgame de mythes obscurs et verbeux ?

— Cela rime fort bien, rétorquait le maître de *L'Écho du Merveilleux*. Le fait médiumnique trouve sa définition très simple dans trois éléments : d'abord le guide qui est la substance du fait, ensuite l'image créée dans le cerveau du médium. On appelle cela « forme du fait ». Enfin la volonté qui agit sur ces deux entités, modèle la première sur la seconde et réalise le fait médiumnique.

Considérations de savantasses ou nuances pleines de quintessence, ces dissécations superspiritistes tournaient autour de l'homme rouge. Il s'était approché de la petite Marie et « l'avait touchée ». C'était là une mise en œuvre de fluides émanés d'êtres vivants. N'était-ce pas ce qu'on observait ailleurs, en Velay, près des maisons hantées, où le fluide humain avait fait des siennes ? Ce fluide, nous parviendrons un jour à le capter, comme une simple modalité de l'énergie universelle, clamait l'école de Gaston Méry.

Et pour appuyer leurs thèses et leurs hypothèses sur le supraphysique humain, nos adeptes sortaient le truc des pointes soutirantes. Soutirantes du fluide, du fluide magique ! Ils excipaient de l'hypothèse suivante : si on avait enfoncé des broches à pointe dans les endroits où le mystère de Perbet se complaisait, l'homme rouge aurait été écorché à distance. Théories de la poupée ensanglantée chez les sauvages, évoquées sur nos écrans de cinéma !

L'Écho du Merveilleux et les spiritistes britanniques proclamaient d'ailleurs que les phénomènes du moulin de Perbet avaient pris corps dès le passage de l'homme rouge. Avant, rien ! Depuis l'heure et le jour où cet homme de l'au-delà avait posé son regard sur l'enfant, l'hypnose s'était mise en marche implacablement, inexorablement ! Cinq minutes d'intensité de cet œil noir de l'homme rouge avaient suffi pour tourmenter la vallée de l'Aubépin !

Certains se disposaient à frapper dans les coins et recoins de la chaumière, en cas de supercherie. Hélas ! trois ou quatre nuits de veille permirent seulement de constater que les fillettes subissaient toujours leurs transes mystérieuses. Mais de diable ou d'homme rouge, point ! Et pas davantage d'imposteur ou de charlatan ! Cependant la journée du 25 décembre eut un surlendemain terrible ! En proie aux crises les plus violentes, de 5 heures du matin à 8 heures, et sans désemparer, les enfants du meunier ne tenaient plus en place. Les yeux fixes et révulsés, elles semblaient avoir devant elles une vision extrahumaine ou supralointaine, dans ce royaume des ténèbres du moulin maudit. Quand leur œil blanc s'était assez perdu, au sein de cet abîme obscur, elles retombaient dans un état de torpeur subit, harassées, fourbues et pantelantes. Puis l'obsession repassait dans leurs yeux vitreux et les petites diablesses se mettaient à saisir tout ce qui se trouvait à leur portée, malgré la vigilance des veilleurs. Ils réussirent, au cours de ces accès de rage, à prendre par le bout un de ces clous à grosse tête qu'on accrochait aux cheminées. La pointe fut arrachée d'un seul coup. Alors, un de ces montagnards costauds voulut s'y essayer, en tachant de faire venir d'autres pointes du même genre. En vain ! « D'une seule main ces pointes n'oscillèrent pas d'un brin. » Comble d'ironie, les pierres fameuses « venues d'on ne sait où », frappaient au visage une femme qui riait ! Et ce caillou qu'on voulut ramasser se révéla brûlant, comme un pavé de l'enfer !

Dans la neige, les pas d'une présence extrahumaine

Pierre Pestre et Régis Cortial, de Saint-Front, n'en croyaient pas leurs yeux ! Mais il fallut bien se rendre à d'autres matérialisations de cette présence extrahumaine. Par exemple, dans la nuit du 28 au 29, une légère couche de neige apporta le signe de l'au-delà. Les susnommés virent là, devant leurs moustaches, dans la cour du moulin, des pas, des pas d'homme égrenés sur un sentier qui partait vers le coteau. Et ces pas, chevauchés par d'autres pas, au gré d'un marcheur invisible, disparaissaient soudain « faisant place à un bruit qu'on aurait cru produit par un troupeau de moutons sur une route ! » Oui, c'était un pas feutré, mais roulant et grelant, à la manière d'une cavalcade de brebis se précipitant devant un chien méchant. Dès lors, comme si l'homme invisible avait déjà pénétré dans la maison hantée, on entendit quelqu'un se promener, au-dessus, dans les chambres du moulin ! Le plancher, mal ajusté, vibrait. « Quoique tout le monde fût assis à l'intérieur, ça marchait toujours au-dessus du plafond, avec une tendance marquée à se rapprocher de l'une des fenêtres. »

Quand ce visiteur incorporel s'en fut allé, par la fenêtre on scruta la neige. Aucune trace de pas désormais, plus rien ! François Souveton, le plus proche voisin, « aguerri » par tant d'étrangetés, semblait d'airain. Il se disposait à fouler cette neige où la semelle mystérieuse avait marqué son empreinte fugitive ; il allait partir, quand une main invisible se posa sur son bras ! Que n'avait-il cru la petite Philomène une seconde plus tard ! Elle venait de l'avertir : « Attention, la main, la main ! »

Et la main invisible, « la main qui étreint » avait pincé un de ces mortels, comme pour dire : « Messieurs, je suis là, telle une main de bronze pesante et présente, semblant dire : gardez-vous d'être incrédules ! »

Incrédule, on le fut de moins en moins ! La nuit du 30 décembre apportait sa part de preuves. Souveton et Jacques Gérentes, de Bournac, en firent l'expérience. Ce soir-là, une suchère (sorte de râtelier où l'on place des bûches pour les sécher) remua, tel ce rocher mythologique de Sisyphe où le héros des Anciens repoussait son destin ! Et de cette suchère en tempête partit une bûche qui vint frapper à la tête le père Joubert. Le meunier était pourtant « assez éloigné », mais « quelqu'un d'invisible » avait transporté la bûche, comme pour en frapper Joubert ! Pauvre Joubert, livré durant dix jours, du 1er au 10 janvier, aux caprices du visiteur nocturne ! Tout à coup « de l'écurie partaient des raves prenant sa direction, venant le blesser au visage ». Sa meunerie était devenue un lieu d'enfer ; les lampes s'y éteignaient, les bougies s'y voyaient soufflées ! Voulait-il frotter une allumette ? les lampes « disparaissaient et après d'actives recherches, on les trouvait dans une cruche d'eau ! »

Le jour de l'an, au moulin de Perbet, avait été une journée horrible. Le ciel, zébré de rafales et d'éclaircies, dessinait les augures d'une mauvaise année. Par la fenêtre, les pierres longues des fées surgissaient à l'horizon, coiffées de givre et de malédiction.

Les gens de Bournac, en 1980, parlent encore du premier de l'an maudit.

Et l'énigme demeure parmi eux comme en 1902.

Les témoignages de Jean Masson, de Pierre Sahuc, de Jean-Claude Gérentes, d'un conseiller municipal de Bournac et du curé de Laussonne pouvaient-ils apporter une conclusion à ces énigmes, une certitude pour leur véracité ?

Le curé de Laussonne avait déclaré qu'il « ne voulait plus s'occuper de cette affaire ».

– Ça ne me regarde pas ! Ce n'est pas ma paroisse, après tout c'est de la paroisse de Saint-Front ! Mais, j'en conviens, je ne peux donner d'explication à tout cela !

Supercherie macabre, invention d'un meunier désireux de déconsidérer sa maison, de façon qu'aucun créancier n'ait souci de l'acheter ? Non, car il faudrait alors admettre *de plano*, la complicité des quarante témoins officiellement entendus, la connivence de toute la famille Joubert, l'exercice extrêmement sagace des enfants pour apprendre leur leçon de répétition ; et puis ces transes du meunier, où les aurait-il apprises ? Le pauvre diable n'avait rien d'un érudit en sorcellerie, ni d'un spécialiste amateur des phénomènes psychiques. Enfin l'hallucination peut-elle s'emparer collectivement de deux groupes de paysans aussi solides, aussi d'aplomb que ceux de Saint-Front ? Certes, dans les veillées on parlait souvent de revenants, on y croyait même fortement. Mais de là à « prendre pour diableries le ululement du vent », il y a tout un monde !

La maladie hallucinatoire n'atteint pas d'un seul coup trois passants. Rappelez-vous ces trois paysans qu'on appela au secours devant le moulin. Ils avaient vu les enfants se rouler au sol. Ils n'avaient pu leur porter secours. Une puissance indicible entraînait ces enfants hors de leur portée, hors de leur puissance. L'hallucination ne peut s'emparer non plus d'un curé sérieux au milieu de ses prières, tandis qu'il exorcise. Elle ne peut s'emparer de tout le monde à la fois, sans qu'aucune contradiction puisse aller à l'encontre du témoignage général. Mais quelle conclusion apporter à ces phénomènes, après avoir manié un instant la clef des songes ? Où donc se situent les frontières entre la science de magie et la science du paranormal ? Cette lueur étrange, surgie dans le coin de l'âtre vellave, peut-elle commander le phénomène permanent et fléchir notre logique ? Malgré cette logique, ces récits exercent sur nous leur pouvoir de fascination. Les spirites affirment que les défunts viennent se manifester dans les maisons hantées. Pour eux, l'homme répond à trois éléments : le corps, l'esprit et le périsprit. Le corps se désagrège après la mort, rejoignant le monde matériel. L'esprit ne meurt pas. Il est le siège de l'intelligence, de la conscience et de la volonté. Quant au périsprit, c'est le corps spirituel. Son organisme fluidique est composé d'une matière quintessenciée qui survit à la mort du corps. C'est l'enveloppe du corps et l'instrument de l'esprit. Quand le périsprit d'une morte se trouve inquiet, comme celui de la femme Joubert, il se manifeste dans les maisons hantées. Voulez-vous le calmer, il vous suffit de l'interroger, sur un ton apaisant. Pour d'autres spécialistes, le périsprit n'intervient pas forcément dans ces cas de hantise. Il s'agit alors d'un simple cas de télépathie du défunt, par l'intermédiaire d'un médium, comme le médium à barbe rouge de la vallée de l'Aubépin. Il existe d'autres thèses dans le monde des occultistes.

Sourions-en, mais n'en sourions pas trop ! Compte tenu de la fascination des choses secrètes et mis à part le charlatanisme des fausses hantises, le domaine de l'exploration humaine s'étend chaque jour dans cette psychologie des profondeurs. Au siècle de l'atome et de la conquête des astres, une pensée intemporelle marche de concert avec la pensée scientifique. L'ère de la psychanalyse précède d'autres découvertes, aux portes de l'inconnu. L'avenir de la parapsychologie se pénombre à l'horizon de l'âge thermonucléaire. Dans l'univers de la voyance, dans celui de la divination et de la sorcellerie, dans celui des guérisseurs, dans celui des hypnotiseurs, des magnétiseurs et des médiums, dans le royaume du fakirisme, de la chiromancie et de la radiesthésie, dans celui des fluides et des pouvoirs de toutes sortes, la magie surgit, éternelle et constante. Avec elle surgit, pour l'Auvergnat, le besoin du merveilleux, mais aussi la passionnante découverte de son destin. Devant ce destin qui semble s'accomplir par la mort, l'homme a le cœur serré. C'est pourquoi il écoute en silence les récits d'outre-tombe. C'est pourquoi l'histoire des maisons hantées lui coupe le souffle, à moins qu'elle ne le fasse sourire. Qu'importe, si dans une relation comme celle-ci, au creux du Velay, il a pu saisir un léger brin de l'énigme qui l'obsède.

Qu'importe, puisque la mort, guide suprême de la vie, dont elle est l'ouverture, nous attend pour nous arracher le voile.

En attendant, aux confins de la science et de la foi, un charme s'exhale, sous les étoiles d'Auvergne, comme un parfum éternel, celui du conte éblouissant de la vie, dans sa réalité sulfureuse. C'est lui qui fonde l'avenir avec ses ombres et ses lumières. C'est lui qui éclaire les monts et les vallées enlégendés de l'Auvergne et du Velay.

Du mal de Pascal au chien noir de Pontgibaud

Quittant ces étranges visions de la vallée de l'Aubépin, nous pourrions retrouver, en Auvergne, d'autres lieux hantés où l'au-delà chantait sa lugubre romance. Nous pourrions voir, çà et là, des pierres zébrer le ciel, ouvrir les portes de l'enfer, au fond des volcans ombreux, bordés de soleil, sur les versants des cratères, où passe une transhumance paradisiaque. Nous verrions le « harpon du diable » sortir des jasseries et des burons. C'est toute l'Auvergne sorcière d'Henri Pourrat qui surgirait, avec « le mal de Pascal ». Ce mal persiste et le « chien noir de Pontgibaud » passe toujours furtivement dans les imaginations populaires. Ici le souvenir des Imbert, ces charpentiers, dont le père, brûlé vif vers 1470, fut un « fachinei » ou sorcier. Son fils, à qui on fit un procès, déclara qu'un chien noir l'avait abordé : « N'aie crainte, je suis Allonze qui protège ton père ! Va dans le cimetière de Volvic, avant le lever du soleil, tu y trouveras des ossements. » Le fils s'y rendit, mit le feu au squelette et avec la cendre empoisonna deux personnes. Le chien noir l'avait muni d'un bâton dont il frappait les gens de rencontre. Un géant lui apparut, lui offrit un grand cierge noir, à la lueur duquel il fit le tour des gens présents.

– Qu'on se souvienne du chef gaulois qui, en signe de son union à César, fait le tour de son tribunal, dit-il.

Manière ancienne des Celtes de se vouer aux dieux. C'était le rite pour admettre le jeune homme. Ce dernier, ayant avoué au tribunal, se vit perdu. Il se jeta la tête contre les murs de sa geôle. On eut beau l'enchaîner, il se saigna avec les pailles de sa paillasse. La tradition reproche encore ce suicide forcé à M. de La Fayette. Mais nous arrivons par ce chemin aux illuminations et aux illuminés, aux francs-maçons, les francs-maçons souvent invisibles et toujours présents. L'invisible nous environne. Cette proclamation de l'évangéliste saint Jean garde toute son actualité. Aux détours des chemins secrets de l'Auvergne et du Velay, derrière les barrières, se cache l'aventure mystique. Mystique, divine ou diabolique... qu'importe ! La voie ésotérique s'ouvre, large, inexplorée. Les innombrables frères la jalonnent. Mais la franc-maçonnerie, qu'est-ce donc ? Un cénacle défraîchi de vieilles réunions poussiéreuses, dans le traquenard des ombres ? Ou bien les aides nobles du grand architecte de l'Univers ?

2.

Les illuminés et les francs-maçons

Quelques jalons historiques

Pour certains, les francs-maçons procèdent plus ou moins de l'ésotérisme christique des temps initiatiques. Il faut dire un mot de leurs premiers maîtres et notamment du comte de Clermont, prince de Bourbon. C'est en qualité de Bourbon et non par son comté que ce prélat se rattache à l'Auvergne. L'un de ses parents, Charles Ier, avait, dit Michaud, « de vastes domaines qui comprenaient l'Auvergne, le Forez, etc. ». Bouillet, dans son *Armorial*, note également : « Bien que cette race n'appartienne pas directement à l'Auvergne, elle y a eu des possessions si nombreuses que nous nous croyons devoir lui consacrer une notice. » Notre notice sera d'ordre ésotérique. Grand maître, depuis 1743, ce comte de Clermont est cousin de Louis XV qui l'avait désigné comme généralissime. Il échoua. On le vit devenir père abbé de Saint-Germain-des-Prés. C'était la crosse. Vint le maillet avec la franc-maçonnerie. Affilié à la franc-maçonnerie écossaise dont il fut également élu grand maître, le 11 décembre 1746, il pensait que son ordre prolongeait le christianisme primitif. Il trouvait injuste l'interdit du pape. Les francs-maçons n'étaient-ils pas victimes, à l'instar des compagnons bâtisseurs de cathédrales, de condamnations imméritées ? Cet évêque, prince de Condé, possesseur de plusieurs abbayes et à la tête de la grande maîtrise des loges, c'est tout le paradoxe du monde religieux et franc-maçonnique de cette époque. Le comte de Clermont avait trois besants ronds au blason de son abbaye, en souvenir des exploits bénédictins aux croisades. C'était la marque des trois points qu'on retrouvait sous la crosse abbatiale, et maintenant les trois points des frères maçons. Trinité du dogme, trinité des trois degrés hermétiques, analogie avec les trois mages et les trois lumières, tout cela exprimait, pour le comte de Clermont, purification, illumination, réintégration. « Louis de Bourbon, comte de Clermont, grand maître et protecteur de toutes les loges » se voyait « à l'orient d'un lieu très éclairé où règnent la paix, le silence et la concorde (*lux et tenebris*, lumière et ténèbres), etc. ».

Il y eut aussi le chapitre de Clermont, créé par le chevalier de Bonneville, situé au collège des jésuites, et sympathique au fameux Dom Pernety. Atteint de la goutte, le comte de Clermont se verra limogé par les frères. Il perdra la crosse monastique et le maillet. Mais un prélat le remplacera, le cardinal de La Roche-Aymon, surnommé « la vieille éminence ». Il appartenait à une famille originaire du pays de Combrailles, en Auvergne, famille très répandue dans le Limousin. Campés ces premiers instaurateurs, passons à l'« événementiel » des loges, en retenant au passage le messianisme politique du franc-maçon La Fayette. Tour à tour émancipateur de l'Amérique, démolisseur de bastilles et protecteur du trône, ce suiveur de révolutions balançait entre les instincts contradictoires que relevait l'idéal maçonnique.

Le messianisme maçonnique de La Fayette

La maçonnerie, empire trouble, manigance dans le silence de ses temples. Elle travaille au progrès indéfini de l'humanité, souvent en élaborant des intrigues politiques par des manœuvres cachées. Werther Gueiffier Talairat, en Auvergne brivadoise, est l'exemple même du baron opportuniste glissant dans les coulisses des sous-préfectures. L'Auvergne envoie à Dunkerque un chef militaire de province né à Aurillac le 18 novembre 1763. Il est membre du tribunal des Grands Inspecteurs de Saint-Louis, des Amis réunis, de l'Orient de Calais. Laurent Borne, un vénérable de 1822, est nommé sous-préfet, etc. Grâce à son influence, la franc-maçonnerie place ses adeptes partout. Le 13 septembre 1821, il est vrai, le pape Pie VII vient de condamner les sociétés secrètes. Il a voulu juguler le carbonarisme révolutionnaire qui s'insinue dans les loges et jusque dans les confréries de pénitents. « Les Chevaliers de la Liberté, écrit M. Gautheron, donnèrent au pouvoir des inquiétudes justifiées par les événements. La Fayette, républicain impénitent, les favorisait, car il comptait sur eux pour établir un nouveau régime... et dès les premières années du règne de Louis XVIII on vit se produire, d'une façon sporadique, une certaine agitation politique dans la jeunesse et dans l'armée[1]. » Aussi la police politique prend-elle en chasse les sociétés secrètes. En vain, « la plupart des loges devinrent de véritables groupes d'opposition. En 1824, La Fayette et Manuel, leurs porte-parole au Parlement, devenaient de plus en plus agressifs et ce mouvement devait aboutir à la révolution de 1830[2]. » Les loges d'Auvergne supprimées ou suspendues renaissent de leurs cendres. Telle La Parfaite Union du Puy, dissoute en 1814. Paul Maigne salue ainsi son retour dans un discours inaugural :

« Il nous est enfin permis de relever ce temple de la fraternité, de nous presser dans cet asile, d'en relever l'antre... les coups du sort ne sauraient nous détruire. Les successeurs de Lamech sont impérissables, comme la raison universelle, dont ils sont les disciples. »

L'orateur fait ensuite remonter la maçonnerie à l'académie d'Alexandrie « d'où les croisés la rapportent et la répandent avec le catholicisme ». Parfois les loges d'Auvergne procèdent à quelque épuration. On expulse le sous-préfet Borne, tandis que La Fayette, voyageur de l'ombre, entreprend une tournée de province après les élections de 1828. Franc-maçon de la loge du Contrat social, mais fêté officiellement comme héros de l'indépendance américaine, ce prince des girouettes est un symbole, un drapeau. Arrivé à Brioude le 30 juillet, il y est reçu par le frère franc-maçon Jean-Baptiste Grenier et par un banquet des frères ; on fête « le héros auvergnat de 89 ». Il est salué par le frère Salveton du Chapitre de Vesta. Le 31 juillet 1829, les deux Lafayette pénètrent à la loge de Saint-Julien. On lit sur son registre : « Aujourd'hui 31ᵉ jour du cinquième mois de l'an de la vraie lumière 5829 et de l'ère vulgaire, le 31 juillet 1829, la loge, régulièrement convoquée et fraternellement réunie sous le point géométrique connu des seuls vrais maçons, dans un lieu très éclairé, très fort, très régulier, où règnent la paix, le silence et l'équité, à midi plein ; les très chers frères Talairat éclairant l'Orient, les très chers frères Vital Borel et des Gardes, éclairant l'Occident, il a été donné lecture de la planche tracée des derniers travaux... Un bruit irrégulier s'étant fait entendre à la porte du parvis, le frère expert est venu annoncer que deux frères visiteurs demandaient l'entrée du temple. Le vénérable a envoyé aussitôt auprès d'eux le frère maître des cérémonies pour s'informer de

1. *Les Loges maçonniques dans la Haute-Loire,* Imprimerie Paul Michel, 1937.

2. *Ibid.*

leurs noms, s'assurer s'ils étaient maçons... Le frère maître des cérémonies, de retour, a annoncé que les frères visiteurs qui demandaient l'entrée du temple étaient le très révérend frère Du Mottier de La Fayette, général et député, né à Chavaniac et l'autre le très révérend frère Georges Gilbert Washington La Fayette, son fils... Le vénérable leur a aussitôt envoyé, pour les recevoir, cinq frères armés du glaive et d'une étoile, précédés du maître des cérémonies et ordonné que les portes du temple leur fussent ouvertes. Ils ont été introduits sous la voûte d'acier, maillet battant, et conduits jusqu'à l'Orient, où ils ont pris place à gauche et à droite du trône. »

Ajoutons que La Fayette père avait figuré dans sa jeunesse au sein de la loge de Mesmer (L'Harmonie universelle), aux côtés de Noailles, Choiseul-Gouffier, Puységur, Montesquieu, Cabanis, Berthollet, etc.

Cet adepte auvergnat de Mesmer croyait à la théorie du magnétisme animal et à l'influence des corps célestes sur les corps animés. Un fluide subtil remplissait l'univers et servait d'intermédiaire. On sait que le gouvernement avait proposé à Mesmer de lui acheter le secret de ses expériences, pour une rente annuelle de vingt mille livres. Fidèle à la pensée de Mesmer, La Fayette pensait que la planète obéissait à une direction bonne ou mauvaise. Les individus devaient être ramenés sur la bonne voie par les « enfants de lumière ». Ce messianisme, La Fayette le met en pratique comme héros de la liberté. Il guettait sans cesse, ce sont ses propres mots, « un complot contre les libertés publiques [1] ». Pour lui l'institution maçonnique était le bien des hommes et le bien des peuples. Lors de la révolution de 1830, la loge de Saint-Julien de Brioude, le 21 septembre, salue ainsi le marquis :

« La seconde lumière porte la santé du général La Fayette... La lettre de La Fayette est considérée comme un monument humain, par ses expressions et ses sentiments généreux. L'orateur a demandé que cette lettre fût encadrée et placée à la droite du trône. »

Les sociétés secrètes et l'Auvergne révolutionnaire

On voit bien, par ces rituels, que la franc-maçonnerie auvergnate s'inspirait d'une certaine initiation religieuse. Les confréries

1. *Les Loges maçonniques de Haute-Loire,* « Discours au Puy-en-Velais », p. 94.

de pénitents, si répandues en Auvergne, contribuaient à faciliter ce goût maçonnique de l'occulte et des ombres. La secte des capuchons et tant d'autres corporations secrètes servaient plus ou moins de modèles aux « flammaçons » auvergnats. Puissantes, leurs loges s'étaient secrètement réformées, sous la Révolution, envers et contre les sociétés populaires. En 1796, elles pullulent, ourdissant leur toile avec d'anciens roses-croix. On avait attendu la fin de la crise, c'est-à-dire la fermeture des sociétés populaires. Julien Léonard Croze de Montbrizet et Jean Croze Montbrizet d'Auvergnat, roses-croix, continuèrent au sein de la loge de Saint-Julien à narguer le pouvoir révolutionnaire. Ulysse Rouchon qualifie cette loge de « matrice de toutes les loges d'Auvergne [1] ». Une particularité : cette loge de Saint-Julien de Brioude fut une des premières à s'enrichir de nobles dames, telles que Mmes de Montchal, de Bressolles, de Bouillé, de Chardon des Roys, etc. « L'an de lumière 5764 » on trouve la société de Saint-Amable de Riom. La loge de Saint-Geneys de Thiers se donne le sieur Gaultier de Blanzat comme vénérable. Citons la Société montagnarde, la Parfaite Union de Thiers, la Société des amis de la Constitution, la Société épicurienne, où se croisent bénédictins, comtes-chanoines, francs-maçons purs, conspirateurs, révolutionnaires, roses-croix, pendant la Révolution et l'Empire. Il y a la loge de Saint-Joseph-Napoléon qui se met sous la protection des saints du ciel et des puissants de la terre. Il y a Les Amis éprouvés, La Franche Amitié et La Parfaite Harmonie de Clermont, etc. Dans tout cela un vague déisme, une philanthropie assez mal définie et le pacifisme de l'abbé de Saint-Pierre. L'Auvergne, qui eut ses fameux révolutionnaires, tels que Romme et Couthon, avait eu parmi eux beaucoup de francs-maçons. On trouva chez ce dernier, à sa mort, le marteau qui lui servit à porter « le coup sur la commune affranchie », avec des attributs maçonniques. Mais il y avait aussi une « Vierge et son enfant à l'ivoire ». A la tête de dix mille hommes, ce personnage légendaire, frappé de paralysie aux jambes, força les murs de Lyon révolté. Il lui fit expier, dans un bain de sang, le meurtre de Chalier. Puis il fit apposer sur une colonne, élevée au milieu des ruines, cette inscription : « Lyon fit la guerre. Lyon n'est plus. » « Je voulais donc arriver au trône, moi ? » répondit-il à ses accusateurs, en leur montrant ses membres paralysés. On porta ce cul-de-jatte à l'échafaud, le 10 thermidor. Ce natif d'Orcet, qui voulait raser la cathédrale de Clermont et qui ameuta les volontaires auvergnats contre

1. *Ibid.*

Lyon la rebelle, au son du tocsin, fut cependant bien plus doux que le hideux Carrier, originaire de Yolet, près d'Aurillac. Couthon tempérait ses ardeurs contre les tyrans par son humanitarisme des « chaumières ». Carrier fut le pourvoyeur implacable de la guillotine, sans distinction de classe. « Nous ferons un cimetière de la France, plutôt que de ne pas la régénérer comme nous l'entendons », disait diaboliquement Carrier. Louis Blanc a parlé de sa « frénésie ». Cet Auvergnat, qui parlait de jeter à la mer la moitié de la ville de Lorient, est célèbre pour ses noyades de Nantes. L'histoire l'accuse d'avoir ordonné « les mariages républicains », supplice consistant à lier ensemble un jeune homme et une jeune fille qu'on précipitait dans les flots. « Quel torrent révolutionnaire que la Loire ! », écrira-t-il, le 20 frimaire an 11, à la Convention. L'auteur des « baignades verticales », sur bateaux à soupape, coulés au fond de la Loire, était un furieux franc-maçon. Le couperet attendait ce proconsul inhumain. En vain, déclara-t-il au tribunal révolutionnaire : « Si je suis criminel vous l'êtes également. Tout est coupable ici jusqu'à la sonnette du président ! » Romme et Soubrany, révolutionnaires du même type, se voyant condamnés, se plongeront eux-mêmes le couteau dans la poitrine. Sous l'Empire on trouve de hauts fonctionnaires auvergnats dans les loges, notamment un préfet. La Parfaite Sincérité du Puy, le 3 mai 1803, « désirant élever un nouveau temple à la gloire du grand architecte de l'univers », se réunit « sous le point géométrique connu des seuls vrais frères, à midi plein, à l'Orient du Puy ». Perrot est nommé vénérable. Giraud et Rival surveillants, Genestet orateur, Enjolras secrétaire, Bonnet trésorier, Grenier expert, etc. La plupart sont militaires, notaires ou négociants. Parmi eux, Pierre François, prieur, camarade du caporal Bernadotte, devenu général. On peut conclure que la franc-maçonnerie inaugurait avec la Révolution une civilisation nouvelle. Elle avait patiemment élaboré sa doctrine révolutionnaire. Nous retrouvons son rôle actif chez les conventionnels d'Auvergne et chez ses obscurs coryphées. Mais on trouve aussi, parmi les frères des loges, les vrais illuminés, puisant leur mystique dans le creuset des réminiscences initiatiques.

De quelques loges et maçons

A Aurillac trônait, dans la loge La Libre Pensée, le frère Ame, trente-troisième degré, vénérable architecte du département. Un département voisin, l'Aveyron, envoyait à La Parfaite Union Boubal, Rhodézien de la rue Saint-Just, tandis que chez les proches élus de Saint-Étienne, le F. Julien, vénérable du trente-troisième degré, côtoyait son confrère Guinard, de la rue de la Loire.

La Haute-Loire auvergnate, en plus des deux La Fayette, comptait en 1832 des recrues notoires. Mallet, Eugène et Jean-Baptiste, notaires à Brioude, Gannat Julien, exploitant des mines, Roumilhac, de Lamothe, Bastide, Héraud, pharmacien. Un certain Salveton, délégué de La Parfaite Union de Clermont-Ferrand, était venu rendre visite à la loge de Saint-Julien-de-Brioude. Son collègue, Veysseyre, imprimeur à Clermont, relevait de la loge Saint-Amable de Riom. Avec le maréchal des logis de gendarmerie Dumoulin, d'Yssingeaux, ils formaient un clan politique. Leur conspiration, c'était l'installation d'un gouvernement provisoire avec La Fayette et le célèbre publiciste Armand Carrel.

Mais, disait une chanson d'Auvergne : « Salveton, jeune homme plein de raison, fut conduit en prison. » Le gouvernement de Louis-Philippe en fit un procureur général. Ancien avocat de la cour de Riom, il devint député pour finir à nouveau bâtonnier à Riom. Destinées aventureuses que celles de ces frères du Grand-Orient de Brioude. Un Talairat, un Antoine Rabany étaient des éminences. Ce dernier fut docteur ès lettres à la Bibliothèque du Roi, puis professeur d'histoire à l'École centrale de Clermont. Enseignant dans la Creuse, à Guéret, le voilà chef d'institution à Evaux. Quant à Gueyffier, il dissertait sur « le droit divin ». On ne peut, comme Scipion Besqueut, lieutenant de gendarmerie, passer sans cesse de la maréchaussée aux Frères éprouvés et des Frères éprouvés à la maréchaussée. Aussi bien certains frères, tels Gladel, Chevans, Lamothe et Mathie se payaient-ils des fantaisies. Conséquence, la loge de Saint-Julien-de-Brioude s'éteignit. On ne vous dira pas ici si elle s'est de nos temps rallumée. Une simple anecdote pourtant : voici quelques années, un avoué franc-maçon faisant le trajet entre Brioude et Le Puy, passait pour faire retentir de sonores « nom de Dieu » sur la route de La Chomette dont il ne voulait point qu'elle conduisît au ciel. Au bout de la montée se trouvait le petit oratoire de La Chomette devant lequel cet avoué déjectait ses blasphèmes. Certain jour, le destin se fâcha. La voiture de l'homme de loi vint s'écraser devant la chapelle de Notre-Dame-des-Grâces. Sous le voile des filles dévotes et sous la cornette des dernières religieuses, la chose se conte à voix basse avec ces apartés secrets qui confèrent le mystère. Cette route du Puy nous conduit à la loge de la Parfaite Union. Elle se réunissait rue des Fargues, au Puy. Ici les « jacobins » étaient deux cents. Du Dr Francus (*alias* Mazon), au sieur Xavier Rome, en passant par Claude Robert et Parrel, orfèvre rue Pannessac, la liste était longue. Y figuraient les Bruyère, les Chevalier, les Exbrayat, les Vallat. Vinrent les batailles politiques suscitées par la franc-maçonnerie, aux temps héroïques où deux journaux en Haute-Loire se lançaient des philippiques. M. Joseph Malzieu, directeur de *L'Avenir,* organe royaliste, évoquait le 6 janvier 1906, une campagne « pleine de joyeusetés ». Il est vrai que cette campagne avait mis aux prises les journaux rivaux, *L'Action* et *La Haute-Loire*. Deux feuilles de presse qui servaient de terrain au duel des deux blocs politiques de l'époque, « le duel des Blocards ». M. P. avait été gravement injurié. *La Haute-Loire* avait reçu de M. P. du papier timbré pour avoir dit de lui qu'il avait été élu vénérable de la loge ponote du Réveil Anicien. *L'Action républicaine* consacrait toujours en effet un de ses articles à l'apologie de la secte et cet organe des radicaux-socialistes avait eu, pour rédacteur, un franc-maçon.

La force cachée des sectes provinciales

Les droites du Puy, par l'organe du journal libéral, dénonçaient la trahison des loges, cause des revers incessants de l'armée française. Si l'on n'avait pu rompre le cercle de fer de l'invasion de 1870, c'était dû à la « force mystérieuse et cachée » des loges maçonniques. Cette œuvre infâme qui brisait la bravoure de nos troupes ou fustigeait la science de nos stratèges, s'était tramée « dans le secret des arrière-loges ». La section maçonnique de France avait un plan : mettre ses forces occultes au service de l'Allemagne, mettre les maçons français à son service dans un gigantesque réseau d'espionnage pour livrer la patrie poings liés. Et pourquoi donc la haute maçonnerie s'était-elle assigné ce rôle au cours de l'année terrible ? demandait la presse locale. Parce que, opinent certains, la F.·. M.·. avait condamné la nation française coupable, sous le Second Empire, d'être redevenue religieuse et bien-pensante. D'où l'inutilité des talents stratégiques et du courage des troupes devant pareille organisation, d'où le contre-espionnage des F.·. M.·. français communiquant, par dépêches chiffrées, à l'agence maçonnique de Berne, mille indications sur les mouvements de nos troupes. A la veille du scrutin des élections sénatoriales, Joseph Malzieu dénonçait les « blocards » francs-maçons, les tenants de la « politique du bloc et de la secte ». Les approuver, s'écriait-il, c'est « être avec Combes et la franc-maçonnerie ».

Loges contemporaines d'Auvergne et du Velay

Voilà comment était pourchassée, sans merci ni trêve, l'oppression maçonnique, bête noire des libéraux de *L'Avenir* et symbole pour les gens du Puy de la déchristianisation. *La Haute-Loire*, cette « feuille des blocards », écrivait Malzieu, trouvera du fil à retordre avec *L'Avenir*. Et le brillant polémiste promettait à MM. P. et D. une déroute inéluctable. Le 9 janvier, le succès éclatant de Visseguet et Dupuy portait un coup sévère au combisme local. Triomphe chez la droite. M. Giroud ouvrait une séance de l'action libérale en ces termes : « Cette élection au premier tour signifie que le département de la Haute-Loire, attaché à la liberté religieuse, réprouve les lois sectaires de ces six dernières années et désapprouve la séparation faite par les loges contre les catholiques..., quant à M. V., en votant pour la séparation maçonnique il s'est rangé parmi les sectaires. En approuvant l'expulsion de l'abbé Delsor, en donnant son adhésion au bloc combiste, il nous a trahis, nous qui par deux fois avions fait son élection... Nous le combattrons parce que dans le Velay on déteste les traîtres. » Tel était le psychodrame en Vellavie et chez les fils de la haute Auvergne. La place du Breuil était bourrée de petits groupes très animés. Déjà on pronostiquait ferme sur le second tour. Ce second tour en Haute-Loire et en France ne devait pas expulser les blocards du Sénat, mais leur invasion paraissait arrêtée. Du coup le combisme paraissait fléchir, malgré quelques influences administratives favorables, sous la haute direction du frère franc-maçon Dubief. Pendant ce temps, les conséquences de la séparation de l'Église et de l'État se faisaient sentir à la loge de Paris. Une réunion de francs-maçons, tenue le 3 avril 1905, avait déterminé l'usage des biens de l'Église dépossédée : « Les loges feront bien, quand les édifices religieux seront propriété de l'État, de se porter adjudicataires ou locataires, afin de les employer à des fêtes civiques ou maçonniques. »

Voilà qui était clair !

« Catholiques de Haute-Loire, est-ce là ce que vous désirez ? » titrait le journal *L'Avenir*. L'émoi était vif et les consciences s'agitaient.

Chronique des loges. Luttes politiques

Mais voici que venaient se greffer sur pareille conjoncture les élections législatives en Haute-Loire : « Ou bien les combistes francs-maçons mouchards et internationalistes reparaîtront en majorité à la Chambre, achevant l'œuvre de déchristianisation, ou bien une majorité de libéraux patriotes remplacera le bloc sectaire. Le parti libéral de la Haute-Loire a compris la gravité de la situation. Voici ce qui a été arrêté : Yssingeaux est présentement représenté par un député crânement libéral, M. le Dr Adrien Michel. Mais Brioude en Auvergne est le coin noir sur le ciel clair de notre horizon politique. Acquise au sectarisme maçonnique depuis très longtemps, elle reste, par apathie, rattachée au radicalisme. Nous n'espérons point la conquérir cette fois. Laissons à Brioude le radical Dr V. et le radical Dr D. se porter des coups entre eux. A moins que nous fassions appel au vaillant commandant Huguet. Il a des troupes d'élite qui brûlent de combattre. » Ces supputations de *L'Avenir* entre le bloc des droites et le bloc des gauches montrent qu'il y avait radicaux et radicaux francs-maçons !

On battait le fer de part et d'autre.

Chacun soufflait dans la flamme bleuâtre de la forge. L'enclume massive résonnait gaiement. Le marteau qui s'élevait et s'abattait avec une telle frénésie était à la fois celui du forgeron et celui du maçon. « La souveraineté du peuple est une puissance de paravent, derrière laquelle agit, dans la sécurité des ténèbres, la véritable autorité de ce régime : la franc-maçonnerie. Le ministre est son fondé de pouvoir. Des fonds secrets sont destinés à désarmer les hostilités, à faire accorder des faveurs (avancement, décorations). Mieux que l'acide ne fait du tournesol, ces fonds colorent en rouge vif les Haute-Loire de tous les pays... Voici l'heure pour les timides de déserter, pour les vaillants de se dresser sur la brèche ! » Ces paroles de Joseph Malzieu sonnaient l'olifant contre les francs-maçons du Velay et d'Auvergne. A Frugières-le-Pin, une curieuse protestation contre les inventaires donnait « aux francs-maçons une bonne leçon ». Le journal *L'Avenir*, du 16 février 1906, relatait « que nos capucins rouges aveuglés par la haine » étaient incapables de la comprendre. Le jeudi 8 février, le receveur se présentait à l'église. M. Gaubert, au nom des catholiques, lisait ceci : « Je proteste particulièrement en mon nom personnel ; je proteste au nom de mon père qui avait été franc-maçon, je proteste au nom de mon oncle qui avait été vénérable de la loge maçonnique. »

Et ce fils de philanthrope d'ajouter :

« La franc-maçonnerie a fait du chemin depuis lors !

« Elle est la force, aujourd'hui, mais nous, catholiques, nous sommes le droit, et le droit, tôt ou tard, finit par triompher. »

Catholiques francs-maçons et francs-maçons catholiques. Le temps des inventaires

En effet, le père de M. Gaubert avait été franc-maçon, mais en même temps bienfaiteur de l'église de Frugières-le-Pin. Il s'appelait Pierre Gaubert. Il était officier de l'Université, chevalier de la Légion d'honneur et maire de Brioude (de 1857 à 1868). Cet ami personnel de M. Rouher avait obtenu, de l'impératrice Eugénie, un fort bel ostensoir pour l'église de Frugières. De même son grand-oncle, Julien Martinon, d'Albagnat, ancien garde d'honneur, maire de Frugières pendant trente ans, était ancien vénérable de la loge de Brioude. Cela ne l'avait point empêché de faire don, à l'église de Frugières, de la grosse cloche actuelle. Son nom et son patronage y demeurent gravés. Voilà comment ces francs-maçons de la Belle Époque respectaient leurs concitoyens par philanthropie. La guerre religieuse avait un dernier carré sur le puy : Vals !

Comme à Saint-Laurent, sous le carillon d'alarme et sous les clameurs, les mercenaires enfonçaient les portes de haute lutte. L'un d'eux roulait à terre et se relevait, la main sanglante, avec un juron. Barricades franchies, portes éventrées, les paroissiens défilaient le cœur gros devant les débris accumulés « par la secte ». Tout cela rendait grandissante la résistance à l'inventaire des églises. Le temps est passé des luttes antireligieuses qui ne pèsent plus à l'horizon. Il n'y a plus sur la rue Cadet les terreurs maçonniques de l'Apocalypse. L'Auvergne continue d'avoir dans ses loges des individus de tout genre, respectables, humbles ou bien placés, tendres ou effacés, ils sont des hommes sincères très éloignés circonstanciellement de la vieille franc-maçonnerie sectaire. Beaucoup de jeunes. Il n'y a plus de ténèbres sur les secrets des loges. On organise des réunions à huis clos, mais la presse peut déchirer le voile. Bref, une certaine modernisation des loges préside aux assemblées générales. Cela ressemble aux réunions de partis. Les hauts dignitaires sont là, drapés dans leur majesté séculaire, mais ils donnent feu vert aux têtes de Turc mises en vedette par les événements de mai 68. Tels sont les conciles maçonniques. Conciles groupant d'autres organismes frères, aux quatre pôles de l'Europe.

On avance que l'objectif central de ces loges sœurs est la mise en chantier de la pensée marxiste, exprimée comme suit par l'un de ses grands maîtres : « Il y a, par la glorification du travail et la méthodologie dialectique, une sorte de similitude entre la pensée marxiste et la pensée maçonnique. » Ainsi, le compagnonnage initiatique de jadis veut rayonner à travers le prisme contemporain, mais par sa collusion avec une certaine politique. C'est une opinion entendue dans les cercles d'Auvergne. Autre opinion recueillie au Puy, ville religieuse : la franc-maçonnerie fut et reste une association d'arrivistes, qui tente d'infiltrer l'Église.

De l'Auvergnat Paul Doumer aux francs-maçons modernes

Pour beaucoup, une campagne insinuante, au sein des milieux catholiques, bénéficie de l'appui des prélats. Elle vise à réhabiliter la franc-maçonnerie. Et puis défilent les ombres glorieuses de rois très chrétiens : Louis XVIII, Charles X, celles des présidents de la République, Félix Faure, Loubet, Fallières, Millerand. Au bout, le compatriote Paul Doumer, l'Auvergnat. On connaît le sort de cet ancien gouverneur de l'Indochine, frappé du couteau de Gorgulov. On connaît moins ses cheminements secrets vers le pouvoir. Nos temps modernes ont peuplé les ministères de l'armée des grands frères. Ils sont partout, dans les antres de fonctionnaires et ailleurs, mais leur présence reste occulte. Même si une ligne de force semble vouloir se dessiner, celle d'un compagnonnage ouvert au dialogue, à ciel ouvert, sous les étoiles rouges et roses. Cette grande société secrète tend à devenir la société discrète dont Me Gautheron a pu écrire à propos de la loge de Brioude : « Dieu l'a voulue, Dieu l'a permise... » Tout comme les quelque soixante-dix loges contemporaines, la loge de Brioude n'était guère secrète. Son groupement ne paraît pas subversif. Elle n'eût pas suffi à inquiéter le pape Benoît XIV qui, en 1771, condamnait de telles sociétés en termes modérés : « Ces sociétés sont en mauvaise réputation auprès des personnes prudentes et probes. A leurs yeux, s'y enrôler, c'est se souiller de la tache de perversité. » Les loges, conclut Me Gautheron, sont aristocratiques et reçoivent d'assez nombreux ecclésiastiques, mais comme le fait remarquer judicieusement le F. Lantoine, ancun jésuite ! La Société de Jésus, restée la bête noire des incroyants, voyait le danger de cette société secrète... En conclusion, la franc-maçonnerie a joué un rôle immense contre l'Église, disons contre son pouvoir temporel. Mais on ne saurait la définir par cette seule considération. Faut-il observer qu'en Angleterre la franc-maçonnerie « religieuse et monarchique » reste une société de pensée plutôt que d'action ?

Bien sûr, elle a recruté de nos temps une multitude d'étudiants. La « chienlit » a-t-elle rejoint en bloc la franc-maçonnerie ? Les maçons, à cette occasion, sont-ils redevenus foncièrement antireligieux ? Vont-ils, plongés dans une révolte sournoise et sauvage, tenter d'ébranler ce monde chrétien chancelant sur ses bases ? Tant que tiendra le pape, dit-on, tiendra la chrétienté contre les ordres maçonniques, émanation du diable. Mais Joseph de Maistre, défenseur du pape, était membre de la loge de La Sincérité de Chambéry. Et puis le diable, qui est-ce ? François Ribadeau-Dumas répond avec Eliphas Lévi : « Le diable, c'est Dieu faisant le mal » (Dieu a produit le diable)... Au cours d'une émission télévisée, le R.P. Duval, dominicain, déclara que l'existence du diable n'était point une vérité dogmatique de l'Église, mais une possibilité très atténuée pour laisser place aujourd'hui à la maintenance de l'esprit du mal à combattre. En mars 1969, l'archevêque de Paris, Mgr Marty, donne à l'écrivain catholique, Me Alec Mellor, l'autorisation d'entrer à la Grande Loge nationale où il retrouvera l'historien Paul Naudon et le préfet Jean Baylot... Les excommunications semblent donc levées. Va-t-on vers la réconciliation [1] ? Il ne faut jamais refuser les splendeurs de l'aurore ! Un autre écrivain catholique, Alain Guichard, n'a-t-il pas publié ceci en 1969 : « Les anathèmes romains contre la franc-maçonnerie relèvent d'une mentalité médiévale et sont indignes d'une Église œcuménique. » Bien sûr, la « voie » ne peut être tracée par les éclairs des bûchers ni par les flammèches de l'Inquisition. Mais elle ne peut être tracée, non plus, aux seuls chrétiens par l'illuminisme triomphant de la franc-maçonnerie. Voilà ce que pense une certaine Auvergne traditionnelle.

Compagnons du poignard, hermétistes, syndicalistes...

Cependant de tout temps, compagnons et hermétistes ont répandu en Auvergne leurs doctrines secrètes. Il existait, en Velay, la société des Chevaliers de la Bonne Foi. Une ordonnance royale l'interdit. C'était, dit Gautheron, « une sorte de Sainte-Vehme destinée à réparer les torts vrais ou prétendus dont se plaignaient ses

1. F. RIBADEAU-DUMAS, *Les Magiciens de Dieu*, op. cit.

membres et pour le redressement desquels la justice était insuffisante ». On entend par Sainte-Vehme la juridiction secrète allemande dont le centre était Dortmund. Tradition du vieux germanisme, la Vehme primitive était reconnue par l'empereur. La Vehme contemporaine est au contraire le produit d'une organisation souterraine, une société initiatique s'inspirant du vieil illuminisme teutonique, avec ses francs-juges armés du poignard à la fois juges et exécuteurs. Les Grands Jours d'Auvergne ayant eu pour corollaire les Grands Jours du Puy, en 1666 on prononça des sentences contre certains personnages de la Sainte-Vehme auvergnate. Certes, les nobles brigands de 1666 ne pratiquaient pas la pendaison rituelle des francs-juges teutoniques, pendaison à l'arbre le plus proche dans lequel on fichait un couteau. Mais il y avait les similitudes[1]. Dans la Sainte-Vehme, sitôt la sentence rendue et le couteau fiché dans l'arbre, « cent mille bourreaux invisibles poursuivaient le coupable, lit-on dans Desobry, et son cadavre était bientôt suspendu à l'arbre fatal... Si le proscrit résistait il était frappé du poignard. Si l'accusé comparaissait devant le tribunal, il pouvait, s'il était lui-même franc-juge, se purger de l'accusation par son serment. » C'était un peu cela en Auvergne. L'intendant de Bezons adressait le 11 août 1665 à la maréchaussée cette mise en garde : « Sur la plainte qui nous a été faite de toutes sortes d'assemblées sans la permission de Sa Majesté et associations monopoles... cabales contre le service du Roy... prohibées, néanmoins il s'en est fait une dans la ville du Puy sous le nom de chevaliers de la Bonne Foy. Ce qui n'a pour but que d'établir la licence et le désordre et l'impunité des crimes... Le procès sera fait et parfait aux coupables suivant la rigueur des ordonnances... Signé Bazin Tubeuf. » Plus ancien était l'ordre des Chevaliers de Notre-Dame de l'Espérance évoqué en 1766 par le chanoine Martinon d'Auzon. Eux aussi avaient pour mission de « garder la foy ». Vêtus d'une tunique rouge incarnat et d'un manteau bleu, doublé de satin rouge, ils avaient, sur leur toque de velours, cette inscription de guerre : « Allen-Allen ! » L'Auvergne produit d'autres chevaliers de l'espérance dans la galerie moderne des syndicalistes. Baptiste Marcet, un petit berger, fera trembler les ministères. Cet orphelin d'Allègre, tout jeune pâtre, prit conscience, dans les années 1900, du système social de l'époque figé dans l'inégalité. Il écrit : « J'avais lu, en gardant les moutons, une fable de Florian. Et j'avais été frappé par le dessin qui l'illustrait : un aveugle portant un paraly-

1. Desobry, *Dictionnaire de biographie et d'histoire.*

tique et ce dernier disant : " Je marcherai pour vous, vous y verrez pour moi. " » Baptiste Marcet deviendra le père « La Victoire », le Clemenceau des travailleurs. Apprenti maréchal-ferrant, il rongeait son fer, au siècle de la tour Eiffel. En clouant ses fers à cheval Marcet rageait contre cette société insensible à la détresse des infirmes. Il commença donc par militer dans le syndicat des maréchaux-ferrants. Très vite il en devint le secrétaire. Un tour de France lui valut la qualification de « compagnon ». C'était le temps où de courageux provinciaux venaient braver la capitale pour militer dans les « centrales ». Marcet, monté à Paris, y rencontra un compatriote, Pierre Monatte, l'un des pionniers de *la Vie ouvrière,* le militant fougueux de *la Révolution prolétarienne* en relation avec Lénine. La chaleur des syndicales ouvrières allait forger chez l'apprenti maréchal-ferrant ce caractère d'airain qui lui vaudra la postérité du bronze. Véritable prophète du compagnonnage syndical, le petit berger jeta, dans les années 1920, le tremplin d'une fédération nationale. Élu secrétaire général, il vit son armée portée à quatre cent mille adeptes. Marcet devint le bélier qui enfonce les portes des ministères. Son entrée en lice fera voter cinquante-neuf lois nouvelles. Sur les slogans de son messianisme ouvrier était inscrite la priorité au sourire et le « non » à la violence. L'apostolat de ce pilote des victimes du travail continue. La puissante fédération nationale des mutilés du travail, avec sa charte, est ennemie des révolutions et des barricades. Le petit pâtre du Velay l'avait voulu ainsi. Lorsqu'on dut trouver un emblème national à la fédération, Marcet refusa l'insigne représentant un ouvrier crucifié sur une cheminée d'usine.

Les Cagoulards d'Auvergne

La Cagoule fait partie de l'histoire secrète et contemporaine de l'Auvergne. Certains de ces conspirateurs du terroir voulurent participer au coup d'État de 1937 pour renverser la République. De la chasuble de sorcellerie à la capuce des ermites, en passant par le voile des sectes percé de trous noirs à l'endroit des yeux, il y avait déjà, en Auvergne, une magie, un sortilège de la cagoule. La Cagoule, les cagoulards... Deux mots inquiétants qui traduisent, en Auvergne, l'empreinte d'une certaine épouvante, au pays des volcans. Ils évoquent, au terroir des pénitents noirs, ce froc sans manches, surmonté d'un capuchon, percé d'ouvertures en amande, à la place des yeux et de la bouche. C'est un masque de terreur.

Cagoules noires ou blanches, cagoules de la peur, cagoules des grands inquisiteurs, cagoules rouges des frères de l'horreur, cagoules diverses des sociétés secrètes ou des mortifications racistes. Cet habit monastique, familier des ombres de la nuit et du clair-obscur des bûchers, a pourtant pris, au-delà des opprobres des gibets, une autre signification, comme une sorte de muselière des conspirateurs modernes, il est devenu l'uniforme des complots, le travesti rituel des affiliés politiques, héritier des capuchons vellaves, secte médiévale similaire à ces capuchons « klanistes », aux accoutrements sinistres. Initiatique, puis politique, la cagoule traditionnelle a donné son nom à la conjuration moderne des années 30, dont on connaît mal le vrai visage. On l'a vue naître essentiellement en 1934, quand sonna, au cadran de notre histoire, le 6 février, l'explosion souterraine qui menaça la IIIe République. Voici en Auvergne un aperçu régionaliste de cette organisation secrète. Il y eut la première puis la seconde Cagoule. Ce substantif de cagoule, avec sa silhouette vaporeuse, évoque bien, dans le crépuscule de nos civilisations, des prestiges secrets, des rites prohibés, des sectes privées et tout bonnement un point d'histoire politique. Les cagoulards d'avant-guerre, hommes blancs ou noirs d'un terrifiant réseau, voile imperméable d'une zone de guerre, organisation paramilitaire puissante, aux contours indéfinis ! La Cagoule d'Auvergne et du Velay s'inscrit dans le demi-jour des polices secrètes, pénombrées d'une vague clarté où se détache un sigle d'initiales : le C.S.A.R. (Comité secret d'action révolutionnaire). Dès ses origines, la Cagoule se veut nationaliste et patriote. D'inspiration anticommuniste, tendance extrême droite et surtout monarchiste, elle vise le pouvoir par la subversion brutale. Elle est une réaction devant le péril rouge. C'est du moins ce qu'elle affirme dans sa devise grandiloquente : « *Ad Majorem Galliae Gloriam* » (Pour la plus grande gloire de la France). A sa tête, des hommes de février 36 et des pékins glorieux, délestés de l'uniforme bleu horizon. Ils rêvent d'en découdre avec le Boche dont le brassard à croix gammée menace la paix, ils veulent aussi en finir avec le « Frente Popular » français et la République des camarades. 1936-1937 ! C'est l'époque où l'un des grands chefs cagoulards, sinon le seul en titre, fait retentir dans son bureau des phrases comme celles-ci : « Alors, est-ce qu'ils m'ont exécuté quelqu'un cette semaine ? »

« Ils », ce sont les cagoulards de France, de Navarre et d'Auvergne, ses hommes de main, ses « taupes » qui sillonnent trois cents kilomètres de galeries souterraines à Paris. Et lui, le chef conspirateur de ces douze mille carbonari, le maréchal ombreux de ces quarante mille soldats obscurs du territoire national, c'est un maréchal authentique de 14, Franchet d'Esperey, l'ancien généralissime des Alliés à Salonique, glorieux vainqueur des Bulgares. Ce pied-noir béquillard, vieillard flamboyant, fait briller sur ses quatre-vingts ans de paralytique une devise fameuse : « Sans frein ! » Sous sa férule va passer un corps de vélites ardents et de conjurés forcenés. Le maréchal les excite à la besogne, une besogne sacrée, par des coups de canne frémissants sur son bureau d'état-major. Il crie à la cantonade : « A bas la gueuse ! »

Dans un crépuscule romantique, l'union des enfants d'Auvergne

Franchet d'Esperey a ses généraux clandestins et même un confrère maréchal. On parle de Pétain, le dissimulateur. Derrière montent de l'ombre le général Duseigneur, le commandant Loustaunau-Lacau et toute une phalange d'officiers d'active ou de réserve. Quand Franchet d'Esperey rassemble tout ce monde dans une sorte de club galopant, on l'entend exhorter les « mous » par cette algarade retentissante : « Allons, messieurs, c'est pour la France, nom de Dieu ! » Plus proche de nous, dans les départements du Puy-de-Dôme et de la Haute-Loire, une ligue qu'on traite de « factieuse » opère ses menées sourdes, sous le vocable des « Enfants d'Auvergne ». Cette association secrète est bientôt fédérée par le C.S.A.R. Les grèves de 1936 ont fait apparaître le péril rouge. A Clermont se constituent des cellules d'auto-défense contre la marche du marxisme-léninisme. Ces téméraires, ces joue-va-tout ont le feu sacré. Le soleil de juin 36 chauffe les cerveaux. Sur le pavé retentit la botte policière et dans les airs *L'Internationale*. Mais tandis que cette virulence s'exerce dans les rues de Clermont-Ferrand à la pleine clarté du soleil, dans l'ombre bougent, silencieux, les Enfants d'Auvergne. Ils sont trois bataillons clandestins. Chacun concentre ou disperse trois compagnies. Chacune de ces compagnies encadre solidement trois sections de dix cagoulards. Ces cagoulards sont armés du poignard et de différents joujoux individuels. L'ensemble de la section a ses armes classiques dont l'inévitable fusil-mitrailleur avec deux mille cinq cents cartouches, des grenades, des bidons incendiaires, des tubes explosifs, des fioles à jet liquide perforant, etc.

Ces engins portatifs, ces glaives minuscules apparaissent ou disparaissent sur l'uniforme des groupes de combat du C.S.A.R. La Cagoule ayant armé les Enfants d'Auvergne, on les voit ou on ne les voit pas sous l'équipement de cuir, véritable battle-dress des cagoulards. Mais ces cagoulards du Velay et d'Auvergne ne sont que la fraction d'un organisme plus vaste. Le spectre du C.S.A.R. domine la conjoncture.

Et l'ombre d'un tel spectre tire, derrière elle, la silhouette voilée d'un troisième organisme, plus secrret encore que l'U.C.A.D. et le C.S.A.R. L'audition du témoin Wiart, d'après la Sûreté nationale, a permis la découverte de rapports étroits entre l'U.C.A.D. du général Duseigneur et le C.S.A.R. *La Liberté* de Haute-Loire imprime ceci, le 30 janvier : « Il y aurait un troisième organisme plus secret que les deux précédents et que dirigerait Filiol, l'un des assassins présumés des frères Rosselli. »

Existe-t-il des faits qui nourrissent cette hypothèse ? Pour l'instant, non. Le juge d'instruction Barrue ne déclare rien à ce sujet. Il est vrai qu'il est encore très occupé par l'affaire des bombes de l'Étoile. Le 4 février, à 9 heures, le juge a fait extraire les ingénieurs clermontois Métenier et Locuty de leur prison de la Santé. On les transporte en auto au siège du Centre d'études de radiesthésie comparée, 64, rue Ampère. C'est là qu'eut lieu le chargement des engins d'après Locuty. Locuty reconnaît le théâtre de ses prouesses. C'est bien là que lui furent confiées les bombes destinées aux attentats des rues de Presbourg et Boissière.

La Cagoule dépopularisée

Elle donnait son coup de marteau partout. Elle battait la campagne, dérangeait les cerveaux. Celui de M. de la M.S.P. en avait brûlé à la prison de la Santé. Cet inculpé du complot C.S.A.R., locataire du Centre de radiesthésie, où avait été opéré le Clermontois Locuty, lassé de ne pas être interrogé, ne se possédait plus. On avait dû le transporter d'urgence à l'infirmerie spéciale. C'était vrai, on laissait croupir les prévenus sans les interroger. La justice, cette grande boiteuse, avançait cahin-caha dans la procédure du C.S.A.R. Enfin, le 7 mai 1938, M. Béteille, juge d'instruction, transmettait soixante-douze dossiers à la Cour de Cassation. Après quoi, les deux dossiers ouverts à Clermont pour détention d'armes ne tardèrent pas à suivre.

Mais le véritable procès de la Cagoule ne devait toucher la barre que le 11 octobre 1948. Une cinquantaine d'accusés apparurent, dix-sept étaient contumaces. La guerre de 40 était passée par là. Sanctions éphémères, jugements symboliques. Attardons-nous plutôt sur le verdict de l'histoire. L'histoire cherchera des points de repère dans le galop des sociétés secrètes au milieu des tempêtes politiques. Elle n'en condamnera pas moins les méthodes du C.S.A.R. Cette Internationale blanche digne de l'Internationale rouge. C'est cela qui compte pour l'impartialité.

3.

Teilhard de Chardin et les maîtres spirituels

Teilhard, le jésuite errant

L'Auvergne pascalienne est inséparable de l'Auvergne teilhardienne. Pierre Teilhard de Chardin, comme Pascal, explora notre monde et sonda l'univers. Ce créateur moderne de la science teilhardienne est un visionnaire de l'au-delà. Visionnaire contemporain épris de cet « esprit cosmique » familier désormais à nos temps.

Pour rechercher nos origines ce provincial évoluteur avait dû vivre une existence de jésuite errant.

Le Christ luisait dans son cœur mais aussi dans la pierre et le fer. Il piocha, comme dans une caverne, toujours en quête de présence divine. Sa piste passe sous les obus de Verdun et se poursuit à travers la croisière jaune. On trouve ses pas sous la Croix du Sud. Il s'en va fouler les sables et les fleurs de la vallée du Nil. Il s'est risqué par les gouffres du cosmos, éclairé des soleils marins. Mais avant de lever sa trace, voyons autour de son berceau. Il tangue dans la gentilhommière de Sarcenat. Là, près d'Orcines, il voit le jour un 1er mai 1881. De la terrasse du manoir l'enfant plonge les yeux vers les vaporeux lointains de Clermont (le Clarus Mons mystérieux). Les deux tourelles paternelles égratignent le ciel comme des « fusées braquées sur le cosmos », écrit Jean Larat dans son *Panorama des lettres en Auvergne*. Le 20 mars 1899, il entre dans la compagnie de Jésus, au noviciat d'Aix-en-Provence. En 1912 se place sa première entrevue avec Marcellin Boule, après quatre années de théologie à Ore Place (Hastings, Sussex), cinq années à Jersey et trois années au Caire. Le destin du jésuite errant commence. En 1913, c'est la tournée des cavernes à peintures préhistoriques, dans le nord-ouest de l'Espagne avec l'abbé Breuil. 1914 : il est à Canterbury pour sa troisième année. C'est l'heure pleine de ses études scientifiques et d'une intense méditation. La guerre en fait un brancardier. Ypres, Verdun, le Chemin-des-Dames, la bataille de la Marne. Le caporal Teilhard voit s'éveiller, sous les obus de 1916, le génie teilhardien. La guerre est finie. C'est l'heure de Paris. A la Sorbonne, thèse sur « les mammifères de l'éocène inférieur français et leurs gisements ». Après cette soutenance, professeur adjoint de paléontologie et géologie, à l'Institut catholique, Teilhard songe à la Chine. Départ pour le pays du Céleste Empire en 1923. Exploration des Ordos. L'année suivante, il est à la lisière orientale du Gobi. De 1926 à 1927, après un intermède parisien, le jésuite errant d'Auvergne fait trois campagnes en Chine, depuis Kansou, par la vallée du Sang-Kan-Ho, jusqu'en Mongolie orientale. 1928, retour en France, puis séjour en Somalie et au Harrar, avec le célèbre Henry de Monfreid. 1929-1930 : la Chine le reprend, magicienne éternelle de ses jours. Au profond de la Mandchourie, le bachelier qui préparait les mathématiques à Clermont-Ferrand se passionne maintenant pour la géologie. Il est devenu conseiller au service géologique de Chine. Dans les années 1930, expéditions de grand style, notamment vers la Mongolie. L'abbé Breuil et Teilhard font la découverte du sinanthrope, ce parent du pithécanthrope de Java.

La croisième jaune de 1931 précède les campagnes de Chine vers Shansi, Honan et Shantoung. Il faudra la guerre sino-japonaise pour interrompre ce périple par un séjour de deux mois aux États-Unis. Il reprend, en 1934, ses tournées dans les vallées du Yang-tsé, puis vers le sud de la Chine. Une expédition de la Yale Cambridge le fait pénétrer en Inde septentrionale et centrale. Un séjour à Java, un autre en France, où la maladie le surprend, un nouveau départ pour la Birmanie et la Chine, en 1938, voilà l'itinéraire appliqué du jésuite, surpris par la guerre à Pékin. Après le conflit il sera rapatrié. 1947 verra son grand débat avec Gabriel Marcel, pour savoir dans quelle mesure l'organisation naturelle de l'humanité l'entraîne vers un point de maturation spirituelle. Viennent les heures américaines, au contact de la science yankee. Un séjour en Afrique du Sud, un voyage dans l'Ouest américain confèrent à ce cow-boy paisible de la science un renom mondial.

Le 10 avril 1955 la mort est venue, subite. En même temps commence la gloire de Teilhard de Chardin, auréolée de la publication posthume du *Phénomène humain*. Quatre ans plus tard, Garaudy lancera le dialogue entre marxistes et teilhardiens. Telle fut la piste du jésuite errant. Une piste ouverte sur la terre et dans le ciel.

L'évangile teilhardien

Cet enfant d'Auvergne avait su maîtriser son dépaysement et ses racines. Enfant de l'Église, il croyait le christianisme capable d'assumer la foi d'Israël, par son propre dépassement. Là aussi, il n'était pas un enraciné, mais un visionnaire en avance d'un demi-siècle. Au cours de ses croisières, il avait aperçu la vague porter le message judéo-chrétien. Une vague s'élevant plus haut que la barque de Rome et soulevant le planisphère. Mieux, ne voyait-il pas, dans le marxisme, une sorte de messianisme laïcisé, comme l'a souligné Claude Guenot ?

De son temps il pensait déjà par anticipation avec l'Église d'aujourd'hui. En 1950, il énonçait que « si le monothéisme christique venait à disparaître, le monothéisme ne renaîtrait pas plus sur la terre que l'homme lui-même, si la nonosphère périssait. Mais en 1954, il écrivait : « Si l'Église tombe, tout est perdu. » On a vu là une incohérence. C'était plutôt une synthèse. Auvergnat du devenir de l'homme, Teilhard semble avoir créé un évangile teilhardien bien mystérieux. Un évangile venu de l'intérieur de cette Auvergne ésotérique et gnostique, où son souffle prophétique avait puisé à pleines pensées au creux des volcans verts, temples du silence et de l'espérance.

Il y a chez Teilhard quelque chose de nietzschéen dans son comportement aristocratique. Ce fils de gentilhomme campagnard saura pourtant se dégager de l'humus généalogique. Comme son ami Monfreid, courant le monde, loin de l'âtre auvergnat, il a le sens de l'espace. Cela ne l'empêche pas de retrouver par moments son âme d'Auvergnat. Jean Larat écrit : « Il est pour toujours marqué de l'empreinte régionale. A l'entour de Pékin, faisant un arrêt de quatre jours dans les collines, il est heureux de trouver chez un vieil ami, Bussière, un coin de Combraille... En Mongolie... à 2 000 mètres, il se croit en Europe, mieux, dans une Auvergne plus grande et plus solitaire[1]. »

Ami de l'espace, partisan du mouvement qui « planétise » et non de l'étude stérile des historiens confinés dans leur périmètre, Teilhard avait la vision prophétique. On trouve en permanence chez lui ce leitmotiv : le cosmique et le christique. Il a le sens du tout, de la totalité concrète. Ce jésuite était attiré par le fer, la

1. *Panorama des lettres*, op. cit.

pierre, la géologie, la biosphère et le monde des forces. Le sens de la gravité le hantait. Le panthéisme a failli le prendre dans son tourbillon. « En face des mornes étendues du désert, dont les plateaux étageaient leurs marches violettes, à perte de vue, vers des horizons sauvagement exotiques, devant la mer insondable et vide, dont les flots, sans trêve, se mouvaient dans leur innombrable sourire, dans l'enveloppement d'une forêt, dont l'ombre, chargée de vie, semblait vouloir me dissoudre dans ses replis profonds et chauds, un grand désir m'a saisi, peut-être, d'aller retrouver, loin des hommes, loin de l'effort, la région des immensités qui bercent et qui envahissent, celle où mon activité, trop bandée, se détendrait toujours, indéfiniment. »

Ce beau passage qui tient en haleine, sans vous laisser respirer, par le charme des longues phrases, nous emporte et emporte son auteur vers des terres sans frontières, vers des mondes insondables. Il glisse vers eux et dérape, mais soudain il se cabre au bord de cet infini :

« Et toute ma sensibilité, alors, s'est dressée, comme à l'approche d'un dieu du bonheur facile et de l'ivresse, car la matière était là et m'appelait. A moi, à mon tour, comme à tous les fils de l'homme, elle répétait la parole qu'entend chaque génération. Elle me sollicitait pour que, me laissant aller à elle sans réserve, je l'adore[1]. »

Viendra le temps où le dualisme esprit-matière aboutira à l'évolutionnisme. Une théorie issue de la matière pour jaillir vers les hauteurs spirituelles. Science des pierres et activités surnaturelles, mystique panchristique et conjonction cosmos-Christ, voilà quelques formules type de ce magicien de l'âme, auteur de *La Puissance spirituelle de la matière*. Parlant de son enfance auvergnate il écrira : « Aussi loin que je remonte, dès avant l'âge de dix ans, je remarque en moi l'existence d'une passion nettement dominante : la passion de l'absolu... Le besoin de posséder, en tout, quelque " absolu " était, dès mon enfance, l'axe de ma vie intérieure. Parmi les plaisirs de cet âge, je n'étais heureux que par rapport à une joie, laquelle consistait dans la possession ou la pensée de quelque objet précieux plus consistant... Tantôt il s'agissait de quelque morceau de métal. Tantôt, par un saut à l'autre extrême, je me complaisais dans la pensée de Dieu-esprit. La chair de Notre Seigneur me paraissait alors quelque chose de trop fragile et de trop corruptible, j'avais, dès lors quelque chose de tangible et de définitif et je cher-

1. *Mon univers*, Éd. Grasset, 1965, p. 20.

chais partout cet objet béatifiant... Si, dès mon enfance et depuis lors, avec une plénitude et une conviction grandissantes, j'ai toujours aimé scruter la nature, je puis donc dire que ce n'est pas en savant mais en dévot [1]. »

Un Auvergnat incandescent à la dynamique universaliste

Voilà donc les feux dont brûle l'âme auvergnate de Teilhard. Sa matière spiritualisée, son tout spirituel surprennent. Il n'est pas loin de donner une âme à ses volcans d'Auvergne. N'a-t-il pas écrit : « L'Océan qui collecte tous les courants spirituels de l'Univers est non seulement quelque chose, mais " quelqu'un ". Il possède, lui-même, un visage et un cœur. »

Il voyait sur la courbe des volcans morts, comme sur l'horizon des mers, une convergence universelle vers l'Oméga, vers l' « Univers-Personnel », vers Dieu.

Cette « submergeante Présence » divine illuminait, en leurs profondeurs, « les secrètes zones de toute chose et tout homme autour de nous ».

De plus, la mystique teilhardienne, centrée autour du Christ ressuscité, voyait, dans la Résurrection, la « transformation de Jésus en Christ cosmique ». Précurseur de la théologie du Dieu de l'en avant, par rapport au Dieu d'en haut, Teilhard fut une sorte de panchrististe étonnant, passant du Dieu immanent au Dieu évolutif. Écoutez sa prière :

« Ce Dieu non plus seulement du vieux cosmos, mais de la cosmogenèse nouvelle... Ce Dieu tant attendu de notre génération, n'est-ce pas vous qui le représentez, Jésus ? Seigneur de la consistance et de l'union, vous dont la marque de reconnaissance et l'essence sont de pouvoir croître indéfiniment... Seigneur de mon enfance et de ma fin... Dieu évoluteur et évolutif, écartez enfin tous les nuages qui vous cachent... et que par Diaphanie et Incendie à la fois jaillisse votre universelle présence. Ô Christ toujours plus grand [2] ! »

On reste frappé de cette belle oraison, où l'énergie mystique coule, telle une lave, du pays d'Auvergne. Teilhard activera ce feu jusqu'à son dernier jour d'avril 1955. Ce visionnaire panchristique, frappé d'une solitude mystique, trouvera compensation dans la

1. *Ibid.*, p. 269.
2. *Cœur de la matière.*

contemplation romantique des couchers de soleil, loin de son Auvergne.

Ses *Lettres de voyage* [1] nous le montrent glissant vers le golfe de Suez, parmi les terres désolées, à l'ombre du Sinaï, entre les « pics extraordinaires » pareils à ceux d'Auvergne et du Velay. Sur ces pitons « âpres et nus, des teintes de rêve d'une douceur étrange... A l'est, la mer. Sa ligne d'horizon s'arrêtait net, comme une lame de couteau. Et puis, par-dessus cette bande sombre, sans transition, les montagnes s'élevaient rose tendre, dans un ciel vert vaporeux. ». Teilhard de Chardin aimait les cimes. Sa pensée paraît avoir été modelée par les montagnes d'azur de son pays, montagnes ravinées de profonds précipices. N'a-t-il pas écrit, symboliquement, dans son texte des *Ténèbres extérieures et des Ames perdues*, cette phrase éloquente : « La cime ne se mesure bien que par l'abîme qu'elle couronne. » Un peu plus loin, refoulant notre *Univers fermé*, il s'écrie : « Voici, mon Dieu, que déchirant les ombres inférieures de l'Univers, vous m'apprenez que, sous mes pieds, s'ouvre un autre hémisphère, le domaine réel descendant sans limites... »

« Sans limites », voilà ce que cet enfant d'Auvergne assignait aux régions éthérées qu'il parcourait. Mais il revoyait toujours cette « ligne de pointes aiguës en dents de scie, marquées dans le ciel doré » de sa lointaine Auvergne.

On pourrait longtemps épiloguer sur Teilhard, et sur l'après-Teilhard. Car le début de son renom, intellectuel et spirituel, viendra par la publication posthume de son *Phénomène humain*. C'est en 1959, quatre ans après sa mort, que teilhardiens et marxistes ouvriront le dialogue avec M. Garaudy.

Il nous suffira de conclure ici que l'Auvergne fut le Tibet de sa pensée, la contrée la plus élevée de ses premiers rêves.

Murol, près de Maringues et le manoir familial des Moulins, que le jésuite venait remplir de ses méditations, se souviennent de son ascétique silhouette, effilée comme un sabre. Teilhard de Chardin ne levait son visage, taillé à l'épée, que pour laisser vaguer ses yeux vers les eaux du lac Chambon. Là, il retrouvait sans doute, au crépuscule, le reflet de ses chères étoiles ou bien l'opalescence lunaire des collines du Tartaret.

Ainsi fut « Teilhard de Chardin, qui ajusta la Science à Dieu, qui relia un connu en perpétuelle évolution à un inconnu stable dans son mystère [2] ».

1. *Op. cit.*, p. 21.
2. Louis Amargier, *op. cit.*, p. 25.

DERNIÈRE PARTIE

L'Auvergne contemporaine et le néo-régionalisme

1.

Permanences

Sur les chemins de Saint-Jacques
La félibrée d'Arsène Vermenouze

Rien ne meurt tout à fait.

L'Auvergne qui circula sur les chemins de Saint-Jacques-de-Compostelle, poussée par un instinct irrépressible, a retrouvé dans nos temps les mêmes itinéraires à travers sa littérature, à travers ses félibres.

Tel Arsène Vermenouze, félibre cantalien, né près d'Aurillac en 1850, et dont le père est signalé sur son acte de naissance comme étant « marchand actuellement en Espagne ».

Quel parfum lui revenait donc, à son berceau rustique, de l'aventure lointaine de ses ancêtres vers la Castille ?

Nourri de la soupe des bouviers et bruni à l'âtre des vieilles cheminées, le jeune Arsène ne se contente plus de suivre son père braconnant sur les terres d'autrui. A seize ans, il suit son oncle Jarric, un marchand de toile qui s'en va proposer sa marchandise à Illescas, bourgade avoisinant Tolède.

Sur l'ancien chemin de Saint-Jacques-de-Compostelle il a rencontré l'odeur des croisés et frôlé des reliques. Route des merveilles, jalonnée par les « jacquaires » d'autrefois, où l'on se disait, à l'étape, de resplendissantes légendes, pour se conforter dans son voyage. Vermenouze semble capter, en route, cet hymne fort et lointain. Sur ce « chemin de l'étoile », à la façon des jacquaires, il « tombe dans la prose », derrière « un comptoir décrépit », où, dit-il, « j'aunais du drap sans répit ».

Ainsi naquit chez lui la magie du verbe ponctué de dialecte castillan. Dix-huit ans durant, mercantile d'occasion, mais n'ayant pas une âme de boutiquier, l'auteur des *Émigrants* voguera sous le « ciel espagnol » où se mire Béatrice, un amour de rencontre. Il nous l'a décrite mantille au vent, le rosaire s'égrenant entre ses doigts « gantés de blanc ». Pénétré de son regard aux « prunelles profondes », il la chantera en « terra rima » et la fixera dans ses *Regrets*. Ce faiseur de livres publiera des poèmes dans *La Croix du Cantal* et l'on sentira le Hérédia des conquistadores dans *Mon Auvergne,* dans *Plein Vent.* Causeur du patois de *Four de Brousse,* il a chanté les nomades auvergnats et les déracinés cantaliens. La phtisie épurait sa silhouette. Elle lui donna, dit Garric, un profil donquichottesque. Profil où se voient moustache et barbiche, à la Mistral.

Il nous reste de ce félibre *Lo Cobreto,* bulletin de l'école auvergnate, fille du félibrige provençal. Comparant le grillon d'Auvergne à la cigale provençale il se dit occitan et prophétise : Ourén nostre Mistral. Nous l'avons (l'obon ! l'obon !) lui répondent ses admirateurs.

Jean Ajalbert est de ceux-là. Rédacteur au *Figaro,* il vante la félibrée de Vermenouze. Le bas Midi lui envoie des représentants de ses « maintenances », répondant à cette fameuse invitation du poète :

« Gigaliers provençaux, venez nous voir à Aurillac ! »

Rétrospectives des troubadours, avec message de Mistral. On chante la « coupo santo » religieusement. Vic-sur-Cère rempli d'« estranbord », c'est-à-dire d'enthousiasme, fête, sur ses cabrettes, le chantre de l'Auvergne. Après quoi celui-ci pourra descendre à Montpellier, pour rencontrer le maître. Frédéric Mistral accueille avec effusion ce mystique auvergnat du vers occitan. C'était pour la Sainte-Estelle.

Pourrat, le mage de l'Auvergne

Sur la pente des troubadours, des jacquaires et des félibres, glisse, au soir de quelque lointaine complainte, un personnage à figure de proue, coiffé d'un feutre large et vêtu d'une cape légendaire.

C'est Pourrat, le mage de l'Auvergne. L'écrivain des treize tomes du *Trésor des contes* aurait pu se draper dans une houppelande de brigand et l'Auvergne flibustière aurait alors reconnu *Gaspard des Montagnes.* Mais Pourrat fut d'abord un Virgile. Fils du Livradois, enfant d'Ambert, où il a composé son *Paysage intérieur,* l'auteur de *La Colline ronde* se promenait par la campagne en quête de récits authentiques. Il rencontra ainsi Mgr Dozolme, le futur évêque du Puy, qui nous a confié lui avoir légué quelques histoires.

Ces histoires du terroir, note Jean Larat, il les plaçait « dans les mirages d'une Allemagne romantique », tel un Runenberg de Ludwig Tieck, où jaillissaient du rêve la rue d'Enfer et les logis à tourelles de sa chère ville d'Ambert. C'est vrai que ses auberges font penser « à l'oncle Fritz, à des brigands saxons, à Monte-Cristo, à quelque boutique d'alchimiste à la Nicolas Flamel [1] ». Mais c'est vrai surtout que ce campeur de westerns auvergnats, racontant les « crimes des bois », s'enfonce, avec ses héros, dans l'au-delà des monts, pénétrant leurs vies antérieures, par des chemins qui se divisent au cœur de la montagne indicible.

Pourrat était un sage secret. Un de ses portraits, par Jean-Marie Marcel, montre son faciès hiératique encadré par ses longs doigts à demi recroquevillés, visage au sourire pincé. Il avait l'expression lointaine d'un prêtre mystérieux, aux yeux d'astrologue, regardant vers l'intérieur de l'Auvergne. Barbiche au vent, lèvres acérées, le poète qui mit sur sa palette les paysans de 14, dans *Les Montagnards,* était familier de « toutes les peurs, de tous les secrets [2] ». Fervent de légende, magicien du verbe local, faisant parler à ses héros le langage rustique du cru, ce chrétien peuplait ses livres de démons. Des cavaliers délabrés hantaient ses auberges sanglantes et les *Cent histoires* de « la main coupée », des « chauffeurs », tous ces récits d'épouvante remplis de « peur métaphysique » relevaient d'une certaine « géométrie des pacages et des terres », imprégnée de mystère.

Le mystère est partout, sur flanc de la montagne, à Doranges, au lever du soleil, à Pierre-sur-Haute. Entre les sapins, noirs comme des piliers de l'Inquisition, Pourrat fait passer les mauvais esprits et les sorciers, les meneurs de loup et les gardeurs de chèvres, dans un monde vrai, mais presque souterrain. Les gardeuses de chèvres, les maîtres sonneurs, les Don Quichotte du pays livradois, les jeteuses de sorts, tout ce monde erre au grand jour, sous les clochers bizarres, dans le haut pays qui chante. Car Pourrat est un conteur jovial. Sa prose est traversée du prisme ésotérique, mais les maisons, au milieu des bois, sont gaies. Il s'y entend des airs de bourrée. Qu'importe les malfaisances de « la bête noire », les sorcelleries de Gaspard, les vaches maléficiées, les enfants ven-

1. Jean Larat, *Panorama des lettres en Auvergne.*
2. Henri Pourrat, *Gaspard des Montagnes,* Prologue.

dus au diable, la nuit des trépassés, les « allures secrètes du maître », les coups de fusil et diableries, si, par ailleurs, le « château des Sept Portes » est merveilleux. Tel voleur de moutons guérit un curé, alors qu'en général les curés sont eux-mêmes guérisseurs. Les margandiers, les « messieurs des bois » passent comme des missionnaires d'un monde à l'envers. Simion la Canaille fait parler de lui dans les veillées.

Au château de Roche-Savine, il est question d'une ogresse et le brouillard enveloppe jeuselou du dimanche. L'orage gronde au moulin de Martial. Il y a les « manigances de la Poule-courte ». Partout on se rejoint, l'on se dispute et quelquefois on répand ses entrailles au milieu des terreurs et des silences d'une vieille hostellerie, tandis que, là-haut, pérore l'ermite et que les bûcherons s'affairent dans la sombre forêt de Virennes.

Une fresque de l'horreur et de la douceur de vivre. Sous la lune déclinante, Pourrat fait passer en rangée ses damnés, ses conscrits, ses déserteurs, ses postillons et ses voituriers, allant sur la route du Puy.

Pourrat colporteur d'un certain magisme auvergnat, d'une certaine religion de la nature livradoise, allait, l'encrier dans sa musette, interrogeant la montagne.

Devant elle il s'asseyait et la montagne parlait.

Elle lui faisait confidence de la « musique des bois », des propos tenus dans les « couvents fermés », des bizarreries de « la nuit et ses lanternes », des secrets de chiffonniers et des bavardages des mendiants.

On parlait devant l'âtre de la « messe du prêtre mort », d'une lettre des îles, du cavalier « tout noir monté sur un cheval au harnais gris d'argent », prenant rendez-vous avec un conducteur de cabriolet dans la forêt de La Chaise-Dieu. Pendant ce temps les torrents s'enflent ou se désenflent et des silhouettes marmoréennes murmurent dans la brume. Un fantôme « coiffé d'un pot » passe dans ces contes qui, sans être féeriques à proprement parler, sont pleins de rebouteux, de bouviers prononceurs de messages, de bals et de jeux de quilles, de mariages, de complaintes, d'amourettes, d'assassinats, de têtes de veau mugissantes, de spectres du « bois des fourches », de sangliers et d'ânichons changés en ânes sauvages...

Pourrat fait halte au clair de lune et contemple les levers de soleil. Il écoute les bossus endoctriner les pâtres, suit les muletiers à la trace, ou guette « les morts qui viennent mordre ». « La nuit, dit-il, appartient aux morts. D'entre les pierres et les genêts leurs esprits se lèvent » et l'air est plein de leurs « montants fantômes qui cherchent le sang... Une foule invisible est là qui se presse, comme à ces messes que vient dire, avant le jour, un prêtre défunt ».

Tel est, dans « le vent de la montagne », Henri Pourrat le mage. Ses « nuits terribles », ses « mauvaises présences » ont perpétuellement un « jour qui se lève » au cœur des « vaillantes farces et aventures » de ses héros, remués dans *Gaspard des Montagnes* [1].

Finalement, sur toute son œuvre court une onde secrète. Elle fait vibrer l'Auvergne inconnue avec ses brigands et ses chevaliers de misère, ses dieux folkloriques, ses kabbalistes populaires et ses innombrables revenants d'un magisme lointain.

Dernier barde occitan, Boudon-Lashermes

Sur les bords de Loire, la route Le Puy-Valence nous emmène vers La Roche rouge, candélabre incandescent, « La Peyre-Ardre » comme pour nous montrer lumineusement le Velay cévenol, ses pins noirs, ses rocs et ses manoirs. Mais, à l'orée de Brive, surgit d'abord, entre les grands arbres, la maison du Maître de Mercœur, logis denticulé, plein d'escaliers secrets. C'est ici, à l'entrée du défilé, que chemina George Sand, qu'elle s'arrêta, séduite par cette Roche rouge échevelée, noircie par les ténèbres.

C'est ici que naguère on découvrait un personnage étrange, Boudon-Lashermes, le dernier barde vellave, le savant érudit visité des quatre coins de France.

« Étrange » veut dire, sous notre plume « hors du commun » et non pas bizarre, « extraordinaire » et non pas extravagant.

Ermite de science, enfoncé dans l'univers de ses manuscrits, il fut, à sa manière, un prince de l'érudition. Son palais : cette gentilhommière épique, flanquée d'une tourelle et d'un beffroi, munie d'une chapelle, avec un parfum d'encens et du mystère autour. Sa cour : de jeunes et vieux compères, disciples de Clio, muse de l'histoire et des poètes. Son royaume : aux confins du réel et de l'imaginaire, le Velay entier, la province et bien au-delà, les contrées lointaines de nos origines.

Mercœur garde présentement le souvenir du maître, grâce aux siens. Mais d'autres fidèles veillent sur l'ombre disparue. Au fond des salles, Boudon-Lashermes, silhouette familière, semble accuser présence. La vision s'impose. Le savant paraît se dessiner dans la transparence des labyrinthes. Sous l'effet d'un pinceau de lumière,

1. *Gaspard des Montagnes,* Éd. Albin Michel.

on croit voir le personnage passer et repasser dans les couloirs, œil scrutateur, bésicles en bataille. Rondelet, joufflu, vitupérant sous le chapeau pointu, le meilleur pontife de l'histoire régionale est ici le grand souverain de sa légende. Il est entré dans cette légende par la seule force du talent, malgré quelques détracteurs.

Il y en a toujours pour les hommes supérieurs, mais le dénigrement ne fait qu'exalter leur destinée. Les dépréciateurs obscurs ne savaient pas ou ne savent pas que cet homme était dans le secret d'un art particulier, celui de l'inspiration historique.

Boudon-Lashermes était l'ami de Mistral et de Bernard Marque. Ce dernier est connu en Aveyron-Limousin et dans toute l'Occitanie. Mistral écrivit pour Boudon ces mots élogieux : « Le Baïle vellave de l'École félibréenne de Pierre Cardinal, Maître Boudon-Lashermes, nous régale aujourd'hui d'un recueil de poésie épique : *Gloires oubliées.* »

Ainsi, dans l'abandon peuplé de sa thébaïde littéraire, cet inspiré de l'érudition menait une vie érémitique, parmi la jungle de ses bouquins indéchiffrables.

Si la cloche venait à sonner, le Maître de Mercœur jetait sur ses épaules une pèlerine entièrement doublée de rouge et passait la tête à la fenêtre :

– Un instant dans mon boudoir, un instant ! Et je suis votre serviteur ! criait-il au nouveau venu.

Malheureux visiteur... quatre heures après, il était encore sous le charme du Maître qui montrait ses pastels, son théâtre de cinquante personnes, ses miniatures épinglées aux murs dont une représentait un consul de Roche en Régnier, fameuse baronnie. Ce consul, style Louis XIV, portait une écharpe rouge. Le Maître de Mercœur adorait le rouge. Au passage, il nous vantait une chéchia de spahi qui, dans sa rubicondité passée, trônait sur la tête d'un sénateur de l'époque 1900. Les couchers de soleil sur le Bosphore, peints sur gravure, lui arrachaient ce cri :

– Vous devriez aller dans ces régions, le ciel y est d'un bleu-vert merveilleux. Et le pays des minarets, regardez ces ombres coiffées du croissant. Ah ! l'Orient, l'Orient, messieurs !

Enfin, le visiteur, perdant patience, se frayait chemin parmi ces lieux emplis de manuscrits et de mystère.

Il était ainsi, le Maître, vivant dans son au-delà magique. Il était un magicien truculent de l'érudition austère. Mais quelle fougue, quelle ardeur joyeuse !

Lorsqu'il n'était pas attelé au manuscrit de son *Velay gallo-grec*, il versait l'enthousiasme autour de lui. Son esprit planait jusqu'aux rives océaniques, d'où étaient venus les Atlantes. Ah ! les Atlantes, quels mots brûlants s'exhalaient sur ses lèvres, quand il en parlait de la sorte :

– Au temps de leur puissance, les Atlantes, proches voisins des premiers habitants de la Gaule, avaient eu avec eux des rapports fréquents et c'est pourquoi nous retrouvons en Velay, en Quercy et dans d'autres provinces le culte de leur dieu Poséidon, divinité dont les rites furent conservés à la fois par les Grecs et par les Vellaves.

– Mais l'île sacrée des Atlantes, où donc la placez-vous ? demandait-on au lyrique chercheur. Est-ce Heligoland ? Ou plutôt est-ce à neuf mille kilomètres de l'île, dans ces fonds sous-marins où se dessinent des murailles circulaires ?

Alors le Maître de Mercœur citait Gaston Cohen : « De terribles secousses sismiques, suivies de raz de marée, ravagèrent une large portion de territoire qui disparut sous les flots. L'île sacrée des Atlantes aurait été engloutie avec ce château royal magnifiquement orné d'or.

« Rappelez-vous, mon cher, que Jullian, en parlant du Limousin, du Velay, du Quercy, bref de tout le pays celtique a écrit : " La Gaule est le pays où l'or foisonne. " Rappelez-vous aussi que Léon Renier, dans son *Encyclopédie,* affirme : " Ce furent les anciennes capitales gauloises qui devinrent les capitales de l'orfèvrerie : Limoges, Paris, Rouen, Le Puy, Amiens, Troyes et Bourges ! " Alors pas étonnant que l'or ait été abondant dans le temple de Poséidon. Lorsque l'Atlantide s'effondra dans la mer, les Noirs pillèrent ce qu'il en restait, se ruant sur les récifs émergés de la catastrophe. » M. Guy Bonhomme, disciple de Boudon-Lashermes, auteur de plusieurs ouvrages, nous certifiait que son maître était un « initié » et que son comportement relevait parfois de l'étrange. Un jour il disparut à ses yeux, pour reparaître brusquement dans le manoir voisin de Mercœur. M. Bonhomme trouvait ce phénomène inexplicable. Sur ces quelques traits, un souvenir personnel. Je vins un jour saluer, pour la dernière fois, cet homme soudé à son fauteuil par la fatigue. Son corps le trahissait souvent, mais son âme était vaillante. Il se relèverait, me dit-il.

Tandis que l'âtre flambait, il saisit un tisonnier et d'un coup sec, rabattant le revers de sa cape rouge, il conclut encore, remuant la braise :

– Les Celtes du Velay, du Limousin et du Quercy, avaient, monsieur, le cœur vaillant comme ces tisons ! Si je n'étais malade, je vous mènerais vers les fours de Chapteuil, où se fabriquait l'or. Nous monterions plus haut. Alors, sur la montagne de la Marine, je vous ferais voir la mer lointaine, cette mer dont les flots brillèrent sous la barque agitée des ancêtres vellaves. C'est de là-bas que nous sommes venus, c'est là-bas que je voudrais retourner ! Dans notre monde en fusion elle seule reste bienveillante !

Sur ces mots je me retirai, décidé à me servir un jour de ma plume, comme d'une rame, pour naviguer un peu entre ces vagues d'or et d'argent, près du gouvernail où l'homme cherche le secret de ses origines. Périlleuse aventure et prétentieuse croisière, mais dont les sillages d'émeraude nous grisent toujours, sous les voiles déployées. Malgré tout, il fait bon rêver sur les cités perdues, comme le Maître, et s'attarder sur les pistes des tribus. Dans le bruissement des fonds marins, comme au bord de l'estrade désherbée, nous retrouvons l'écho de la patrie. Nous le retrouvons surtout en Velay, près du manoir de Boudon-Lashermes, où la clochette à longue chaîne sonne parfois l'appel des ombres.

L'énigme d'Alexandre Vialatte, traducteur de Nietzsche

Chroniqueur inconformiste, traducteur émérite de l'œuvre de Kafka et de Nietzsche, virtuose de l'humour, Alexandre Vialatte est une sorte de phénomène des lettres. « Comment peut-on, écrit Jean Larat, être érudit, romancier, germaniste et ambertois, sentimental et humoriste ? C'est l'énigme de Vialatte. » Humaniste d'un univers parallèle, Vialatte était une sorte de « Trismégiste ».

Personnage composite et subtil, à la manière de ses descriptions, où le figuré s'imbrique dans le réel, comme une potion magique. On dirait, à l'écouter – car sa langue est sonore – un Bouddha prononçant des sentences, au son de quelque tam-tam lointain, un de ces « éveillés illuminés », ou Çakya-Mouni de la Chine bouddique. Ses phrases, sculptées dans le Tibet auvergnat ont inventé un nouveau genre. On se croirait dans le Nirvana. On se croit aussi en Bavière, quand il traduit Thomas Mann, Bertolt Brecht, Hofmannsthal, Goethe, Émile Ludwig, Franz Werfel, Gottfried Benn ou Philippe Wittkop. Il a particulièrement bien traduit *La Muraille de Chine* et donné trois romans, dont *Battling le ténébreux,* où il conte le premier amour d'un lycéen persécuté par les farces de ses camarades et taxé d'un surnom de boxeur. Correspondant de *L'Intransigeant* en Allemagne, ayant séjourné en Égypte, cet écrivain à la fois exotique et régionaliste, avait une plume double. Exubérant et froid, il était une sorte de Janus arverne, tête à double visage proférant des maximes courtes sur le passé ou l'avenir de l'Auvergne. Ses chroniques relèvent du rite et du mystère. On imagine Vialatte, une plume à la main droite et une clef dans la main gauche, pour vous ouvrir les secrets de son humanisme, à première vue bizarre. Il y a du Rabelais ou du Shakespeare dans son style, presque surnaturel. Le prosaïque s'y dispute à la grâce et l'élévation. Toujours bigarré, varié, hétéroclite, accouplant les contraires, plein de trouvailles singulières, à la fois romantique, froid et sarcastique, Vialatte est une sorte d'écrivain gothique, perdu dans notre modernité standardisée. Ses phrases, à l'emporte-pièce, truffées d'éléments hétérogènes, étaient des fleurs. Leur débit roulait lentement de ses lèvres sereines, génératrices d'ondes captées sur parchemin d'Ambert. Car on a cette impression de mots gravés par apophtegmes, tels les « dits » de quelque Socrate, frappant la sagesse en sentences. Laconique mais jamais dogmatique, Vialatte, très espiègle, n'avait rien de prudhommesque et pourtant ses mots étaient gravés. Citons, par exemple, ses fameuses chroniques du journal *La Montagne,* se terminant invariablement par cet aphorisme :

« Et c'est ainsi qu'Allah est grand ! »

De ses œuvres en mosaïque on extrait souvent cette phrase : « L'Auvergne produit des ministres, des fromages et des volcans. » Ou bien : « La foudre en boule roule aisément sur ces pentes d'Auvergne, raides et dénudées, poursuivie par les petits bergers. » Ou encore : « L'Auvergnat est un gros homme, vêtu de noir, coiffé d'un chapeau de même métal qui élève des vaches rouges et vend de l'eau minérale... Son pouce, nettement " opposable ", lui permet de saisir fortement ce qu'il attrape et de ne le lâcher qu'à la dernière extrémité... L'Auvergnat descend de ses ancêtres. Peu de gens, en France, descendent encore de leurs ancêtres. Mais l'Auvergne fait exception..., elle jouit d'un climat modéré, dont on bénéficie dans son entourage comme de l'ombre d'un marronnier. Ses enfants sont petits, bruns, nourris de saucisson... On les voit dans les processions. Le reste du temps ils se roulent dans l'herbe, marchent à quatre pattes et poussent des cris perçants... Quand le touriste passe, ils se cachent dans les buissons en serrant sur leur cœur leur livret de caisse d'épargne. On les attire avec du lard..., etc. »

De Jules Vallès à Jules Romains, l'Auvergne des profondeurs

Vialatte écrivait encore : « Il faudrait expliquer les occultes puissances, les fluides et les ferments de cette université de Clermont qui catalyse les réactions du cerveau devant les faits et semble donner du génie à la postérité de ses recteurs : ainsi dans le cas de Bourget... Il faudrait rappeler que Barrès était d'origine auvergnate. »

Vialatte n'y ajoutait pas Jules Vallès, Vellave de race, au style vif, taillé dans le basalte. L'auteur de la trilogie de Jacques Vingtras écrivait : « J'ai eu une existence assez meurtrie, j'ai frôlé bien des existences bizarres, j'ai vu le dessous de bien des choses, j'ai été mêlé à de grands événements. Je vise à écrire une œuvre où sera raconté le malheur de ma génération. J'enfermerai trente ans de sensations dans le cadre de la politique et de l'histoire et il y aura de la misère, des sanglots et des fanfares, des portraits d'heureux, des paysages de bataille, des odeurs de campagne... Je voudrais qu'après avoir lu ce livre la génération qui vient nous plaigne, nous pardonne et nous aime [1]. »

Dans ce raccourci est la personnalité de Vallès, l'enfant et le réfractaire qui passa une partie de ses vacances chez un oncle, curé de Chaudeyrolles, à l'ombre du mont Mézenc, « empereur des Cévennes ». Là-haut, au cimetière, près de l'église, il rêvait de grands voyages : « Il n'y a pas d'enfants pour jouer avec moi. Il souffle un vent dur qui rase la terre avec colère parce qu'il ne trouve pas à se loger dans le feuillage des grands arbres. Je ne vois que des sapins maigres, longs comme des mâts et la montagne apparaît, là-bas, nue et pelée comme le dos décharné d'un éléphant. Il y a des chemins aux pierres grises, comme des coquilles de pèlerins et des rivières qui ont les bords rougeâtres, comme s'il y avait eu du sang. L'herbe est sombre... Cet air cru des montagnes fouette mon sang... Ici le ciel est clair et, s'il monte un peu de fumée, elle monte comme un encens du feu de bois mort allumé là-bas par un berger... »

Ces phrases à l'eau-forte, pour reprendre le mot de Scholl, trahissent une âme haute et non pas « basse », comme le voulait Goncourt. Vallès eut de la pitié pour les protestants du Velay, pour leurs sectes répandues sur le plateau. Écoutez-le : « " Maclou, le protestant, il est au lac de Saint-Front. C'est là qu'ils ont fait leur nid, nid de vipères ! " siffle la " tête de serpent " (un curé maigre qui jette de côté et d'autre des regards qui me font peur). Il y a donc des protestants. J'ai lu ce qu'on en dit dans la bibliothèque de Chaudeyrolles et les protestants qu'on a brûlés, qu'on envoie en enfer, me semblent une race de damnés... Je pense tout le long du chemin à la Saint-Barthélemy et je vois des croix rouges sur le ciel

1. Lettre à Hector Malot, début 1875.

bleu... On m'a dit d'aller vers la hutte à gauche, je n'ai qu'à dire que je suis le neveu du curé et on me montrera les protestants. " Quant aux protestants, me dit l'homme, il y en a un qui est justement là-bas, debout dans le sillon. " Il a l'air dur et triste, maigre, jeune, le menton pointu et raide comme une épée. Est-ce que les gendarmes ne le surveillent pas ! Lui parle-t-on ? A-t-il un boulet ? » Ailleurs [1], il évoque une sorte de superstition pour le chiffre treize. Ce révolté contre la tradition, ce coléreux blessé était pourtant un humaniste, un franc-tireur lucide, mais un solitaire plein de contradictions secrètes. Il se disait lui-même une sorte d' « émigré » en ce monde qui le torturait.

Moins empoignant et plus intellectuel est son compatriote Jules Romains, à cheval sur la frontière arverno-vellave.

Jules Romains a dit quelque part de son Velay natal qu'on y rencontrait un certain goût pour le mystère, une certaine propension pour le fantastique et le légendaire. L'illustre auteur des *Hommes de bonne volonté* et de *Cromedeyre-le-Vieil,* mais aussi de *Violation de frontières,* etc., a tenté en effet, selon André Bourin, de « nous arracher à notre monde, pour nous faire explorer l'au-delà ». Dans *Saints de notre calendrier* on le voit toujours préoccupé par les phénomènes de voyance et de médiumnité.

Exploration « incertaine et qui n'apporte de solution à aucune énigme, mais qui nous montre combien les problèmes posés par la survie de la conscience, la présence impalpable de l'au-delà préoccupaient Jules Romains ». On trouve en effet, dans ses descriptions des Vellaves, « ces tendances profondes de leur terroir et de leur race », pour reprendre les termes de l'académicien. Face au « suc de Chapteuil aussi beau qu'étrange », face aux collines de Laussonne, « d'un gris profond et spirituel » le maître reste ésotérique. Il nous aide à retrouver « Ceux de Cromedeyre » et ses « anciens, assis au nombre de treize », à l'abri des pitons noirs, « où règne un bruit régulier de torrent et de vent ». Il s'agit aussi d'histoires authentiques, vécues derrière « les saillies du roc », en ces lieux rudes et farouches. Ces histoires volontairement disséminées, forment une même trame. Elles emmènent rêver sous les feux de l'été, vers ces territoires de l'étrange où rien n'est austère, mais où chaque pas engendre le mystère.

Un tour d'horizon passionnant sur cette terre des merveilles, dans les montagnes du Meygal, par ces contrées « aux flancs ravinés », chez les faiseurs d'or et les amateurs de batostes, chez les pré-

1. *L'Enfant,* Librairie générale, Livre de poche, 1972, p. 140.

servateurs de légendes serties dans le roc. Pays d'une beauté inviolée et panorama de l'étrange, où tout semble « compact, inébranlable, impénétrable », mais où les « couleurs sont celles du printemps qui commence », où les gens sont heureux et « cousins avec le vent ».

Il existe, en effet, au cœur du Velay, une sorte d'arrière-pays à la beauté sauvage et fleurie. Contrée austère, dressant, sous un ciel méditerranéen, ses pics échevelés ; recoin de montagne fabuleux où se nichent entre le ressaut des monts, les vieux bourgs de lauzes.

A demi fermé, dans son cintre de volcans éteints, ce pays-là fut, jadis, un monde à part. Monedeyres, le village tassé aux cent cheminées, a depuis toujours senti le silex, le basalte et la pierre à fusil. Fortement adossé à la Cévenne, ce hameau de Queyrières-le-Bas resta longtemps incivilisé. Son histoire est tissée de révoltes contre le pouvoir central. Sous les grimoires des procès, une âme semble encore palpiter, celle des bergers du vieux Monedeyre, s'octroyant par la violence le droit de pacage sur les terres de l'évêque.

Plus en retrait, au sud, fuyant les coulées de lave, ses deux voisins, La Chapuze et Chapteuil ouvrent leurs fenêtres au midi. Ces deux bourgs, sertis dans le basalte, comme Monedeyres-le-Vieil, renfermèrent, eux aussi, une peuplade d'origine inconnue.

Rebelles aux conquêtes romaines, ces Vellaves-là avaient défié l'invasion, mais ils durent subir l'apport féodal. Depuis, acculés dans leurs montagnes noires et rivés sur leurs cimes altières, ils ont gardé leurs mœurs propres. Un bon Vellave de ces parages refusait naguère la dépendance totale. Il entendait n'être tributaire de personne, hormis de son Dieu. A la longue, ce sentiment héroïque de terroir s'est allégé. Hommes et femmes ont commencé à dévaler de leurs collines tondues par le vent. Ceux qui sont restés, levant les yeux de leurs sillons, ont élargi leur horizon. Au siècle dernier, ils ont fait mieux. Ils nous ont livré la gloire de leurs berceaux. Le pays de Cromedeyre-le-Vieil a donné au monde Jules Romains. Et c'est toute la vallée de Queyrières, de Monedeyres, de La Chapuze et de Chapteuil qui revendique le chantre de la terre vellave, le poète de la vie moderne, le champion de la *Vie unanime*.

Jules Romains, de son vrai nom Louis-Henri Farigoule, reçut le jour le 26 août 1885 « à une heure de midi » au plein soleil de La Chapuze, face au castel des Chapteuil. Ses yeux venaient de papilloter sur des murailles démantelées par les révolutions. Mais peut-être ces ruines, dressées dans le vent, apportaient-elles déjà vers son berceau comme l'écho d'une élégie plaintive, celle de l'âme tendre du seigneur des lieux ? L'histoire nous a laissé en effet le nom d'un hobereau illustre devenu troubadour : Pons de Chapteuil ! Il avait régné là-haut, en 1253, le temps de quelques saisons de Jeux floraux. Puis, délaissant ses terres, il était parti en Terre sainte, où il avait été occis pour la croisade. Sa complainte battant les flancs du berceau de Jules Romains, voilà qui pouvait ressembler à un ordre du ciel.

Si nous ne pouvons pas lire cet horoscope dans le Livre des destins, nous y lisons, du moins, que le seigneur troubadour avait abandonné à « ses richiers » l'administration de ses biens restants. Ce détail a son importance quand on sait que le terme de « richiers » (trésorier du baron) se transposa du nom commun au nom propre, sur la tête des familles ayant rempli cette fonction féodale.

Ainsi la mère de Jules Romains était née Marie-Rosalie Richier, à La Chapuze même, le 14 septembre 1861. Fille de Louis Richier et d'Agathe Richier, elle descendait ainsi d'une double génération de « richiers ». Marie Richier avait épousé, à Saint-Julien-Chapteuil, un instituteur parisien originaire de Coubladour, à la limite de l'Auvergne. De ce côté, les Farigoule étaient apparentés au journaliste érudit Ulysse Rouchon, entré depuis peu dans la postérité locale.

Ulysse Rouchon a d'ailleurs évoqué le témoignage des paysans de La Chapuze sur son illustre cousin, en vacances au pays :

« D'ordinaire, ils apercevaient Jules Romains, dit-il, soit dans la cour, soit à la petite fenêtre de la petite chambre, au-dessus d'une remise à outils, près de la fontaine. Il était le plus souvent assis sur un banc à trois pieds, le sellou... Là il rêvait, face au val ensoleillé. La cousine de l'écrivain égrenait devant nous ses souvenirs, près de cette petite source qui chante encore dans la cour :

— Le cousin, observait-elle, en pointant le doigt vers le monter de grange, aimait bien se tenir là-bas. De cet observatoire, il pouvait apercevoir en principe le plateau de Loudes, où son père était né. » Ainsi, dans le mariage des Farigoule et des Richier, les deux parties de la Haute-Loire se trouvaient unies : celle de l'Auvergne, aux lisières de la frontière arverne et celle du Velay cévenol. « Mais, aimait à dire Jules Romains, mon père avait un profil plus vellave qu'auvergnat. »

Petit Parisien en villégiature, le jeune Farigoule revenait déjà de la sorte à la source du ruisseau, aux racines de l'arbre. Cet arbre généalogique a ses ramifications profondes, tant dans le sol arverne, du côté du hameau de Farigoule, que dans le sol rocheux des hautes terres vellaves. Nous avons trouvé la gent des Richier répandue tout autour du cercle des montagnes de Queyrières et de Monedeyres. A côté du manoir de La Peyre-de-Bard, dans la vallée de Combe-Noire, voisinant les statues hiératiques, type « île de Pâques », disposées en créneaux, se trouve la maison de Jules Romains, ou maison Richier. Généralement le brouillard, qui noie la vallée, laisse émerger, sur la gauche, les pyramides des « deux monts », séparés par une crevasse gigantesque. C'est là-haut que Jules Romains, intrépide vacancier, n'hésitait pas à monter. Le suc de Bard ou Peyre de Bard, hérissé vers le ciel, est une dent affûtée par des siècles d'érosion. Avec ses assises puissantes contre les Cévennes, il ressemble au Stromboli. La brèche béante qu'il ouvre sur Monedeyres fait penser au golfe sombre de la mort. Dans le fond de cette brèche, un bruit de grandes eaux, celles de la Sumène, arrivant par petites cascades du massif de Testevoire. Paysage tantôt âpre, tantôt lumineux et riant. Du reste le panorama s'éclôt, enfanté par la disparité. On grimpe vers ce massif par la route en lacets qui enserre Queyrières. Nous voilà au-dessus de Cromedeyre. Panorama des plus grandioses. Il semble qu'on change d'âme au fur et à mesure de l'ascension. Tout en bas, Monedeyres confond ses lauzes et ses cheminées que cime le fameux clocher sans paroisse et sans curé, thème essentiel de *Cromedeyre-le-Vieil.* Autre thème : on sait que les « copains » de Jules Romains essaient de trouver le lieu géométrique de la façade de la mairie d'Ambert « sorte de grosse rotonde ». Mieux, pour galvaniser les gens d'Ambert, pour revitaliser leur torpeur, pour créer chez eux un choc émulateur, sept jeunes cabalistes, à la manière des potaches faiseurs de canulars, batifolent dans la ville. Et notre équipée de trublions porte la drôlerie jusque dans les lieux saints. La statue équestre de Vercingétorix attend son inauguration. Sur la place, on s'apprête à solenniser ; agitant leur grelot de folie, nos sept enragés sèment la turlupinade. Scandale chez les bourgeois, consternation chez les autres. Les gens bien-pensants de cette ville provinciale ne pourront amortir un tel bruit, ni dompter leur colère. Car ces sept têtes à l'envers arrivent de la butte Montmartre. Et cette bourrasque, partie de là-bas, soufflant dans le Puy-de-Dôme, a la force d'un ouragan. Ce gros vent emmène en trombe nos têtes éventées vers le Velay. Leur cyclone ne s'arrêtera que sur les cimes du mont Testevoire, précisément au pied de la cahute forestière. On connaît la suite, le souper des sept sages facétieux, sous les constellations. Il n'y manquerait que le candélabre à sept branches, si nos « copains », dans le « vent », ne continuaient sur leur foulée joyeuse, renversant les uns sur les autres leurs coupes de Saint-

Peray. Après nous avoir montré ainsi qu'ils n'avaient pas le vin triste, ces sept apôtres sont loin d'être sans cervelle. Ils ont en main *Le Bréviaire de la Sagesse facétieuse* et le *Manuel de la Déification,* de Jules Romains, fondateur de la fameuse théorie de l'unanimisme. On peut y lire ceci : « Arrachez parfois les groupes à leur torpeur. Faites-leur violence. Choisissez une rue molle... La rue pensera fortement quelqu'un qui sera vous... Augmentez le consentement, avivez la fureur ou la pitié des hommes. Et pensez le groupe. »

L'histoire du père Lathuille était de même thème. Ce faux missionnaire était monté en chaire d'Ambert. Faisant sonner là-haut une homélie ardente, notre théologien improvisé, beau diseur d'éloquence sacrée, n'était autre qu'un nommé Benin. C'est lui qui avait guidé ses six collègues sur les pentes de Testevoire, sous le gîte bucolique désormais fameux. En quittant ce vide-bouteille de la forêt du Meygal, nous redescendons vers Queyrières, la petite patrie, chantée dans *L'Homme blanc.*

Queyrières et Cromedeyre-le-Vieil

Non sans avoir fait halte au sommet de Testevoire, point culminant du Meygal, le regard débouche dans un vaste épanouissement de massifs étoilés, maîtres d'une vallée profonde comme la gorge des dieux. Ici le regard a son échappée sur tout le Velay. Splendeurs titanesques du pays de Jules Romains, évoquées par ses *Journées dans la montagne* ! A l'horizon, le mont Blanc, perdu dans le zénith et la dentelure des Alpes ; vers la gauche, les monts d'Auvergne. Au centre de ces parages magiques, Le Puy, aspérité féerique, coiffée de sanctuaires. Ses toits rouges scintillent telle une robe lamée, frangée de dentelles. Dans la crevasse, encadré d'un somptueux manteau de forêts, Chapteuil, avec ses remparts brisés, où l'on place la rencontre de Pons de Chapteuil et de Bertrand de Ganges.

A nos pieds, la montagne, vivante, résiste à l'assaut des rangs serrés d'une sylve farouche ; quelques éperons fantomatiques gênent l'ascension de la forêt, émergeant résolument de cet océan incliné. Queyrières se serre contre son roc strié de basalte, où volontiers l'on voit arriver le colporteur de Cromedeyre. Il récite dans l'oreille ces vers de Romains :

J'ai tâté de Cromedeyre.
Le chemin qui vous amène
Contourne longtemps le roc...

En suivant des yeux cette route sinueuse, tel un reptile, on entre dans le village « serré comme une mie de seigle, comme si l'on avait coiffé le roc, brillant d'un rond de pâte... Il n'y a là-dedans qu'une seule ruelle qui se replie et se tortille... On découvre enfin, vers le milieu, une sorte de place bien close ».

Pour qui a joué, enfant, sur cette place, une émotion intense s'empare de lui à lire Jules Romains. Ces toits de lauze qui se courent les uns sur les autres, pour se garder du froid, ce pourrait être tout aussi bien Monedeyres que Queyrières. Mais l'écrivain a pris position dans sa réponse à André Bourin, au chapitre II de *Connaissance de Jules Romains*. Il avait spécialement dans les yeux l'arrivée à Queyrières, par le chemin montant.

Et nous enfonçant vers ces ravins, comment ne pas songer aux laboureurs de Monedeyres, qui ont vaincu ces contreforts. De gradin en gradin, ils ont escaladé les hautes barrières des roches, ils ont pris pied dans les gorges, ils ont percé les forêts et les vallons. Et puis, comme ils n'étaient pas d'accord avec Queyrières, le village du haut, ils ont construit leur église, tout seuls, sans rien demander à l'évêque. Dans sa même réponse à Bourin, Jules Romains situera géographiquement Cromedeyre. Aucun doute possible, Monedeyres et Cromedeyre s'identifient. Ils ont la sonorité occitane et leurs maisons s'attroupent avec la même intensité autour de l'autel rebelle.

L'auteur des *Hommes de bonne volonté* a parsemé son œuvre d'allusions ésotériques. On lit par exemple, dans *Les Hommes de bonne volonté,* cette phrase : « De tous ces phantasmes évanescents tendait à se former une image du jeune homme qui ne logeait tout entière dans aucune cervelle, qui flottait peut-être dans ce lieu mi-abstrait où les représentations errantes, échappées aux individus, mais tout près d'eux encore, vont agir les unes sur les autres. » Il y a aussi les *Fragments de la doctrine secrète du Docteur Knock* qui posaient ceci : « Tout équilibre vital implique une maladie. » Ailleurs il nous entraîne vers « des profondeurs inconnues » que chantent ces vers :

Toujours une forêt ou des monts à franchir encore
Par-delà nous attendait, comme un nid dans la fougère,
Un royaume avec son peuple étrange et des temples d'or
Toute l'aventure était si magnifique et si rare
Que les puissances d'en haut venaient se pencher dessus.
Il leur échappait des cris, la foudre, une poignée d'astres.
Maintenant nous coulons corps et biens dans l'imperceptible !

« Ce royaume de l'étrange, oui c'était bien Queyrières », m'écrivit un jour l'illustre académicien.

Queyrières, célèbre forteresse, érigée sur un bloc de basalte et qui ressemble à Servissac, magnifique féerie de rochers blottis contre le Meygal, sur un pittoresque belvédère.

Paysage tabulaire, où se profilent, sur les étendues, dans leur pose étirée, de noirs personnages, enrochés dans le basalte. Queyrières, l'une des dix-huit baronnies du Velay. Là-haut, dans le ululement des laves branlantes, rayonna un fameux castel, dont les quatre angles se trouvaient flanqués de quatre tours.

Écoutez encore Jules Romains parler de Queyrières, à vol d'oiseau de son berceau, c'est-à-dire à une heure de marche de La Chapuze (villages, observe André Bourin [1], dont Jules Romains, dès l'enfance, put ainsi épeler les syllabes) :

« Ho ! Ho ! Queyrières, Monac, Chapteuil, villages ardus, je vous trouve moins entrés dans le sol que d'habitude ; ou plutôt je sens trop bien que vous n'êtes qu'accrochés, qu'un jour vos crampons tout vifs se sont pris dans le rocher. Mais qu'avant de vous charger d'un lieu de pierres et de feuilles, vous aviez bougé longtemps. Queyrières, Monac, Chapteuil... »

Sur l'horizon des treize volcans qui ceinturent Queyrières, en effet quelque chose a bougé, découvrant au visiteur une profondeur de paysages inoubliables, tel que cet aperçu grandiose des gorges de Monedeyres, au col de Raffy. L'échappée lointaine de collines grises et noires, coupées d'arêtes sauvages, rehaussées de cassures fantomatiques, donne à Queyrières, dans son cercle de montagnes, une inquiétante rudesse, une empreinte de solitude, un visage de l'ailleurs.

Ces hauts lieux souterrains portent comme une sorte de message par des itinéraires oubliés. Sur ces pitons aux grandes pierres, sur ces montagnes velues ou pelées, les lieux sont maudits ou bénis. Sous un ciel toujours pathétique, où se reflètent les feux et les brouillards des vieux villages aux toits de lauze, il y a comme une enveloppe de mystère.

C'est la terre intemporelle, fermée à l'horizon par des remparts naturels, que des créneaux ouvrent sur Le Puy et les hauteurs margeridiennes.

Une terre faite pour anges ou démons et que Jules Romains faisait resurgir encore par ces vers blancs, pleins de lyrisme :

1. *Connaissance de Jules Romains,* Éd. Flammarion, 1961.

Dis-leur que rien ne vaut contre l'amour ;
Dis-leur qu'il n'est qu'un temps pour le flux des délires
Et qu'on vaincra les anges souterrains.
Par le compas, la balance et la lyre.
«Ho ! Ho ! Monac, Queyrières, Ho ! Chapteuil !
Vieilles tribus, ta main les apprivoise.
Leurs songes morts s'enfuient comme des feuilles.

Ainsi vibre, comme un orgue, toute l'œuvre de Jules Romains, parmi ces rocs de Queyrières et de Monedeyres, cathédrales de pierre étirées vers le soleil.

2.

L'Auvergne traditionnelle resurgit

Du papier d'Ambert aux couteaux de Thiers
Les industries et les industrieux

L'Auvergne traditionnelle, telle une force cachée, mais agissante, resurgit sans cesse au travers des faits extraordinaires. Mais l'extraordinaire est souvent dans les choses simples, dans le travail des petites gens, dans leurs mains industrieuses. Bossuet disait : « Industrieux à se cacher. » L'Auvergne fut industrieuse à cacher ses techniques. Le mystère ne s'est guère élucidé sur le secret des papetiers d'Ambert. Origines obscures mais lointaines de ces fabriques et de leurs fabricants revenus des croisades. Ils auraient ramené de la Terre saint leur art de la feuille blanche. Trois d'entre eux, rapporte la tradition, avaient, durant leur captivité chez les Sarrasins, connu le fin du fin de la papeterie. Ils fondèrent leurs premiers moulins à La Dame et Ascalon, près d'Ambert. Avec l'invention de l'imprimerie la capitale du Livradois prit de l'essor. Il en est resté, tel un musée alchimique, le célèbre Moulin Richard-de-Bas, où la feuille blanche continue de sortir des machines de bois, comme à la dérobée, depuis six siècles ; par les salles voûtées, au rythme des maillets, le lutin sautillait, allant jusqu'à bloquer les rouages. Son rire homérique, dit la légende, obsédait le meunier jusqu'au lever du jour. Après quoi le mécanisme reprenait. La feuille blanche, passant de l'ouvreur au coucheur, puis à l'étendoir, a conquis la postérité pour être le « premier papier de France » au filigrane fin, aux éditions rarissimes. Tout cela provient d'un secret jalousement gardé. Les Richard, les Gourbeyre, les Montgolfier et quelques autres avaient seuls le droit de fabrication. D'où les vacations nocturnes, dans les caves, pour assurer un travail hermétique.

On alla jusqu'à travailler au cœur des forêts pour éviter l'espionnage.

De l'autre côté, dans le pays thiernois, le couteau a ses lettres de noblesse au 21 de la rue de la Coutellerie. Ici est le secret coutelier. Jean Anglade a campé ce monde étrange, cette « saga » née sur les rives torrentueuses du pays thiernois[1]. Une petite république de meules et de lames, un monde caché d'initiés. Ne dit-on pas que la maison de l'Homme des Bois, 21, rue de la Coutellerie, avec son géant velu, aurait été bâtie par un alchimiste versé dans l'hermétisme ?

L'âme des burons et les buronniers

Autre demeure, celle des « pastres », les burons, cette cabane ou *chabana* des montagnes du Nord-Cantal. Leur accès, à travers les herbes folles, se fait par un petit chemin. Sur le seuil de la porte, pratiquée au milieu du pignon, une sorte de submersion vous envahit, venue de l'inconscient. On se tait à l'entrée de ce sanctuaire des bergers. Pourquoi ? Parce que la montagne, ici, a ses chapelles de « pastres » dressées dans le vent des altitudes. Chapelles solitaires éloignées, ces antres sont pleins de l'encens du charbon de bois et de l'odeur du lait fermenté. Là se fabrique le fromage du Cantal, la fourme ou « forma » des anciens. Pline cite ce produit de la montagne arverne. Son secret de fabrication nous est venu de père en fils. Dans le buron au sol empierré, l'âme se chauffe d'une tradition immémoriale, sur la pente inclinée vers l'entrée, comme si montait vers la voûte, sorte de nef noircie par le feu, une mélodie celtique. Temple du pâtre, penché vers sa minuscule cheminée, le buron ou « masuc » du Cantal n'est pas la demeure des profanes. Édicule rustique du vacher, il est sa cuisine, son refuge contre la pluie, son paradis à l'extrémité du monde. Car la montagne est ici le pays interdit, aux prises avec la neige et le vent, sous un ciel étoilé que vient zébrer au plein jour une grêle infernale. Haute demeure ténébreuse, arche des chiens et du maître, le buron a son âme et les buronniers promènent hors d'elle tantôt leur désespoir tantôt leurs chants de flûte. Si cette image romantique est quelque peu dépoétisée par nos temps trépidants, le buron c'est toujours l'habitation temporaire, le mas ou petite métairie des aînés ; c'est l'antique *domus fogella* le « fogal » des années 1415, le « masuc » de 1493 cité

1. Jean Anglade, *Les Ventres jaunes*, Éd. Julliard.

dans le *Livre des luminiers* de Salers. Bijou de pierre de la montagne altière. Guérites parsemées sur la crête des volcans. Ici officie le pastour oublié de la vallée. Inviolable au milieu des rochers, visité seulement par la foudre qui roule sur les pentes, le buronnier habitué du feu du ciel a sa vocation herbagère, au milieu de ses grands troupeaux, confronté seulement à la superstition du paysage et à sa propre révélation. Il est le chef de l'« estivade », ce produit laitier de toute la saison d'été. Les bêtes des basses vallées hissées, là-haut, sur leurs pâturages de belle saison, durant quatre mois et demi, vivent en harmonie avec leur vacher et le vacher vit en symbiose avec le sol. Ils sont libres, hommes et bêtes, entre ciel et terre, allant à la dérive du broutage, sur des chemins de nulle part. Les volcans, sur leur passage, ressemblent à des pelouses intimes qu'ils ont tondues sacrificiellement. Sanctuaire réservé au-dessus des brouillards que darde le soleil, hutte parfumée de l'odeur de la brebis et de la vache, mais aussi de fleurs volcaniques, ce saint des saints du fromager-berger a ses cantiques et ses jurons, comme il a son diable légendaire. Deux fois la journée on apporte le panier cylindrique (la gerle), au centre du buron, pleine de lait, qu'on fait cailler. Comme au temps de Pline et de son fromage du Gévaudan, le fromage cantalien, jadis apprécié des Romains, descendra de la bâtisse trapue vers les vallons, produit moderne d'exploitation. Mais il faut savoir que le buronnier a tracé avec son couteau, sur le lait emprésuré, la fameuse croix qui empêche les lutins de faire cailler. Ainsi le fromage descend, exorcisé des mauvais génies de la montagne, au son des mélopées lentes, transmises par l'ancêtre. Rythmé, au pas de la montagne, le rituel de la fourme, marqué du geste de l'homme, s'accomplit toujours, parmi les vaches rouges, sur les sommets cantaliens de la transhumance. Non, le confort moderne n'a pas fait dépérir l'âme de l'estive.

Les Tibétains du haut pays

La montée vers les alpages, loin des étables, au bruit des sonnailles, rappelle encore la « vacade » d'autrefois. Naguère le curé bénissait la vacherie en partance. Les bêtes étaient alors parées de houx et de buis, comme au temps des Gaulois. Entre les herbages, perlés de la pluie du matin, les cochons et toute la famille de la truie, poussés par la servante, se hissaient vers le buron, comme vers la montagne régénératrice. C'était le convoi liturgique et champêtre des « salers » parmi les cornes fines des vaches et les veaux étonnés pris de sarabande. La montagne, au fur et à mesure, parlait au berger. Le roc l'escortait. La terre vibrait sous ses pas, profondément tellurique et les pics fantastiques, découpés sur l'infini, garnis de thym et de bruyère, aspiraient cette montée de l'homme et des bêtes. A Collandres, à Laveissière, à Anglards-de-Salers, le buron est reconstruit. Là aussi, l'Auvergne traditionnelle resurgit. A Cheylade, à Saint-Hippolyte, à Saint-Paul-de-Salers, à Tournemire, se refait le passage moutonnier, comme aux temps néolithiques. Les cases ou chabanelles d'Auvergne, agglomérées de gros blocs basaltiques, avec leurs pierres encastrées en forme de siège autour du foyer, témoignent du gîte buronnier, cinq cents ans avant notre ère, comme aux sommets du Tibet. Mais il avait alors une double application : celle de la pièce fromagère et celle du domaine spirituel des bories, capitelles ou chibottes, composées parfois de trois pièces, dont une cave pour les fourmes. Résurrection pour ces demeures en entonnoir qui ont été modernisées ou restaurées. A Molèdes, à Lavigerie, les siècles renaissent dans ces niches, tantôt souterraines, tantôt saillantes, ateliers pastoraux couverts de lauze ou de trachyte en feuillets. Fantôme des puys, le buron hivernal, colosse accroupi, ressuscite à l'été des volcans, avec sa croix qui pend sur la porte. Habitat hermétique, dont l'obscurité diaprée des filtres rouges du soleil incite le maître à la romance. Mais archaïque logement aussi, voisin des roches abruptes de Peira arsa. Ici la pierre brûlée se hérisse sur le Peyre-Arse, surgissant dans un cirque pénombré d'autres sommets plus noirs : le puy Mary, le Plomb du Cantal et tant de laves échevelées. Telle est la vie et le cadre des burons. Ces « oustaous », où l'on vit encore en sabots, où la mort et la vie ont un livre d'or étincelant, où les mots sont rares et où l'espace seul porte son écho. Quelques aboiements de chiens saluent une cloche lointaine d'église. Ainsi vivent, dans un monde à part, les « loups de la montagne », vieux buronniers à la vêture déguenillée. Mais leur bâton est un sceptre. Ici est leur royaume tibétain et celui du taureau antique, presque mythologique.

La patois auvergnat et la nouvelle Occitanie

Le gardien de ces taureaux et des bêtes à cornes de la montagne est un dominateur. C'est lui qui dompte le ruminant, le prenant aux cornes et au cou, le renversant les quatre pieds en l'air. Pierre Besson, qui fut berger, a brossé dans *Le Pâtre du Cantal,* les traits du vacher Caraud, aux jarrets velus, aux habits « couleur de la bête », ceint d'un tablier de cuir, appuyé sur son bâton aux nœuds sculptés d'une figurine, tête de porc ou sabot de vache. « Il s'en va, droit, ferme, comme un taureau de Salers, épaules arrondies aux muscles saillants... casquette en peau de chien, oreilles poilues, longs cheveux grisonnants, nez renflé coupé d'une balafre, face basanée, plantée de crins sauvages. »

Le pâtre de Pierre Besson n'est autre que lui-même, né à Cheylade, dans les gorges de la Rhue descendue des monts du Cantal à travers la forêt de Claux. Dans cet empire de pâtures, on use toujours du dialecte occitan. Le dompteur de taureaux de Pierre Besson parle en patois à ses bêtes, comme il y a quatre cents ans : « Lorsqu'il élevait la voix et qu'il leur posait sa grosse main velue sur le jarret, elles se mettaient à trembler comme des feuilles... Toute la montagne vivait en lui, semblait parler dans son rauque patois, dans sa voix mâle et forte... D'autres fois il posait son large pied sur l'âtre et, le coude appuyé sur le genou, il chantait, un doigt dans l'oreille, une heure, deux heures de temps, sans s'interrompre... des chansons de solitude, des complaintes, des regrets, paroles simples sur des airs anciens », en occitan bien sûr.

Des airs anciens... Oui l'Auvergne resurgit, avec la vieille Occitanie.

Occitanie, Occitanie ! Ces mots grincent mal parfois dans le vent des sommets auvergnats. L'Occitanie, qu'est-ce donc, une marque de fabrique, un slogan gauchiste ou la septième bête de l'Apocalypse ?

C'est la nation du pays d'oc, répondent les jeunes mouvements. De Limousin en Dauphiné, d'Auvergne en Languedoc, de Gascogne en Provence, une certaine Occitanie crie son indépendance et là aussi une certaine Auvergne resurgit. Mais peut-être ici le sang appelle le sang et les mots sont des magiciens, dont il faut savoir retenir les sortilèges. Quoi qu'il en soit, ce vieil espoir, celui qui refleurit sous la croix pommetée d'or, est un réveil mystique. Et puis la vraie Occitanie, une Occitanie culturelle, celle qui sait confondre son grand espoir dans le « gai savoir », n'est-elle pas la vraie Occitania résurgente ?

Après un long cheminement, après l'étouffement, elle parle. Cette Occitanie-là n'a jamais été et ne sera jamais une galéjade. Elle n'est pas un rêve éphémère au royaume des fantômes. L'Occitanie fut prospère au Moyen Age. Elle a existé au royaume des brumes. L'Occitanie, un très antique pays dont Michelet situe le berceau dans cette « vieille terre de Languedoc », où les géants ont laissé leurs traces. Certains de leurs noms illuminent la préhistoire. Par simple interférence dans la toponymie. Par une sorte de transmutation dans la première langue du pays d'oc. Langage et linguistique, science onomastique et recherche des civilisations perdues, légendes vraies surgies derrière les collines, mystères écrits ou parlés caressés par la tradition, comme la mer caresse dans ses vagues l'Atlantide enfouie, tout cela, fort lointain ou présent, compose la recherche fabuleuse du premier socle de l'Occitanie. Était-ce l'Auvergne ? Pour répondre il faut avancer vers les millénaires où s'estompe, vibrante et tragique, l'ascension du pays d'oc, sous l'étendard frappé de la croix d'or. Si le premier langage des Occitaniens est diversement connu ou inconnu, si les contes toponymiques ouvrent grande la porte aux interprétations initiatiques, l'histoire médiévale de l'Occitanie rutile de tous ses brillants. Partout, au revers des chemins creux, cette histoire fait vibrer des tambours roulants ou fait couler le sang. D'Auvergne au Val d'Aran, dans l'État espagnol, se croisent et se recroisent les sentiers où l'on disait « oui » d'une certaine manière ; on disait « oc » et ce premier cri de l'enfant, pour sa patrie, accompagnait légendairement le geste de deux mains du nouveau-né : l'une de ses mains était ouverte, l'autre avait le poing fermé. La main ouverte pour saisir celle des autres et sortir du berceau. L'autre main pour frapper du poing et se défendre de l'écrasement. En Auvergne ou en Velay les croix occitanes elles-mêmes parlent. Après le sommet de l'Ermitage, près de Saint-Vidal, fleurissent les sigles occitaniens, à l'endroit où prend naissance Le Puy-en-Velay, cité languedocienne. Là, une croix occitane, à la découpe rudentée, n'est pas la croix cathare. Mais elle en a le désespoir, un désespoir noir, où s'estompent les suppliciés cloués sur les gibets.

Cette croix, comme tant d'autres, étend ses bras écourtés sur le pays d'oc, dans un geste révulsif, comme pour marquer l'horizon de ce liston : « Par ce signe tu vaincras ! »

Signe d'holocauste noir et de survie...

C'est un peu la croix sombre d'Occitanie, aux frontières de l'Auvergne et du Velay, la croix de Languedoc, dont les ors furent teintés de sang et que vient redorer depuis Burgos, le chant désespéré des condamnés.

Ces croix, c'est tout le symbole de l'Occitanie à travers les annales de sa survie.

De multiples récits incarnent cette survie au-dessus des gouffres et des rivières, derrière les garrigues et les coteaux, au sein des cavernes et des vallées. Le roman, la chronique mêlent leur apport pour édifier, en dialecte du pays, les sept premiers piliers de l'Occitanie.

Ces sept piliers ont pour base le Languedoc, l'Auvergne, le Limousin, la Provence, le Dauphiné occitan, la Gascogne et la Guyenne. Bien entendu, le Gévaudan ou d'autres parties sont assimilés à l'Auvergne, comme le Brivadois en Haute-Loire, tandis que le Velay faisait partie intégrante du Languedoc. Le patois de ces diverses régions résulte du fractionnement en plusieurs dialectes de la langue mère occitane. L'occitan, désagrégé par le temps, frappé du mouvement, a subi l'érosion historique pour former quatre blocs : en premier, le nord occitan (limousin, auvergnat et Vivarais alpin) ; en second lieu, l'occitan moyen (de Languedoc et de Provence), en troisième et quatrième groupes, le gascon et le catalan.

Chacune de ces provinces, avec ses particularismes, formait l'Occitanie médiévale dont les limites s'étendaient jusqu'à Valence, en Espagne et bien au-delà de notre frontière franco-italienne, jusqu'au Piémont. Son brillant éclat, a dit un historien, en fit « le pays le plus riche, le plus prospère, le plus civilisé d'Europe ». Jouissance de toutes les franchises, libre profession, sans intolérance des juifs, des chrétiens, des musulmans, ruissellement fameux d'une civilisation de troubadours, de médecins, de bourgeois... Ruissellement trop fameux et finalement dangereux. Car ce brillant suscita les jalousies du Nord. L'apogée sombrait avec le catharisme persécuté. Les voilà donc taxés d'hérésie, calomniés du sort, ces parfaits et ces auditeurs (c'est-à-dire l'élite et les simples croyants), d'une religion pestiférée. Les voilà, en réalité, broyés par une conjuration politique. Croisade ou conquête ? Guerre saine ou guerre tout court ?

Disons que nous aurions préféré la promenade évangélique d'autres saints Dominique à la promenade militaire papale. Tout cela devait laisser d'effroyables marques. L'Occitanie reste encore pénétrée de l'horreur des bûchers. Les massacres n'ont pu détruire sa civilisation sous-jacente.

Il est vrai que déjà elle s'était ramifiée en Europe civilisée.

Le poète germanique médiéval Wolfram assure que la civilisation occitanienne portait ses reflets au sein même de notre vieille Europe. Réduit inexpugnable où ne put l'atteindre le rouleau compresseur des Nordiques. Bref, l'occitan ne devait jamais périr sur les lèvres de son peuple. On le parle toujours. S'il a régressé au point de tomber en patois, il n'est point une langue morte. Les partisans de l'Occitanie espèrent qu'une libération du sol fera promouvoir la langue du pays. Créer des ethnies, abolir les impérialismes, sur la base du critère ethno-linguistique, telle apparaît la ligne de force essentielle des mouvements de libération contemporains. L'exemple basque est à nos portes.

Dès lors, qui oserait taxer d'utopie le réveil de l'Occitanie culturelle, sans prôner les séparatismes violents ? Nous aborderons plus loin les implications de ce retour au régionalisme littéraire.

Bougnats et loufiats de Paris.
L'évasion de l'épargne. La mystérieuse Xaintrie

Le Parisien qui parle bougnat, l'expatrié d'Amérique à l'accent occitan, le voilà bien, cet Auvergnat errant. Il a été « sorti » de chez lui. Les cadets sans terre ont dû partir. L'aîné avait le domaine, les autres la misère. Les frimas glaçaient leurs moustaches. Ils ont dû aller se réchauffer, en réparant les chaudrons, quêter de porte en porte. Rétameurs, ramoneurs des grands chemins, scieurs de long, mais aussi bistrotiers, montreurs d'ours, forains, bourlingueurs, roulant bosse, courant après les écus et priant en se souvenant de leur Vierge noire d'Auvergne...

Ils sont descendus de l'Artense ou du pays de Gerbert, l'œil noir éclairé par le négoce et par un certain entregent. Leur réussite paraît toujours un miracle et tient de l'énigme. Avec rien ils montent les boutiques, font des « pâches » sur les foires, à grandes tapes dans la main.

Noirs, courtauds, les Cantaliens viennent de la Xaintrie noire, cette contrée mystérieuse des marches du Limousin. Là-bas ils étaient braconniers, ici à Paris ils sont les « loufiats », ces francs Auvergnats des comptoirs. Ils aiment retourner au pays de Xaintrie pour le pèlerinage de la Vierge d'Enchanet. Les loufiates, les serveuses des bars parisiens, sont innombrables, comme les rémouleurs et les brocanteurs. Dans Paris, l'Auvergnat se sent, il se devine. Bougnat dans l'âme et dans l'allure, l'œil obtus, le chapeau équivoque, chuintant, prononçant les consonnes *ch* et *j* avec un sifflement accompagné d'une expiration, ils disent facilement un « chac » de charbon pour un sac de charbon, mais le charbon, ils le portent encore sur leurs épaules ou leur dos, jusqu'au cinquième étage. Il n'y a qu'eux pour servir le Parisien. Un Parisien n'est qu'un Parisien à leurs yeux. Ils n'aiment guère le parisianisme. Si on grattait bien, d'ailleurs, beaucoup de Parisiens, à la deuxième ou troisième génération, se retrouveraient Auvergnats.

Bref, loin de sa terre natale, mais n'ayant pas exporté ses secrets, le bougnat ou le loufiat savent tirer, des endroits où ils passent, la substantifique affaire. On les trouve aux quatre vents du globe, aventuriers de l'économie, rois de l'économie, champions de l'évasion. Une fois terminée la quête, ils rentrent chez eux pour remplir leur livret de caisse d'épargne, jouer de l'accordéon ou prendre les eaux à La Bourboule. Ils ont ainsi fondé quelques dynasties, étonné le monde. Mais toujours, autour de leurs allées et venues, se sont perpétuées leurs croyances, leurs rites et le culte des traditions. Les traditions resurgissent dans les cercles des Auvergnats de Paris, véritable province de la capitale.

Les sortilèges de la montagne.
Les morts sur le toit

A l'autre bout de la chaîne des puys, vers le mont Mézenc, là où se danse une certaine bourrée, l'antique danse des tribus, sous l'égide du dieu Lug, c'est le même conquérant des continents : le Vellave colporteur, commerçant de pierres précieuses avec l'Espagne, vendeur de chapelets ou muletier. Pourtant, ici, les hivers fixent l'ambulant à sa terre gelée. Il se repose en tuant son cochon et débitant des saucisses. Les croix se parent d'une épaisse mousse de givre et l'on se calfeutre sous les dernières chaumières en évoquant les ancêtres.

Aux lisières du Vivarais-Velay, une étrange coutume s'attache même à la sépulture ancienne des morts par temps de grand givre.

Il n'y a pas si longtemps une revue parisienne publiait ces lignes :

« Les habitants de certains villages de la Haute-Loire, coupés des communications, exposent leurs morts sur les toits de lauze jusqu'au dégel. »

La revue en question, un hebdomadaire des années 60, titrait sa rubrique comme suit : « Petit mémento de quelques mœurs et curiosités de décembre. »

Ce cliché sensationnel correspond à une réalité, dont il faut cependant reculer l'authenticité à une époque plus ancienne, car aujourd'hui le solitaire des hautes terres est dégagé, avec ses morts, par la chenille des neiges, inventée par l'abbé Bruchet, curé de Chaudeyrolles. Cependant les preuves abondent pour confirmer la survivance récente de cette coutume ancestrale des morts sur le toit. Cela se passait autour du suc pyramidal du Gerbier-de-Jonc, obélisque des neiges, haut lieu des frimas et des congères, là où l'hiver règne en maître, six mois durant, coupant toutes communications de chaumière à chaumière.

Le chroniqueur Forez rapportait, le 28 décembre 1976, ce « macabre usage », peu répandu en Velay, sauf dans les régions signalées du Mézenc, dominant à 1 754 mètres.

Cette coutume « imposée par la nécessité », sans être particulière au département de la Haute-Loire et à la haute Ardèche, « se rencontre aussi dans les Alpes et le Canada ».

Voici encore quelques années, la neige obstruait définitivement les chemins pour l'hiver. Elle bouchait les portes qu'il fallait dégager au matin. La burle et la sibeire avaient tôt fait d'enliser les accès. Aux premiers frimas, dans les bourgades seules, trop éloignées des cimetières, on se résignait à placer les morts sur le toit de lauze. Dans les mas isolés, vers les maisons seules, il n'y avait pas d'hésitation possible.

De vieux textes rapportent qu'on enveloppait alors le défunt dans « un sac de toile épaisse ». Hissée sur la toiture, cette enveloppe assurait la congélation du corps. On commandait le cercueil « dès que possible ». Quand la neige avait fondu, la bière arrivait et le suaire descendait du toit. On mettait un second drap mortuaire sur le mort, plus ou moins dégelé. Mais bien souvent le sol restait de glace. Alors « commençait une nouvelle difficulté ». Il fallait s'armer de pics pour creuser la tombe, tandis que, sur un traîneau, arrivait la dépouille, depuis la ferme isolée.

Une particularité cependant : « Les familles faisaient l'impossible pour avancer la date des obsèques, n'attendant pas le dégel complet et profitant de la moindre amélioration des conditions atmosphériques, pour procéder à l'inhumation. »

Vivre durant trois mois avec un défunt sur le toit, quelle étrange présence ! La crainte diffuse de la mort, qui s'inscrit toujours au cœur de l'homme, se diluait alors dans une sorte de familiarité avec la rigueur des éléments et du destin.

Là-haut, sur le plateau niviforme, bosselé de croupes enneigées, il y avait, derrière les carreaux de verre double, barrés de cristaux, un autre horizon de la vie, une habitude avec l'intemporel, une once de tristesse. Mais une once seulement, que venait bientôt ranimer d'espoir les flocons éblouissants de la fonte du printemps. Cette coutume des morts sur le toit relevait de la vénération du trépas. Mais elle nourrissait aussi le royaume des ombres, où mânes et revenants modernes retrouvaient leur place. C'était et c'est encore le pays du Velay-Auvergne dans sa magnificence silencieuse aux prises avec la chronique de l'incroyable, une chronique toujours renouvelée.

3.

L'épopée continue

Les secrets de l'empire Michelin

L'impénétrable empire Michelin pourrait s'inscrire dans cette chronique de l'incroyable. La gloire de la maison Bibendum ayant dépassé la frontière, un certain silence n'a pas cessé, pour autant, de retrancher cette entreprise de la grande foule. On n'a pas accès aux secrets de la firme. Née d'une petite fabrique de toile caoutchoutée, l'affaire est passée par la forge, la chaudronnerie, puis a grandi. C'est le type même de l'Auvergnat industrieux, puis industriel, évoqué plus haut. En 1846, l'usine des Carmes a fini par concurrencer tous les producteurs de caoutchouc de France. « J'ignorais moi-même la fabrication du caoutchouc... j'ai dû apprendre », dira Édouard Michelin. Une course de vélos, le 6 septembre 1892, donnera la notoriété au pneu Michelin démontable. La fée Publicité aidera les frères Michelin dans leur pari presque alchimique, semé d'embûches et de jalousies. Dix mille cyclistes roulent bientôt sur pneu Michelin. Les Michelin s'attaquent à la voiture. Bibendum, le bonhomme replet, la bouée gonflée, avance sur les capots avec cette devise : *Nunc est Bibendum*, le pneu boit l'obstacle. On ne sait toujours pas le secret de fabrication. L'usine a ses services de renseignements et de contre-espionnage industriel. Le michelinisme est inabordable. Une sorte de mystique s'empare de la maison. Les ouvriers en sont les adeptes. « Sachez, disait Édouard Michelin, qu'à l'usine on aime la discrétion. Un bavardage inconsidéré peut coûter cher à la maison. » Organisation presque magique, avec le bloc Chabrol de la résidence des patrons, l'empire Michelin franchit les frontières. Précurseurs de l'avion, mais aussi précurseurs sociaux, les frères Michelin publient ce texte :

« L'alouette de Vercingétorix qui sut, jadis, mettre en fuite les aigles romaines accueille aujourd'hui, de sa chanson la plus joyeuse, le grand oiseau de paix et de progrès venu planer sur notre vieux sol gaulois... Nous devons conquérir l'empire des airs. »

Les deux guerres leur donnent raison.

Les usines Michelin sont devenues une puissante industrie d'armement, sortant des avions de bombardement, des lance-bombes, etc.

Après la tourmente, achat des usines Citroën. Les Michelin sont partout dans le monde, en Indochine, au Canada, etc. Et la Micheline roule sur la voie Tananarive-Tamatave. Mais la route se venge, quand Pierre Michelin trouve la mort, dans un accident d'auto, sur la nationale 7. Après le mauvais sort d'Étienne, en avion, la fatalité frappait son frère en voiture. Buchenwald s'est inscrit dans leur livre de douleur : Marcel Michelin et son fils Jacques avaient été pris par la Gestapo. Une douzaine de membres de la famille Michelin avaient été déportés. Au carrefour de la nationale 7 et de la GC 56 un monument à la triple croix rappelle, dans sa pierre grise, la série d'accidents survenus aux Michelin. Il semble évoquer l'imprévisible trinité du temps et le mauvais sort des routes folles. Les vieilles gens disent qu'à cet endroit, au temps des templiers, un meurtre aurait été commis et ce lieu, depuis, passe pour maléfique. En conclusion, chez Michelin, le silence a toujours été puissance. L'impénétrable fut et y reste une vertu. Ainsi va l'empire du pneu, commencé un jour par Édouard Michelin, époux d'une fille venue de la brumeuse et lointaine Écosse.

La survitalité de l'Arverno-Vellave.
L'almanach des chaumières

Depuis, les tracteurs d'Auvergne roulant sur pneu Michelin, bourdonnent dans la vieille Auvergne sauvage, tel un bruit d'abeilles. Ils ont remplacé le claquement sonore des sabots. Le dualisme tradition-progrès court des monts Dore au mont Mézenc. Le conflit des principes irréductibles du bien et du mal, dans la marche du temps technocratique, rappelle le dualisme zoroastrien et manichéen. Il y a toujours de bons et de mauvais dieux en Auvergne. Les divinités antiques semblent se pencher sur la coexistence de cette Auvergne de la nature et des machines polluantes, comme pour donner survitalité à l'Arverno-Vellave parfois désemparé.

L'artisanat traditionnel a décliné et les usines rurales tentent de les relayer. L'Auvergne est devenue à la fois le désert et le refuge. Car la montagne ne meurt pas. Un mysticisme latent, héritage du prophétisme celtique, anime les vieux bourgs contre l'exode total. On y revient en résidence secondaire, comme on revient à la terre sacrée. Les coins reculés de l'Auvergne, pour cette raison, ne sont pas condamnés. Le processus de déclin n'est qu'apparent. Un jour, la terre désertée se venge et fait revenir ses fuyards. On a vu des Auvergnats de Paris, lassés de la trépidance de la capitale, retourner aux sources pour de bon. Sans parler des « communautés » qui se créent puis s'étiolent et reparaissent, le refuge arverne remplit sa mission éternelle. Il exerce une fascination que le tourisme concrétise. La bonne saison double certains villages. Les saisonniers serviront-ils de révélateurs pour un peuple à la croisée des chemins ? C'est l'almanach des chaumières qui répond. A l'ouvrir, on laisse tomber la désespérance. Une mentalité de sages vaincra sans doute le déterminisme économique. L'Auvergne des villages n'est qu'apparemment disloquée. La foudre de Teutatès n'est pas tombée sur les Auvergnats, malgré un dépeuplement séculaire. Le remembrement a brisé les vieux découpages. Il a fait sauter les murs de pierraille ou les barrières cyclopéennes des champs. Mais des maisons anciennes, rénovées, continuent d'entourer, à la façon d'une citadelle, les vieux sanctuaires. Béates et dentellières ont disparu. Les tissetiers du Livradois vénèrent cependant l'oubradou, ce local du métier à tisser. Le carreau de dentelle est au musée, mais au Puy-en-Velay des usines à dentelle subsistent et une école dentellière maintient la tradition. Bref, si l'émigration agricole a libéré la terre au profit de plus grandes exploitations, tout n'est pas perdu pour les cadets sans terre. La fin des jasseries n'a pas détruit la géographie humaine. Et puis il y a la vouivre, ce courant cosmique dont les Auvergnats pensent qu'il fécondera leur terre et refera souffler l'esprit. C'est là qu'est le véritable secret du sursaut de l'Auvergne, royaume dolménique, où les dieux ont laissé leurs dons terrestres.

Réservoir racial et centrale biologique

Quand un cadet sans terre descend la colline pour monter à Paris, il a toujours un serrement de cœur. On ne quitte pas l'Auvergne sans quitter un peu le pays de Walter Scott, c'est-à-dire ce haut pays des gentilhommières et forteresses, perchées sur volcans, pleines d'évanescences ou de rigueur ombreuse.

Mais le serrement de cœur est à l'instar des massifs du Livradois, venant à se rejoindre pour fermer l'horizon, puis, brusquement, enfantant une claire vallée, le long de la Dore éblouissante. Ainsi le partant éprouve l'espoir de revenir un jour vers une Auvergne qui retrouvera la force de ses torrents ou la chaudière de ses volcans. Réservoir racial, avec ses gens de race énergique, l'Auvergne est aussi un réservoir énergétique. Réservoir racial parce que l'habitant croit en son « pager », c'est-à-dire dans le vieux *pagus* (portion de terrain). Si le mot est une forme du mot paysan, qu'importe, le pager a son auréole décrite par la courbe des saisons, par les serfs, les tenanciers, les forgerons et cent corporations. Dans cette terre à loups et à sorciers, l'Auvergnat espère allumer un jour ses laves figées. Il a, sous les pieds, une forme d'énergie qui n'est pas utopique. Des centales d'énergie pourraient suppléer au pétrole. La géothermie n'est pas une fiction. L'Auvergnat y pense. La Limagne contient un formidable trésor dans ses terres chaudes. Le Bureau des recherches géologiques et minières (B.R.G.M.) s'intéresse secrètement à une méthode d'exploitation révolutionnaire des zones volcaniques.

« Le bougnat, écrit Régis Sahuc, c'est l'établissement des choses impossibles. » Pourquoi n'utiliserait-il pas chez lui la vapeur de ses eaux souterraines, ses « chaudes aygues » ? L'Auvergne ne manque pas de nappes aquifères. Haroun Tazieff a déclaré : « Le Massif central est une grande chaudière. » En Haute-Loire M. Maurice Vignal a fait une invention de chauffage, captant les forces de la terre chaude. Tout cela peut devenir opérationnel. Ajoutons-y les gisements d'uranium, la houille blanche, et l'Auvergne est à la veille de bouleverser un équilibre économique déjà largement déstabilisé. Tel est un des aspects de l'Auvergnat conquérant et de cette terre aux mille trésors, qualifiée d'empire de la nuit et de province secrète, mais riche de ses propres secrets.

4.

Géographie culturelle et politique

Académie et talents cachés. Retour au régionalisme

Outre Prosper Marilhat, natif de Vertaison, en 1821, paysagiste orientaliste célèbre, l'Auvergne s'honore du musicien Emmanuel Chabrier épris de Wagner. Il s'était rendu à Munich pour entendre le maître. On cite sa *Bourrée fantasque*, son *Roi malgré lui*. Sa frénésie wagnérienne ne s'était trouvée domptée que par l'endiablement des rythmes espagnols, dont sa musique fut imprégnée avec sa *Habanera,* son *España* ou sa *Joyeuse Marche*.

Mais si peu que l'on remonte, l'Auvergne culturelle a ses poètes comme Pierre de Nesson, précurseur de Villon, auteur de *La Vigile des morts*, horrifique vision de notre néant. Gilbert Genebrard, moine de Mozac, nommé à l'archevêché d'Aix-en-Provence, était le type même du bénédictin versé dans la langue hébraïque, publiant des opuscules sur les prophètes, « travaillant, écrit Lara, quatorze heures par jour. Son petit chien était chargé de le réveiller ». Curieusement, ce nocturne des couvents « ne pouvait ouvrir la bouche sans dire des injures ». En littérature marginale, on cite les livres à demi fantastiques de Jean Vissouze, chez qui l'on trouve *Le Diable à l'autel* et des fantômes intérieurs. Michel Vasson, un rural, a écrit *Les Festins de la mort* et *Le Cri du néant* en 1908. Chamfort, l'un des esprits les plus distingués de son temps, était sorti du pays des volcans. Détrompé des mondanités, atteint par ses dissipations, dans son âme et sa santé, il retourna aux muses consolatrices. Arrêté puis élargi sous surveillance par les sans-culottes, il se tira un coup de pistolet qui rata et voulut s'achever au rasoir. La mort se refusant à lui, il se porta de nouveaux coups au cœur. En vain, il essaya alors de se couper les deux jarrets. Ce suicide, quatre fois recommencé, lui laissa la vie. Il l'employa à rédiger ses fameuses *Maximes ou Produits de la civilisation perfectionnée.*

Alix de Lachapelle d'Apchier, issue du Brivadois, a fait sortir de son terroir les contes des *Soirs*, où passent M. de la Diablerie, des chats noirs et les épouvantes de l'auberge sanglante de Peyrebeille. L'horreur s'y marie au rêve. Pierre Delisle place ses poèmes entre vie et mort, dans *Dialogue pour la nuit*, tandis qu'Amélie Murat chante, elle aussi, la vie et la mort, dans ses recueils. Pierre Hauvette « discute avec les loups » dans son monde hostile ou bien compte les hirondelles en partant pour la mer. On cite ses *Poèmes susceptibles*. Anne-Marie de Backer marque sa propension pour les phantasmes nocturnes, aux confins de territoires maudits, sous les *Étoiles de novembre,* dans *Le Cygne noir* ou les rimes d'*Alchimie*. « Pays de royaumes sans murs et de fleuves sans passages », écrit-elle, où les miroirs et les mirages se confondent. Blanche Messis a écrit, de ses doigts de fée, la *Rosée des étoiles*, les *Brumes d'or*, mêlant mort et sentiment cosmique d'une religiosité qui voudrait dépasser « l'immensité » de cet univers limité.

Gabriel Marc, de Lezoux, estimait que dans le terroir seul était « le monde des pensées », pour reprendre Goethe. Comme Jean Anglade il a été le chantre des couteliers dc Thiers, dans ses *Soleils d'octobre.* Cécile Sauvage, transplantée en pays ambertois, sentait « passer l'éternité » au pays adoptif de Claude Dravaine, *alias* Jeanne Lichnérowicz, évadée comme elle en Auvergne. Cette dernière résidait dans un moulin en ruine, vouée au régime végétal, y écrivant son *Michel changé en lutin.*

Au pays d'Aurillac, où Guillaume d'Auvergne avait acquis « l'esprit prophétique » et le goût de l'astronomie, nous trouvons les patoisants.

Le parfum d'Auvergne jusque dans les cercles parisiens

Prédécesseurs des félibres de Provence, les patoisants d'Auvergne sont souvent des abbés érudits, comme l'abbé Bouquier, curé d'Ytrac, ou des prélats, tel Mgr Géraud, chez qui se réunissaient Vermenouze et consorts. Il associait, dans ses vers, une *Ode à Noël* et des rimes chantant la mort du cochon Baptistou. Les instituteurs rivalisent le clergé avec Bancharel, Veyre, Courchinoux, auteur du *Pourco d'or.* Les hobereaux sont représentés par Dupuy et Grandval qui « chanta le vin, dit Lara, mais en mourut ». Robert d'Humières, autre aristocrate, fut le type du gentilhomme de lettres avec M. de Saint-Poncy, Calemard de La Fayette ou Pierre de Nolhac. D'Humières, né au château de Conros, voyageur de l'Inde, avait traduit Kipling. Écoutez les rimes de sa création :

Les femmes, au pays d'où je suis, rudes mères
Dès l'aube au clou du mur, pendant les nourrissons
Et puis s'en vont, avec leurs hommes et leurs garçons
Aux fours des prairials, aux labours des brumaires...

Dans les *Lettres volées,* Mémoires secrets, persiflent, dit Jean Larat, les parlementaires et tel « jésuite bien disant, fin, râpé, habile faiseur de mariages ». On ne peut oublier Gandilhon Gens d'Armes, de Murat, dont le nom secret évoque le Vandale. Silhouette élancée et barbiche effilée, d'un rigorisme littéraire claironnant, il publia la *Légende des monts et des hommes,* où se trouve une strophe de « la colère d'un volcan ». Écoutez :

Flamme et ténèbre, issant des fonds océaniques
Le volcan dont la cendre a formé le Cantal
A décocher des blocs de soufre et de métal
Aux astres s'épuisait en efforts titaniques.

Un barde et, qui plus est, un modeste, cachant sa vie et répandant son esprit, selon la maxime de Victor Hugo, pour lequel il avait admiration et vénération. Raynal étonna avec *Marie des solitudes* et sa *Sagesse auvergnate.* Julien Galéry est dans la pure tradition des poèmes patois avec *L'Ame d'un paysan.* Jean Ajalbert, prix Goncourt, nous a laissé ses *Veillées d'Auvergne, Feux et cendres,* etc. Il mourut oublié à Cahors, en 1947. Pierre Moussarie est connu pour ses *Pistes secrètes* (1955), où il « s'en va aux secrets rustiques des villages, chemineau mercantile qui tire la langue au diable avec la corde au cou ». Ainsi le parfum d'Auvergne pénètre dans l'Académie Goncourt, où nous trouverons Conchon et Robert Sabatier.

De Henri Mondor à Gachon.
Conchon, Robert Sabatier, etc.

Au pays du bel art gothique, à Saint-Cernin, dans le Cantal, naît le célèbre chirurgien Henri Mondor. Il enseigna à la faculté de pathologie mais fut aussi un lettré. Il aurait pu écrire le livre du silence, lui qui distillait la quiétude. Il écrivit et préféra s'attaquer à une *Vie de Mallarmé* qui fait autorité. Les grands hommes d'État venaient le voir pour être guéris ou sauvés de justesse. Contemplateur des paysages de son Auvergne, il exportait vers elle Baudelaire, Verlaine et Rimbaud, dont les *Illuminations* le reposaient. Lucien Gachon, l'écrivain paysan, instituteur dans l'âme, fut le compère de Pourrat dans son *Chemin des chèvres.* Il réalisa *Maria,* son chef-d'œuvre. Il a saisi les coutumes d'Auvergne et du Velay dans une magistrale fresque d'excursion de notre vie populaire. Il en a montré la nature vierge et sauvage, l'ethnographie primitive, le folklore et la civilisation secrète. Annette Lauras-Pourrat, par son *Guide de l'Auvergne mystérieuse* (Guides noirs), a pris la meilleure place dans la vision d'une Auvergne pleine de trésors et de légendes dorées. Elle a ouvert les portes derrière lesquelles sont les fées, les lutins, les diables et toute une fantasmagorie, de plain-pied avec le mystère. Georges Conchon, fils d'instituteur, tour à tour philosophe, journaliste, secrétaire parlementaire, a donné *Les Grandes Lessives,* histoire d'une famille qui se déracine, *Les Honneurs de la guerre*, évocation de 1914, *La Corrida de la victoire,* et surtout *L'État sauvage* (ou le cocu colonial), sorte de brandon pour les Noirs, torche qui devait le porter à l'entrée du Goncourt 1964. Jean Anglade a exploité tous les genres. Il a campé l'Auvergnat « compteur d'étoiles, meneur de troupeaux et berger d'hommes ». Sa carrière romancière semble être revenue vers le régionalisme avec *Les Ventres jaunes* après qu'il eut écrit : « C'est dans la mesure où les œuvres échappent à leur terroir qu'elles ont des chances de durer. » Robert Sabatier, l'enfant parisien du Gévaudan, académicien Goncourt, a les oreilles pleines d'un bruit d'enclume : celle de son oncle forgeron à Saugues. Aux *Allumettes suédoises* ont succédé *Trois sucettes à la menthe* où le petit Olivier ressuscite une manière de vivre oubliée, *Les Noisettes sauvages,* et *Les Fillettes chantantes*, terme d'une quadrilogie tendre et prenante. Marguerite trie les lentilles du Puy, « tas par tas, écartant les cailloux mis par le diable ». Il y a aussi le « gour de l'Enfer », en filigrane. Il y a surtout Saugues. Saugues, le pays des ancêtres, « dont Olivier avait entendu parler à Paris, un nom qui se révélait de magie, devenait incantatoire ».

Quand il ne vient pas croquer ses noisettes à Saugues, Robert Sabatier descend vers le Midi, là où il s'enferme dans un ancien prieuré, une résidence pour écrire sa monumentale *Histoire de la poésie.* Lorsqu'il en sort, c'est pour déambuler sous les grands arbres de l'allée, en écoutant leur bruissement de malédiction et quelque chose d'autre. Car cet endroit est plus ou moins atteint de malédiction, depuis le temps jadis, où l'on en chassa les couventins. « Mais, m'a-t-il confié un jour, moi je n'ai pas peur des moines. Je leur parle. Je leur dis : " N'ayez crainte, je suis avec vous. " Et ils m'écoutent. Pour moi l'endroit n'est plus maudit, je vous le dis à vous qui comprenez ces choses. »

Cette symbiose émouvante, chez nos voisins provençaux, m'a paru être ce qu'il y a de plus secret dans Robert Sabatier, l'écrivain de l'étroite union entre Paris et la province. Vellave par sa mère (une Exbrayat de Taulhac), mais à cheval sur l'Auvergne et le Gévaudan par son père, né à Saugues, Robert Sabatier sort d'un royaume à part, d'un pays qui est une enclave de mystère, une cachotterie de la nature, dans une cuvette aux rebords presque interdits. Ainsi, en Auvergne, ou sur ses lisières, est la persistance d'une race d'écrivains. Ces écrivains dont Staline disait qu'ils étaient les ingénieurs des âmes.

Errements politiques et contingences politico-littéraires

Quelle place a dans tout cela la littérature occitane, je serais tenté de dire « occitane-auvergnate » ? Elle est mince. Mis à part des revues d'allure révolutionnaire, où s'accumulent le slogan pseudo-paysan et la pléthore injurieuse, à l'égard du pouvoir central, il y a les historiettes et sonnets des amis du patois. Dommage que l'heure ne soit pas mûre pour le véritable occitan et pour une Occitanie tolérante, la vraie. Occitanie encore secrète et c'est par là qu'elle nous intéresse. Secrète tant qu'elle ne sera pas libre. Libre Occitanie est un bien grand mot. Pourtant, à l'heure où les grands ensembles craquent, comment nier certaines réalités nationales prônées par ces partis occitans ? On peut sourire des Occitans. On a ri aussi du Québec libre, lorsque de Gaulle prononça la petite phrase « hilarante ». On a ri de l'E.T.A. basque. Certains devront en pleurer. Rien n'est plus imprudent qu'ironiser avec les ombres des martyrs. Ces ombres proclament un jour ou l'autre leur survie. En attendant, les nouveaux troubadours d'Occitanie tiennent la relève. Pour eux vingt millions d'Occitaniens dans le Sud déshérité attendent sous la croix d'Occitanie. C'est la nouvelle marche des pays d'oc, c'est un peu la reprise du flambeau et l'Auvergne occitane hisse pavillon. Il y a, pour la précéder, les envolées musicales de *La Toulousaine, O moun Païs,* le félibrige d'Avignon, le lyrisme de *Mireille*. Ainsi l'Occitanie tente de briser le servage de sa langue.

Mistral, Aubanel, Roumanille et consorts ont fait tinter haut les carillons glorieux. Le félibrige avait frémi avec Auguste Fourès. Sa plume, taillée en épée occitane, sabrait à la volée dans les conformismes d'avant 1900. Sa *Muso sylvestro* fut virulente et noble.

Dans ces derniers carrés, où l'Occitanie fait encore jouer le verbe et l'écrit, Antonin Perbose et Prosper Estieu tiennent les derniers flambeaux.

Qui saurait oublier les *Flors d'Occitana* parues en 1907 ? Elles sont le bouquet de l'ami Prosper, heureusement surnommé le Hérédia du félibrige. Quant à l'œuvre de Perbose, *Le Got occitan* (la Coupe occitane, 1903), elle piaffe tel un pur-sang gascon au travers des vignes pleines de soleil. Prosodies, odes et sonnets ont fleuri tant chez les romanistes que chez les poètes, tant chez les instituteurs que chez les curés.

Dans ces rameaux, tenus par les ecclésiastiques, le talentueux abbé Roux ou l'abbé Salvat, félibre majoral. Ses confrères, dont il nous a dressé le tableau, animent à profusion la vie intellectuelle et littéraire de l'Occitanie. Dans la petite patrie d'Occitanie, il y a ceux du Velay occitan : Aimé Giron, journaliste et poète bilingue, dont la plume savait pondre en dialecte vellave. Ses poésies lyriques, taxées de parnasse décadent, ne devraient pas subir l'oubli de son *Chalendo*, recueil de noëls non publié. Et puis il faut nommer à nouveau Boudon-Lashermes, un des rares écrivains en dialecte vellave. Ses poèmes de circonstance et de guerre, en 1914, portaient le titre : *Lis ouro claro*.

En voilà un qui vibrait pour l'Occitanie sur la fin de ses vieux jours. Je l'entends encore me parler de l'indépendance de l'Occitanie devant sa cheminée sombre, où se consumait un immense tronc de chêne. Ce petit homme bouffi, replet comme un chanoine de Toulouse, brûlait derrière ses bésicles du feu occitanien.

« Ah ! Monsieur, me dit-il un jour. Vous êtes jeune. Profitez du reste de vos jours pour briser l'écorce du français. Lisez *Les Chanoines du bourg,* d'Hippolyte Bigot, ou les *Cants del Souleil,* de Fourès, fréquentez les fédéralistes de son cru, suivez les disciples du baron Charles de Tourtoulon, animateur du félibrige mistralien et propagateur de l'idée latine. Avez-vous lu *A boulet rouge*, de Pierre Azéma ? »

Non, je n'avais lu ni Azéma ni le recueil annuel des Jeux floraux dont l'Académie a rouvert les concours depuis 1894.

Alors, Boudon me fit cadeau de ce recueil des Jeux floraux de l'année 1859 où je pus lire, sous la plume d'Auguste Albert : « Des uns aux autres se transmet le symbolique flambeau que portaient les coureurs de Lucrèce, une pléiade à jamais célèbre suscita les chantres inspirés de la terre natale en faisant son poétique appel aux divers pays en deçà de la Loire qui parlaient la langue d'oc. Ce furent les voix de la cité palladienne devenue un centre d'unité pour la littérature romane. L'histoire littéraire du Midi n'a jamais offert de phrase plus curieuse... »

Histoire curieuse en effet, dont il faudrait remonter les secrets jusqu'aux limbes de la préhistoire.

Mais également combien tragique et tumultueuse, toujours sonorisée après le fracas des armes ou des luttes littéraires. La plus grande lutte fut et demeure l'antagonisme entre le français et l'occitan.

« Dans la lutte des deux littératures, poursuit Auguste Albert, on vit deux civilisations en présence reflétant la double origine de la grande nation. Si elles sortent d'une seule source, les deux courants qu'elles ont formés joignent leurs eaux et cheminent parallèlement, sans se mêler, tant le fleuve a de vigueur, tant la rivière a de puissance. La langue d'oc tient le premier rang qu'elle doit à la grâce flexible et à l'abondante harmonie dont l'autre fut d'abord déshéritée... »

Belles paroles, certes, abondantes et vibrantes, pour raviver les sources au ponant comme à l'orient. Mais, nous l'avons dit plus haut, le drame cathare et la croisade aplanirent ces élans. De nos temps, ces élans reprennent avec les partis occitans. Pour eux plus de provincialisme étriqué à l'eau de rose. Les générations montantes veulent une forte régionalisation dans une Europe fédérée comme chez nos voisins nationaux. L'Allemagne, l'Italie et bien d'autres nations ne gardent-elles pas leur unité nationale, malgré l'implantation fédérale ? Tels sont les arguments du mouvement. Telle est l'Occitanie secrète non sortie de ses limbes.

Cependant le parti nationaliste de l'Occitanie (P.N.O.) va plus loin. Il avance une « libération nationale sur la base du critère ethno-linguitisque ».

Il y a cent quatre-vingts langues parlées dans le monde, disent les partisans de M. Fontan, donc il y a cent quatre-vingts nations.

Et de prôner un internationalisme vrai, basé sur ces indépendances nationales, à l'inverse des communistes prorusses qui opposent aux mouvements de libération nationale la priorité à la lutte des classes.

Vous êtes des impérialistes, leur rétorque le P.N.O., au même titre que les supranationalistes, européanistes ou atlantistes. Nous voulons « une coopération internationale basée sur l'égalité entre les peuples ».

Tous pensent que vouloir juguler ceux du Sud, c'est un triomphe illusoire...

En attendant ces retours, où morte sera la France et resurgie l'Occitanie, puisse veiller la croix sur ces désirs. Cette croix souffrante des cathares, où reposent les martyrs cloués sur les gibets. Merveilleux projets, mais détruire pour reconstruire, à quoi bon ? Que valent ces délectations au soleil du Midi, et ne faut-il pas rester dans le giron de la nation ?

Voilà ce que certains répliquent aux guerriers écumants de l'Occitanie, guerriers d'une Gascogne et du Val espagnol, où se profilaient Don Quichotte et Sancho Pança. Il est vrai que défier l'inconnu, c'est un peu le déifier. L'errement de l'histoire restera pourtant l'exploitation des richesses occitanes par l'État centraliste.

L'exode forcé des Occitans vers Paris ou vers les régions riches a créé le désert méridional. Comment auraient-ils pu rester à demeure, ces déshérités de la terre du Sud, privés d'usines ou de promotion rurale ? Comment un Occitan pouvait-il créer chez lui, selon sa propre culture, puisqu'on lui liait la langue et les bras ? En le privant de sa culture (fin du fin des moyens), on l'empêchait de faire carrière chez lui. Il n'avait plus qu'à monter à Paris. Voulait-il écrire un livre en occitan ? Pas d'éditeur en province, ou pas suffisamment de lecteurs. Voulait-il devenir un scientifique utile sur place, un technicien du pays, un artiste à pleine mesure ? Il devait y renoncer ou déserter. Ainsi les énergies s'en vont. Oppression ? Autarcie ? D'un côté l'Occitanie sous-développée avec des portes fermées sur le monde extérieur ; de l'autre, une France du Nord très développée, avec des débouchés et des fenêtres sur les continents. Ainsi parle l'égérie d'Occitanie, sorte de Néréide des songes, dont la voix s'exerce au-delà des rives océanes. La réalité de l'oppression culturo-économique donne sans doute raison à cette « pasionaria ». On a raison de souligner la paupérisation du Sud. Paupérisation due à ce Marché commun favorable aux seuls trusts. Paupérisation due à la fermeture des usines occitanes comme à l'appauvrissement agraire du sol. Ainsi veulent-ils bien, ces Occitans, exister dans une Europe fédérée, à condition d'avoir avec elle des échanges libres, sans subordination par le vide. Mais le P.N.O. en convient : il n'y a pas à cela de solution immédiate et radicale. Il y faut le temps et la foi. Il y faut des plans régionaux progressifs (formation professionnelle des jeunes pour qualification sur place, etc.). Il faut arrêter l'hémorragie de l'exode pour augmenter la densité de main-d'œuvre, coordonner formation professionnelle et création d'emplois.

Ce langage, ces résonances et ces raisons tressaillent de Limoges à Clermont, de Nîmes à Montluçon, de Marseille à Toulouse. Mais les vieux briscards de la politique réprouvent l'incantation.

En attendant, sur la route, prolifère le signe « Occitanie ». La vertu des mots, celle des sigles peints en graffiti semble remonter de la profondeur des siècles. Les siècles, toujours les siècles ! Cela nous oblige à consulter les prophètes. Prenons Nostradamus. Dans les innombrables publications nostredamiennes, j'ai retenu cet extrait de Jean-Charles Pichon [1]. Et voici comment s'annonce « le partage de la France en trois parties » :

De Paris pont, Lyon mur, Montpellier.
Depuis six cents et sept-vingt, trois parts (III. 56).

600 et 20 fois 7 donnent 740. Ce serait donc, déduit Pichon, en 1978 (1238 + 740) que trois grandes régions se formeraient en France, dont les capitales seraient Paris, Montpellier et Lyon. Il y a de cela, mais pour que le prochain siècle ressemble à celui que Pichon et Nostradamus nous prédisent, il nous faut supposer que les « trois parts » françaises ne resteront pas longtemps de simples entités. Elles engendreront très vite des régions « profondément différenciées par leur folklore, leur régime politique, leurs religions ».

L'Occitanie future est-elle l' « Anglaquitaine » de Nostradamus dont Jean-Charles Pichon nous dit qu'elle « débordera sur l'Espagne » ?..

Une chose est certaine pour la période considérée : « Nostradamus n'utilise plus longtemps le mot " France ". »

Dans le cadre de ces événements peut-être mythiques, le nord de la France redeviendrait la Gaule et, conclut Pichon, « aux trois parts correspondraient l'Allemagne, la Gaule et l'Espagne, trois grandes nations occidentales... Des trois, l'Espagne sera la première à se donner un roi ».

Pour beaucoup d'Occitaniens, de ce jour devrait émerger, dans le ciel, la croix pommetée d'or.

De ce jour, l'Occitanie devrait faire surface comme l'Atlantide... De ce jour, l'Occitanie devrait traduire non seulement l'unité ethnique et politique des pays d'oc, mais encore une vocation ancrée depuis le fond des âges. Cette unité, de temps immémorial, prend ses frontières de Montluçon jusqu'à Valence en Espagne, et de Coni en Piémont jusqu'aux rives de l'Atlantique, en passant par l'Auvergne.

1. Jean-Charles Pichon, *Nostradamus en clair,* Éd. Robert Laffont.

Une Occitanie couvrant trois cent mille kilomètres carrés. Une Occitanie de près de vingt millions d'Occitaniens.

Une Occitanie bercée par les vagues de la mer et de l'Océan, aux portes de l'Espagne et de l'Italie.

Puisse une telle Occitanie renaître de ses cendres, sans créer de violents séparatismes. Tel est, en tout cas, le vœu de ses partisans sincères, ceux que ne téléguide pas un gros bloc posté à certain point cardinal de la planète.

Pour eux, le réveil d'un peuple qui s'ignorait a commencé. Pour les simples observateurs des phénomènes ethnologiques, cette maxime vient à l'esprit et tente de s'imposer :

« Ce qui a été sera, ce qui fut jadis arrivera demain. »

Rêve d'initiés ? Mythe ou réalité ? Vertu de l'imaginaire ? Utopie d'une impossible Occitanie ?

Disons qu'il existera toujours entre ceux de la terre d'oïl et ceux de la terre d'oc assez de différence de style pour agiter les gonfalons de l'histoire, assez de disparités pour faire sonner haut les réveils de gloire. C'est le flux et le reflux des peuples en quête de fortune. Ici s'était ouvert seulement un volet secret de l'Auvergne. Derrière les tambourins de l'Occitanie sont des dieux nombreux, dieux sommeillants et peut-être hérétiques. Qu'ils veillent donc seuls aux trésors des pays d'oc, ces dieux qui brandissent une croix et que parfois on appelle démons.

Galerie insolite des politiques
Premier cas : Mgr de Pradt

La place manque pour étaler cette collection de portraits d'Auvergne et du Velay, qu'il faudrait inspecter depuis la haute Antiquité.

Prenons-la au seuil de la Révolution. Voici Dominique Dufour de Pradt, surnommé par Jean Larat « le Talleyrand auvergnat ».

Il est né dans Allanches, vieux pays celtique des « hautes herbes », le 23 avril 1759. « Unique fruit d'une mésalliance, révèle Michaud, son père était roturier et sa mère se prétendait de la famille des La Rochefoucauld. » A la veille de la tourmente, il est grand vicaire du cardinal de La Rochefoucauld, archevêque de Rouen, son prétendu oncle. Caractéristiques : très petit de taille, ce qui lui a barré la route d'une carrière militaire. Cet abbé, élu député, évite de paraître à la tribune, mais lance de sa place de véhémentes interruptions. Ses sarcasmes appuient les discours de

Maury et Cazales. Tant et si bien qu'il doit émigrer vers Hambourg. En 1798, dans cette ville, commence sa vie secrète. Il y publie, sous le voile de l'anonymat, *Antidote au congrès de Rastadt*. La république y est mise en brèche. *Le Journal des hommes libres* déclara hautement que c'était la production la plus redoutable qu'eût imaginé le « génie de la contre-révolution ». De Pradt y démêlait les intrigues des nations, mais « continuait à se tenir caché, poursuit Michaud, redoutant le ressentiment des puissances dont il avait révélé la honteuse politique et les révolutionnaires dont il révélait aussi les projets funestes. Une grande partie de ce qui s'y est fait, en 1814, est prévue. » Deux ans plus tard, autre brochure anonyme : *La Prusse et la neutralité*. Appel à tous ces monarques pour briser la Révolution. A Bruxelles, écrit Larat, « il s'est initié aux missions secrètes » en suivant, auprès de Mercy-Argenteau, ancien ambassadeur d'Autriche à Paris, les négociations entre Vienne et le Comité de salut public. « On sait, dit encore Michaud, de quelle influence furent ces négociations sur les destinées du monde. Sans être initié dans tous les secrets de cette grande affaire, de Pradt avait trop d'esprit et de sagacité pour ne pas pénétrer les plus importants. » Il sut notamment que Robespierre inspirait confiance à l'Autriche, au point que « les armées de la coalition, victorieuses sur nos plus fortes places, se soient tout à coup arrêtées sur notre frontière et aient évacué la Belgique ». Maintenant le voilà pleinement versé dans la diplomatie de l'ombre. Il apparaît comme un précurseur de l'anticolonialisme en publiant *Les Trois Ages de la colonie*, où il prédit le détachement des possessions espagnoles, après celles de l'Angleterre, du Canada, de l'Inde, etc. Ce prophète politique a un parent bien en place auprès de Bonaparte, le maréchal Duroc, d'ascendance auvergnate. Par son entremise, nommé premier aumônier du Corse, l'abbé de Pradt est élevé au siège de Poitiers et se fait sacrer par Pie VII, un pape qu'en privé il critique « de la manière la plus amère ».

« Je suis devenu l'aumônier du dieu Mars », repartissait le nouveau prélat, quand on le félicitait. A Bayonne, en 1808, négociations avec les ministres espagnols. Ces conférences privent une branche des Bourbons du trône d'Espagne. Pour y parvenir d'après Tornery, il a « soufflé le chaud et le froid ». Résultat : Joseph Bonaparte est roi d'Espagne. Il est ensuite à Savone, auprès du pape, afin d'obtenir son renoncement au pouvoir temporel. Thiers dit que « ce prélat a trop d'esprit » et que sa « pétulance d'humeur forme, avec sa robe, un contraste choquant ». Napoléon veut employer ses talents diplomatiques pendant la campagne de Russie. On le nomme ambassadeur de France à Varsovie. « La foudre fût tombée à mes pieds que je n'eusse pas senti un froid plus mortel », écrit-il. « De Pradt fut admis dans tous les secrets de la famille impériale », note Michaud. Mais vint la retraite de Russie. Napoléon le fait venir à Dresde. Pradt lui ayant nui par ses écrits, Napoléon le révoque. A Sainte-Hélène le déchu reviendra sur le tort immense subi à cause de ses écrits. De Pradt avait écrit à Louis XVIII à Mittau, sous l'Empire, qu'il ne rentrait en France servir Napoléon que « pour mieux servir sa cause » à lui, Louis XVIII. Avec Talleyrand, son « collègue ». Maintenant que l'Empire était tombé, le prélat et le diplomate se réunissaient souvent. « Le ministre de la police Savary raconte que, les ayant vus dans un mystérieux tête-à-tête, il ne douta point qu'ils fussent occupés à conspirer. » Il traitait désormais Napoléon de Jupiter-Scapin. Dans son *Récit historique,* Pradt dit avoir dicté la fameuse déclaration par laquelle l'Empeureur fut mis hors la loi par les nations. Cela reste controversé et n'empêcha pas sa nouvelle disgrâce. « Dissimulant son dépit, il se retira, sans mot dire, dans une terre qu'il venait d'acheter en Auvergne. Il confiait gaiement à ses amis qu'il avait suivi le précepte de Berchoux : « Ayez un bon château dans l'Auvergne ou la Bresse. » Ce transfuge du royalisme, ce prélat pamphlétaire fut déféré aux tribunaux, à côté d'un escroc et d'une fille publique, pour excès de frénésie littéraire contre la Restauration. Acquitté, reconduit à sa voiture, aux cris de « Vive l'archevêque », il fut élu député dans l'opposition, contre Chabrol. Finalement retiré dans son château du Breuil, près d'Issoire, il y était gardé par des molosses contre les vagabonds équivoques. Il écrivit dans ce castel des articles secrets, non signés, expédiés à *La Gazette d'Auvergne*. Frappé d'une attaque de paralysie au cours de l'un de ses voyages entre l'Auvergne et Paris, le 18 mars 1837, ce familier des grands personnages eut des funérailles d'une grande solennité. Telles sont les virevoltes de la haute diplomatie, ces coutumiers de l'apostasie politique. Pradt avait souvent pétri « la boue qu'il devait jeter sur l'idole longtemps honorée par lui ». Ayant fouetté de quolibets ses divers maîtres, mais ayant eu des phrases prophétiques, n'ayant aussi laissé passer aucun événement de l'époque, sans y laisser sa marque, il honore à sa façon une certaine Auvergne secrète.

D'autres politiques et politiciens

La Fayette appartient au Velay comme à l'Auvergne. Nous n'insisterons pas sur l'image d'Épinal de ce chevalier de la liberté, également prince des girouettes. Moins connu par sa qualité d'espion (il avait un service d'espionnage), il fut mêlé à pas mal de complots contre les Bourbons et Napoléon. Marat parlait des « mouchards de La Fayette » et Mirabeau le jugea « moins grand que singulier... généreux, noble mais se nourrissant d'hypothèses ». L'homme « des deux hémisphères », franc-maçon du Contrat social, visitant les loges de la Haute-Loire, sur la fin de sa vie, reçut d'elles ce compliment : « Sur les champs de bataille, à la tribune ou dans les cachots, son noble caractère ne se démentit jamais. Partout il protesta contre le despotisme et l'anarchie. » A Lyon, au cours d'une grande manifestation de ses frères, les francs-maçons, il fut salué en libérateur de l'Amérique, où il « transporta l'institution maçonnique ».

Gilbert Romme, député du Puy-de-Dôme, a laissé son nom à la création du calendrier républicain. Il avait voté pour l'abolition de la peine de mort, ce qui lui valut de la subir avec courage. On sait que dans la chambre d'arrêt où se faisait la toilette des condamnés, Goujon se poignarda d'abord, « puis Romme, avec le couteau arraché de la poitrine de son ami, se frappa au cœur[1] ». Soubrany, son compatriote, se manqua. Couthon, son compatriote cul-de-jatte sur fauteuil roulant, avait contracté son infirmité « pour avoir passé, au cours d'une aventure romanesque, une nuit entière sous la pluie[2] ». Il voyait ainsi sa future femme en secret, dit la tradition. Attelé au même char que Robespierre, il avait été chargé de faire rentrer Lyon la rebelle dans le devoir. Terrible mission. A la tête de dix mille hommes, il fit expier aux Lyonnais le meurtre de Chalier.

Michelet a dit qu'il était « la seconde âme de Robespierre ». Personnage insaisissable, énigmatique, au regard de certains historiens ! Un bourreau à la figure « douce et agréable », selon Barante ? ou bien noble révolutionnaire méconnu ? Son destin fut scellé sur la troisième charrette des condamnés, pas loin de celle de Robespierre.

Descendons les marches de la guillotine pour trouver le comte de Montlosier, « né dans une bicoque seigneuriale d'Auvergne ». Ce fut l'écrivain aux soixante titres. Député de la noblesse, il déclara du haut de la tribune : « Je ne crois pas qu'on puisse chasser les évêques de leur siège. Si on le fait, ils se retireront dans la cabane du pauvre qu'ils ont nourri. Si on leur enlève leur croix d'or, ils prendront une croix de bois : c'est une croix de bois qui a sauvé le

1. *Dictionnaire des parlementaires,* Paris, Bourloton, 1891.
2. *Ibid.*

monde ! » Émigré, revenu sous le Consulat, enfermé au Temple trente-six heures, il attaqua surtout les jésuites. Ce libelliste s'étant fâché avec le clergé, ce dernier, à son décès, ne voulut pas le « passer par l'église ». On s'en fut l'enterrer au milieu des pins. Sur une dalle de basalte, on mit cette épitaphe : « C'est une croix de bois qui a sauvé le monde. » Nous donnons surtout une place ici à Montlosier comme espion de Napoléon. Ce dernier, par Talleyrand et Fouché, lui avait proposé de rentrer d'émigration à cette condition. Il avait accepté et fut « embrigadé parmi les espions dits "correspondants". En outre, employé aux relations extérieures, en qualité d'agent secret avec un traitement de six mille francs, écrit Jean Savant dans ses *Espions de Napoléon* [1], il part en Italie en 1813 " comme agent secret, sous couleur d'y vérifier quelques points d'histoire naturelle ". Sous la Restauration, il part pour l'Angleterre, " afin d'y voir quelques montagnes volcaniques ". Délicieux euphémisme cachant sa mission d'amélioration du service de renseignement de l'ambassade de France à Londres, utilisant ses anciens agents ». Après les Cent Jours, il prie Talleyrand de lui « conserver le titre d'attaché au ministère des Affaires étrangères ». Accord de Talleyrand mais les ultras sont là. Montlosier est sur la sellette. S'il a marché avec Talleyrand et Fouché, écrit-il à Polignac, le 15 août 1829, c'est parce que ces deux patrons de la police lui avaient assuré que Bonaparte rappellerait les émigrés. Il y eut également, au service de l'État, les Barante. L'un d'eux correspondait avec son père, arrêté par la Terreur, en lui faisant passer des messages secrets au milieu de cœurs d'artichaut. Administrateur en Vendée sous l'Empire, le baron de Barante penche pour les chouans ou les bleus. C'est selon. Il méprisait les hommes « les uns comme vainqueurs, les autres comme vaincus », écrit-il dans ses *Souvenirs*. Louis-Philippe essuie la versatilité politicienne d'un Barante, tout comme Napoléon III supportera l'ombre de son dernier frère bâtard, le fameux duc de Morny, Auvergnat d'adoption. On le prétend fils d'un Demorny originaire du Cantal. Il aurait séparé le nom de la particule. C'est lui qui introduisit ses compatriotes Rouher et de Parieu à l'Élysée. Morny avait acquis le château de Nades près d'Ébreuil. Il fut inhumé dans un cercueil d'argent. Rouher, un passionné qu'on surnommait « Roué », pour définir son opportunisme politique, fit siéger dans trois ministères sa monumentale silhouette surmontée d'un nez bourbonien. On l'avait surnommé aussi le « vice-empereur ».

1. Éd. Hachette, 1957.

La Giscardie

La Giscardie est une géographie de la faune politique auvergnate avec ses coteries, ses factions, ses cartels, ses fronts, sa dynamique, son modérantisme, ses positions caméléons, son habileté, son réalisme, ses médiocrités, ses grands desseins. La Giscardie commence avec les Bardoux pour se terminer sans doute « avec qui vous savez ». Agenor Bardoux, né à Bourges, le 15 janvier 1829, se fixe à Clermont avec sa mère et y devient maire. Il versifie sous le pseudonyme d'Agenor Brady et verse de l'orléanisme vers le républicanisme. Député, il est l'un des ministres les plus brillants du conseil. Dufaure disait de lui : « Bardoux a des préférences pour tout le monde. » Sauf pour un Mac-Mahon, monarchiste, peut-être, qu'il fit tomber avec les trois cent soixante-trois opposants. Il se repose de la politique en écrivant une *Histoire de la bourgeoisie française de 1789 à 1848*. On y trouve cette trinitique pensée ou ce dogme trinitaire : « J'ai le culte de la robe : la femme, le prêtre, le magistrat, les trois robes de la Société[1]. »

Les Bardoux, politiques intellectuels, dit Jean Larat, habitaient « un manoir invisible, dans un parc suspendu, qui mène du château de Saint-Saturnin aux vergers de Saint-Amand-Tallende. Jacques Bardoux (le fils d'Agénor) concilia l'attachement à la petite patrie et l'étude persistante de l'Angleterre. » Sénateur, il a fait d'excellents portraits d'hommes d'État et disséqué la psychologie de l'électeur. Sa plume a ramené des comtés du Sud des *Croquis d'outre-Manche* en 1913. Dans cette brume des villages passent des silhouettes de pêcheurs, tandis que dans *L'Ile et l'Europe* (1932), s'estompe l'histoire lointaine d'un peuple noble mais tardif.

La vieille Giscardie, c'est aussi Charras, ministre de la Guerre par intérim, après la révolution de Février. « Charras n'appartient pas à la République rouge. Seulement il voudrait que la république tricolore montrât un peu plus de vigueur[2]. » C'est Chassagne-Goyon, « un de ces hommes disposés à trouver tout bien, pourvu qu'ils soient bien payés ». C'est Combarel, un député « du rang des immobiles », plus enclin à reculer qu'à avancer. C'est de Chazelles,

1. Cité par Jean Anglade dans *Histoire de l'Auvergne,* Hachette littérature.

2. *Biographie des sept cent cinquante représentants par un ancien publiciste* (anonyme).

dont la couleur parlementaire est une « couleur de fantaisie ». Dans cette galerie des « sybarites », Douhet « homme à se faire des amis partout » ou Girot-Pouzol, député de l'opposition louis-philipparde qui, au lieu de « guider le char du progrès, ne fait qu'entraver sa marche ». Gervais Lasteyra, apothicaire, est un élu socialiste. « Il a voté, il vote, il crie, il tempête, il trépigne, il interrompt la Montagne. Mais pourquoi, demande le biographe pamphlétaire, appeler à faire des lois un homme qui n'a jamais manipulé que des drogues ? » Nous citons ces extraits de quolibets parce qu'à travers eux apparaît quelque peu l'histoire secrète des politiciens de l'Auvergne. Plus près de nous, Eugène Clémentel, parlementaire durant vingt ans, sénateur quinze années durant, ayant eu dix portefeuilles de ministre, ressemble à Laurent-Eynac, député de la Haute-Loire, mandarin radical, totalisant douze ministères sur vingt ans. Comme Laurent-Eynac, Clémentel, ami de Clemenceau, son paronyme, s'occupe de l'aviation et voit clair dans son utilisation militaire et civile. Économiste, financier, surnommé « le père de l'artisanat », Clémentel fit beaucoup de bien. Atteint d'hémiplégie, il tenait d'une main sa plume et de l'autre un pinceau, fixant l'Auvergne sur le papier et la toile. Un mot sur Charles Dupuy, sénateur de la Haute-Loire. Président de la Chambre des députés, lorsque l'anarchiste Vaillant lance un projectile meurtrier qui explose dans l'hémicycle, on s'affole et on se couche. Au fauteuil présidentiel Charles Dupuy, debout, dit simplement : « Messieurs, la séance continue ! » Il ajoute : « Il est de la dignité de la Chambre et de la République que de pareils attentats à la bombe, dont nous ne connaissons pas la cause, ne troublent pas des législateurs. » On l'applaudit et on continue.

Paul Doumer, président de la République, natif d'Aurillac, doit-il s'inscrire dans la galerie de Giscardie ou dans celle, plus secrète, du pompidolisme de carrière ? Enfant de cheminot, apprenti graveur, enlevant baccalauréat et licence entre ses travaux, il passe journaliste, se porte contre le général Boulanger et parvient au ministère des Finances, puis va gouverner l'Indochine. Il fait, là-bas, un travail secret de géant, administrant, plantant des hévéas, etc. Travail, famille, patrie, étaient presque chez lui des slogans. Il perd un de ses fils à la guerre. Ayant battu Briand pour l'Élysée, Paul Doumer avait eu comme successeur, en Indochine, le gouverneur Alexandre Varenne, autre Auvergnat discret et secret. Employé de commerce, compilant des manuels durant ses loisirs, Varenne, socialiste réélu et rebattu, visait à « l'union sacrée ». En 1919, il fit imprimer le premier numéro de *La Montagne,* le grand journal des Auvergnats. Dans cette feuille il mènera une guérilla très clandestine contre Vichy, étant resté jusqu'au bout le prophète politique de l'accélération de l'histoire contemporaine.

Cette parenthèse fermée sur Alexandre Varenne, il convient de jeter une faible lueur sur l'assassinat de Paul Doumer, le 6 mai 1932. Le président de la République devait assister à la vente annuelle des écrivains combattants, dans les salons de l'hôtel Rothschild. Gorguloff, un Russe qu'on dira Bolchevik, arrive de Monaco, bien renseigné. Il entre, feuillette négligemment un livre de Claude Farrère (c'était peut-être *L'Homme qui assassina* ?). La tragédie dure cinq secondes. Le président auvergnat agonise durant quatorze heures. L'histoire secrète se pose des questions. Gorguloff était-il blanc, rouge ou vert ? Cet assassin, médecin spécialiste de l'avortement, avait des prétentions littéraires et dans ses pages on trouve ces mots : « Je hais la France. » Certains ont avancé que ce cosaque comptait sur un coup de revolver pour enfin se faire éditer. Dans ce Slave il y avait du nihilisme, un peu de fanatisme oriental et de cruauté asiatique, avec beaucoup de rêve, dira le procureur général : « Il est mystérieux et inquiétant, comme les steppes immenses et les forêts impénétrables de sa patrie. » Simulateur qui appelle la mort, mais fait tous les pourvois contre la sentence suprême ! Un autre Ravachol, un dément ? On ne sait. Il a voulu se caser comme simple soldat dans l'armée d'Hitler. Dans un style mystique, un émigré russe de Constantinople lui écrit à sa prison : « Nous tendons vers toi en partageant le poids de ta croix. C'est la Providence qui a guidé le coup de feu tiré par toi, le premier citoyen de France (Paul Doumer) le plus honnête parmi les nobles, qui a offert la vie de ses fils, ne pouvait pas quitter ce monde d'une autre façon, le vieillard devait mourir à son poste, en héros, afin que la France comprît que le retard égale la mort. » Dans la personne de Paul Gorguloff, les Français jugent leur ancienne alliée, la Russie. C'est le cri de milliers de Gorguloff. Curieusement un feuilleton, paru dans *Le Roupor,* journal de l'émigration russe (le Porte-voix) avait publié, peu avant, le récit imaginaire d'un attentat contre le président de la République. Gorguloff en avait-il eu connaissance ? La date de l'assassinat était inscrite sur une photographie. L'avocat, Me Marcel Roger, rappela que Paul Doumer évoquait tradition de sagesse, de tolérance et d'équilibre auvergnats. Il essaya de percer le doute qui planait sur les mystérieuses origines de Gorguloff, issu ou non des plaines du Caucase. Un fils de nonne ? Le descendant d'une princesse devenue religieuse et du célèbre cosaque Platoff qui ensanglanta la retraite de Russie ?

Un simple mégalomane ? En tout cas un mystique désordonné. Dans sa prison il regarde, par une trappe, le ciel bleu parisien et écrit : « Quelle beauté, quelle éternité ! Là-haut, il vole des nuages blancs moutonnés et là-haut il vole des hirondelles comme les flèches et là-haut, très haut élevé, il règne sur tout le monde, beau soleil, soleil éternel et, là-bas, notre vie, les gens du monde, la vie égoïste. Dieu nous a donné la loi de la nature, la loi de la mort, c'est une loi inévitable, nécessaire... seulement Dieu inconnu, mystérieux et infini, je m'en vais dans l'éternité. »

Gorguloff prend pitié d'un papillon venu s'emprisonner derrière les barreaux de sa cellule : « Vole, mon petit papillon, vole mais dans quelques jours tu mourras. Tu vois ce que c'est que notre vie... elle est comme une fleur, comme un nuage du ciel qui passe vite. Nous sommes des visiteurs sur la terre, mais la vie existe là-bas, dans les étoiles. »

Ainsi l'assassin de Paul Doumer qui chantait allégoriquement dans ses écrits les bêtes et les oiseaux, cet assassin élevé par les cosaques dans les forêts, parmi les chevaux, se qualifiait de « Scythe devenu sauvage ». Paul Doumer avait écrit *Le Livre de mes fils*. Les avocats de Gorguloff y puisèrent ces mots : « Le courage civique, c'est celui de l'homme vivant en société... Il faut qu'il ait le courage de sa propre opinion, qu'il sache se tenir en dehors des courants irraisonnés, des comportements, de ses décisions. » Paul Doumer fut ce politique jusque dans la mort, au champ d'honneur. L'aversion pour son assassin auréolé de l'emblème néobolchevique, s'agrémentait d'une brochure qu'il avait publiée et où l'on voyait « deux faux avec, au sommet, un sapin et une tête de mort ». Mais le mystère demeurait sur son appartenance véritable, sur la genèse de l'affaire. Dans ses Mémoires, ces phrases énigmatiques : « La fleur ne peut fleurir sans chaleur ni soleil et le Russe ne peut vivre sans servir la Russie. » « Ce chef d'État que je ne haïssais pas, je l'ai frappé pour assurer l'indépendance de mon pays. » Délire du cerveau, patriotisme ardent ? Mélancolie maladive ? Ce Russe qui trancha la vie de l'Auvergnat Paul Doumer, déclara que s'il eut la « pensée de tuer, c'est que le diable, le démon inconnu », la lui avait inculquée. Il n'avait pas eu le contrôle personnellement de ses actes[1]. Voilà un point d'histoire secret qu'il fallait bien noter, devant la grande ombre du président Doumer et de ses fils et devant

1. ÉMILE DE SAINT-AUBAN, *Revue des grands procès,* 1933, p. 65. De même, on lit dans cet ouvrage : « Ce n'est pas moi, c'est mon double qui l'a fait », répondit Gorguloff à la police pour une banale histoire, en 1928.

la justice de l'au-delà. Un dernier détail rapporté par Adrien Dansette dans *Historia*. Doumer avait dit : A mon âge, ce serait une belle fin que de mourir assassiné. Le jour même de son élection, il avait eu une précognition : « Je n'irai pas jusqu'au bout de mon mandat, je mourrai assassiné. »

Du sang des poilus à la Seconde Guerre mondiale
Le cas de Pierre Laval

Cela va nous autoriser à un léger retour en arrière.

Ce sont ces meneurs de jeu qu'il aurait fallu hisser sur le parapet des tranchées, là où l'Auvergne a donné le sang de ses zouaves et de ses poilus. Certains eurent la prémonition de leur mort. Trois mois avant la fin, un Vellave écrivait, le 10 août 1918 : « Dans trois mois ce sera peut-être la fin de cette guerre et demain la fin de mon destin. » A ce sujet il est une anecdote trop poignante qu'on ne peut passer sous silence. Vers le 8 août 1918, les artilleurs rencontrèrent le 112e d'infanterie en train de monter en ligne du côté de Roye et de Montdidier, Joseph Peyrard trouve ainsi, par hasard, son frère du 112e, l'accompagne sur un kilomètre, lui porte son sac. A un certain moment, le capitaine d'infanterie dit à l'artilleur : « Allez ! Toi, laisse aller ton frère et retourne à tes canons. On est proche des premières lignes. Et ça va barder, on aura besoin de vos obus. » Les deux frères s'embrassent... Trois jours plus tard, pas loin de là, le 11 août 1918, le caporal Louis Peyrard, qui avait écrit la veille la lettre ci-dessus, tombe d'une balle en plein front, au bord de sa tranchée, en entraînant ses hommes à l'assaut. Son frère Joseph croyait retourner le voir... Il trouve son cadavre marqué par une croix de bois, gratte la terre, découvre sa médaille et sa plaque. A genoux, il prie et pleure. C'était bien trois mois avant la fin, jour pour jour. La lettre avait été prémonitoire. Les citations de Louis Peyrard venaient de se clore par celle-ci, décernée le 25 janvier 1921, à titre posthume et publiée au *Journal officiel* du 27 novembre 1921, avec attribution de la médaille militaire :

« Excellent caporal d'un sang-froid remarquable, le 11 août 1918 a été mortellement blessé au moment où il portait son escouade à l'assaut d'une position ennemie, près de Goyencourt (Somme). A été cité. Antibes, le commandant du 112e R.I. »

Ainsi dorment dans les Ardennes et dans la Somme, à Verdun, au Chemin des Dames et sous l'Étoile, ces multitudes de soldats connus et inconnus. Nous aurions voulu pouvoir mettre sur le pavois toute l'armée Dubail dont le 8e corps (général de Castelli) était composé de Nivernais et d'Auvergnats. Nous aurions souhaité rappeler les hauts faits des anciens combattants survivants du Cantal, du Puy-de-Dôme et de l'Allier. La voix des clairons de l'Armistice semble toujours briser le silence qui se fit sur tout le front. C'était le jour où Maurice Barrès, de souche auvergnate, saluait avec Jules Siegfried les deux provinces délivrées. Dans le vacarme de ces victoires évoquées, la plume de l'homme de lettres reste toujours impuissante à camper l'homme des batailles et sa mystique. Une mystique dont Martin du Gard disait : « Il avait connu ce " miracle ", cette communauté mystique des troupes au feu, cette épuration de l'individu, cette formation soudaine, d'une âme collective et fraternelle, sous le poids d'une même fatalité. »

Bien mieux que l'écrivain fera la plume de l'oiseau qui, d'un coup d'aile, ira demain se poser sur l'avenue des Champs-Élysées. Ou le cri de l'oiseau du ciel qui, chaque jour, jette sa note d'éternité sur les cimetières de Verdun, dans le bois des Corbeaux, là où respire le vent des épopées. Cet hymne de la nature vaut tous les hymnes nationaux. Il appartient aussi à l'histoire secrète de l'Auvergne.

En attendant l'arc-en-ciel tricolore qui rassemblera l'armée ressuscitée bleu horizon pour l'ultime revue et ses poilus blafards pour la dernière « générale ». Après cette guerre, voici Pierre Laval que l'histoire assimilera au traître ou au sacrificateur. Il fut le grand bougnat de la politique et son nom signifie collaboration. Mais ayant eu un procès bâclé, mis debout pour être fusillé et déjà à demi mort sous l'effet du poison qu'il avait avalé, jeté au cercueil « pantelant », il reste l'énigme de toute la Seconde Guerre mondiale. Cet autre « Bougnaparte », fils d'un aubergiste de Châteldon, s'était enveloppé, tout jeune, dans les fronces du drapeau rouge. Transfuge du parti socialiste après Tours, en tête du Cartel des gauches, ministrable et ministre, lui aussi appartenait à la Giscardie. Mais il eut le tort de lier son destin au fascisme mussolinien. On connaît la suite : initiateur de Montoire, a-t-il voulu « rouler » Hitler ? Lui qui disait : « Je souhaite la victoire de l'Allemagne » et ajoutait « parce que sans elle le bolchevisme demain s'installerait partout ». A d'autres il avait dit : « Est-ce que vous imaginez que cela me ferait plaisir de voir les Allemands gagner ? J'aime mieux, moi, les payer en paroles... Une phrase comme celle-là (je souhaite...) ça peut valoir le retour de cent mille prisonniers. » « Des communistes, j'en ai fait libérer par milliers des camps de concentration », dira Laval dans ses *Mémoires*. « Je ne sais si je réussirai mon affaire. Si j'échoue, je serai fusillé, ça m'est égal. Mais si je réussis, il n'y aura pas assez de pierres dans ce pays pour m'élever des statues », avait confié Laval à Lapeyronnie[1].

Armée secrète et résistance en Auvergne

Le compatriote de Laval, le député cantalien, Maurice Montel, refusa les pleins pouvoirs à Pétain. Il fut le seul parlementaire de cette Auvergne qui englobera le fameux gouvernement de Vichy. Mais ces mêmes parlementaires furent nombreux dans la guerre du maquis. Guerre du maquis, certes, mais aussi guerre des services secrets. Évoquons quelques faits isolés de ces héros obscurs. En premier lieu, Clermont fut souvent la capitale du renseignement. Clermont, rendez-vous des soldats de l'ombre !... C'est une image que souvent vient iriser le printemps, dans la grisaille des anniversaires.

Clermont, capitale du renseignement, c'est le titre incontesté de la grande cité d'Auvergne.

Les éphémérides, régulièrement, décrassent ce vieux titre de sa poussière historique. Souvent, les anciens « combattants de l'ombre » viendront tenir congrès, sous la présidence du colonel Paillole. On a vu naguère l'ancien chef des services spéciaux entouré de deux cent cinquante délégués, en présence de Mme la maréchale de Lattre de Tassigny et de Mme la générale Henri Giraud.

Soldats ténébreux et silencieux, ces combattants du crépuscule ne passèrent point sous l'arc de Triomphe et leur action s'estompe, au loin, dans la brume des souvenirs clandestins. Ils furent pourtant les seuls vainqueurs de la guerre de 1940. Du moins, ils ne l'avaient pas perdue, s'efforçant de préparer pour les autres l'ultime revanche.

Il y a des soldats que l'on voit sous la herse des baïonnettes. Morts ou vivants, ils défilent dans un noble décor. Qu'ils soient dormants sous un ciel gris, en attendant que le « rêve passe », ou bien qu'ils montent à l'assaut, hurlant à la mort dans leurs triomphes héroïques, ils se meuvent sur un écran flamboyant. Sur

1. Cité par Jean Anglade, *op. cit.* Jean Anglade a eu le grand mérite de publier du procès Laval « les principales accusations du réquisitoire officiel ou populaire et les réponses possibles », donnant ainsi sa chance à l'égard d'un « jugement sommaire ». Mais l'écrivain a soin d'ajouter : « Que chacun apprécie comme il l'entend. »

eux s'arrondit toujours le porche de la gloire et de l'Auvergne secrète.

Rien de tout cela dans le cortège des membres de l'Intelligence Service français. Rescapés du contre-espionnage, ils portent discrètement à leur boutonnière l'éclat de leurs exploits. Un peu comme en juillet 1940, quand le colonel Rivet installait à Clermont son P.C. Ces hommes furent alors les routiers solitaires d'un combat sans merci. L'occupant avait fait dissoudre le 5e Bureau de l'état-major de l'armée. Cela s'appelait la « maison Rivet » pour les familiers et le S.R. ou C.E. pour les profanes. Corollaire du S.C.R. du colonel Schlesser et du capitaine Paillole, la boutique Rivet fut l'émule de l'Abwehr d'Hitler. Malgré l'inanité de ses moyens, cette boutique concurrença « l'usine » de l'amiral Canaris.

Le service de renseignement du colonel Rivet avait porté si haut la chose clandestine que les arcanes de la politique de l'Axe étaient passés au fin du fin de son action. Le roulis silencieux de la machine avait avancé ses postes d'écoute jusque dans les états-majors de la Wehrmacht. Tant de voies souterraines, tant de lettres chiffrées, tant de codes cryptographiés avaient « spécialisé » les Lombard, les Navarre, les Darbou, les Barbaro et tant d'autres noms qui émergent de cette guerre occulte, tels Manges et Crest, de Villeneuve, Mondanel, Osvald, Michel Hacq, Même, Linas... Parmi ces derniers policiers chevronnés, la sûreté nationale égalait la surveillance du territoire. Tous, sous le sigle du S.C.R., avaient placé leur fer de lance dans le dispositif ennemi. C'était de l'espionnage et du contre-espionnage.

Des chevaliers de légende

Entre 1940 et 1945, cette double mission fit trois cents morts. C'était beaucoup chez les agents secrets français. « La guerre continue », avait proclamé le colonel Rivet, dans un acte de foi éprouvé. On était en juillet 1940. De la jugulaire serrée sous le menton, l'officier passait au feutre incliné sur les yeux. La maison Rivet, désormais dissoute, renaissait de ses cendres, se ramifiant en Afrique, prête à refaire le chemin d'Hannibal. Mais elle laissait une antenne à Clermont. Elle aurait ainsi un œil vigilant sur Vichy. Son oreille écouterait aux postes des ambassade des U.S.A. et du Canada. A Clermont, le S.R. ne serait ni trop proche ni trop loin des collaborateurs ennemis. La région, bourrée de réfugiés, allait offrir ses volontaires alsaciens et lorrains, la plupart bilingues et farouchement revanchards. Dans cette armée sans uniforme, de nombreux chevaliers de légende se dessinent, magiciens des émissions clandestines, héros de parachutages et de sabotages, fouineurs intrépides à l'affût de l'occupant.

Tous brodent les noms de leurs victoires non sur des emblèmes, mais au fond de la brousse des réseaux. Ces noms de victoires n'ont qu'un bruit d'abeille, zézayant à peine sur les ondes de Londres et d'Alger. Seule la voix du général de Gaulle porte au loin le souffle brûlant des combats. En métropole, l'armée d'armistice cherche dans ses cent mille hommes le levain des lendemains. Troupe sporadique à Clermont, mais le 5e Bureau reste vigilant. Les archives de cet organisme ont été repliées au sud. Le lieutenant-colonel d'Alès, à la tête du contre-espionnage, fait route vers Clermont. C'est ici que grenouille l'état-major général de l'armée. Weygand chez les Clermontois, c'est encore beaucoup d'espoir ; le cordon, entre la zone libre et la zone occupée, reste un mince fil d'Ariane aux yeux du 5e Bureau.

« Ce n'est que partie remise, déclarait Weygand, il faut poursuivre notre tâche. Les Anglais continuent la guerre, les Américains s'y préparent. »

Telle était la mission du 5e Bureau face à l'ennemi victorieux.

Dissous, mais irréductible, il se métamorphosera. Son voisin, le 2e Bureau, est agréé par les Allemands. Il opère, depuis Vichy, sous les ordres du lieutenant-colonel Baril.

C'est aussi à Vichy que le colonel Rivet fait revivre un 5e Bureau fantôme. Grâce aux généraux Revers, Picquendar, Colson et bien d'autres. Grâce même à Pierre Laval et Pétain... Les services spéciaux, profitant de la confusion vichyssoise, prirent alors un nom caméléon : Bureau des menées antinationales ou B.M.A., *alias* M.A.

« Nous venons vous voir pour mettre sur pied un plan résolument militaire », déclarèrent un jour deux officiers à Weygand.

C'était à Clermont. Au loin, sur l'horizon lourd de Gergovie, semblaient traîner les nuées de la dernière défaite. La statue de Vercingétorix ressemblait au lumignon chétif éclairant l'avenir.

Le général Weygand, desséché sous l'uniforme, insectifié, brûlait du regard. Derrière sa prunelle, une petite lueur, vive et lointaine, ranimait son spectre de 1914. L'ancien adjoint de Foch promit aux deux officiers de faire accepter par les Allemands l'existence officielle du B.M.A. Ces deux officiers, les colonels d'Alès et Rivet, sortirent radieux mais silencieux. Le ciel d'automne 1940 leur accordait la grâce du décret gouvernemental, au terme duquel ils pouvaient installer leur quartier général à Royat.

Voilà donc le M.A. au travail. Donnant la chasse en zone libre aux agents allemands, il exploite les données fournies par les services spéciaux, huit cents arrestations, quatre cents condamnations, n'est-ce pas un beau ravage parmi les espions teutons ? On a prétendu que le M.A. de Royat lutta davantage contre les anti-Vichy que contre l'ennemi. On ajoute que gaullistes et communistes se méfiaient du B.M.A. comme de l'Abwehr. Mais il faut lire MM. Wybot et Passy. L'ancien directeur de la D.S.T. et l'ancien chef de bureau du général de Gaulle improuvent cette calomnie.

Pour nous, il nous suffit, dans cette histoire secrète, sans entrer dans la polémique, de saluer les morts ou disparus de S.R. Kléber, de tant d'autres réseaux. Saluons les membres des services de contre-espionnage et de la sécurité militaire de 1940 à 1944, parmi lesquels figure le commandant Jean-Pierre Peyrard, grâce à qui ces informations peuvent être ici produites.

Honneur, sous le soleil d'automne et de novembre, aux soldats de l'ombre. Un détail inédit, le général Giraud, échappé d'Allemagne, avant de s'embarquer en sous-marin, fit un crochet par Lyon et vint se cacher quelques heures en Velay, à Vernassal, en compagnie du colonel Laffon, autre Vellave. La chose n'a jamais été écrite. Un autre général, devenu le maréchal de Lattre de Tassigny, joua un rôle dans la guerre secrète. Son évasion, en Auvergne, fut le résultat de la grande efficacité des services secrets. Chef militaire, dont la gloire devait éclater sous le sobriquet de « roi Jean ». Notons enfin que le 24 juin 1940, 1996 ans après le combat de la Champ-Dolent, en Velay, là où les Helves, alliés des Romains, furent battus, les Allemands essuyèrent une défaite. Les sites épousent les événements et les restituent.

5.

L'Auvergne au bout du monde

Une Auvergne invisible

Ce pays a des intimités si fortes avec le mystère que son paysage, fût-il dépouillé, sur ses laves érodées, semble échapper à la vue.

Comme la divinité, l'Auvergne nous paraît infinie, invisible. Ses pâturages verts garnissent une âme sombre. Du moins a-t-on cette impression. Une mélancolie romanesque s'infiltre entre les pointes chauves des dômes et les morsures des versants, là où la voix des torrents se mêle aux tintements des chapelles lointaines. Les villages eux-mêmes, qui font cercle autour des monastères, ont ce filet imperceptible qui relie à l'éternel. Et puis, derrière les brumes est le grand fleuve mystérieux des morts, le peuple d'ombres des cimetières, où guettent les fantômes. La flûte du berger n'a pas l'air d'enchanter, comme dans les contes de fées. Elle est, sous les doigts du pâtre, comme un sarment naturel, tel un bâton sorti de terre. Il y a, dans les hommes et le paysage, une grandeur qui fuit la connaissance, pour mieux la susciter. Cet univers confus d'une Auvergne invisible qu'il faut savoir découvrir, a ses fluides, ses liens, ses émanations mystérieuses, son poids d'étrangeté.

Cette étrangeté, des quatre coins des dômes et des puys, elle vous pénètre, irrépressible, mais impalpable expression du beau, lumière incréée de l'obscurité, musique secrète et discrète du ciel, conscience disjointe d'un site, à la fois brutal et brumeux. Tout s'impose à la vue, comme tout se dérobe au regard. Exemple : ces volcans éteints, constants par leur présence, mais expression d'une éruption possible à tout instant.

Ainsi intervient l'invisible sur le visible, à propos de tout, A propos des trous parsemant les montagnes du Cézallier ou les rives du lac Pavin, à propos des galeries de la butte de Clermont, traces d'anciens burons selon les uns, ou d'abris-refuges pour les guerriers, selon les autres. A propos de personnages extravagants, comme le Dr Gourbeyre, vivant à Nouara, près du Moulin Richard-de-Bas. Ce solitaire avait ici construit, sur une éminence rocheuse, une sorte de château du bizarre, aux terrasses féeriques. Il vivait tel un alchimiste de nos temps. C'était au siècle dernier. Il s'enfermait dans sa « tour de Montaigne » placardée de livres. Là, entre les squelettes, il nourrissait des vipères, des salamandres et des lézards verts. Les gens voyaient en lui un monsieur d'un autre monde, à cause des plantes vénéneuses dont il avait semé ses rocailles, à cause de sa silhouette cassée qui se penchait sur son propre cercueil, un cercueil commandé par ses soins au menuisier des lieux. Faciès émacié et la barbe touchant terre, tel on l'apercevait, prenant appui sur les piquets de clôture de son castel fantomatique. Ainsi le voyait-on, de temps à autre, et c'était alors l'Auvergnat visible. Mais quand on ne le voyait plus d'un moment, c'était l'Auvergnat invisible d'une certaine Auvergne.

La même Auvergne qui se cache à Viverols dans le « fantôme rouge », dont le spectre hante encore les murailles du château. Allez à Viverols. Rien n'est plus prosaïque ou plus vulgairement villageois que cette vie monotone de tous les jours, autour de la forteresse brisée. Mais évoquez l'homme rouge de Pourrat, on vous dira que, peut-être bien, dans la forteresse en cours de restauration, il y avait, naguère, un métayer drôlement secoué, la nuit, par des coups répétés à sa porte. Il se levait alors en chemise, chandelle à la main, ouvrait les volets et interrogeait : Qui est là ? Il voyait l'homme rouge qui demandait « un monsieur du temps, l'ancien maître ». Ces récits, recueillis par Henri Pourrat, collent étroitement à l'opiniâtreté du légendaire, aux choses qu'on ne voit pas, mais auxquelles on croit.

Métamorphoses et vies cachées

Puisque nous sommes à Viverols, un mot de cette autre croyance récente : l'histoire du Louis XVII de Viverols et d'Églisolles.

Pour les bonnes gens du pays le fils de Louis XVI est venu ici se métamorphoser en voiturier. « Métamorphoser » est un peu fort. Mais c'est le terme entendu sur place pour expliquer, par exagération, le changement d'aspect du dauphin évadé. L'enfant royal vécut son existence complètement transformée, au sein de la famille Chomette qui l'avait recueilli, dans le hameau de La Grange, un coin perdu de l'Auvergne du bout du monde. Tout semble avoir commencé vers les années 1940 lorsque M. de Rancourt, un Français du Maroc, eut la confidence suivante de l'un de ses amis, en relation avec un colonel Chomette. Nous laissons parler M. de Rancourt :

« Un de mes amis m'a dit avoir connu au régiment un certain Chomette ressemblant comme deux gouttes d'eau à Louis XVI et qui lui aurait dit ceci : " Ce n'est pas étonnant que je ressemble à Louis XVI, car il est de tradition, dans ma famille, que Louis XVII (son fils) sorti du Temple au temps où Chaumette était tout-puissant à la Commune aurait été recueilli par la famille de ce dernier. " » Ce sont les termes d'une lettre de M. de Rancourt. Mme Michel, nièce du colonel, à la suite d'une émission de M. Alain Decaux, lui écrivit une lettre, le 3 novembre 1971, reproduite par *La Science historique* sous la plume de notre ami, l'historien Étienne et dont voici le contenu :

« J'ai toujours entendu raconter cette histoire dans la famille et je me demande pourquoi on serait allé inventer une histoire, s'il n'y avait pas, au départ, quelque chose de vrai. Voici les faits : mon arrière-grand-père, Chomette, est né à Viverols, vers 1820, et c'est lui qui racontait cela à mon père, né en 1872. Le procureur Chaumette aurait fait évader le dauphin et l'aurait amené à Viverols, bourgade perdue de l'Auvergne, mais chez un membre de sa famille qui avait dix-sept enfants, au domaine de la Gaillarderie. Là, le dauphin aurait pris le nom de Chomette et aurait fait souche, mais je ne sais pas s'il a vécu et s'il est mort à Viverols. Tout ce que je sais, c'est que mon arrière-grand-père était un homme très fier, maître de poste, etc. »

Ainsi s'exprimait la nièce du colonel. Ainsi s'est-elle exprimée devant nous et sa bonne foi est entière, comme celle de tous les siens.

Mais entre la phrase imputée au colonel Chomette et les propos de Mme Michel, il existe une distorsion trop longue à expliquer ici. Nous pouvons l'affirmer, ayant vu le dossier d'autres enquêteurs, tels que M. de Rancourt. Car M. de Rancourt se livra, par correspondance, à une enquête serrée. Il remonta la généalogie du colonel Chomette jusqu'à un certain Blaise Chomette, dit « le Jeune », né en 1797 à La Grange, commune d'Églisolles, près de Viverols. On sait que le dauphin était né en 1785. Comment donc

Blaise Chomette, né douze ans plus tard, pouvait-il être à la fois le dauphin et l'ancêtre du colonel ? M. de Rancourt, dans son dossier, observe des anomalies sur l'acte de naissance de Blaise jeune : par exemple, son frère, Blaise l'aîné, qui est témoin de la naissance, à l'âge de quatorze ans, alors qu'il en a douze seulement (Blaise Chomette l'aîné est né comme le dauphin en 1785), etc.

Les gens de Viverols ne s'embarrassent pas de considérations généalogiques trop poussées. Pour eux, l'enrichissement subit des Chomette, sous la Révolution, était la récompense de l'accueil fait à l'enfant royal.

Un enfant arrive, certain jour, habillé en fille, chez Jean-Baptiste Chomette. Il était conduit par le fameux Ojardias, un Thiernois, soi-disant agent du prince de Condé.

Autant de choses déformées hier par des non-chercheurs, aujourd'hui par la presse. Ce n'est pas « pendant la Révolution », comme dit cette presse, que la famille Chomette est devenue riche, mais sous l'Empire. Quant à Ojardias, dont l'historien Lenotre a tenté de camper le personnage et dont nous recherchons personnellement le fil d'Ariane, on ne saurait dire encore s'il fut un agent royaliste ou un agent républicain, ou plus simplement un agent double.

Notre ami l'historien Maurice Étienne, avec qui nous collaborons pour cette affaire, depuis plusieurs années, vient de réaliser, avec M. Éric Muraise, historien bien connu de l'affaire Louis XVII, un ouvrage faisant le point de la version de Viverols, entre autres. Incontestablement, M. Étienne a réuni des témoignages de descendants de la famille Chomette, ne se connaissant pas les uns les autres et chez qui la tradition Louis XVII semble exister, mais une tradition répétitive et vague, imprécise et sans documents. Il y a néanmoins de troublantes concordances. Il y a surtout le fait que c'est en Auvergne et dans le secteur du Livradois, où se conjuguent le mieux les présomptions. Là mieux qu'ailleurs en France se retrouvent des personnages parmi les plus notoires de l'affaire Louis XVII. L'un de ces personnages est le marquis de Fenoyl, longuement étudié par M. Étienne. De Beauchesne, dans son édition de 1851, cite de Fenoyl, qui avait contribué à la nomination de Gomin comme gardien au Temple. Mais la plupart des historiens ont ignoré le rôle du marquis. Seul un érudit de province, l'inévitable Boudon-Lashermes, du fond de son Velay, avait écrit, dans les années 30, ces phrases révélatrices : « Avec Viou, dominicain de Saint-Pal-en-Chalençon, plusieurs Vellaves notoires firent partie du jansénisme. Sous la Terreur, ces jansénistes conspirèrent pour faire évader Louis XVII. L'affaire fut dirigée par le marquis de Fenoyl, également de Saint-Pal. A Saint-Pal tout le monde disait encore, il y a quarante ans, que les jansénistes du pays avaient fait échapper Louis XVII et l'avaient mis en lieu sûr, en Livradois, partie de l'Auvergne qui touche à Saint-Pal. »

C'est à partir de ces phrases que M. Étienne lança son enquête, en corrélation avec la lettre adressée par Mme Michel à Alain Decaux.

Les choses en sont là et n'ont guère avancé.

M. Étienne lui-même énonçait cet aveu dans son article de *La Science historique* :

« Pour conclure sur cette affaire Chomette-Louis XVII, nous pouvons dire qu'il y a bien une tradition Louis XVII dans cette famille et que Mme Michel et le colonel Chomette sont de bonne foi, mais qu'en réalité leur histoire a été déformée. D'après certains témoignages, il semble bien que pendant la Révolution un enfant a été amené chez Jean-Baptiste Chomette et son épouse Marianne Dugay. Cet enfant était-il Louis XVII ? Rien ne le prouve. Ce qui est étrange, c'est l'enrichissement subit de cette famille, permettant à Jacques et à Blaise l'aîné d'acquérir le domaine de la Gaillarderie. »

M. Étienne s'est habilement glissé dans tout ce labyrinthe, où évoluent les Gardon, les compagnons de Jéhu, les compagnons de la Ganse blanche, contre-révolutionnaires du Forez et de l'Auvergne. Il y a aussi les multiples réseaux ayant leur tête dans la capitale, avec leurs agents entre Auvergne et Forez. Nous sommes donc en pleine histoire secrète de l'Auvergne, pas seulement pendant la Révolution, mais au temps de la disparition du prétendu Louis XVII, comme au déclin du Second Empire. Cette histoire secrète, les gens de Viverols et d'Églisolles la vivent au présent avec cette affaire qui passionne leurs habitants, leurs érudits, tel M. Viallard.

Il est vrai que l'habitant du Livradois, depuis Henri Pourrat, est habitué aux trames sombres de ses annales, souvent parsemées de brigandage, d'intrigues obscures et d'existences bizarres. L'une de ces existences fut celle d'Hector Granet, greffier de paix, dont le mausolée de Viverols porte l'épitaphe suivante, digne de notre sous-titre « Métamorphoses et vies cachées » :

TOI QUE LA RÊVERIE AMÈNE SUR CETTE TOMBE
PASSANT ! QUI QUE TU SOIS, ACCORDE UN SOUVENIR
A MON PÈRE QUI DORT EN CET ASILE SOMBRE
ET SON SALUT MUET TE FERA BÉNIR.

Une tour domine ce mausolée élevé par cet Hector Granet que les anciens de Viverols ont bien connu. Ils vous raconteront que le scribe de justice vivait là, dans ce sanctuaire turriforme, plein de documents et de chats. Ils vous montreront, plus bas, la chapelle funéraire, où dort son père. Longtemps il l'y conserva dans un récipient de béton rempli d'alcool. Les gens frappaient trois coups contre la cuve et le défunt père Granet remontait à la surface, devant la vitre. Les autorités ordonnèrent la fermeture du musée et l'on fit murer la chapelle. Hector Granet y repose avec, paraît-il, « dix mille pièces d'archives ». C'est peut-être là qu'est le secret de l'affaire Louis XVII, car nous le révélons ici aux historiens, comme aux braves gens de la région, l'ancêtre de Granet aurait poursuivi Ojardias, fuyant avec Louis XVII en direction du Livradois et, dit Boudon, Ojardias éliminé, le dauphin serait tombé entre les mains d'un rival. Granet se serait-il emparé de l'enfant royal ? Voilà comment, dans cette affaire Louis XVII, convergent d'étranges personnages. Personnages qui évoluent, autour de Blaise Chomette, aïeul de Mme Michel, nièce du colonel. Au cours de l'une de ses visites, elle nous a laissé des arguments emportant notre conviction : le dauphin aurait bien séjourné dans la famille Chomette, mais y a-t-il fait souche déclarée, comme le veut une tradition relativement récente, en qualité de maître de poste à demeure ?

Nous ne sommes pas sûrs que Blaise Chomette, voiturier et non maître de poste, ait été le personnage clé de cette affaire. Nous pensons qu'il a été un maillon et que, dans son ombre, vivait un échappé, peut-être l'échappé du Temple. Nous pensons aussi que si dauphin il y avait, Granet savait... Là-dessus nous avons quelques idées et pas mal de dossiers dont nous avons fait le manuscrit d'un prochain livre. Le colonel Chomette semble effectivement être issu de Louis XVII par la femme de son ancêtre Blaise Chomette, le temps d'une durable aventure galante, du côté de Viverols. Il y a de très fortes présomptions là-dessus et des ressemblances physiques surprenantes chez les Chomette Viverols, ses collatéraux... Viverols, où Blaise Chomette est décédé le 12 février 1873. On épilogue, dans la région, sur l'acte de décès religieux, en disant que le curé de l'époque a inscrit seulement la date du décès, qu'il n'a pas eu en main l'acte de baptême... L'acte de décès civil, en tout cas, dont nous sommes en possession, fait bien naître Blaise Chomette en 1797, et non en 1785. Autrement dit, il ne spécifie pas que l'intéressé mourut à quatre-vingt-trois ans comme on l'a écrit, mais bien à soixante-seize ans. Enfin la presse a trop romancé cette affaire, car le convoyeur Ojardias n'a pas été « retrouvé lardé de coups de couteau dans un bois du village de Viverols, où il était arrivé avec le mystérieux enfant ». Désolé, nous avons des documents probants où resurgit, six à sept ans plus tard, cet Ojardias mystérieux, lors d'une attaque à main armée. Son assassinat, dont Lenotre avait indiqué les auteurs présumés, n'est pas expressément prouvé. Il avait plusieurs identités, tout comme le dauphin... vraisemblablement. Tous deux en ont largement usé, dans cette Auvergne du bout du monde.

Dernier point : la parenté Chomette ou Chaumette d'Auvergne avec les Chaumette de la Nièvre, patrie du procureur, n'a pu encore, à ce jour, être démontrée, malgré les inlassables recherches de M. Étienne.

Elles sont faites, il est vrai, dans la discrétion, à l'abri des nouvellistes, qui donnent allégrement au dauphin de Viverols le surnom de « Nez-Tord » (nez tordu ou nez bourbonien). Blaise Chomette n'a jamais porté un tel sobriquet. Il s'appliquait à d'autres Chomette d'une autre branche que nous connaissons bien et dont nous avons le dossier ancestral. Il faut s'en tenir à la phrase de Mme Michel : « Il y a quelque chose de vrai. » En compagnie de M. Étienne nous avons sillonné souvent cette Auvergne delphinale, dans le sillage perdu de l'enfant royal, essayant de retrouver ce « quelque chose de vrai » bien caché, dans l'Auvergne du bout du monde.

Secrète, farouche Auvergne, bornée au sud par le Velay où le dauphin a également inscrit sa légende, une légende moins subtile, plus naïve, mais dorée par un collier aux origines inconnues.

Un tourisme initiatique

Ainsi, à Viverols comme ailleurs, les Auvergnats sont-ils de plain-pied avec l'énigme, avec l'étrange. Le voyageur de l'extérieur s'accommode progressivement à cette Auvergne de l'intérieur, où la psychologie des profondeurs est courante. Derrière chaque ruine, au fond de chaque ravin, aux lisières des sylves arverniques est la marque d'un peuple d'initiés dont il faut savoir découvrir l'authenticité. Les itinéraires qui traversent les villes semblent pénétrer dans leurs fondations, cependant que monstres et géants paraissent tous regarder au bord de la voie antique devenue autoroute. Guy de Maupassant l'avait bien senti, quand il décrivait son *Mont-Oriol*, au creux des gorges d'Enval, région de Châtelguyon :

« La gorge, de plus en plus resserrée et tortueuse, s'enfonce dans la montagne. On franchit des pierres énormes, on passe, sur de gros cailloux, la petite rivière et, après avoir contourné un roc haut de plus de cinquante mètres, qui barre toute l'entaille du ravin, on se trouve enfermé dans une sorte de fosse étroite, entre deux murailles géantes, nues jusqu'au sommet couvert d'arbres et de verdure ! Le ruisseau forme un lac, comme une grande cuvette et c'est là, vraiment, un trou sauvage, étrange, inattendu. » Avec Maupassant, égaré dans ce « bout du monde » nous passons sous les cascades et les couloirs de granite, nous franchissons le « mur infranchissable », frôlons des lianes, faisons crisser la fougère et pénétrons dans « l'entaille de la montagne ». Entaille si étroite « que deux hommes, se tenant par la main, en pouvaient toucher les côtés. On ne voyait plus qu'une ligne de ciel ».

Annette Pourrat a bien décrit ce « bout du monde qui attire tant de monde ».

Là est le tourisme initiatique d'une Auvergne qui n'est pas toujous souterraine. Veut-on s'en évader ? Impossible ! Un exemple : Châteauneuf-les-Bains, à quarante-huit kilomètres au nord-ouest de Clermont, par Riom et la départementale 227. On ne croit trouver ici que les thermes, ou bien le souvenir tout militaire du général Desaix dont l'éblouissante carrière, ayant auréolé Bonaparte, finit par une balle en plein cœur. Mais si l'on fouille dans la biographie de ce général, surnommé « le Sultan juste » par les Égyptiens, on s'aperçoit d'un petit détail : le jeune Louis-Charles Antoine Des Aix (alias *Desaix*) eut comme précepteur un officier de chevau-légers amputé de sa jambe gauche par un boulet. Ce retraité unijambiste introduisit son élève aux sciences de l' « ésothérique » *(sic)*. Voilà quels secrets on trouve derrière le portrait du général Desaix.

Symbolisme aux carrefours géographiques
L'Auvergne sous la Voie lactée

Ces secrets se trouvent là où le cœur des hommes les a posés, en dehors parfois des circuits officiels. Bien qu'ils n'obéissent pas à un inventaire rigoureux, leur semence se répand près des mégalithes et des pierres à empreintes, vers Noirétable, Thiers, Montferrand, Rochefort, La Bourboule, Latour-d'Auvergne, Riom-ès-Montagne. L'itinéraire remonte par Murat, Saint-Mary, Saint-Germain-Lembron, redescend par Auzon ou bifurque vers Saint-Flour, s'extravase vers Craponne et Saint-Anthème.

Les lacs, leurs volcans, les grottes, les sources parsèment l'échiquier des merveilles naturelles, sur toute la carte de l'Auvergne. Des endroits où se croisent ces merveilles, à la façon des constellations, ce sont les bifurcations du Puy conduisant au lac du Bouchet et à celui, desséché, du mont Bard. C'est la croisée des chemins de Massiac et d'Ardes-sur-Couze, où les grottes cachent, dans leurs habitats préhistoriques, des cultes primitifs, des rites de fécondité dont on a perdu la trace. Ce sont les embranchements du mont Dore et de Saint-Nectaire, où le mont Cornadore a son lac souterrain et son « trou du diable ». Le diable de Saint-Nectaire qui trône au sanctuaire, sur les chapiteaux. Pattes d'oie et ronds-points de l'insolite, carrefours de l'étrange. Et puis il y a les croix plantées à la fourche des voies antiques. De multiples exemples pourraient nous conduire ainsi, par les méandres de cette Auvergne crue, laissant affleurer mégalithes et pierres à empreintes, emplie de merveilles visibles ou cachées, saturée d'eaux minérales, à demi légendaire ou gorgée de sacré, là où concourent les avenues du vieux temps pour s'y resserrer en forme d'étoile.

A ces points de rencontre géographiques se croisent les dragons et animaux fabuleux du bestiaire fantastique, les jeteurs de sort foulant aux pieds les stèles inscrites, les saints guérisseurs porteurs de reliques, passant entre les arbres vénérés, les rebouteux et superstitieux, les joueurs de cabrette, les géants ressuscités, allant à quelque carnaval, les dames fées, les farfadets, les druides, les moines, les astrologues modernes et, pourquoi pas ? les guetteurs de soucoupes volantes. L'un d'eux s'est installé au Chambon-sur-Lignon, véritable carrefour mystico-géographique, au cœur du pays protestant, là-bas, sous la Voie lactée qui servait de toit aux persécutés des dragonnades. Raymond Veillith sentit monter sa vocation, avec la brusque recrudescence d'objets volants sur l'Europe occidentale. Jusqu'alors membre de la Société astronomique de France, il prônait la thèse de phénomènes naturels. Le 15 octobre 1954, vers 18 heures, il observa un objet lumineux fixe, à environ 30 degrés au-dessus d'un point ouest de l'horizon du Chambon-sur-Lignon. Ce n'était qu'un ballon-sonde, lancé de l'université de Padoue et tout le Massif central repéra le phénomène. Le fait qu'il avait bien été décrit par de nombreux témoins incita notre Vellave à donner un brevet de confiance aux observateurs de soucoupes en général. Il se mit au travail, télescope braqué sous la coupole nocturne. Très vite il s'aperçut que le Massif central était le théâtre d'atterrissages. Sur le plateau de Millevaches, le 10 septembre 1954, vers 20 h 30, il y eut le cas Mazaud. Un personnage casqué était descendu de son appareil, tendant son bras vers M. Mazaud. Entre Gelles et Coheix, en Auvergne, le 18 octobre 1954, à 17 h 30, M. Baghelard eut le moteur de sa camionnette paralysé par un objet volant de dix mètres de long sur deux mètres cinquante de haut. Les gendarmes constatèrent des atterrissages à Gelles, à Cisternes-la-Forêt (Puy-de-Dôme). Bref, M. Veillith édita une revue, *Lumières dans la nuit,* et fonda au Chambon, un centre d'études des soucoupes volantes, mondialement connu. Mais là où M. Veillith projette d'autres lumières sur la nuit, c'est quand il parle de la « fin des temps et du retour du Christ ». Pour lui, prophéties bibliques, prophéties privées, soucoupes volantes et « grand coup » sont liés à la « proximité des événements ». Cet érudit prophète, aux confins de la région Auvergne-Velay-Vivarais, appelé jadis « Auvergnisé », éclaire les années 1980 des versets 28 et 29 de Marc 13, pour annoncer la venue de Jésus : « Le jour et l'heure restent cachés, mais on peut connaître le moment... l'époque. » Après avoir noté la création d'un État juif et le retour de son peuple en Palestine, prévu par le prophète Amos, M. Veillith nous entretient d'un « conflit universel » dont « la phase décisive se situe au nord-ouest de la Palestine à Harmaguedon, dans la vallée Meggido ». Un œil rivé sur le télescope à la recherche des Ovnis, il perçoit « les signes dans le ciel » et de l'autre constate sur terre la « déchéance morale de l'individu ». Citant l'abbé Souffrand et divers auteurs de prophéties, le visionnaire du Chambon-sur-Lignon associe « le grand coup » au phénomène des soucoupes volantes. Pour lui « l'intervention des mystérieux objets célestes » (I.M.O.C.) ne se limite pas, sur le plan prophétique, à un simple contact avec les terriens, contact ayant déjà eu lieu, mais plutôt à un nouveau Sodome et Gomorrhe planétaires, avec « l'enlèvement des bons » et l'éventualité d'une guerre, au deuxième millénaire de l'ère du Christ. Citant entre autres *« l'arbor mirabilis »* d'Albrecht Schmelztiegel (1621-1680), dont un exemplaire fut destiné à être enterré dans une cachette, non encore découverte, au château de Montségur, dans la citadelle cathare, M. Veillith n'exclut pas, comme date fatale : « l'an 2000 moins dix-huit années, c'est-à-dire l'an de grâce 1982 ». Guerre sans pitié qui, pour Ulrich de Mayence, aurait lieu en 1982 ou 1992, pour Mother Shipton, vivant au XVIe siècle, en 1991, et pour Nostradamus, en 1999. Le Vellave Veillith[1] cite enfin la phrase du discours eschatologique du Christ : « Il y aura de grands

1. *Lumières dans la nuit,* 17e année, no 32 : « Fin des temps et retour du Christ », février 1974.

tremblements de terre... » (Luc 21, verset II). Nous en arrivons ainsi à une vision scientifique de l'Auvergne, vision d'une Auvergne voyant réveiller ses volcans. Une Auvergne peuplée de carrefours dont les noms de terroir évoquent des symbolismes lointains au secret jusqu'ici enseveli.

Demain, si l'Auvergne tremblait

Sans insister sur les cas nombreux d'Ovnis en Auvergne, à Vieille-Brioude (un des premiers cas), à Vauriat, etc., nous soulignerons qu'un certain alignement de phénomènes vient à passer sur les volcans et s'en va sur l'Aubrac, vers ces cathédrales de la préhistoire que sont les peyres montades, les dolmens du plateau de Mons, les menhirs de Chazeaux, de Talizat, vers les peyres-plantades et les menhirs christianisés de Sériers, sur le chemin de Peyrelade.

Ici, sur la ligne de ces pierres, venues d'un autre âge, semblent se diriger, appelés par un courant tellurique, les mystérieux objets volants, signalés dans les vieux registres paroissiaux. Alors, demain, si l'Auvergne tremblait comme le prévoit le grand vulcanologue Haroun Tazieff, depuis les Dômes du Cantal et du puy Mary jusqu'aux pierres branlantes de l'Aubrac, se creuserait une immense chaussée des géants, tracée peut-être par les précurseurs venus d'un autre monde. Voilà ce qu'affirment les tenants d'un univers parallèle. Moins puérils, plus rationalistes, veulent rester ceux qui fixent à dix ans ou mille ans le réveil des volcans d'Auvergne. Les géologues qui les appuient rappellent ceci : la chaîne des puys a vu s'éteindre ses volcans, voici huit mille ans. Ceux de Limagne s'allumaient, il y a 30 millions d'années, mais cela fut suivi d'autres flambées. Le Cantal, les Dores et les puys connurent de nouvelles éruptions, après plusieurs millions d'années de tranquillité. Conclusion, certains cratères, rentrés dans le calme, voici trois mille ans, peuvent un jour se réveiller. Les vulcanologues, réunis en colloque à Zurich, en 1967, n'ont pas donné de bulletin de décès aux volcans auvergnats.

Ils dorment.

En attendant de se réveiller, sources thermales, « chaudes aigues » et gaz sulfureux boursouflent de façon sporadique l'écorce d'Auvergne. Et puis si les volcans ne sont morts qu'en apparence, tant mieux pour une certaine Auvergne, frappée du légendaire.

Un peuple qui n'a pas de légendes est un pays qui meurt de froid, a dit un poète.

Le pays d'Henri Pourrat ne mourra pas de froid.

L'Auvergnat, cet inconnu...

Devant cet amalgame de légendes et de traditions sacrées, de connaissances ésotériques, de science, de faits, de réalités, devant les forces inconnues, dont les initiés semblent être les dépositaires locaux, l'Auvergnat garde l'œil d'un sage. Avant de prendre position il « pause », vieux mot signifiant qu'il se repose l'esprit.

Le plus souvent il se réfugie dans la religion de ses pères. Là, il trouve appui dans l'Arvern antique des druides, fût-elle christianisée. Qu'importe, si l'Auvergne mystique évolue ! Elle baigne toujours dans une lumière qui, pour être surnaturelle, ressemble aux reflets de ses feux brûlants passés.

Comme le souffle cantalien du vent fou de la planèze, l'essir, qui frappe l'Auvergnat en pleine figure, l'air d'Auvergne est une haleine forte, celle de quelque dieu caché derrière la montagne.

L'Auvergnat s'y réchauffe les doigts.

Haleine crue, elle sent le serpolet, le genêt d'or ou l'encens. Zéphyrs de la pensée, soufflant au grand large des cratères lacustres, se mêlant à l'odeur de cette soupe aux choux, évoquée par Jules Romains dans ses *Hommes de bonne volonté*[1].

Car les êtres et les pensées sont bien à l'aise, ici, dans ces lieux rustiques, « où souffle l'esprit », pour reprendre le mot de Barrès, l'Auvergnat déraciné.

« C'est en Auvergne que j'ai mes racines, écrivait-il. Je le comprends chaque jour davantage. A travers mes livres, l'Allier circule... Je me connais comme un instant de l'Auvergne éternelle. » Dans cette Auvergne, la vie, la religion, l'en haut, l'en bas, la tradition, les choses taboues, « rien n'est dissociable ». L'Auvergnat aime les confréries et les cérémonies, les rogations qui font arrêter ou tomber la pluie. Les Auvergnats, « on les voit dans les processions », écrivait Vialatte, avec humour. Les processions comme celle de Molonpize, au coin le plus étroit des gorges de l'Alagnon [2].

1. T. II, ch. XI, p. 108.

2. Chamfort, né au pays des cratères, a écrit dans *Caractères et Anecdotes,* à propos de la procession de Sainte-Geneviève : « A peine la procession fut-elle en route qu'il commença à pleuvoir. Sur quoi l'évêque dit plaisamment :" La sainte se trompe, elle croit qu'on lui demande la pluie. " »

Processions en l'honneur de sainte Foy, qui avait glissé entre ces ravins sauvages, faisant miracles ou laissant bouche tordue aux méchants. Partout, dans les bourgs sonnait fort l'accent d'oc, tel Arpajon, près d'Aurillac, « bourg des sépultures »; partout se trouve cet Auvergnat à la fois mystique et prosaïque, mais le plus inconnu qui soit. Aujourd'hui, le temps des grandes joutes est passé, mais la télévision ressuscite, près de l'âtre modernisé, la vieille âme du clan. Comme au temps des pierres plates, sur lesquelles se balançait la marmite, la même odeur imprègne les hautes terres, depuis l'infini des âges. Par la vieille fenêtre, fût-elle élargie, l'Auvergnat apparaît de l'extérieur comme un homme serti dans l'inconnu, un homme sans grammaire autre que le livre de la nature arverne. Son parchemin est le chemin de la montagne. Son instinct suit toujours les signes dans le ciel et son oreille écoute encore la fontaine qui sanglote dans la cour. Si la « fontberte » crève, du côté du Bouchet-Saint-Nicolas, l'Averno-Vellave qui vient à passer en tracteur s'arrête devant cette source, dont le ventre éclate avant les orages. C'est l'oracle des mauvaises saisons. Il ressent la même annonce qu'au temps menaçant les Ligures. Pour lui, dans son terroir, tout est mouvance ouvrant sur le futur. La terre est liée au ciel. C'est ainsi. Rien n'y fait, ni le remembrement ni le progrès. A cet égard, il y a un phénomène d'inhibition et d'absorption. L'Auvergnat, après une sorte d'interdiction rituelle, mange le progrès et l'assimile. Il conquiert les idées des autres en les brisant sur son môle, telles des vagues impétueuses. Ce qui vient d'ailleurs risque d'être considéré comme tabou, interdit. Il y faut d'abord l'épreuve.

Pour un nouvel âge d'or...

Car le progrès peut être considéré comme impur ou sacré. Cela dépend... L'Auvergnat n'est pas refuseur d'évolution. Non, le progrès, « ce n'est pas le refus ». Voilà son paradoxe. Ainsi, il a souvent une opinion bizarre, contraire à l'opinion commune. C'est de la subtilité. Paradoxe de tradition et de progrès. Exemple : un paysan comme Debatisse, grand syndicaliste de la cause paysanne française, monté à Paris, depuis son Auvergne ; il parle comme tel autre ministre, mais sous l'habit du secrétaire d'État, passé le col et la cravate, il y a l'Auvergnat coriace et conquérant pour son terroir. L'Auvergnat est un champion de la tradition, mais il est aussi un chercheur de l'âge d'or pour ses pâtures du Cézallier et ses landes de la Margeride, pour ses Limagnes, pour ses cadets sans terres. L'âge d'or par nos temps d'argent...

Mais quel âge d'or ?

Celui que produira sa propre terre. Car il y a une vieille alliance passée entre l'Auvergnat et sa terre. Certes, il a tendance à s'en aller à l'étranger des « petites Auvergnes », style Canada, devenant gros ferrailleur du Nord, comme le berger d'Ytrac, Jean Cibié ; bref, un aventurier, mais un aventurier gardant paradoxalement une enclave dans son pays. On dirait qu'il entend le mot de Pascal : « Connaissez donc, superbes, quel paradoxe vous êtes vous-mêmes[1]. » Auvergne cachée, celle qu'un jour tout le monde recherchera, malgré la fausse prédiction du général de Gaulle. Fustigeant les politiciens de la IVe République, en 1958, n'avait-il pas déclaré :

« Ils nous ont perdu l'Indochine, le Maroc, la Tunisie. Ils nous perdront l'Algérie, le Sahara. Puis ce sera le tour de la Corse, de la Bretagne et de l'Alsace. Il nous restera l'Auvergne ; parce que personne n'en voudra. »

Non, la montagne d'Auvergne est un grand pilier qui émerge sur la France. Un pavois sur lequel se placent encore les Auvergnats. On pourrait comparer les possibilités de l'Auvergne, robuste et disciplinée, à la nouvelle Allemagne. On pourrait s'appuyer sur une phrase d'Alexandre Vialatte[2], l'Ambertois germaniste, qui se complaisait dans les brumes wagnériennes des environs du collège d'Ambert, d'où il détectait, à travers les clairières, les ensoleillements du grand espoir arverne : « Amère et drue, verte, antique et nouvelle, l'Auvergne est notre dernier réservoir de fraîcheur. »

Vialatte avait raison. L'Auvergne, avec sa sœur la Provence, est capable d'un nouvel âge d'or puisé dans sa fraîcheur.

Oui, l'Auvergne est un réservoir.

Le vieillard des gorges de la Sioule qui rimait au soir de sa vie, le jeune homme grave, ou bien aise de folâtrer avec l'Aubrac des géants, l'adulte penseur de Montferrand, bref, tels hommes ou telles femmes de Malompize, avec leurs joies et leurs peines, s'y retrouveront en variance, pour s'abreuver des mêmes sources. Ils s'abreuveront, comme les chevaux débridés, aux vieilles haltes garnies de genêts fleuris, vers l'auberge de Pont-de-Merle, sur la route d'Arlanc. Vous qui venez en Auvergne, découvrez ce pays, derrière un porche arrondi, ou par un vitrail stylisé, posez les yeux

1. Pensées, VIII, 1.
2. *Histoires et Légendes, Auvergne mystérieuse, op. cit.*, p. 20.

sur la croix celtique du vieux fer, plongez vos regards dans le val inspiré, suivez l'alouette, écoutez son chant. Par monts et par mystères, brûlez le sentier ou le pavé, enfoncez-vous vers les grottes de Malnon ou l'ancienne abbaye de Mégemont.

Ici, l'Auvergne rejoint, dans le même sillage, les vieilles haltes des Arvernes, marquant ainsi le bornage de ses sillons, la limite de ses progrès. Bref, l'Auvergne éprouve le sentiment qu'elle a finalement un territoire des âmes à défendre.

Comme autrefois, quand Vercingétorix chevauchait entre la croupe des cratères, « le peuple arverne, nous dit Jean Anglade, dans son *Histoire de l'Auvergne,* fut très vite le maître indiscuté de la forteresse centrale, avec l'appui de ses cousins et voisins : Gabales du Gévaudan, Vellaves du Velay, Lémovices du Limousin, Rutènes du Rouergue. Ensemble, ils avaient l'avantage de la parenté et du nombre, de la force et de la sécurité ».

Ce territoire des tribus est disparu.

Mais à la place est née la région.

L'Arvernie est devenue la Giscardie...

Là, c'est un impondérable. Nous assistons aux changements des conditions de vie, au brassage des populations, au bouleversement de l'Auvergne. Le paysan quitte sa ferme, l'argent descend les collines, l'Auvergnat s'attroupe, non plus dans l'oppidum, mais dans les banlieues. Il n'est plus le soldat de Vercingétorix, mais souvent le déserteur des campagnes. Il est devenu, lui aussi, un héros de la société de consommation. Son proconsulat, c'est la France, sa nostalgie, l'Arvernie, certains disent... l'Occitanie !

Voilà les énumérations parfois controuvées et volontairement simplistes.

Certes, l'époque des rivalités tribales est enfouie. Mais le temps des pragmatiques n'est pas mort. L'Auvergnat sait que, dans le mouvement général, il ne doit pas s'écarter du pôle. L'impulsion qui l'entraîne le fait revenir aux sources.

« Il a une tête de fer », disait je ne sais quelle célébrité.

Ainsi, l'Auvergnat défend son territoire, celui de son âme, de son esprit et de sa foi.

Il garde sa robustesse et refuse la frénésie, tout en maîtrisant les tribulations, car il sait qu'il ne faut pas défeuiller l'arbre de vie et qu'il y a des forces obscures entre l'âge d'argent et l'âge d'or. Le portrait que nous venons de tracer ne montrait pas l'Auvergnat, homme d'épargne en train de serrer contre lui son porte-monnaie. C'est bien à tort, car l'Auvergnat a de l'or jusque dans son blason : « d'or au gonfanon de gueules, frangé de sinople ». Le sinople, le vert, symbole d'espérance et des temps nouveaux, le temps du Verseau.

Le temps du Verseau

Voilà en général l'Auvergnat. Il y a même l'Auvergnat ultra... Cet Auvergnat rare et supertraditionaliste, qui voit dans nos temps le nouveau déluge, ressemble au templier de Maulmont, près de Randan. Là se trouvait une commanderie dont Philippe le Bel fit chasser les religieux. Seul un chevalier ne voulut point quitter ces lieux. En 1309, il avait été du nombre des quarante qui avaient passé des aveux. Maintenant on ne pouvait plus forcer son âme, à défaut de forcer sa voix. Il revenait sur les déclarations qu'on lui avait arrachées devant l'évêque de Clermont. Mais la montagne seule portait son désaveu. Entre les murailles fauves de la commanderie, il gardait silence, solitaire au regard charbonneux, ne sortant, à la tombée du soir, que pour faire un brin de chemin, jusqu'à la croix d'une lisière proche. Là, il se signait et clamait son innocence aux ombres, mêlant sa voix à celle des chats-huants. Tel est, penché par le poids du temps sur l'ère du Verseau, l'Auvergnat absolu ou rétrograde, fixant, de son œil broussailleux, les profils du futur.

Car si l'avenir est aux hommes, pour l'Auvergnat le futur est à Dieu. L'avenir, c'est demain et demain seulement. Ainsi pour l'Auvergne, tantôt cartésienne, tantôt irrationaliste. Une Auvergne qui depuis vingt siècles, du christianisme au socialisme vrai, fut un champ de tolérance et d'altruisme, sous le signe des Poissons. Une Auvergne entrée dans le temps du Verseau, avec ses usines, ses camps de vacances, sa vocation culturelle et la rafale des entraînements de la marche du temps. Une Auvergne peut être fatiguée de sa hiératique sagesse. Le célèbre Pierre d'Ailly, évêque du Puy (1350-1420), prévoyait, comme Nostradamus, le début de la période d'éveil pour l'an 1789. Sans entrer dans le calcul de leurs chronologies compliquées, augurons que la période d'éveil du Verseau pourrait avoir commencé dans les années 1950 et se terminer vers l'an 2350.

Nous disions plus haut que le sinople des armoiries d'Auvergne est couleur d'espérance. C'est le vieux sinople de la chevalerie arverne, le signe de la sagesse divine en acte, l'enseigne de la révélation de l'amour printanier, la couleur de l'initiation gnostique. Certains y ont cherché la note des malheurs auvergnats.

J'y vois le vert du Verseau qui frange ce gonfanon rouge, pendeloquant triplement, sur un fond d'or : celui d'un nouvel âge d'or.

Rouge fut cet étendard de combat, bannière de guerre, avec des bandelettes en pointe suspendues aux lances. Rouge couleur de sang, symbole d'agressivité, marque du fer, mais aussi de l'amour et du diable. Quoi d'étonnant, au pays des volcans, où la magie noire fut sanglante, où la géomancie du feu, de la passion, de la virilité s'expriment si fortement. Ce qui reste, c'est l'ourlet vert de l'oriflamme et l'or spirituel de l'écu.

Entre les dates 1950 et 2350 avancées plus haut, le prélat prophète du Puy, Pierre d'Ailly, avait peut-être prévu que le bélier aurait vécu, lui qui prenait, pour texte de ses computations, ces mots de l'Évangile : *Erunt signa un sole, luna et stellis* (il y aura des signes dans le soleil, la lune et les étoiles). Il appliquait la comparaison du soleil à la papauté et celle de la lune aux chefs d'État, etc. Dans son *Image du Monde (Imago mundi)* dans son *Cycle lunaire,* ce visionnaire de nos temps, qui admettait le temps passé des Cyclopes et des Pygmées, nous a laissé la préfiguration d'une ère du Verseau séduisante. Certes, ce sont des ébauches que ce prélat astronome faisait prématurément au Puy-en-Velay, à la manière de Nicolas de Cuse ou de Turel, en se basant sur le mouvement de notre planète, à travers la Voie lactée. Mais c'était le mouvement hélicoïdal nous rapprochant de ce champ des forces galactiques et dont les radiations sont plus fortes aujourd'hui que celles des Poissons.

A y regarder de près, l'Auvergne, sous le signe du Verseau, aura son temps religieux fondé sur le mouvement des masses et des collectivités, peut-être au-delà du couple et de la famille traditionnelle, avec la fameuse libération de la femme auvergnate, si libération il doit y avoir. Le mouvement hippie déjà répandu, dans quelques communautés d'Auvergne, a-t-il préfiguré cette aventure d'un nouvel âge dans la citadelle arvernique ? Un nouvel âge plaçant les valeurs de l'être au-dessus de celles de l'avoir ? Certains Auvergnats ne voudront pas ou ne comprendront pas ce langage étranger. Ceux-là s'enfoncent un peu plus dans leurs volcans, quitte à retrouver ici d'autres forces obscures de la nature.

Mais les autres, ceux qui ont succédé aux Ligures, porteurs de la mystique « des trois soleils », dans le Sud auvergnat, ceux-là capteront le message du Verseau.

Un Auvergnat d'adoption, M. Robert Dun, a pris la plume pour expliquer ce message à ses concitoyens de rencontre. Dans l'introduction de son livre[1], il cite cette phrase d'un Auvergnat du sommet, le président Giscard d'Estaing :

« Si un homme a une semaine d'avance sur ses contemporains, il peut faire un bon politicien. Mais s'il a un an d'avance, c'est un prophète ou bien un homme qui a le goût de l'échec. »

A côté de ces phrases, on pourrait en poser une autre, faite pour l'exaltation :

« L'homme agonise, que le surhomme vive ! »

Ainsi parlait Zarathoustra.

Ainsi parle ou parlera l'Auvergnat. Dans le vaste cercle de son aire celto-ligure, la grande Auvergne a des voix dont l'écho rejaillit sur nos âges. Le cri de Cernunnos ou de quelque dieu gaulois corne aux quatre horizons. La clameur des prophétesses semble toujours s'élever jusque vers l'Aubrac et le Rouergue. Leur silhouette se dresse sur le piédestal arvernique, dans un décor lointain, hérissé d'usines et de banlieues sales.

Le vieil Amnoric des Arvernes est là, continent interdit, borné par ses pierres-menhirs, troué de ses trois cents volcans, avec sa race de vieille engeance.

Domaine à part, incliné sur l'empire flou d'Europe, pas loin de l'Océan... Une manière d'Irlande haute et de profonde Écosse. Avec ses cantiques des solitudes et ses accordéons des chaumières, rythmant la bourrée, cette vieille danse des sabres. Au revers des pitons fauves, burinés de signes, veille l'œil des cyclopes. Près des sources guettent les dames fées... Pour annoncer, avec les écologues et leur bible sous le bras, que le réduit arverne reste inviolable, malgré les pestilences du progrès.

Nous ne voulons pas des régionalisations artificielles ni de l'éclatement territorial. Face aux néons de notre civilisation, entre le crépuscule des laves et le feu nucléaire, cette vieille peuplade brandit une torche où s'allume le sacré. Pays éloigné, l'Auvergne frissonne aux récits de ses légendes intérieures. Elle se réchauffe à la montagne des trois soleils. Elle dévide, au loin, ses litanies. Elle continue de mâchonner, dans ses burons, ses livres de prière. Cela semble lui suffire.

C'est l'héritage du sang, inscrit sur papier d'Ambert, un héritage trempé dans l'acier des couteaux de Thiers. Un sang qui

1. Robert Dun, *Le Message du Verseau,* Imprimerie des Arts graphiques, Le Puy.

irrigue les générations nouvelles venues s'abreuver aux sources de l'esprit. « L'esprit de nos pères », cher à l'initié Boudon-Lashermes. Un esprit de Pourrat, de Teilhard, de Pascal et de Sidoine Apollinaire, qui fait irruption, sans bruit, sous le signe du Verseau, autour de la chaîne des puys. Comme un vent qui lève, comme un chant de pâturage, descendant par torsades fines jusqu'aux brumes des Limagnes.

Un chant qui reste, sur les hautes stalles de basalte, pour charmer ce nouveau Prométhée qu'est l'Auvergne, fils oublié des Océanides.

Une Auvergne enchaînée, là-haut, par-dessus l'Hexagone, sur la sierra de ses granites, pour avoir dérobé le feu du ciel.

Prométhée central, émergeant de la France du milieu, cloué sur son Caucase.

Prométhée initiateur, prêtant le flanc toujours renaissant à l'aigle des tempêtes, sans qu'on puisse jamais dévorer ses profonds secrets.

Le Puy-en-Velay, 3 octobre 1980.

Table

PREMIÈRE PARTIE

La longue marche vers l'Arvernie

DEUXIÈME PARTIE

L'Auvergne latinisée

TROISIÈME PARTIE

L'Auvergne francisée et christianisée

QUATRIÈME PARTIE

L'Auvergne prophétique et le temps des enragés

CINQUIÈME PARTIE

L'Auvergne du Grand Siècle et celle de Pascal

SIXIÈME PARTIE

De Pascal à Teilhard

DERNIÈRE PARTIE

L'Auvergne contemporaine et le néo-régionalisme

« Histoire secrète des provinces françaises »
Collection dirigée par Jean-Michel Angebert

Volumes parus

Jean Markale
Histoire secrète de la Bretagne

*

Jean-Victor Angelini
Histoire secrète de la Corse

*

Jean-louis Bernard
Histoire secrète de Lyon et du Lyonnais

*

René Nelli
Histoire secrète du Languedoc

*

Michel Bertrand
Histoire secrète de la Provence

*

Gautier Darcy et Michel Angebert
Histoire secrète de la Bourgogne

*

Paul Arnold
Histoire secrète de l'Alsace

*

HENRY MONTAIGU
Histoire secrète de l'Aquitaine

*

FRANÇOIS RIBADEAU DUMAS
Histoire secrète de la Lorraine

*

MICHEL LAMY
Histoire secrète du Pays Basque

*

GEORGES BORDONOVE
Histoire secrète de Paris (2 volumes)

*

JEAN PEYRARD
Histoire secrète de l'Auvergne

A paraître

JEAN MABIRE
Histoire secrète de la Normandie

*

JACQUES D'ARÈS
Histoire secrète des Pays de la Loire

*

HENRY MONTAIGU
Histoire secrète de Toulouse

La composition
et l'impression de ce livre ont été effectuées
par l'Imprimerie Aubin à Ligugé
pour les Éditions Albin Michel

AM

Achevé d'imprimer le 15 décembre 1980
N° d'édition, 6983. N° d'impression, L 13080
Dépôt légal, 1er trimestre 1981

Imprimé en France